KB131148

너 자신을
알라

철학하는 철학사 2

너 자신을 알라

르네상스에서 독일 관념론까지

리하르트 다비트 프레히트 지음
박종대 옮김

열린책들

ERKENNE DICH SELBST – EINE GESCHICHTE DER PHILOSOPHIE
(BAND 2: RENAISSANCE BIS DEUTSCHER IDEALISMUS)
by RICHARD DAVID PRECHT

Korean edition published by arrangement with Verlagsgruppe Random House GmbH, München through BC Agency, Seoul.

일러두기

• 각주는 옮긴이주다.

이 책은 실로 꿰매어 제본하는 정통적인 사철 방식으로 만들어졌습니다.
사철 방식으로 제본된 책은 오랫동안 보관해도 손상되지 않습니다.

…… 하나의 철학 체계란 마음 내키는 대로 치우거나
들여놓을 수 있는 생명 없는 가재도구가 아니라 그것을
소유한 인간의 영혼이 생명의 숨결을 불어넣은 것이다.

— 요한 고틀리프 피히테

차례

들어가는 글

사람에게 있어서도 마찬가지지만 시대 또한 내달려 가는 모습이 아닌 평소의 걸음걸이에서 그 특성이 잘 드러난다. 모든 역사 시대는 저마다 고유한 특성과 리듬, 그리고 삶의 감정을 가지고 있다. 시대의 걸음걸이를 결정하는 것은 역사적 사실이나 변화무쌍한 정치적 사건, 혹은 매일 신문을 장식하는 머리기사가 같은 것들이 아니다. 당시에는 불투명했던 것들도 훗날 새로운 지식을 토대로 재해석되는 일이 부지기수다. 시대의 걸음걸이를 결정하는 것은 다름 아닌 이 불투명함이다. 우리 시대를 포함해서 모든 시기에 있어서 말이다.

철학 또한 마찬가지다. 철학의 걸음걸이를 특징짓는 것은 수많은 불투명함과 비동시성이다. 아주 오랜 옛날에 등장한 사유임에도 불구하고 그것이 오늘날의 우리에게 미래 지향적이고 현대적으로 비치는 경우가 있는 반면에, 나온 지 불과 얼마 되지 않은 사유임에도 불구하고 낡고 빛바랜 것들이 있다. 물론 그러한 사유들에 대한 판단이 훗날 다시 옳은 것으로 판명되거나, 아니면 다른 어떤 것으로 대체될지는 아무도 모른다. 그러나 철학사가들은 대체로 그런 관점과 평가에 일어나는 변화를 별로 고려하지 않는다. 그들은 항상 비슷비슷하게 철학사를 이야기한다. 분명 전문가들의 판단을 두려워하는 것일 테다. 그도 그럴 것이 소위 전문가라고 하는 사람들은 얼마나 쉽게 자신의 전공 분야가 불충분하게 다루어지거나 경시되고 있다고 이야기하는가! 무게 중심을 바꾸고, 다른 선택을 하고, 이야기의 결에 변화를 주려면 용기와 대담함이 필요하다. 이 책의 새로운 강조점은 1권과 마찬가지로 사회사와 경제사를 비롯해 시대적 육체성과 생물학에 대한 물음이다.

철학사는 사물과 인간들을 시간 순서대로 나열한다. 이러한 연대기는 물줄기가 거의 바뀌지 않는 강과 비슷하지만, 필연성보다는 관성에 의한 작업에 가깝다. 역사를 쓴다는 것은 엄격한 규칙을 따르는 과학이 아니기 때문이다. 그렇다고 철학사는 예술도 아니고, 여러 의견들의 혼합도 아니다. 프리드리히 빌헬름 요제프 셸링이 『자연 철학의 이념*Ideen zu einer Philosophie der Natur*』의 서문에서 썼듯이 철학이 무엇이어야 하느냐의 물음 자체가 이미 철학적 문제다. 게다가 철학자와 철학의 역할은 변화를 겪기도 한다. 이 책에서 다루고자 하는 15세기부터 19세기 초까지 일어난 일 또한 그렇다. 니콜라우스 쿠자누스와 게오르크 빌헬름 프리드리히 헤겔 사이에는 시대뿐 아니라 세계의 간극도 존재했다. 하나는 기독교적·권위주의적 질서가 지배하는 폐쇄된 학자 세계였다. 당시 철학하는 사람이라면 누구나 자기만의 방식으로 이 거대한 세계 질서에 천착했다. 다른 하나는 계몽주의와 혁명 이후 힘차게 부상한 시민 계급, 공장 굴뚝에서 쉴 새 없이 내뿜는 연기, 궁핍한 프롤레타리아트, 사회의 구석으로 밀려난 교회가 공존하는 세계였다.

생산 영역에서의 분업은 철학자들의 세계에도 전이되었다. 18세기 말 애덤 스미스는 철학자들을 〈여러 부문으로 나누고, 또 그 안에서 특수한 부서나 분과에 배치시키고〉 싶어 했다. 〈분업〉은 〈다른 모든 직업 영역에서도 그렇지만 철학에서도 숙련도를 높이고 시간을 절약하는〉 데 도움이 될 거라고 믿었기 때문이다.[1] 시간을 〈절약해야 할 무언가〉로 인식하는 것은 르네상스 사상가들로선 꿈에도 상상하지 못할 일이었다. 반면에 오늘의 우리에게 시간 절약은 삶을 이끄는 핵심 관념이다. 물론 철학자들을 정신적 생산물의 전문가로 만들어야 한다는 생각은 헤겔에게도 마음에 들지 않았을 것이다. 지금은 그런 일이 어디서나 일반화되어 있지만 말이다.

오늘날 보편 지식인들이 처한 입장은 꽤나 어려워 보인다. 오래전부터 지금까지 축적되어 온 전문 지식의 양이 너무나도 부담스럽게 느껴진다. 전문 영역과 전문가들의 세계에서 오늘날 지식인들이 할 수 있는 일이라고는 방향 정립에 필요한 지식으로서 잃어버린 것들을 보충하는 것뿐이다. 그런 의미에서 철학사를 집필한다는 것은 지식인이 할 수 있는 마지막 영역들 중 하나다. 여기서 다루는 거대 물음들 중에서는 그 역사가 아주 오래된 것들이 많다. 대체로 우리가 이미 1권에서부터 알고 있는 물음들이다. 예를 들면 다음과 같은 것들 말이다. 현실은 얼마나 현실적인가? 나는 내가 안다는 것을 어떻게 아는가? 나는 내가 욕망하는 것을 욕망할 수 있을까? 나는 왜 도덕적이어야 할까? 선하고 정의로운 사회란 무엇일까? 그런데 이러한 물음들은 여기서 다루는 400년의 시간이 지나는 동안 다른 스타일의 옷으로 갈아입고, 서서히 발전하는 시민 사회와의 관련 속에서 새로운 형태로 제기된다. 〈노동〉이나 〈개인의 권리〉 같은 개념들이 인간의 표상 세계와 행위 규범을 결정적으로 변화시킨다. 또한 그것들은 우리가 오늘날 〈일상〉으로 간주하는 사회, 물론 이조차도 어쩌면 세계의 디지털화로 급격히 종말을 고할 수 있겠지만, 어쨌든 그런 일상적 사회를 구축해 나갈 것이다.

수백 년을 지나는 이 기나긴 여정 속에서 몇몇 시기와 인물 들은 우리에게 특별한 걱정거리를 제공한다. 첫 번째 어려움은 시대 구분과 같은 형식적인 틀의 문제다. 이 책에서 다루고 있는 주제는 르네상스, 바로크, 계몽주의, 그리고 독일 관념론으로 나뉜다. 오래전부터 끊임없이 던져지는 질문이지만, 르네상스는 과연 언제 시작해서 언제 끝나는 것일까? 게다가 〈바로크〉는 원래 철학사적 시기도 아니다. 심지어 어떤 사람들은 바로크를 역사적 시기로도 보지 않고, 기껏해야 예술 양식 정도로 치부한다. 하지만 어떤 〈시대〉라고 하는 것이 과연 존재하기는 하는 것일까? 어떤 한 시대에 다가갈수록 그 시대는 점점 더 혼란스럽고 한눈에 들어오지도 않는다. 이 책의 분류는 그런 논쟁에 끼어들고 싶지 않다. 이 책의 목표는 그저 여기서 분류된 것들을 일목요연하게 개관하는 것이다. 그런 점에서 이마누엘 칸트를 〈독일 관념론〉 범주에 넣어야 할지, 아니면 계몽주의자로서 독일 관념론에 불을 지핀 인물로 보아야 할지를 두고 논쟁을 벌일 생각은 없다. 독일 관념론이라는 개념은 어차피 19세기 중반에야 출현했다. 필자가 보기에는 칸트도 그의 말년을 고려하면 독일 관념론에 포함될 수 있는 인물일 것 같은데, 무엇보다 매우 독일적인 철학적 사고 흐름이 그와 함께 시작되었다고 생각하기 때문이다. 이 사고의 흐름은 영국과 프랑스의 사고 흐름과는 확연히 구분되면서 독자적인 전통을 구축한다.

시대 구분이 모호한 것처럼 인물에 대한 규정도 정말 어렵다. 예를 들어 오늘날까지도 마르틴 루터를 규정하는 것은 힘들기 짝이 없다. 그는 철학자가 아님에도 정신사적으로나 정치적으로 모든 철학사에 등장한다. 하지만 역사 인물로서의 루터는 여러 해석들의 퇴적층 아래 깊숙이 파묻혀 있다. 시대를 초월한 점을 루터의 긍정적인 면으로 보려고 하고, 시대에 제약된 점을 그의 부정적인 면으로 보려고 하는 그런 해석적 경향들 밑에 숨겨져 있다는 말이다. 수백 년 동안 이어져 온 열광적인 문헌들은 루터가 어떤 사람인지 더는 알아볼 수 없을 정도로 왜곡시켰다. 또한 수없이 반복되어 온 비슷비슷한 이야기들은 루터에 대한 다른 평가들을 쉽게 도발로 비치게 했다. 다른 평가들에 원래 그런 뜻이 전혀 없었음에도 말이다. 그건 〈루터의 해〉였던 2017년에 특히 인상적으로 증명된다. 숭배와 역사적 비판 사이의 〈중간적 입장〉조차 중립의 길로 나아가지 않는다. 역사 인물로서의 루터를 적절히 평가하려면 중립적 판단은 신앙인으로서의 루터부터 다루어서는 안 된다.

때로는 사람이 아닌 험난한 지형이 우리의 길을 가로막기도 한다. 이 책에는 힘들게 올라가야 할 철학의 산들 중에서도 정말 오르기 힘든 〈8,000미터급 봉우리〉가 몇 개 있다. 코스 시작부터 쿠자누스라는 첫 번째 고봉이 나타나고, 뒤이어 바뤼흐 스피노자와 고트프리트 빌헬름 라이프니츠 봉우리가 자태를 드러낸다. 그중에서도 라이프니츠 철학은 서술한 보람이 없을 정도로 복잡하고 어렵다. 그의 철학에는 체계라는 것은 없고 그저 여기저기 산재한 수많은 생각들만 있을 뿐이다. 1920년대에 100권을 목표로 시작된 전집 출간은 지금까지 절반에도 미치지 못했다. 게다가 그렇지 않아도 몰이해를 불러일으킬 수밖에 없는 그의 사상적 질서 틀 안에 난해한 개념들까지 더해진다. 이 개념들을 우리 시대에 맞는 언어로 바꾸는 작업은 상당한 언어적 자유를 동원해야 가능하다. 가령 필자는 단자론을 설명할 때 〈의식〉이라는 개념을 사용한다. 라이프니츠가 죽기 5년 전인 1711년에 크리스티안 볼프가 처음 쓴 단어이다.

토머스 홉스의 비중을 결정하는 문제도 심사숙고가 필요하다. 그의 철학사적 의미에는 의문의 여지가 없다. 홉스와 함께 합리적 국가 이론과 사회 계약의 중차대한 이념이 시작되었다. 하지만 동시대인인 제임스 해링턴과 비교하면 그는 선구적이고 현대적인 면에서 훨씬 뒤떨어진다. 그러니까 거의 모든 철학사뿐 아니라 심지어 대부분의 영국 철학사에도 등장하지 않을 정도로 철저히 경시된 해링턴이 실제로는 의회 민주주의와 삼권 분립의 아버지였다는 것이다.

존 로크의 경우는 의도적으로 매우 상세히 기술했다. 〈계몽주의의 아버지〉로서의 모습뿐 아니라 그가 가진 모든 내적 모순까지 보여 주고자 했던 것이 그 이유이다. 만인의 평등과 자유의 이념이 하필 다른 시기도 아닌 17세기 말에 나오게 된 것은, 그게 단순히 좋은 이념이기 때문만이 아니라 이미 고대부터 쌓여 온 많은 관련 사유들이 강력한 경제적 이해관계와 맞물리면서 비로소 정치적으로 중요한 의미를 띠게 되었기 때문이다. 자유주의적 자본주의 사회의 이중 잣대도 로크와 떼려야 뗄 수 없는 관계다. 그는 영국의 부르주아지, 즉 유산자 시민 계급이 누리는 권리를 흑인과 인도인 들에게는 인정하지 않았다. 오늘날에는 많은 유럽인들이 그런 측면에서 로크와 다르게 생각하지만, 세상의 기아보다 자신의 개인적인 안녕을 더 걱정하는 것은 여전히 우리 사회의 〈특수 도덕〉에 해당한다.

프랑스 계몽주의에 견주어 영국 계몽주의를 어느 정도 비중 있게 다룰지의 문제도 고민스러운 부분이다. 무엇을 얼마나 상세히 다루어야 할까? 프랑스 계몽주의에는 볼테르, 라메트리, 디드로, 루소처럼 다채로운 빛깔의 개성 넘치는 철학자들이 많은 반면에 영국의 버클리, 흄, 스미스는 언뜻 보기엔 회색 톤의 지빠귀종(種)처럼 단조로운 인상을 풍긴다. 그럼에도 영국 계몽주의는 시민 사회의 형성에 훨씬 지속적인 영향을 끼쳤다. 프랑스에서는 늦어도 혁명과 함께 보편 이성과 보편 의지가 신의 자리를 꿰찼다면 영국에서는 축복을 약속하는 시장(市場)이 그 역할을 대신 맡았다. 이성 절대주의는 짧고 강렬하게 타오르다가 꺼진 반면에 시장 절대주의는 지금도 전 세계에 강력한 추종자들을 수 없이 거느리고 있다.

그에 비해 독일의 상황은 완전히 달랐다. 영국이 부르주아지 지배 구조를 위한 하드웨어를 만들고, 프랑스는 쾌락주의적 개인주의로 이루어진 소프트웨어를 만드는 동안 칸트는 독일 땅에서 인간 의식을 관장하는 최고 관리자로 활동한다. 이제부터 수백 개의 새로운 개념들이 인간의 〈심성〉을 수많은 부분들로 해체하고 분류하고 평가한 뒤 중요성을 부여한다. 이 책의 독자들은 힘든 마지막 코스에서 칸트와 함께 네 개의 8,000미터급 봉우리 가운데 첫 번째 봉을 오른다. 칸트를 오르고 나면 피히테, 셸링, 그리고 마지막으로 헤겔이라는 거봉이 기다리고 있다. 독일 철학사에서 이들의 탁월한 의미는 누구도 부정하지 못하고, 그런 만큼 그들 역시 그에 걸맞은 자리를 차지하고 있다. 하지만 피히테와 셸링의 경우는 영국 철학자 앤서니 케니가 쓴 훌륭한 네 권짜리 철학사에 둘이 합쳐 겨우 두 쪽 반 분량밖에 들어가지 않았다는 점을 이 대목에서 함께 지적하고 싶다.[2]

칸트 철학이 프로테스탄트 낭만주의로, 신 없는 종교 철학으로 급격하게 변한 것도 극도로 냉철한 사람들의 눈에는 별것이 아니다. 독일 관념론의 파장과 성과는 철학사적으로 지극히 상이한 평가를 받는다. 어쨌든 1800년경 튀링겐의 보잘것없는 도시 예나에서 사유되었던 것들은 관념론의 거름이 충분히 뿌려진 철학 무대에서 비옥한 토양이 된다. 그러다 마침내 헤겔에 이르러 이성이 점점 더 빛을 발하면서 철학은 점점 더 상반된 인식으로 나아간다. 그러니까 세계의 저 깊은 곳은 이성으로 이루어진 것이 아니라는…….

알다시피 철학은 곧게 상승하는 일직선이 아니다. 그것은 수많은 물결의 움직임으로서 술에 든 알코올처럼 금방 목표에 도달하게 하지는 못하지만, 우리의 정신을 환하게 해줄 수는 있으리라 기대한다. 이 길은 변화무쌍하고 영감으로 충만한 지형을 지나갈 것이다. 정신의 환상적인 풍경에 대한 기대와 더불어 여러분 모두가 즐거운 여행을 하길 진심으로 바란다.

뒤셀도르프, 2017년 7월

리하르트 다비트 프레히트

왕들의 행렬

회화의 비현실적 마법

앞의 그림은 에밀리아 로마냐에서 아펜니노 고원을 넘어 토스카나로 향하는 한 행렬을 묘사하고 있다. 화려한 예복을 입고 높직이 말을 타고 가는 위풍당당한 왕들과 제후들을 우아한 시종과 늠름한 개들, 그리고 치타 한 마리가 수행하고 있다. 뒤로는 동화책에나 나올 법한 풍경이 펼쳐진다. 고운 종이로 접은 듯한 깎아지른 바위들, 잔잔한 바람을 타고 떠다니는 듯한 새들, 타조 깃처럼 말끔하게 정돈된 나뭇잎과 낙원의 과실이 달린 양식화된 나무들, 저 멀리 지평선과 풍경 속에 흩뿌려져 있는 환상적인 성들, 이 모든 것들은 마치 세속의 시간에서 벗어난 천상의 예루살렘처럼 느껴진다.

그림은 프레스코, 즉 세 부분으로 나뉜 벽화인데, 오늘날까지도 피렌체에 있는 메디치 리카르디 궁의 예배당을 마법의 빛으로 물들이고 있다. 이 벽화의 이탈리아 원 제목은 「동방 박사들의 행렬Il Viaggio dei Magi」인데, 독일어로 번역된 제목 중 하나인 「왕들의 행렬」이 오히려 더 잘 어울리는 듯하다. 베들레헴으로 가는 동방 박사들의 행렬보다 훨씬 많은 것을 말해 주고 있기 때문이다. 그림에는 지금 현재도 낱낱이 밝힐 수 있는 부분이 많다. 이미 왕들의 행렬 자체에 많은 것이 담겨 있다. 그렇다면 일단 화가부터, 그러니까 1459년 여름부터 1460년 봄까지 당시에는 아직 창문이 없던 예배당 벽에 이 프레스코를 그린 베노초 고촐리부터 꼼꼼하게 밝혀 보자. 1420년 피렌체에서 태어난 고촐리는 금세공 일을 배웠다. 유명한 프라 안젤리코의 조수로서 로마와 오르비에토에서 스승의 작업을 도왔고, 소도시 몬테팔코에서 자신의 첫 번째 프레스코를 그렸다.

피렌체의 실력자 메디치 가문은 자신들의 궁정 예배당에

벽화를 그릴 화가를 물색하다가 마침내 신예 화가 고촐리를 선택했다. 고촐리에게만 있는 특별한 무언가가 코시모 데메디치를 매혹시킨 게 분명하다. 어쩌면 그의 탁월한 세부 묘사 능력과 화려함을 묘사해 낼 줄 아는 금세공사의 정밀한 시선이 그런 특별함이었는지 모른다. 피렌체의 이 지배자들이 염두에 둔 것은 기독교적 성화(聖畫)가 아니기 때문이다. 그들이 생각했던 것은 〈동방박사 교단〉이 매년 동방 박사의 날(주현절)을 맞아 오늘날의 비아 카부르 거리에서 개최되고 있는 성대한 축제 행렬이었다. 메디치 가문도 그 행렬에 직접 참가해 왕들처럼 말을 타고 가면서 부유한 금융가 가문의 위세를 아낌없이 과시했다.

그렇다면 고촐리가 등불에 의지해서 예배당의 벽에 그려야 했던 것은 동방 박사가 아니라 메디치 가문이었다. 물론 주문자들의 요구 사항은 이보다 훨씬 복잡했다. 동방 박사 주제는 예술 영역에서 아주 오래전부터 알레고리적 의미가 있었다. 그에 따르면 세 동방 박사는 인간 삶의 세 시기에 해당하는 청년기, 중년기, 노년기의 상징이었고, 그림도 그 상징에 맞게 표현해야 했다. 그런데 그림에 실려야 할 것은 이것만이 아니었다. 그보다 훨씬 중요한 또 다른 의미 영역이 프레스코에 반영되어야 했다. 고촐리가 그림 주문을 받기 20년 전인 1439년 겨울, 〈동방의 현인들〉이 실제로 아펜니노 고원을 넘어 토스카나로 향한 일이 있었다. 이 지체 높은 사람들은 다름 아닌 비잔티움 제국의 황제인 팔레올로고스 왕조의 요안니스 8세와 동방 교회의 총대주교 요셉 2세였다. 이들은 이탈리아 땅에서 가톨릭교회의 수장인 교황 에우제니오 4세를 만났다. 세계사적인 사건이었다. 이후 1964년까지 로마 교황과 동방 정교회 총대주교의 만남은 이루어지지 않았으니까.

그런데 그들의 공통 목표는 베들레헴이나 아기 예수가 아니라 피렌체와 연합 공의회였다. 세 〈왕들〉의 수행원 중에는 당시 학계의 주요 인물들도 포진되어 있었다. 그들의 사명 역시 더할 나위 없이 웅장했다. 기독교 세계의 통합, 좀 더 정확히 말해서 서방 가톨릭교회와 동방 정교회의 종국적이고 절대적인 화해가 목표였다.

피렌체의 지배자는 이렇게 의미 있는 세계사적인 사건을 피렌체로 유치하고 싶어 했다. 힘차게 비상하는 서방의 이 도시를 알릴 절호의 기회라고 본 것이다. 어쨌든 그것은 오늘날의 관점에서 보면 G8 정상 회담보다 오히려 같은 장소에서 같은 시각에 열리는 올림픽 대회나 월드컵 축구에 더 가까워 보이는 초대형 행사였다. 상업 도시 피렌체의 막강한 1인 지배자 코시모 데메디치는 이 일을 성사시키기 위해 비용과 수고를 아끼지 않았다. 그가 내놓은 제안은 모두가 군침을 흘릴 만했다. 수많은 공의회 구성원들이 이 도시에 머무는 비용을 모두 부담하겠다고 나섰으니 말이다. 은행가 코시모는 반년 동안 진행된 이 전체 행사를 재정적으로 뒷받침했고, 황제와 교황, 총대주교, 많은 이탈리아 제후들과 도시 지배자들, 그리고 그 수행원들까지 모두 좀 더 작은 도시 페라라에서 아르노강 가의 피렌체로 이끌었다. 고촐리가 프레스코에 묘사해야 했던 것이 바로 이 절정의 사건, 그러니까 페라라에서 피렌체로 가는 이 행렬이었다. 이렇게 해서 그는 삶의 세 시기라는 알레고리적 의미를 담은 동방 박사의 모티프를 그림에 넣는 것은 물론이고, 그와 동시에 피렌체 동방 박사의 날에 진행되는 행렬풍으로 메디치 가문 사람들을 장엄하고 화려하게 묘사해야 했다.

그렇다면 주제는 광범했고, 화가에겐 엄청난 부담감이 주어졌다. 15세기 초 이탈리아 땅에서는 원래 귀족이 아닌 사람이나 지방 귀족에 불과한 사람이 그림을 주문하면서 자신들과 전혀 상관없는 역사적 배경 속에 자신을 집어넣게 한 것은 그리 이례적인 일이 아니었다. 그럴 만한 힘과 돈을 가진 사람은 자신의 목적을 위해 역사와 알레고리, 선전을 적절히 버무렸고, 그런 일을 위해 당대의 가장 위대한 화가들을 고용했다. 토스카나의 도시국가들을 이끄는 부유한 용병들과 은행가들도 그런 식으로 거의 하룻밤 새에 유력한 〈제후 가문〉으로 거듭났다. 오늘날 모나코 왕국을 통치하는 그리말디 가문처럼 말이다. 이들은 유서 깊은 귀족도 아니고, 실제로 〈그리말디 가문〉도 아니었지만, 잡지와 신문들에서 유럽의 귀족 가문을 다룰 때면 가장 먼저 떠오르는 대표적인 군주 가문이 되었다.

코시모가 의도한 것도 다르지 않았다. 고촐리는 주문자의 요구에 부응하려고 프레스코를 세 편 그렸는데, 이 그림들에는 얼마 전부터 당대의 수준 높은 그림이라면 빠져서는 안 되는 불문율적인 철칙인 원근법이 빠져 있었다. 천재적인 건축가 필리포 브루넬레스키가 획기적인 방식으로 원근법을 계산한 것은 고촐리가 아직 태어나기 전인 1410년이었다. 마사초 같은 화가들은 이 원근법을 재빨리 수용해서 회화에 적용했고, 고촐리가 어렸을 때는 만능 학자 레온 바티스타 알베르티가 원근법에 관한 예술 이론서를 쓰기도 했다. 이런 분위기에서 고촐리도 원근법 기술에 익숙해 있었지만, 왕의 행렬을 그릴 때는 그 기법을 포기했다. 그게 나중에 그가 르네상스 미술의 대가 반열에 오르지 못한 가장 중요한 이유였다. 미술사는 첫눈에 보기에 혁신적이거나 놀라울 만큼 새로운 것만을 중시하는 경향을 보이는데, 이는 고촐리를 비롯해 다른 모든 시대의 많은 천재적 화가들을 시야에서 놓쳐 버린 근시안적 관점이다.

고촐리는 그림 속의 공간이 결코 현실처럼 보이기를 원치 않았다. 그건 시간도 마찬가지였다. 타조 깃털처럼 이상적으로 그려진 나무는 토스카나 지형의 실제 식물계와는 맞지 않았고, 성들도 중부 이탈리아가 아닌 동화 속의 나라에나 어울릴 법한 모습으로 표현되었다. 이처럼 전체 그림은 현실과 꿈, 역사와 현재, 알레고리 사이를 자유롭게 넘나든다. 이런 방법을 통해서야 화가는 주문받은 모든 의미 영역을 그림 속에 한꺼번에 집어넣을 수 있었다. 게다가 고촐리는 새로운 원근법 대신 고딕 양식, 그중에서도 특히 알레고리적인 기도서를 모범으로 삼았다.

르네상스를 〈자연 과학에〉 영감을 받은 새로운 출발로만 보는 협소한 문화사적 관점으로 보면 고촐리의 프레스코는 이상과는 상당히 거리가 먼 것으로 비친다. 그러나 새로운 것 말고도 과거로 향한 것, 신비한 것, 그리고 때로는 중세적인 것도 르네상스 사유의 중요한 구성 성분이었다. 고촐리에게 그림을 주문한 메디치가의 생각도 다르지 않았을 것이다. 그들은 군주들과 교황들에게 돈을 대주는 은행가로서 이미 13세기부터 중세의 발전을 촉진한 계층의 선도적 대변자였다. 돈과 계산, 효율적 사고의 냉정한 합리성으로 기독교적 질서의 마법을 세상에서 걷어낸 것도 그들이었다. 하지만 그러면서도 이 냉정한 돈의 화신들은 1445년 〈성 세례 요한의 날〉 같은 행사에 배우와 저명인사들, 200마리의 말로 성탄 이야기를 화려하게 재현하는 성대한 행렬에 돈을 대기도 했다. 또한 교황 비오 2세, 나중에 밀라노의 공작에 오를 갈레아초 스포르차, 그리고 리미니의 강력한 군주 시지스몬도 말라테스타를 위한 축제에도 그에 못지않은 돈을 후원했다.

이 축제들은 1459년 초에 개최되었다. 페라라에서 피렌체로 향하는 행렬과는 아무 상관이 없는 이 세 명의 실력자도 그림 속 약 서른 명의 등장인물에 포함되어 있다. 그림 왼쪽 가장자리에 말을 탄 두 사람이 말라테스타와 스포르차로 보인다. 교황은 행렬 중간쯤에 있는 인물로 추정된다. 금실로 수놓은 붉은 모자 때문에 확인이 어렵지 않다. 행렬 선두에서 말을 타고 가는 두 사람은 그림을 주문한 코시모 데메디치와 그의 아들 피에로 디 코시모 데메디치이다(아들은 평생 통풍으로 고생했다고 해서 〈통풍병자 피에로〉로 불리기도 한다). 고촐리의 편지에 따르면, 프레스코를 어떤 형태로 구성할지 철저히 감독한 것이 피에로였다고 한다. 물론 그 작업에는 피에로와 친분이 있는 은행가 로베르토 마르텔리도 큰 도움을 주었다. 1439년 피렌체 공의회에 참석한 경험을 화가에게 흔쾌히 제공한 것이다. 공의회의 실질적인 주인공인 세 명의 왕들 중 나머지 둘도 어렵지 않게 확인할 수 있다. 늙은 왕으로 묘사된 사람은 총대주교 요셉 2세이고, 한창 때의 남자로 그려진 사람은 비잔티움 제국의 황제 요안니스 8세이다. 그렇다면 그림 정중앙에서 백마를 탄 채 관찰자들을 흘낏 바라보는 젊은 왕은 누구일까? 그가 정말로 당시 열 살이던 메디치 가문의 후예 로렌초 일 마그니피코(〈위대한 자〉)일까? 그 점에 대해서는 지금도 논쟁이 뜨겁다.

어쨌든 가톨릭교회의 대표들과 서방 군주들은 비잔틴 제국의 사람들과 사이좋게 말을 타고 산을 지나간다. 긴장과 경계의 분위기는 어디서도 찾아볼 수 없다. 동방 정교회 대표들은 무성한 수염과 오리엔탈풍의 의상에서 바로 알아볼 수 있다. 고촐리는 이 공의회 행렬에서 실제로는 존재하지 않았던 낙원과도 같은 평화를 훌륭한 색감으로 묘사하고 있다. 1439년 당시 비잔틴 제국의 세속적 지도자와 종교적 지도자는 사면초가에 몰려 있었다. 비잔틴 제국을 침략한 투르크족이 호시탐탐 수도 콘스탄티노플까지 넘보고 있었기 때문이다. 상황이 이렇다 보니 동방 정교회가 서방에 대해 항복이나 다름없고 자신들의 거의 모든 정신적 전통까지 버려야 했던 이 나쁜 공의회로 가는 길에 겉으로 웃고 있었던 것은 그럴 수밖에 없는 속사정이 있었기 때문이다. 그런데메디치 궁정 예배당의 프레스코에 묘사된 동방 박사 행렬에는 그러한 점이 조금도 드러나지 않는다. 그저 성탄의 평화와 두 문화권의 동화 같은 화목만 밝게 빛날 뿐이다. 토스카나의 풍경은 성지의 삭막한 바위들과 뒤섞여 있다. 게다가 흡사 천상의 영감을 받은 듯한 〈인문주의〉가 다채로운 인간 군상으로 북적거리는 이 그림을 가득 채우고 있는 것처럼 보인다.

시대와 신앙, 역사가 융합될 경우 보잘것없는 현실은 더 이상 중요하지 않다. 공의회 행렬은 지금 어떤 옷을 입고 환하게 빛나는 예쁜 바위들을 굽이굽이 넘어가고 있는가? 행렬에 진짜 참가했던 사람들이 저렇게 가벼운 축제풍의 옷을 입고 겨울의 아펜니노 고원을 넘지는 않았을 것이다. 그렇다면 어두운 색의 두꺼운 외투들은 다 어디로 갔을까? 고촐리가 수행 행렬에 자신을 집어넣은 것도 자유로운 상상의 산물이다. 그는 자기 이름이 새겨진 붉은 모자를 쓰고 당대의 유명한 철학자들로 보이는 남자들 틈에서 말을 타고 가고 있다. 수염이 덥수룩한 얼굴에 파란색 노란색 모자를 쓴 남자는 스스로 플레톤(〈속이 꽉 찬 사람〉)이라고 부른 게오르기오스 게미스토스로 보인다. 그는 비잔틴 황제의 고문 역으로 공의회 행렬에 참가했지만, 동서 교회의 통합에 반대하는 입장을 내세워 황제와 대립각을 세웠다. 요안니스 8세는 자신이 피렌체에서 굴욕적인 양보를 해야 하고 정교회의 삼위일체론을 폐기해야 한다는 것을 이미 알고 있었다. 동서 교회의 화합은 투르크족으로부터 위협받는 콘스탄티노플을 가톨릭교회의 신속한 군사 지원으로 지키기 위한 값비싼 대가였다.

1439년 7월 6일 공의회 수장들이 5년 전에 완공된, 기독교 세계에서 가장 웅장한 교회인 산타 마리아 델 피오레 성당에 모였다. 피렌체 대성당이라는 이름으로 더 많이 알려진 곳이다. 그들은 여기서 합동 대칙서 〈하늘이 기뻐하리라Laetentur coeli〉에 서명했다. 그 자리에는 모젤 강변 출신의 독일인도 하나 끼어 있었다. 쿠자누스라는 이름으로 유명한 니콜라우스 폰 쿠에스(1401~1464)가 그 주인공이다. 그는 교황 사절로서 비잔틴 대표단이 배를 타고 콘스탄티노플에서 베네치아로 가는 여정과 페라라와 피렌체로 가는 행렬에 동행했다. 고촐리가 메디치 궁의 예배당 프레스코에 쿠자누스의 모습도 그려 넣었는지는 우리로선 알 길이 없다. 다만 그렇게 하지 않았다면 놀라운 일일 것이다. 고촐리의 그림 속에 표현된 것들, 즉 신의 선한 의지가 엿보이는 조화로운 세계 속의 평화로운 현인들 행렬, 그리고 고도의 일체감 속에서 모든 대립의 와해는 쿠자누스 철학을 신비스러운 방식에 가깝게 묘사해 놓은 듯하기 때문이다.

피렌체의 인문주의자 잔노초 마네티(1396~1459)도 쿠자누스와 비슷한 사유에 탐닉했다. 고촐리가 메디치 궁의 예배당에서 붓을 들기 수년 전인 1452년 마네티는 인간의 품위와 숭고함을 찬양했다. 〈모든 집, 모든 크고 작은 도시들, 지구상의 모든 건물들은 그 엄청난 장려함 때문에 인간이 아닌 천사가 만들었다는 평가가 내려져야 마땅할 만큼 양과 질에서 특출하지만, 실은 그것들은 모두〉[3] 인간의 작품이다. 〈땅도 우리 것이요, 산도 우리 것이요, 언덕도 우리 것이요, 계곡도 우리 것이요, 오렌지나무도 (……) 모과나무도 우리 것이요 (……) 사이프러스 나무도 우리 것이요, 소나무도 우리 것이다.〉 또한 〈말들도 우리 것이요, 노새와 나귀도 우리 것이요〉, 〈신의 섭리가 (……) 혹시 에피쿠로스의 추종자가 아닐까 하는 생각이 들 정도로, 그러니까 인간을 위해 (……) 애초에 그처럼 다양하고 흥미로운 종을 (……) 준비해 두고 있었던 게 아닐까 하는 생각이 들 정도로 이 지상에 그렇게 다채로운 형태로 존재하는 새들도 모두 우리 것이다〉.[4] 신의 대지는 인간 스스로 만든 낙원이다. 인간은 더 이상 천사가 되길 꿈꾸지 않고, 그들 자신이 하늘에서 내려와 인간의 일상적 모습을 취한 천사들이다.

그러나 현실 삶에서의 인간은 천사로 보이지 않는다. 게다가 인간이 만들어 낸 〈경이로운 사물들〉도 결국 세속의 한계에 부딪힐 수밖에 없다. 신은 세계를 훨씬 광대하게 설계했을지 모르지만, 인간은 그 세계를 줄곧 답답하게만 꾸며 나갔다. 1439년 비잔티움 대표들이 제국에 돌아왔을 때 로마 교회에 대한 굴욕적인 양보는 콘스탄티노플에 경악을 불러일으켰다. 이제부터 로마의 수위권을 받아들이고 그 밑에 복속될 생각을 하는 사람은 거의 없었다. 제4차 십자군 원정 때 서방 십자군이 이 도시에서 저지른 수많은 만행에 대한 기억이 아직 지워지지도 않은 때였다. 결국 성직자들은 공의회 의결을 철회하고 정교회를 다시 제자리에 돌려놓으라고 황제를 압박했다. 이로써 기독교회를 통일하려는 세 번째이자 마지막 시도는 물거품이 되었고, 투르크의 적을 물리치기 위해 교황과 이탈리아 군주들이 약속한 군사 지원은 이루어지지 않았다. 그와 함께 기독교의 통일은 영원히 끝나 버렸다. 1453년 5월 29일 1,000년 넘게 이어온 비잔틴 제국은 종말을 맞았다. 오스만 제국의 술탄 메흐메트 2세가 8만의 병력을 이끌고 위대한 콘스탄티노플을 짓밟아 버렸으니…….

르네상스 철학

1300

플레톤 1360–1452

레오나르도 브루니 1369–1444

1400

니콜라우스 쿠자누스(니콜라우스 폰 쿠에스) 1401–1464

바실리우스 베사리온 1403–1472

레온 바티스타 알베르티 1404–1472

로렌초 발라 1406–1457

마르실리오 피치노 1433–1499

레오나르도 다빈치 1452–1519

피에트로 폼포나치 1462–1525

조반니 피코 델라 미란돌라 1463–1494

에라스뮈스 1467–1536

니콜로 마키아벨리 1469–1527

니콜라우스 코페르니쿠스 1473–1543

토머스 모어 1478–1535

마르틴 루터 1483–1546

필립 멜란히톤 1497–1560

1500

지롤라모 카르다노 1501–1576

베르나르디노 텔레시오 1508–1588

세바스티안 카스텔리오 1515–1563

미셸 드 몽테뉴 1533–1592

조르다노 브루노 1548–1600

프랜시스 베이컨 1561–1626

갈릴레오 갈릴레이 1564–1641

토마소 캄파넬라 1568–1639

요하네스 케플러 1571–1630

제네바
로카르노
밀라노 공국
사부아
공국
밀라노
포강
토리노
아스티
몬페라토 변경백국
프랑스 왕국
론강
살루초
파르마
제노바
제노바
공화국
니스
마사
모나코
루카
공화국
티레니아해
피옴비노
공국
코르시카섬
(제노바 공화국)
엘바섬
지 중 해
사르데냐섬

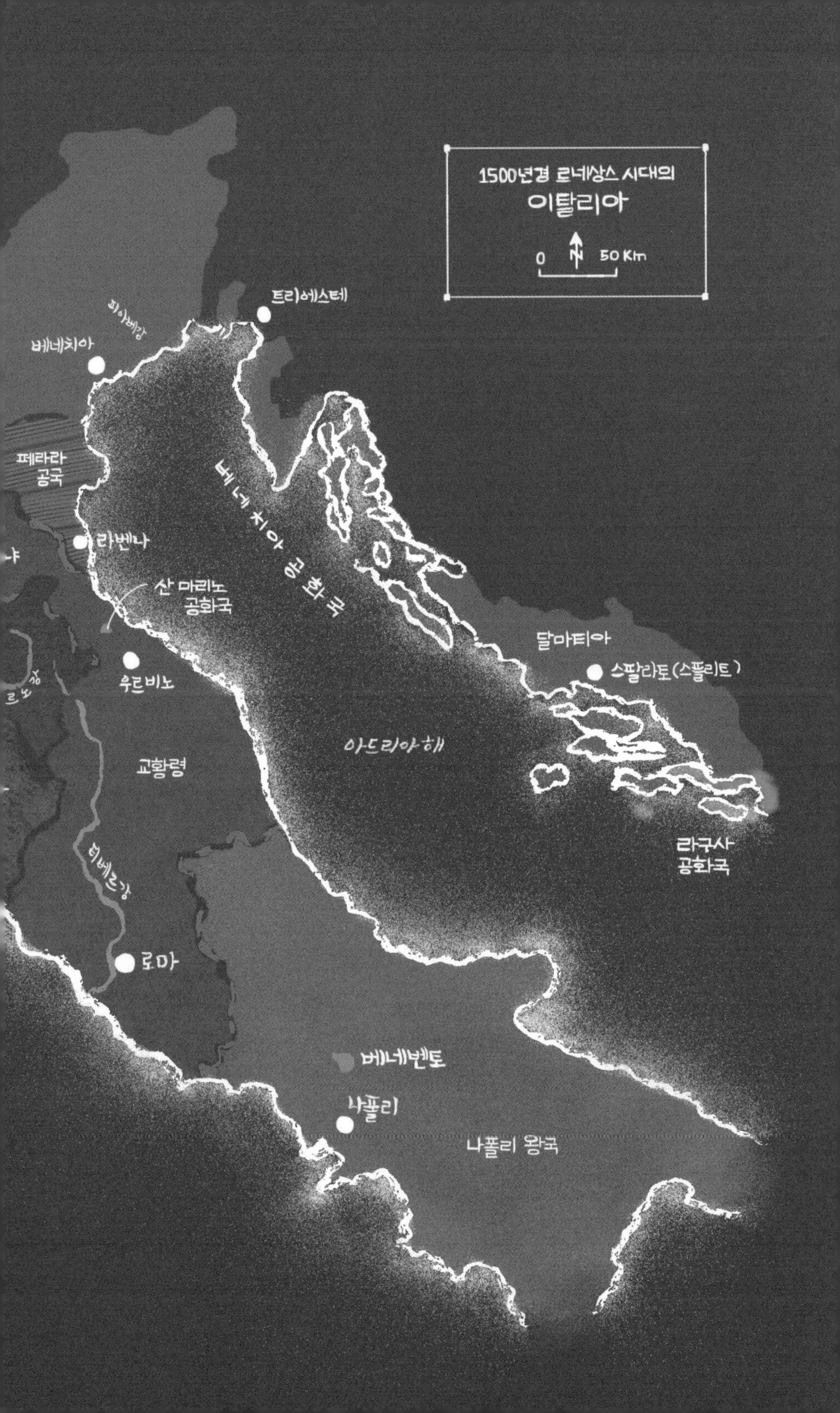

1500년경 르네상스 시대의
이탈리아

0 N 50 Km

트리에스테
피아베강
베네치아
페라라 공국
라벤나
산 마리노 공화국
우르비노
베네치아 공화국
달마티아
스팔라토(스플리트)
아드리아해
라구사 공화국
교황령
티베르강
로마
베네벤토
나폴리
나폴리 왕국

우리 속의 세계

산산조각 난 세계 / 보편 원칙을 찾아서 / 내면의 진리 / 가치의 전복

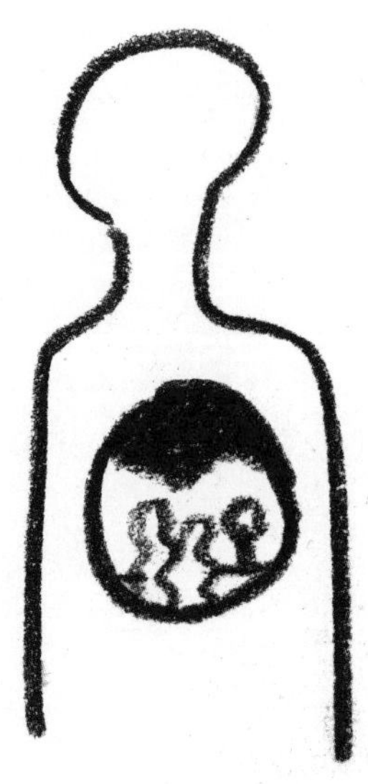

산산조각 난 세계

뱃길은 위험했고 폭풍우는 몰아쳤다. 비잔틴 제국의 대표단이 콘스탄티노플에서 북부 이탈리아의 동쪽 해안에 닿기까지는 근 두 달이 걸렸다. 1437년의 늦가을이나 겨울 언제쯤이었을 것이다. 교황의 수석 사절로 비잔틴 제국에 갔다가 이 바닷길을 동행하게 된 쿠자누스에게 무언가 깨달음이 찾아왔다. 기독교회를 비롯해 세상 모든 것을 분열시키는 것이 무엇인지 불현듯 명확하게 알게 된 것이다. 콘스탄티노플과 베네치아 사이의 바다에서 얻은 이 깨달음으로 인해 지금까지의 거의 모든 인간적 철학적 대립들이 달리 보이기 시작했다.

이 대립들 중에는 실질적인 갈등도 적지 않았다. 쿠자누스는 겨울의 지중해처럼 격랑이 몰아치는 시대에 살았다. 교황의 외교 사절로서 그는 자신이 모시는 주인의 권력 상황이 좋지 않음을 알고 있었다. 임박한 연합 공의회만 봐도 교황의 교회가 더는 중세 때의 그 교회가 아님은 잘 드러났다. 군주들은 서방의 기독 세계에서 교황의 권위를 거의 모든 곳에서 약화시켰다. 게다가 교회 자체도 격렬한 혼란에 휩싸여 있었다. 사실 연합 공의회라는 것도 엄밀히 보면, 바젤에서 동시에 열린 다른 공의회의 힘을 빼기 위한 교황의 응수에 다름 아니었다. 바젤에 모인 교회 대표들은 스스로를 교황 통치의 횡포에 맞서는 합법적인 대항 세력으로 간주하면서 성좌(聖座)의 통치자를 무력화시키고자 했다. 쿠자누스도 바젤 회의에 참석했다. 그는 여기서 〈가톨릭교회의 새로운 일치 De concordantia catholica〉를 위해 교황과 공의회 사이의 권력 분배라는 중도적 해법을 제시했지만 받아들여지지 않았다.

교회는 일치와는 거리가 멀었고, 서양 세계는 산산조각 나 있었다. 고촐리가 20년 뒤 메디치가의 궁정 예배당에 묘사하게 될 천상의 평화와는 완전히 상반된 세계였다. 정치 상황은 이 시기의 사유에도 영향을 미쳤다. 인간의 눈에 세계는 곳곳이 대립의 집합체처럼 보였다. 어디를 둘러봐도 모든 것을 아우르는 질서는 보이지 않았다. 명료한 오성은 모순만 확인할 뿐 그것을 해결할 힘은 없었다.

신학을 포함해 기독교 신앙도 도저히 합치될 수 없는 대립과 모순의 소용돌이 속에 있었다. 중세 철학자들은 이미 그런 대립에 녹초가 되었고, 그러다 마지막에는 아예 신앙을 버리는 경우도 있었다. 세계는 영원한가? 창조도 영원한가? 만일 창조가 영원하다면 신의 창조 행위는 존재할 수 없다. 행위란 항상 일정한 시간 속에서 이루어지는 것이기 때문이다. 반면에 이 세계가 정말 신이 창조한 것이라면 자연스레 이런 의문이 든다. 대체 신은 무슨 생각으로 인간들이 걸핏하면 거짓말을 하고, 서로를 속이고, 전쟁에서 서로를 죽이는 세계를 만들었을까? 누구의 책임인가? 신인가 인간인가? 교회가 말하는 것처럼 그게 인간의 책임이라면 인간에게는 자유 의지가 있어야 한다. 하지만 한량없이 지혜로운 신이 세상만사를 미리 결정해 놓았고, 미래의 모든 것을 알고 있다면 어떻게 인간에게 자유 의지가 가능하겠는가? 신이 창조한 인간이 어떻게 완벽하게 독자적인 결정을 내릴 만큼 자유로울 수 있을까? 또한 신은 왜 누군가에게는 은총을 베풀고 누군가에게는 베풀지 않는 것일까? 차라리 모든 영혼을 처음부터 선하고 복되게 만드는 것이 훨씬 쉬운 일이 아니었을까?

이런 종류의 물음에는 결코 합당한 대답이 나올 수 없었다. 인간의 합리성을 벗어나는 영역이기 때문이다. 이 문제와 관련해서는 제아무리 논리학과 수학, 합리적 증명으로 무장한 오성이라고 해도 한 발짝도 나아갈 수 없다. 아리스토텔레스의 합리성을 기독교 영성과 억지로 결합시킨 토마스 아퀴나스도 이 문제를 실질적으로 해결하지는 못했다. 개념의 곡예 같던 그의 학문 체계는 그사이 곳곳이 녹슬었다. 쿠자누스를 비롯해 당시의 많은 철학자들은 중세 전성기와 후기의 규범적 논쟁인 〈스콜라주의〉를 이미 시대에 뒤떨어진 것으로 여기고 있었다. 그렇다면 이런 문제가 제기된다. 만일 세계가 하나로 통일된 완벽한 기적의 세계가 아니라면 그 자리에 무엇을 갖다 놓아야 할까? 토마스 아퀴나스가 13세기에 그렇게 충실하게 봉직했던 교황의 교회가 타락과 권력 남용, 전쟁, 의심으로 뿌리째 흔들리면서 엉망이 되었다면 그 자리에 대신 무엇을 세워야 할까?

이런 상황에서 쿠자누스는 베네치아로 가는 배 위에서 마치 번개가 내려치는 것 같은 깨달음을 얻었다고 한다. 우리 인간은 왜 하필 오성만이 이 풀리지 않는 거대한 물음들에 답해야 한다고 생각하는 것일까? 아리스토텔레스의 전통에 입각한 철학자들은 세계에 관한 진술에 모순이 있어선 안 된다고 생각했다. 바로 이 요구로 말미암아 중세에 철학이 신학에서 떨어져 나왔다. 신학자들은 잘 이해가 되지 않으면서도 어깨를 으쓱하며 신은 자비로우면서도 정의로울 수 있고, 징벌을 내리면서도 구원할 수 있고, 무한한 존재이면서도 시간 속에서 활동할 수 있다고 인정한 반면에 철학적으로 생각하는 학자들은 그런 대립을 해결하려고 노력했다. 아리스토텔레스는 어떤 대립도 허용하지 않았다. 그에겐 오직 이것 아니면 저것만 있을 뿐이었다. 그런 식으로 결정되지 않는 것은 논리학에 모순되고, 그로써 참이 아니다. 아리스토텔레스에게 실재란 다의적이지 않고 명확해야 했고, 모순 없고 논리적이야 했다.

쿠자누스는 바로 이 지점에서 커다란 오류를 발견했다. 신은 세계가 정말로 논리적이고 명료하다고 생각했을까? 쿠자누스도 플라톤과 아리스토텔레스처럼 오성ratio과 이성intellectus을 구분했다. 오성은 우리에게 논리적 결론을 끌어내 주는 기술적 보조 수단인 반면에 이성은 모든 논리적 결론의 토대에 해당하는 전제 조건들을 깨닫게 해주는 훨씬 포괄적 인식 능력이다. 이성은 깊은 정신적 사색으로서 단순한 논리 이상이다. 이를테면 세상을 살아가는 지혜라고 할까! 쿠자누스에 따르면, 이성은 우리에게 오성이 전부가 아니라고 말한다. 또한 오성은 본질을 꿰뚫어 보려고 노력하지만 결국 발견하게 되는 것은 통일성이 아니라 대립들로 이루어진 세계 속의 끝없는 방황뿐이라고 말한다. 아리스토텔레스는 이러한 대립들을 조화롭게 만들고자 했다. 〈무한함〉에 대해 이야기할 때조차도 그것이 마치 유한한 것인 양 바라봄으로써 무한한 것으로 인식할 수 있다고 생각했다. 또한 고요함과 움직임이 물리적으로 서로를 조건 짓고 서로 스며듦에도 불구하고 둘을 세심하게 분리했다. 그는 역동적인 것에서부터 정적인 체계를 발전시켰고, 그로써 본질에서 벗어났다. 간단히 말해, 아리스토텔레스는 사물들을 서로 분리시킴으로써 대립들의 상호 작용을 간과했다.

교회 고위직이었을 뿐 아니라 열정적인 자연 연구가이자 수학자이기도 했던 쿠자누스는 어디서도 완벽한 일치를 발견하지 못했다. 기독교가 로마 가톨릭과 동방 정교회의 분리를 비롯해 온갖 대립들로 이루어진 것처럼 세계 전체를 구성하는 것도 대립이었다. 콘스탄티노플에서 베네치아로 향하던 뱃길 이후 쿠자누스의 사유에서 핵심 개념으로 등장한 것은 대립들의 일치였다. 세계를 철학적으로 설명하려는 지금까지의 모든 시도가 실패했다면 그에 대한 이유는 오직 단 하나였다. 철학자들이 세계를 오직 합리적으로만 관찰했고, 가능한 한 모순 없이 분류했기 때문이다. 하지만 그런 것들보다 정말 중요한 것은 세계의 통일성을 논리적으로는 제거할 수 없는 대립들의 상호 작용으로 이해하는 것이다. 이로써 쿠자누스는 당당하게 말한다. 철학은 이제 아주 폭넓은 새 출발의 선상에 서 있다고.

철학적 전통에서 보자면 쿠자누스의 사유는 철학적 양자역학 정도에 해당된다. 이렇게 해서 신비주의에 깊이 뿌리를 두고 있던 이 고위직 기독교인은 이탈리아 르네상스 철학의 선구자가 되었다. 그의 사상은 그때까지의 모든 체계를 무너뜨리고, 세계의 새로운 보편 법칙을 수립했다. 그런데 모젤 강변의 쿠에스에서 태어나 하이델베르크 〈인문 교양학부〉를 마치고, 파도바에서 교회법을 연구한 쿠자누스의 머릿속에 갑자기 하늘에서 뚝 떨어진 것처럼 그런 생각이 떠오른 것은 아니었다. 그는 잠시 학생들을 가르쳤던 것으로 보이는 쾰른에서 네덜란드 신학자 헤이메리쿠스 데 캄포(1395?~1460)를 알게 되었다. 캄포는 그에게 신플라톤주의를 소개했고, 아울러 6세기에 스스로 디오니시우스 아레오파기타라 칭하며 저서에서 자신을 사도행전에 나오는 사도 바울의 제자라고 밝힌 그 남자의 저서도 알려 주었다.

〈디오니시우스〉라는 이 남자는 신플라톤주의자인 플로티노스 철학을 기독교적으로 해석함으로써 기독교에 막대한 영향을 끼쳤다. 그의 가장 중요한 업적은 〈부정 신학〉의 정립이었다. 그에 따르면 신은 우리 인간이 어떤 말이나 규정으로도 설명할 수 없을 만큼 모든 것을 초월한 존재다. 〈선하다〉거나, 〈자비롭다〉거나, 〈완전하다〉는 속성조차 신의 한량없는 크기에 비추어 보면 부족하기 그지없다. 중세에서 많은 사상가들이 성경의 동화 같은 이야기나 로마 교회의 너무나 인간적이고 너무나 자의적인 계율과 도그마에 의구심이 들 때 도피처로 찾은 곳이 바로 디오니시우스의 부정 신학이었다.

신플라톤주의 사유의 중심에는 세상 만물이 모호한 영적 〈일자〉에 뿌리를 두고 있다는 가정이 깔려 있다. 〈일자〉는 여러 단계 속에서 세상 만물을 생겨나게 하는 상상 불가의 원천이다. 디오니시우스는 플로티노스의 이 생각에 기독교적 색깔을 입혔고, 그리스인들의 〈일자〉를 기독교 신과 동일시했다. 쿠자누스는 열광했고, 영적 〈일자〉의 생각을 평생의 동반자로 삼았다. 다만 그에게 부족하게 느껴지는 것은 그런 〈일자〉가 왜 오성을 이용해서는 자연에서 발견될 수 없는지에 대한 설명이었다. 수많은 사물들의 세계와 영적 〈일자〉를 어떻게 지혜롭게 하나의 사고 형태로 연결시킬 수 있을까?

이 문제로 오랫동안 고민하던 차에 그 긴 겨울 항해 중에 대립의 일치라는 원칙이 쿠자누스의 머릿속에 떠올랐다. 헤이메리쿠스는 모순의 배제라는 원칙에서 인간의 전체 지식을 도출해 낸 고전 논리학자였다. 그러나 쿠자누스는 전해져 내려오는 논리학에 회의적이었다. 그것은 〈일자〉를 파악하기에는 너무 경직되고 협소했다. 그는 기독교적인 색깔을 입힌 신플라톤주의와 부정신학의 추종자로서, 신 속에는 모든 것이 담겨 있을 뿐 아니라 그와 동시에 신과 반대되는 것들도 담겨 있다고 보았다. 극대와 극소는 하나이고, 그 때문에 오성과 오성적 개념으로는 그것을 설명할 수 없다. 아리스토텔레스와 많은 중세 철학자들이 그랬던 것처럼 오성을 통해 세계를 철저히 논리적으로 규명하려 해서는 안 된다. 오히려 궁극적인 지고의 물음들에 대해선 오성이 무기력하다는 것을 솔직하게 인정하는 것이 더 지혜롭다.

쿠자누스는 이러한 인정을 〈무지의 지(知)〉라고 불렀다. 다시 말해, 이성적인 사람은 오성의 한계를 잘 안다는 것이다. 교황의 외교 사절인 쿠자누스로선 상당히 대담한 철학이었다. 왜냐하면 이 철학은 교회 철학의 모든 지식에 대한 경멸을 의미하기 때문이다. 쿠자누스 이전에 그와 비슷한 오솔길을 걸은 사람은 극소수였는데, 그중 가장 대담한 학자가 하나 있었다. 쿠자누스가

1428년 파리에서 그의 저서들을 폭넓게 연구하면서 직접 필사까지 한 인물인데, 바로 카탈루냐의 위대한 철학자 라몬 룰(1232~1316)이다.

보편 원칙을 찾아서

팔마데마요르카 항구의 파세오 사그레라 거리에는 이 섬이 배출한 가장 유명한 철학자의 동상이 서 있다. 긴 수염에 〈아스테릭스〉에 나오는 미라쿨릭스 사제 같은 옷을 입고, 결연한 표정으로 책을 한 권 들고 있다. 마치 바다와 자연을 향해 단호하고 힘차게 설교라도 하는 듯하다.

라몬 룰은 중세 철학자였다. 하지만 13세기에 살았다는 이유로만 중세 철학자일 뿐 실제로는 훗날 르네상스의 전형적인 사상으로 간주될 그 〈새로운 것〉의 전도사였다. 그의 새로운 사유는 다음의 짧은 다섯 가지 키워드로 정리할 수 있다. 우선 룰은 훗날 쿠자누스처럼 이성을 오성 위에 놓았다. 또한 철학과 자연 과학에 정통한 그는 세계의 가장 깊은 곳을 단단하게 결속하는 보편 원칙을 찾았다. 그가 볼 때, 이 원칙은 끊임없는 생성과 소멸에서 자유로울 수 없는 세속적 〈존재〉가 아니라 오직 〈작용〉일 수밖에 없었다. 네 번째로 룰은 그 작용의 영적 핵심과 함께 모든 종교의 공통점을 찾았다. 그 결과 그의 사상에서는 자연스레 종교적 관용이 흘러나왔다. 마지막으로 그는 개별적인 인간, 그러니까 저마다의 고유한 특성을 가진 개인을 철학의 중심에 놓았다. 이 모든 것은 오늘날 중세에 비하면 굉장히 새로운 사고로 여겨진다.

룰은 마요르카의 봉건 귀족 가문에서 태어났다. 자신의 말에 따르면 젊을 때는 많은 여자들과 놀아났고, 무모할 정도로 대담하고 방탕한 삶을 살았다. 그러다 서른 살 즈음 선교사가 되었다. 그는 언어적 재능이 뛰어나 라틴어 외에 아랍어도 빠르게 습득했다. 모국어인 카탈루냐어가 명확한 문법과 풍부한 표현을 갖춘 문어(文語)로 자리 잡은 데는 그의 공이 컸다. 륄은 유대 신학과 이슬람 신학을 공부했다. 거기다 논리학에도 천착했다. 기독교가 유대교나 이슬람교보다 우월하려면 다른 종교들보다 훨씬 정교한 논리성을 갖추어야 한다고 생각했기 때문이다. 그런데 기독교를 논리적으로 설명하려면 오리엔탈의 모든 시적 분위기를 제거하는 동시에 영적 핵심을 드러내야 했다.

카탈루냐인이었던 륄은 지중해 서부의 융성하는 상업 문화권에서 성장했다. 여기서는 아랍인, 유대인, 기독교인들 사이에 교류가 활발했고, 물건의 교환과 판매가 자유롭게 이루어졌다. 마요르카 왕국에서는 특히 직물과 선박, 무기 거래가 번창했다. 륄은 무역 강국의 선교사로서 지중해를 수없이 돌아다녔고, 그렇게 배를 타고 가면서 세 개 언어로 280편이 넘는 글을 썼다. 륄은 야망이 무척 컸다. 세상의 모든 지식을 하나의 새로운 체계로 묶는 보편 학문을 꿈꾸고 있었던 것이다. 13세기에 그런 생각을 하다니 그보다 더 야심적일 수는 없었다. 그렇다면 점점 사이가 벌어져 가는 자연 연구와 철학, 신학을 하나의 거대한 체계로 묶을 수 있는 보편 원칙이 과연 존재할까?

이 난해한 물음 속에서 륄의 머릿속에서는 새로운 착상이 떠올랐다. 아랍인, 유대인, 기독교인은 지금껏 두 가지 문제로 끊임없이 다투어 왔다. 신은 삼위일체인가, 아닌가? 예수가 정말 신의 아들이고, 그 자신이 신인가? 이 모든 다툼의 중심에는, 무언가가 그러한가, 그러하지 않은가라는 존재론적 물음이 자리하고 있었다. 그런데 륄에겐 우리가 항상 어떤 것의 존재에 대해서만 묻는 것은 잘못된 것이었다. 그의 눈에 비친 세계 속엔 변하지 않는 존재란 없고, 존재하는 것은 오직 변화뿐이기 때문이다. 자연의 모든 것은 움직임 속에 있고 역동적이다. 무언가 변화하는 곳에는 그 변화를 유발하고 결정하는 힘이 존재할 수밖에 없다. 그 힘은 만물 속에, 그러니까 자연과 모든 개인 속에 작용하는 그 무엇이다. 륄에게는 이 작용력이 바로 신이다. 위대함, 아름다움, 선 같은 것들은 세계 속에 그 자체로 존재하는 것이 아니다. 그것들은 신적인 영향을 받은 에너지가 인간 속에서 위대하고 아름답고 선한 행위와 성취를 일구어 낼 때 생겨난다. 그런 과정에는 그것을 행한 사람, 행위 자체, 행해진 것(행위의 결과)이 포함된다.

이런 깨달음 속에서 륄은 놀라운 정신적 묘수를 발견한다. 방금 말한, 세상에서 일어나는 모든 일의 이런 삼분할을 기독교의 삼위일체론과 결합시킨 것이다. 이제 아랍의 대화 파트너들은 기독교의 삼위일체가 자신들이 믿고 있던 것이 아니라는 말을 듣고 깜짝 놀란다. 삼위일체란 우리가 무언가를 행하거나 만들어 낼 때 우리 속에서 불가피하게 작용하는 그 무엇이라는 것이다. 이 작용력은 신적인 것이기에 그 목표 역시 신적인 것의 실현이다. 이렇듯 모든 인간은 원칙적으로 신적인 것에 가까워지고, 그로써 스스로 완전해지려고 노력한다. 올바르게 산다는 것은 세계의 그런 신적인 작용이 자기 속에서 자유롭게 드러나게 하고, 그것을 이기적이고 편협하게 억제하지 않는다는 걸 의미한다.

이런 작용은 어떤 식으로 상상해야 할까? 신적인 동력은 세속적 사물의 세계로 어떻게 전환될까? 륄은 그것이 불과 같다고 썼다. 불은 불이 붙으니까 타오른다. 불은 순수한 형태의 신적 작용력으로서, 하나의 대상에 점화되어 자기를 더 커지게 하려는 갈망으로 충만하다. 반면에 타오르는 불이 만들어 내는 것, 즉 물을 끓이건, 나무를 태우건 그 활동으로 만들어지는 것은 부차적인 부분이다. 대상들의 세계에서 구체적인 작용(가열 또는 연소)

은 생각할 수 있는 많은 전환들 가운데 하나일 뿐이다. 달리 말해서, 불 자체는 잠재력이거나 가능성이고, 연소와 가열은 그때그때 생성되는 현실이다.

륄에 따르면 태초에는 혼돈, 즉 신적인 잠재력의 거대한 덩어리만 존재했다. 이 덩어리에서 원소와 생물 종이 생겨났다. 그것들 속에는 신의 작용력이 내재하기에 세상 만물은 신적인 것에 다시 다가가길 갈망한다. 만물이 자신을 탄생시킨 〈일자〉와 하나가 되려고 한다는 것은 플로티노스의 오래된 사상이다. 그런데 플로티노스와는 달리 륄은 인간 영혼에 대해서만 말하지 않는다. 그가 볼 때는 자연 만물이 완전함을 갈망한다. 다만 개별 원소나 개구리, 엉겅퀴는 각각 자기 종에 맞는 수준까지만 이를 수 있다. 다시 말해서, 종의 한계가 그들이 완전해질 수 있는 가능성의 한계인 것이다. 륄의 사유에는 신학적 진화론의 모델 같은 측면이 담겨 있다. 그에 따르면 자연 만물은 처음엔 좀 더 고차원적인 것으로 발전하려고 애쓰고, 그다음엔 자신을 퍼뜨리려고 노력한다.

인간은 자기 속의 신적 작용을 의식적으로 감지하고 탐색하고 규명할 수 있다는 점에서 다른 자연 만물과 구분된다. 따라서 신적인 것에서 영감을 받은 인간 정신의 과제는 스스로를 인식하고, 그런 방식으로 성찰하면서 자기 자신에게로 돌아가는 것이다. 이는 철학에서 새로운 시대를 연 획기적 사유다. 비장하게 말하자면 근세 철학이 여기서부터 시작된다고 할 수 있다. 물론 델피의 신탁도 고대 그리스인들에게 〈너 자신을 알라!〉고 요구했지만, 그건 세계 내에서 자신의 자리를 올바르게 자각해야 한다는 말이었지, 우리가 정신으로 세계를 직접 만들어 낸다는 차원에서 세계가 우리 자신 안에 있다는 뜻은 아니었다. 이 새로운 생각은 나중에 쿠자누스에게만 영향을 준 것이 아니다. 이는 르네 데카르트에서부터 18세기 후반과 19세기 초의 독일 관념론을 거쳐 20세기에 이르기까지 크나큰 영향을 끼친 근세 주체 철학Subjektphilosophie의 시작이다.

륄은 인식의 관점을 180도로 바꾸어 놓았다. 그에 따르면 진리는 세계가 아니라 우리 자신 안에 있다. 또한 그는 훗날의 쿠자누스와 마찬가지로 우리를 궁극으로 이끄는 것이 오성이 아니라 이성이라고 보았다.

그렇다면 그 과정은 어떤 식으로 진행될까? 륄은 미혹되기 쉬운 감각적 지각에서부터 질서 있게 정리하는 오성을 거쳐 명징한 이성으로 나아가는 인식의 길을 소개한다. 이 모든 것은 고전적인 그리스식 사고다. 진리의 신적 영역에 대한 묘사도 새로운 것이 아니다. 그 영역은 〈완전함〉과 〈위대함〉, 〈공정함〉, 〈사랑〉 등 모든 긍정적 속성이 서로 분리되지 않고 맞물린 절대적인 것의 세계다. 이 생각은 플로티노스와 디오니시우스 아레오파기타의 유산이다. 그에 비해 륄이 철학에 도입한 올바른 이성 사용의 〈논리학〉은 새롭다. 그가 볼 때 상상력과 오성은 인간 인식을 제한한다. 그런 점에서 〈동물로서의 인간〉에게도 종의 한계가 존재할 수밖에 없다. 우리는 오직 우리의 감각이 느끼는 것만 보고 듣고 냄새 맡고 만지고 맛볼 수 있다. 오성 역시 제한된 논리학으로 인해 스스로 이해할 수 있는 것만 파악할 뿐이다. 하지만 내면의 목소리에 귀 기울이고 깊이 사색하면 우리는 모든 것을 느끼고 알 수 있다. 그럼에도 최고의 인식에 도달하려면 보편적 방법, 즉 새로운 사고 기술이 필요하다. 그 토대는 오직 확장된 새로운 논리학Logica nova일 수밖에 없다. 이 논리학은 오성 세계의 협소한 벽에 갇혀서는 안 되고, 오성의 논리학보다 더 넓고 높은 이성의 유연한 논리학이자, 신앙과 지식을 화해시키는 논리학이어야 한다.

이러한 생각은 오늘날의 많은 독자들에겐 이해가 되지 않고, 비학문적인 방식의 단순한 아이디어 정도로 느껴진다. 논리학과 마찬가지로 합리성도 단 하나만 있을 뿐이다. 게다가 그것들은 영적인 인식과는 아무 관련이 없다. 하지만 문제는 그리 간단치 않다. 인간을 몰아가는 것이 합리성이 아니라는 룰의 생각은 전적으로 옳다. 우리가 선과 사랑, 진리를 추구하는 것은 논리적으로 설명할 수 없다. 대신 우리 안에는 진리를 좇고, 그 과정에서 논리적 사고의 발전을 고무하는 힘이 작용한다. 중세와 근세 초기에는 대부분의 사람들이 그 힘과 에너지가 우리를 인간으로 드높이기 위해 〈저 위에서〉, 그러니까 신적인 것에서 온다고 생각했다. 찰스 다윈 이전 수백 년 동안 사람들은 그 힘들을 오늘날의 생물학자들이 생각하는 것처럼 사회적으로 고도로 세련된 동물적 욕구로 보지 않았다. 그래서 인간의 추구와 사고, 충동과 오성을 동전의 양면으로 보는 룰의 사유는 선구적이다. 그리고 작용력과 합리성을 〈새로운 논리학〉에 함께 담아 생각한 것은 13세기엔 결코 잘못된 길이 아닌 똑똑한 사유이었다.

일부 철학사가들은 〈보편 방법론〉을 근거로 룰을 중세 초기로 분류한다. 캔터베리의 안셀무스 같은 사람들이 신앙과 앎을 통합할 수 있고, 심지어 신도 증명할 수 있다고 믿었던 그 시대의 일원으로 말이다. 그러나 중세 철학은 대체로 신앙과 앎이 일치될 수 없다는 쪽으로 흘러갔다. 토마스 아퀴나스는 지식과 신앙을 전반적으로 분리시키고, 오컴의 윌리엄도 둘을 면도날처럼 날카롭게 구분하지 않았던가? 그러나 룰은 신앙을 철저하게 합리적인 방법으로 파고들어 지식 속에 녹아 내고 싶지는 않았다. 그가 바란 것은 이성의 도움으로, 그러니까 신앙에나 지식에나 마찬가지로 유의미한 이성의 도움으로 신앙에 좀 더 가까이 다가가고 싶었던 것뿐이다. 모든 노력의 목표는 물질적인 것 속에서 영적인 것을 인식하는 것이다. 최고 개념들을 조합하면 우리는 신의 존재를 조금이라도 엿볼 수 있다. 바닷물을 마신 사람은 바닷물이 짜다는 것만 느낄 뿐 바다 전체를 알지는 못한다. 비슷한 방식으로 인간은 전체를 인식하지는 못하지만 신적인 것의 결정적인 관점들은 이해할 수 있다.

중세 학계에서 륄의 명성은 높았다. 그러나 종교들을 화해시키고 기독교의 주도적인 이념 아래 영성화하려는 웅장한 목표는 실패로 돌아갔다. 동시대인들은 그를 〈공상가〉라고 조롱했다. 다만 그 자신은 그런 평가를 즐겼다. 그의 목표들은 사실 공상적이었지만, 그렇다고 해서 그런 목표를 품어서는 안 될 이유가 있을까? 륄은 민족 국가의 형성에 반대했다. 대신 그가 꿈꾼 것은 전쟁 없는 화목한 통일 유럽이었다. 하지만 그의 죽음은 아이러니하게도 폭력적이었다. 고령에 튀니스에서 무슬림들에게 종교적 관용의 이념을 설파하다가 돌에 맞았으니 말이다. 그는 아프리카를 빠져나가는 선상에서 숨을 거두고 팔마에 묻혔다. 살아생전엔 군주와 교황들과 교류하고 파리 소르본 대학에서 학생들을 가르쳤던 그였지만 나중엔 교회에 의해 수상쩍은 인물로 낙인찍혔다. 륄의 철학에서는 영적 깨달음을 얻으려고 노력하는 개인이 중심에 서 있었다. 관료적인 제도와 독단적인 교리의 지배를 받는 교회는 별로 중요하지 않았다. 그래서 죽은 지 60년 뒤 교황 그레고리우스 11세는 그를 이단으로 선포하고, 륄의 저서는 금지되고 불태워졌다. 19세기에 들어서야 그의 명예는 회복되었다. 1847년 교황 비오 9세가 그를 성인으로 추대한 것이다.

내면의 진리

황금빛 둥근 천장 아래의 한 서늘한 공간에 알프스 북쪽 최대 규모로 보존되어 온 중세의 한 사설 도서관이 자리 잡고 있다. 벽면에 길게 늘어선 짙은 색의 소박한 목재 서가에는 대형 서적이 줄지어 꽂혀 있다. 오늘날에도 베른카스텔쿠에스에 있는 쿠자누스 도서관을 방문하는 사람이라면 과거의 어마어마한 지식에 압도되어 경건한 감탄을 터뜨리게 된다. 신학과 철학을 비롯해 수학, 천문학, 물리학, 의학에 관한 서적들이 즐비하다. 그런데 유독 한 사람의 저서가 다른 저자들보다 더 많이 꽂혀 있었으니, 그 주인공은 바로 라몬 륄이다.

쿠자누스는 그 위대한 카탈루냐인에게 경탄을 금치 못했다. 륄이 100년도 훨씬 넘은 과거에 그랬던 것처럼 쿠자누스 역시 기독교 신앙을 외부 세계에서 내면세계로 옮겨 놓으려 했다. 영성은 인간이 외부 세계에서 찾을 수 있는 것이 아니다. 신을 경험한다는 것은 명상과 성찰을 통해 자기 속에서 신을 경험한다는 것을 의미한다. 그것도 무엇보다 라몬 륄의 〈새로운 논리학〉과 같은 이성을 통해서 말이다.

쿠자누스는 기독교를 〈신비주의적으로〉 해석한 사람이 자기 혼자만이 아니라는 사실을 알고 있었다. 그가 반복해서 9세기 아일랜드 출신의 학자 요하네스 스코투스 에리우게나를 언급한 것도 그 때문이었다. 륄과 같은 시대에 살았던 호흐하임의 에크하르트, 즉 마이스터 에크하르트(1260?~1328)도 이미 같은 내용을 설파했다. 물론 그로 인해 에크하르트는 지극히 나쁜 결말을 맞았다. 아비뇽 교황청의 압박에 시달리다 이단 판결로 화형을 앞둔 상태에서 회오와 고통으로 몸부림치며 숨을 거둔 것이다. 그렇다면 쿠자누스는 조심해야 했다. 신앙의 영성화를 바란다면 괜히 경솔한 행동으로 교황청의 눈 밖에 나서는 안 되었다. 그런데 실제로는 정반대 일이 일어났다. 눈부신 출세가도가 그 앞에 펼쳐진 것이다. 쿠자누스는 바젤과 페라라, 피렌체에서 외교관의 임무를 수행한 뒤 뉘른베르크와 마인츠, 아샤펜부르크에서 열린 제국 의회에 참석해 로마의 이익을 대변했고, 그 과정에서 강성해진 독일 교구들 및 종교 문제에서 점점 중립적 입장을 취해 가는 군주들과 맞서 싸웠다. 1448년 쿠자누스의 결정적인 노력으로 빈 협약이 성사되었다. 그로써 거친 논쟁에 휩싸였던 신성 로마 제국 교구들에 대한 교황의 영향력은 유지되었다. 교황청의 입장에서는 엄청난 성공이었다. 쿠자누스는 이제 교황 자리까지 노려볼 수 있는 위치에 올랐다. 그러나 현실에선 그의 친구 토마소 파렌투첼리가 교황 니콜라오 5세에 즉위했고, 쿠자누스는 추기경에 이어 곧 브레사노네 주교로 임명되었다.

쿠자누스는 200년 만에 처음 나온 독일 추기경이었다. 처음 몇 해는 독일과 북부 이탈리아를 줄기차게 돌아다니면서 분쟁을 조정하고, 반목을 해결하고, 재정 문제를 통괄하고, 판결을 내렸다. 브레사노네의 티롤 지방 제후들과 심각한 충돌을 일으키는 바람에 가까스로 죽음을 모면한 일도 있었다. 1459년 쿠자누스는 교황 비오 2세에 의해 교황 대사 겸 총대리에 임명되었다. 교황청에서 두 번째로 높은 자리였다. 이런 공직 업무에도 불구하고 법률이나 신학과 관련된 실용적인 글뿐 아니라 철학 작품들까지 쓸 시간을 냈다는 것은 정말 놀라운 일이 아닐 수 없다. 특히 1440년대 중반에 외교 사절로 독일에 갔을 때는 무척 짧은 간격으로 굉장히 수준 높은 글을 쓰기도 했다.

쿠자누스 철학의 중심에는 신플라톤주의적 인식이 깔려 있다. 즉, 신적인 것은 그 자체로 절대적이기 때문에 그 실체에 맞게 인식될 수는 없다는 것이다. 인간이 머릿속으로 아무리 가장 큰 것을 생각하더라도 항상 그보다 더 큰 것은 존재하기 마련이다. 그건 가장 작은 것도 마찬가지다. 따라서 우리의 오성은 세계의 참된 크기를 파악하지 못한다. 플로티노스 철학에서 지성은 일자로부터 나오고, 영혼은 지성에서 〈흘러나오는〉 것처럼 쿠자누스는 세계가 가장 큰 것에서 가장 작은 것으로 〈전개된다〉고 생각했다. 이때 그는 자신의 철학을 수학, 그것도 대부분 기하학으로 설명했다. 그전의 많은 사람들처럼 그가 천착한 수학 영역은 원의 구적법(求積法)이었다. 그러나 이것은 도저히 풀 수가 없는 문제였기에 그에게 구적법은 상상할 수 없는 것의 총체인 신과 동일시되었다.

쿠자누스는 교육적 목적으로 집필 활동을 했음에도 독일어가 아닌 라틴어로 글을 썼다. 일반인들이 그의 영성론을 받아들여 교회를 공격하는 데 사용할 위험이 있었기 때문이다. 생각해 보라. 그가 공식적인 신학보다 〈무지의 지〉를 선호한다면 결국 에크하르트와 비슷한 말을 하는 것이 아니겠는가? 그는 진리란 교회의 교리 대신 원의 구적법처럼 불가능한 것 속에서 찾아야 한다고 쓰지 않았던가? 궁극의 진리는 교회 안에 있지 않고 감추어져 있다. 우리가 할 수 있는 것이라고는 그것을 가늠해 보는 것뿐이다. 우리는 세계를 암호화한 기호들의 무한한 그물망을 해석해 내야 한다. 또한 그 과정에서 대립들의 일치를 이해해야 하고, 오성이 세계의 궁극적인 깊이를 규명할 수 없다는 사실을 견뎌내야 한다.

이 모든 것은 보기에 따라 신비주의라고 불러도 무방하지만, 어쨌든 쿠자누스가 교황의 사절이자 고위 정치인으로서 대변하는 세계관과는 완전히 다른 시각이었다. 한쪽이 냉정한 실용주의였다면 다른 쪽은 영적인 침잠이었다. 그의 저술을 읽은 동시대인들은 대부분 그의 철학을 이해하지 못했다. 그렇다면 쿠자누스가 그들에게 말하려고 했던 건 무엇일까? 이런 문제들이다. 무엇이 옳고, 무엇이 그를까? 이젠 어떻게 살아야 할까? 교황의 최측근이던 이 독일인은 토마스 아퀴나스와 스콜라 철학이 더는 유효하지 않다고 말한다. 그러나 15세기의 성직자들은 여전히 그런 사상 세계 속에서 살고 있었다. 그에 비해 쿠자누스가 내보인 인식의 보편 원칙은 그가 설파한 새로운 〈보편 학문〉과 마찬가지로 그들에겐 상당히 모호해 보였다.

이런 상황에서 쿠자누스는 자신의 사상을 소개하는 짧은 입문서를 썼다. 그에게 설명을 청한 테게른제 수도원의 친분 있는 수사들을 위한 책이었다. 쿠자누스는 그들의 인식에 확대경이나 안경 역할을 해줄 텍스트(『확대경에 대하여*De beryllo*』)를 제공하면서, 자신이 말하는 대립의 일치 원칙이 무슨 뜻인지 설명했다. 요약하면 이렇다. 모든 자연 연구는 근본적으로 수학이다. 수학은 우리에게 존재하는 모든 것을 이해할 수 있는 합리적 통로를 열어 준다. 그런데 수학의 본질은 대립들을 불가분의 방식으로 자기 속에서 통합하는 것이다. 만일 우리가 〈다수〉에 대해 말한다면 그것은 우리가 다수를 〈하나〉와 구분할 경우에만 가능하다. 다수는 하나가 있어야 생각할 수 있기 때문이다. 하나가 없으면 다수도 없다. 그로써 부정된 하나는 다수 속에서 함께 생각된다. 무한한 것도 마찬가지다. 유한성과의 구분을 통해서만 무한성의 의미가 나온다. 그렇다면 다수와 하나, 무한성과 유한성은 불가분의 관계로 연결되어 있다. 대립은 대립된 둘을 분리시키는 동시에 결합시킨다. 쿠자누스는 전체 세계를 그렇게 보았다. 세계는 신 속에서야 지양되는, 불가분의 관계로 엮인 대립들의 통일체라는 것이다.

하나가 동시에 다수여야 한다는 점에서 쿠자누스는 플로티노스와 결정적으로 구분된다. 이와 관련해 쿠자누스에게 영감을 준 것은 플로티노스가 아닌 기독교의 삼위일체론이었다. 〈하나〉, 즉 일자는 단순히 하나의 존재가 아니라 하나의 사유다! 물론 이 사유는 논리적 오성의 인식이 아니라 그것을 넘어서는 이성의 혜안을 가리킨다. 이성의 혜안은 룰의 새로운 논리학처럼 영적 토대 위에서 이루어지고, 수학적 논리학을 확고한 지반으로 삼아 신적인 영역으로 둥글게 걸쳐진 논리적 추론이다. 우리가 대립들의 일치라는 보편 원칙을 인식하고 모든 것에 적용할 때 새로운 〈보편 학문〉이 시작된다. 이로써 모든 개인은 륄의 사상과 마찬가지로 사유하고 침잠하면서 신적인 것에 다가갈 수 있다.

나이가 들수록 쿠자누스의 신플라톤주의적 해석도 점점 바뀌어 갔다. 플로티노스에게 〈일자〉는 무언가 우주적으로 객관적인 것이었고, 거기서 지성을 통해 흘러나오는 영혼만이 정신적이었다. 반면에 쿠자누스의 〈일자〉는 영적인 추구의 목표로서 모든 개인 속에 정신적 육체적으로 내재하는 것이었다. 륄과 마찬가지로 그는 이 인식 과정을 인간 스스로를 신격화하는 기회로 이용했다. 무한함과 절대적인 것이 우리 자신 속에 있다는 것이다. 그것은 외부 세계의 일부가 아니라 우리의 내밀한 내면세계에 있다. 따라서 쿠자누스의 주문은 명확하다. 〈세계를 알라〉가 아니라 〈너 자신 속의 세계를 알라〉! 이것이 륄이 시도한 관점의 변화였고, 쿠자누스는 시종일관 그 관점을 유지해 나갔다.

이로써 오늘날의 시각에서 보자면 쿠자누스는 근세의 시작을 알린 사람이었다. 륄의 뒤를 이어 철학의 결정적인 전환을 한걸음 먼저 생각한 사람이기도 했다. 그 전환은 다음과 같다. 나는 내가 세계에 대해 아는 모든 것을 내 생각 속에서 안다. 따라서 내 생각 밖에서는 아무것도 알 수 없는 세계를 탐구해서는 안 된다. 오히려 세계를 인식하려면 내 생각을 깊이 파헤쳐야 한다. 현대적으로 표현하자면, 쿠자누스는 〈의식 철학〉의 초기 대변자다. 이 철학의 시초는 기원전 5세기의 파르메니데스로 거슬러 올라간다. 그러다 디트리히 폰 프라이베르크와 마이스터 에크하르트, 라몬 륄이 중세에 의식 철학의 문을 열어 주었고, 쿠자누스는 그것을 근세로 갖고 들어가 인간에 대한 새로운 관점을 활짝 열어

젖혔다. 이제는 인간이 자기 자신의 설계자이자 자기 세계의 창조자가 된 것이다.

그런데 쿠자누스는 바티칸의 고위 정치인으로서 자기 철학의 현실적인 실행 방안을 어떻게 그리고 있었을까? 자신의 철학으로 교회를 실질적으로 개혁하려 했을까? 아니면 테케른제 수도원과 다른 곳의 수사들에게 자신의 〈보편 학문〉을 가르치는 것만으로 교회와 세상의 개선에 충분하다고 생각했을까? 쿠자누스는 분명 혁명가가 아니었다. 도서관에 남아 있던 마이스터 에크하르트의 몇 되지 않는 필사본까지 치우라고 지시한 사람이었다. 에크하르트는 타락한 로마 교회와 부패한 주교구들의 개혁을 꿈꾸었고, 평신도들의 운동에 희망을 걸었으며, 교육을 받은 사람이건 받지 않은 사람이건 각 개인의 영성을 믿었다. 그러나 그의 꿈은 이루지지지 않았다. 교회가 그의 영적 개혁을 싹부터 잘라 버렸으니 말이다.

쿠자누스는 좀 더 신중하고 조심스럽게 처신했다. 그는 성직자들에게만 자신의 철학을 설파하는 데 그쳤고, 어떤 형태로든 교황의 교회에 대한 공개적인 비판을 삼갔다. 어쩌면 교황의 고문으로서 개혁적인 활동을 할 수 있으리라고 기대했을지 모른다. 그러나 교황 니콜라오 5세는 적어도 일반 신도들의 믿음과 관련해선 영성을 고려하지 않았다. 아니, 정반대였다. 그는 가능한 모든 수단을 동원해서 교황청의 권력을 강화했고, 일반 신도들을 교회에 묶어두기 위해 예술을 비롯해 화려하고 웅장한 무대들을 제공했다. 비오 2세도 그 길을 따랐다. 인간의 내면으로 시선을 돌리는 것으로는 전방위로 위협받는 교황권을 지킬 수 없음은 명확했다. 필요한 건 노련한 정치였다. 가장 큰 위험은 수년 전 콘스탄티노플을 점령한 투르크족이었다. 이런 상황에서 비오 교황은 지극히 세속적인 사고를 했다. 기독교 세계를 향해 군사적 통일을 요구한 것이다. 그는 오랫동안 잊고 있던 카롤링거 왕조의 〈유럽〉 개념을 되살려 냈다. 물론 륄이 꿈꾼 것 같은 국가적 통일체로서가 아니라 기독교적 〈조국〉, 외부의 적에 맞서 공동으로 지켜야 할 영혼의 고향이라는 의미에서였다.

그에 반해 쿠자누스는 이런 상황에서 관용을 설파했고, 이슬람을 포함한 모든 종교의 공통적 영성을 강조했다. 분열 대신 화해를 전면에 내세운 것이다. 이 지점에서도 그는 다시 륄을 모범으로 삼은 듯하다. 투르크인들이라고 해서 〈유럽인들〉처럼 자신들의 신을 믿으면 안 될 이유가 있을까? 물론 쿠자누스도 기독교가 〈더 올바른〉 종교라고 여겼고, 인간의 몸으로 내려온 신으로서 예수의 의미와 삼위일체를 믿었다. 하지만 그러면서도 다른 유일신교들이 자신들의 방식으로 신을 섬기는 것을 인정했다. 쿠자누스는 『신앙의 평화에 관하여*De pace fidei*』라는 책을 썼고, 나중에는 코란에 관한 책도 세 권이나 썼다. 그는 종교들이 무엇보다 저마다의 계율과 관습으로 구분된다고 보았다. 그러나 이런 것들은 신이 만든 것이 아니라 인간의 작품이다. 할례 같은 의식이나 기도 방식을 두고 의견이 갈리는 것은 근본적으로 신앙이 아닌 인간의 첨가물과 해석에 대한 다툼일 뿐이다. 이성적으로 보면, 신의 〈계율〉은 존재하지 않는다. 그런 점에서 종교들의 화합, 심지어 일치에 걸림돌이 될 만한 것은 없다.

쿠자누스가 이런 내용을 집필하는 동안 투르크인들은 그리스 땅에 있는 마지막 비잔틴 주교구들을 정복하고 발칸 쪽으로 밀고 들어왔다. 더구나 쿠자누스가 빈 협약으로 평화를 조성하고자 했던 신성 로마 제국 안에서도 교회와 군주들 사이의 갈등은 멈추지 않았다. 교황의 교회가 저 높은 곳에서 질서를 잡고 통치하던 세계의 몰락은 더는 저지할 수 없을 것처럼 보였으니…….

가치의 전복

쿠자누스는 1464년 8월 움브리아 지방의 도시 토디에서 죽었다. 비오 교황의 주문으로 투르크족에 맞설 십자군을 점검하러 가는 길이었다. 그런데 갑작스러운 죽음으로 그는 또다시 자신의 신념에 반하는 행동을 하지 않아도 되었다. 시신은 로마에 안치되었는데, 심장 없이 이루어졌을 가능성이 크다. 망자의 바람에 따라 심장은 고향으로 보내져 쿠에스에 묻혔다고 하니 말이다. 그게 맞다면 참으로 함축적인 의사 표현이 아닐 수 없다. 이탈리아 땅은 그에게 영원히 이질적인 곳으로 느껴졌다는 뜻일 테니까.

쿠자누스는 마지막 격동의 삶을 이탈리아 땅에서만 보냈다. 시간으로 따지면 총 15년의 세월이었다. 이탈리아에는 그가 예전에 파도바에서 수학할 때 사귄 친구들이 있었다. 수학자이자 의사, 천문학자인 파올로 달 포초 토스카넬리(1397~1482)도 그중 한 사람이었다. 인맥이 넓은 토스카넬리는 쿠자누스의 사상을 이탈리아 철학계에 소개한 인물이었다. 특히 역사적으로는 콜럼버스에게 서쪽 항로로 대서양을 건너 중국으로 가라고 조언한 것으로 유명한 인물이었다. 이 조언의 기저에는 위험한 판단 착오가 깔려 있었다. 이 노정이 너무 멀지는 않을 거라고 예상한 것이다. 만일 예기치 않게 아메리카 대륙이 나타나지 않았더라면 콜럼버스를 비롯해 그의 일행들은 모두 비참한 죽음을 맞았을 것이다. 쿠자누스가 초기 이탈리아 시절에 사귄 또 한 명의 친구는 역사가이자 문헌학자로 나중에는 정치에까지 발을 들여놓은 로렌초 발라이다. 두 사람은 피렌체 공의회 기간 중에 알게 되어 평생 우정을 나누었다.

쿠자누스는 반평생 가까이 이탈리아 땅에 살았음에도 우리에겐 이탈리아 르네상스 문화의 일부로 느껴지지 않는다. 오히려 두 세계 사이의 경계인에 가깝다고 할까! 토스카나의 완만한 언덕들에서도 그랬지만, 그는 대리석 교회와 저택, 궁전들이 늘어선 이탈리아 북부와 중부의 번창하는 도시들에서도 늘 손님이었다. 물론 레몬나무들이 만발한 이 땅에서 출세가도를 달린 건 확실하다. 하지만 그곳은 결코 온전히 그의 세계가 되지는 못했다. 그건 르네상스의 도시들과 그의 지적인 관계를 들여다보면 알 수 있다. 쿠자누스의 저술들에는 새로운 도회지적 분위기와 광장에서의 삶, 그리고 이탈리아 친구들을 움직인 구체적인 정치 이슈가 전혀 나오지 않는다. 왜냐하면 15세기의 이탈리아 〈인문주의〉란 고대의 지적 토대 위에서 새로운 이상적 폴리스를 추구하는 것과 다르지 않았기 때문이다.

반면에 쿠자누스의 세계는 교회에 머물러 있었다. 그의 사상적 빛이 교회를 넘어 북부와 중부 이탈리아의 상업 도시들에 얼마만큼 내리쬐었는지는 오늘날까지도 철학사가들 사이에선 의견이 분분하다. 그 밖에 수십 년 전의 연구 결과에 따르면, 그는 피렌체의 철학자들에게도 영향을 끼쳤다고 한다. 로렌초 데메디치의 주치의 피에를레오네 다 스폴레토(1445?~1492)가 쿠자누스의 저서를 여러 권 갖고 있었던 것이다. 하지만 여기에 특별한 의미를 부여할 필요는 없다. 쿠자누스는 그에게 영감을 준 많은 사람들 중 한 명에 불과했을 테니까.

그가 활동한 시기의 이탈리아는 어떤 모습이었을까? 15세기 초 이탈리아는 아직 통일 국가가 아니었다. 앙주 가문이 통치하던 남부만 어느 정도 결집된 국가 체제를 갖추고 있었다. 반면에 상업이 번창하던 북부와 중부 이탈리아에서는 공국과 도시 국가들이 생겨났다. 이탈리아 땅에는 다섯 개 강대국이 있었다. 베네치아 공화국, 밀라노 공국, 유명한 피렌체, 로마의 교회 국가, 나폴리-시칠리아 왕국이 그것이었다. 북부 이탈리아에는 이런 강대국들 외에 중간 정도 크기의 국가들도 많았다. 제노바, 루카, 시에나 같은 공화국들과 만토바, 페라라 같은 봉건적 도시 국가를 꼽을 수 있다.

공화국들은 부유한 상인 가문이 과두제 형태로 통치했다. 다른 도시들의 지배자는 공작과 백작들이었다. 예를 들면 밀라노의 비스콘티 가문과 스포르차 가문, 페라라의 에스테 가문, 만토바의 곤차가 가문, 리미니의 말라테스타 가문이었다. 이 통치자들 중 몇몇은 세습 군주였고, 나머지는 도시의 가장 강력한 남자들이 시의회에 의해 선출되었다. 개인이나 한 가문이 단독 통치자로 선출되는 것은 이례적인 일이었지만, 전 유럽에서 유일하게 이탈리아에서만 그런 일이 일어났다. 그 배경에 깔린 생각은 꽤 그럴 듯했다. 선출된 시뇨르(지배자)가 유력 상인 가문과 귀족 가문들 사이에서 평화를 조성해야 한다는 것이다. 시뇨르는 물 위의 기름방울처럼 도시의 과두들 사이를 이리저리 떠돌며 이해관계를 조정했는데, 밀라노와 페라라, 우르비노를 다스린 사람들이 이런 종류의 지배자였다.

북부와 중부 이탈리아 상업 도시들의 비상은 독일 황제와 교황 권력에 대한 상인들의 승리였다. 그것을 가능케 한 것은 중세 때 이미 자리 잡은 은행과 신용 대출 제도였다. 많은 직물 공장들 외에 지역의 큰 수입원은 금융업이었다. 곳곳에 은행이 생겨났고, 군주와 황제, 심지어 교황까지 전쟁이든 건축이든 자신의 사업에 필요한 돈을 은행에서 빌렸다. 금융업은 중세 경제의 내적 질서를 뿌리째 뒤흔들었다. 중세 경제는 비록 현실에서 항상 그런 건 아니지만 본질적으로는 신용 경제가 아니었기 때문이다. 중세 경제의 근간을 이루는 것은 경제 성장과 이자 수익이 아니라 영원히 확고하게 정해져 있는 신적 질서였다. 13세기에 토마스 아퀴나스는 시장 물건에 각각 신이 정해 놓은 내적 가치가 있다고 보았다. 그리고 이 가치가 가격을 결정하고, 가치의 수정이나 변화는 거의 허용되지 않는다고 생각했다.

토마스는 인간 세계의 사물과 표상, 개념들이 신에 의해 정해졌고 알맞게 재단되어 있다고 주장했다. 하지만 그의 생전에도 그랬지만 그 이전에도 이미 인간 세계의 개념들이 정말 객관적인 신적 리얼리티와 일치하는지에 대해서는 의구심이 존재했다. 중세의 전 시기를 관통하는 이 갈등은 보편 논쟁이라는 이름으로 역사에 기록되었다. 〈인류〉니 〈선〉이니 하는 말이 실제로 존재하는 것을 가리킬까? 아니면 〈인류〉와 〈선〉은 단지 객관적으로 상응하는 사물이 없는 말, 그러니까 개념적 관습일 뿐일까? 의심하는 사람의 눈에는 오직 개별 인간과 개별적으로 선한 행위만 존재할 따름이고, 더 높은 실재로서의 추상적 개념은 존재하지 않는다. 그것들은 단지 말에 불과하다. 그런 개념들의 의미는 사람들 간의 약속에서 비롯되었고, 신과 신적인 질서와는 아무런 상관이 없다.

이 갈등의 불씨는 15세기까지도 꺼지지 않았고, 〈인류〉가 존재한다고 믿었던 〈실재론자〉들의 견해는 점점 더 허물어지기 시작했다. 반면에 〈인류〉를 실용적인 언어로만 보는 〈유명론자〉들은 세력을 더욱 넓혀 나갔다. 그런데 여기엔 사소하지 않은 문제가 남아 있다. 신이 인간의 권한과 세계를 최종적으로 라틴어로 확정했는가 하는 문제였다. 아니면, 인간에게는 예를 들어 경제나 법률 문제에서 신의 뜻을 물을 필요가 없을 만큼 고유한 재량권이 있는 것일까? 이것을 실질적인 문제에 적용하면 다음과 같다. 시장에서 판매되는 물건들의 가격은 신이 정할까, 아니면 상인과 구매자가 정할까?

중세의 세계 질서와 가치 질서의 가장 과격한 전복은 하필 가톨릭교회가 훗날 성인으로 추대한 두 남자에 의해 이루어졌다.

시에나의 성 베르나르디노(1380~1444)와 피렌체의 성 안토니누스(1389~1459)가 그 주인공이다. 프란체스코회 사제인 성 베르나르디노는 이자를 채권자가 감수해야 할 위험 부담에 대한 정당한 대가로 인정했다. 또한 물건의 가치를 단순히 판매자와 구매자가 생각하는 유용성에 따라 정의했다. 그로써 신이 이자를 금지하고 물건의 〈내적 가치〉에 따라 값이 정해진다는 견해는 거부되었다. 그 결과 이제 사물의 가치를 이상적인 가치와는 무관하게 바라보는 길이 열렸다. 갑자기 〈수요와 공급의 저편에서〉라는 구호가 경제 이론에서 사라졌다. 이제 상품의 가격은 신이 아니라 시장이 결정했다. 피렌체의 대주교인 도미니크회의 성 안토니누스도 같은 의견이었다. 메디치 가문을 비롯해 금융업과 상업에 종사하는 다른 유력 가문들이 지배하는 도시의 정신적 수장이었다. 그 역시 중세의 정체적인 경제 이론에 맞서 자본주의 경제 활동의 활력을 지지했다. 그는 생산비와 조달 비용, 부족함과 수요가 물건의 가격을 결정한다고 보았다. 또한 어떤 것의 가치를 결정하는 것은 신의 가치 척도가 아니라 구매자와 판매자의 〈가치 평가〉라고 했다. 오랜 세월 교회로부터 의심받고 무시당해 왔던 상인 계층이 이탈리아 교회에서 실용주의적 사고를 하는 인물들의 강력한 지원하에 자신들을 옭아매던 종교적 사슬을 벗어 던졌고, 그와 함께 새로운 세계로 나아가는 길이 열렸으니…….

새로운 관점

어음과 편지 교환 / 정신의 고고학 / 이상적 도시 /
토스카나의 플라톤 / 인간의 존엄 / 자유롭지 않은 의지 /
교황과 군주

어음과 편지 교환

고대는 주화의 발명과 함께 시작되었고, 근세는 유가 증권의 발명과 함께 시작되었다. 조금 과장된 표현이라는 생각이 들 수도 있지만, 많은 것들이 그러한 점을 시사한다. 지폐가 없었다면 자본주의는 결코 15세기의 이탈리아에서처럼 그렇게 발전하고 확산될 수 없었을 것이다. 가상의 돈 흐름은 새로운 발견과 발명을 도왔다. 또한 사회가 추상적 개념, 상징적 가치, 허구적 세계와 관계하는 방식을 바꾸기도 했다. 이러한 것들은 서서히 종교에서 경제로 중심점을 이동했고, 그로써 다른 한 영역을 위해 본래의 영역을 탈피했다. 그와 함께 종교에 국한되지 않는 철학과 세계 규명을 위한 여지가 생겼다.

이탈리아 상인들은 중세에 이미 대금을 〈어음〉으로 결제하기 시작했다. 특정 시기에 대금을 지불하겠다는 약속으로서 일종의 신용장을 발행한 것이다. 상인들은 이런 방식으로 시장에서 상품 대금을 지불했고, 그로써 멀리서 온 상인들은 엄청난 양의 주화를 갖고 다닐 필요가 없어졌다. 그런데 시간이 지나면서 사람들은 어음 사용에 훨씬 더 많은 가능성이 숨겨져 있음을 깨닫게 되었다. 어음에 대한 이자는 주화의 경우보다 별 거부감 없이 쉽게 받아들여졌다. 이자 계산을 위해 어떤 통화를 어떤 방식으로 환산할지 면밀히 분석한 표가 만들어졌고, 외국환 거래에 대한 위험 부담 할증까지 생겼다. 그와 함께 그때까지 부수 업무 정도로만 여겨지던 환전업도 이제 상당한 수익을 보장하는 사업 모델로 부상했다. 또한 어음의 양도가 가능해지면서 유가 증권의 거래까지 활발해졌다. 원래 개인적 신뢰를 토대로 시작했던 일이 이제 일반적으로 받아들여지는 현실적 거래가 되었다. 채무자가 정해진 시기에 약속한 어음을 결제하지 않으면 채권자는 법원에 대금 청구 소송을 제기할 수도 있었다. 이런 상황을 고려하면 나중에 추가로 지폐, 즉 종이 화폐가 도입된 것도 그리 새로운 일이 아니라 추상적인 금융업의 연장선상에 있었다.

유가 증권의 사용과 거래는 논리적 추상화의 새로운 단계를 의미했다. 물질적으로 아무 가치가 없는 물건이 갑자기 엄청난 가치를 얻게 되었다. 돈의 물질적 가치는 이제 의미가 없어졌고, 지불과 관련된 거래는 모든 경계를 무제한으로 뛰어넘어 버렸다. 가상의 가치가 생겨났고, 허구적인 자본이 축적되었다. 가상의 가치는 협의와 계약, 서명의 복잡한 체계에서 나온다. 그런데 아무리 늦어도 15세기부터는 돈에 어떤 형태의 한계도 설정되지 않았다면 돈과의 관계에서 우리 인간은 어떤 한계를 지켜야 할까? 돈은 천사와 비슷한 것이 되었다고 하더라도, 인간은 동시대인 지아노초 마네티가 꿈꾼 것처럼 하늘에서 내려와 보통 인간의 형상을 취한 천사와는 거리가 너무 멀다.

교회의 정신적 절대주의로부터의 작별은 정신적 상대주의의 문을 활짝 열어젖혔다. 〈수익〉과 〈이윤〉의 개념은 인간 행위의 정당한 목표로 수직 상승했다. 교회는 이 새로운 관점을 대놓고 비난하지는 못했다. 교회 자체가 피렌체와 다른 지역의 은행들에 빚이 있었기 때문이다. 메디치 가문의 최대 채무자는 다른 누구도 아닌 바로 교황들이었다. 15세기 초 제노바와 피렌체의 은행들은 자신들의 이윤 추구를 수학적으로 체계화하기 시작했다. 〈복식부기〉를 시작한 것이다. 상인 베네데토 코트룰리는 1451년에 복식 부기 쓰는 방법을 기록했는데, 그것은 약 40년 뒤 프란체스코회 수사 루카 파치올리의 저서 『산술, 기하학, 비율과 비례성에 관한 총론*Summa de arithmetica, geometria, proportioni et proportionalita*』에 나온다.

〈가치〉가 신의 뜻이나 섭리보다는 실질적인 사용과 더 많이 관련되어 있다는 사실은 우리 인간이 세계를 보는 관점을 상당히 변화시켰다. 이탈리아 상업 도시들에서는 삶과 공동생활에 대한 새로운 태도가 발전했다. 중세 시대에는 〈공공〉의 중심축이 교회였다. 교회는 그 자체로 교환의 가장 중요한 사회적 주체였고, 사람들에게 교육 기관을 제공했으며, 규범적 법을 제정했다. 그런데 이탈리아의 르네상스에 이르러 새로운 지평이 열렸다. 도시의 중심지인 광장은 고대 전통에 따라 교환의 장이 되었고, 사람들이 과거 어느 때보다 자유롭게 만날 수 있는 공공의 장소로 거듭났다. 그건 1504년 미켈란젤로의 「다비드 상」이 세워진, 정치와 공화정의 상징인 피렌체의 시뇨리아 광장만 떠올려 보아도 알 수 있다.

그전까지 성직과 군주의 위계질서를 토대로 확고하게 정해져 있던 인간들 사이의 경계가 허물어지기 시작했다. 쿠자누스가 확대경에 관한 저서에서 인용한 프로타고라스의 〈인간은 만물의 척도〉라는 말도 다시 현실적인 힘을 얻게 되었다. 상인들의 세계에서 인간들 사이의 질적 차이는 양적 차이에 밀려났다. 사람의 가치가 출생이 아닌 돈에 따라 정해진 것이다.

이탈리아에서는 독일과 달리 철학자라는 직업과 관련해서 완전히 새로운 상이 발전했다. 중세에는 철학자들이 하나같이 수도회와 교회에 복무하는 신학자들이었다면 이제 알프스 남쪽 지역에서는 교회와 동떨어진 공공의 지식인으로서 등장했다. 그들은 정치인이나 정치 고문, 번역가, 사서, 교육자, 사회 개혁가, 공상적 개혁가, 선동가, 저술가로 활동했다. 이 새로운 과제를 위해 사람들은 더 이상 소르본 대학에서 신학을 공부하지 않았고, 오히려 파비아에서 일반 대학 과정을 졸업하거나 볼로냐와 파도바의 당시 가장 중요한 대학들에서 법학을 배웠다. 파도바 대학에서는 법학부 외에 의학부도 인기를 끌었다. 당시 대표적인 의과 대학으로 이름을 날리던 살레르노 대학은 이미 오래전에 그 자리를 내주었다.

이들 대부분의 공공 지식인은 나중에 〈인문주의자〉라는 말로 통칭되었다. 그런데 이 개념은 모호하다. 〈인문주의〉라는 말은 보편적 인간성이라는 뜻에서부터 인문계 고등학교에 이르기까지 다양한 의미로 이해될 수 있었기 때문이다. 오늘날 우리가 사용하는 것과 같은 의미에서의 〈인문주의자〉라는 개념은 19세기에 확립되었다. 15세기 말의 이탈리아에서 이 말은 그저 실용적 목적으로 사용된 개념이었을 뿐이다. 즉, 대학에서 정식으로 고전 언어를 가르치는 사람을 인문주의자라고 했다. 앵글로아메리카 언어권에서는 지금도 이와 비슷하게 인간학과 정신과학을 가리켜 〈인문학〉이라고 한다.

반면에 〈인문주의〉의 철학적 개념은 좀 다르다. 그것은 시인이자 문헌학자이자 역사가인 프란체스코 페트라르카(1304~1374)와 그의 동료 조반니 보카치오(1313~1375)와 함께 시작된 전통과 맥이 닿아 있다. 이들은 그리스 로마 문화를 새롭게 발견했고, 그들의 언어를 연구하고 문체를 모방했으며, 그들의 긍정적인 성취를 기억해 냈다. 15세기의 인문주의자들은 고전 언어의 율법학자들이었다. 다만 고전 언어에서 현재에 맞는 무언가를 끄집어내려는 소망과 마음가짐 면에서는 천차만별이었다. 예를 들어 학문적이고 차분한 인문주의가 있었다면 그 반대편에는 열광적인 공상적 인문주의나 정치 투쟁적인 인문주의가 있었다. 이런 흐름들을 다 합친 것이 바로 훗날 사람들이 〈르네상스(부활)〉라고 부른 시기, 즉 그리스 로마 전통의 정신에 입각해서 유럽 문화의 현대화를 추구한 시기의 특징을 이룬다.

르네상스 사상가들은 자신의 이념을 전달하기 위해 서로 편지를 주고받았다. 정치와 사회에 관한 토론은 대학과 시청, 광장에서만 이루어진 것이 아니라 편지 교환의 형식으로도 이루어졌다. 1451년 서적 인쇄술이 발명되었을 때 이 새 기술은 급속하게 이탈리아 땅에 전파되었다. 이제 책은 빠른 속도로 독자들의 손에 들어갔고, 책을 읽고 함께 이야기를 나눌 수 있는 사람들의 수가 기하급수적으로 늘어났다. 가장 인기 있는 읽을거리는 유명한 남자들의 서신이었다. 편지를 쓴 사람뿐 아니라 편지를 읽고 인용하는 사람도 넓은 의미의 문학계에 속하게 되었다. 많은 인문주의자들이 우아한 신식 라틴어로 글을 썼고, 편지 교환 덕분에 돈을 벌었다. 신뢰 가득한 개인적인 어조의 인문주의적 편지는 내밀한 내용의 내밀한 교환이 아니라 교양 있는 대중들을 향한 박식한 자기표현이었다. 편지들은 이탈리아 안팎에 있는 인문주의자들을 연결시켰을 뿐 아니라 각자의 지명도도 결정했고, 한 사상가가 유명한 편지 교환 상대를 만나게 되면 그의 명성도 덩달아 높아졌다. 이렇게 주고받은 편지들은 나중에 책으로 인쇄되었는데, 그전에 적당하게 각색하거나 미화되지 않는 경우는 아주 드물었다.

정신의 고고학

처음에는 시대의 정신적 전령들에 의해, 나중에는 인쇄물들에 의해 이런 식으로 세상에 전달된 내용은 빠르게 전파되어 당시의 일반적인 사고에 영향을 주었다. 이때 저자들은 자신들의 꿈과 희망을 줄곧 고대와 연관 지었다. 그들은 그리스와 로마에 바탕을 두고 좀 더 정의로운 세계와 좀 더 인간적인 도덕, 좀 더 나은 정치 시스템을 갖춘 국가를 꿈꾸었다. 15세기 초에 고대의 전통을 연구한다는 것은 기독교 전통과 교황 교회 이전의 세계를 탐구하는 것을 의미했다. 그것은 곧 아테네인의 폴리스건, 통일된 제국의 중심지인 〈영원한〉 로마이건 도시가 항상 그 중심에 있는 세계였다.

고대 저자들에 대한 문헌학적인 차원의 면밀한 검토가 시작되었다. 최대의 관심사는 고대 저자들이 가지고 있었던 원래 의도를 찾는 것이었다. 인문주의자들은 옛 원전들에서 기독교가 덧칠해 놓은 것들을 벗겨 냄과 동시에 원래의 정신을 되살리려고 애썼다. 이런 작업의 대가가 로렌초 발라(1406~1457)였다. 로마 출신의 이 청년은 유명한 레오나르도 브루니(1369?~1444) 문하에서 공부했다. 그리스어에 능통한 몇 안 되는 이탈리아인 중 한 명으로 플라톤과 아리스토텔레스의 탁월한 번역자였던 브루니는 나중에 피렌체 공화국의 문서청 수장을 지냈다. 발라는 뛰어난 재능을 가지고 있었지만, 바티칸에 입성하려고 아무리 애를 써도 뜻을 이루지 못했다. 대신 그는 세심하고 정밀한 문헌학자로서 교부들과 스콜라학파의 저술 같은 고대 원전들을 연구했다. 그 과정에서 그의 재능은 유감없이 발휘되었다. 그는 문헌학 해부 도구를 이용해서 고대 원전들을 발굴한 뒤 마치 고고학자처럼 거기에 묻은 이물질들을 철저히 긁어냈다. 그때마다 중세가 고대 전통을 얼마나 왜곡하고 위조하고 오용했는지가 드러났다. 그는 자신의 저서 『쾌락에 관하여*Von der Lust*』에서 미덕을 행복과 동일시하는 플라톤적-스토아적-기독교적 전통을 공격했다. 그 자신은 행복을 미덕이 아니라 쾌락에서 찾은 것이다. 그로써 그는 기독교인들로부터 늘 오명과 비난에 시달린 에피쿠로스학파의 편에 섰다. 그럼에도 발라는 기독교인으로 남았고 에피쿠로스를 훌쩍 뛰어넘었다. 최고의 쾌락은 이승의 삶이 아닌 피안의 세계에 있다고 믿은 것이다.

청년 발라는 피아첸차와 파비아, 밀라노를 거쳐 1433년 카탈루냐와 이탈리아 남부 전체를 통치하던 아라곤 왕국의 알폰소 5세 휘하에 들어갔다. 여기서도 그는 철학과 신학을 잘못된 전통으로부터 정화하는 회의론자로서 이름을 날렸다. 친구인 쿠자누스와 마찬가지로 발라도 기독교의 새로운 토대를 찾았다. 그는 페트루스 아벨라르, 라몬 룰, 오컴의 윌리엄, 장 뷔리당 같은 〈유명론자〉의 전통에 입각해서 언어와 현실이 일대일로 일치한다는 것에 회의를 품었다. 우리는 사물들의 세계가 아닌 사물들에 대해 우리 스스로가 만들어 낸 표상과 개념들의 세계에서 살아간다. 그렇기 때문에 앞으로 우리는 온갖 변형이 난무하는 실질적인 존재자 자체가 아니라 우리 머릿속의 사물들에 대해서만 이야기해야 한다. 과거에 아리스토텔레스가 사물들 속에서 보았던 진리는 더 이상 존재하지 않고, 인간 이성의 명확한 판단 기준만 존재할 뿐이다.

이 점에서도 발라는 쿠자누스와 의견이 같았다. 그러나 교회를 향해 경직된 교리와 편협한 신앙 공식들을 쓰레기통에 던져 버리라고 요구한 면에서는 훨씬 강경했다. 특히 그가 신앙의 원칙이 아닌 교회의 자기 오해일 뿐이라고 여긴 삼위일체론에 대한 폐기 요구가 거셌다. 그의 저술 『변증법과 철학 뒤엎기*Repastinatio dialecticae et philosophiae*』는 페라라와 피렌체에서 연합 공의회가 개최될 징후를 보이던 시기에 나왔다. 발라는 동서방 교회의 계획된 화해에 대해서는 열광적으로 지지했다. 그러면서 이 기회에 화해를 가로막는 다른 모든 것들까지 제거하고자 했다. 연합 공의회에 대한 그의 요구는 이랬다. 로마 교회는 삼위일체론에서부터 토마스 아퀴나스의 아리스토텔레스 수용에 이르기까지 교회의 온갖 잡동사니를 신속하게 치워 버려야 한다!

알폰소 5세는 발라를 아주 마음에 들어 했다. 자신의 숙적인 교황에게 이 친구가 아주 제대로 한방을 날렸기 때문이다. 쿠자누스도 알고 있던 사실이지만, 1440년경 발라는 8세기 이후에 로마 황제 콘스탄티누스가 교황에게 교회 국가(로마 교황령)를 선사했다고 하는 문서가 위조된 것임을 꼼꼼하게 증명한 것이다. 이는 명백한 스캔들이었다. 역사적으로 맞지 않는 이름들과 문체에 대한 발라의 정밀한 분석은 다른 해석을 허용하지 않았다. 그렇다면 콘스탄티누스 기증서는 훨씬 이후에 만들어진 것이 분명했다. 이로써 발라는 글자 그대로 교황의 교회가 설 땅을 빼앗아 버렸다.

그는 이 일로 자신이 화를 입게 되리라는 걸 잘 알고 있었다. 역시 예상대로였다. 1444년 나폴리 종교 재판소가 그를 소환했다. 그런데 그가 법정에 선 건 콘스탄티누스 기증서의 위조 사실을 밝힌 것 때문이 아니었다. 사실 가톨릭교회로선 그 일을 영원히 묻고 싶었지, 괜히 다시 끄집어내어 논란을 일으키고 싶지는 않았을 것이다. 발라가 기소된 건 삼위일체론에 대한 비판 때문이었다. 그런데 기독교에 토대를 두고 신학을 비판한 이 철학자는 위기를 무사히 벗어날 수 있었다. 알폰소 5세가 보호의 손길을 뻗었을 뿐 아니라 4년 뒤에는 로마 교황청까지 그에게 우호적인 환경으로 바뀐 것이다. 발라의 인문주의 친구이던 파렌투첼리가 로마 교황 니콜라오 5세로 즉위하면서 쿠자누스의 추천을 받아, 그전에 법외 지역으로 추방된 발라를 다시 불러들였다. 교황은 1455년 그를 교황청 비서로 임명했고, 수사학 교수직까지 안겨 주었다. 하지만 그에게 허락된 시간은 많지 않았다. 1457년 8월에 숨을 거둔 것이다. 그는 라틴어의 올바른 사용에 관한 교과서를 남겼는데, 이 책은 그의 사후에도 출간을 거듭하며 수백 년 동안 살아남았다.

이상적 도시

발라가 고대 세계의 본래적인 정신을 다시 소생시키려고 애쓰는 동안 다른 많은 유명한 남자들은 전혀 다른 분야에서 세계를 새로운 빛과 시각으로 조명하는 일에 몰두했다. 이 사람들은 〈기술〉이라는 말이 당시 새롭게 정의된 특별한 의미로 사용되고 있었다고는 하더라도 어쨌든 기술자들인데, 오늘날 르네상스 하면 가장 먼저 떠오르는 이름들이기도 하다. 피에로 델라 프란체스카, 산드로 보티첼리, 레오나르도 다빈치, 라파엘로, 미켈란젤로 같은 화가들이 그 주인공이다.

건축가 필리포 브루넬레스키는 1410년 자신이 발견한 원근법(중심 투영법)을 이용해 피렌체의 두 광장, 즉 시뇨리아 광장과 산 조반니 광장을 스케치했다. 이 그림들은 오늘날 남아 있지 않지만, 회화에서 원근법의 서막을 열었다고 할 수 있다. 이런 형태의 새로운 그림은 인간들을 실제 공간에 입체적으로 집어넣음으로써 훨씬 더 사실적으로 묘사했다. 이 새로운 기법은 조토와 함께 발전하기 시작해서 마사치오와 피에로 델라 프란체스카 같은 화가들에 이르러 완성되었다.

원근법의 기술을 이론적으로 정립한 사람은 제노바 출신의 레온 바티스타 알베르티(1404~1472)였다. 그 역시 페라라와 피렌체 공의회의 참석자였는데, 젊을 때 이미 교황청의 비서로 발탁되어 일찍이 출셋길에 접어들었다. 알베르티는 당시의 많은 인문주의자들처럼 법률가 집안에서 태어나 볼로냐에서 교회법을 공부했다. 게다가 수학과 물리학, 광학에도 깊은 관심을 보였다. 교황청의 비서로 일하던 시기에는 『가족에 관하여*I Libri della famiglia*』라는 책을 썼다. 행복한 어린 시절을 보내지 않았음에도, 아니 어쩌면 바로 그 때문에 이 책에서 시민적 가족의 이상적인 삶을 그려 냈는지 모른다. 그렇다고 그는 결코 공상가가 아니었다. 비슷한 시기에 어둡고 혼란스러운 장면들이 히에로니무스 보스의 그림을 연상시키는 문학 작품들을 썼으니까 말이다. 이 작품에서 그는 인간과 사회의 어두운 측면을 시적으로 묘사했다. 여기서 국가 권력자들은 무능하고 무자비한 존재로, 사회적으로 쓸모 있는 것은 사실 쓸모없는 것들로, 부부는 서로에게 지조를 지키지 않는 관계로, 삶은 허상으로 가득한 것으로 묘사되었다.

한편에서는 가족과 사회에 대한 밝고 낙관적인 시선이, 다른 한편에서는 몹시 비관적이고 일그러진 악몽이 나오는 걸 보면, 알베르티는 가슴속에 두 개의 영혼을 품고 있으면서 그때그때 찬란한 희망과 깊은 불안 사이를 오간 것으로 보인다. 이런 점에서 그는 몽상적인 마네티나 냉철한 발라와 구분되는 한편, 예술에 대해, 그러니까 회화와 건축에 대해 글을 쓰기에 최적의 조건을 가진 인물로 볼 수 있다.

르네상스에서 회화와 건축의 고공비행은 결코 우연이 아니다. 귀족이나 재력가, 은행가로서 자신을 위세를 드러내고 싶은 사람은 14세기부터 공공건물이나 자신들의 개인 건물에 프레스코를 그리게 했다. 그런 면에서 도시의 시민 계급은 교회와 경쟁했고, 그로써 세속적인 회화의 중요성은 점점 커져 나갔다. 유명 화가들은 높은 보수를 받았고, 그런 인기를 바탕으로 신예 화가들이 줄지어 나타났다. 그런데 〈천재〉로 추앙되는 화가들조차 자신이 원하는 것을 그릴 수는 없었다. 예술은 심성의 고양이나 예술을 위한 예술의 미학에 복무하지 않았다. 고촐리의 동방 박사 행렬이 보여 주듯 주문자에 대한 찬미가 일차적 목표였다. 토스카나, 움브리아, 에밀리아로마냐, 또는 롬바르디아의 실력자들은 자신들의 초상화를 실물보다 훨씬 크게 그리게 했고, 자신들이 아서왕 소설의 낭만적 프랑스 기사나 고대 영웅들로 그려진 것을 보고 흡족함을 감추지 못했다. 자신들의 선하고 정의로운 통치를 돋보이게 함으로써 스스로 위인들의 반열에 들어갔다고 생각한 것이다. 이렇듯 멋지게 장식된 방들은 개인적 선전의 쇼룸이자 정치적 선전의 과시 공간이었다.

르네상스의 거의 모든 예술가들이 이런 조건하에서 일했음에도 자기만의 스타일을 발전시켜 나가는 데는 아무 제한이 없었다. 바로 이것이 알베르티가 『회화론*De pictura*』을 쓰게 된 토대였다. 이 책에서는 그림과 조각 분야에서 주제와 모티프, 의도가 주문자들에 전혀 좌우되지 않는 것처럼 다루어진다. 대신 고대 전통에 따라 편안한 비율과 완벽한 예술적 표현력 같은 미술의 독자적 목표들이 제시되었다. 알베르티에게 미술은 수사학 같은 수단이나 다름없었다. 그러니까 모방과 형상화를 통해 무언가 〈참된 것〉을 드러내는 것이 미술이라는 얘기다. 알베르티가 생각하는 미술은 수단만 다를 뿐 일종의 철학이다. 미술의 토대는 기하학과 광학의 법칙이다. 철학이 논리학을 수단으로 사고를 탐구하는 것처럼 회화는 광학을 수단으로 〈보는 것〉을 탐구한다. 또한 철학자가 인간의 인식을 해석하는 것처럼 화가는 인간의 경험을 해석한다. 화가는 영혼의 움직임을 몸의 움직임으로 풀어내고 미에 대한 감각을 일깨운다. 게다가 관찰자들이 새로운 인식과 이해에 도달하도록 고무하고, 인간의 삶을 개선하려는 원대한 계획을 품고 일한다.

알베르티에게 미술은 결코 특권 상류층만의 소유물이 아니라 거장과 전문가 들이 만들어 내는 담론이었다. 어떤 그림이 좋은지는 주문자들의 지위나 명성, 이해관계가 아닌, 오직 화가의 능력과 관객의 훈련된 심미안에 따라 결정되었다. 즉, 미술에 대해 무언가 알고 있느냐 알고 있지 않으냐가 결정적인 문제라는 것이다. 화폐 경제와 비슷하게 미술에 관한 담론도 사회적 서열과 사회 계층을 따지지 않는다. 미술에서는 도시나 국가들의 사회적 위계질서 같은 규칙이 적용되지 않는다. 그런 점에서 르네상스에서 〈미술〉이라는 사회적 체계가 형성된 것은 지극히 역설적이다. 피렌체, 밀라노, 베네치아, 페라라, 리미니의 권력자들은 음험하게 벌어들인 돈과 수상쩍게 쟁취한 권력에 영광스러운 이미지를 입히려는 생각밖에 없었다. 그러면서도 전해져 내려오는 규칙이 아닌 독자적인 규칙에 따라 작동하는 새로운 미술 체계의 태동을 장려했다.

미술에 관한 이런 이야기는 건축에 더 잘 맞아떨어졌다. 알베르티는 1443년과 1452년 사이에 쓴 대작 『건축론*De re aedificatoria*』에서 건축가를 자유로운 예술가로 높이 평가했다. 건축가는 공공건물과 사적인 건물의 관계에 대해 숙고하고, 다양한 사회 계층이 건축에서 어떻게 적절하게 배려될 수 있을지 고민한다. 그러면서 이상적인 삶을 위한 많은 공간을 갖춘 이상적인 도시를 꿈꾼다. 알베르티는 도시의 모든 사회적 개선이 건축과 함께 시작된다고 확신했다. 〈마지막으로 언급하자면, 한 공동체의 지속성과 명성, 장식에 가장 필요한 존재는 건축가다. 우리가 쉴 때는 편안하고 쾌적하고 건강하게, 일할 때에는 편리하고 경건하게, 그리고 평상시에는 언제든 안전하고 품위 있게 살아가게 해주는 사람 말이다.〉[5] 미래의 건축이 세계의 개선에 앞장서야 한다는 것이 그의 지론이었다. 그로써 건축가의 새로운 자화상이 생겨났다. 제도판과 컴퍼스, 돌로 철학하고, 그로써 세상을 좀 더 최적의 장소로 만들라는 요구가 건축가들에게 부여된 것이다. 알베르티 이후 수없이 쏟아져 나온 이상적인 도시 계획은 논리적 정밀함으로 이상 사회를 만들어 내야 했다. 이러한 판타지는 르네상스에서 바우하우스를 거쳐 21세기까지 계속 꽃을 피웠고, 오늘날에도 거의 모든 도시 계획가들의 열정에 영감을 주고 있다.

하지만 건축가로서 알베르티의 삶은 그다지 계획적이지 않았고 오히려 몹시 굴곡이 심했다. 니콜라오 5세의 도시 건축 고문으로서 그는 도시 개량과 정비 사업에 착수했고, 여러 개의 교회들을 신축했다. 반면에 개인적으로 주문받은 일과 관련해서는 그의 이론을 무용지물로 만들어 버리는 많은 불쾌한 상황과 맞닥뜨렸다. 그로 인해 알베르티는 만토바에서 루도비코 곤차가의 주문으로 착수한 교회 두 곳을 완성하지 못했고, 리미니에서는 저명한 시지스몬도 말라테스타의 주문으로 시작한 판테온도 미완성으로 남겼다.

알베르티는 1472년에 죽었다. 그의 저서들, 특히 건축에 관한 저서는 이상 도시의 설계라는 새로운 장르의 토대가 되었다. 그런 도시의 설계와 관련해서 알베르티는 의식적으로 최상의 도시를 고안한 철학적 전통에 접목했고, 플라톤에 열광했다. 그런데 수사학적으로 묘사된 칼리폴리스와 마그네시아에만 매료된 것이 아니라 플라톤의 〈미의 이데아〉도 받아들였다. 플라톤에게 미는 근원에 대한 아득한 기억으로 우리의 영혼 속에 살아 있는 천상의 무엇이었다. 그러나 알베르티는 미의 이데아에 예술적으로 다가갈 수 있는 건 오직 건축가들뿐이라고 대담하게 주장했다. 회화와 문학 같은 모든 모방 예술은 세상의 세속적인 사물만 복사할 뿐이라는 것이다. 반면에 알베르티는 화가와 건축가를 천상의 장려한 미를 수학적으로 정확하게 작품 속에 옮겨 놓는 천재로 보았다. 이때 이상적인 것에 대한 그의 요구는 모든 인간적인 것을 드높이 고양시키라는 준엄한 도덕 명령으로서 모든 예술적 산물을 관장하는 감독 기관처럼 기능했다.

토스카나의 플라톤

1440년대에 알베르티가 건축에 관한 책을 저술할 당시 이탈리아에서 플라톤은 이미 오래전부터 누구의 입에도 오르지 않는 이름이 되어 있었다. 13세기에 재발견된 이후 〈철학자〉의 전형으로 간주된 아리스토텔레스와는 정반대 상황이었다. 물론 비잔틴 학자들은 오래전부터 플라톤과 아리스토텔레스 중에서 누가 더 위대하고, 누구의 말이 옳은지를 두고 토론을 벌였지만, 그조차도 처음엔 피렌체에서 망명 생활을 하는 그리스인들 사이의 논쟁에 지나지 않았다.

알베르티는 플라톤의 초기 지지자 그룹에 속했다. 그는 페라라와 피렌체 연합 공의회에 참가한 교황 사절단의 일원으로서 비잔틴 학자들이 공의회에서 침을 튀기며 주고받는 논쟁에 귀를 기울였다. 그 학자들 중에서 가장 유명한 사람이 보통 플레톤(1360?~1452)이라 불리는 그리스인 게오르기오스 게미스토스였다. 고촐리의 프레스코에 파란색 황금색 모자를 쓰고 수염이 무성한 노인으로 그려진 그 인물 말이다. 플레톤은 펠로폰네소스 반도에 있는 스파르타 인근의 요새 도시 미스트라에 살았다. 거기에 플라톤과 플로티노스의 전통에 맞는 이상적 생활 공동체를 꾸려 놓고 철학적 구루의 역할을 자처했다. 그는 공의회가 끝난 뒤에도 상당 시간 피렌체에 머물면서 이 도시의 지식인들에게 플라톤에 대한 지대한 관심을 불러일으켰다.

중세 후기에 플라톤은 아리스토텔레스와는 달리 별로 대수로운 인물로 여겨지지 않았고, 심지어 어느 정도는 잊힌 상태였다. 그의 대화편들조차 대부분 라틴어 번역이 이루어지지 않았다. 플레톤은 이 위대한 고대 철학자에 대한 경시의 분위기를 바꾸려고 애썼고, 피렌체의 학자들에게 아리스토텔레스가 아닌 플라톤이 더 중요한 철학자라고 거듭 설명했다. 그 과정에서 그는 플라톤을 신학적인 의미로 재해석하면서 플라톤의 가르침을, 안타깝게도 그사이 기독교인과 무슬림들이 너무 멀리 떠나 버린 일종의 근원 종교로 풀이했다.

플레톤은 동방과 서방 양대 기독교회의 분열을 극복해야 할 연합 공의회에 정말 플라톤의 사상을 끌어들여 해결할 생각이었을까? 그것은 현실적인 해결책으로 들리지 않았다. 게다가 플레톤은 라틴어를, 피렌체인들은 거의 모두 그리스어를 할 줄 몰랐다는 사실도 그에게는 불리하게 작용했다. 반면에 플레톤의 최대 적수 중 한 명인 크레타 출신의 게오르기오스 트라페춘티오스(1395~1472?)에게는 그런 문제가 없었다. 플레톤이 아직 미스트라에 있을 때 트라페춘티오스는 베네치아와 파도바, 비첸차를 돌아다니며 라틴어 식자층에게 그리스어를 가르쳤다. 그러다 공의회 기간에 맞춰 피렌체에 왔고, 거기서 그 열성적인 플라톤주의자와 논쟁을 벌였다. 트라페춘티오스는 비잔틴 사람들이 숭배하는 플라톤에 맞서 기독교인들이 받아들인 아리스토텔레스를 적극 옹호했고, 플레톤을 가리켜 기독교의 신을 믿지 않는 이교도라고 비난했다. 정말 이보다 더 어리석고 더 비역사적일 수는 없어 보이는 적대적 입장이었다. 생각해 보라. 플라톤은 어쨌든 영혼 불멸과 세계의 순수 영적인 기원을 믿은 반면에 아리스토텔레스는 영혼의 유한성을 주장하지 않았던가! 게다가 세계에 대한 아리스토텔레스의 설명은 전체적으로 물리적이고 유물론적인 입장에 뿌리를 두고 있었고, 초감각적인 것과 천상의 것에는 별로 공간을 허용하지 않았다.

플레톤과 트라페춘티오스의 논쟁을 비롯해 당시의 여러 대립들이 말해 주는 것은 분명하다. 고촐리가 그림 속에서 낙원과도 같은 평화와 일치로 표현한 세계가 실제로는 깊은 간극과 다툼, 오해들로 분열되어 있었다는 것이다. 15세기 초의 기독교도 토마스 아퀴나스의 잘 정돈된 철학을 오래전부터 불만스럽게 생각해 오던 철학자들만큼이나 분열과 혼돈의 소용돌이에 빠져 있었다. 중세의 대표적인 이데올로그들이 주창한 정체된 세계는 부단한 변화와 전복의 동력에 자리를 내주어야 했다. 이제는 그 어떤 것도 확실하고 분명하고 확고부동하게 보이지 않았다. 기억할 만한 1439년의 그 6개월 동안 피렌체에서 논쟁을 벌인 사람은 플레톤과 트라페춘티오스만이 아니었다. 피렌체 자체가 지식인 세계의 뜨거운 용광로로 변해 버렸다. 수많은 철학자와 신학자, 의사, 법률가들이 각자의 저술을 갖고 이곳으로 집결하면서 비잔틴과 서방 세계의 교류라는 결실이 맺어졌다.

콘스탄티노플에서 페라라를 거쳐 피렌체로 온 학자들 중에는 플레톤의 제자 바실리우스 베사리온(1403?~1472)도 있었다. 흑해 연안 트라페춘트(오늘날의 트라브존) 출신의 이 남자는 니케아 대주교로서 비잔틴 학계에선 혜성과도 같은 존재였다. 피렌체 공의회에서 동방 교회의 협상을 이끈 사람도 서른여섯 살의 이 젊은 대주교였다. 그는 자신의 총대주교에게 성령이 성부뿐 아니라 성자에게서도 흘러나온다는 것을 인정하게 함으로써 교황에 대한 양보를 종용했다. 이로써 정교회의 수장은 1,000년 이상 두 교회를 분열시킨 가톨릭교회의 신앙 원칙을 마지못해 승인했고, 그와 함께 교회 통일의 길이 열렸다.

교황은 그에 대한 감사의 뜻으로 베사리온을 로마 가톨릭 교회의 추기경에 임명했다. 베사리온의 교황 측 협상 파트너였던 인문주의자이자 번역가인 암브로기오 트라베르사리(1386~1439)는 그해 10월에 죽었고, 자신이 번역한 디오니시우스 아레오파기타의 저서를 피렌체 학계에 유산으로 남겨 주었다. 이 저서들을 통해 기독교적 신플라톤주의자였던 아레오파기타는 이탈리아 지식인들 사이에서 널리 알려지게 되었다. 이 저서들은 흡사 바빌론의 혼돈과도 비슷해 보였던 15세기 초 학계의 혼란 속에서 기독교와 철학을 새로이 융합하는 데 훌륭한 영감을 주었다. 고령의 레오나르도 브루니는 플라톤의 명성을 구약 성서의 위치로까지 올려놓았고, 그와 동시에 점점 덩치가 커지는 철학 공동체에 아리스토텔레스와 플라톤의 번역본들을 제공했다. 그 외에 추가적인 동력도 있었다. 1453년 콘스탄티노플이 정복된 뒤 이탈리아로 넘어온, 그리스어를 사용하는 수많은 지식인들이 그 동력이었는데, 이들 상당수가 이탈리아 땅에 학교를 세우고 피렌체와 다른 비슷한 도시들에서 귀족 자제들에게 그리스어를 가르쳤다.

알베르티가 자신의 예술 이론을 위해 플라톤의 이데아론을 연구할 당시 마르실리오 피치노(1433~1499)라 불리던 필리네 출신의 마르실리우스는 아직 어린아이였다. 그런데 청년 시절부터 고대의 그 위대한 철학자에게 완전히 매료당했다. 피치노는 메디치가의 주치의였던 아버지의 권유에 따라 의학을 공부했지만, 스물세 살에 벌써 플라톤 철학에 관한 첫 번째 책을 발표했고, 1년 뒤에는 〈쾌락〉을 둘러싸고 벌어졌던 고대의 다양한 해석에 관한 두 번째 책을 출간했다.

피치노는 플라톤을 좀 더 잘 이해하려면 그리스어를 공부해야 했다. 당시 피렌체에는 그리스 고전을 그리스어로 읽을 수 있는 사람이 여전히 몇 되지 않았다. 그와 관련해서 젊은 피치노는 처음부터 적극적인 후원을 받았다. 메디치 가문은 피렌체를 오랫동안 막후에서만 지배했을 뿐 형식적으로는 공화국의 재상들에게 권력을 맡겼다. 그러던 것이 15세기 중반에 이르자 메디치 가문 스스로가 시뇨리아 광장과 베키오 궁전을 지배하는 중심적인 존재가 되었다. 고촐리의 프레스코에서 메디치가의 후손이

빛을 받는 중심에 서 있는 것처럼. 피치노는 일찍부터 그들의 총애를 받았다. 코시모 데메디치는 젊은 플라톤 전문가를 후원할 강력한 이유가 있었다. 돈을 가진 많은 사람들이 그러하듯 그는 신앙과 비합리적인 영역, 도덕을 보존하고 싶어 했다. 만일 모든 사람이 상인처럼 생각한다면 세상 꼴이 어떻게 되겠는가? 모든 것을 경제성과 유용성의 논리로만 따진다면 이 사회에서 진정한 가치가 설 자리란 어디란 말인가?

피치노가 서른 살이던 1463년 늙은 코시모는 피렌체 근교에 자신이 예전에 살던 카레기 빌라를 그에게 넘겨주었다. 그러면서 플라톤의 작품을 모두 모아 라틴어로 옮기라고 주문했다. 그런데 주문자의 요구는 거기에 그치지 않았다. 플라톤 철학을 이용해서 기독교 신앙의 옛 세계와 상업, 의학, 자연 과학적 지식으로 무장한 새로운 세계 사이의 점점 벌어져 가는 간극을 메우라고 했다. 피렌체와 제노바, 베네치아의 상인들이 돈 말고 다른 모든 것에 대한 믿음을 잃고, 파도바와 볼로냐의 의학자들이 인간의 몸 어디서도 영혼을 찾지 못하고 있다면 피치노가 나서서 플라톤의 도움으로 그것을 바로잡아야 했다.

젊은 플라톤 숭배자는 열성적으로 작업에 임했다. 1468년까지 플라톤의 모든 대화편이 새로 번역되었고, 1484년에는 인쇄까지 되었다. 이제야 플라톤 전집은 일반인들의 접근이 다시 가능해졌다. 피치노의 문체는 원문에 충실했을 뿐 아니라 쉽고 유연했다. 그는 번역만 한 것이 아니라 『향연』의 경우처럼 상세한 주석까지 달았다. 이 작품은 『사랑에 관하여*De amore*』라는 제목으로 철학사에 올랐는데, 그와 함께 사랑을 세속적 사랑amor과 천상의 사랑caritas으로 나눈 피치노의 생각도 철학사에 기록되었다. 어쨌든 얼마 지나지 않아 카레기 빌라에는 이 도시의 지식인들이 찾아오기 시작했다. 그중에는 알베르티를 비롯해 인문주의자 크리스토포로 란디노, 젊은 시인 안젤로 폴리치아노 같은 사람들이 있었다. 이들은 스스로를 〈아카데미카〉라 칭했다. 카레기 빌라가 학교 식으로 운영된 것은 아니었음에도 플라톤의 아카데메이아 정신을 따르겠다는 일종의 선언인 셈이었다. 그런 와중에도 피치노는 자신이 할 일을 열정적으로 계속해 나갔다. 코시모 데메디치가 서가에 비치하기 위해 구입한 헤르메스 트리스메기스토스라는 인물의 저술을 번역한 것이다. 이 텍스트 모음집은 모세 시대에 살았던 한 현자의 유작으로 여겨졌는데, 거기엔 온갖 마법의 주문을 포함해 공통의 뿌리에서 유래한 모든 종교의 기원이 담겨 있었다. 다른 동시대인들도 마찬가지지만 피치노도 이 텍스트를 태곳적의 것으로 여겼다. 그러다 나중에야 그것이 모세 시대가 아니라 2세기경에 나온 것으로 밝혀졌다. 피치노는 그 밖에 신플라톤주의자 플로티노스와 디오니시우스 아레오파기타의 기독교적 신플라톤주의도 발굴해 냈다.

피치노는 이 모든 작업의 정신적 자극들 속에서 자신의 철학을 발전시켰고, 1474년에는 그의 대표작인 『플라톤 신학 *Theologia Platonica*』을 완성해서 1482년에 발표했다. 각자 자기만의 플라톤을 고안해 낸 많은 신플라톤주의자들처럼 메디치 가문의 이 총아 또한 자신이 플라톤의 참된 정신을 유일하게 제대로 이해했다고 믿었다. 그가 발굴해 낸 정신은 플라톤이 『국가』와 『법률』에서 논의한 국가 모델에 비추어 봤을 때 놀랄 정도로 비정치적이었다. 피치노에게 중요한 것은 정치적인 것이 아니었다. 그는 플로티노스나 플레톤과 마찬가지로 무엇보다 영적인 플라톤에 대해 관심을 보였다. 다른 의학자들은 영적인 혼의 관념을 멀리한 반면에 피치노는 플라톤처럼 세상 만물을 관장하는 〈세계영혼〉을 믿었다. 이 세계영혼은 여성적이고, 스스로 유지되고, 신체 기관과 사지로 이루어진 하나의 총체적 유기체를 형성하고 있었다. 인간은 한 거대한 유기체 속의 작은 유기체일 뿐이고, 세상 만물이 그런 식으로 서로 연결되어 있었다. 인간의 몸이건 우주의 몸이건 간에.

쿠자누스와 마찬가지로 피치노 역시 세계 유기체가 수많은 대립들로 이루어져 있다고 보았다. 피치노는 친구 피에를레오네 레오니를 통해 그사이 세상을 떠난 쿠자누스의 저술들을 알고 있었다. 게다가 파장이 아주 컸던 쿠자누스의 관점 변화도 파악하고 있었다. 즉, 인간은 객관적으로 주어진 우주에 사는 것이 아니라 인간 자신이 세상을 표상하고 생각으로 뚫고 들어가야 할 우주 그 자체라는 것이다. 이성적 재능을 갖춘 영혼이 내 세계의 중심이고, 그와 함께 세계 자체의 중심이 된다. 왜냐하면 존재하는 모든 것은 영혼에 의해, 그리고 영혼 속에서 모사되고 스며들기 때문이다. 내 영혼은 신의 영역인 불멸의 표상을 세속적 삶의 유한성과 결합시킨다. 내 정신은 피치노가 『플라톤 신학』에서 썼던 것처럼 〈진리를 만든다〉. 오직 우리의 인식 능력만이 사물을 재단하고 정돈하고 규명하기 때문이다.

피치노에 따르면 그런 능력을 갖춘 영혼과 정신은 유한할 수 없다. 이것들은 천상의 힘이다. 바로 이 점이 그에겐 다른 무엇보다 중요한 포인트였다. 영혼 불멸의 타당성을 내보이고 싶었던 것이다. 그는 고대 저술들에 그에 관한 지식이 담겨 있다고 보았고, 그 때문에 그것들을 지식의 보고라 여겼다. 영혼 불멸에 관한 지식은 성서를 비롯해 헤르메스 트리스메기스토스의 책들, 오르페우스교도, 피타고라스학파, 플라톤과 플로티노스, 이암블리코스, 보이티우스, 디오니시우스 아레오파기타, 아우구스티누스의 사상에서 발견되었다. 피치노는 이 〈근원 지식〉을 조명해서 새로운 영광의 길로 안내하고 싶었다. 그가 믿는 기독교는 영적이고, 근원적인 지혜의 마법으로 가득하다. 그 안에는 마법과 점성술도

한 자리를 차지하고 있다. 이건 르네상스 시대의 기독교에는 이례적인 생각이 아니었다. 반면에 피치노는 교회의 교리와 형식, 제식에는 별 관심을 두지 않았다. 그런 것들은 신이 아니라 시대 상황과 우연에 의해 만들어진 인간의 작품이라 여겼기 때문이다. 이 점에서도 피치노는 쿠자누스와 비슷했다.

피치노의 〈신지학(神智學)〉은 우아한 문체로 표현되고 미적으로 정교하게 다듬어지고 빛의 은유로 채색되어 있다. 그의 저술들은 철학이라기보다 문학에 가까웠다. 오늘날의 우리가 그의 저술을 중요하게 여기는 까닭은 무엇보다 그 책들이 인간에 대해 열광하고 있기 때문이다. 그는 인간을 우주의 중심으로, 그리고 내면과 외부 세계의 자유로운 창조자로 보았다. 최고의 영적인 보물인 〈사랑〉으로 충만한 인간들은 위대한 것을 성취할 수 있다. 인간은 자기 자신의 예술가이자, 자기 사고의 건축가이자, 우주 리듬을 결정하는 존재이자, 어떤 한계도 모르는 세계의 건설자이다.

이 모든 것은 더 이상 중세의 것이 아니다. 비록 지극히 엄숙한 외피를 걸치고 있음에도 근대적 사유다. 다른 측면에서 보자면 피치노의 철학은 플로티노스의 신플라톤주의만큼 비정치적이다. 물론 카레기 빌라의 이 남자는 플라톤의 자연 철학을 정치 철학과 융합시키려고 무던히 애쓰기는 했다. 그리고 자신이 본보기로 삼은 플라톤처럼 폴리스를 우주에 비교했다. 플라톤의 경우, 세계 건설자 〈데미우르고스〉가 만든 〈선한〉 우주는 형상화된 모든 것들 중에서 〈가장 아름답다〉. 플라톤의 이상 국가 칼리폴리스도 다르지 않다. 사회에서 선이 실현되면 거기서 아름다운 것, 즉 정의가 생겨난다. 피치노는 선과 미와 정의의 이 예정된 조화를 창조적으로 실현하고 가꾸어 가는 것이 인간의 사명이라고 보았다. 이런 생각들은 인문주의자들의 마음에 들었을 것이다. 하지만 피치노의 사유에서 인문주의자들의 정치적 참여 욕구에 날개를 달아 줄 만한 것은 많지 않았다. 피치노 철학에는 권력 분배나 통치 형태에 대한 언급이 전혀 없다. 모든 것이 이론에 머물러 있고, 실질적인 것은 없다. 그래서 메디치가의 총아가 일평생 아무리 특권을 누리며 연구했음에도 그의 사상은 사회와 피렌체 시에 아무런 영향을 주지 못했다. 반면에 오늘날 철학사에서 피치노와 같은 페이지에 언급되는 또 다른 뛰어난 동시대인은 완전히 달랐으니…….

인간의 존엄

그는 귀족이고 갈채 받는 천재였다. 그리고 모든 철학을 새롭게 융합하는 매머드급 저서를 썼다. 그에 대한 대가는 비쌌다. 유죄 판결을 받고 박해를 받았으니 말이다. 그는 모든 마법적인 것, 특히 점성술을 경멸했음에도 신의 섭리를 믿는 한 참회 설교자를 추종했다. 그의 최후는 비극적이었다. 겨우 서른한 살의 나이에 독살로 추정되는 죽음을 맞았다.

르네상스의 철학자 중에서 어쩌면 가장 빛나는 인물일 수도 있는 조반니 피코 델라 미란돌라(1463~1494)를 두고 하는 말이다. 이 젊은 남자는 이탈리아 북부의 미란돌라 백작 가문에서 태어나 지극히 고상한 교육을 받았고, 일찍이 철학에 관심을 보였다. 원래는 집안의 뜻에 따라 성직자의 길을 걸어야 했지만, 볼로냐에서의 교회법 수업은 지루하기 짝이 없었다. 결국 그는 피렌체의 피치노와 교류했고, 철학적 토대를 구축하려면 아리스토텔레스를 공부하라는 조언을 들었다. 피코는 여러 곳을 떠돌았다. 처음에는 페라라, 다음에는 파도바를 거쳐 마지막으로 파비아로 향했다. 가장 오래 머문 도시는 파도바였다. 여기서는 여전히 아리스토텔레스가 가장 위대한 철학자로 간주되었기에 그는 대학에서 아리스토텔레스 철학 체계와 함께 중세 아랍 철학자인 아베로에스의 아리스토텔레스 해석을 배울 수 있었다.

그것은 피코가 나고 자란 환경과는 완전히 다른 정신적 세계였다. 여기서 중심을 차지하는 것은 시학과 수사학이 아니라 확고한 개념과 명확한 질서, 체계, 방법론이었다. 젊은 피코는 아리스토텔레스 철학의 진리성에 대한 엄격한 요구에 경탄했고, 인문주의자들의 가벼운 수사학에 맞서 아리스토텔레스를 옹호했다. 그런데 그가 원한 건 분열이 아닌 새로운 통일이었다. 그는 구할 수 있는 모든 책을 구해 숙독했고, 피치노와 함께 플라톤, 플로티노스, 헤르메스 트리스메기스토스를 연구했다. 파리에서는 페르시아 철학자 아비센나와 아랍 철학자 아베로에스에 몰두했다. 중세의 고전이라 일컬어지는 토마스 아퀴나스, 요하네스 둔스 스코투스, 겐트의 헨리의 책도 읽었다. 게다가 유대 철학에도 심취했다. 유대교의 신비주의적 교리인 카발라를 비롯해서 모세스 마이모니데스, 나흐마니데스, 레비 벤 게르손 같은 유대 철학자들이 그 대상이었다. 피코는 지극히 상이한 이 모든 사상 속에서 공통된 진리를 찾고 싶었다. 그래서 1486년, 그러니까 이제 겨우 스물셋의 나이에 로마에서 〈철학자 공의회〉를 열자며 세상의 모든 철학자들에게 제안했다. 그리고 이 행사를 위해 자신이 그동안 읽은 저술들에서 서로 모순되는 테제를 900개나 간추려 놓은 뒤 동료 철학자들과 함께 이 모순들을 어떻게 제거할 수 있을지 토론하고자 했다. 그가 꿈꾼 것은 모든 철학적·신학적 다툼을 영원히 종식시킬 하나의 보편적 진리론, 즉 하나의 보편 철학과 보편 종교였다.

철학자 공의회는 열리지 않았다. 피코의 원대한 계획을 전해 들은 로마 교황청은 격노했다. 2년 전부터 교황청의 권좌에 앉아 있던 인물은 도둑 정치와 종교 재판, 마녀사냥으로 악명이 높은 인노첸시오 8세였다. 양대 〈인문주의 교황〉인 니콜라오 5세와 비오 2세의 황금시대는 끝났다. 새 교황은 새파랗게 어린 귀족 하나가 로마 가톨릭교회 전체를 분탕질하는 것을 두 손 놓고 지켜보고만 있을 사람이 아니었다. 그로서는 기독교 본래의 교리와 계명이 빠지고 그리스와 유대, 아랍의 지혜와 철학으로 잔뜩 버무려진 보편적이고 관용적인 기독교를 절대 용납할 수 없었다. 피코가 『변론*Apologia*』이라는 책에서 자신의 입장을 변호하자 그 책은 즉시 금지되었고, 저자는 프랑스로 피신해야 했다.

그전에 『인간의 존엄에 대한 연설*Oratio de hominis dignitate*』을 쓸 시간은 있었다. 이 원고는 원래 철학자 공의회의 개회 연설문으로 준비한 것이지만, 피코의 살아생전에는 발표되지 못했다. 다만 오늘날의 관점에서 보면 이탈리아 르네상스와 당시 인문주의적 수사학에서 가장 중요한 저술로 보인다. 인간의 존엄이라는 개념은 피코가 고안한 것이 아니었다. 그건 수십 년 전에 벌써 마네티가 그 개념을 사용한 것만 봐도 알 수 있다. 하지만 그 개념적 토대 위에서 철학을 구축한 사람은 피코가 처음이었다. 고대 그리스에서 인간은 이성을 통해 동물과 구분되었다. 그렇다고 모든 인간이 사회에 의해 특별한 방식으로 인간으로 인정받고 존중받을 권리가 있다는 것을 의미하지는 않았다. 아리스토텔레스가 볼 때, 인간은 단순히 인간이기 때문이 아니라 도덕적인 생활 태도 때문에 인간으로 존중받는다. 바로 이 존중을 마르쿠스 툴리우스 키케로는 존엄이라 불렀다. 그러나 키케로가 볼 때도 모든 인간이 존엄한 것은 아니고, 미덕과 명성으로 사회에서 특별히 품위 있는 사람으로 입증된 경우만 존엄하다. 르네상스 시대에 이르러서야 인간의 존엄은 오직 인간이라는 이유 하나만으로도 충분히 존엄하다는 의식으로 확장되기 시작했다. 그로써 그전까지 소수만 도덕적 생활 태도로 인정받았던 인간의 존엄은 이제 일개 필부도 요구할 수 있는 권리가 되었다. 이렇게 민주화된 인간의 존엄은 여기서부터 이마누엘 칸트를 거쳐 현대 민주주의 헌정 체제로 나아간다.

피코는 이 유명한 연설문 서두에서 신이 변함없이 원래 자리에 못 박아 둔 생명체들과 세상에서 자기 자리를 스스로 구하고 찾는 자유로운 생명체를 구분한다. 첫 번째 생명체는 동물과 천사(!)이고, 두 번째 생명체는 인간이다. 인간은 고정되지 않은 동물이자, 〈프로테우스〉나 〈카멜레온〉 같은 존재다. 즉 자신이 원하는 모습으로 될 수 있는 생명체라는 뜻이다. 〈이 얼마나 아버지 하느님의 크고 넓은 아량이고, 이 얼마나 고결하고 경탄스러운 인간의 행복인가! 인간에게는 자신이 원하는 대로 가지고, 자신이 뜻하는 대로 되는 재량이 주어졌으니!〉[6] 다시 말하자면 인간에게는 자신이 뜻한 바대로 될 수 있는 선택권이 주어져 있다는 것이다. 인간은 자기 자신의 창조자이고, 그런 점에서 특별한 방식으로 신적인 존재라고 할 수 있다. 성서에서 묘사된 대로 인간이 신을 닮았다는 사실뿐 아니라 스스로 자기 자신을 만들어 나갈 수 있다는 신적인 자유도 인간에게 비할 바 없는 존엄을 보장한다. 인간에게는 존엄이 있고, 동물과 천사에게는 존엄이 없다. 피코는 이런 생각으로 철학의 밭에 씨앗을 하나 심었고, 그 씨앗은 계몽주의에서부터 쇠렌 키르케고르를 거쳐 장 폴 사르트르에 이르러 발아했다.

그리스 로마 철학자와 중세 성직자들 치고 그 젊고 부유한 피코만큼 격정적으로 인간의 자유와 자기 결정권을 부르짖은 사람은 없었다. 그랬기에 자신이 원하는 곳으로 갈 수 있는 자유가 박탈되는 순간 그가 받은 충격은 더 엄청났을 것이다. 그는 리옹에서 체포되었다. 프랑스 왕 샤를 8세는 그를 석방한 뒤 피렌체로 도망가게 해주었다. 피렌체에서는 고촐리가 동방 박사 행렬의 프레스코에서 백마를 탄 귀여운 소년의 실제 모델로 삼은 것으로 추정되는 로렌초 데메디치가 그 반역자에게 보호의 손길을 내밀었다. 이후 피코는 창조의 기원을 다른 종교의 창조 신화들과 비교하고 융합하는 책을 썼다. 그다음 책은 소위 신플라톤주의와 아리스토텔레스의 일치에 관한 내용이었다. 이런 저술 활동에서 알 수 있듯이 모든 철학과 종교 사이에 평화를 조성하려는 그의 신념은 흔들림이 없었다.

피코는 피렌체에 머물면서 산마르코 수도원장인 지롤라모 사보나롤라(1452~1498)와 친분을 쌓아 나갔다. 두 사람의 우정은 상당히 위험했다. 사보나롤라가 다툼을 두려워하지 않는 반골이었기 때문이다. 그는 젊을 때부터 이탈리아 상류층에게 진심으로 참회하고 타락한 생활을 중지하라고 요구했다. 늙은 로렌초가 사보나롤라처럼 빈자의 편에 서서 거칠게 선동하는 사람을 견뎌내고, 심지어 가끔 후원까지 한 것을 보면 그 인간적 크기가 얼마나 컸는지 짐작할 수 있다. 그러나 사보나롤라는 자신의 후원자에게도 예외를 적용하지 않는 엄격한 도덕주의자였다. 마음에 안 드는 것이 있거나 낌새가 수상쩍은 경우에는 메디치 가문이 아닌 샤를 8세의 손을 들어 주기도 했다. 1494년 프랑스의 샤를 8세가 북부 이탈리아의 상당 지역을 접수하고 메디치 가문을 몰아내자 마침내 사보나롤라의 시간이 찾아왔다. 그는 기존의 과두 정치 대신 시민 정부의 수립을 요구했다. 실제로 많은 귀족과 권력자들이 도시에서 달아났다. 사보나롤라는 그들의 재물을 공개적으로 불태우게 했다. 그러자 교황은 즉각 그를 파문했다. 사보나롤라의 시간은 아주 짧았다. 샤를 8세가 이탈리아를 떠나자 귀족과 부르주아 계급이 다시 돌아왔다. 사보나롤라는 1498년에 체포되어 모진 고문을 당했고, 교수형에 처해진 뒤 불태워졌다. 그의 친구 피코는 혼란이 이어지던 1494년에 이미 숨을 거두었다. 열병으로 죽었다고들 하지만, 비서에 의해 독살되었을 가능성이 더 커 보인다.

자유롭지 않은 의지

샤를 8세가 일으킨 전쟁과 함께 북부와 중부 이탈리아 국가들의 위대한 시대는 끝났다. 이 국가들은 이후로도 꽤 오래 명맥을 이어갔지만 이전보다 더 심하게 서로 물고 뜯으며 싸웠다. 이탈리아 땅에서 인문주의의 영향력은 눈에 띄게 시들었고, 그와 함께 철학도 중심을 잃었다. 유일하게 아리스토텔레스 신봉자들만 파도바와 파비아, 볼로냐 대학에서 계속 중요한 역할을 해나가고 있었다. 그들은 전 유럽의 의학도를 양성했고, 아베로에스의 견고한 〈유물론적〉 해석을 추종했다. 그들이 볼 때 아리스토텔레스는 영혼의 유한성을 절대적으로 확신하는 사람이었다.

파도바에서 가장 유명한 아리스토텔레스주의자는 피에트로 폼포나치(1462~1525)였다. 피코보다 1년 먼저 만토바에서 태어나 파도바에서 철학과 의학을 공부한 그는 1488년부터 파도바 대학에서 학생들을 가르치기 시작했고, 오랫동안 불멸의 문제를 연구했다. 그건 여전히 위험한 일이었다. 영혼 불멸을 부정하면 화를 입을 수 있었기 때문이다. 그 사실은 폼포나치의 선행자들인 비아조 펠라카니 다 파르마(1347~1416, 파르마의 블라시우스)와 니콜레토 베르니아(1420~1499)가 경험으로 증명해 주었다. 다른 한편으로 그 문제는 지극히 복잡했다. 우선 영혼은 사고를 위해 몸이 필요하고, 그러면 몸과 함께 소멸된다는 견해가 충분히 나올 수 있다. 아리스토텔레스는 분명 그렇게 보았고, 그의 해석자들인 아프로디시아스의 알렉산드로스와 아베로에스도 마찬가지였다. 다른 견해도 있다. 영혼은 몸과 무관하게 활동할 수 있고 그로써 불멸이라는 것이다. 토마스 아퀴나스가 자기 방식으로 아리스토텔레스를 이해한 입장이 그랬다. 첫 번째 경우에는 이런 의문에 부닥친다. 만일 우리의 영혼이 눈과 귀, 촉각, 코, 입으로 지각하는 것만 가공한다면 어떻게 삼각형이나 인류, 정의 같은 추상적 것들을 표상할 수 있을까? 이는 경험론자들이 수백 년 동안 고민한 난제였다. 반면에 두 번째 경우에는 이성적 능력이 있는 우리의 영혼을 물질적 실체가 없고 시간을 초월한 보편적인 무언가로 가정해야 한다. 하지만 냉철한 의학적 시각에서 보면 그에 대한 증거는 어디에도 없다. 결국 이 문제는 신앙을 가진 사람들뿐 아니라 나중에는 합리주의자들까지도 머리를 쥐어뜯으며 씨름할 수밖에 없었다.

폼포나치 역시 이 문제로 장시간 골머리를 앓았다. 아리스토텔레스와 아베로에스는 우리가 삼각형과 정의를 떠올릴 수 있는 건 우리 안에 보편적이고 초시간적이고 비개인적인(!) 지성이 있기 때문이라고 생각했다. 이 지성은 어떤 영혼 속에도 동등하게 존재하고, 인간을 이성적 존재로 만드는 것도 바로 이것이다. 지성은 자연에 의해 주어진 영적인 사고의 기운으로서 우리의 영혼과는 명확히 구분된다. 이런 생각은 고대 그리스의 사유 유물로서 우리는 이미 헤라클레이토스에서 만난 바 있다. 그런데 이것은 우리의 지성이 아니라 우리는 그저 그 지성에 동참하고 있을 뿐이다. 만일 내가 나의 생각을 생각한다면 그건 단지 내가 생각하고 있다는 것만 생각할 뿐이다.

폼포나치가 볼 때 이러한 설명은 불멸의 영혼을 믿는 것만큼이나 명백한 헛소리다. 보편적 이성은 존재하지 않고, 매우 상이한 개인적 이성만 존재한다. 인간은 저마다 다르게 생각한다는 것이다. 이런 상황에서 새로 권좌에 오른 교황 레오 10세는 영혼 불멸과 관련한 이 끝나지 않은 사고 과정에 종지부를 찍었다. 1513년 12월 제5차 라테라노 공의회에서 어떤 식으로건 인간의 불멸성을 의심하는 철학자들에 대해선 그 죄를 묻겠다고 공포한 것이다.

그사이 볼로냐로 옮긴 폼포나치는 원래 비판적이고 자의식이 강한 인물로 학생들 사이에서 신랄한 풍자로 인기가 높았다. 그런 그에게 공의회의 결정은 무척 도발적이었다. 생각의 자유가 금지된 지 3년이 지난 1516년에 폼포나치는 『영혼 불멸에 관하여 *Tractatus de immortalitate animae*』를 출간했다. 그는 아리스토텔레스가 천상에 관한 저서에서 올바르게 지적했듯이 세상 만물은 생성과 소멸의 법칙하에 있다고 주장했다. 그것이 맞다면 인간의 영혼과 지성도 마찬가지다. 영혼과 지성의 불멸을 주장하는 것은 물리학적으로 터무니없는 소리다. 폼포나치에 따르면 영혼 불멸은 그 주제 자체가 너무 과대평가되어 있다. 인격을 갖춘 인간은 행복을 선하고 도덕적인 삶에서 찾지, 구름 위 뻐꾸기 나라에서 찾지 않는다. 나약한 사람들만 천국을 믿고, 강인한 사람들은 현실 삶을 천국으로 만들어 나간다. 천국과 지옥은 힘 있는 자들이 마음 약한 자들을 윤리적 삶으로 이끌기 위해 만들어 낸 것이다. 폼포나치는 이 결론이 세상 사물에 대한 냉철한 철학적 분석에서 나온 것이라고 하면서도 마지막에는 교묘하게 이렇게 덧붙인다. 그럼에도 우리는 당연히 불멸에 대한 믿음을 가질 수 있고, 자신도 거기에 부정적이지 않다고.

그러나 이 마지막 문장들로 달라진 것은 없었다. 베네치아에서는 폼포나치의 책들이 즉각 불태워지기 시작했다. 그는 욕을 먹고 압박을 받은 것은 물론, 고소까지 당했다. 세상의 적이 된 폼포나치는, 자신은 아리스토텔레스의 학설을 올바로 재현한 것뿐이라고 스스로를 변호했다. 하지만 그의 저술은 단순히 아리스토텔레스의 학설을 재현하는 데 그치는 것이 아니었다. 아니, 그것을 훨씬 뛰어넘는 수준이었다. 그의 종교 비판은 훗날 〈종교는 인민의 아편이다〉라는 카를 마르크스의 말로 이어질 정도로 신랄했다. 폼포나치는 이후의 작품들에서는 더 이상 그렇게까지 멀리 나가지는 않았다. 이제는 어떻게 하면 기독교를 아리스토텔레스에 기반을 둔 자신의 자연학에 끼워 넣을 수 있을까 하는 새로운 생각에만 몰두했다. 그에 따르면 아리스토텔레스의 〈부동의 동자〉는 세계 법칙과 행성들의 움직임을 영원히 확정해 놓았다. 세상 만물은 물리학적으로 돌아가고, 물리학의 세계에는 천사도 없고 기적도 일어나지 않는다. 다만 점성술은 존재한다. 행성들의 위치가 인간의 운명에 〈마법적인〉 영향을 끼치게 만드는 무언가가 존재한다는 것이다. 점성술을 바보 같은 짓으로 규정한 피코와는 달리 폼포나치는 점성술을 천문학의 부수물로 여겼다. 특정한 별자리가 나타나면 인간의 운명과 세계의 운행에 피할 수 없는 변화가 일어난다. 심지어 모세와 예수, 마호메트 같은 위대한 선지자와 종교 창시자를 주기적으로 배출하는 것도 특정 별자리들이다. 종교는 천체의 그런 별자리들에서 생겨나고, 그것들과 함께 다시 소멸된다.

세계의 운행이 천문학-점성술적으로 미리 결정되어 있다는 폼포나치의 학설은 그의 사후에야 인쇄되어 나왔다. 그가 교회를 상대로 두 번째 대전투를 벌인 책도 마찬가지였다. 자유 의지라는 매우 까다로운 문제를 다룬 책이었다. 폼포나치의 자연법칙적 세계에는 자유가 존재하지 않는다. 피치노와 피코가 피렌체에서 인간의 무제한적인 자유에 열광하는 동안 볼로냐의 폼포나치는 어디에서도 자유를 찾을 수 없었다. 모든 것이 원인과 결과의 사슬로만 이루어진 세계에서 어떻게 자유가 존재할 수 있단 말인가?

의지의 자유는 이미 발라도 몰두한 문제였다. 발라에 따르면, 기독교 신이 모든 것을 이미 알고 있고, 모든 것을 미리 결정해 놓았다면 인간에게 남아 있는 자유란 없다. 이 점에서는 아리스토텔레스도 더 이상 도움이 되지 않는다. 발라는 추앙받는 이 고대 철학자가 의지의 문제를 너무 과소평가했다고 비판했다. 아리스토텔레스 철학에서 인간은 저마다의 많고 적은 이성적 능력에 따라 행동할 뿐 이해하기 어려운 동기나 모호한 충동은 존재하지 않는다. 하지만 발라가 볼 때 현실적 인간에게는 서로 충돌하는 견해뿐 아니라 서로 모순되는 충동들도 존재한다. 의지의 자유에 대한 발라의 비판은 신학과 아리스토텔레스 심리학을 똑같이 겨냥한다. 인간이 자유롭다는 사실은 기독교로도, 아리스토텔레스 철학으로도 증명될 수 없다는 것이다. 따라서 유일하게 남는 건 의지의 자유를 믿는 것뿐이라고 했다.

폼포나치는 다른 길을 걸었다. 그는 세계가 기독교의 신이 아닌 우주적 물리학에 의해 미리 결정되어 있다고 여겼다. 그런 점에서 그의 정신적 동지는 고대 스토아학파였다. 키티온의 제논과 그의 많은 후계자들은 변함없는 세계의 운행 원리를 전제했고, 이 원리가 인간의 운명을 처음부터 결정한다고 생각했다. 폼포나치는 아리스토텔레스가 어떻게 자기 학설이 의지의 자유와 모순되는 것을 알아채지 못했는지 의아해한다. 철저하게 물리학적으로 짜인 세계에는 자유가 비집고 들어갈 틈이 없다. 모든 것이 최초의 원인에서 시작하고, 그 원인에서 부차적인 원인들이 차례로 나온다. 인간 행위도 원인들에서 일어나고, 그 행위는 다시 또 다른 행위의 원인이 된다. 의지의 자유를 인정하지 않으려는 오늘날의 자연 과학자들도 똑같은 논리를 내세운다. 많은 신경 생물학자들이 볼 때 인간은 단지 정해진 신경 세포의 행동 패턴에 따라 움직일 뿐이고, 자유 의지는 환상이다. 이는 작금의 철학에서 가장 흥미진진한 논쟁들 가운데 하나로 나중에 현재 철학의 문제로서 상세히 다룰 기회가 있을 것이다. 여기서는 폼포나치가 자유 의지를 비판하면서 미국 뇌 연구가 벤저민 리벳(1916~2007)이 1970년대 말에 〈자유 반(反)의지〉라고 부르게 될 사고 유형을 선취하고 있다는 점만 언급하고 넘어가자. 그에 따르면 우리는 우리 자신이 원하는 것을 원하지 않을 수는 없지만, 어쨌든 우리 뇌 속의 충동이 우리에게 하라고 지시하는 것에 대해 〈노〉라고 말할 수는 있다는 것이다.

폼포나치는 1525년에 죽었다. 이제 세상은 그가 태어났던 1462년의 세계와는 완전히 달라져 있었다. 새로운 인간의 강렬한 시선은 해석의 드넓은 영역을 활짝 열어 주었다. 이제 세계는 빛과 어둠, 광활함과 협소함이 동시에 존재하는 세계였다. 역사를 보는 시선은 인류에게 찬란한 고대만 있었던 것이 아니라 마찬가지로 찬란한 미래도 있으리라는 사실에 눈뜨게 해주었다. 원근법이 회화에 제공한 것, 즉 더 뒤쪽의 깊은 공간은 개인과 사회에 미래의 모습으로 비쳐졌다. 그런데 이 공간은 피치노가 말한 것처럼 정말 빛으로 가득할까, 아니면 알베르티의 말처럼 악몽들로 채워져 있을까? 이 미래는 피코의 생각처럼 거의 무제한적으로 활짝 열려 있을까, 아니면 폼포나치의 주장처럼 물리학적으로 이미 정해진 메커니즘에 따라 움직일까? 자연과 사회를 더 이상 일치시킬 수 없다면 이 세상에서 인간의 자리는 어디일까? 신이 인간에게 부여한 특정한 자리는 없고 오직 물리적인 자연과 그에 상응하는 역동적이고 가변적인 사회만 존재한다면 인간이 설 자리는 어디일까?

그런데 당시는 인간 정신의 내면적 좌표만 바뀐 것이 아니라 세계의 지리적 좌표도 바뀌었다. 1492년 크리스토퍼 콜럼버스는 정처 없이 망망대해를 떠돌다 횡재를 했다. 유럽인들의 삶에 크나큰 영향을 끼친 아메리카의 발견이 그것이었다. 물론 이는 이탈리아의 상업 도시들에는 지극히 부정적인 결과를 초래했다. 지중해가 의미를 잃고, 대서양이 새로 부상했으니 말이다. 이제 유럽에서는 포르투갈과 스페인을 비롯해 프랑스가 새로운 강국으로 떠올랐다. 1492년 피렌체 르네상스의 정치 스타 로렌초 데 메디치가 죽었다. 그로부터 2년 뒤 마흔두 살의 레오나르도 다빈치는 밀라노의 산타 마리아 델레 그라치 수도원 성당의 식당 정면 벽면에 운명적 배신을 목전에 둔 위대한 순간을 묘사한 〈최후의 만찬〉을 그렸다.

교황과 군주

1506년 4월 기독교 세계에서 가장 거대한 교회의 건축이 시작되었다. 그전에 르네상스의 교황들은 많은 부속 건물이 딸린 낡은 성 베드로 성당을 현대화하고 증축하려고 했지만 번번이 뜻을 이루지 못했다. 교황 율리오 2세는 이전보다 더 큰 계획을 세웠고, 건축가 도나토 브라만테는 교황의 지시에 따라 완전히 새롭고 훨씬 더 거대한 성당을 지어야 했다. 성 베드로 성당보다 더 큰 교회들이 나타난 것은 이미 오래전이었다. 시에나 대성당은 14세기에 가장 큰 성당이 될 수 있었지만, 그 일은 페스트 때문에 무산되었다. 1436년에는 필리포 브루넬레스키가 피렌체 대성당의 그 유명한 원형 지붕을 마무리함으로써 그때까지 기독교 세계에서 가장 큰 교회를 완성했다. 반면에 로마의 성 베드로 성당은 강한 권한 의지를 드러내는 한 상인 교회의 그늘에 가려진 채 미완성 상태에 있었다.

율리오 2세는 공상가가 아니라 권력욕에 불타는 전략가이자, 정확하게 수를 읽는 냉정한 승부사였다. 교황의 교회가 기존의 상업 도시들, 즉 상인과 은행가들에게 권력을 상당 부분 내준 상황에서 앞으로도 존속이 가능하려면 오직 한 가지 조건밖에 없었다. 영향력과 권위, 토지 소유, 화려함에서 이탈리아의 다른 도시 국가들을 능가해야 한다는 것이다. 세속의 패권을 틀어쥔 자만이 영성이 부족한 근세에서 정신적 주도권도 가질 수 있었기 때문이다. 성 베드로 성당의 신축은 100년 넘게 이어지면서 수많은 건축가들의 진을 뺐지만, 상인 도시들의 힘을 무너뜨리려는 교황의 계산은 대체로 맞아떨어졌다.

교황은 한 지역의 군주처럼 생각하고 행동했다. 우선 그는 베네치아와 그사이 이탈리아에서 패권을 장악한 프랑스를 상대로 하는 전쟁을 일으켰다. 또한 도시와 마을들을 침략해서 교황청의 세력권 아래 두었다. 그와 동시에 율리오 2세는 세련된 감각을 가진 예술 후원자이기도 했다. 자신의 사적인 공간과 집무실 곳곳을 라파엘로의 그림으로 장식하게 했는데, 그중에는 유명한 「아테네 학당」도 포함되어 있었다. 건축가로서의 교황은 브라만테가 자신에게 선사할 완전히 새롭고 화려한 로마를 꿈꾸었다. 성 베드로 성당의 초석을 놓은 지 몇 개월이 지난 1506년 8월에서 11월 사이, 교황의 의도와 목적을 알아보기 위해 로마로 파견된 피렌체의 한 외교관이 교황을 알현한다. 니콜로 마키아벨리(1469~1527)다.

마키아벨리는 뛰어난 관찰자로서 사람 보는 눈이 있었다. 그래서 교황을 보는 즉시 그 인물됨을 간파했다. 영락한 집안에서 태어난 이 피렌체 외교관은 놀라운 정치적 성공을 거두었다. 1498년 사보나롤라가 처형된 직후 첫 관직으로 국가 제2서기국

서기장에 올랐다. 그가 맡은 분야는 외교와 국방 정책이었고, 그의 공직 시기는 전쟁이 끊이지 않던 시기와 맞물렸다. 마키아벨리는 고향 도시의 사절이자 교섭자로서 현실 정치의 책략과 난제, 필연성을 재빨리 파악했다. 그런 인식을 바탕으로 모호한 성격에 양심 없는 르네상스 군주이자 군벌인 체사레 보르자를 만났고, 프랑스 왕 루이 12세와 협상을 벌였으며, 고향 땅에서는 부패하고 변덕이 심한 용병 군대를 대신해 시민군을 창설했다.

마키아벨리는 바티칸에서 돌아온 뒤에도 외교관으로 계속 근무했고, 시민군과 농민군을 동원해서 반역자 피사를 무찔렀다. 교황과 프랑스의 갈등이 점점 첨예해지자 피렌체는 이 두 세력의 틈바구니에 끼게 되었다. 마키아벨리는 양측과 맞서 싸우면서도 협상에 나서고, 양측을 중재하려고 애썼다. 그러나 성공하지 못했다. 결국 피렌체는 열세였던 프랑스 편에 섰다가 패배를 맛보았고, 그 대가로 교황에게 막대한 돈을 지불해야 했다. 그것만이 교황의 군대에 의해 도시가 파괴되는 것을 막는 유일한 길이었다. 어쨌든 이후 피렌체에서는 권력 교체가 일어났다. 사보나롤라가 정권을 잡으면서 망명을 떠나야 했던 메디치 가문이 1512년에 도시를 다시 넘겨받았고, 자신들에게 비우호적인 모든 공직자를 무장 해제시켰다. 마키아벨리도 관직을 잃었고, 그 직후 쿠데타 협의로 체포되어 고문당했다. 사면을 받고 풀려난 뒤에는 아내와 여섯 자식을 데리고 도시 성문 밖으로 이주했다. 철학사적인 관점에서도 의미가 큰 책을 쓴 것도 바로 여기에서다. 원제는 〈군주제에 관하여De Principatibus〉였지만 『군주론*Il Principe*』으로 더 유명한 책이다.

이 책은 1532년에야 교황의 승인을 받아 정식으로 출간되었지만, 이미 1513년부터 피렌체를 비롯해 다른 도시들에서 사본이 나돌았다. 마키아벨리의 기본 태도는 세상일에 초탈하면서도 냉소적이었다. 많은 전기 작가들이 추정하는 것처럼, 예전에는 정치적인 환상들이 있었다면 이제 그는 그것을 내려놓았다. 『군주론』은 국가 철학을 다룬 저서로서 북부와 중부 이탈리아 도시 국가들의 폐허 위에서 탄생했는데, 마키아벨리는 다음과 같이 냉정한 결론을 내렸다. 그러니까 이 도시 국가들이 두 양대 〈군주국〉, 즉 통일 국가 형태를 갖춘 프랑스와 주권 국가처럼 변해 버린 바티칸 사이에 끼여 몰락 직전에 처해 있다는 것이다. 인간과 도덕, 사회, 권력에 대한 그의 세속적 결론만큼 피치노나 피코의 낙관주의와 거리가 먼 것은 거의 없어 보인다. 피치노가 플라톤의 이상을 모범으로 삼았다면 마키아벨리는 15년 동안의 정치 활동을 기반으로 축적한 인간과 권력에 대한 지극히 현실적이고 쓰라린 경험들을 저울 위에 올려놓고 분석했다.

그때까지 이탈리아 철학자들은 국가 철학을 대개 아리스토텔레스의 『정치학』과 연결시켰다. 이러한 맥락에서 단테 알리기에리는 〈물질계의 지배자로서 황제의 권리〉를 옹호했고, 파도바의 마르실리우스는 통치자가 공익을 위반하면 투표로 해임할 수 있다는 시민의 주권을 주창했다. 비록 서로 결론은 달랐지만 이 둘의 저서에서는 아리스토텔레스가 아테네에서 직접 경험한 〈폴리스〉를 시대에 맞게 변형한 국가 형태가 중심에 서 있다. 마키아벨리는 이 전통과 단절했다. 어떤 통치가 도덕적으로 가장 정당화될 수 있는지에 대한 플라톤과 아리스토텔레스의 근본 물음은 더 이상 제기되지 않았다. 냉철한 현실 정치인이었던 마키아벨리는 도덕적 원칙이건 종교적 기반이건 정치의 일부로 보지 않았다. 대신 도덕과 종교의 자리가 적을수록 냉정한 성찰에 기반을 둔 실용주의의 여지는 점점 더 커진다고 생각했다. 끊임없이 전쟁을 일으키는 교황이건, 권력욕에 사로잡힌 프랑스 왕이건, 아니면 상업 도시들의 음험한 과두들이건 모두가 도덕적으로 자신을 정당화한다는 사실은 마키아벨리에겐 축복이 아니라 저주였다. 도덕을 들먹이는 사람 치고 이기적인 의도와 음흉한 이익을 감추고 있지 않은 사람은 없었기 때문이다. 그렇다면 도덕은 하나의 통치 수단에 지나지 않았다. 그것으로 범죄를 막을 수는 없었다. 오히려 현실은 정반대였다. 모든 범죄자는 항상 자기만의 도덕을 갖고 있었다.

그런데 정치의 토대를 도덕이나 종교에 가두지 않는다고 해서 아무런 목표가 없다는 뜻은 아니었다. 마키아벨리는 강한 이탈리아를 이끄는 강한 군주를 꿈꾸었다. 그리고 자신이 생각할 때 상업 도시의 장점이라고 할 수 있는 것들을 취하고 싶었다. 그의 정치적 동인은 분명했다. 미래의 강력한 이탈리아 통치자에게 필요한 정치적 도구를 이론적으로 미리 마련해 주고 싶었던 것이다. 그에게 정치란 고결한 도덕적 사명도 운명의 장난도 아닌 그때그때 적절한 행위 예술이었다. 그에 따르면 대부분의 사상가와 정치인 들은 지금껏 정치를 너무 이상적이거나 혹은 협소하게 생각했고, 그래서 결국 정치에 대해 실망할 수밖에 없었다. 하지만 시대의 정점에 있는 정치인은 늘 합리적으로 행동하고, 최대한 합의를 구하고, 사회를 보호하고 안정시키기 위해 자신의 권력을 공고히 한다. 그 과정에서 정치적 이성으로 볼 때 필요한 모든 수단을 마련해 둔다. 심지어 불가피할 경우에는 잔인함과 배신도 정당화된다.

훗날 마키아벨리는 숱한 비난을 받았다. 마키아벨리즘을 추종하는 자들은 하나같이 양심이 없는 몰염치한 기회주의자라는 것이다. 그러나 마키아벨리는 철면피하고 비도덕적인 통치자를 미화하려는 것이 아니었다. 게다가 기회주의와 몰염치란 정치의 목표가 아니라 상황상 다른 선택의 여지가 없을 때 어쩔 수 없이 택하는 정치적 수단이라는 것이다. 그는 통치 행위를 순수하게 수단의 측면에서만 관찰했다. 새로운 접근법이었다. 그는 냉철한 율리오 2세와 노회하기 짝이 없는 체사레 보르자를 현실 정치의 인상적인 표본으로 생각했다. 물론 그렇다고 두 사람을 이상으로까지 삼지는 않았지만, 그들에 대한 존경심을 드러낸 건 사실이다. 이 권력의 곡예사들이 어떤 상황에서도 적절히 대응하기 위해 항상 적들에게서 최악의 상황을 예상하는 것이 마음에 들었던 것이다.

마키아벨리는 수단과 방법을 가리지 않고 권력을 유지하는 것을 정치의 정당한 목표로 보았고, 그로써 정치 영역에 새로운 차원을 열어 주었다. 그리스인들과 로마인들이 수사학적으로나 철학적으로 큰 의미를 부여했던 정의로운 국가는 그에겐 다름 아닌 강력한 국가였다. 이전의 단테와는 달리 그에겐 개별 군주의 통치가 중요하지 않았다. 마키아벨리는 『군주론』과 같은 시기에 티투스 리비우스의 『로마사』에 관한 방대한 논문을 썼다. 이 논문에서 그는 고대 로마 공화국을 경탄해 마지않았다. 그에게 공화국은 〈국민이 군주인 국가〉였다. 이는 『군주론』과 완전히 다른 어조이지만, 핵심은 거의 동일했다. 정말 중요한 것은 권력의 속성을 아는 국가다. 오직 그런 국가에서만 모든 시민이 안전하고 충분히 보호받을 수 있다는 것이다.

마키아벨리에게 중요했던 것이 군주의 통치권이 아니었다는 사실은 그의 이후 삶에서 잘 드러난다. 그는 자신의 고향 도시에 공화국 헌법을 두 번이나 제안했다. 그러나 메디치가는 당연히 그런 것에 관심을 보이지 않았다. 권력의 미움을 받은 이 전직 외교관은 돈을 벌기 위해 피렌체의 역사에 관한 책을 썼고, 그 속에서 메디치가는 마키아벨리가 실제로 생각하는 것보다 훨씬 좋은 지배자의 모습으로 그려졌다. 이러한 아부성 언급은 메디치 가문이 1527년 도시의 권력에서 영원히 밀려났을 때 그에겐 치명타가 되었다. 새로운 피렌체 공화국의 입장에서는 이 전직 국가 서기장이 전혀 쓸모없는 존재가 된 것이다. 그로부터 얼마 뒤 마키아벨리는 쉰여덟의 나이로 세상을 떠났다. 그가 꿈꾼 합리적인 통치는 관철되지 못했다. 오히려 도덕과 세계관의 혼돈만 극심해졌다. 마키아벨리가 죽기 10년 전 비텐베르크의 한 신학 교수가 〈95개 테제〉를 공표했고, 그로써 세상에 걷잡을 수 없는 사태를 불러일으켰다. 그 남자의 이름은 마르틴 루터였으니…….

현세와 피안

우신예찬 / 에라스뮈스와 루터 / 은총과 미움 / 유토피아

우신예찬

마키아벨리가 아직 고위직에 있던 1509년 7월, 섬세한 감각의 한 학자가 슈플뤼겐 고갯길을 넘어 이탈리아 키아베나에서 스위스 쿠어 쪽으로 향하고 있었다. 코모 호수에서 말을 타고 출발해서 콘스탄츠, 스트라스부르, 안트베르펜, 뢰벤을 거쳐 런던으로 가는 길이었다. 그는 3년 동안 이탈리아에 체류했고, 토리노에서 신학 박사 학위를 받았으며, 인문주의의 〈성지〉인 베네치아, 볼로냐, 피렌체, 파도바, 로마, 나폴리를 방문했다. 하지만 이 박식한 남자는 대성당이나 궁전, 저택, 화려한 예술 작품 따위에는 관심이 없었다. 심지어 성 베드로 성당의 건축에 대해서도 일절 언급하지 않았다. 3년에 걸쳐 그리스어 실력을 갈고 닦은 이 율법학자에게 중요한 것은 이탈리아 사상가들과의 교류였다. 당대의 위대한 지성들과 연결망을 만들고 싶었던 것이다. 그러나 이탈리아에 도착했을 때 시대적 상황은 좋지 못했다. 이탈리아 북부와 중부는 영토 전쟁으로 황폐화되어 있었다. 거기다 1494년에 침범한 프랑스까지 시대의 혼란을 거들었다. 율리오 2세가 교황에 오른 뒤로 프랑스군은 바티칸군과 치열하게 싸웠다. 북쪽에서 온 인문주의자는 볼로냐에서 피렌체로 피신했다. 그는 기존의 꿈을 잃고, 대신 냉정한 현실 인식을 얻었다. 이런 실망감을 바탕으로 훗날 이탈리아에 대해, 군주와 교황청의 도덕적 타락에 대해 글을 쓰게 된다.

이 사람이 바로 인문주의 지식인의 전형인 로테르담의 에라스뮈스(1467?~1536)다. 그의 출생지 로테르담은 작은 어촌 항구였다. 그는 일찍 부친을 여의고 변변치 못한 가정 환경에서 하우다, 데벤터르, 스헤르토헨보스를 전전하며 자랐다. 1487년에는 별로 내키지 않는 심정으로 수사의 길로 들어섰고, 5년 뒤에는 사제가 되었다. 일찍부터 시를 쓰기 시작했고, 그 밖에 무수한 편지를 남겼다. 처음 출간한 책에서는 수도원 생활, 세속적 즐거움의 포기, 은둔, 독서의 즐거움을 찬양했다. 나중에는 이러한 찬양 일색의 태도에서 벗어나 그 시대의 수도사 생활이 아닌 고대의 원초적인 수도사 생활을 찬양했다. 에라스뮈스는 1493년 수도원을 떠나 캉브레 주교의 비서로 들어갔고, 브뤼셀에서는 부르고뉴 궁정과 접촉했다. 당시는 브뤼셀, 브뤼헤, 헨트, 안트베르펜, 뢰벤 같은 상업 도시들이 한창 번창하던 시기였다. 그는 네덜란드 인문주의자들과 교류했고, 그들과 마찬가지로 중세 스콜라 철학에 공격의 화살을 퍼부으며 〈현대적인〉 그리스 로마 교육을 요구했다.

2년 뒤 스물여덟의 에라스뮈스는 파리 소르본 대학에서 공부했다. 하지만 얼마 안 가 그곳 신학자들의 엄격함과 내적 피폐함에 실망했다. 그는 종교의 세계에 점점 흥미를 잃어 갔다. 대신 지식인들의 모임에 들어가 인간이 문학 세계에서 얻을 수 있는 영원한 명성, 즉 그 어떤 정치적 명성보다 비할 바 없이 찬란한 명성에 열광했다. 1500년에는 어린 영국 남작의 교육자로 취직이 되면서 파리를 떠났다. 이로써 아직 이름이 알려져 있지 않던 신출내기 학자가 곧 영국 귀족과 부르주아들의 고상한 세계로 들어가게 되었다. 영국에도 〈인무주의자〉들이 있었다. 그들은 장원과 성, 대저택에서 살았고, 행동 방식은 그들의 문학적 스타일만큼이나 세련되었다. 에라스뮈스는 영국 인문주의자들 중에서도 특히 아직 풋내기였지만 카리스마 넘치는 법률가 토머스 모어(1478~1535)에게 푹 빠졌고, 두 사람의 우정은 시대의 온갖 불쾌한 일들을 넘어 굳게 지속되었다.

그 뒤 수년 동안 에라스뮈스는 네덜란드와 파리, 영국을 오갔다. 그러면서 고대 금언과 관용구들에 관한 책을 써서 인문주의자들 사이에서 이름을 얻었고, 이어 『기독교도 병사의 수첩

Enchiridion militis Christiani』을 발표했다. 이 책에서 그는 잘못된 욕망과 공허한 규칙, 제식들에 맞서 진정한 경건함을 옹호했다. 진정한 기독교인은 외적인 것을 좇지 않고, 신에게 부와 건강을 기원하지 않으며, 알맹이 없는 습관적인 기도와 촛불 밝힘으로 신앙의 품격을 떨어뜨리지 않는다는 것이다. 이 책은 오늘날엔 종교 개혁의 고전으로 여겨지지만, 당시에는 처음엔 거의 알려지지 않았다. 여전히 빠듯하게 생활했던 에라스뮈스로서는 실망할 수밖에 없었다. 그러다 1506년 헨리 7세의 주치의 아들들과 함께 이탈리아로 갈 기회를 얻었다. 이탈리아 북부와 중부를 두루 돌아다닌 3년간의 긴 여행이었다.

1509년 에라스뮈스가 다시 런던으로 돌아갔을 때 영국에서는 새 왕이 등극했다. 열일곱 살에 불과한 헨리 튜더가 헨리 8세로 왕좌에 앉은 것이다. 새 왕에 대한 인문주의자들의 기대는 컸다. 에라스뮈스는 조용한 곳에 칩거해서 책을 쓰기 시작했다. 그의 명성을 빠르게 높여 준 『우신예찬*Laus stultitiae*』이었다. 그는 이탈리아 땅을 여행하는 동안 고대 작가 루키아노스의 풍자 작품을 늘 지니고 다녔다. 인간과 시류에 깊은 실망을 느낄 때마다 그 속에서 안식을 구한 게 분명했다. 그런 그가 이제 스스로 루키아노스풍의 책을 썼고, 〈친애하는 모어〉에게 헌정했다. 이 책에서 우신(愚神), 즉 〈바보 여신〉은 잔뜩 허세를 부리며 우매함과 무분별함을 예찬한다. 자신의 어리석음이 아니라면 인간을 그렇게 즐겁고 명랑하게 할 수 있는 게 무엇이냐는 것이다. 세상은 그저 미혹된 상태로 있고자 하고, 인간이 된다는 것은 어리석음의 마력에 빠져 있다는 것에 다름 아니다. 그러니 미혹되지 않는 것보다 미혹되는 편이 더 낫다는 것이다. 이 책에서는 인간에게 나타나는 모든 어리석음과 허영, 근시안의 목록이 한가득 등장한다. 에라스뮈스가 보기에 특히 어리석은 자는 스스로 현명하고 똑똑하다고 여기는 인간들이다. 그와 함께 고위 성직자와 교수들에 대한 싸늘한 조롱이 쏟아진다. 그가 웃음거리로 삼은 건 그들의 〈섬세한 단어 선별 행위다. 그 예는 오성과 관련된 개념들, 사태들, 계기들, 형식적인 것들, 본질성, 실재성 등 무수히 많은데, 이 모든 것은 아무도 보거나 인식할 수 없는 순전한 상상의 산물이다. 왜냐하면 이것들을 보려면 칠흑 같은 어둠을 뚫고 어디에도 존재하지 않는 것들을 구분할 수 있을 만큼 날카로운 눈이 있어야 하기 때문이다〉.[7]

에라스뮈스에겐 교황조차도 이 바보 같은 세상에서 예외 같은 존재가 아니었다. 그는 로마 여행에 대한 회상에서 교황을 놀림거리로 만들었고, 비기독교적 사기꾼으로서의 교황의 정체를 폭로했다. 교황에 대한 반감은 뿌리 깊었다. 1513년 율리오 2세가 죽었을 때 에라스뮈스는 익명으로 그에게 「닫힌 천국 문 앞의 율리오Dialogue Iulius exclusus e coelis」라는 서신을 보냈다. 이 글에서 교황은 평생 많은 돈을 축적한 수상쩍은 업적으로 자신의 행적을 변호하면서 자신에게서 비롯된 전쟁, 승리, 계약 파기, 황폐화, 승리의 축제를 잔뜩 뽐낸다. 또한 교황으로 하여금 베드로 앞에서 이렇게 떠벌리게 한다. 〈비록 지금은 죽은 몸이지만 나는 생전에 내가 전 세계에서 일으킨 전쟁들이 평화롭게 해결되지 않도록 정말 애썼습니다. (……) 그런데 어찌하여 당신은 기독교와 교회를 위해 그처럼 열심히 일한 교황에게 아직도 천국의 문을 열어 주시지 않는 겁니까?〉[8] 4년 뒤에는 평화를 열렬히 지지하고 교황청의 전쟁을 격렬히 비난하는 에라스뮈스의 「평화의 호소Querela pacis」가 나온다.

과거에 수도사였던 사람이 이제는 경건한 교회 비판자가 되었다. 에라스뮈스는 신앙의 기치 아래 오히려 신앙을 악용하는 이들에 맞서 날카로운 혀와 날선 펜으로 〈참된〉 신앙을 변호했다.

하지만 유럽 전역에 있는 동지들과의 편지 교환으로 이루어진 막대한 네트워크에도 불구하고 절실한 개혁과 교회의 대변혁을 성사시키지는 못했다. 그 일은 다른 남자에게 맡겨졌다. 그는 지적 수준에서는 에라스뮈스와 비교조차 되지 않지만 대신 확고한 자의식과 사명감으로 똘똘 뭉쳐 있었고, 저돌적이면서 때로는 극도로 잔인하기까지 한 의지의 소유자였으니…….

에라스뮈스와 루터

한 시기, 한 문화, 심지어 한 시대 전체를 이해하려면 개별 인간들의 운명을 서술하는 것으로는 충분치 않다. 여러 힘들의 복합성과 이른바 시대정신이라고 하는 것도 개별 문장이나 개별 개념에서는 드러나지 않는다. 오늘날 16세기 하면 대표적으로 떠오르는 〈종교 개혁〉이라는 말 속에도 여러 다양한 것들이, 심지어 서로 모순되는 것들이 많이 담겨 있다. 종교 개혁의 전사들이 잘 밀봉된 단지를 서로 전달하며 앞세운 〈자유〉와 〈은총〉이라는 말도 마찬가지다. 다들 의미하는 바가 달랐다.

16세기는 거대한 철학적 체계의 시대가 아니라 혼란과 소란, 신경과민, 격동, 탐색, 논박문, 전단의 시대였다. 고대로부터 내려온 것은 중세의 종교적 질서와 함께 끝나 버렸다. 모호하기는 하지만 어쨌든 무언가 새로운 것이 인간들에게 어떤 축복을 안겨 줄지는 전혀 알 수 없는 상황이었다. 도시에서는 길드가 영향력을 잃었고, 가격은 〈신이 정한 가격〉에서 〈시장이 정한 가격〉으로 바뀌었고, 투기와 돈놀이는 더 이상 비기독교적인 것으로 몰리지 않았다. 푸거와 벨저 같은 남부 독일의 상인 가문은 막대한 부를 소유한 국제적 금융 가문으로 수직 상승했다. 그사이 도시에서는 세금과 곡물 가격이 올랐다. 흉작이건 풍작이건 시골 농부들의 삶은 피폐했다. 토지 경제는 귀족의 새로운 영지 통치에 예속되었고, 소작인으로서의 농민들은 노동의 도구로 전락했다.

에라스뮈스도 1514년에서 1519년까지 독일을 다섯 차례나 방문하면서 이 모든 것을 직접 눈으로 확인했다. 처음에 그는 거의 낙원에 있는 것 같은 기분이 들었다. 그만큼 그곳 사람들은 그를 찬양하고, 그의 비위를 맞추고, 그와 가까이 지내려 애썼다. 그러나 변혁 중에 있던 그 나라의 어두운 면들이 곧 그의 눈에 들어왔다. 사람들은 에라스뮈스에게 슈바벤의 인문주의자 요하네스 로이힐린(1455~1522)을 둘러싼 논쟁과 관련해서 입장 표명을 부탁했다. 로이힐린은 대담하게도 한 반유대주의적 증오 설교자에 대한 지지를 거부했고, 그 때문에 쾰른의 도미니크회 수사들로부터 심한 압박을 받고 있었다. 에라스뮈스는 로이힐린 편에 섰다. 그리고 독일 땅에서 진행 중인 위험하고도 복잡한 상황을 알게 되었다. 현재의 삶에 불안감을 느끼는 사람들은 과거에서 구원을 찾고 과거를 미화하려는 경향을 보인다. 그런 차원에서 에라스뮈스도 〈옛 질서의 복원〉에 대해 말했다. 그러나 더 나은 어제에 대한 동경에서는 늘 그렇듯 그것이 정확히 무엇을 의미하는지는 분명치 않았다. 게다가 오스트리아 작가 로베르트 무질의 말처럼 인류 역사에서 자발적인 후퇴는 존재하지 않았다.

자기 시대에서 길을 찾지 못하는 사람은 자신이 의지할 수 있는 어떤 근본을 찾아 나서는데, 그것이 지나쳐 근본주의에 빠지는 경우가 드물지 않다. 그와 관련해서 사람들이 가장 자주 찾는 도피처는 종교나 민족주의다. 그런 면에서는 500년 전도 오늘날과 상황이 다르지 않다는 사실이 놀랍게 다가온다. 실제로 16세기의 독일은 역사상 가장 경건한 시대로 여겨진다. 그와 함께 독일 땅 거의 모든 곳에서 민족주주의가 고조되었다. 이미

15세기 중반부터 로마 교회에 대한 독일 군주들과 성직자들의 불만은 높아 갔다. 항상 그렇듯 문제는 돈이었고, 공직 임명과 관련한 권력 다툼이었다. 총수입과 관련해서 교황청의 지분은 얼마이고, 귀족과 지방 성직자의 지분은 얼마여야 할까? 프랑스에서는 14세기 초에 이미 교황의 권력은 미남왕 필리프 4세에 의해 무너졌고, 교황청의 수입도 현저하게 줄었다. 반면에 독일에서는 빈 종교 협약으로 교황청의 특권이 보장될 수 있었다. 그 과정에서 쿠자누스가 중요한 역할을 한 것은 이미 언급한 바 있다.

1514년 에라스뮈스가 스트라스부르와 바젤, 콘스탄츠에 갔을 때 만난 건 활활 타오르는 민족주의였다. 그 자신은 순진하게 〈나의 독일〉에 열광했지만, 정작 그곳 사람들은 이 유명한 인문주의자를 〈독일의 장식〉이니 〈독일의 소크라테스〉라 부르며 민족주의적 선전물로만 이용하려고 했다. 그래서 그에게 스스로 〈독일인〉이라고 칭하기를 요구한 것도 여러 차례였다. 쾰른의 제국 의회에서 처음으로 〈신성 로마 제국〉(사실 이 제국은 황제와 제국 의회에 의해 느슨하게 유지되는 소국들의 짜깁기 연합체일 뿐이었다)이라는 호칭이 사용된 지 막 2년이 지났을 때였다.

이 들끓는 분위기에서 그때까지는 별로 알려져 있지 않은 아우구스투스 수도회의 수사 마르틴 루터(1483~1546)가 작센주의 비텐베르크에서 95개의 논제를 발표했다. 그 역시 많은 동시대인들과 마찬가지로 교회의 면죄부 판매를 비판했다. 이 문제에 있어서 아우구스투스 수도회는 면죄부 판매라는 사업 아이템으로 쏠쏠한 재미를 보고 있던 도미니크 수도회와 대립했다. 놀라운 것은 작센의 다른 지역들처럼 비텐베르크에서는 면죄부 판매가 전혀 이루어지지 않고 있었다는 사실이다! 그건 이웃의 브란덴부르크와 대주교좌 성당이 위치한 마그데부르크에만 해당되는 이야기였다. 당시 이들 지역에서는 도미니크회 수사 요하네스

테첼이 곳곳을 돌아다니며 면죄부를 팔았다. 그런데 이 〈면죄부〉는 신자들에게 죄악에 대한 정화뿐 아니라 천국의 입장까지 보장했다. 수년 전 로마에서 면죄부를 구입한 적이 있던 루터가 보기에도 면죄부를 천국으로 들어가는 백지 수표로 선전하며 판매하는 행위는 너무 지나친 일이었다.

그런데 이 분쟁에는 굉장히 정치적인 또 다른 사안이 개입되어 있었다. 테첼이 면죄부를 팔러 다닌 것은 결코 우연이 아니었기 때문이다. 브란덴부르크 선제후의 동생인 알브레히트 폰 브란덴부르크는 막대한 돈을 조달해야 할 상황에 처해 있었다. 영향력이 큰 마인츠 대주교 자리를 차지하기 위해서였다. 교황만 해도 그의 선출을 돕는 대가로 2만 굴덴이 넘는 돈을 요구했다. 당시 율리오 2세 치하의 교회는 끊임없이 폭리와 이윤만을 추구하는 냉혹한 금융 기업이나 다름없었다. 이런 상황에서 알브레히트는 교황청과 거래를 했다. 푸거 가문에서 신용 대출을 받아 교황에게 돈을 먼저 지불한 뒤 대주교가 되어 면죄부 판매를 통해 지출 자금을 조달하겠다는 것이다. 물론 공식적으로 면죄부 판매의 수익금은 베드로 성당 건축과 투르크족과의 전쟁에 필요한 자금으로 알려져 있었다. 하지만 실제론 최소한 그중 절반은 알브레히트와 푸거 가문의 수중에 들어갔다. 심지어 푸거 가문 사람들은 대출금 회수를 위해 늘 면죄부 설교자들과 동행했다.

루터가 이런 정치적 배경을 꿰뚫어 본 것 같지는 않다. 또한 교회의 자본주의적 행태를 몰아내려고 했던 것도 아니고, 자신이 모시는 작센 선제후 프리드리히 3세를 위해 증오하는 경쟁자 알브레히트를 공격하려고 했던 것도 아니다. 그가 원한 것은 교회가 백지 수표를 퍼뜨림으로써 모든 사제직을 불필요한 존재로 만들게 하지 않는 것이었다. 이 문제를 두고 처음에는 비텐베르크에서 그와 논쟁을 벌이려는 사람은 거의 없었다. 그런데 면죄부 판매에 대한 루터의 폭풍 같은 돌진은 일대 사건이 되었다. 외국의 인쇄업자들이 그의 논제들을 중부 유럽 전역에 전파했기 때문이다. 게다가 짧은 시차를 두고 연속으로 나온 그의 글들도 엘베강에서 네덜란드에 이르기까지 큰 파장을 불러일으켰다.

에라스뮈스는 루터가 종교 개혁의 대표자로 급부상하는 것을 복잡한 심경으로 지켜보았다. 그는 선부른 유죄 판결에 맞서 반복해서 루터를 보호했지만, 그 광포한 작센인과 함께하고 싶지는 않았다. 에라스뮈스는 루터에게 편지를 보내 그의 업적을 칭찬하면서도 다른 한편으론 그의 오류를 비판했다. 사실 마음에 들지 않는 것은 많았다. 루터가 처음의 망설이는 태도를 버리고 나중에 교황까지 직접적으로 공격한 것은 마땅치 않았다. 그건 군주나 할 수 있는 일이지, 일개 수사가 할 수 있이 아니라고 여겼다. 그런데 그보다 더 못마땅한 건 무조건 자기가 옳다고 믿는 루터의 독선이었다. 에라스뮈스 같은 인문주의자들은 자신의 입장을 편지 속에서 토로하지, 루터나 중세 스콜라학자들처럼 논제의 형태로 공표하지는 않았다. 게다가 자신과 생각이 다른 사람들에게 훗날 지옥과 정죄의 불구덩이에 빠질 거라고 위협하지도 않았다. 하지만 루터의 그런 태도는 갈수록 도를 더해 갔다. 에라스뮈스는 루터의 과거 회귀적인 은총론에도 경악했다. 사도 바울과 아우구스티누스, 중세의 로마 교회와 마찬가지로 루터도 인간의 운명이 미리 정해져 있다고 보았다. 인간이 죽은 뒤 누구를 구원하고 누구를 구원하지 않을지는 신의 은총에 달려 있다는 것이다. 신의 의지가 누군가를 악으로 몰아붙이면 그것은 무엇으로도 막을 수 없다. 그 사람에게는 그저 죄악의 여러 가능성들 사이에서 선택하는 것밖에 남아 있지 않다. 이는 자유 의지에 대한 극단적인 회의의 표현이지만, 루터가 알지 못했던 폼포나치와는 그 동기부터 완전히 달랐다. 루터에게 중요한 것은 아무리 〈발버둥 쳐도〉 소용없기에 신의 결정에 복종하는 것이었다. 우리를 몰아가는 것은 신 아니면 악마이기 때문이다. 루터는 자신의 원칙을 이렇게 말했다. 〈오직 은총으로만.〉

에라스뮈스는 루터의 종교 개혁이 문제 제기 면에서는 옳았지만, 해결책 면에서는 당혹스럽기 그지없다는 점을 정확히 간파하고 있었다. 루터는 한편으론 자유를 옹호했다. 교회가 아닌 오직 신에게만 복종하는 자유였다. 그가 1520년 교황의 파문 위협에 맞서 자신을 변호하기 위해 쓴 「기독교인의 자유에 관하여 Von der Freiheit eines Christenmenschen」는 지금까지도 많은 복음 교회 신봉자들의 심금을 울린다. 그는 이렇게 썼다. 기독교인은 모든 사물의 자유로운 주인으로서 누구에게도 예속되지 않는다. 하지만 그와 동시에 모든 사물에 복무하는 종으로서 누구에게나 예속되기도 한다. 신의 피조물인 인간은 교회에 매여 있지 않고 오로지 신과 자신의 행동에만 의무를 진다. 이 점에서는 신비주의 전통과 구분되지 않는 루터의 자유에 대한 시각은 훗날 기독교적 자유의 탄생 순간으로 여러 번 변용된다. 특히 게오르크 빌헬름 헤겔에 의해서.

다른 한편으로 루터의 자유는 오늘날의 복음 교회가 해석하는 것 같은 그런 자유가 결코 아니었다. 왜냐하면 그는 인간의 운명을 자신의 노력이 아닌 오직 신의 은총에 귀속시킴으로써 자유의 의미를 현저히 제한했기 때문이다. 루터가 로마 교회의 권위에 의구심을 제기한 것은 옳았지만, 스스로 기독교적 진리라 여긴 자신의 말로 그 권위를 대체한 것은 그릇되었다. 중세의 거의 모든 지혜로운 철학자들은 성경을 자구 그대로가 아니라 진지하게만 받아들이라고 가르쳤다. 그런데 루터는 지식인들 스스로 오래전에 퇴치했다고 믿은 바로 그런 자구 그대로의 성경 해석(오직 성경 말씀으로)을 고집했다. 세상은 신에 의해 엿새 만에 창조되었고, 성경 말씀은 그 자체로 이미 진리였다. 루터는 성경 구절의 여러 비유적 의미에 대해서는 어떤 것도 알려고 하지 않았다. 아담과 하와의 이야기가 우리의 이성에 배치된다면 그건 성경이 아니라 이성에 문제가 있다는 것이다.

1529년 슈파이어 제국 의회에서 결정된 루터의 파문에 대해 〈이의〉가 제기된 이후 루터 지지자들은 〈프로테스탄트〉, 즉 〈항의자〉라 불렸다. 이들은 인간의 삶이 미리 정해져 있다는 예정설을 옹호했을 뿐 아니라 성찬식도 다른 식으로 해석했다. 로마 교회와는 달리 프로테스탄트들은 성찬식 동안 빵과 포도주가 정말로 그리스도의 몸과 피가 된다는 것을 믿지 않았다. 그런데 성찬식에서 그리스도의 영적이거나 상징적인 임재 문제에 대해서는 루터파와 〈개혁 교회〉*의 입장이 완전히 갈렸다. 둘의 공통점으로 남은 것은 무엇보다 신과의 강한 개인적 관계였다. 성직자들의 성스러움은 박탈되었고, 성사는 세례식과 성찬식으로 제한되었다.

루터의 신앙은 확고하고 고집스러웠다. 그는 자신과 생각이 다른 사람들의 얘기는 전혀 들으려고 하지 않았다. 대신 자신의 의견을 관철시키기 위해서라면 어떤 수단도 마다하지 않았다. 그가 자신을 비판하거나 자신과 생각이 다른 사람들을 저주할 때 가장 자주 사용한 말은 〈악마〉라는 단어였다. 신학자를 비롯해 아무리 가혹한 종교 재판관들조차 악마라는 말을 루터처럼 많이 사용한 사람은 없을 것이다. 독자적인 사유의 길을 걷는 동지건, 아니면 회의적인 유대인이건, 루터의 견해를 상대화하거나 거기에 동조하지 않는 사람은 누구나 〈악마의 몽둥이〉를 맞아야 했다. 르네상스 사람들은 서로 싸우더라도 상대에게 깊은 상처를 주지 않

* 처음에는 가톨릭교회에 대한 프로테스탄트 교회 전체를 가리켰으나, 나중에는 루터파와 구분해서 칼뱅주의 신학을 따르는 교파를 이르는 말이 되었다.

고 유연하게 싸우는 방법을 배웠다. 그것과 비교하면, 루터는 신학적 토론을 여러 가지 점에서 중세로 되돌려 놓았다. 그의 폭력적이고 순진한 경건성은 마이스터 에크하르트의 섬세하고 이지적인 영성과는 완전히 동떨어져 있었다. 물론 정치적 비호를 제외하면 바로 그런 면 덕분에 루터가 그렇게 큰 성공을 거둘 수 있었을 것이다. 거의 독일어로만 발표된 그의 글들은 명료하고 단순했다. 그의 〈복음적〉 신앙은 성경 자구를 신봉하는 새로운 근본주의였다. 그의 대중 영합적 민족주의도 불안에 떠는 사람들 사이에서 큰 호응을 얻었다. 그 밖에 루터 사건은 작센 선제후를 필두로 점점 더 많은 군주들에게 자신들의 영지와 금고 위에 길게 드리워진 로마의 그림자에서 벗어날 절호의 기회를 제공했다.

인간 루터에 대해선 오늘날 우리에게 알려진 것이 거의 없다. 내면에서 신앙의 전통이 그렇게 불멸의 수준으로 깨어난 사람이라면 다시 현실 삶으로 돌아오기란 어렵다. 그의 변하지 않는 업적은 에라스뮈스가 그리스어에서 라틴어로 번역한 성경을 매우 힘 있는 독일어로 번역했다는 사실이다. 그로써 그는 다른 어떤 사람보다 독일어를 더 풍성하게 한 것과 함께 작센 선제후국의 관청 언어를 독일 전역에 퍼뜨렸다. 루터는 철학자가 아니었고, 철학자가 되려는 마음도 없었다. 선이 노력하는 인간이 아닌 신의 영역이듯 진리 역시 신의 독점적인 특권이기 때문이다. 그로써 유일하게 참된 기독교를 알린 사람이라는 자신의 위상에 스스로 심각한 의문을 제기했다는 사실을 루터 자신은 알지 못했다. 이런 형태의 자기 성찰을 하기엔 그의 신앙이 너무 컸거나, 아니면 그의 지적인 크기가 너무 작았다. 판단은 독자에게 맡긴다.

은총과 미움

루터가 최초의 종교 개혁가는 아니었다. 그전에도 교회 개혁을 줄기차게 요구한 사람은 많았다. 그건 아시시의 프란체스코 같은 사람들이나 도미니크회나 13세기의 탁발 수도회만 생각해 봐도 알 수 있다. 검소함과 경건함을 요구하고 세속적인 화려함과 타락을 거부한 수도사들의 운동은 거의 어느 시기에나 존재해 왔다. 게다가 마이스터 에크하르트와 라몬 륄, 쿠자누스 계열의 고도로 지적인 혁신 운동도 있었다. 이는 성찰적 신앙을 중심에 두고 새로운 규칙, 새로운 계명, 새로운 제도를 만들어 내지 않는 일종의 철학적 종교 개혁이었다. 교황 직에 대한 문제 제기도 자주 있었다. 14세기 영국의 존 위클리프(1330?~1384)는 교회가 국가에 종속되어야 한다고 주장했다. 또한 교회의 세속적 부를 비판하고 모든 성직자들에게 청빈한 삶을 요구했으며, 신이 우리 인간으로서는 도저히 헤아릴 수 없는 섭리로 인간의 삶을 미리 결정해 놓았다는 은총설도 열성적으로 지지했다. 15세기 초 체코 출신의 얀 후스(1372?~1415) 역시 위클리프의 뒤를 따랐다. 나중에 루터를 비롯해 다른 많은 사람들이 그랬던 것처럼 후스도 면죄부 판매를 반대했다. 그는 제도화된 교회를 인정하지 않고 오직 성서만 인정했기에 콘스탄츠 공의회(1414~1418)에 의해 화형을 당했다.

그런데 이렇게 많은 흐름들 중에서 그 어떤 것도 실제로 현실적인 개혁으로 이어지지는 못했다. 반면에 다른 모든 종교 개혁적 이념들과는 달리 정화된 신심을 향한 루터의 강렬한 호소는 현실적 관철력이 있었다. 신의 은총에 대한 생각이나 성찬식의 해석, 아니면 교황을 향한 비판이나 인간 운명의 예정설에 대한 시각은 새로울 것이 전혀 없었다. 그 모든 것들은 앞서 말했듯이 중세 때부터 이미 논의되어 왔다. 다만 차이가 있다면 시대적 상황이다. 당시의 많은 군주들은 로마의 영향력에서 종국적으로 벗어나기 위해 오랫동안 루터 같은 인간 유형을 기다려 왔던 것처럼 보인다.

로마 교회로부터의 〈해방〉과 함께 치명적인 결과를 낳은 새로운 합종연횡이 재빨리 이루어졌다. 〈복음주의적〉 신앙은 독일 제후국들을 분열시켰고, 종교 개혁자들의 진영에 내부 갈등을 일으켰으며, 가난한 농민들에게는 영주에 저항할 새로운 동력을 제공했다. 루터가 기독교인이란 〈모든 사물의 자유로운 주인으로서 누구에게도 예속되지 않는다〉고 하지 않았던가? 농민 봉기는 이미 오래전부터 있어 왔지만, 1524년부터 1526년까지의 농민 전쟁은 그 어떤 폭동보다 치열했다. 그런데 농민들이 남부 독일 곳곳에서 영주들의 군대에 패배할 조짐을 보이자 루터는 입장을 분명히 했다. 자유에 대한 언급은 더 이상 온데간데없고, 농민들을 〈살인적인 강도 같은 도당〉이라고 부르며 〈미친개는 때려죽여야 하듯〉 그들도 〈은밀하게든 공개적으로든 모조리 박살내고 목 조르고 찔러 버릴 것〉을 요구했다. 루터와 가장 가까웠던 종교 개혁가 필립 멜란히톤(1497~1560)의 입장도 다르지 않았다. 그 역시 농민들을 〈막돼먹은 천것〉이라 칭하며 세금과 이자, 심지어 농노 제도도 신의 합당한 질서라고 밝혔다.

1520년대 중반에 이미 루터의 종교 개혁에서는 폭동과 혁명이 더 이상 중심이 아니었다. 아니, 오히려 그 반대였다. 기득권층은 그때까지 재빠르게 공략한 종교적 세속적 영토를 확고히 지켰고, 그것은 1530년 아우크스부르크 제국 의회의 결과로 더욱 공고해졌다. 이 모든 것에도 불구하고 당시의 종교 개혁을 루터의 종교 개혁 하나로만 국한하면서 그 승리를 논할 수는 없다. 실제로는 다수의 종교적 신념들이 있었다. 종교 개혁가들은 누구나 자기 신념에 따라 생각했다. 루터가 원한 대로 따른 사람은 거의 없었고, 각자 자기 방식대로 밀고나갔다. 그런 방식들에 대한 대응으로 루터는 확고한 조직체를 내세웠다. 그러니까 많은 종교 개혁가들의 기대에 부응해서 교회에 어떤 독자적이고 독립적인 역할을 부여하지는 않았지만, 대신 교회를 지방의 국부적 조직체로서 각 지역의 영주들에게 귀속시킨 것이다. 그로써 세속의 통치를 받지 않는 복음주의적 신앙의 유토피아는 냉철한 현실 정치에 밀려났다. 그러자 네덜란드의 카스파르 슈벵크펠트(1489~1561) 같은 사람들은 루터의 길을 따르지 않고 제도와 성직자, 위계질서, 당국에 구속되지 않는 기독교 신앙을 위해 계속 투쟁했다. 열정적인 평화주의자이자 관용의 옹호자였던 바이에른의 제바스티안 프랑크(1499~1543?)도 도그마 없는 순수 영적인 기독교를 주창했다. 또한 튀링겐의 혁명가 토마스 뮌처(1489?~1525)를 비롯해 극단적 탄압의 대상이었던 취리히와 스트라스부르의 재세례파도 마찬가지로 교회와 국가의 분리를 요구했다. 뮌처는 농민 전쟁에서 농민 반란군 편에 서서 싸우다 결전장이던 프랑켄하우젠 전투에서 패한 뒤 살해되었다.

종교 개혁과 관련한 운동은 단시간에 깊이 분열되었다. 프로테스탄티즘이 관철된 거의 모든 지역에서는 원래 그들의 가장 중요한 요구였던 기독교와 당국의 분리가 관심 밖으로 밀려났기 때문이다. 상황은 오히려 정반대로 돌아갔다. 복음주의 종교 개혁가들은 세속적 권력이 확고해질수록 점점 더 신권 정치, 즉 모든 세속적인 것을 교회의 통치 아래 예속시키는 방향으로 밀어붙였다. 이러한 프로테스탄티즘 인프라의 대표적 설계자는 엘자스 출신의 마르틴 부서(1491~1551)였다. 그는 각지를 돌아다니면서 수많은 관직을 창안하고 위계질서를 확립하고 〈권징(勸懲)〉 제도를 도입했다. 여기서 권징이란 가톨릭교회에서 신앙 교리성

(教理省)에서 하는 일을 대신하는 곳인데, 복음 교회에서는 신앙 공동체를 통해 구성원들의 신앙을 통제했다. 교회 규정을 어길 경우 무거운 벌을 내리는 것을 포함해서 말이다.

프로테스탄티즘에 대한 평가야 어떻게 갈리건, 프로테스탄티즘이 권력을 장악한 곳에서의 통치가 가톨릭교회보다 조금이라도 더 인간적으로 이루어지지 않은 것은 분명하다. 예를 들어, 취리히의 종교 개혁가 울리히 츠빙글리(1484~1531)는 고분고분하지 않은 모든 재세례파를 고문해서 처형하거나 추방했다. 제네바 시민들도 루터가 약속한 지상의 기독교 낙원이 어떻게 지옥 같은 감시 국가로 변할 수 있는지 직접 겪어야 했다. 제네바의 종교 개혁가 장 칼뱅(1509~1564)은 프로테스탄트적 신념 독재를 무자비하게 휘둘렀다. 루터가 말한 〈기독교인의 자유〉가 제네바에서만큼 다른 생각을 가진 사람들에 대한 감시와 무고, 가혹한 탄압으로 희화화된 경우는 드물었다. 1553년 칼뱅은 스페인 출신의 인문주의자이자 의사인 미카엘 세르베투스(미셸 세르베)를 장작더미 위에서 불태워 죽였는데, 그 이유가 가관이다. 단지 삼위일체론을 의심했기 때문이라는 것이다. 루터의 동조자인 멜란히톤의 박수갈채 속에서 프로테스탄티즘은 과거의 기독교가 그렇게 자주 걸었던 길과 똑같은 길을 걸을 채비를 하고 있었다. 즉, 박해받는 자에서 박해하는 자로, 관용의 이념에서 불관용의 체제로 변해 갔던 것이다.

그러다 보니 동시대 지식인들 대다수가 프로테스탄티즘을 비판적으로 바라보거나 그에 실망한 것은 놀랍지 않다. 특히 심한 환멸을 느낀 사람은 프랑스 인문주의자 세바스티안 카스텔리오(1515~1563)였다. 청년 시절에 그는 리옹 종교 재판소가 〈위그노파〉라 불리게 될 프랑스 신교도들을 화형에 처하는 것을 목도했다. 그 뒤 스트라스부르로 가서 칼뱅을 알게 되었고, 칼뱅은 그를 제네바로 데려가 후원했다. 하지만 프로테스탄티즘에 대한 열광은 오래가지 않았다. 1544년 제네바 시의회는 카스텔리오에게 일부 성직자를 비판했다는 이유로 유죄 판결을 내렸다. 낙담한 이 인문주의자는 바젤로 떠났고, 거기서 라틴어와 프랑스어 성경 번역에 매달렸다. 그의 번역은 에라스뮈스처럼 우아한 문체를 사용했고, 지나칠 정도로 원문에 충실하기보다는 추정되는 의미에 역점을 두었다. 신교도건 구교도건 이 새로운 번역을 격하게 비난했다. 칼뱅이 제네바에서 세르베투스를 처형하자 카스텔리오는 익명으로 발표한 글에서 칼뱅을 지탄했다. 1년 뒤인 1554년에는 여러 텍스트들을 모은 『이단자들에 관하여, 그들을 탄압해야 하는가*De haereticis, an sint persequendi*』를 가명으로 출간했다. 이 책에는 아우구스티누스를 비롯해 에라스뮈스, 루터, 칼뱅의 글이 수록되어 있는데, 모두 이단자들에 대한 사형을 반대하는 내용이었다. 카스텔리오가 쓴 서문에는 오늘날에도 여전히 유효한 주장이 다수 포함되어 있다. 기독교 본래의 복음에 대한 호소이다. 〈오 그리스도여, 당신께서 이 모든 처형과 고문을 명하셨다면 악마에게는 어떤 다른 일을 남겨두셨나이까?〉[9]

칼뱅과 그의 동조자 테오도르 드 베즈(1519~1605)는 방어에 나섰고, 곧바로 날카로운 논쟁이 불붙었다. 카스텔리오는 물러서지 않았다. 〈사람을 죽이는 것은 교리를 지키는 것이 아니고 하나의 귀한 생명을 빼앗는 일일 뿐이다.〉 그는 적들에게 이렇게 응수하면서 신교도들에게 가톨릭 종교 재판소처럼 행동하지 말 것을 요구했다. 또한 기독교가 사랑의 종교임을 상기시키며 종교적 관용을 옹호하고 인간 운명의 예정설을 비판했다. 칼뱅은 격분해서 카스텔리오를 〈사탄의 도구〉라 불렀고, 테오도르 드 베즈와 발맞추어 인간 친화적인 인문주의자 카스텔리오를 공격하면서 법정으로까지 끌어들였다. 카스텔리오가 소송 중에 집필한 철학서 『의심의 기술에 관하여*De arte dubitandi*』는 출간될 수 없었다. 종교적으로 가열된 시기에는 보기 드문 이성적 철학서였다. 카스텔리오는 신의 실존에 대한 깊은 혜안을 인간의 다른 모든 작업과 구분했다. 그렇게 많은 상이한 신앙 분파와 종교 공동체들이 존재한다면 판관의 권리를 가진 이는 누구인가? 우리는 왜 성경처럼 인간의 작품일 뿐인 텍스트를 자구 그대로 받아들이고, 그 해석을 두고 싸워야 할까? 맹목적인 신앙은 아무 도움이 되지 않는다. 대신 우리는 이성의 소리에 귀를 기울여야 한다. 이성은 말한다. 우리가 확실하다고 믿는 것조차 다른 많은 가능성들 중 하나일 뿐이라고. 절대적 진리란 없고, 모든 지식은 상대적이다.

카스텔리오는 1563년 마흔여덟의 나이로 세상을 떠났다. 이렇게 죽지 않았다면 그는 분명 제네바의 칼뱅파에 의해 교수형에 처해졌을 것이다. 예정설을 거부하고 종교적 관용을 옹호한 그의 투쟁은 잊히지 않았다. 17세기 칼뱅파가 분열되었을 때 아르미니우스를 지지한 네덜란드 항의파는 카스텔리오의 예정설 비판을 근거로 내세웠다. 그의 이성적(〈합리주의적〉) 성경 해석은 이탈리아의 파우스토 소치니(1539~1604)를 비롯해 훗날 소치니파와 영국 유니테리언주의 운동에 영향을 주었다. 그로 인해 존 로크는 양심과 신앙의 자유에 대한 카스텔리오의 사상을 접했고, 그건 나중의 볼테르도 마찬가지였다.

유토피아

카스텔리오의 사례가 보여 주듯 나직한 어조의 철학은 16세기의 종교적 근본주의를 대적하기엔 역부족이었다. 종교 개혁가들이 요구한 것은 경건함과 신앙 고백이지, 숙고와 성찰이 아니었다.

중세 스콜라 철학에선 큰 의미가 있었던 논리학은 그사이 완전히 몰락해 버렸다. 에라스뮈스조차 거기엔 전혀 관심을 보이지 않았다. 루터, 츠빙글리, 칼뱅 같은 인간들에게 진리란 논리적 문장과 모순 없는 논증이 아니라 오직 신앙 속에 있었다. 깊은 깨달음은 성찰과 숙고로는 얻을 수 없다. 그것은 전적으로 신의 은혜로운 행위였다.

신은 세상을 아주 넓게 생각했을지 모르지만, 인간이 지상의 천국을 약속한 곳에서는 늘 세상은 점점 더 좁아지고 제한되었다. 상황이 이렇다 보니 철학사에 올릴 수 있는 소수의 저서에 에라스뮈스의 『우신예찬』 같은 풍자서가 포함되는 것도 별로 이상하지 않다. 루터의 종교 개혁을 〈현대적〉이고 진보적이고 미래 지향적이라고 여기고 싶은 사람이라면 에라스뮈스가 인간을 얼마나 활기차게 표현했는지 살펴보면 아마 지금도 깜짝 놀랄 것이다. 게다가 동시대의 또 다른 저술을 읽게 되면 아예 생각이 확 바뀔지도 모른다. 이를 위해 종교 개혁이 막 시작된 시기, 그러니까 좀 더 정확하게는 1516년의 시기로 돌아가 보자. 루터의 반박문이 나오기 1년 전 런던에서 문학적 이목을 집중시킨 책이 출간되었다. 『최선의 국가 상태와 새로운 섬 유토피아에 관하여』라는 제목이 붙은 짧은 책이었다. 저자는 에라스뮈스의 친구 토머스 모어였다. 똑똑하고 박식한 이 법률가는 왕의 외교 사절로서 가파른 출셋길을 걸었다. 헨리 8세로서는 도처에서 인기가 높은 모어를 만난 것이 행운이었고, 모어로서는 자신의 뜻을 충분히 펼치게 해 줄 왕을 만난 것이 행운이었다.

그럼에도 모어는 『유토피아*Utopia*』 제1부에서 영국의 사회적 상황에 대해 서슴없이 날카로운 공격을 펼친다. 가난과 그것을 유발한 사람들, 즉 목초지와 이윤에 눈먼 탐욕스러운 귀족들을 비난하고, 그와 동시에 도둑에 대한 사형에는 반대 입장을 표한다. 『유토피아』 첫 부분에 나오는 뱃사람 라파엘 히들로데우스의 논거는 매혹적이다. 성서에서 살인을 금하고 있을 뿐 아니라 사형 위협으로는 도둑질을 예방할 수 없다는 것이다. 그의 말을 직접 들어 보자. 〈만일 도둑질 하나만으로 사형에 처해진다면 강도는 어차피 그보다 더한 범죄를 저질러도 사형보다 더 심한 처벌이 없음을 알기에 단순히 타인의 물건만 빼앗고 말 것도 사람을 죽이고자 하는 생각에 이르게 되기 때문이다.〉[10]

『유토피아』 제2부는 마치 사실 보고 같다. 히들로데우스는 토머스 모어와 그의 친구 피터 가일즈에게 자신이 아메리카 여행 중에 유토피아라는 머나먼 섬에서 겪은 일과 그곳 상황을 이야기한다. 물론 모어의 동시대인들은 이것이 허구라는 것을 안다. 〈우-토포스U-topos〉는 〈어디에도 없는 땅Ou-topos〉 아니면 〈행복의 땅Eu-topos〉 둘 중 하나이기 때문이다. 라틴어로 〈ou〉나 〈eu〉는 모두 〈u〉이다. 이는 실제 있었던 이야기가 아니라 철학적인 사고 실험이다. 모어는 〈최선의 국가 상태〉에 대해 말하면서 인문주의적 방식으로 유희하듯이 전통을 갖고 논다. 대서양 상의 외딴 섬은 플라톤의 『티마이오스』에 나오는 아틀란티스, 또 대화편 『국가』와 『법률』에 나오는 이상 도시 칼리폴리스와 마그네시아를 연상시킨다.

유토피아는 실제로 여러 면에서 칼리폴리스나 마그네시아와 겹친다. 이 이상 국가는 공산주의적 체계를 갖춘 공화국이기 때문이다. 우선 이 나라에는 공동 부엌이 있고, 당국으로부터 무조건 주어지는 기본 소득이 존재한다. 다만 플라톤과는 달리 생활계의 핵심 영역은 국가가 아니라 가정이다. 경제 시스템은 정체되어 있고, 필요한 만큼만 생산되고, 주민 수도 정해져 있다. 수가 너무 많아지면 식민지를 건설해야 한다. 돈과 금은 그렇게 큰 가치가 없고, 용병에게 임금을 지급하는 용도로만 쓰인다. 유토피아는 의무 교육과 영재 지원, 자유로운 직업 선택을 보장하는 열린 교육 체계를 갖추고 있고, 누구나 평생 학습의 무한한 즐거움을 누린다. 모든 주민에게는 무상으로 의료보험 혜택이 주어지고, 종교 활동도 만인이 자유롭다. 대다수 주민들은 〈만물의 아버지〉, 즉 신플라톤적 전통과 맥이 닿아 있는, 〈인간 정신을 훨씬 뛰어넘는〉[11] 신적인 존재를 숭배한다.

유토피아 주민들은 하루에 여섯 시간만 일한다. 누구나 농부이면서 기술자인데다가 남녀 구분 없이 일하기에 하루 여섯 시간 노동이면 충분하다. 행복이 넘치는 이 섬에서는 어떤 성직자나 대지주도 타인의 노동에 기대어 살지 않는다. 특별히 숨길 보물이 없는 사람은 공화국 수도인 아모로트에서도 대문을 활짝 열어 놓고 산다.

군주제나 귀족제를 대신한 공화국, 신앙을 대신한 합리성, 원죄와 신의 은총을 대신한 세속적 국가와 자기 결정권, 예정설을 대신한 자유, 운명을 대신한 보험, 이 모든 이야기를 듣다 보면 19세기나 20세기의 작품을 보고 있다는 기분이 든다. 마키아벨리와 루터의 동시대인이 어떻게 이런 생각을 할 수 있었을까? 불과 3년 전에 『군주론』이 나왔고, 4년 전에 루터의 「기독교인의 자유에 관하여Von der Freiheit eines Christenmenschen」가 나온 시절에 어떻게 그런 사회적 이성과 선견지명, 그런 냉철한 인간애가 번뜩이는 작품을 쓸 수 있을까? 모어는 혹시 모를 위험에 대비해서 자신의 유토피아가 그저 풍자에 지나지 않는다는 사실을 반복해서 내비친다. 뱃사람의 이름 히들로데우스는 〈장난꾸러기〉라는 뜻이다. 모어는 유토피아에 나오는 것들이 유럽에서는 당연히 실현 불가능하다는 점을 재빨리 덧붙인다. 그리고 가끔 농담을 던지기도 한다. 예를 들어 법률가 모어는 이렇게 말한다. 유토피아 주민들은 변호사가 굶을 죽을 정도로 평화롭게 산다고.

처세에 능한 이 영국인은 이상 세계를 새로운 신앙이 아닌 문학 속으로 옮겨 놓았고, 그로써 새로운 문학 장르를 만들어 냈다. 그것은 약간의 풍자와 반어가 가미된 공상적인 〈유토피아 이야기〉였다. 모어는 스스로를 위험에 빠트리지 않으려면 농담과 반어, 비유를 적절하게 활용한 인문주의적 유희가 반드시 필요했다. 16세기에 국가적인 차원의 복지와 사회적 이성, 보편적 평등, 포괄적 분배의 정의가 실현된 국가를 그려 내는 것은 위험했고, 궁정에서의 탄탄한 입지와 함께 상당한 외교적 노련함을 갖추고 있어야 가능했다. 모어가 바로 그랬다. 최초의 이 유토피아적 〈국가소설〉은 한 군데도 잘리지 않고 검열을 통과했고, 같은 시기에 에라스뮈스가 미래의 황제 카를 5세에게 기독교적 도덕적 통치 방법을 조언하기 위해 집필한 『기독교 군주의 교육*Institutio principis Christiani*』보다 유럽에서 훨씬 더 큰 주목을 받았다.

에라스뮈스의 저서도 자유로운 정신으로 충만해 있을 뿐 아니라 세속적인 신분 차이와는 상관없이 기독교인이라면 누구나 신 앞에서 평등하다는 사실을 강조한다. 그러나 이 작가는 그사이 유럽 통치자들과 폭넓은 관계를 구축하는 일에 푹 빠져 있어서 모어처럼 공산주의적 복지 국가를 구상할 엄두를 내지 못했을 것이다. 그는 끊임없이 자신의 본거지인 바젤에서부터 정치적 종교적 지형의 핵심부로 들어가기 위해 애썼다. 그가 희망을 건 것은 종교 개혁이나 혁명이 아니라 인문주의적 교육과 분별력을 갖춘 군주들이었다. 그는 정치적 운동가가 아니었고, 학문적 기준에 따르면 위대한 철학자도 아니었다. 또한 체계적인 작품을 쓰지 않았고, 중세 철학의 전통도 잘 알지 못했으며, 논리적 능력도 크게 뛰어나지 못했다. 오히려 그는 스스로도 그렇게 이해하고 있듯이, 중요한 시대적 문제들에 대해 글과 편지를 쓰는 대중적 지식인이자 예리한 관찰자였다.

에라스뮈스는 마침내 대법관에 올랐다. 하지만 그의 정치적 영향력도 그의 벗 모어나, 그가 점점 거부감을 보이던 루터에게는 아무 도움이 되지 못했다. 에라스뮈스와 모어는 인문주의자들에 의해 한때 유럽의 희망으로 칭송받던 철권 통치자 헨리 8세가 로마 교회에서 떨어져 나와 자기 멋대로 영국 교회를 창설하는 것을 무기력하게 지켜보아야만 했다. 1535년 새로운 종교적 전횡에 순응할 마음이 없었던 모어는 결국 런던에서 단두대형에 처해졌다. 그의 잘린 머리는 왕의 권위에 따르지 않는 모든 이들에 대한 경고의 표시로 한 달 동안 런던 브리지에 내걸렸다.

16세기는 지상의 천국이 되지 못했다. 그렇다고 영성의 세기도 아니었다. 대신 철학적으로 보면 이성에 대한 무차별적인 공격의 시대였다. 그런 공격에 동참한 루터의 말을 들어 보자. 〈이성은 자신의 빛을 높이 치켜들고 스스로를 자랑스러워할 수 있다. 이성을 이용하면 세속의 일에서 인간들이 똑똑해질 수도 있다. 하지만 이성은 결코 하늘 높이 올라갈 수는 없다. (……) 저 하늘에서 이성은 완전히 눈멀어 버리기 때문이다.〉 루터에 따르면, 인간은 겸허히 허리 숙여 아기 예수의 구유로 눈을 돌려야 한다. 바로 거기에 내면의 천국이 있다. 물리학적 하늘만 뚫어지게 쳐다본다고 해서 얻어지는 것은 아무것도 없다. 〈우리 위에 있는 것은 우리를 위한 것이 아니기〉 때문이다. 루터는 자신이 하는 말의 의미를 정확히 알고 있었다. 그 무렵 자신도 잘 아는 한 동시대인이 우리 머리 위의 하늘을 물리학적으로 새롭게 측정하고자 나섰던 것이다! 이 동시대인은 종교적 경건성에 시선을 내리깔지 않고, 당당히 고개를 치켜들고 하늘을 보았으니…….

새로운 하늘

마법이 풀린 하늘 / 태양 숭배 / 무한한 세계들 /
어디에도 없는 질서 / 망원경이 드러낸 진실 / 기술의 정신 /
솔로몬의 집

마법이 풀린 하늘

발트해 연안 에름란트 지방의 소도시 프라우엔부르크에는 천여 명 인구에는 어울리지 않는 거대한 고딕 양식의 대성당이 서 있다. 프로이센의 옛 요새였던 이 작은 도시는 13세기 이후 주교구의 수도로 자리 잡았고, 15세기에는 폴란드와 독일 기사단이 혈투를 벌인 〈기근 전쟁〉의 무대가 되기도 했다. 에름란트 지방의 다른 많은 소도시들처럼 여기서도 약탈과 방화가 자행되었다. 사실 16세기 초까지만 해도 프라우엔부르크는 그리 유명한 곳이 아니었다.

그런데 1514년 도시 성문 앞에 벽돌 탑이 하나 세워졌다. 천문 관측소였다. 주교좌성당의 참사회 평의원 니콜라우스 코페르니쿠스(1473~1543)가 세운 것인데, 그는 시간이 날 때마다 관측소 안에서 사분의와 측각기, 혼천의를 조작하며 천문 관측에 열중했다. 세 기구 모두 그가 직접 만든 것으로 고대부터 흔히 사용되어 온 상당히 초보적인 형태였다.

중세 세계상의 진정한 혁명은 종교 개혁을 통해 온 것이 아니라 수학을 통해, 그리고 그 겸손한 참사회원을 통해 슬그머니 찾아왔다. 이탈리아의 볼로냐와 파도바, 페라라에서 수학한 코페르니쿠스는 교회법뿐 아니라 수학과 의학, 자연 과학에도 관심이 많았다. 프라우엔부르크 주교좌성당의 참사회원으로서 그 역시 에름란트 지방을 차지하려는 폴란드와 독일 기사단 사이의 전쟁에 휩쓸려 들어갔지만, 그의 열정은 오직 수학과 천문학에만 향해 있었다.

코페르니쿠스는 1509년에 이미 열 페이지 분량의 『짧은 주석*Commentariolus*』이라는 글을 써서, 지구가 결코 세계의 중심이 아니라고 선언했다. 이어지는 글을 보자. 〈항성계의 움직임으로 보이는 것은 모두 그 자체로 움직이는 것이 아니라 지구에서 보았을 때 그렇게 보이는 것일 뿐이다. 그러니까 지구는 주변 성분들과 함께 매일 자신의 변함없는 양극을 축으로 한 바퀴 돈다. 이때 항성계는 가장 바깥쪽 하늘로서 움직이지 않는다. 태양이 우리 눈에 움직이는 것처럼 보이는 것도 태양 자체의 운동이 아니라 지구의 운동 때문에, 그리고 다른 모든 행성들처럼 태양 주위를 도는 우리의 궤도 때문에 생겨나는 현상이다. 지구는 이렇게 다중적인 운동들에 의해 움직인다.〉[12]

이 원고는 인쇄되지 못했고, 1877년에야 재발견되었다. 그럼에도 코페르니쿠스의 궤도 계산은 계속 이어졌다. 얼마 지나지 않아 지구가 자전하고 행성들이 태양 주위를 도는 것을 설명하는, 좀 더 큰 규모의 책을 그가 쓰고 있다는 소문이 퍼지기 시작한다. 그에 대한 반응은 호기심과 거부감, 조롱 사이를 오갔다. 특히 신교도들은 당혹스러워하는 반응을 보였다. 종교 개혁가 중에서 〈독일의 스승〉이라 불리며 엄청난 영향력을 갖고 있던 인문주의자 필립 멜란히톤은 비텐베르크의 젊은 수학자이자 천문학자인 게오르크 요아힘 레티쿠스(1514~1574)를 프라우엔부르크로 보내 코페르니쿠스가 정확하게 어떤 연구를 하고 있는지 살펴보라고 했다. 레티쿠스는 곧 코페르니쿠스의 이론에 확신을 갖게 되었고, 그에게 열광했다. 그래서 1540년에는 코페르니쿠스의 테제들을 요약해서 발표했고, 늙은 스승에게는 아직 발표되지 않은 코페르니쿠스의 주저를 신속하게 출간할 것을 재촉했다.

코페르니쿠스의 대표작 『천체의 회전에 관하여*De revolutionibus orbium coelestium*』가 1543년에 출간되기 전부터 이미 종교 개혁가들은 서둘러 그와 거리를 두었다. 루터는 한 만찬 연설에서 코페르니쿠스를 〈새로운 점성술사〉니, 〈천문학이라는 영역 전체를 뒤집어 버린〉 바보 멍청이라고 부르며 조롱했다. 루터에게 분명한 것은 오직 한 가지였다. 〈어떤 이성도 (……) 신이 창조한 자연이라는 작품을 파악하거나 이해할 수 없다〉는 것이다.[13] 그가 보기에, 학문은 결코 진리를 드러내지 못한다. 그것을 할 수 있는 건 오직 신앙뿐이다. 그렇다면 그 때문에라도 신교의 입장에서는 코페르니쿠스를 훨씬 관대하게 대했어야 하지 않을까? 루터는 세계를 둘로 나누었다. 본래적이지만 비가시적인 기독교 신앙의 세계, 그리고 가시적이지만 비본래적인 물질계가 그것이다. 신교도들은 과거의 많은 스콜라 철학자들이 그랬던 것처럼 세계가 신에 대한 간접 증거들을 제공하기 때문에 신을 믿는 것이 아니라, 이 세상이 신에 대한 어떤 근거도 제공하지 않음에도 불구하고 신을 믿는다. 인간은 오직 신앙으로만, 오직 성서로만, 오직 그리스도로만, 오직 은총으로만 진리를 볼 수 있다.

이런 입장이라면 루터는 코페르니쿠스의 주장을 훨씬 느긋한 태도로 받아들일 수 있어야 했다. 하지만 점점 더 보수적으로 변해 간 루터에겐 나름의 신념이 있었다. 종교 개혁과 함께 우리 인간은 그 어떤 역동적인 새 이론으로도 흔들리지 않는 일종의 최종 상태에 도달했다는 것이다. 루터의 동지로서 박식하기 그지없던 멜란히톤의 반응도 퍽 예민했다. 그는 아리스토텔레스의 『자연학』뿐 아니라 지구가 태양 주변을 돈다는 사모스의 아리스타르코스의 이론도 알고 있었다. 이런 책들을 읽었다면 같은 문제를 숙고한 오렘의 니콜이나 쿠자누스에 대해서도 당연히 알고 있었을 것이다. 그래서 멜란히톤은 코페르니쿠스의 계산들을 진부한 것으로 치부하면서 그를 〈자기 과시욕〉에 사로잡힌 사람이라고 비난했다.

이런 와중에도 코페르니쿠스의 새로운 세계상은 계속해서 많은 학자들을 매료시켜 나갔다. 그중에는 종교 개혁가 안드레아스 오시안더(1498~1552)가 있었다. 프랑켄 지방의 신학자인 그는 나중에 신 앞에서 인간을 〈변호〉하는 문제를 두고 멜란히톤과 다투기 전까지는 루터의 가장 믿음직한 동지 중 하나였다. 오시안더는 1543년 코페르니쿠스의 주저를 뉘른베르크에서 출간했다. 서문에서 코페르니쿠스의 견해를 어느 정도 완화하는 몇몇 문장을 덧붙인 채로. 멜란히톤은 경악했다. 그는 천문학에 완전히 무지하지는 않았다. 천문학 책들에 서문을 쓰기도 했고, 점성술을 믿었으며, 천체 물리학을 루터만큼 하찮은 것으로 여기지도 않았다. 하지만 천체 물리학의 영향은 실용적인 영역, 즉 달력의 수정이나 그와 비슷한 다른 유익한 일에 국한되어야 한다고 생각했다. 멜란히톤은 종교적인 세계 설명을 넘어서는 독자적인 학문으로서의 천문학은 허용할 마음이 없었다. 그런 천문학은 통일적인 종교 조직을 망쳐 버린다고 여겼다. 여호수아 10장 12절에서 여호수아가 태양을 하루 동안 멈추게 한 것처럼 태양이 지구 주변을 돈다는 사실을 신이 인간에게 명백하게 보여 주려고 했다면 실제로도 그런 것이다. 천체 물리학이 그에 대해 의심을 품는다면 혼란만 부추길 뿐이다. 스스로 해결하지도 못하는 혼란을 말이다. 그런 혼란은 오직 신만이 해결할 수 있다.

코페르니쿠스는 불가지론자가 아니었다. 무신론자는 더더욱 아니었다. 더구나 누군가를 도발하려는 마음도 없었다. 그럼에도 그의 태양 중심적 세계관은 종교 개혁이 그전까지 전혀 위험을 예측하지 못한 지점에서 종교 개혁을 훌쩍 뛰어넘어 버렸다. 새로 측정된 하늘은 성서 내용을 자구 그대로 받아들일 경우 거기에 나오는 하늘과 모순되기 때문이다. 지구는 더 이상 세계의 중심이 아니라 다른 많은 별들 가운데 하나일 뿐이었다. 그전까지 너무나 당연한 것으로 여겨졌던 것이 객관적으로 따져 보니 틀렸다. 직관에 뿌리를 둔 종교적 지식으로는 물리적 진실로 들어가는 길이 열리지 않았다. 종교와는 상관없이 합리적으로 획득된 지식만이 그 길을 열어 주었다.

가톨릭교회는 코페르니쿠스의 연구에 대해 신교도들과는 다르게 반응했다. 그러니까 처음에는 아주 느긋한 태도를 보였다. 1533년에 이미 교황 클레멘스 7세는 코페르니쿠스로부터 해명을 들었다. 심지어 교황의 사절인 쇤베르크의 니콜라우스 추기경은 코페르니쿠스에게 저서를 출간할 것을 권하기도 했다. 그 책이 출간되었을 때 새 교황 바오로 3세는 책 속에서 코페르니쿠스가 스스로의 성취를 겸허하게 깎아내리면서 용서를 비는 장문의 글과 함께 자신에게 바치는 헌사를 발견했다. 가톨릭교회의 시대정신은 태양 중심적 세계관이 성서와는 상당히 모순됨에도 불구하고 새로운 자연 과학적 인식에 아직은 호의적이었다. 그러던 것이 16세기 후반부에 이르자 어조는 강경해지고 관용도 사라졌다. 수학자와 천문학자들의 진리를 위한 싸움은 수백 년 동안 지속되었고, 코페르니쿠스의 주저 『천체의 회전에 관하여』는 1835년까지 가톨릭교회의 금서 목록에 올랐다.

코페르니쿠스의 주장은 이렇다. 세계를 결정하는 것은 신의 의지와 은총만이 아니라 지금껏 감추어져 있던 물리적 힘과 자연법칙이다. 사물 하나하나가 다른 것들과 어떤 식으로 연결되어 있는지는 성서에 적혀 있지 않고, 완전히 새로운 성찰과 조사로 밝혀져야 한다. 그와 같은 시대에 살았던 레오나르도 다빈치(1452~1519)의 의견도 다르지 않았다. 그는 당시의 지식을 생각 가능한 모든 방향에서 뛰어넘고 경계를 철폐하고자 했다. 이런 사유의 바탕 위에서 광학과 수리학, 일반 역학, 화학, 지질학, 동물학, 해부학을 연구했고, 수학을 기초 학문으로 선언했다. 또한 예부터 내려오는 기존의 모든 개념과 설명들을 불신하면서 오직 자신이 연구하고 관찰한 것만 믿었다.

이런 생각은 완전히 새로운 것은 아니었다. 고대에도 이미 아낙사고라스와 레우키포스, 데모크리토스와 에피쿠로스는 우주를 순수 유물론적으로만 설명했다. 그런데 그들의 사고 뒤에는 코페르니쿠스나 레오나르도에겐 점점 사라지고 있던 어떤 통일적 전체성의 정신이 깔려 있었다. 반면에 16세기는 하나의 이론을 통일적 전체의 기틀 위에서 구상하는 것이 훨씬 어려운 시대였다. 그러니까 천체 물리학에서 인식론을 거쳐 윤리학으로 올라가는 하나의 체계를 구상하기가 무척 어려웠다는 말이다. 대신 세계는 각각 따로 놀았다. 수학자와 자연연구자의 지혜에 해당하는 새로운 과학적 지식(스키엔티아scientia)은 인문주의자들의 지혜에 해당하는 철학적 인식(사피엔티아sapientia)과 별로 상관없는 것으로 대립되었다. 이는 현재까지도 지속되고 있고 오늘날에도 자연 과학과 정신과학의 괴상한 경쟁과 상호 폄하의 형태로 나타나는 분열이다.

세계의 분열은 오래된 철학적 대립과 맥이 닿아 있었다. 인문주의자들, 특히 알베르티나 피치노 같은 사상가들은 자신들의 세계상에서 플라톤과 신플라톤주의를 따랐다. 이어 그들이 지혜의 두 번째 원천으로 삼은 인물은 스토아학파의 전통에 입각해서 인간을 우주의 중심에 놓은 키케로였다. 그에 따르면 자연 만물은 인간의 목적에 맞게 사용되어야 할 도구였다. 따라서 세상의 모든 지혜는 인간에 관한 지혜, 즉 사피엔티아였다. 이런 세계관은 인간 중심적이었고 플라톤 철학의 영향을 받은 기독교와 다르지 않았다. 반면에 13세기와 14세기를 풍미했던 아리스토텔레스 철학은 뒷전으로 밀려났다. 파도바의 아리스토텔레스주의자들, 그러니까 펠라카니와 폼포나치 같은 남자들만 인문주의자들의 총애를 잃은 이 위대한 고대 철학자를 비호했다. 이들의 세계상에는 물리적 요소가 아주 강하게 깃들어 있었다. 이들은 인간을 우주의 중심으로 보지 않았고, 모든 자연 현상의 목적으로도 보지 않았다. 비록 아리스토텔레스는 여전히 지구 중심주의에 머물러 있었다고 하더라도 그들은 새로운 태양 중심적 세계상을 통해 힘을 얻고 확신을 가졌을 것으로 보인다.

세계 내에서 인간의 자연적인 위치는 어디일까? 이 물음은 학문적인 호기심만 불러일으킨 것이 아니라 불쾌감과 불안감도 야기한다. 더디지만 막을 수 없는 자연 과학적 연구의 비상에는 뭔가 도취적이고 해방적인 요소만 있었던 것이 아니었다. 학문이 진보하면서 인류는 옛 지식과 그에 기초한 자의식을 상실했기 때문이다. 인문주의와 자연 과학의 비상을 동면의 양면처럼 예찬하는 것은 르네상스에 대한 우리의 일반적 상식이었다. 그러나 현실은 정반대였다. 인문주의가 약화되고 그에 대한 낙관론이 상실된 바로 그 지점에서 자연 과학의 개선 행렬이 시작되었다.

자연 과학의 탄생은 환호에 찬 개선 행렬이었을 뿐 아니라 환멸의 결과이기도 했다. 피치노나 피코가 제시한 것과 같은 더 나은 세계에 대한 인문주의적 비전은 초라하게 실패하고 말았다. 대개 사회적 유토피아의 시대는 자연 과학적인 기술적 유토피아에는 좋은 시대가 아니었고, 기술적 유토피아의 시대(오늘날의 우리 시대)도 사회적 유토피아에는 좋은 시대가 아니었다. 마키아벨리의 『군주론』에서 실증된 정치적 각성은 자연에 대한 각성으로 이어졌다. 자연 과학적 냉철함을 정치적 각성의 결과로 보는 것이 일면적이라고 할지라도 정치에서 과학으로의 중심 이동은 분명 하늘에서 뚝 떨어진 것처럼 일어나지는 않았으니…….

태양 숭배

지구가 원반이 아니라 구의 형태라는 사실은 15세기의 학자들 사이에선 논란의 여지가 거의 없었다. 포르투갈 국왕의 전문가 위원회가 저돌적으로 밀어붙이는 콜럼버스에게 항해를 포기하라고 조언한 것도 바로 그 때문이었다. 그런 아마추어적인 항해를 하기에는 지구의 둘레가 너무 길다는 것이다. 만일 중간에 아메리카 대륙이 놓여 있지 않았더라면 콜럼버스 일행은 1492년에 목적지였던 중국이나 일본에 가지 못하고 망망대해에서 굶주림과 갈증으로 숨을 거두었을 것이다. 1497년부터 1499년까지는 포르투갈의 바스쿠 다가마가 아프리카로 향했고, 그로써 인도로 가는 항로가 발견되었다. 20년 뒤에는 그의 동포인 페르디낭 마젤란이 최초로 세계 일주에 성공함으로써 원래는 더 이상 증명할 필요조차 없었던 사실에 대한 마지막 증거가 제시되었다. 지구가 구(또는 좀 더 정확히 말하자면 회전 타원체)라는 것이다.

옛 질서, 그러니까 지구를 우주의 중심에 놓은 프톨레마이오스 세계상은 더 이상 현실과 맞지 않았다. 그렇다고 어떤 것이 새 질서가 되어야 하는지에 대한 논의는 오랫동안 이루어지지 못했다. 새 질서와 관련해서는, 단순히 우주에서 행성들의 배치 문제뿐 아니라 새로운 물리학의 훨씬 더 근본적인 문제가 중요하게 떠올랐다. 즉, 어떤 자연법칙이 어떤 방식으로 상호 작용하는가? 아리스토텔레스의 냉철한 자연관은 플라톤이나 스토아학파, 기독교에 비하면 옳다고 할 수 있었지만, 그의 낡은 물리학으로는 더 이상 이 문제에 충분히 답할 수가 없었다. 그의 물리학은 모든 운동이 자연적으로 목표에 도달할 수 있도록 프로그램화되어 있다는 가정에 뿌리를 두고 있었다. 하지만 이런 가정에 대해서는 중세에 이미 오트르쿠르의 니콜라우스나 장 뷔리당 같은 사상가들이 회의적인 뜻을 내비쳤다. 모든 운동에는 계속해서 하나의 자극, 하나의 새로운 동인이 필요하다고 생각했기 때문이다.

16세기의 물리학에는 걸출한 스승이 없었고, 자연 사상가들은 그런 상태에서 완전히 새로운 영역으로 들어섰다. 아리스토텔레스는 이제 가장 큰 비판의 대상이자, 탈주술화되어야 할 그릇된 권위의 상징이 되었다. 바야흐로 이탈리아 자연 철학의 탄생 시간이 도래했다. 이는 하늘과 땅을 비롯해 모든 물리적·정신적 현상들에 새로운 질서를 만들어 줄 새로운 체계를 찾으려는 시도였다. 그중 대표적인 첫 주자가 파비아 출신의 유명한 의사이자 수학자인 지롤라모 카르다노(1501~1576)였다. 그의 저서 『사물들의 다양성에 관하여*De rerum varietate*』는 1557년에 출간되어 제5판까지 찍었고, 독일어와 프랑스어로 번역되었다.

카르다노는 굉장히 왕성한 활동을 했다. 수많은 책을 썼고, 스스로 4만 개의 큰 문제와 20만 개의 작은 문제들을 만들어 풀었다. 그는 수학자로서 명성을 쌓은 뒤에 자연 철학의 길로 들어섰다. 그런데 수학을 사랑했지만, 레오나르도나 다른 많은 동시대인들과는 달리 수학을 모든 자연 현상의 인식을 위한 열쇠로 여기지는 않았다. 아니, 정반대였다. 그는 수학을 인간 정신에 질서를 부여하는 도식으로 보았다. 만일 수학자들이 자연을 인식했다고 믿는다면 그건 그들의 정신이 자기 자신과 자신의 냉철함에 도취된 것뿐이다. 달리 말해서, 수학이 자연의 수수께끼를 푼 것처럼 보인다면 그건 우리가 우리의 전형적인 수학적 사고 도식에 일치하는 것만을 명확하고 참된 것으로 여기기 때문이라는 것이다. 이런 의미에서 카르다노에게 수학적 인식이란 모두 순환논법으로서 자연에 대한 참된 인식과는 한참 동떨어져 있다. 완벽한 통찰은 오직 신에게만 가능하지, 인간에게는 불가능하다. 신은 사물의 질을 꿰뚫어 보지만, 인간은 항상 양적으로만 나아간다. 다시 말해, 우리는 (노발리스의 표현을 빌리자면) 어디서나 절대적인 것을 찾지만, 발견하는 것은 사물들뿐이다.

카르다노는 인간 인식력에 대한 꼼꼼한 비판자에 그치지 않았고, 아리스토텔레스의 물리학에 의문을 표한 최초의 이탈리아 르네상스 자연 철학자이기도 했다. 그는 자연을 오직 경험으로만 규명하겠다고 천명하면서 만 생명을 탄생시키는 열기와 습기의 협력 작용을 경험으로 깨달았다. 또한 엠페도클레스나 플라톤처럼 자연의 힘들이 호감과 반감의 다양한 변화와 연결되어 있다고 보았다. 따라서 물리학을 연구하는 사람은 순수 물리학적 관찰에 전념할 것이 아니라 자연의 〈영혼적 고찰〉에 매진해야 한다는 것이다.

얼마 뒤 카르다노에게 동지가 나타났다. 칼라브리아 출신의 베르나르디노 텔레시오(1508~1588)였다. 텔레시오 역시 아리스토텔레스의 물리학을 대체할 새로운 자연 철학적 종합 체계를 꿈꾸었다. 그가 쓴 『사물의 본성에 관하여*De rerum natura*』는 아홉 권으로 이루어진 기념비적인 작품이었다. 이 책은 카르다노의 저서처럼 고대 그리스 전통에 따라 천체 물리학에서 〈생물학〉, 심리학을 거쳐 윤리학에 이른다. 텔레시오는 동시대의 물리학을 자연 철학에 편입시킴으로써 세계에 대한 좀 더 포괄적이고 새로운 해석의 길이 열리길 기대했다. 또한 카르다노와 마찬가지로 새로운 물리학이 혼란을 야기하는 것이 아니라 우주의 통일성을 다르게 표현한 것뿐이라는 사실을 보여 주고 싶었다. 극단적으로 갈라진 자연 과학적 지식과 철학적 지혜는 다시 화해해야 했다. 텔레시오가 모범으로 삼은 사람은 소크라테스 이전의 철학자들과 에피쿠로스, 그리고 다른 르네상스 저서들을 통해 그가 잘 알고 있던 스토아학파였다. 그 때문에 그의 책 제목은 로마의 계몽주의자 루크레티우스가 쓴 동명의 책을 넌지시 암시한다. 거기다 하나같이 〈자연에 관하여〉라는 제목을 달고 있던 소크라테스 이전 철학자들의 책을 암시하기도 한다.

텔레시오가 가장 중요한 표상으로 삼았던 인물은 엠페도클레스였다. 기원전 5세기의 이 대가와 마찬가지로 16세기 자연 철학자 텔레시오도 세계가 끊임없는 물리학적 대립의 소용돌이 속에 있다고 보았다. 카르다노의 경우는 열기와 습기의 대립이 있었다면 텔레시오에게는 열기와 냉기의 대립이 있었다. 대지는 냉기의 장소이고, 열기는 태양에서 발산된다. 자연 속의 모든 것은 이 대립에서 생성된다. 열기는 활력과 운동, 생성, 소멸을 만들어 내고, 냉기는 불변과 부동을 가져 온다. 동식물의 점진적인 발전을 포함해서 자연의 모든 변화는 이 다양한 상호 작용에서 비롯된다.

텔레시오는 물리학에서 살아 있는 자연으로 나아가기 위해 신경과 뇌 속에 〈생명의 혼〉이 자리하고 있다고 설명한다. 그에게 영혼은 자기 자신을 보존하라고 몰아붙이는 생명 에너지이다. 그 점에서는 그가 경멸하는 아리스토텔레스나 그가 존경하는 에피쿠로스나 생각이 같다. 텔레시오는 영혼을 모든 육체적인 것과 마찬가지로 순수 유물론적으로 설명한다. 그러면서 오직 인간에게만 영혼이 하나 더 있다고 생각한다. 그건 플라톤과 생각이 같다. 이러한 구분은 카르다노에게서도 발견된다. 신플라톤주의자들이나 아랍 철학자 아베로에스와 마찬가지로 카르다노가 보기에도 정신은 객관적인 무엇이다. 게다가 정신은 영적인 세계영혼의 일부다. 우리가 사고할 때 사용하는 지능은 인간의 지능이 아니라 영원한 천상의 지능이다. 그런데 텔레시오가 구상하는 영혼은 카르다노만큼 모순적이다. 그러니까 내 이성적 영혼이 내 것이 아니라면 카르다노나 텔레시오가 주장하는 것처럼 인간은 어떻게 불멸일 수 있을까? 바로 그 때문에 아리스토텔레스와 아베로에스는 인간이 불멸이라는 사실을 인정하지 않았다. 반면에 카르다노와 텔레시오에게는 그런 모순이 눈에 띄지 않았던 모양이다. 그들은 불멸의 이성적 영혼이 우리를 더 높은 곳으로, 그러니까 완전함과 스토아적 평정으로 나아가게 한다고 보았다.

텔레시오 체계 내의 모든 세부적 설명은 하늘에서부터 윤리학에 이르기까지 일일이 신을 개입시킬 필요가 없는 한 다른 설명에서 비롯된다. 즉, 그의 신은 나중에 따로 개입하지 않아도 혼자 알아서 탁월하게 돌아가는 세계를 만들어 낸 기계공이라는 것이다. 텔레시오가 이런 주장을 하고도 교회로부터 화를 입지 않은 것은 무엇보다 주교와 교황들과의 좋은 관계 덕분이었다. 반면에 카르다노는 1570년에 종교 재판소의 유죄 판결에 따라 3개월 간 감옥에 갇혀야 했다. 물론 텔레시오에 대해서도 사후에 비난의 분위기가 일었고, 그와 함께 가톨릭의 〈반종교 개혁파〉는 그의 저서를 금서로 지정했다.

텔레시오의 자연 철학 저서는 거칠고 조잡했다. 조금만 자세히 들여다보면 일관성 없이 모순적인 곳도 꽤 있었다. 그럼에도 선풍적인 인기를 끌었고, 유럽의 수많은 위대한 사상가들에게 깊은 인상을 심어 주었다. 그들에게 텔레시오는 세계 건축가인 신의 지혜를 물질적 요소로 분해한 인물이었다. 회의론자이자 유물론자인 피에르 가상디(1592~1655)는 프랑스 남부에서 텔레시오의 저서를 연구했고, 르네 데카르트는 네덜란드에서 그의 생물학에 천착했으며, 영국의 토머스 홉스는 순수 유물론적인 해석에 뿌리를 둔 그의 지각 이론을 받아들였다.

그러나 텔레시오를 가장 열정적으로 숭배한 사람은 같은 고향 출신의 토마소 캄파넬라(1568~1639)였다. 도미니크회 수도사였던 그의 삶은 파란만장했다. 숭배하는 스승의 입장을 옹호한 자연 철학적 저술들로 인해 종교 재판소의 박해를 받고 이탈리아 전역으로 쫓겨 다녔다. 그의 견해는 처음엔 텔레시오만큼 급진적이지 않았다. 캄파넬라는 동식물과 인간의 개별 영혼들이 대우주의 세계영혼과 어떻게 소통하는지 설명하고자 했다. 그가 볼 때 개별 생명체는 우주에서 〈인간 창자 속의 벌레처럼 살아간다. 이 벌레들은 인간의 오성과 의지, 감각을 지각하지 못한다. 이들의 감각은 그에 맞게 설비되어 있지 않기 때문이다〉.[14] 하지만 캄파넬라는 텔레시오와는 달리 모든 물질에 감수성이 있다고 보았다. 물론 그 감각은 무디고, 물질마다 그 무딤의 정도도 다르다. 따라서 공기조차 느낀다. 그렇다면 칼라브리아의 소박한 사람들이 인간이 눈빛으로 주술을 걸고 죽은 동물에게 다시 생명을 불어넣을 수 있다고 믿었던 것도 터무니없는 일이 아니다.

모든 것은 느끼고, 자신을 보존하는 일에 초점이 맞추어져 있다. 모든 인식의 출발점은 감각이지, 인간에게 장착된 지능이 아니다. 이로써 캄파넬라는 훗날 감각주의라 불리는 사고 방향을 선취했다. 우리의 감각이 스스로를 의식함으로써 비로소 정신적인 것이 생겨난다. 이러한 자기 의식화는 모든 자연 인식의 출발점이다. 이 생각 역시 획기적이다. 쿠자누스와 비슷하게 캄파넬라도 자의식을 철학의 중심에 놓았다. 자의식과 무관한 대상들의 세계가 중심이 아니라는 말이다. 캄파넬라에게 감각은 세계를 구성하고 마지막엔 세계를 파악하는 질료이다. 스스로를 의식하는 감각은 매우 급진적이고 근대적인 생각이다. 우리는 200년 뒤 셸링과 헤겔의 철학에서 그러한 생각을 다시 만나게 된다. 물론 자기 자신을 의식한 감각으로서가 아니라 자기에게로 이르는 〈정신〉의 형태로서.

캄파넬라는 자신의 철학적 단초를 뚝심 있게 밀고 나간다. 심지어 로고스의 고전적인 영역인 윤리학조차 감각으로 시작한다. 근본적으로 보면 윤리학도 물리학이라는 것이다! 도덕적인 척도는 자연에서 유래하기 때문이다. 텔레시오와 마찬가지로 캄파넬라도 〈격정〉을 부정적으로 보지 않았다. 인간에게 존재하는 욕망과 열정 역시 스스로를 보존하려는 데서 오기 때문이다. 욕망의 범주는 자신에게서 우리의 자식으로 넓혀 나가고, 나중에는 자신의 명성에 대한 걱정으로 이어지다가 마지막에는 신과의 관계로 고양된다. 캄파넬라는 비록 감정의 역할과 관련해선 스토아 철학과 대척점을 이루지만 그 밖의 세계상과 관련해선 그들과 일치한다. 모든 생명은 자기 보존이고, 모든 생명은 유기적이고, 모든 생명은 소멸한다. 지구 전체는 하나의 총체적 유기체로서 태양에 의해 서서히 소모되다가 결국엔 세계 화재로 절멸된다.

만물에 영혼이 깃들어 있고 보편적 감각 능력이 주어져 있다고 생각하는 캄파넬라의 자연 철학은 훗날 고트프리트 빌헬름 라이프니츠와 요한 고트프리트 헤르더에게 영향을 주었다. 그럼에도 이 생각의 창시자인 캄파넬라는 철학사에서 주변부로 밀려나 있다. 오히려 정치적 모반자와 공상적 이상주의자로 더 많이 알려져 있다. 도미니크회 수도사인 그에게 자연 철학과 윤리학, 정치학은 나누어질 수 없는 하나의 전체를 이루고 있다. 또한 하나가 다른 하나에서 비롯된다. 인간은 공동체를 이루며 살아가는 유기체로서 서로 의존한다. 이러한 사회성에 대한 인간의 충동은 자연 철학자 캄파넬라가 사회적으로 서로 〈연결되려는〉 견잡을 수 없는 욕망이라고 부를 정도로 강하다.

캄파넬라는 1598/1599년에 다시 고향 칼라브리아로 돌아간다. 여기서 그는 동지들과 함께 남부 이탈리아를 지배하는 스페인 정권에 반대하는 봉기를 계획한다. 사유 재산이 존재하지 않는 공산주의 공화국이 목표였다. 그러나 봉기는 실패하고, 캄파넬라는 체포되어 고문당한다. 하지만 행운이 따라 처형을 면하고, 27년 동안 여러 감옥을 전전한다. 그러다 1602년, 수감 조건이 한결 나은 감옥에서 『태양의 나라*Civitas solis*』를 집필한다. 여기서는 모어의 『유토피아』와 비슷하게 현실 삶에서는 실현될 수 없는 이상 국가가 그려진다.

캄파넬라의 구상은 오늘날 국가 이상주의자들뿐 아니라

건축 이론가들도 관심 있게 살펴보는 연구 대상이다. 그의 국가는 점점 작아지는 일곱 개의 원으로 구축되어 있다. 원들은 일곱 개의 예술과 학문의 상징으로서 행성들의 궤도처럼 태양 주위에 배치된다. 중앙에 있는 〈태양〉은 반구형의 지붕을 얹은 둥근 사원이다. 이 사원에서 〈태양인들〉은 태양을 마치 신의 화신처럼 숭배한다. 캄파넬라의 유토피아 국가는 돌로 조각한 우주이고, 신의 질서에 부응하는 인간적 짝이다. 인간은 사유 재산이 없는 이 공산적 공동체에 딱 맞게 살아간다. 누구나 하루에 네 시간씩 의무적으로 노동하고, 나머지 시간은 주로 교양을 쌓거나 토론을 하면서 보낸다. 번식을 위해서는 〈철학적〉 관점에서 볼 때 가장 아름다운 인간들이 선택된다. 그 밖에 이 나라는 플라톤의 칼리폴리스와 마찬가지로 가장 현명하고 지혜로운 사람들, 즉 완벽하게 순수하고 이상적인 태양의 사제들이 다스린다.

최선의 국가에 대한 꿈이 여기서 또 하나의 이상을 낳았는지, 아니면 또 다른 괴물을 낳았는지는 알 수 없다. 다만 최소한 이런 의문은 가져 봄직하다. 태양의 나라 주민들은 자신들의 삶에 이미 모든 것이 더할 나위 없이 완벽하게, 그러니까 우주의 질서와 최상의 조화를 이루며 갖추어져 있을 텐데 그 많은 여가 시간에 대체 무엇에 관해 토론했을까? 캄파넬라의 영적인 공산주의에서 새로운 것은 플라톤보다 훨씬 강력하게 이상적 질서를 제시한 천문학이다. 우주의 새로운 중심으로서 태양 숭배가 기독교의 옛 신을 대체하고 있다. 그건 빛과 태양에 관한 피치노의 수많은 은유, 그리스도를 〈정의의 태양〉으로 묘사한 피코, 태양을 찬양한 레오나르도 다빈치, 태양에 관한 찬미가를 부른 르네상스의 많은 문학 작품을 떠올리면 그리 낯설게 느껴지지 않는다.

근 30년이 지나서도, 그러니까 교황에 의해 복권되어 로마와 파리에서 살 때도 캄파넬라는 여전히 신권 정치, 즉 종교와 통치가 완벽한 질서 속에서 하나로 결합된 국가를 꿈꾼다. 무질서한 우주 속에서 지구를 중심으로 안식처를 구하는 그의 생각은 심지어 가톨릭주의의 옹호로까지 읽힌다. 그가 『무신론의 퇴치 *Atheismus triumphatus*』에서 당시 혼란을 부추기는 자들, 그러니까 루터파와 마키아벨리주의자, 무신론자들을 저주한 것은 단순히 목숨을 지키기 위해서가 아니라 지상에서 모든 질서가 사라지는 것을 염려했기 때문이다.

무한한 세계들

프톨레마이오스의 세계상이건, 제도화된 기독교회 신앙이건, 아니면 코페르니쿠스의 태양 중심적 세계상이건 출발점은 동일하다. 우주는 한눈에 충분히 조망할 수 있다는 것이다. 코페르니쿠스는 우주에 대해 〈가늠할 수 없다〉고 말하긴 했으나, 그가 실제로 상상한 우주는 2세기에 그리스의 클라우디우스 프톨레마이오스가 상상한 것보다 더 크지 않았다. 두 사람이 우주의 크기로 추정한 것은 지구 지름의 2만 배 정도에 불과했다. 그 때문에 코페르니쿠스 지지자들과 교회 반대파들 사이의 충돌도 한 변절한 도미니크회 수도사가 1584년에 발표한 깊은 진리에 비하면 아이들 말싸움에 지나지 않아 보인다. 이 수도사는 이렇게 말했다. 우주는 단순히 〈가늠할 수 없는〉 수준이 아니라 〈끝이 없다〉. 게다가 지구뿐 아니라 〈태양 중심주의자들〉이 그렇게 떠받드는 태양조차 무수한 별들 가운데 하나에 지나지 않는다.

그 수도사의 이름은 조르다노 브루노(1548~1600)였다. 그는 일부러 싸움을 걸려고 하지는 않지만 언제든 싸움을 마다하지 않는 성품으로서 남들로선 피곤할 때가 많은 사람이었다. 나폴리 인근의 놀라에서 태어난 그는 세상의 인정과 후원자를 찾아 쉴 새 없이 떠돌았다. 스물여덟 살에는 자신이 몸담았던 수도회와 극심한 갈등에 빠졌고, 종교 재판에 대한 불안 때문에 제네바로 도망쳐 신교도가 되었다. 하지만 얼마 뒤 거기서 감옥에 갇혔다. 이어진 4년 동안은 프랑스에서 지냈다. 1583년에는 옥스퍼드에서 그를 다시 만나게 되는데, 여기서도 그는 교수들과 치열하게 싸웠다. 그러고 얼마 있다가 여섯 편의 『이탈리아 대화*Dialoghi italiani*』가 발표되었다. 이 저술은 매우 독특한 혼합물이었다. 대화와 드라마, 시문학, 풍자, 수사학이 뒤섞인 대중 문학서처럼 쓰인데다가 오늘날 우리가 판타지라고 부를 만한 요소들이 가미되어 있었다. 아울러 자신이 싫어하는 고약한 적들과 반대파들을 향해 곳곳에 독을 뿌려 놓았다. 브루노의 철학 사상은 우주와 무한함, 다양한 세계들에 대해 사변할 때만 간간이 번득였다. 이 모든 것은 영국식 철학 풍토와는 너무 달라서 대학 동료들은 그를 별로 진지하게 받아들이지 않았다.

브루노는 프랑스로 돌아갔지만 도착한 지 1년 만에 다시 떠날 수밖에 없었다. 그렇게 해서 떠난 곳이 비텐베르크와 헬름슈테트였다. 그런데 이들 도시로 떠나면서 가졌던 기대는 다시 물거품이 되었다. 이 도시건 저 도시건 루터파는 여전히 코페르니쿠스적 세계상을 배척했고, 그와 함께 재빨리 그에게 칼끝을 겨누었기 때문이다. 그 뒤로도 그는 계속 독일을 떠돌았고, 취리히에 잠시 머물다가 이탈리아로 돌아갔다. 파도바에서 잠깐 교수직을 얻었지만, 그마저도 젊은 갈릴레오 갈릴레이에게 내주어야 했다. 1591년에는 베네치아에서 온 초대에 응했다. 그에겐 치명적인 초대였다. 초대한 이는 브루노에게 마법을 배우려고 했지만 번번이 실패로 돌아가자 그를 종교 재판소에 밀고해 버렸다. 소송은 7년 동안 이어졌고, 종교 재판소는 고문을 가하면서 그에게 소신을 버릴 것을 강요했다. 그러나 그는 거부했다. 결국 신교로 개종한 이 수도사는 1600년에 로마에서 화형을 당했다.

브루노는 왜 죽어야 했을까? 그의 많은 저술에서 읽어 낼 수 있는 철학은 무엇일까? 놀라 출신의 이 수도사는 코페르니쿠스 사상과 연계했지만 〈코페르니쿠스 지지자〉는 아니었다. 그를 별 대단한 인간이 아니라는 듯 수많은 선행자들 가운데 하나 정도로 치부했다. 그러니까 코페르니쿠스가 새로운 출발의 〈여명〉에 그친다면 자신은 이성의 시작을 알리는 환한 대낮이라는 것이다. 『이탈리아 대화』 중 첫 번째 대화 「재(災)의 수요일 만찬」에서 브루노는 자신을 〈놀라인(人)〉이라 칭하면서, 〈하늘의 최극단 성단을 지나 창공의 가장 높은 꼭대기에 이르는 법〉[15]을 발견한 사람이라 썼다.

브루노에게 코페르니쿠스는 그저 그릇된 옛 모델을 옳은 쪽으로 약간 옮긴 사람일 뿐이었다. 그가 대수롭게 여기지 않은 코페르니쿠스 지지자들도 〈백이 흑이라는 사실을 증명하고 방어하는〉[16] 문제를 두고 치고받고 싸우는 족속에 불과했다. 그가 볼 때 실제로 우주의 중심은 지구도 태양도 아니었다. 태양이 중심이라면 지구가 태양 주위를 도는 동안 천체는 끊임없이 이동해야 했다. 하지만 그렇지 않기 때문에 우주라는 건물은 정체된 것일 수 없다. 우리가 세계상을 고정시키고 〈확정할〉 수 있을 만한 기준점은 존재하지 않는다. 만물은 쉴 새 없이 움직이고, 시작과 끝이 없는 무한한 세계들만 존재할 뿐이다.

브루노는 우주의 무한성이라는 추월선에 올라탐으로써 코페르니쿠스를 한참 앞질러 버렸다. 물론 당시 일반적으로 사용되던 〈야콥의 막대기〉라는 천체 관측기를 사용하지 않았고, 동시대인들에게 새로운 천문학을 제시하지도 않았다. 그는 물리학자가 되고자 했던 것이 아니라 새로운 철학적 세계 체계를 제시하고자 했다. 인간 중심주의자인 피치노에게서 몇 가지를 받아들였는데, 특히 그중에서 눈길을 끄는 것은 헤르메스 저술에 대한 숭배였다. 그 밖에 브루노는 카르다노와 텔레시오뿐 아니라 에피쿠로스와 루크레티우스에 심취했고, 플라톤으로부터 〈세계영혼〉의 개념을 넘겨받았다. 또한 동시대 자연 철학자들의 요구에 부응해서 아리스토텔레스의 물리학을 배척했다. 고대의 이 철학적 거장에게 모든 존재의 근본 상태는 경직된 것, 고정된 것, 정지된 것이었고, 움직임은 무언가 설명이 필요한 특별한 것이었다. 반면에 텔레시오나 브루노가 볼 때 우주에 정지 상태란 존재하지 않았다. 그렇다고 헤라클레이토스가 말한 것처럼 만물은 〈흘러가는 것〉이 아니라 어딘가로 움직이고 굴러가고 회전했다.

아리스토텔레스에 따르면 생명은 정지된 것이 움직이면서 생겨난다. 즉, 존재하는 것은 무언가를 하는 것이다To be is to do. 그런데 이 견해를 비판하는 르네상스 사상가들은 그 원칙을 뒤집어 버렸다. 자연 과학에 별 관심이 없었던 피코에게도 본래의 존재란 설명이 되지 않는 움직임이 돌연 나타나는 수상쩍은 정지 상태가 아니라 활력이었다. 그러니까 무언가를 하는 것이 존재다To do is to be. 훗날 프랭크 시나트라가 한 유명한 농담 속에서 올바른 해답을 찾아냈다. 두비두비두Do be do be do(행동하고 존재하고 행동하고 존재하고 행동하고 존재하고……)!

모든 것은 움직이고, 줄기차게 계속 움직인다. 자연의 본성은 형성과 변형으로서 시작과 끝이 없는 과정이다. 〈전체〉는 〈모든 것을 아우르면서 작용하는 존재의 손 안에〉 있다. 마치 한 도공이 회전용 원반 위에 하나의 점토 덩어리를 올려놓고 사물이 생성하고 소멸하는 변화에 맞게 똑같은 재료로 어떤 때는 좋은 그릇을, 어떤 때는 나쁜 그릇을 빚어내고 다시 파괴하는 것과 비슷하다.〉[17]

생성과 소멸의 순환은 기독교적 사상이 아니라 〈설교자 솔로몬〉에게도 영향을 준 바 있는 스토아 철학의 사유 세계다. 여기엔 목표와 구원이 없다. 이 우주는 규명할 수 없고, 잴 수 없고, 이해하는 것도 절대 불가능하다. 그저 우리의 상상력을 완전히 뛰어넘는다. 디오니시우스 아레오파기타 이후 신플라톤주의적 전통은 기독교 신을 바로 그런 식으로 해석했다. 신은 우리의 관념이 닿을 수 없을 만큼 아득하고 크다. 륄과 쿠자누스도 전지전능한 신을 그렇게 보았다. 존재는 규정될 수 없을 뿐 아니라 규정할 수도 없다는 것이다! 브루노도 이 노선을 걸었고, 륄과 쿠자누스에게 감탄과 존경을 보냈다. 인간이 조망할 수 있는 유한한 우주를 창조했다면 그건 신의 본질에 어긋나는 일이 아닌가? 신이 모든 사물과 말보다 더 크다면 당연히 신적인 우주도 그래야 하지 않는가? 브루노는 이렇게 쓴다. 〈만일 신이 무한한 것과 무한히 많은 것들을 만들어 내지 않았다면 신의 본질은 유한할 것이다.〉[18]

그런데 모든 존재가 하나의 활동이라면 신에 관한 표상은 완전히 달라진다. 신은 더 이상 자신이 창조한 세계 저편에 고요히 머물러 있는 초시간적인 존재가 아니다. 그렇게 가만히 정지해 있는 존재는 없다. 신에 대한 유일한 사유 형식은 그를 세계의 활력과 동일시하는 것이다. 이 활력은 만물에 끊임없이 작용하고, 만물을 생성하는 영적 에너지다. 이런 생각은 갑자기 생겨난 것이 아니었다. 브루노 이전에 성향이 완전히 달랐던 몇 사람도 이 방향으로 걸어갔다. 포르투갈의 유대인 의사이자 철학자인 레오네 에브레오(1460?~1521)는 플라톤의 〈세계영혼〉과 연계해서 세계를 살아 있는 유일한 유기체로 파악했다. 스위스 출신의 의사이자 철학자인 테오프라스투스 봄바스투스 폰 호엔하임, 일명 파라셀수스(1493~1541)라 불렸던 인물도 그런 맥락 속에서 의학에 관한 새로운 관념을 생각해 냈다. 카르다노와 캄파넬라, 그리고 유보적으로는 텔레시오도 세계 곳곳에서 영혼이 깃든 근원 물질의 작용을 발견했다. 크로아티아 출신의 보편학자인 체르소의 프란체스코 파트리치(1529~1597)도 전 자연에 플라톤적 〈세계영혼〉이 존재한다고 보았고, 이런 생각에 〈범심론〉이라는 이름을 붙였다.

신이 단 한 번의 행위로 창조한 정지된 둥근 세계 지붕과 경직된 하늘 기둥은 무너졌다. 모든 것이 움직이기 때문이다. 또한 신의 활동은 더는 세계 밖이 아니라 세계 안에서만 발견될 수 있다. 무한히 계속되는 세계의 활력은 신이 자연을 통해 자신을 드러내는 방식이다. 브루노도 〈범심론자〉였다. 그와 동시에 〈범신론자〉이기도 했는지는 논란의 여지가 있다. 그의 사상에선 신이 자연에서만 활동하는지, 아니면 신이 그 자체로 정말 자연인지는 불분명하기 때문이다. 아무튼 신은 우리의 하늘과 땅에서만 활동하는 것이 아니라 만물에 영혼이 깃든 무한히 많은 세계들 안에서 활동한다. 그러니까 생명은 신이 창조 행위를 통해 이 땅에 선사한 것이 아니라 우주 곳곳에서 생성되었다가 다시 사라진다. 따라서 우리의 감각 기관들이 알지 못하는 다른 생명체, 다른 감각, 다른 지능이 없다고 믿는 것은 어리석다.

브루노는 이러한 인식으로 새 시대가 열렸다고 확신했다. 편협한 사고에 대한 우주적 이성의 승리였다. 이로써 지구 중심주의와 인간 중심주의는 끝났고, 세계는 인간의 무대에서 벗어났다. 중세적 세계상의 세 가지 요소인 신, 우주, 인간의 결합은 와해되었고, 결합을 유지시키던 접합제의 성능은 다했다. 쿠자누스는 그것들을 다시 한번 교묘한 방식으로 한데 묶을 생각을 했지만, 브루노는 종국적으로 서로 완전히 분리된 것으로 보았다. 인간 구세주를 상정한 기독교는 덜떨어진 인간들의 가소로울 정도로 순진한 생각에 불과했다. 브루노는 스스로를 세상이 너무 어리석어서 그 진가를 알아보지 못하는 〈꿰뚫어 본 자〉나 〈알려주는 자〉라는 철학적 롤모델로 생각했다. 소크라테스 이전 사상가인 헤라클레이토스 이후 늘 반복해서 철학계에 출몰하던 자존감이었다. 하지만 남들과 마찬가지로 감각적으로나 시각적으로 제한될 수밖에 없는 한 인간이 스스로 그런 새로운 보편적 진리를 인식했다는 것을 어떻게 안단 말일까? 또한 동시대인들에게 조롱과 멸시를 퍼부은 자의식과 오만함은 대체 어디서 온 것일까?

자기 자신의 관점에 대한 물음은 브루노의 인식론에서 비판이 제기되는 대목이다. 룰과 쿠자누스도 마찬가지지만 브루노도 우리가 세계에 대해 아는 것은 모두 우리 의식 속의 앎이라고 생각했다. 인간은 세계와 소통하는 것이 아니라 머릿속에서 스스로 세계에 대한 표상을 만든다. 하지만 우리 머릿속의 세계가 세계 〈자체〉와 일치하는지는 어떻게 확신할 수 있을까? 이는 철학의 핵심 의문 중 하나로 이미 많은 사상가들이 천착한 문제였다. 인식에 대한 새로운 자연 철학적 설명을 찾는 과정에서 브루노는 마침내 〈모나드Monade〉라는 개념을 들고 나왔다. 고대 그리스로까지 거슬러 올라가는 이 말은 처음엔 수학에서 단위(모나스)라는 뜻으로 사용되었다. 피타고라스학파와 에우클레이데스, 신플라톤주의자들에게 모나드는 가장 작은 수학적 단위, 즉 모든 수의 토대를 이루는 기원이었다. 그러다 디오니시우스 아레오파기타에 이르러 모나드는 그리스적 사고 세계에서 기독교적 사고 체계로 넘어간다. 삼위일체 속에 숨어 있는 통일적 단위, 즉 성부와 성자와 성신의 근원이 된 것이다. 모나드는 플로티노스가 처음 언급하고, 6세기에는 디오니시우스에 의해 기독교적 색깔이 입혀진 〈일자〉였다. 즉, 만 존재의 근원이자 총체성이었다.

브루노는 이러한 사유를 『철학자 24인의 책*Liber XXIV philosophorum*』에 개념 규정의 형태로 나오는 것을 통해 알고 있었다. 이 책에는 12세기에 집필된 것으로 추정되는 신플라톤주의 텍스트의 정수가 담겨 있다. 그 개념 규정 가운데 첫 번째는 다음과 같다. 〈신은 하나의 모나드를 생산한 뒤 단 한 번의 뜨거운 숨결로서의 그것을 자신에게로 다시 돌아오게 하는 모나드이다.〉 브루노는 이 개념 정의에서 자기만의 구상을 발전시켜 나간다. 모나드는 한편으론 세상 만물을 구성하는 더 이상 나누어지지 않는 신적 통일체로서 모든 합리적인 것, 모든 본질적인 것, 모든 물질적인 것의 기원이다. 다른 한편으로 모나드는 신에게로 돌아가는 〈뜨거운 숨결〉로서 모든 존재에서 발산되고 사유하는 정신에 스며드는 빛이다. 따라서 이해란 모나드의 빛을 받아들이고, 모나드를 정신으로 스며들게 하고, 모나드와 융합하는 것을 의미한다. 인간의 의식 스스로 영혼이 깃든 우주의 일부임을 예감하고 느끼는 순간에 인식의 주체와 객체는 지극히 깊은 세계 경험 속에서 경계가 흐릿해진다. 존재의 빛이 내 의식 속으로 스며들면 그 빛은 존재의 인식을 위해 의식과 융합한다. 브루노처럼 정말 제대로 공부한 사람에게만 주어지는 특별한 경험이다.

인간은 깊은 지적 침잠을 통해서만 우주 법칙의 영적인 기원을 인식한다. 이 점에서 브루노는 쿠자누스와 생각이 비슷한데, 이는 인간 내면에서도 작용하는 법칙이다. 그와 함께 수학과 물리학은 거부된다. 수학과 물리학적 수단으로는 결코 최종 인식에 도달하지 못한다. 과학적 지식이 아니라 오직 성찰하는 의식만이 우리에게 존재를 밝혀 준다. 아무리 객관적인 천체 물리학이라고 해도 결국 인간이 하는 것이고, 인간의 의식 속에서 이루어진다. 따라서 세계 법칙은 우리의 내면에서만, 그리고 통찰력 면에서 모든 학문을 능가하는 이성을 통해서만 경험될 수 있다.

브루노는 코페르니쿠스적 세계상의 순교자이거나, 아니면 심지어 합리적이고 독립적인 자연 과학의 선구자로 오인될 때가 많다. 하지만 그건 철저한 오해다. 실제로 그가 피렌체에서 체포되었을 때 종교 재판소는 천체 물리학엔 전혀 관심을 보이지 않았다. 브루노는 계속 그쪽으로 초점을 돌리려고 필사적으로 애썼지만, 교회는 그런 문제로 토론을 벌이고 싶은 생각이 없었다. 우주에서 지구의 입지에 관한 문제는 브루노가 전혀 다른 차원에서 기독교에 가한 심대한 타격에 비하면 하찮기 그지없었다. 피렌체 종교 재판소뿐 아니라 나중에 로마 종교 재판소도 브루노의 범심론, 특히 다른 행성들에 생명이 살고 있을 거라는 생각을 도저히 받아들일 수 없었다. 그게 사실이라면 그리스도는 정말 먼지보다도 작은 별 하나만을 위해 죽은 것이 된다. 우주 공간은 무한할 수 있지만, 다른 생명체가 존재해서는 안 되었다. 지구상의 기독교인들을 다른 생명체가 존재하고, 어쩌면 자기만의 신앙을 가진 다른 별들과 경쟁하게 만들 수는 없었다. 게다가 종교 재판소는 브루노가 『승리감에 취한 야수의 추방*Spaccio della bestia trionfante*』에서 그리스도를 얼마나 모욕적으로 평가했는지도 잊지 않았다. 브루노는 그리스도를 〈경멸적이고 비천하고 무지한 인간〉으로 칭했다. 이 남자로 인해 〈모든 것이 격하되고 노예화되고 혼란에 빠지고, 가장 밑바닥에 있는 것이 가장 위로 올라가고, 학문의 자리를 무지가 꿰차게 되었다는〉 것이다. 따라서 그리스도에게 기도하는 사람은 신이 아닌 우상에게 기도하는 것이라고 했다.

종교 재판소는 브루노를 8년 동안 심문하고 고문했다. 당시 소송 기록은 남아 있지 않아 정확히 알 수 없지만, 교회가 마지막으로 그에게 씌운 혐의는 마법 행위와 그사이 파문당한 라몬 룰에 대한 추종이었던 것으로 보인다. 게다가 우주 전체를 관장하는 유일신이 자신의 아들을 이 지구에 보낸 아버지일 수는 없다는 브루노의 입장도 추가로 영향을 미쳤을 것이다. 결국 〈성년(聖年)〉인 1600년 2월 17일에 브루노는 로마의 피오리 광장에서 공개적으로 화형 당했다. 고문으로 이미 만신창이가 된 그는 다음과 같은 마지막 말을 남겼다고 한다. 〈너희는 내가 받은 것보다 더 큰 두려움으로 판결을 내렸을 것이다.〉

덧붙이자면 교회는 브루노에 대한 판결을 바꾼 적이 없었고, 천문학도 오늘날에 이르기까지 〈세계영혼〉에 대해 별 관심을 보이지 않았다. 대신 브루노는 수많은 범신론자와 범심론자들에게 영감을 주었다. 예를 들면 프리드리히 하인리히 야코비, 요한 볼프강 폰 괴테, 예나 낭만주의자들, 프리드리히 빌헬름 요제프 셸링, 게오르크 빌헬름 프리드리히 헤겔, 그리고 뉴에이지 물리학자인 제임스 러브로크 같은 인물들이다. 게다가 브루노의 모나드 구상은 바뤼흐 데 스피노자와 고트프리트 빌헬름 라이프니츠의 인식론으로 이어졌다. 1997년 늦여름 미 항공 우주국·나사 연구자들은 남극에서 발견되어 〈알피ALFI 84001〉이라는 이름이 붙은 감자 크기의 작은 돌멩이를 공개했다. 그 안에는 박테리아와 비슷한 존재의 흔적이 보존되어 있었다. 이 돌은 보통 돌이 아니라 1,500만 년 전 유성 충돌로 산산조각 난 화성의 파편이었으니…….

어디에도 없는 질서

브루노가 나폴리에서 수도원을 탈출한 1576년 무렵, 거기서 1,500킬로미터쯤 떨어진 프랑스 남부의 목가적인 소도시 생 미셸 드 몽테뉴에서는 프랑스의 한 귀족이 자신의 성탑 방에 앉아 있었다. 브루노보다 열다섯 살이 많은 미셸 드 몽테뉴(1533~1592)였다. 법률가였던 그는 보르도 조세 법원에서 판사로 지냈던 시절을 회고하고 있었다. 그전에는 시장이던 아버지의 부탁으로 카탈루냐의 신학자 레이몽 스봉의 『자연 신학*Theologia naturalis*』을 프랑스어로 번역했다. 라몬 륄 철학을 토대로 자연에서 신을 인식하는 길을 다룬 책이었는데, 몽테뉴는 이 책을 번역하면서 기독 교리와 진리라고 하는 것들에 의구심을 느꼈다.

그는 프랑스에서 코페르니쿠스의 논문을 연구한 최초의 부류에 속했다. 1575년에서 1580년까지 5년 동안 그는 모든 사회적 정치적 활동에서 벗어나 『수상록*Essais*』을 쓰기 시작했다. 그중에서도 「레이몽 스봉의 변호Apologie des Raimond Sebond」 부분이었다. 몽테뉴는 태양 중심의 세계상을 아무 문제없이 받아들였지만, 브루노와 마찬가지로 코페르니쿠스의 인식들을 앎의 과도기로만 여겼다. 코페르니쿠스적 하늘을 비롯해 다른 모든 이들의 하늘은 항상 인간적 필요에 의해 고안된 하늘일 뿐이었다. 〈고백하자면, 우리의 학문이 도달할 수 없는 것들에 무언가 다른 육체성을 부여하고, 우리의 착상에서 비롯된 잘못된 형상을 입히는 것은 정말 가소로운 짓 아닌가? 우리는 행성들의 움직임을 보면서도 그러고 있다. 즉, 우리의 오성이 행성들에 도달하지 못하거나 행성들의 자연스러운 경로를 상상하기 어려울수록 우리는 우리의 뇌에서 물질적이고 거칠고 유형적인 요인들을 점점 더 많이 빌려오지 않는가? 사람들은 마치 우리가 마부와 목수, 칠장이를 저 위로 올려 보내 다양한 움직임을 위한 기계들을 제작하고, 천체의 바퀴와 지레를 플라톤의 말처럼, 필연성의 축에 기초해서 다채롭게 정돈했다고 믿을 것이다.〉[19]

몽테뉴는 온갖 물리학을 포함해서 사물들의 참된 본성은 인식할 수 없다고 여겼다. 천문학자들이 밝혀낸 것은 모두 〈허황한 꿈이자 몽상 같은 소리〉일 뿐이었다. 몽테뉴는 브루노와 달리 우주의 참된 본성을 꿰뚫어 볼 수 있는 깨우친 인간 정신을 믿지 않았다. 그에게 정신은 〈변하기 쉽고 위험하고 오만한 도구〉에 지나지 않았고, 인간이 그것으로 이루어낸 것은 〈악용〉과 〈착오〉뿐이었다.[20] 코페르니쿠스는 하늘에서 별들의 위치를 옮겼고, 브루노는 몽테뉴의 『수상록』이 나오고 몇 년 지나지 않아 우주를 무한성의 영역으로 확대했다. 두 경우 다 이성의 승리였다. 그런데 성탑 방의 작가 몽테뉴는 천체 물리학의 전복에서 전혀 다른 결론을 끌어냈다. 우리가 과거에 오류에 빠졌다면 지금도 분명 그럴 수 있다는 것이다! 새 우주론의 진정한 핵심은 인간 정신의 승리가 아니라 오히려 정반대다. 기존 사고의 전복은 늘 반복해서 오류에 빠지는 인간 오성이 얼마나 순진하고 제한적인지 보여 준다. 따라서 과거 지식의 수정은 정신의 승리로 볼 수 없고, 오히려 제거될 수 없는 정신의 오류 가능성에 대한 통찰을 드러낼 뿐이라는 것이다.

몽테뉴는 인간의 인식 능력에 대해 무척 회의적이었다. 우리는 감각이 인식하도록 허용하는 것만 파악할 수 있지 않은가? 모든 감각은 오직 감각 기관에서 비롯되고, 감각 기관은 인간이건 다른 동물이건 제한적일 수밖에 없다. 이러한 인식은 완전히 새로운 것은 아니고, 이미 스토아학파와 에피쿠로스학파, 고대 회의론자들에게서도 발견된다. 그런데 몽테뉴는 한 역사적 시점을 특정하면서 이성에 대한 회의를 표했다. 종교 개혁과 반종교 개혁 세력이 신앙에 대한 절대적 확신과 서로 옳다고 믿는 깨달음을 두고 싸우던 시기였다. 그가 보기에 이 시기의 인간적 인식 능력은 더없이 하찮게 느껴졌다. 당시 프랑스의 상황은 혼란이 격화되고 있었다. 1555년의 아우크스부르크 평화 조약으로 점점 안정을 찾아가던 독일과는 비교가 안 될 정도였다. 수도 파리를 비롯해 온 나라가 혼란의 소용돌이에 빠져 있었다. 중앙 정부는 지방 정부와 맞섰고, 구교는 신교와 싸웠으며, 왕은 발루아 가문과 기즈 가문을 비롯해 귀족 계층과 대립했다. 1562년부터 1598년까지는 위그노 전쟁이 온 나라를 휩쓸었는데, 그중에서 특히 성 바르톨로메오 축일의 대학살은 무척 악명이 높았다. 1572년 8월 24일 밤 파리와 다른 지역에서 위그노교도 수천 명이 학살된 사건이다.

파리에서 별로 멀지 않은 바시에서 가톨릭교회 군대가 개신교도들을 잔인하게 학살한 사건으로 위그노 전쟁이 발발했을 때 몽테뉴는 파리에 있었다. 그는 가톨릭주의에 공식적으로 등을 돌리지는 않았지만, 당시 많은 사람들처럼 점차 믿음에서 멀어졌다. 여러 차례 종교 전쟁을 겪은 16세기는 오늘날까지도 지속되고 있는, 기독교의 점진적이고 고통스러운 탈주술화의 시작이었다. 몽테뉴는 1570년 판사직을 그만두고 자신의 성탑 방에 칩거하면서 자신과 인간, 그리고 미쳐 날뛰는 시대에 대한 해명에 착수했다. 그런데 그의 이름은 일차적으로 철학자로의 모습으로 역사에 올라가지는 않았다. 오히려 그는 문학가로, 섬세한 감성의 심리학자로, 회의론자로, 그리고 인간에 대한 혜안을 갖춘 사람으로 더 유명하다. 그의 『수상록』은 새로운 문학적 형식의 기초를 놓은 동시에 그 장르에서 최고 수준의 기준을 보여 주었다. 우리가 오늘날 에세이를 사고의 곡류(曲流)이자, 계획성이 넘치는 무계획성의 글로 이해하는 것도 몽테뉴 덕분이다.

성탑 방의 남자는 자기 자신을 면밀히 관찰했고, 자신의 사고를 더듬거리며 자아를 탐구해 나갔다. 이러한 자기 관찰을 통해 스스로의 생각과 행동의 동기들을 파악하는 것은 물론이고, 더 나아가 궁극적으로는 모든 인간적 행위의 원인을 파악하고자 했다. 그 과정에서 초시간적인 진리를 담은 많은 문장들이 나왔다. 〈어리석은 자들만이 곧바로 확신에 이른다.〉 〈나는 내가 찾는 것은 몰라도 내가 멀리하고자 하는 것은 안다.〉 〈삶이 좋은 것은 그 길이가 아니라 그 삶을 어떻게 사용하느냐이다.〉 〈마음의 평온을 얻는 것이 도시와 제국을 얻은 것보다 훨씬 귀하다.〉

몽테뉴는 죽음과 늙어감에 대해, 책과 여자에 대해, 우정의 가치에 대해, 공직 생활에 대해, 글을 쓰는 이유에 대해, 의사들에 대한 반감에 대해 숙고했다. 따뜻하면서도 회의적인 그의 문장들에는 에라스뮈스의 섬세하게 잘 다듬어진 생각들보다 훨씬 많은 지혜가 담겨 있었다. 에라스뮈스는 나이가 들고 이름이 높아질수록 자신의 학식에 대한 오만함을 드러냈고, 예의범절에 관한 책을 썼고, 〈평범한 기독교인들〉을 경멸했다. 그에 대해 몽테뉴는 이렇게 맞섰다. 〈인간의 치명적인 병은 자신이 무언가를 알고 있다는 생각이다.〉 〈오만은 우리 인간이 타고난 고질병이다.〉 몽테뉴가 이런 글을 쓰면서 떠올린 것은 아메리카 원시 부족들을 〈선교하면서〉 저지른 잔인함과 참혹한 종교 전쟁이었다. 게다가 아이들의 〈귀에다 대고 쉴 새 없이 소리치면서〉 그대로 따라하게 하는 교육도 떠올렸고, 동물을 대하는 인간의 태도도 떠올렸다. 모든 감각이 감각 기관에서 나오는 것이 맞다면 동물도 인간과 다르기는 하지만 열등하지는 않기 때문이다. 모든 생명체는 감각 기관과 무관하게 나름의 지능을 갖고 있다. 〈제비들은 봄이면 돌아와 우리 집들 구석구석을 살핀다. 수많은 장소들 가운데 자신의 집으로 쓰기에 가장 적합한 곳을 찾는 것일 텐데, 그렇다면 그런 곳을 아무 생각 없이, 아무 판단력 없이 선택할까? 거미들도 숙고하고 생각하고 결정 내릴 능력이 없다면 어째서 어떤 곳은 촘촘하게, 어떤 곳은 성기게 거미줄을 치는 것일까?〉[21]

카르다노와 파트리치, 브루노는 자연 곳곳에서 영혼이 깃든 객체들을 발견했다. 반면에 몽테뉴는 영혼이 깃든 주체로서 인간과 동물, 때로는 식물에 관심을 보였다. 영혼이 깃든 만물은 존중되어야 하고 합당한 대우를 받아야 한다는 것이다. 〈우리는 인간에 대해 공정해야 하고, 감각을 가진 다른 모든 존재들에게도 친절하고 선하게 대해야 한다. 그것들과 우리 사이에는 상호

의존성이라는 보이지 않는 띠가 존재한다.〉[22] 이 같은 성찰로 인해 몽테뉴는 초기 근세에 〈동물 윤리학〉의 선구자가 되었다. 물론 고대에도 테오프라스토스와 플루타르코스 같은 사상가들이 동물의 권리를 옹호하기는 했으나, 그들의 주장은 동물과 우리 사이의 유사성에 근거하고 있을 뿐이다. 반면에 『수상록』의 저자는 다른 근거를 댄다. 우리에게 인간적 감각 능력의 한계를 일깨워 준 것이다. 몽테뉴의 코페르니쿠스적 전환은 인지 심리학적 전환이다. 모든 인식은 우연한 관점에 좌우될 수밖에 없다. 우리의 인식은 공간적으로 제한되고, 감각적으로 제약을 받으며, 변덕과 기분, 그리고 섣부른 판단에 좌우된다. 그래서 오징어들이 동지 때는 이동을 중단하고 춘분 때야 이동을 이어가는 것을 보면 미물조차 천문학 영역에서는 인간보다 훨씬 우월했으니…….

망원경이 드러낸 진실

실제로 몽테뉴 시대에는 인간의 천문학이 썩 좋은 상황이 아니었다. 코페르니쿠스는 태양 중심적 세계상을 간접 증거만 내세워 주장했을 뿐 물리학적으로나 자연 철학적으로는 설명할 수 없었다. 그런 상황에서 처음으로 돌파구가 열린 것은 망원경이 개발되면서부터였다. 망원경은 1608년 독일계 네덜란드인 안경업자 한스 리페르헤이(1570?~1619)가 처음으로 생산 가능한 기본 모델을 개발하기 전에 이미 여러 나라에서 한동안 사용되었던 것으로 보인다. 그로부터 1년 뒤 파도바 대학의 수학 교수 갈릴레오 갈릴레이(1564~1641/1642)는 베네치아 원로원에서 리페르헤이 망원경을 선보였다. 베네치아인들은 열광했다. 이 기구를 사용하면 해전에서 훨씬 유리한 고지를 점할 수 있을 거라고 기대했기 때문이다. 어쨌든 그와 함께 이 망원경은 곧 〈갈릴레이 망원경〉이라는 이름으로 역사에 기록되었다. 실제로 갈릴레이는 〈시장용 상품〉에 불과하던 망원경의 다양한 쓰임새를 재빨리 알아차렸고, 그로부터 몇 년 동안 망원경의 성능을 계속 개선시켜 나갔다.

갈릴레이는 피사의 한 귀족 가문에서 태어났다. 대학에서 의학을 공부하다가 4년 만에 작파하고 수학에 뛰어들었다. 몽테뉴가 죽은 해인 1592년 파도바 대학은 조르다노 브루노에게 잠시 맡겼던 교수직을 갈릴레이에게 내주었다. 그는 18년 동안 파도바 대학에서 가르치고 연구했다. 그리고 당시의 대다수 동료들처럼 아리스토텔레스와 거리를 두었다. 그에겐 아리스토텔레스의 운동과 정지 이론만 못마땅한 것이 아니었다. 아리스토텔레스가 〈경험〉에서 사물들의 본성을 추론하는 방법에 대해서도 회의가 일었다. 아리스토텔레스에게 경험이란 어떤 것이 겉으로 보이는 양태이자, 어떤 것이 우리에게 느껴지는 양태이자, 우리가 일상에서 무언가를 지각하는 양태를 가리킨다. 그래서 우리는 경험의 제약 속에서, 움직이는 모든 것은 하나의 힘에 의해 움직여진다고 하는 데서 출발한다. 그리고 대상의 몸집이 클수록 더 많은 힘이 요구된다.

갈릴레이는 이러한 일상 경험이 우리를 기만하고 현혹할 수 있다고 의심했다. 그가 볼 때 〈자연이라는 책〉은 일상 경험으로는 드러나지 않을 때가 많은 〈수학적 언어〉로 쓰여 있다. 때문에 수학이라는 도구로 우주의 질서를 해독할 경우에만 진정한 존재의 비밀이 밝혀진다. 이런 생각을 갈릴레이만큼 일관되게 밀고 나간 사람은 이전엔 없었다. 따라서 어떻게 보면 자연 과학의 시대는 갈릴레이와 함께 시작되었다고 할 수 있다. 그는 일반적인 관찰과 사변 대신 서서히 실험을 중심에 놓았다. 게다가 이른 시기에 이미 피사 대성당에서 한 가지 중요한 사실을 발견했다. 성당 천정에 매달린 램프가 흔들리는 것을 지켜보다가 그 진동이 램프의 무게나 크기와는 상관없이 오직 줄의 길이에만 좌우된다는 것을 깨달은 것이다. 그런데 후세에는 그와 관련된 실험을 갈릴레이가 한 것으로 알려져 있지만 실은 그렇지 않다. 그가 아닌 다른 사람들이 대성당 종탑에서 둥근 물체를 던지는 실험을 했고, 그 결과 50킬로그램의 물체도 1파운드밖에 안 되는 물체보다 거의 더 빨리 바닥에 떨어지지 않는다는 사실을 깨달은 것이다.

갈릴레이는 이 실험을 파도바에서 했다. 크기가 다른 여러 개의 구형 물체를 경사진 곳에서 굴려 속도가 모두 똑같다는 사실을 확인했다. 속도에 영향을 끼친 유일한 요소는 구형의 물체에 작용한 저항, 즉 〈마찰〉이었다. 따라서 운동은 그에 내재된 힘이 약해짐으로써 중지되는 것이 아니라 무언가 그것을 가로막음으로써 중지된다. 여기서 도출된 결론은 훗날 르네 데카르트와 아이작 뉴턴에 의해 정식화되는 물리학적 일대 사건이었다. 하나의 물체는 본성상 그것이 처해 있는 상태를 고수한다는 것이다. 그러니까 아리스토텔레스가 깨달은 정지 상태, 아니면 갈릴레이가 깨달은 운동 상태를 고수한다. 이로써 관성의 법칙이 발견되었다! 뉴턴의 표현을 빌리자면 이렇다. 〈물체는 외부 힘에 의해 자신의 상태가 바뀌도록 강제되지 않는 한 정지 상태를 유지하거나 동형의 직선 운동을 계속해 나간다.〉

이로써 갈릴레이는 물리학의 가장 큰 문제 중 하나를 해결했다. 자연력을 설명하는 문제에서 이제는 더 이상 텔레시오가 주장한 냉기와 열기의 싸움 같은 보편적 형이상학적인 힘이 필요 없어졌다. 이탈리아 자연 철학자들의 범심론과 비교할 때 〈마찰〉과 〈관성〉은 상당히 세속적인 설명이었다. 이제는 〈어떻게How〉의 문제가 전면에 등장하고, 대신 거대한 〈왜Why〉의 문제는 뒷전으로 밀렸다. 진리는 더 이상 명확하지 않았고, 많은 점에서 일상 경험과 배치되었다. 그와 함께 새롭고 냉철한 〈자연 과학〉(과학적 지식)의 길이 열렸다. 카르다노와 텔레시오, 브루노가 새로운 형이상학을 찾았다면 갈릴레이는 세계에 새로운 물리학을 제공했다.

그런데 갈릴레이는 자신의 새로운 물리학을 우주 과정에 적용하는 것이 쉽지 않았다. 아리스토텔레스는 하늘의 세계와 땅의 세계를 정밀하게 분리했다. 우주를 경험으로 탐구하는 것은 거의 불가능하기 때문이다. 지구물리학은 지구물리학이고, 천체 물리학은 천체 물리학이었다. 그러나 갈릴레이는 르네상스의 선구자들과 마찬가지로 이러한 분리를 인정하지 않았다. 그는 망원경의 도움으로, 앞서 그와 비슷한 길을 걸었던 영국의 토머스 딕스(1546~1595)나 덴마크의 티코 브라헤(1546~1601)에게는 아직 미지의 것으로 남아 있던 많은 것들을 새로 발견했다. 이로써 새로운 세계가 열렸다. 갈릴레이는 달의 산맥과 태양의 얼룩, 은하의 별들을 눈으로 확인한 최초의 인간이었다. 그보다 훨씬 더 중요한 것은 목성 주위를 도는 위성 4개를 본 것인데, 이는 태양 중심 세계상의 행성 운동에 대한 또 다른 증거였다. 1610년에 발표한 저서 『별들의 전령*Sidereus*』은 그를 이 분야의 새로운 스타로 등극시켰다. 또한 그는 목성의 위성들에 〈메디치의 별〉이라는 이름을 붙임으로써 특히 많은 사랑을 받았다. 영예를 얻은 토스카나 대공 코시모 데메디치 2세가 그 보답으로 갈릴레이를 온갖 특혜가 주어지는 피렌체 궁정 수학자로 임명한 것이다.

그런데 천체의 놀라운 사건을 관찰하는 것과 그것을 물리학적으로 정확하게 설명하는 것은 다른 영역이었다. 갈릴레이는 관성의 법칙을 우주에 적용하려 했지만 많은 어려움에 부딪혔다. 반면에 프라하의 황실 수학자 요하네스 케플러(1571~1630)는 훨씬 성공적이었다. 그는 티코 브라헤의 고찰을 기반으로 1609년

『새 천문학*Astronomia nova*』을 발표했고, 그것으로 행성들이 태양 주위를 원형 궤도가 아닌 타원 궤도로 움직인다는 사실을 증명했다. 게다가 태양에서 멀리 떨어진 행성일수록 더 느리게 움직인다는 사실도 밝혀냈다. 갈릴레이와 케플러는 일찍부터 서로 편지를 주고받았지만, 갈릴레이는 이 독일인 경쟁자의 연구를 무시했다. 조수(潮水)에 대한 케플러의 설명에 대해서도 마찬가지였다. 케플러는 밀물과 썰물이 달에 좌우된다는 사실을 밝혀냈다. 하지만 갈릴레이는 그것을 지구 자전을 보여 주는 가장 결정적인 증거 중 하나로 여기면서 절대 포기하려 들지 않았다.

갈릴레이와 케플러 사이의 차이는 컸다. 케플러가 행성들의 역학을 잘 이해했다면 갈릴레이는 그것을 계속해서 자신의 옛 진자 모델로 설명하려고 했다. 그럼에도 오늘날의 시각에서 보면 정신적으로 유연하지 않은 갈릴레이가 냉철한 자연 과학자의 원형으로 보인다. 왜냐하면 케플러는 뛰어난 천문학자이자 광학자, 수학자일 수는 있지만, 그의 세계상은 정밀한 과학자가 아닌 자연 철학자의 세계상이었기 때문이다. 케플러는 자신이 정립한 〈케플러 법칙〉을 과학적 지식에 입각한 〈법칙〉으로 보지 않았다. 그에게 그것은 신이 수학적으로 철저하게 구축해 놓은 우주의 구성 단위일 뿐이었다. 그런 면에서 고대의 피타고라스학파의 생각과 다르지 않다. 케플러는 당대의 점성술을 허황한 몽상 정도로 생각했지만, 그럼에도 우주의 별자리들이 개별 인간들에게 직접적으로 영향을 준다고 믿었다. 또한 우주의 크기가 어마어마하다고 생각하면서도 지구를 우주의 본래적이고 영적인 중심으로 여겼고, 그로써 기독교의 손을 들어 주었다.

이처럼 망원경이 드러낸 새로운 진실에서 여전히 완전히 다른 결론들이 도출되었다. 물리학적으로건 형이상학적으로건. 갈릴레이는 많은 동시대인들이 자신의 관찰을 〈진실〉로 여기지 않는 것은 물론이고 명백한 사실로도 간주하지 않는 것에 깊이 실망했다. 게다가 정말 뜻밖으로, 코페르니쿠스의 태양 중심 세계상을 오랫동안 흥미로워하면서도 느긋하게 지켜보던 가톨릭교회와도 점점 불쾌한 일을 겪기 시작했다. 사실 갈릴레이는 카르다노나 브루노, 캄파넬라처럼 우주 만물에 생명이 깃들어 있다고 생각하지 않았다. 게다가 그리스도를 모독하거나 무시하는 발언도 한 적이 없었다. 그럼에도 1616년 코페르니쿠스 체계를 사실이 아닌 〈가설〉로만 다루라는 긴급 경고가 가톨릭교회로부터 하달되었다.

그로부터 10년 뒤, 갈릴레이의 연구를 오랫동안 후원해 온 교황 우르바노 8세가 그에게 태양 중심설과 지구 중심설을 균등하게 인정하는 책을 쓰라고 충고했다. 교황은 태양 중심의 세계상이 기독교 세계에 미칠 파장을 걱정해서 한 말이 아니었다. 갈릴레이의 증명이 가톨릭교회의 성서 해석을 지금까지와는 완전히 다른 새로운 토대 위에 세워야 할 만큼 위험하지 않다는 것을 정확히 알고 있었다. 그럼에도 8년 뒤 출간된 『프톨레마이오스와 코페르니쿠스의 가장 중요한 두 세계상에 관한 갈릴레오 갈릴레이의 대화*Dialogo di Galileo Galilei sopra I due massimi sistemi del mondo tolemaico e copernicano*』는 로마에 깊은 불신을 불러일으켰다. 결국 갈릴레이는 거의 일흔을 바라보던 나이에 종교 재판소로 불려갔다. 우주에 대한 그의 개인적 관점보다는 1616년에 받은 경고에 대한 불복종 때문이었다. 갈릴레이는 자신이 두 입장을 동등하게 설명했다고 변호했다. 하지만 그에게는 불가역적인 증거들이 부족했다. 망원경을 통한 관찰, 그의 물리학적 원칙, 천문학적 사변은 그 설명들 속에서 서로 잘 맞아떨어지지 않았다. 결국 죽음이나 무기 징역을 눈앞에 둔 상태에서 그는 태양 중심설을 철회했다. 갈릴레이는 사실 후세인들이 자신에 대해 만들어 낸 인물상과는 달리 스스로를 과학의 순교자나 자유로운 발언의 영웅으로 여기지 않았다. 그렇다면 이런 말도 안 되는 논쟁에서 자신의 의견을 철회하지 못할 이유가 어디 있겠는가?

갈릴레이의 판결에서 어차피 의견 일치를 보지 못한 종교재판소는 결국 그에게 피렌체 인근의 아르체트리 시골 별장에서 가택연금 상태로 여생을 보내게 했다. 갈릴레이는 여기서 시력을 잃을 때까지 물리학 대표작을 집필하고 편지를 쓰고 손님을 맞았다. 그중에는 당시 한창 번창하던 영국에서 온 손님들이 많았는데, 특히 눈길을 끄는 두 사람이 있었다. 1636년에 갈릴레이를 찾은 철학자 토머스 홉스와 1638년에 찾은 젊은 시인이자 국가 이론가인 존 밀턴이었다.

기술의 정신

1588년 영국 함대가 스페인 무적함대 아르마다를 물리쳤다. 두 명의 장기 집권자인 스페인의 펠리페 2세(1527~1598)와 영국의 엘리자베스 1세(1533~1603)의 싸움은 영국 쪽으로 기울었다. 〈엘리자베스 시대〉는 그전까지 페스트로 심한 열병을 앓은 나라를 대제국으로 바꾸어 놓았다. 영국의 모직물 수출 조합인 모험가상인조합은 네덜란드와의 경쟁 속에서 모직물 수출을 위해 상선을 띄웠다. 1551년에는 한 주식회사의 설립과 함께 영국 상인들이 향신료와 다른 원료들을 찾아 전 세계를 누볐는데, 그 회사가 바로 1600년에 설립된 영국 동인도 회사의 전신이었다. 16세기 초까지만 해도 인구 6만 명의 크지 않는 도시였던 런던은 이후 비약적으로 발전했다. 1603년 엘리자베스 1세가 죽었을 때는 인구 20만 명이 넘는 대도시가 되었다. 유럽에서 런던보다 더 큰 도시는 파리가 유일했다.

늘 그렇듯 경제적 번영은 기존의 사회 구조를 파괴했다. 발전의 수혜자들은 더 부유해졌고, 나머지는 더 가난해졌다. 빠르게 확산된 화폐 경제는 점점 국제화되어 가는 시장에서 모든 것을 상품으로 만들었다. 식량 투기는 다수의 희생을 이용해서 소수만 이익을 챙기는 사업이 되었고, 돈도 수많은 인플레이션을 감안하면 그 자체로 언제든 투기할 수 있는 상품으로 변질되었다. 토지와 재화를 가진 사람들만이 장기적인 부를 누렸다. 가격 상승, 고리대금업의 합법화, 토지 분배를 향한 물음은 16세기와 17세기의 가장 중요한 정치적 문제로 떠올랐다. 토마스 아퀴나스의 전통에 따라 가격을 고정된 것으로, 고리대금업을 비기독교적인 것으로, 땅의 분배를 신에 의해 정해진 것으로 보던 기존의 기독교 윤리로는 더 이상 이 문제들에 대한 답을 찾을 수 없었다.

상인 계급은 이탈리아의 르네상스 때와 마찬가지로 옛 질서를 폭파시켰다. 상인들의 세계에는 자연권이나 신권 같은 것은 존재하지 않았다. 소유와 가치, 각자의 몫은 합의에 따른 계약으로 정해졌다. 사회경제적 문제들을 어떻게 새로운 방식으로 해결할 것인가 하는 문제가 영국과 네덜란드처럼 상인 계급이 특히 비약적으로 발전한 국가들에서 적극적으로 논의된 것은 이상한 일이 아니었다. 상인들의 세계에서 본질적인 의미를 차지하는 계약이 이제는 인간들의 모든 사회적 관계로 전용되어야 했다. 이 구상에 대해서는 나중에 상세히 다룰 기회가 있을 것이다. 어쨌든 그로써 후기 중세의 유명론자인 요하네스 둔스 스코투스나 오컴의 윌리엄이 요구했던 것처럼 정치와 경제는 이론적인 면에서도 종교에서 분리되었다. 대신 이제는 국가와 경제 영역 안에서 마치 저절로 작동하는 것 같은 〈자연스러운〉 힘과 법칙을 찾으려는 노력이 이어졌다.

인간의 삶과 경제에서 중요한 것은 이제 기술이 되었다. 사물 자체에 내재한 힘들을 끌어내어 실용적으로 사용할 수 있어야 했다. 농업 영역에서 생화학적 성분으로 토양을 자연스럽게 비옥하게 해주는 식물과 수확량을 늘려 주는 비료를 찾는 것처럼 겨울철 농부들의 가내 노동〉 역시 섬유 경제의 효율성을 높여야 했다. 삶의 이치가 녹아 있는 셰익스피어 희곡과 섬세하게 가공된 소네트가 나왔던 영국의 〈황금시대〉는 말 그대로 모든 측면에서 황금이 문제였다. 셰익스피어는 『베니스의 상인*The Merchant of Venice*』에서 작은 금 케이스에 다음과 같은 금언을 적어 넣었다. 〈반짝인다고 다 금은 아니니 / 그대 이 말을 자주 들었으리라 / 어떤 이들은 나의 겉모습만 보고 목숨을 팔았다. 금칠한 무덤엔 구더기가 우글거린다.〉

그러나 이익에 대한 탐욕은 어디에나 있었다. 구빈원(救貧院)이라고 하는 곳들은 가난한 사람들에게 노동을 강요했다. 대지주들은 더욱 효율적인 운영을 위해 곳곳에서 땅과 토지에 눈독을 들였다. 최상의 기술과 무조건적인 효율 증대는 시대의 신앙이 되었다. 이 모든 것은 전통적인 생활 방식과 생존을 위협받는 소농과 기술 증진으로 가장 많은 이익을 얻는 세력들 사이에 극심한 갈등을 불러일으켰다. 이는 오늘날 세계 곳곳에서 벌어지는 상황과 다르지 않다. 한편으로는 녹색 유전자 기술을 이용하는 거대 기업들, 다른 한편으로는 브라질과 인도, 말리 같은 나라들에서 생존 위기에 처한 소농들을 생각해 보라.

이러한 새로운 기술적 사고를 아주 출중하게 철학적 원칙으로 정립한 사람이 바로 프랜시스 베이컨(1561~1626)이다. 정부 고위 관료의 아들로 태어난 그는 케임브리지 대학에서 법학을 공부했고, 나중에 궁정에서 출셋길을 걸었다. 도덕적으로 좀 문제가 있는 성격의 이 기회주의자는 검찰 총장에 이어 대법관까지

오르지만, 뇌물 수수 혐의로 곧 모든 관직을 잃고 말았다. 그 뒤 한 대화편을 집필한다. 몇몇 대화 참가자들이 아메리카 원주민, 무산자, 난민, 부랑자, 재세례파 같은 〈인간 군상〉에 맞서 싸우는 왕의 〈성전〉을 정당화하는 내용이다. 비록 미완성인데다가 다른 상이한 목소리들도 등장하지만, 베이컨이 주인공들을 앞세워 민족 학살과 무가치한 생명의 절멸을 옹호하는 무자비함은 오늘날에도 끔찍하게 느껴진다.

베이컨이 사후 명성을 얻은 것은 이러한 수상쩍은 정치인이나 우생학자로서가 아니라 자연과 진리, 이성에 대해 새로운 관점을 제기한 선구자의 모습으로서였다. 그는 훗날 이른바 프로테스탄트 윤리라고 불리는 것, 즉 돈과 부를 얼마나 효율적으로 더 많이 창출했는지에 따라 노동의 가치를 따지는 엄격한 노동 윤리의 가장 중요한 아버지 중 하나로 여겨진다. 인간과 사회에 대한 그의 관념 속에는 영적인 것과 형이상학적인 것을 위한 공간이 마련되어 있지 않았다. 그에겐 경험적으로 밝혀내고 측정할 수 있는 것이 모든 성공의 열쇠였다. 그는 모든 학문과 경제, 사회도 〈기술적인〉 측면에서 바라보았다.

〈진리〉의 경우도 베이컨은 그것이 우리에게 유익할 때만 관심을 보였다. 자연 과학적 인식들 역시 오직 기술적 발명에 유용한지에 따라 평가되었다. 이러한 관점에서 베이컨은 코페르니쿠스는 물론이고 갈릴레이에게도 비판의 칼끝을 겨눈다. 그는 이렇게 말한다. 태양 중심의 세계 체계가 정확히 어떻게 이루어져 있는지에 대한 물음만큼 인류에게 하찮은 것이 있을까? 하늘을 두고 벌어진 새로운 혼란은 오직 한 가지만 증명할 뿐이다. 우주의 신적인 질서와 인간의 오성은 놀랄 만큼 서로 조율될 수 없다는 것이다. 몽테뉴도 그랬지만, 베이컨도 우주를 인간의 머리로는 파악할 수 없는 것으로 보았다. 망원경은 기술적 측면에서 정말 대단한 물건이지만, 우리가 그것으로 알 수 있는 것은 정말 가소롭고 무의미한 것들에 지나지 않는다. 오히려 실용적인 면에서는 현미경이 훨씬 낫다. 따라서 천문학에서 아무리 기술이 발달해도 인간에게 도움이 되는 것은 없을 것이고, 이 상황은 미래에도 크게 달라지지 않을 거라고 그는 확신했다. 예언에 가까운 추측이었다. 사실 온 세상이 금방이라도 바뀔 것처럼 호들갑을 떨던 1970년대 이후의 우주 탐사가 아무리 매혹적으로 비칠지라도 그것이 인류에게 큰 축복을 가져다준 적은 한 번도 없었으니…….

솔로몬의 집

베이컨은 아리스토텔레스의 세계 질서 체계를 좀 더 낫고 일목요연하고 시대에 맞는 체계들로 대체하려고 많은 노력을 기울였음에도 이 분야에서 그의 노력은 별 성과를 거두지 못했다. 그의 대표작 『대혁신*Instauratio magna*』은 1, 2부로 이루어진 단편에 그치고 말았다. 학문을 혁신하려는 베이컨의 거창한 계획은 그와 성이 같은 로저 베이컨을 떠올리게 한다. 물론 프랜시스는 13세기의 이 프란체스코회 수도사를 몰랐지만 말이다. 어쨌든 로저 베이컨도 학문을 모든 사변으로부터 해방시키고, 현미경과 증기선, 비행기 같은 수많은 새로운 발명으로 인류를 행복하게 해 줄 수 있길 꿈꾸었다. 하지만 프랜시스와는 반대로 로저 베이컨은 수학에 대한 이해가 깊었을 뿐 아니라 본인이 수많은 발명을 했고, 인류의 진보에 도움이 되는 탁월한 저서를 남겼다.

반면에 프랜시스 베이컨은 연구자라기보다 전령의 역할이었다. 1620년에 출간된 『과학적 지식의 새 도구*Novum Organum scientiarum*』(줄여서 『노붐 오르가눔』)는 새로운 출발의 선언을 담고 있다. 『대혁신』 초판과 『노붐 오르가눔』 재판 안쪽 표지에는 학문의 배가 고대 세계의 경계인 헤라클레스 기둥들을 통과하는 모습이 나온다. 베이컨은 이 모티프를 스페인 지리학자 안드레아스 가르시아 데 세스페데스(1560~1611)의 『항해 관리*Regimiento de navegación*』에서 도용했다. 『항해 관리』에 나오는 배를 영국 동인도 회사의 배로 대체하면서 저 멀리 대양으로 향하는 또 한 척의 배를 따로 그려 넣은 것이다. 베이컨의 경우는 안드레아스 가르시아와는 달리 발견이 아니라 무엇으로도 저지되고 제한될 수 없는 〈풍요로운 미래〉를 향한 무역 항로가 중요했기 때문이다.

베이컨은 지식(스키엔티아)으로 지혜(사피엔티아)를 완벽하게 대체한 첫 번째 철학자였다. 그는 법률가의 입장에서 영원한 자연법칙과 그 구체적인 적용, 즉 법적 토대와 법적 실행을 구분했다. 훗날 독일 화학자 유스투스 폰 리비히(1803~1873)는 베이컨이 자연 과정을 〈꼭 민사 사건이나 형사 사건처럼 다루었다〉고 말했다. 어쨌든 그로써 법률적 도식에 맞지 않는 지혜니 삶의 이치니 하는 것들은 배제된다. 똑똑하고 지혜롭고 분별 있는 것은 오직 실용적인 방향으로 움직이는 자연 과학밖에 없다. 베이컨은 그런 자연 과학을 위해 새로운 요강을 구상한다. 진정한 학자는 네 가지 우상에 현혹되어 사도로 빠지지 않도록 조심해야 한다. 종족의 우상(선입견), 작업실의 우상(개인적 상황), 법정의 우상(부정확한 언어), 극장의 우상(기존의 질서 체계)이 그것이다. 또한 진정한 학자라면 일반적인 것에서 특수한 것을 끌어내는 이론(연역법)을 내세워선 안 된다. 대신 개별 사례에 초점을 맞추고 거기서부터 단계를 거쳐 일반적인 것으로 나아가야 한다. 이런 측면에서 베이컨을 귀납법의 정신적 아버지로 부르는 것은 어느 정도 과장이 없진 않아도 전적으로 잘못된 것은 아니다. 〈아는 것이 힘이다!〉라는 말도 마찬가지다. 새로운 생각은 아니지만,

그전까지 베이컨만큼 이 생각을 전면에 내세워 철저하게 밀고 나간 사람은 거의 없었다.

그의 세계상은 직선적이었다. 인류의 역사가 고대라는 어린 시절에서 출발해서 성숙한 미래로 일직선으로 발전해 나간다는 구상이었다. 게다가 그의 세계상은 굉장히 인간 중심적이었다. 하늘과 신들, 동물과 식물, 이 모든 것에서 중요한 것은 오직 인간의 행복, 더 정확하게는 특권을 누리는 영국 남자들의 행복뿐이었다. 이 특권층의 의지가 자연에 관한 지식을 유용한 것으로 만들고, 자신들의 판단에 따라 자연을 철저히 이용한다. 천문학이든 철학적 사변이든 이러한 목표에 종속되지 않는 것은 무익한 것으로 분류된다. 좋은 개념은 쉽게 이해되는 개념이고, 구체적이고 실용적이어야 한다. 또한 인간에게는 조심스럽고 신중한 소극적 이성 대신 어떤 경우에도 변화와 창조를 마다하지 않는 적극적 정신이 필요하다.

베이컨은 〈경험적이고 합리적인 능력들〉이 더 이상 따로따로 떨어져서는 안 된다고 생각했다. 그러한 분리 대신 그가 꿈꾼 것은 〈머리로 하는 작업과 손으로 하는 작업〉의 이상적인 결합이었다. 실용적인 연구를 하는 사람만이 올바르게 행동하기 때문이다. 이때 베이컨이 기술의 영역에서건, 아니면 정치나 도덕의 사회적 기술에서건 유일하게 인정한 법칙이 바로 인과율, 즉 원인과 결과의 법칙이다. 〈미래를 예측하는 가장 좋은 방법은 미래를 만들어 내는 것이다.〉 미국 정보학자 앨런 케이(1940~)가 오늘날 인간 사회의 준칙으로 천명한 이 말이 베이컨의 강령과 다른 게 무엇인가? 또한 〈반(反)철학적〉 진리 개념, 진보에 대한 격정적 믿음, 기술에 대한 절대적 신뢰 면에서 베이컨이 마이크로소프트의 설립자 빌 게이츠, 애플의 정신적 지주 스티브 잡스, 구글의 창업자 래리 페이지와 다른 게 무엇인가? 그들은 모두 기술적 발명이 가져올 〈지상 천국〉을 세상에 알린 사람들이다. 다만 차이가 있다면, 오늘날의 전령들은 그 지상 천국을 탁월한 동물적 후각으로 돈벌이가 되는 사업과 연결시켰다는 것뿐이다.

이런 측면에서 보자면 베이컨의 영향은 엄청났다. 물론 철학자로서가 아니라 서양에서 오늘날까지도 계속 급진적으로 발전하고 있는 주도 이념의 이데올로그로서. 이 주도 이념의 핵심은 이렇다. 효율성에 대한 무한 신뢰, 비용과 이익의 냉철한 산정, 그리고 늘 새롭게 개선되는 기술만큼 인류를 행복하게 해주는 것이 없다는 사실에 대한 절대적 믿음이 그것이었다. 이제부터는 인간에게 크나큰 경탄을 불러일으킨 것은 있는 그대로의 자연이 아니라, 인간 스스로 자기 관심에 따라 자연을 이용해서 만들어 내는 것들이었다.

국가라는 조직에도 똑같은 것이 적용되었다. 플라톤에게 국가란 우주적 질서의 모사였고, 피치노 역시 그것을 굳게 믿었다. 그런데 17세기 초에 이르러 우주의 상이 불확실성 속에서 흔들리게 되자 국가도 형이상학적 토대를 상실했다. 그와 함께 새로운 해석이 등장했다. 공동체의 모든 질서는 우주의 질서가 아니라 전적으로 인간 고유의 관념에 따른 인간의 질서여야 한다는 것이다. 그런 인간적 질서에는 정의 같은 거창한 이념들은 존재하지 않는다. 좋은 국가란 여러 경제적 힘들이 최대한 자유롭게 활동하고 전개될 수 있도록 하고, 그로써 지속적인 성장을 가능하게 하는 국가이다. 베이컨은 국가를 도덕적 원칙에 따라 바라보는 것이 아니라 거대한 기술적 조직체로, 또는 조절되고 통제될 수 있는 기계로 보았다.

이런 세계를 베이컨은 미완의 구상인 『새로운 아틀란티스 *Nova Atlantis*』에서 설명했다. 그가 죽은 직후인 1672년에 출간된 이 책은 토머스 모어의 『유토피아』, 캄파넬라의 『태양의 나라』에 이어 르네상스에서 세 번째로 중요한 유토피아 구상이다. 유럽에서 출발한 배 한 척이 태평양에서 길을 잃고 페루 해안에서 멀지 않은 벤살렘섬에 당도한다. 여기서는 『유토피아』에서와 마찬가지로 모든 사람이 평화롭고 다정하고 만족스럽게 살아간다. 이 섬에서 가장 중요한 곳은 〈솔로몬의 집〉이라 불리는 연구소다. 다시 말해, 수많은 성실한 연구자들이 베이컨의 방법에 따라 자연의 비밀을 해독하고 여러 가지 발명을 하는 학문의 성전이다. 이름 자체에 이미 강령이 담겨 있다. 솔로몬의 새로운 지혜는 더는 사피엔티아가 아니라 오직 스키엔티아이기 때문이다. 이곳 학자들은 국가적 목표나 정부에 구애받지 않고 연구 목표를 스스로 정할 뿐 아니라 자신의 발명이나 연구를 숨길 권리까지 갖고 있다.

이 섬에서 유토피아처럼 묘사된 것은 사실 미래로의 긴 시간 여행, 그러니까 사이언스 픽션과 비슷하다는 느낌이 든다. 벤살렘섬에는 높이 1킬로미터에 가까운 빌딩을 비롯해 마천루들이 즐비하다. 솔로몬의 집에서는 오랫동안 인간의 머릿속 판타지로만 존재하던 온갖 것들이 벌써 연구 개발되고 있다. 게다가 특정 사육 재배 방식을 통해 새로운 동물종과 식물종이 생겨나고, 눈비가 인공적으로 만들어지고, 레이저 기술이 사용되고, 하늘에선 비행기가 날아다니고, 바다에선 잠수함이 돌아다닌다(잠수함은 아리스토텔레스 때부터 중세와 르네상스에 이르기까지 사람들의 머릿속에 유령처럼 어른거린 인기 있는 물건이었다). 아무튼 솔로몬의 집뿐 아니라 섬 전체가 하나의 거대한 연구 실험실이자 개발 센터와 비슷하다. 바다에 떠 있는 일종의 실리콘 밸리라고 할까!

기술이 융성하는 동안 벤살렘섬에서의 다른 중요한 사회적 문제들은 관심 밖으로 밀려났다. 그런데 기독교가 어떻게 그렇게 일찍 새로운 아틀란티스에 전파될 수 있었는지에 대한 설명만 기괴한 것이 아니었다. 어떤 새로운 발명도 인간의 삶을 사회적으로 바꾼 것은 진혀 없어 보인다. 기술적 진보라는 삶의 한 줄기가 앞으로 계속 달려 나가는 동안에도 국가와 사회의 나머지 요소들은 예전 그대로다. 사회적 긴장, 과도한 요구, 기술적 진보에 발맞추어 나타나야 할 권력의 필연적인 분산과 근본적인 개조는 여전히 감감무소식이다. 오늘날 그에 대해 어떤 책임도 지지 않으려는 실리콘 밸리와 다르지 않다. 대신 기술적 진보가 오늘날과 비슷하게 하나의 우상이 되고, 다른 모든 것들, 즉 공동생활이나 교육, 교양, 삶의 기쁨 같은 것들은 그 우상에 예속된다. 그것도 기술적 혁신의 리듬이 다른 삶의 리듬에 촉매 작용을 할 것이라는 별 근거도 없는 확신 속에서 말이다. 어떤 현재보다 중요한 것은 미래이고, 어떤 존재보다 중요한 것은 생성이다.

그런데 실제 삶에서의 새로운 기술적 경제적 발전은 간과할 수 없는 많은 사회적 파장을 일으켰다. 베이컨이 과학으로 낙원을 다시 찾으려는 꿈을 꾸는 동안 자본주의 물결이 거세게 몰아치고 종교적 갈등이 극단으로 치닫는 영국 사회는 완전히 혼란의 구렁텅이에 빠져들고 있었다. 『새로운 아틀란티스』 출간 1년 뒤 올리버 크롬웰(1599~1658)이 하원에 입성했고, 1642년에는 영국 내전이 시작되었다. 1667년에는 크롬웰의 과거 우군 존 밀턴(1608~1674)이 성서의 모티프를 토대로 분열된 수십 년 동안의 경험을 장편 서사시 『실낙원*Paradise Lost*』 속에 녹아냈다. 그리고 유럽 대륙에서는 베이컨이 살아 있을 때 벌써 30년 전쟁이라 불릴 길고도 참혹한 전쟁이 시작되었다. 이 전쟁과 함께 르네상스 시대는 막을 내렸으니…….

바로크 철학

토머스 홉스의 『리바이어던』의 표지.
시민들의 총합으로 이루어진 국가.

1548–1617 프란시스코 수아레스

1575–1624 야콥 뵈메

1583–1645 후고 그로티우스

1588–1679 토머스 홉스

1592–1655 피에르 가상디

1596–1650 르네 데카르트

1611–1677 제임스 해링턴

1626–1669 아르놀트 횔링크스

1632–1677 바뤼흐 데 스피노자

1632–1694 자무엘 폰 푸펜도르프

1632–1662 블레즈 파스칼

1638–1715 니콜라 말브랑슈

1646–1716 고트프리트 빌헬름 라이프니츠

1600

나는 생각한다, 고로 존재한다

1619년, 울름 교외 / 세계의 체계 / 의심과 확실성 / 선천적 구조들 / 정신과 육체 / 생각하는 자동 기계

1619년. 울름 교외

철학계에는 아주 유명한 장면이 하나 있다. 1619년에서 1620년으로 넘어가는 겨울, 울름 주변의 따뜻한 농가 거실에 스물세 살의 한 청년이 앉아 있다. 물결치는 검은 머리에 황제군 겨울 군복을 입은 모습이다. 가톨릭을 믿는 이 프랑스 청년은 네덜란드에서 군사 학교를 마친 뒤 그해 덴마크와 폴란드, 오스트리아, 헝가리, 보헤미아를 돌아다녔고, 마지막에는 프랑크푸르트에 당도했다. 이제 그의 말을 직접 들어 보자. 〈당시 나는 독일 땅에 있었다. 아직도 끝나지 않은 전쟁이 나를 그리로 불렀다. 황제 대관식에 동원된 뒤 다시 군대로 돌아갔을 즈음 겨울이 시작되는 바람에 나는 한 숙영지에 발이 묶였다. 거기엔 마땅한 오락거리가 없고, 다행히 걱정거리나 다른 욕정도 없었던 터라 나는 온종일 따뜻한 농가에 혼자 틀어 박혀 내 생각과 대화를 나누는 여유를 한껏 누렸다.〉[23]

자기 생각과의 대화에는 무척 야심찬 목표가 있었다. 설명하면 이렇다. 바깥에선 30년 전쟁의 발발과 함께 중부 유럽 전체가 잿더미로 변하는 동안 남자는 속으로 평정과 질서, 명징함을 원했다. 자기 자신과 세계에 대한 절대적이고 궁극적인 확신을 얻는 것이 목표였다. 처음엔 명확하고 뚜렷이 인식될 수 없는 것은 모두 진실이 아니라는 규칙을 세웠다. 그리고 의심할 수 있는 것은 무엇이건 의심했다. 눈은 믿을 수 없었다. 다른 감각도 마찬가지였다. 우리의 감각은 너무 쉽게 현혹되기 때문이다. 그는 의심하면서 조금씩 나아갔다. 우리의 사고도 검증 없이 바로 믿을 수가 없었다. 나쁜 악마가 손을 뻗쳐 잘못된 결론으로 이끌 수도 있지 않은가? 그런데 어떤 경우에도 내가 의심할 수 없는 무언가는 있지 않을까? 모든 것을 의심한다고 해도 내가 지금 의심하고 있고, 의심하고 있는 내가 존재한다는 사실은 의심할 수 없지 않은가? 또한 의심하는 동안 내가 의심하고 있다는 사실을 안다면, 나는 의심하고 있는 나를 생각해야 한다. 그렇다면 여기서 다른 모든 것에 선행하는 첫 번째 원칙으로서 의심할 수 없는 확실한 한 가지 사실이 나온다. 〈나는 생각한다, 고로 존재한다Cogito, ergo sum.〉

이로써 30년 전쟁 초기의 어느 초저녁 겨울날, 철학계에서는 혁명이 일어났다. 그 혁명가의 이름은 르네 데카르트(1596~1650)였다. 귀족 가문에서 태어난 그는 아버지가 브르타뉴 대법원 판사였다. 여덟 살에 앙주의 예수회 학교 라 플레슈에 입학해서 스콜라적 인문주의 교육을 받았다. 1614년 학교를 떠날 때는 라틴어를 자유자재로 구사할 능력과 훌륭한 수학적 지식을 갖추었다. 이어 푸아티에 대학에서 2년 간 법학을 공부했고, 파리에서는 귀족 자제들을 위한 아카데미 코스를 잠시 다녔다. 1616년에는 야전군 사령관이자 군 개혁가인 오라녜 공(公) 마우리츠 휘하에서 복무했고, 3년 뒤에는 가톨릭 신자인 바이에른의 막시밀리안이 지휘하는 부대에 들어갔다. 데카르트는 중부 유럽을 절반 가까이 돌아다니다가 마침내 1619년 겨울에 근대 철학의 산실이 될 울름 인근의 그 숙영지로 이동했다.

농가 숙영지에서 있었던 그의 생각 유희가 세상에 알려진 것은 그로부터 18년 뒤에 출간된 한 작품 덕분이다. 누구나 읽을 수 있게 얇은 소책자로 출간된 이 책은 『방법서설*Discours de la méthode*』(원제: 『이성의 올바른 사용과 학문적 진리 연구의 방법에 관한 서설』)이었다. 데카르트가 1637년에 익명으로 발표한 이 작품은 철학 역사상 가장 중요한 저서 중 하나로 꼽힌다. 물론 관점에 따라서는 재앙에 가까운 작품으로 분류할 수도 있겠지만. 어쨌든 적지 않은 철학사가들이 이 책에 역사의 한 결정적인 단면, 즉 서양 사상사에서 완벽한 전환점이 있음을 알아보았다. 데카르트는 이전의 어떤 다른 철학자들보다 아주 꼼꼼하게 다음 두 가지 물음, 즉 오늘날 우리가 〈인식론〉이라고 부르는 것의 토대가 되는 물음을 체계적으로 연구했다.

첫 번째 물음은 이렇다. 나는 내가 무엇을 아는지 어떻게 알까? 이는 당연히 아주 오래된 질문이다. 소크라테스의 다음 말만 떠올려 봐도 알 수 있다. 〈나는 내가 아무것도 모른다는 것을 안다.〉 또한 반박에 반박을 거듭하면서 정확한 개념 정의로 확실한 앎을 얻으려고 했던 플라톤의 시도도 마찬가지였다. 그러나 고대와 중세에 아무리 이 물음에 대한 숙고가 자주, 그리고 정밀하게 이루어졌다고 해라도 데카르트만큼 체계적으로 탐구된 적은 없었다.

인식론의 두 번째 물음인 〈현실은 얼마나 현실적인가?〉 하는 질문도 마찬가지다. 데카르트 이전에도 그와 관련된 고찰은 이미 무수히 있어 왔다. 플라톤의 이데아론을 둘러싸고 얼마나 많은 논쟁이 뜨겁게 불타올랐던가? 우리가 감각적으로 지각하는 사물은 천체 바깥에 존재하는 원형의 모방일 뿐인가, 아니면 그렇지 않은가? 게다가 이와 관련해서 고대 후기부터 르네상스까지 신플라톤주의가 유럽 사상계에 끼친 지대한 영향을 생각해 보라. 또한 데모크리토스와 에피쿠로스를 추종하는 〈유물론자〉들과 플라톤과 플로티노스를 따르는 〈관념론자〉들의 대립을 떠올려 보라. 그런데 이런 수많은 성찰과 논란에도 〈내가 인간으로서 인식하는 것이 객관적으로 실재하는 것인가?〉 하는 물음은 여전히 체계적인 답을 찾지 못한 상황이었다.

인식론은 데카르트와 함께 새로운 단계에 이르렀다. 인식론을 위한 그의 핵심 개념은 방법이었다. 이 단어는 17세기에 무척 인기가 많았지만, 데카르트에 이르러 비로소 〈방법〉이라는 개념이 온전히 정립되었다. 즉, 빈틈없고 논리 정연하고 완벽하게 진리로 나아가는 이성적 방식이라는 것이다. 중세 스콜라 철학은 대전제-소전제-결론으로 이어지는 아리스토텔레스의 도식을 따랐다. 모든 인간은 생물이다, 소크라테스는 인간이다, 그러므로 소크라테스도 생물이라는 도식이었다. 그런데 이 방법은 데카르트의 시대에 이미 인기를 잃은 지 오래되었다. 모든 것이 전적으로 대전제에 달려 있었기 때문이다. 만일 내가 인간은 개다, 소크라테스는 인간이다, 하고 말한다면 소크라테스도 개라는 결론이 나올 수밖에 없다! 따라서 스콜라학파의 방법론은 늘 자신이 증명하고자 하는 것을 이미 처음부터 전제해 버린다. 그로써 기존의 앎은 확실히 지킬 수 있을지 모르지만 새로운 앎을 만들어 내지는 못한다. 따라서 자연 연구라는 미지의 영역에서 그들의 무기는 무딜 뿐 아니라 애초에 맞지도 않았다.

르네상스 사상가들은 스콜라 철학을 쓰레기통에 던져 버리기만 했을 뿐 논리학을 새롭게 정립하려는 시도는 거의 하지 않았다. 그 작업에 매달린 사람은 프랑스인 피에르 드 라 라메(1515~1572)가 유일했다. 에라스뮈스의 사유가 납득할 만한 것인지 아닌지는 사고 과정에 대한 검증 가능한 방법이 결정한 것이 아니라 오직 수사학이 결정했다. 피치노와 피코, 그리고 훗날의 카르다노, 텔레시오, 캄파넬라, 브루노가 쓴 것들은 거의 대부분 어느 정도의 설득력을 갖춘 사변이었다. 반면에 갈릴레이는 수학적 원칙을 엄밀하게 따르고 역학에 그에 합당한 권리를 부여했다. 하지만 거기서 이렇다 할 만한 철학적 추론은 나오지 않았다. 프랜시스 베이컨 역시 귀납적 법칙을 정립했지만, 그건 오직 자연을 연구하는 학문, 즉 스키엔티아에만 해당되었다.

따라서 17세기 초에 사피엔티아와 스키엔티아 사이의 간극이 엄청나게 컸던 것은 놀랍지 않다. 그 간극을 메우는 것이 데카르트가 평생 천착한 철학적 목표였고, 그를 위한 수단이 〈방법〉이었다.

세계의 체계

이제 그의 삶을 순서대로 따라가 보자. 울름을 떠난 데카르트는 황제군에 들어갔다. 1620년 11월에는 바이에른의 막시밀리안 공작 휘하에서 프라하 침략에 참가했고, 거기서 예전에 티코 브라헤와 요하네스 케플러가 머물렀던 작업실을 둘러보았다. 그 뒤 군을 떠났다. 1년 전 도나우 강변의 노이부르크에서 품었던 꿈을 실현하기 위해서였다. 그는 자신의 미래 역할을 어둠에 싸인 학문에 명료함을 선사할 계몽가로 보았다. 그가 꿈꾼 것은 명확하고 논리적이고 〈보편적인 진리 탐구의 방법〉이었다. 그래서 모든 진리 탐구의 근본 규칙들을 메모해 두었는데, 그것이 9년 뒤 『인식력의 지도를 위한 규칙*Regulae ad directionem ingenii*』이라는 책으로 출간되었다.

데카르트는 이탈리아의 로레토를 순례한 뒤 독일과 네덜란드, 스위스를 여행했다. 1625년에는 파리로 이동해 곧 현지 지식인들의 모임에 드나들었다. 그는 대수학과 광학, 인지론의 문제를 집중 파고들었다. 그중 주목할 만한 것은 수학적 인식의 새 방법으로서 분석적 기하학의 발견이었다. 많은 르네상스 화가들에게 토대가 되어 준 14세기 니콜 오렘의 좌표계가 이제 새로운 의미를 띠게 되었다. 기하학 문제가 대수학 문제로, 대수학 문제가 기하학 문제로 바뀔 수 있음을 데카르트가 보여 준 것이다.

4년 뒤 그는 파리를 떠나 한창 번성하는 네덜란드로 옮겼다. 이곳은 전 유럽에서 정신적으로나 종교적으로 가장 자유로운 땅이었다. 데카르트는 그런 분위기를 적극 활용해서 오랫동안 준비해 온 방대한 책을 쓰고자 했다. 그와 함께 사회적인 교류는 서신 교환, 특히 귀부인들과의 서신 교환만 제외하고는 모두 중단되었다. 그의 야망은 온통 『세계*Le Monde*』의 집필로 향해 있었다. 물질과 역학의 토대에서부터 우주론과 광학을 거쳐 자연 존재이자 정신 존재인 인간까지 파고드는 작품이었다. 데카르트는 세상 만물이 명확하게 기술될 수 있는 법칙들에 따라 서로 연결되어 있고, 하나의 포괄적인 체계를 이루고 있다고 생각했다.

데카르트의 자신감은 정말 대단했다. 〈나는 단 하나의 현상을 설명하기보다 모든 자연 현상, 다시 말해 물리학 전체를 설명하기로 마음먹었습니다.〉 1629년 데카르트가 프랑스 신학자이자 수학자인 벗 마랭 메르센(1588~1648)에게 보낸 편지에 나오는 대목이다.[24] 그는 그때까지의 물리학에 깊이 뿌리 내려 있던 두 가지 관점을 극복하고자 했다. 르네상스 이후의 거의 모든 중요한 자연 과학 사상가들이 비판했던 아리스토텔레스와 스콜라 학파의 물리학이 그것이었다. 아리스토텔레스와 중세의 스콜라 학파가 볼 때, 세상 사물은 질료와 형상의 떼려야 뗄 수 없는 상호 작용의 결과였다. 형상은 질료를 조직하고 구축해 나가고, 거기서부터 각자의 방식으로 기능하는 하나의 돌과 생명체, 도끼가 만들어진다는 것이다. 중세 사상가들은 이 형상 속에서 세상 만물에 각자의 자리와 역할을 부여하는 신의 의도된 작용을 인정하는 것 말고는 특별히 달리 할 일이 없었다. 오늘날 진화의 과정 곳곳에서 신의 정교한 의도를 인식하고자 하는 지적 설계Intelligent Design의 대변자들과 별반 다르지 않다.

데카르트는 이런 설명을 거부했다. 다만 그 역시 그 설명을 제대로 이해하지 못하고 있었다. 그가 배척한 이 물리학적 설명은 질료에다 형상이라는 모호한 개념, 그러니까 근대 물리학자로선 도무지 이해가 안 되는 개념을 도입하고 있었다. 하지만 아리스토텔레스가 말한 것은 어떤 절대적 형상이 아니라, 형상을 통해 구조화된 질료에서 우리가 읽어 낼 수 형상을 의미했다. 모든 질료는 어떤 식으로건 형상화되어 있고, 우리는 모든 형상을 질료의 형태로 만난다는 것이다. 반면에 아리스토텔레스 물리학의 원전을 읽어 본 적이 없는 데카르트는 마치 질료와 형상이 서로 완전히 다르고 독립적인 두 개의 사물인 것처럼 이해하고 있었다.

그는 스콜라학파가 아리스토텔레스의 개념들에 집어넣은 해석에도 반기를 들었다. 스콜라학파는 질료에 실질적인 성질이 있다고 보았다. 예를 들어 크거나 작거나, 아니면 뜨겁거나 차갑거나 하는 것처럼 말이다. 데카르트는 이런 생각에 칼끝을 겨누었다. 전적으로 타당한 공격이었다. 크고 작거나, 뜨겁고 찬 것은 상대적 개념이지 실제적인 성질이 아니기 때문이다. 아무리 큰 나무도 불에 타면 아주 작은 재로 부서진다. 또한 나무에 열을 가한다고 해서 나무의 차가운 성질이 새어 나오지는 않는다. 따라서 질료에 성질이 있다고 날조하는 대신 나무가 왜 불에 타는지를 우리에게 설명해 주는 역학, 즉 인과의 메커니즘으로 눈을 돌려야 한다.

데카르트에게는 물리쳐야 할 적이 또 있었다. 아리스토텔레스에게 반기를 들 경우 17세기에 그가 열고 들어갈 수 있는 문은 오직 하나뿐이었다. 위대한 고대 철학자의 물리학은 늦어도 갈릴레이가 발명한 관성의 법칙과 함께 완전히 절단 나 버렸다. 그에 비해 더 위험한 적은 바로 〈원자론자들〉이었다. 레우키포스, 데모크리토스, 에피쿠로스의 이론들은 1,500년 가까이 파피루스에 돌돌 말린 채, 또는 앞뒤 양피지 표지 사이에 고이 잠들어 있었다. 그러다 15세기에 이르러 인문주의자들이 그들을 다시 소생시켰다. 루크레티우스의 교훈 시 「자연에 대해서Über die Natur」는 디오게네스 라에르티오스의 고대 철학자 열전에 나오는 관련 글귀들과 마찬가지로 다시 교양의 척도로 떠올랐다. 텔레시오를 비롯해 다른 이탈리아 자연 철학자들은 원자론을 자신의 이론에 끼워 넣어 17세기까지 무사히 전달했다.

데모크리토스와 에피쿠로스는 무척 단순하게 물리학을 설명했다. 이런 식이다. 존재하는 모든 것은 공기가 없는 한 거대한 공간 속, 즉 진공 상태에 있다. 이 공간에서는 더는 나누어지지 않는 작은 입자, 즉 〈원자〉만 떠다닌다. 만물은 이 원자들로 이루어져 있다. 원자들의 배치가 달라지면 그것은 우리에게 물리학적 변화로 인지된다. 따라서 나무가 불에 타면 우리는 그것의 바뀐 성질을 숙고해야 하는 것이 아니라 원자들의 바뀐 배치만 숙고하면 된다. 데모크리토스는 이렇게 확정 지었다. 세상에는 〈한 가지 색을 가진 것은 없고, 겉으로만 달거나 쓰거나 할 뿐이다. 실제로는 오직 원자들과 텅 빈 공간만 존재한다.〉[25] 17세기 원자론자들도 정확히 그렇게 생각했는데, 그중 가장 대표적인 인물이 영향력이 아주 컸던 철학자 가상디였다.

이런 상황에서 데카르트는 이미 물리학적 세계에 대한 자기만의 설명을 갖고 있었다. 더 이상 나누어지지 않는 원자는 그의 구상과 맞지 않았다. 그가 볼 때, 모든 물질은 연장되고extension, 연장된 모든 것은 나누어질 수 있었다. 그러나 오늘날 우리가 알고 있듯이 이 생각은 틀렸다. 반면에 공기가 없는 공간에 대한 그의 비판은 한결 적확했다. 데카르트는 메르센에게 이렇게 썼다. 〈하나의 텅 빈 공간만 있다는 것은 골짜기 없는 산이 있다는 것만큼이나 불가능한 이야기입니다.〉[26] 데카르트가 보기에 〈공간〉과 〈물질〉의 개념은 하나가 없으면 다른 하나를 상상할 수 없고, 그래서 존재할 수도 없다고 여겨질 만큼 서로 밀접하게 연결되어 있다

(현대 물리학에 따르면 진실은 중간쯤에 있다. 우주는 전자기장과 전자기파를 포함해서 1세제곱센티미터당 대략 세 개의 분자만 존재하는 거의 텅 빈 공간이라는 것이다).

데카르트는 1620년대 초부터 자기만의 물리학에 몰두했다. 그의 첫 번째 정의는 이랬다. 모든 물체는 연장됨으로써 물체가 된다. 하지만 이런 정의는 관찰로 얻어질 수 있는 것이 아니다. 관찰한 물체가 모두 연장된 것임이 확인된다 하더라도 그게 모든 물체가 반드시 연장되어야 한다는 것을 의미하지는 않기 때문이다. 두 번째 정의는 다음과 같다. 모든 물체는 항상 특정한 방식으로 속성을 띤다. 물체는 각각 이만큼저만큼 길거나 넓거나 깊으며, 그때그때마다 상이한 방식으로 움직인다. 물리학이 그에 대해 말할 수 있는 것은 그렇게 많지 않다. 스콜라학파가 물체들의 물리적 속성으로 여긴 다른 모든 것들은 사실 물체의 속성이 아니기 때문이다. 무언가가 뜨거운지 차가운지, 단단한지 말랑말랑한지, 냄새가 좋은지 나쁜지, 빨간색인지 초록색인지는 물체에 의해서만 좌우되는 것이 아니라 그 무언가를 뜨겁거나 말랑말랑하거나 빨갛다고 느끼는 사람에 의해서도 좌우된다. 그런 속성은 관찰자와의 상호 작용을 통해 생겨난다. 그렇다면 그건 엄밀히 말해서 물리학이 아니라 감각 생리학에 속한다.

거의 모든 스콜라 학자들이 감각적 지각의 문제를 물리학의 문제로 여겼다. 이런 상황에서 데카르트가 감각적 지각을 물리학에서 떼어 냈다. 큰 파장을 불러올 현대적이고 획기적인 발걸음이었다. 그런 만큼이나 그의 운동 이론은 실망스럽기 그지없다. 아리스토텔레스에게 물체 운동은 하나의 목표에 맞추어진 프로그래밍의 결과였다. 물리학이 그런 모호한 프로그래밍에서 벗어날 수 있었던 것은 갈릴레이의 역학이 나오면서부터였다. 그렇다면 운동은 대체 왜 일어나는 것일까? 그에 대한 데카르트의 대답은 소스라치게 놀랄 정도로 단순하다. 신이 물체를 움직이게 했고, 지금도 모든 개별적인 움직임에 영향을 끼치고 있다는 것이다. 데카르트는 질료와 〈형상〉의 상호 작용에 대한 비판에서 배제했던 비합리성의 영역을 이제 다른 지점에서 물리학에 다시 교묘하게 끼워 넣고 있었다. 그것도 종교적 운동 이론의 차원에서 말이다. 이로써 그의 〈합리적〉 고찰 방식은 이해할 수 없는 물리학적 과정들을 물질에서 물질의 운동으로 옮겨 버렸다. 그건 진보가 아니었다. 아리스토텔레스는 〈부동의 동자〉가 사물들을 움직인다고 가정했는데, 데카르트 역시 신이 여전히 모든 개별 운동에서 끊임없이 사물들을 움직이고 있다고 생각했다.

신이 조종하는 만물의 움직임에는 명확한 규칙이 있다. 신이 마치 한 나라의 〈국왕처럼〉 공포해 놓은 자연법칙이 그것이다. 첫째, 하나의 물체는 저절로 움직이는 것이 아니라 오직 다른 물체가 신의 손을 통해 첫 번째 물체에 영향을 미침으로서 움직인다. 이때 물체는 항상 자신이 처해 있는 상태에 〈저절로〉 머무른다. 여기서 신만 끌어들이지 않는다면 데카르트는 갈릴레이가 발견한 관성의 법칙, 즉 운동하는 물체는 〈저절로〉 멈추지 않는다는 법칙을 정의내리고 있는 셈이다. 둘째, 움직이기 시작한 물체는 일직선으로 움직인다. 셋째, 움직이는 물체가 정지한 물체와 부딪히면 이후의 움직임은 두 물체 중 어느 쪽의 힘이 더 센지에 달려 있다. 정지한 물체의 힘이 더 셀 경우 움직이는 물체는 원래의 방향이 바뀐다. 반대로 움직이는 물체의 힘이 더 셀 경우는 정지한 물체가 움직이기 시작한다. 그것도 자신이 잃은 힘만큼의 강도로. 이때 신이 우주의 사물들을 움직이는 데 들이는 힘은 항상 정확히 똑같다고 한다. 물론 어디서도 근거를 찾을 수 없는 주장이다.

데카르트가 『세계』에서 구상한 새로운 물리학은 굉장히

독특한 구조를 띠고 있다. 한편으로 그는 자신의 테제를 신의 본질에 관한 주장에서 차근차근 도출해 낸다. 신이 세계를 움직이기 때문에, 그리고 신이 원래 단순하고 직선적이고 모든 것을 아우르고 정확하고 변하지 않기 때문에 명확한 자연법칙들이 존재한다. 그런데 다른 한편으로는 신을 완전히 배제한 채 물질을 인간 이성이 함축적으로 표상해야 할 유일하게 가능한 양태로 정의한다. 즉 물질은 기하학적 속성을 가진 채 연장된다는 것이다. 그에 대한 근거로 그는 자신이 자연을 냉철하고 논리적으로 관찰해서 얻은 수많은 물리학적 결과와 법칙들을 열거한다. 예를 들면 무지개가 생기는 이유에 대한 설명이 그중 하나다. 이처럼 데카르트는 때론 철학자로서 연역하고, 때론 수학자로서 논증하고, 때론 자신이 관찰한 것을 기술한다.

1633년 데카르트는 갈릴레이의 저서 『프톨레마이오스와 코페르니쿠스의 가장 중요한 두 세계 체계에 관한 갈릴레오 갈릴레이의 대화』를 구하려고 애쓰던 중에 갈릴레이가 종교 재판소로부터 아주 불쾌한 일을 겪은 것을 알게 된다. 그해 말로 예고된 『세계』의 출간은 이루어지지 않았다. 비슷한 운명을 겪을까 두려웠던 것일까? 네덜란드는 이탈리아나 프랑스보다 관용적인 분위기였음에도 데카르트는 혹시 몰라 주거지를 자주 옮겼다. 그런 와중에 기하학과 대수학, 물리학과 관련한 저술들을 발표했다. 원래는 그의 주저 『세계』에 포함되었어야 할 부분이다. 어쨌든 그는 이 저술들과 함께 수학자로서 탁월한 명성을 얻었다. 그렇다면 『세계』는 어떤 책이 되어 버렸을까? 부분들이 그처럼 서로 맞지 않는데도 정말 새로운 물리학적 세계 체계의 토대를 놓은 것일까? 1644년에 그중 일부가 얇은 프랑스어 판으로 출간되었는데, 거기엔 물체들에 대한 순수 합리적 정의, 운동 이론에 대한 신학적 사변, 거기서 연역된 자연법칙, 귀납법으로 얻은 수많은 개별 인식들이 담겨 있었다. 거기다 감각적 지각과 생리학에 관한 많은 미완의 자료들까지. 그렇다면 이것은 방대한 방법론적 저서가 아니었다.

의심과 확실성

데카르트도 그 점을 알고 있었던 것으로 보인다. 그렇다면 좌절했을까? 아니면 새로 시작해야 할까? 1637년에 발표된 유명한 소책자 『방법서설』에는 포괄적인 세계 체계의 구축 시도가 담겨 있지 않았다. 대신 저자는 어떻게 하면 확실한 앎에 이를 수 있을지 다시 한번 아주 새로운 방식으로 숙고한다. 『세계』에서는 유일한 방법으로 인식되기 어려웠던 〈방법〉에 다시 한번 토대를 놓고자 한 것이다.

데카르트는 제2장 서두에서 앞서 묘사한 장면을 끄집어내면서 자신이 젊은 시절 울름의 겨울 숙영지에서 이 모든 것을 어떻게 생각해 내고 발전시켰는지 이야기한다. 그러나 이 말은 결코 사실이 아닐 것이다. 『방법서설』에 나온 것과 같은 성찰은 1630년대 중반에야 이루어졌을 가능성이 크다. 아무튼 분명한 것은 데카르트가 『세계』에 만족스러워하지 못한 상태에서 새로운 시작, 새로운 성찰을 시도하려고 했다는 것이다.

그 유명한 사고 과정을 다시 한번 꼼꼼히 따라가 보자. 데카르트가 이 사고 과정을 제시한 곳은 세 군데였다. 처음은 『방법서설』에서, 두 번째는 1641년에 출간된 『제1철학에 관한 성찰 *Meditationes de prima philosophia*』에서(처음 것과 비슷한 방식이다), 세 번째는 1644년 『철학의 원리*Principia philosophiae*』에서였다. 데카르트는 철학의 새 출발에 도전하고 싶었다. 그러기 위해 일단 스콜라 철학을 거부했고, 경험적으로 탐구할 수 있는 것만을 인정하는 베이컨의 이념에 맞서 싸웠다. 그런 것들로는 인간 정신과 같은 본질적인 것들을 규명할 수 없다고 생각했기 때문이다. 데카르트는 순수한 사변과 순수한 경험 사이에서 〈제3의 길〉을 찾았다. 우리가 이성을 올바른 〈방법〉으로 사용하기만 하면 이성이 알아서 우리에게 보여 주는 길이었다.

그는 〈분명하고 확실한〉 것만이 진실이라는 전제를 내걸었다. 이는 카르다노와 파트리치, 파라셀수스처럼 자연 속에 감추어진 비밀스러운 힘이 작용하고 있다고 생각한 모든 자연 연구가들에 대한 거부였다. 그러나 그런 분명하고 확실한 인식이라고 해서 곧바로 납득할 만한 것으로 받아들일 수는 없다. 오랜 세월 인간에게 너무나 당연한 것으로 여겨졌던 것들도 훗날 오류로 밝혀진 경우가 얼마나 많던가!

그렇다면 분명하고 확실한 것을 단순히 그럴듯해 보이는 것과 어떻게 구분할 수 있을까? 그를 위해 데카르트가 사용한 도구는 방법적 의심이었다. 이 의심은 17세기의 전반적인 분위기였다. 16세기 후반 인문주의자들은 2세기에 활동했던 그리스 철학자 섹스투스 엠피리쿠스의 저술들을 라틴어로 번역했다. 내용은 기원전 4, 3세기의 전설적인 철학자 피론에 관한 것이었다. 피론은 인간이 진리와 확실성에 이를 수 있다는 점을 배척했다. 오히려 모든 것을 의심하라고 하면서, 세상의 모든 중요한 문제들에 대한 판단 중지를 촉구했다. 인간은 오직 그런 식으로만 정신의 안식과 평온에 이를 수 있다는 것이다. 그 번역 작품들은 16세기의 학계에 일대 선풍을 일으켰다. 몽테뉴도 피론의 열정적인 신도를 자처했다. 코페르니쿠스의 새로운 천체 물리학과 독선적이기 그지없는 종교 논쟁만 보더라도 이 세상에 확실한 것은 없다는 것을 알 수 있지 않은가? 감각은 기만적이고, 세상의 원칙들은 진리를 세우기 위한 확실한 기준도 원리도 아니었다.

데카르트는 피론에 대해 잘 알고 있었고, 그의 회의주의에 강한 반감을 느꼈다. 회의론자들에 따르면 세계 체계를 인식하는 것은 불가능했다. 그러나 데카르트에겐 세계 체계를 드러내는 것이 임무였다. 이런 상황에서 데카르트는 묘수를 찾아냈다. 피론식 회의론자들의 방법을 있는 그대로 받아들여, 의심할 수 있는 것은 일단 모두 의심해 보는 것이다. 아무리 급진적인 회의론자라도 도저히 의심할 수 없는 무언가를 찾아내겠다는 목표를 갖고서 말이다. 데카르트가 『방법서설』 제4장에서 직접 쓴 글을 보자. 나는 〈조금이라도 의심할 수 있는 것은 모두 완벽한 오류로 간주하고 배척한 다음 내가 가진 확신들 중에서 도저히 의심할 수 없는 것으로는 어떤 게 남아 있는지 확인해 보았다〉.[27]

데카르트는 마치 고대의 회의론자처럼 굴었다. 감각의 확실성을 의심했고, 감각이 쉽게 현혹되고 어떤 확실성도 제공하지 않는다는 사실을 확인했다. 게다가 앞서 기술했듯이 색깔과 소리, 냄새 같은 것들이 사물의 실제 성질이 아니라 인간의 감각적 지각을 통해 비로소 드러난다고 확신했다. 따라서 여기엔 의심에서 자유로운 확실성이 존재하지 않았다. 데카르트는 다음 단계로 우리의 사고로 눈을 돌렸다. 특정 사태(事態)에 대한 우리의 생각이 사태 자체와 일치한다는 것을 우리는 어떻게 알까? 어쩌면 사악한 정신이 우리를 현혹시켜 수학 문제에서 늘 같은 지점에서 틀리게 하거나, 아니면 실은 존재하지도 않는 우리의 몸을 우리가 실제로 존재하는 것처럼 지각하는지도 모른다. 따라서 내 사고의 인지적 토대도 확실성을 제공하지 못한다. 심지어 내가 자율적 인지력을 갖고 있다는 사실도, 그리고 현혹하는 정신의 도구가 아니라는 사실도 확실치 않다.

〈생각하는 사람〉으로서 내가 처해 있는 인지적 상태도 마찬가지로 문제적이다. 내가 지금 보고 있는 것이 꿈이 아니라 명확한 현실인지 나는 어떻게 알까? 훗날 철학은 깨어 있음과 꿈 사이의 차이를 50개 넘게 찾아냈다. 그럼에도 〈꿈의 논증〉은 오늘날까지도 사람들의 마음을 움직인다. 나의 뇌는 자신이 지각하는 것이 실제로 존재하는 것임을 어떻게 알까? 내 뇌가 실은 배양액 속에 담겨 있고, 컴퓨터가 그런 뇌에게 가상의 세계를 현실인 것처럼 속일 수도 있지 않은가? 이는 우리 동시대 철학자들이 좋아하는 논쟁거리다. 예를 들어 미국 철학자 힐러리 퍼트넘(1926~2016)은 그것을 절대 있을 수 없는 일로 여기지만, 그의 캐나다 동료 배리 스트라우드(1935~)는 그런 가능성을 배제하지 않는다.[28]

데카르트는 〈꿈의 논증〉을 그렇게 철저하게 파고들지 않았다. 그에게 그것은 무엇보다 〈철학의 제1원리〉로 가는 길 위의 작은 발걸음일 뿐이었다. 왜냐하면 나는 깨어 있건, 꿈을 꾸건 모든 것을 의심할 수 있지만 내가 의심하고 있다는 사실 자체는 의심할 수 없기 때문이다. 의심을 하거나 생각을 하려면 내가 존재해야 한다. 즉 나는 생각한다, 고로 존재한다. 또는 『성찰』에 나오는 표현에 따르면, 나는 있다, 고로 나는 현존한다ego sum, ego existo. 『철학의 원리』에는 이렇게 적혀 있다. 나는 생각한다, 고로 나는 존재한다ego cogito, ergo sum.

〈나는 생각한다, 고로 존재한다〉는 철학에서 가장 유명한 말 중 하나다. 어쩌면 소크라테스의 지혜를 담은, 〈나는 내가 모른다는 것을 안다〉는 말과 어깨를 겨눌 수 있지 않을까 싶다(칸트의 정언 명법도 유명하기는 하지만 일반인들이 그 표현을 정확히 기억하기란 어려울 수 있다). 그렇다면 데카르트의 말을 그토록 중요하게 만드는 것은 무엇일까? 오늘날의 관점에서 우리는 데카르트의 〈코기토〉, 즉 〈나는 생각한다〉를 철학사적 전환점으로 인식한다. 어느 날 갑자기 〈내〉가 철학의 중심에 들어선 것이다. 이전 철학자들은 대개 세계 〈자체〉가 어떠한지를 밝히려고 했다면 데카르트는 완전히 다른 접근법을 선택한다. 세계가 내 생각 속에 그려지는 모습을 탐구할 때만 세계 〈자체〉가 어떠한지도 밝혀질 수 있다는 것이다. 내가 세계에 대해 아는 것은 모두 모종의 객관적인 조감도를 통해 아는 것이 아니라 오직 내 머릿속의 생각을 통해 아는 것이기 때문이다. 디트리히 폰 프라이베르크, 라몬 륄, 쿠자누스도 비슷한 생각을 했지만, 이 새로운 관점을 데카르트만큼 예리하게 부각시킨 사람은 없었다.

데카르트는 〈나는 내가 누구라는 것을 어떻게 알까?〉라는 물음에 〈나의 사고를 통해서!〉라고 답한다. 교부 아우구스티누스가 이미 4세기에 비슷한 표현을 사용한 적이 있기는 하지만, 이전의 그 어떤 것보다 훨씬 나은 대답이다. 하지만 나중에 밝혀졌듯이 논증 과정에서 몇 가지 약점이 드러났다. 데카르트의 생각과는 달리 그 명제에 전제가 완전히 없다고 할 수는 없었기 때문이다. 논리학자들은 〈나는 생각한다〉에서 〈나는 존재한다〉를 추론할 수 있으려면 그전에, 생각하는 모든 것은 존재한다는 전제를 확정지어야 한다는 점이 마음에 들지 않았다. 하지만 이런 형태의 논리학을 퇴치하고자 한 사람이 바로 데카르트였다. 그에게 〈코기토〉는 너무나 자명하기에 전제가 필요 없다. 〈생각하는 주체〉가 없으면 생각한다는 것도 없다. 〈무(無)가 생각을 할 수는 없기 때문이다.〉[29] 그렇다면 이제 이런 반박이 가능해 보인다. 생각과 존재가 무엇을 뜻하는지 미리 알고 있어야만 생각에서 존재를 추론할 수 있지 않을까? 이 반박도 데카르트는 잘 알고 있었다. 그러나 그에겐 다음의 사실만으로 충분했다. 즉, 인간은 생각과 존재의 의미를 〈마음의 인식을 통해 안다. 성찰적 인식에 항상 선행하는 이 마음의 인식은 생각과 존재와 관련해서 (……) 우리가

갖고 있는 것밖에 달리 도리가 없을 만큼 모든 인간에게 선천적으로 주어져 있다〉.[30]

나중의 비판자들은 이 세상 모든 것에 대한 의심을 정식화(定式化)하려면 상당히 잘 구축된 언어가 필요하다고 반박했다. 그러나 데카르트는 언어를 의심하지 않았다. 단어와 문장, 문법을 통해 현혹될 수도 있다는 점에 대해선 전혀 의심을 품지 않고 언어를 사용했다. 미국 철학자 찰스 샌더스 퍼스(1839~1914)는 무조건적 의심을 헛소리로 여겼다. 그런 의심은 가능하지 않기 때문이다. 아무리 철학을 하는 사람이라도 머릿속에는 수많은 생각과 관념, 인상, 선입견을 갖고 있어서 말로는 그 모든 것을 배제한다고 하지만 실제로는 결코 떨쳐 버릴 수 없다. 혹시 그 모든 것을 배제하려는 시도 자체가 이미 선행적 판단과 숙고의 영향을 받은 것이 아닐까? 〈우리가 마음으로 진정 의심하지 않는 것을 철학 속에서 의심하는 것처럼 꾸며대서는 안 된다.〉[31]

선천적 구조들

데카르트가 마음으로 진정 의심하지 않았던 것에는 그의 관념론이 있었다. 그는 〈코기토〉 명제와 함께 자신의 철학에, 경험 세계와는 아무 관련이 없는 새로운 토대를 세웠다. 내가 생각함으로써 존재한다는 것은 순전히 정신적으로만 증명될 뿐 관찰이나 실험으로는 증명되지 않는 인식이다. 엄밀하게 보자면 코기토는 하나의 전제에서 논리적으로 추론된 것이 아니라 그 자체로 명백한 것이다. 자신이 생각한다는 것을 부인하려는 사람은 일단 자신이 부인한다는 생각부터 해야 한다. 생각하지 않으면 부인도 할 수 없다. 그렇다면 자신이 생각한다는 것을 부인하는 것은 자기모순이다. 따라서 모든 것의 확고한 토대는 연장된 물체들의 세계에서 출발하지 않고 순수 정신적인 세계의 내적 논리를 따를 때만 얻을 수 있다.

이 새로운 길을 데카르트는 뚜벅뚜벅 걸어갔다. 그는 생각하는 사람이라면 누구나 자신의 생각 내용을 생산할 정신적 능력이 있다고 여겼다. 그렇지 않다면 생각하는 것은 가능하지 않기 때문이다. 데카르트는 생각 내용을 생산할 정신적 능력을 〈관념〉이라고 불렀다. 우리가 하나의 표상이나 개념을 만들어 낼 때 이 관념들이 우리의 머릿속에서 작동한다. 여기까지는 논란의 여지가 없다. 정신 능력 없이는 생각하는 것은 불가능하니까. 그런데 바로 다음 단계에서 데카르트는 관념들이 단순히 보통 개념들만 포착하는 것이 아니라 아주 특별한 개념들까지 포착한다고 주장한다. 만일 색깔과 소리, 고통, 신에 대한 개념을 만들고자 할 경우 우리는 우리 속에 이미 확고하게 뿌리 내려 있는 하나의 표상만 활성화시키면 된다. 왜냐하면 데카르트에 따르면 〈우리의 관념들 속에는 경험의 외적 조건들만 제외하면 정신 및 사고력에 선천적으로 주어지지 않은 것은 없기〉 때문이다.[32]

물론 이런 선천적 관념들은 철학에서 새로운 것이 아니었다. 시조는 당연히 플라톤이다. 그는 대화편 『테아이테토스』에서 인간은 삼각형을 한 번도 본 적이 없는 사람까지도 누구나 삼각형을 떠올릴 수 있다고 설명했다. 〈정체성〉 같은 관념들도 마찬가지다. 플라톤에 따르면 그런 관념들은 모든 인간의 정신 속에 우리 영혼의 이전 삶에 대한 기억으로서 이미 내재하고 있다. 이 관념들은 늦어도 키케로 이후엔 〈생득 관념〉으로 불렸다. 반면에 아리스토텔레스는 플라톤의 관념들을 말도 안 되는 소리로 치부하면서, 스승이 〈관념〉으로 여긴 것은 이 세상 만물에 형태를 부여하는 형상 원리와 다르지 않다고 했다.

이 오래된 논쟁을 알고 있던 데카르트는 플라톤 편에 섰다. 물론 영혼 이동설은 믿지 않았다. 하지만 우리 모두가 세상 만물의 적절한 파악을 위해 아주 섬세한 구조를 띠고 세상에 태어났다고 믿었다. 철학적 합리주의의 탄생 순간이다! 우리의 오성은 이미 태어날 때부터 모든 측면, 그러니까 형이상학적 물리학적 도덕적 측면에서 현실을 있는 그대로 충실히 파악할 수 있도록 구축되어 있다는 이 관점은 17세기의 거의 모든 중요한 사상가들에게 깊이 아로새겨졌다. 합리주의가 시대의 새로운 지도 철학이 된 것이다. 그런 만큼 데카르트의 합리주의적 관념론도 영향력이 막강했다.

데카르트는 관념을 세 가지로 구분한다. 그러니까 선천적 사고 행위의 세 가지 유형이다. 대부분은 습득된 관념이다. 개나 백마를 자주 보게 되면 우리 머릿속에 개나 백마에 대한 표상이 재빨리 형성되는 식이다. 두 번째는 만들어진 관념이다. 습득된 관념들의 다양한 요소들이 서로 조합되면서 생겨나는 식이다. 가령 나는 뿔 달린 동물과 말을 조합해서 유니콘(데카르트는 키메라를 예로 들었다)을 만들 수 있다. 여기까지는 문제될 것이 거의 없다. 문제는 세 번째다. 데카르트는 세 번째 유형으로 생득 관념을 도입한다. 그러니까 인간에게는 사고 행위만 선천적인 것이 아니라 진리와 삼각형, 신 같은 추상적 개념들도 선천적으로 주어져 있다는 것이다. 이런 개념들은 감각적 지각으로 습득된 것이 아니고, 여러 요소들로 조합된 것도 아니다. 그럼에도 어떤 식으로건 내 속에 존재한다. 어디서 온 걸까? 데카르트가 볼 때 그것은 신이 인간에게 심어 준 것들이고, 존 로크나 데이비드 흄 같은 훗날의 비판가들이 볼 때는 그것들조차 지각에서 비롯된 것이다. 이로써 곧 상세히 살펴보게 될 세기의 논쟁을 위한 토대가 마련되었다.

데카르트는 소매 속에 생득 관념을 증명해 줄 에이스 카드를 숨기고 있었다. 바로 신이었다. 신의 실존에 대한 첫 번째 증명은 『성찰』의 「제3성찰」에 나온다. 요약하면 이렇다. 모든 인간은 〈신〉이라는 개념을 만들어 낼 수 있다. 다만 우리는 신을 감각적으로 지각하지는 못한다. 신은 우리의 상상력이 미치지 못할 만큼 거대한 표상이다. 신은 유니콘처럼 단순히 여러 요소를 조합해서 만들어진 것이 아니다. 그렇다면 인간처럼 왜소한 존재가 어떻게 신처럼 독립적이고 무한하고 전지전능한 존재의 관념을 만들어 낼 수 있을까? 인간 자신은 전혀 그런 존재가 아니면서 말이다! 그렇다면 신에 대한 관념은 우리 자신에게서 온 것이 아니라 오직 신에게서만 비롯되었다고 할 수 있다. 신은 인간에게 자신을 생각할 수 있게 만든 원인 제공자이고, 그렇다면 존재할 수밖에 없다.

이러한 신의 존재 증명은 누군가에겐 설득력 있게 들릴 수도 있지만, 쉽게 풀리지 않는 문제가 있는 것도 사실이다. 데카르트는 우리 머릿속의 관념들에도 원인과 결과가 있다고 생각했다. 우리가 보는 개는 우리가 표상하는 개의 원인이다. 신도 마찬가지다. 우리가 신의 개념을 만들어 내는 것은 우리 속에서 신이 작용하고 있음을 의미하고, 그렇다면 신은 그런 작용의 원인일 수밖에 없다. 그런데 두 경우 다 물리학과 같은 인과 관계는 성립하지 않는다. 인과 관계는 관찰될 수 있고, 정밀하고 조사되고, 대부분 산정될 수 있어야 한다. 하지만 이건 개가 우리의 표상력에 미치는 작용에는 해당되지 않는다. 신의 경우는 말할 것도 없다. 데카르트가 〈증명〉이라고 칭한 것은 설득력 있는 가정에 지나지 않는다. 게다가 수학에 능통한 데카르트가 〈무한성〉의 개념까지 신에게 미룬 것은 퍽 놀랍다. 우리가 신을 생각할 수 있도록 신이 우리의 머릿속에 무한성의 개념을 심어 놓았다니 말이다. 하지만 이 개념은 그냥 수학에서 나오지 않았을까? 데카르트는 이런 반론을 들으려고 하지 않았다. 그도 그럴 것이 그것을 받아들이는 순간 그의 증명에는 구멍이 나기 때문이다. 따라서 그는 수학에 〈무한성〉의 개념을 인정하지 않고 오직 〈불확정성〉의 개념만 허용했다.

이 모든 것에도 불구하고 데카르트의 신 증명은 21세기에도 여전히 어느 정도 빛을 발하는 유일한 증명이다. 미국의 신경생물학자 앤드루 뉴버그(1966~)는 그 원인을 신으로밖에 추론할 수 없는 작용을 신이 우리 속에서 일으키고 있다고 생각한다. 종교적 사유를 하거나 명상할 때 특히 활성화되는 뇌 영역이 있다면 그건 신이 우리 속에 그 부분을 영원히 심어 놓았기 때문이라는 것이다.[33]

데카르트는 자신의 신 증명 속에 존재하는 약점을 오늘날의 뉴버그보다 더 잘 알고 있었던 것처럼 보인다. 곧이어 다른 측면에서 신에 대한 두 번째 증명을 제시하니까 말이다. 『방법서설』에서 대략적으로 윤곽을 그려 놓았던 이 증명은 「제5성찰」과 『철학의 원리』에 이르러 좀 더 정밀하게 구축되었다. 이번에 그가 출발점으로 삼은 것은 우리 속에 있는 신의 작용이 아니라 신의 본질에 대한 정의였다. 신은 누구일까? 또는 무엇일까? 우리가 신에 대해 할 수 있는 유일하게 이성적인 표상은 한 완벽한 존재에 대한 표상이다. 이것이 맞다면 신은 존재할 수밖에 없다. 완벽한 존재에게 존재하는 속성이 빠져 있다면 어떻게 완벽하다고 할 수 있겠는가!

이러한 신 증명은 새로운 것이 아니었다. 11세기에 이미 캔터베리의 안셀무스가 내세운 논증의 전반적인 반복이다. 심지어 근본 생각은 보이티우스를 거쳐 3세기의 신플라톤주의자 플로티노스로까지 거슬러 올라간다. 하지만 데카르트의 동시대인들은 별로 수긍하지 못했다. 가상디는 이렇게 반박한다. 〈실존〉은 어떤 것의 속성이 아니라 어떤 것에 속성이 생기게 하는 전제 조건이다. 이보다 훨씬 더 중요한 비판은 네덜란드 신학자 요한 데카테르(1590~1655)에게서 나왔다. 그의 비판을 들어 보자. 나는 신을 완벽한 존재로 상상하는 것밖에 달리 방법이 없을지 모른다. 그럼에도 그건 나의 표상에 지나지 않는다. 신을 생각하는 것은 내 의식 속에서 일어난다. 내 의식 속의 상상이 내 의식 밖의 객관적 현실과 일치하는지 보장해 주는 것은 어디에도 없다.

정신과 육체

데카르트는 자신의 철학을 세 권의 책에다 비슷한 방식으로 펼쳐 놓았다. 그 얇은 책들은 항상 물리학에 관한 숙고를 담고 있음에도 하나의 완벽한 체계와는 거리가 멀다. 그보다는 오히려 〈서설〉, 〈성찰〉, 〈원리〉 같은 제목에서 알 수 있듯이 겸손한 태도를 드러내고 있다. 저자에게 자존감과 자부심이 결코 부족하지 않았다는 점을 감안하면 이런 태도는 상당히 놀랍기까지 하다. 어쨌든 데카르트의 철학적 토대와 물리학적 관찰은 하나의 체계를 만들어 내지 못했다. 모든 것을 하나로 연결시켜 구축하고자 했던 처음의 담대한 소망은 실현되지 못했다. 그런 만큼 철학과 실용적 자연 과학의 관계에 대한 그의 진술도 모순적이다. 그는 『철학의 원리』 프랑스어 판 서문에서 학문을 한 그루의 나무에 비유하면서 형이상학은 뿌리, 물리학은 줄기, 의학과 역학, 윤리학은 가지에 해당한다고 말했다. 그런 사람이 불과 1년 뒤 네덜란드 대학생 프란스 부르만과의 대화에서는 형이상학적 문제에 대한 연구는 우리의 정신을 〈물리학적 대상들로부터 너무 멀어지게〉 한다고 강조했다. 모든 물리학이 엄밀하게 형이상학에서 도출되어야 한다고 했던 앞선 주장을 생각하면 깜짝 놀랄 만한 소견이 아닐 수 없다.

실제로 〈철학의 제1원리〉와 물체 또는 운동에 관한 그의 정의 사이에는 어떠한 논리적 연관성이 없다. 오늘날 우리가 데카르트와 연결해서 말하는 근대 주체 철학과 근대 물리학 사이에도 통일성이 없다. 사실 이 두 영역은 아리스토텔레스 이후 점점 멀어졌다. 나중에 살펴보게 되겠지만, 19세기 초 낭만적 자연 철학에서 이 둘이 다시 한번 뜨겁게 포옹하는 시기가 잠시 오기는 하더라도 말이다.

데카르트 철학에서 막대한 파장을 불러일으킨 한 가지 원칙은 정신과 육체의 분리였다. 그는 파리 소르본 대학의 신학자들에게 『성찰』을 보내면서 동봉한 편지에서 썼듯이, 정신과 육체의 분리를 통해 1513년의 제5차 라테르노 공의회 교리를 뒷받침하고자 했다. 이 공의회에서는 인간 영혼을 육적인 것이 아니라 불멸의 정신적인 것으로 선포했는데, 데카르트도 정신을 육적인 것과 전혀 상관없는 것으로 보았다. 그에게 정신은 순수 영적인 것이었다. 인간이 생각하고 욕망하고 수학적으로 추론 평가할 수 있는 것도 이 정신 덕분이다. 반면에 육체는 연장되고, 물질적이고, 역학적 법칙에 따라 움직인다. 육체에는 자극을 받는 신경이 있고, 순환하는 체액이 있고, 기계적으로 돌아가는 소화 체계가 있다. 물질적 육체와 비물질적 영혼의 이러한 분리는 이원론이라는 이름으로 역사에 기록되었고, 모든 시대의 철학자들 사이에서 격렬한 반론을 불러일으켰다. 영국 철학자 길버트 라일(1900~1976)은 이렇게 말했다. 데카르트에게 인간이란 그저 〈기계 속의 유령〉일 뿐이라고.

실제로 데카르트는 비물질적인 영혼만이 인간의 본래적인

자아를 형성한다고 믿었다. 그래야 영혼 불멸이 옹호될 수 있기 때문이다. 반면에 아리스토텔레스는 영혼도 죽는다고 생각했다. 영혼은 생명 에너지로서 육체와 불가분의 관계로 연결되어 있다고 여겼기 때문이다. 하지만 데카르트는 이 둘을 명확하게 갈라놓았다. 그에게 그것은 방법론적으로도 중요했다. 정확히 1630년대 언제쯤인지는 몰라도 그는 정신과 육체를 분리해서 접근하는 것이 필요하다는 점을 깨달은 게 분명하다. 정신은 인식하는 자아에 의해서만 주체적으로 파악될 수 있고, 정신의 합법칙성은 연역된다. 반면에 육체는 외부에서 객관적으로 설명될 수 있고, 실험을 통해 귀납적으로 그 비밀이 밝혀진다. 이때 데카르트는 역학의 병기창에 있는 도구를 꺼내 육체에 응용한다. 그는 정신의 기계공으로서 냉정한 즐거움을 갖고 독자들에게 이렇게 설명한다. 모든 생명체의 몸은 사지 달린 기계, 즉 자동 기계나 시계 장치다. 신체 기관들은 17세기 수생(水生) 정원의 자동 기계 장치처럼 작동한다. 즉, 신경은 수도관이고, 뇌 속의 공동(空洞)은 저장 용기처럼 보이고, 근육은 기계 태엽과 비슷하고, 호흡은 시계 속의 움직임과 닮았다는 것이다.

데카르트는 이 모든 내용을 『세계』에서 쓰려고 했다. 그에겐 이 작품이 본령이었기 때문이다. 그는 자신에게 자극을 준 출처로 스토아학파의 자연 철학만 언급했다. 하지만 그가 실제로 연구한 사상가들 중에는 별로 멀지 않은 과거에 살았던 이들도 많다. 특히 많은 점에서 자신과 일치하는 텔레시오를 꼽을 수 있다. 텔레시오와 데카르트는 둘 다 〈영기spiritus〉에 대해 말했다. 특히 데카르트에게 영기는 신경과 근육을 가열해서 움직이게 하는 〈섬세한 숨결, 또는 무척 순수한 생동감 넘치는 불꽃〉이었다. 정교한 생물학적 과정들에 대한 이런 식의 기계론적 설명은 17세기엔 어디서나 유행이었다. 데카르트가 『세계』를 집필하던 1628년 영국 생리학자 윌리엄 하비(1578~1657)는 인간 몸속의 혈액 순환을 발견했다. 또한 이탈리아의 물리학자 에반젤리스타 토리첼리(1608~1647)는 기압과 관련해서 선구적인 연구 성과를 낸 것은 물론이고 인공적인 진공 상태도 처음으로 만들어 냈다. 연장된 물체만 존재할 뿐 진공 상태는 결코 존재하지 않는다는 철학적 구상에 매여 있던 데카르트로서는 상당히 고약한 일이었다. 결국 화가 난 데카르트는 그게 〈토리첼리의 머릿속〉에만 있는 진공일 뿐이라고 조롱했다. 그러나 사실은 데카르트가 틀렸다. 물체에 대한 그의 순수 기하학적 정의는 물리적 현실을 버텨낼 수 없었고, 오늘날 우리가 알고 있듯이 만족할 만한 생물학적 설명에도 별로 도움이 되지 않는다.

생각하는 자동 기계

잉골슈타트에 간 사람이라면 한번쯤은 꼭 독일 의학사 박물관에 들러야 한다. 노란색으로 칠해진, 후기 바로크 양식의 이 작은 성은 한때 잉골슈타트 대학의 해부학 건물이었다. 그러던 것이 지금은 무척 인상적인 수집품들을 소장한 박물관으로 탈바꿈했다. 소장품 중에는 특히 두 가지 물건이 눈에 띈다. 밀랍으로 만든 작은 그리스도 상 두 개가 그것이다. 이것들을 보는 순간 저절로 걸음이 멈추어진다. 하나는 보이지 않는 십자가에 매달린 그리스도이고, 다른 하나는 관 속에 누운 그리스도이다. 그런데 특이한 것은 둘 다 죽은 메시아의 배를 열고 내장을 들여다볼 수 있게 만들어졌다는 점이다. 해부된 그리스도다. 다시 말해 신의 아들을 통해 간단하게 해부학 수업을 실시한 것이다.

그리스도와 의학을 하나로 연결시킨 것은 아주 오래된 모티프다. 영혼의 치료자로서 예수는 〈구세주〉다. 그런 사람이 여기서는 생체 해부의 의학적 대상이 되어 있다. 바로크 시대에 신학과 철학의 갈등이 이보다 더 인상적으로 묘사될 수 있을까? 한쪽엔 여전히 굴하지 않는 기독교적 경건함이 있고, 다른 쪽에는 모든 사물을 자연 과학적으로 바라보는 근대적 시선이 있다. 그렇다면 신적인 정신이 어떻게 동시에 현세의 세속적인 몸이 될 수 있을까?

데카르트가 이 문제에 골몰하던 시대는 과거엔 아랍 세계에서만 허용되던 것, 즉 시신을 해부하고 육체의 해부학과 생리학을 연구하는 것이 이탈리아와 네덜란드 같은 나라에서도 보편적으로 허용되던 시기였다. 그러니까 이제는 기독교인들도 마침내 신적인 마법의 외투를 열어젖힐 수 있게 되었다는 말이다. 파도바(1594)와 볼로냐(1637)에는 실연 수업을 위한 〈해부학 극장〉까지 생겨나 세간의 주목을 끌었다. 텔레시오의 생리학 작품은 여전히 금지되어 있었지만, 후계자들의 연구 활동은 한결 수월한 상황이었다. 이제는 사변만 하는 것이 아니라 실험도 할 수 있게 된 것이다. 데카르트도 네덜란드의 이런 우호적인 분위기를 활용해서 직접 실험에 나섰다. 렘브란트가 유명한 작품 「툴프 박사의 해부학 강의」(1632)를 그리는 동안 데카르트는 동물 머리와 소 눈을 해부했고, 심실의 압력을 느껴 보려고 살아 있는 개의 심첨(心尖) 부분을 잘라 내기도 했다.

하지만 데카르트는 이런 연구를 생명 과정에 대한 독자적인 이론으로 발전시키지는 못했다. 그것은 하나의 계획에 그치고 말았다. 모든 것을 〈기하학적〉으로 역학의 규칙에 따라 설명하고자 하는 사람은 결코 생물학에 이를 수 없었다. 데카르트는 기계론적으로 쉽게 설명되지 않는 모든 생리학적 과정에 대해서는 눈뜬장님이나 다름없었다. 예를 들어, 생리학과 심리학에서 감각 지각의 복잡한 상호 작용은 그런 기계론적 방식으로는 밝혀지지 않는다. 이탈리아 자연 철학자들이 큰 관심을 보였던 것이 바로 그런 상호 작용이었다. 그런데 텔레시오에겐 자율적인 생명체가 있었다면, 데카르트에겐 단순히 자동 기계들만 존재했다. 그는 자기 입장이 너무 확고해서 몸이라는 기계의 작동 방식을 오직 역학으로만 설명했다. 이 과정에서 〈의료 물리학〉이라는 새롭고 중요한 분야의 기초를 세우기는 했으나(이탈리아 의사 산토리오 산토리오와 거의 같은 시기에 이루어진 일이다), 압력과 충격이라는 역학적 요소만으로는 도저히 설명되지 않는 현상들도 존재하지 않을까? 가령 17세기 전반부의 자연 철학자들은 〈감각 식물〉에 대해 열띤 토론을 벌였다. 이 신기한 피조물은 1578년에 처음으로 언급되었고, 1619년에 처음으로 상세히 묘사되었다. 건드리면 잎이 오그라드는 미모사를 가리키는데, 그것의 움직임이 압력과 충격의 결과일까?

데카르트는 이 〈감각 식물〉을 직접 연구한 적이 없지만, 그의 제자 헨리쿠스 레기우스(1598~1679)는 그에 관심을 보였다. 네덜란드 출신의 의사이자 철학자인 레기우스는 아리스토텔레스의 전통에 따라 이 미모사에 〈감각 영혼〉이 있다고 주장했다. 그의 스승으로서는 퍽 불쾌한 일이었을 것이다. 데카르트는 동물과 식물에게 영혼을 인정하지 않았고 기껏해야 생명력 정도만 허용했기 때문이다. 그렇다면 식물에게 있는 반응 능력의 문제가 그것으로 해결되었을까? 데카르트는 자신의 가르침에서 벗어난 레기우스에게 매우 단호한 태도를 보였음에도 자신의 내면에서 일어나는 불안감까지 어쩌지는 못했다. 정신과 육체가 어떤 식으로건 서로 밀접하게 상호 작용하는 것은 분명해 보였다. 그렇지 않고서야 신경 자극이 우리의 표상을 야기하고 복잡한 감정으로 변하는 이유가 설명되지 않았다. 결국 데카르트도 이렇게 인정했

다. 나는 〈배에 올라탄 선원처럼 단순히 내 몸에 올라탄 것이 아니다.〉[34]

그렇다면 정신과 육체는 어떤 식으로 연결되어 있을까? 둘의 존재 영역이 완전히 다르고, 그렇다고 둘의 결합이 선원과 배의 관계도 아니라면 말이다. 데카르트는 당혹감 속에서 사이뇌의 솔방울샘을 집중 연구했다. 어쩌면 여기에 문제 해결의 열쇠가 있지 있을까? 이 분비샘이 우리의 지각과 육체 근육이 접속하는 장소가 아닐까? 하지만 데카르트의 결론은 좀 애매했다. 그는 솔방울샘에 대해 〈영혼이 다른 신체 부위들보다 좀 더 특수한 방식으로 작동하는〉[35] 분비샘이라고 말했다. 하지만 오늘날의 우리가 알다시피 이 설명은 틀렸다. 설사 그게 맞다고 해도 그것으로 육체와 영혼의 문제가 풀리는 것은 아니다.

데카르트는 이와 관련된 모든 생각 중에서 생전에는 『방법서설』 제5장의 일부만 발표했다. 1630년대 초 『세계』의 일부로 구상된 생리학 저술 『인간*De homine*』은 그가 죽은 지 12년이 지난 1662년에야 출간되었다. 그는 인간의 몸 기계에 대한 자신의 불경스러운 기술이 종교 재판소의 분노를 사게 되지 않을까 몹시 두려워했다. 그의 기계론이 불멸의 정신을 배제하지 않고 있었음에도 말이다. 아니, 오히려 그 이론은 불멸의 정신을 증명하고자 했다. 인간의 몸은 다른 동물들과 마찬가지로 신에 의해 완벽한 기계로 만들어졌지만, 인간에게만 특별히 언어와 이성이라는 장치들이 장착되어 있다. 왜냐하면 인간은 복잡한 언어를 사용하고 이성적 능력이 있다는 점에서 서로를 인간으로 알아보고, 동물들과 같은 단순한 기계와 구분되기 때문이다.

동물은 정신과 이성적 영혼이 없는 자동 기계일 뿐이라는 생각은 데카르트에 대한 후세의 이미지에 아주 좋지 않은 영향을 끼쳤다. 인간은 자연의 주인이자 소유주이고, 동물은 인간의 영혼 없는 소유물이라는 단순한 생각에 사로잡힌 철학자라는 것이다. 심지어 알자스 출신의 신학자이자 철학자 알베르트 슈바이처(1875~1965)는 데카르트가 동물을 자동 기계로 보는 이론과 함께 〈전 철학에 저주를 내렸다〉고 말했다. 실제로 데카르트는 동물에게 영혼이 있다고 믿는 건 오류이자 망상일 뿐 아니라 〈미덕에 대한 위험 요소〉로까지 여겼다. 그가 볼 때 완벽하게 제작된 자동 동물 기계와 실제 동물은 어떤 식으로도 구분이 되지 않았다. 도덕적인 측면에서도 말이다. 정신이 없는 동물은 맨 아래 단계의 감각적 능력은 갖고 있지만, 그 감각이라는 것도 기계적 원리로만 작동할 뿐 윤리적으로는 아무 의미가 없다.

데카르트의 자동 기계론은 상당한 파장을 불러일으켰다. 한편으론 앞으로 100년 넘게 이어질 동물의 영혼에 관한 논쟁을 촉발했고, 다른 한편으론 나중에 알게 되겠지만 줄리앙 오프루아 드 라메트리와 폴앙리 티리 돌바크 같은 18세기 프랑스 유물론자들에게 영감을 주었다. 데카르트는 거의 하룻밤 만에 육체의 새로운 관점을 옹호하는 대변자가 되었다. 의학에 냉철하고 인과적인 관찰의 길을 열어 준 이 관점은 여전히 미신이 판치던 17세기에는 결코 그 의미가 적지 않았다.

데카르트는 철학자만큼이나 의학자로서도 곧 많은 사람들의 입에 회자되었다. 편지를 주고받는 귀족 친구들도 여럿 생겼다. 1643년부터 1649년까지 그가 정기적으로 편지를 보낸 보헤미아의 엘리자베스 공주도 그중 하나였다. 이들의 편지에는 17세기 유럽의 지식인 세계가 고민하던 문제가 상당수 담겨 있었다. 우선 데카르트는 젊은 공주의 지식욕에 고무되어 마키아벨리의 『군주론』 같은 주요 철학 저작들에 대한 자기만의 해석을 제시했다. 또한 인생에서 최고의 선이 무엇이냐는 질문에도 서둘러 답했다. 데카르트는 도덕적으로 행동하겠다는 굳은 의지와 미덕이 수반되는 평정심을 최고선으로 꼽았다. 또 다른 편지 친구인 스웨덴의 크리스틴 여왕에게도 이와 비슷한 내용을 썼다. 1649년 크리스틴 여왕은 그를 스웨덴으로 초대했다. 하지만 그는 스톡홀름의 혹독한 겨울을 버티지 못했다. 여왕은 아침 일찍부터 난방도 안 되는 방에서 수업해 줄 것을 고집했다. 결국 1650년 2월 데카르트는 쉰셋의 나이에 폐렴으로 죽었다. 물론 독살일 가능성도 배제할 수 없다.

데카르트는 형이상학에서 출발해서 물리학과 응용과학으로 빈틈없이 나아가는 하나의 완전한 체계를 후세에 남기지 않았다. 대신 본인의 의사와는 무관하게 17세기에는 그런 체계가 더 이상 구축될 수 없음을 보여 주었다. 그와 함께 이제부터는 자신의 영역을 확고하게 경계 짓는 말뚝을 네 개 박았다.

1. 코기토 논증과 함께 생각하는 나를 철학의 체계적 단초로 삼은 말뚝.
2. 핵심 개념들이 이미 의식 속에 완벽하게 구축되어 있다고 하는, 합리주의 철학의 근본이념이라는 말뚝.
3. 정신과 육체, 주체와 객체의 엄격한 분리, 즉 이원론의 말뚝.
4. 생리학에 대한 역학의 철저한 적용을 표방한 말뚝.

이중에서 첫 번째와 세 번째 생각은 철학의 흐름에 결정적인 영향을 미쳤다. 게오르크 빌헬름 프리드리히 헤겔에게 철학의 〈본래적 출발점〉은 데카르트였다. 또한 마르틴 하이데거(1889~1976)에게도 코기토 및 주체와 객체의 이원론은 현대의 모든 철학적 출구 없음의 〈원형〉이었다.

데카르트는 죽음을 맞이할 당시 이미 그 시대의 슈퍼스타였다. 그의 철학적 구상들은 서유럽 곳곳에서 활발한 지적 교류의 토대가 되었다. 이런 분위기에서 누구보다도 데카르트 철학에 깊이 천착한 암스테르담의 한 젊은 포르투갈계 유대인이 있었으니…….

명확한 사물들의 신

자기 발견으로서의 철학 / 무심한 신 / 감정의 기하학 /
완벽한 질서 / 신의 원리들 / 모나드 / 인간의 자유에 대한 의심 /
가능한 것의 자유

자기 발견으로서의 철학

암스테르담을 방문하면 물길로 도시를 돌아보길 권한다. 보트 투어는 대개 구도심을 반원 형태로 둘러싼 운하 세 곳 가운데 가장 안쪽의 헤렌 운하를 따라간다. 물가의 키 큰 나무들 뒤로 17세기의 화려한 저택들이 보이면 절로 감탄이 쏟아진다. 길쭉한 창문과 계단식 박공지붕이 있는, 네덜란드 옛 건축 방식으로 지은 높고 날씬한 건물들이다. 운하를 가로지르는 수많은 다리들만 암스테르담의 황금시대에 탄생한 이 바로크풍의 화려한 풍경을 잠시 가릴 뿐이다. 당시 상황에서는 유례가 없었던 이 도시의 부는 무역으로 얻어졌다. 암스테르담 사람들은 처음엔 후추와 계피, 정향, 육두구 열매 같은 향신료를 거래하다가 곧 노예까지 사고팔았다. 헤렌 운하는 1612년에 건설되기 시작했다. 네덜란드 동인도 회사가 설립된 지 10년 뒤이자, 이 회사가 반다 제도 원주민들의 필사적인 저항을 분쇄하고 여자와 아이들을 노예로 삼고 족장들의 사지를 찢어 죽인 끔찍한 학살 사건 9년 전이다. 유럽은 세계의 동쪽으로 팽창해 나갔다. 네덜란드인들은 그곳에 먼저 자리 잡고 있던 포르투갈인들을 몰아냈고, 인도네시아 섬들을 예속시켰으며, 남아메리카에도 식민지를 건설했다. 훗날 괴테는 『파우스트』 2부에서 이렇게 썼다. 〈힘이 곧 법이다. (……) 전쟁과 무역, 해적질은 떼어 놓을 수 없는 삼위일체다.〉

1664년 헤렌 운하가 마침내 유대인 구역 안으로까지 연결되었을 때 그곳의 가장 유명한 아들 바뤼흐 데 스피노자(1632~1677)는 이미 이 도시를 떠난 상태였다. 그는 마라노 집안에서 태어났다. 마라노는 스페인에서 극심한 박해와 천대를 받고 기독교로 개종한 유대계 소수 민족을 비하하는 말이다. 스피노자는 지중해 동부 해안에서 생산되는 열대 과일과 다른 물건들을 취급하는 수입 상점을 물려받았지만, 그런 일에 어울리지 않는 사람이라는 것은 곧 드러났다. 탁월한 언어적 재능에다 매우 지적이고 섬세했던 청년 스피노자는 일찍부터 암스테르담의 유대인 공동체와 숱한 갈등에 휩싸였다. 남들이 정해 놓은 대로 살아야 하는 것이 견디기 힘들고 괴로웠던 것이다. 그가 순응할 기미를 보이지 않자 유대인 공동체는 마침내 그를 다음과 같은 말로 파문해 버렸다. 〈앞으론 누구도 입으로건 글로건 그와 말을 섞어서는 안 되고, 어떤 식으로건 호의를 베풀어서도 안 되고, 한 지붕 아래 머무는 것도 안 되고, 2미터 이내로 접근해서도 안 되고, 그가 생각하거나 쓴 것을 읽어서도 안 된다〉.[36] 이 저주스러운 판결은 훗날 이스라엘의 초대 총리 다비드 벤구리온조차 취소할 수가 없었다.

유대 공동체에서 축출된 것과 함께 사업가로서 스피노자의 삶은 끝나 버렸다. 이제 목구멍에 풀칠하는 것이 시급해진 그는 렌즈 연마 기술을 배웠다. 하지만 그의 열정이 향한 곳은 수많은 책과 고향 도시의 철학적 토론이었다. 그는 정신의 고결한 교류에서만 즐거움을 느꼈고, 일상적인 삶은 그에게 평생 짐이자 고역이었다. 무척 민감한 감각의 이 남자는 삶의 행복을 즐기는 일에 전혀 어울릴 것 같지 않았지만, 자신의 철학에서 처음부터 유일하고 거대한 목표로 삼았던 것이 바로 〈행복〉의 추구였다.

위대한 데카르트가 그냥 옆으로 제쳐둔 주제들이 여럿 있는데, 철학의 근본 물음에 해당하는 행복의 문제도 그중 하나다. 윤리학과 관련해서 데카르트의 머릿속에 떠오른 것이라고는, 삶에서 불필요한 화를 부르지 않으려면 기존 질서에 순응하는 것이 똑똑하고 바람직하다는 말뿐이었다. 그런 화를 일찍부터 겪은 사람이 스피노자였다. 겉으로는 유약하고 겸손해 보이지만, 속으로는 스스로 납득하지 못하면 누구의 권위에도 쉽사리 허리를 숙이지 않을 만큼 자부심이 강한 사람이었다. 그는 남들보다 잘난 것도 없으면서 그냥 이름값으로 존경받는 인물들과 전횡을 일삼는 모호한 종교들의 도덕적 감시자들이 역겨워 견딜 수 없었다. 그래서 이 모든 것들에서 벗어나고 싶었고, 철학적 사유의 지극히 명료한 논리로 그런 것들을 자신에게서 완전히 떨쳐 내고 싶었다. 그는 합리주의에서 구원을 찾았다. 데카르트가 토대를 세웠지만, 스피노자가 보기엔 잘못되고 나쁜 토대를 세운 그 합리주의에서 말이다.

추방당한 렌즈 연마공 스피노자가 1660년 레이덴 인근의 마을 레인스뷔르흐로 이주한 것은 스물일곱 살 때였다. 가진 것이라고는 별로 없었다. 기껏해야 스페인어와 네덜란드어, 히브리어, 라틴어로 쓴 책이 대부분이었다. 모두 스피노자가 구사할 줄 아는 언어들이었다. 이사한 집에서 그는 생애 처음으로 책을 쓰기 시작했다. 전형적인 자서전적 서술 방식을 비롯해 데카르트적 색채가 강하게 묻어나는 책들이었다. 〈일상의 삶에서 으레 일어나는 일이라는 것들이 하나같이 무의미하고 무가치하다는 것을 경험으로 깨닫고 난 뒤 (……) 나는 마침내 우리가 이를 수 있는 진정한 선이 존재하는지 (……) 그러니까 내가 발견하고 도달하는 순간 내게 지고의 지속적인 기쁨을 영원히 제공할 수 있는 무언가가 존재하는지 탐구해 보기로 마음먹었다.〉[37] 스피노자는 데카르트의 서술 방식과 판박이라 할 만한 이런 말로 글을 시작했다. 아울러 동시대인들의 공허하고 무가치한 일상적 사고와 결별했고, 대신 진리 하나만 보고 흔들림 없이 나아갔다. 그리고 그 보상으로 지고의 기쁨을 누릴 수 있다는 내용만 스피노자가 추가한 부분이었다.

철학하는 것 자체가 우리를 더할 나위 없이 행복하게 해준다니! 이런 고대적 사고방식으로 철학하는 사람이 나오지 않은 지는 이미 아주 오래되었다. 어쨌든 그런 사고를 표방한 그의 첫 작품이 『지성 개선론*Tractatus de intellectus emendatione*』이었다. 제목만으로 이미 스피노자 철학의 강령을 보여 주는 작품이다. 왜냐하면 스피노자에게 이성은 데카르트와는 달리 모든 선입견에서 벗어나기만 하면 누구나 최상의 형태로 자유롭게 사용할 수 있는 것이 아니기 때문이다. 이성을 다루는 작업은 세계를 점진적으로 뚫고 들어가는 무척 길고 지난한 과정이다. 데카르트는 그 작업을 본인의 진술에 따르면 한 농가에서 단 몇 시간 만에 해치웠다면, 스피노자는 방대한 주저를 완성할 때까지 평생을 바쳐야 했다.

소심한 성격의 스피노자는 세심하고 신중하게 〈자아의 고고학〉을 파고들기 시작했다. 가장 시급한 일은 지금껏 섣부른 판단으로 잘못 정의된 오성을 한 꺼풀씩 벗겨내서 천천히 그 본모습을 드러내는 것이었다. 스피노자는 1663년부터는 보르뷔르흐에서, 1670년부터는 헤이그에서 필생의 작품인 『윤리학*Ethica*』에 매달렸다. 자기 확신은 어디서 시작되어야 할까? 아니, 어디서 시작될 수 있을까? 올바른 출발점은 어디일까? 데카르트는 〈생각하는 나〉를 철학의 확고한 기준점으로 삼았다. 그러나 스피노자는 일찍이 그것을 거부했다. 그의 철학적 강령은 나에게서 시작하지 않았다. 왜냐하면 생각하는 나는 생각할 수 있기 위해 존재하는 것이 아니지 않은가? 나와 내 몸이 존재한다는 것은 생각할 필요가 없을 정도로 명백한 사실이 아닌가? 그렇지 않다면 나는 생각할 수도, 내 실존을 추론할 수도 없을 것이다. 따라서 스피노자에게 존재란 모든 사고에 선행하고, 항상 사고의 토대를 이룬다.

이로써 생각하는 나를 출발점으로 삼은 근대의 주체 철학은 엄정하게 불신임되었다. 스피노자의 이러한 사고는 암스테르담의 데카르트에서 시작해서 더블린의 조지 버클리, 쾨니히스베르크의 이마누엘 칸트를 거쳐 예나의 요한 고틀리프 피히테까지 일직선적으로 이어지는 노선과는 맞지 않았다. 대신 그는 행복을 찾는 과정에서 존재론, 즉 나가 아닌 사물들의 존재를 확고한 출발점으로 삼은 철학을 부활시켰다. 무엇이 세계인가? 생각하는 내 의식이 세계 속에서 차지하는 위치는 어디인가? 그리고 내 의식은 왜생각하고 인식할 수 있는가? 이 질문에 대한 스피노자의 답은 중세 사상가들과 거의 다르지 않았다. 신이 답이었으니 말이다. 하지만 스피노자가 모든 존재의 기원으로 본 신은 기독교나 유대교와는 아무 상관이 없는 신이었으니…….

무심한 신

신은 누구인가, 혹은 무엇인가? 데카르트에게 신은 기독교의 신이자 완벽한 선이었다. 하지만 데카르트의 신은 신성(神性)과 거리가 먼 특성 없는 신이었다. 어디를 봐도 그가 신을 인간과 개인적 관계를 구축하는 초인적 존재로 상상하고, 기독교도처럼 경배하고 섬겼다는 자료는 없다. 사실 그에게는 우리의 이 현실이 실재임을 담보하기 위해 신이 필요했을 뿐이다. 철학자로서 〈생각하는 나〉에서 출발한 사람은 그 〈생각하는 나〉에 대한 확실성에 재빨리 이르게 된다. 하지만 나머지 모든 것들이 존재한다는 확실성에는 이르지 못한다. 그래서 신이 필요했다. 그는 신이 존재하기에 우리가 정신 속에서 신을 표상할 수 있다고 생각했다. 그러니까 신을 우리의 정신 속 표상의 원인으로 정의한 것이다. 또한 신은 완벽한 관념으로도 존재해야 했다. 그런 완벽한 신은 우리를 속이지 않는다. 오히려 내 정신을 비롯해 모든 육체적인 것도 실제로 존재하고 결코 환상이 아님을 담보하고 보장해 준다.

스피노자는 이런 생각을 받아들일 수 없었다. 인간 정신이 신을 생각할 수 있다는 것만을 근거로 그 존재가 입증되는 신이 대체 무슨 신이란 말인가? 신은 절대적이고 무조건적인 존재가 아니던가? 데카르트는 생각하는 인간을 근거로 신을 설명함으로써 도저히 용납할 수 없는 방식으로 신을 격하시킨 게 아닌가? 우리의 정신처럼 제한적인 것이 어떻게 절대적인 것을 자기 자신에게서 도출해 낼 수 있단 말인가? 출발점은 〈나〉가 아니라 〈신〉이어야 했다. 그건 스피노자에게 일찍부터 변함없는 믿음이었다. 따라서 모든 철학적 탐구는 신과 함께, 그리고 신의 실존과 함께 시작해야 했다. 그렇다면 여기서 말하는 신은 대체 어떤 신일까?

냉철한 합리주의자인 스피노자가 생각한 신은 데카르트가 생각한 신보다 인간적인 모든 것들과 훨씬 더 관련이 없는 존재였다. 스피노자의 신은 생각하지 않았고, 원하는 것도 없었고, 창조하겠다고 마음먹지도 않았고, 지상으로 아들을 보내지도 않았다. 또한 성부와 성자와 성령도 아니었다. 중세에 뜨거운 논쟁을 불러일으킨 질문, 즉 〈신은 왜 세계를 창조했을까?〉 하는 물음에 대한 스피노자의 답은 아주 간단했다. 신은 세계를 〈창조하지〉 않았다. 세계 그 자체가 신이기 때문이다. 그러니까 신은 의지와 표상 능력을 가진 창조주가 아니라 그저 힘potentia이나 작용일 뿐이다.

데카르트 때부터 사람들은 그의 신 증명이 정말 진심이었는지, 아니면 교회에 대한 두려움에서 비롯된 양보였는지를 두고 논쟁을 벌였다. 한편에서는 데카르트 같은 정신의 기계공에게 기독교 같은 신앙이 있다는 것은 상상하기 어려운 일이었고, 다른 편에서는 데카르트가 일말의 경건성을 간직한 채 신을 앎의 경계 어디쯤에 적당한 가정적 존재로 인정했다고 여겼다. 아이작 뉴턴에서부터 알베르트 아인슈타인, 막스 플랑크에 이르기까지 많은 물리학자들이 그랬던 것처럼.

스피노자의 경우도 비슷한 논쟁이 일었다. 신을 단순히 〈힘〉으로 정의한 사람은 〈자연〉을 신으로 부를 수도 있다. 실제로 동시대인들에 따르면 『윤리학』 초고에는 신에 대한 언급이 전혀 없었다고 한다. 그렇다면 스피노자는 자연을 단순히 정신화한 것은 아닐까? 아니면 신을 물질화한 것일까? 어느 경우든 신의 작용은 우리가 베이컨 이후 영원하고 변함없는 통일적 〈자연법칙〉이라 부르는 것과 구분되지 않는다. 스피노자는 이렇게 정의한다. 〈나는 신을 절대적이고 무한한 존재자, 즉 하나하나가 영원하고 무한한 본질의 표현인 무한한 속성들로 이루어진 실체로 이해한다.〉[38]

스피노자에게 신과 세계는 갈라진 것이 아니라 하나다. 신은 만물의 원인일 뿐 아니라 사물들 속에서 계속 작용한다. 그렇다면 스피노자는 소크라테스 이전 철학자들에서부터 플라톤을 거쳐 플로티노스(어떤 면에서는 쿠자누스와 브루노도 포함할 수 있다)에 이르기까지 범신론자로 부를 수 있는 많은 고대 철학자들의 계열에 포함될까? 다시 말해서 신과 자연을 동일시한 사상가로 분류될 수 있을까? 후대에는 그를 그렇게 이해한 경우가 많았다. 스피노자가 〈신〉과 〈자연〉의 개념을 자주 동의어로 사용했으니까(신은 곧 자연이다deus sive natura) 말이다. 어쨌든 그는 이런 기본 전제에서 출발해서 나머지 모든 것을 설명하고자 했다. 그것도 데카르트보다 더 정확하고 더 논리 정연하게. 스피노자는 1663년에 이미 데카르트의 기하학적 방법을 좀 더 〈기하학에 충실하게〉 개선하려는 얇은 책을 발표했다. 게다가 그의 『윤리학』도 〈기하학적 순서〉, 즉 엄격한 논리적 순서에 따라 〈질서 정연하게〉 전개되어야 했다. 스피노자는 신에서 출발해서 인간으로 내려가 인간의 감정을 연구하고, 지상에서 어떻게 행복을 구할 수 있는지 밝히고자 했다.

실제로 스피노자의 『윤리학』은 전체 세계를 하나의 거대한 체계로 생각하면서 수많은 작은 단계들 속에서 방법론적으로 엄격하게 설명하려는, 정말 유례가 없을 정도로 야심찬 시도였다. 로베르트 무질은 철학자들을 가리켜 〈군대를 갖고 있지 않지만,

그 때문에 세계를 하나의 체계 속에 가두는 방식으로 자신에게 무릎 꿇리는 폭력배〉라고 썼다. 이 말은 그 이전의 어떤 철학자보다 스피노자에게 딱 들어맞는 것처럼 보인다. 지금까지 그의 『윤리학』을 훌륭한 삶을 위한 지침서 정도로 생각한 사람이 있다면 그건 잘못이다. 이 책에서 만나게 되는 건 도덕적 통찰이 아니라 엄격한 순서에 따라 이어지는 개념 정의, 공리, 명제, 증명, 결론, 그리고 주석들이다.

스피노자는 자신의 철학으로 철학 자체가 전반적으로 종결되었다고 생각하는 사상가 중 하나였다. 아리스토텔레스와 데카르트, 나중에는 칸트와 헤겔, 루트비히 비트겐슈타인이 그런 부류에 속했다. 스피노자의 체계는 세계의 실제 연관성들을 궁극적으로 밝히는 것을 목표로 삼고 있는데, 그는 정말 놀라울 정도로 당연하다는 듯이 인간이 신과 세계를 합당하게 파악할 수 있다는 데서 출발한다. 합리주의의 전 프로그램이 근거한 것도 바로 이 전제인데, 오늘날의 관점에서 보면 의심스럽기 그지없는 전제이다.

스피노자는 여러 차례 옮긴 집에 틀어박혀 너무 많지는 않지만 정선된 책들에 둘러싸여 신에서부터 사유를 시작한다. 의지와 오성과는 무관한 어떤 작용력이 세상 만물을 만들어 내고 관장한다. 인간은 생각하지만, 신에 의해 조종되는 것은 아니다. 신은 인간에게 무심하다. 하지만 인간은 신에게 무심할 수 없다. 인간 정신으로선 신을 인식해야만 신과 세계의 연관성을 파악하는 것이 가능하기 때문이다. 우리는 신적인 자연 체계의 인식을 통해 우리 자신을 무지에서 해방시키고, 그런 다음에 이르게 되는 것이……. 그렇다. 그다음 인간이 이르게 되는 것은 무엇일까? 초기의 스피노자에게 그것은 사랑이었다. 즉, 우리의 의식이 인식 행위 속에서 신과 하나 되는 것이었다. 이는 청년 스피노자가 피치노에게서 물려받은 비장한 목표이기도 했다. 그러나 차츰 나이가 들면서 사랑은 뒷전으로 밀려나고 스피노자에게 남은 것은 스스로를 해방시키는 인식뿐이었다.

그렇다면 인간은 어떻게 절대적 인식에 도달할 수 있을까? 인간은 초감각적인 무언가의 인솔이나 동행 없이 이 과정을 수행한다. 그러다 보니 대개 자신들의 섣부른 견해와 단단한 선입견, 어설프게 이해한 지혜의 말에 의지해서 더듬거리며 힘들게 나아갈 뿐이다. 이런 상황에서 스피노자는 기하학적 방법의 도움으로 우리 속에 굳어 있는 일상적 어리석음의 베일을 벗겨야 한다고 주장한다. 그래야만 우리는 신의 실체를 비롯해 신의 다양한 속성과 세계 속에서 드러나는 신의 좀 더 다양한 형태를 인식하게 된다. 세상 만물은 그런 속성과 무한할 정도로 많은 형태들로 이루어져 있다. 스피노자의 신-자연은 순수 영적인 존재가 아니다. 데카르트의 경우는 물질만 〈연장〉의 속성을 갖고 있지만, 스피노자의 경우는 정신적인 것이건 육체적인 것이건 모두 〈연장〉의 속성을 갖고 있다. 모든 것은 물질인 동시에 정신이다. 육체와 정신의 이원론은 존재하지 않고, 정신적인 것과 육체적인 것이 일치하는 일원론만 존재한다.

이는 기독교적 문화가 깊이 뿌리박힌 사람에게는 쉽게 떠오를 수 있는 생각이 아니다. 하지만 스피노자에게 정신과 육체를 구분한다는 것은 그저 다양한 형태들을 구분하는 것일 뿐이었다. 그러니까 정신과 육체는 〈동일한 것의 다른 측면〉[39]이다. 정신도 육체도 겉으로만 상이하게 표현된 것일 뿐 둘 다 신-자연이다. 이 생각은 상당히 획기적이다. 〈신〉이라는 부가물만 빼면 오늘날 많은 생물학자들, 특히 뇌 연구자들이 생각하는 것과 다르지 않다. 이들에게는 정신적인 것의 독자적 영역은 존재하지 않는다. 정신적인 것은 모두 육체적이고, 하나의 전기화학적 과정이다.

다만 모든 육체적인 것이 동시에 정신적인 것은 아니라고 생각하는 생물학자들도 많다.

스피노자는 이런 신-자연에서부터 자신의 체계를 펼쳐 나간다. 우선 그는 사물과 형태를 유한한 것과 무한한 것으로 구분한다. 인간은 유한한 부류에 속한다. 죽을 뿐 아니라 감각 세계에 매여 있기 때문이다. 우리는 무엇을 경험하거나 생각하건 항상 감각이 그때마다의 위치에서 우리에게 전달하는 것만을 받아들이는 제한적인 존재다. 하지만 동식물과는 달리 내면적으로 관점을 바꿀 수 있고, 사물을 상이하게 바라볼 수 있다. 스피노자 철학에선 바로 이것이 인식이다. 즉, 관점을 바꾸어 자기 자신과 관계를 맺는 것이다.

데카르트와 달리 스피노자에게 인식은 육체적 과정이다. 육체 없이는 생각도 없다. 내가 생각을 할 수 있고 정신을 갖고 있다는 것을 아는 것조차 내 육체의 관념이다. 그렇다면 인간에게는 왜 그런 관념이 있고, 동물에게는 없는 것일까? 스피노자에 따르면 인간은 다른 어떤 동물보다 복잡한 몸을 갖고 있기 때문이다. 유기체가 복잡할수록 그것이 만들어 내는 관념도 복잡하다. 그런데 그 생각이 틀렸다는 건 17세기의 철학자로선 아직 알 수가 없었다. 생물학적으로 볼 때, 인간의 몸이 가장 복잡한 유기체가 아님은 확실하다. 두족류는 인간보다 훨씬 복잡하고 민감하다. 문어는 중앙 뇌 말고 다리마다 하부 뇌가 하나씩 있고, 거기다 심장과 생식기도 세 개씩 있다.

그러나 스피노자는 생물학적 문제건 물리학적 문제건 세부적으로 깊이 파고들지 않는다. 그에겐 모든 몸이 정지와 운동 법칙에 따른다는 것만으로 충분하다. 수많은 몸들 가운데 하나인 인간도 예외가 아니다. 사방 곳곳에서 밀려드는 외부 자극이 우리에게 작용해서 우리를 흥분시키고 움직인다. 우리 내면의 어떤 움직임도 우리 자신에게서 나오는 것이 아니라 항상 어떤 물리적 원인의 결과다. 우리의 관념도 다르지 않다. 관념들 역시 외부 자극의 결과다. 다만 거기엔 섬세한 질적인 차이가 있다. 우리 몸은 외부 영향의 놀이공인 반면에 정신은 우리 자신과 관계를 맺을 수 있다. 우리의 정신 속에서 진행되는 것은 자신이 관념이라는 걸 아는 육체적 관념들로 이루어져 있다. 그로써 정신은 우주에서 자기 자신에 대해 숙고할 수 있는 유일한 관념이다. 그런 의미에서 우리의 정신은 자신의 관념들을 갖고 있다. 그렇지 않다면 인간에겐 자기 의지와 오성 같은 건 없을 것이다. 그러나 분명한 건 인간은 드물기는 하지만 어쨌든 지혜롭게 생각하고 숙고할 수 있다는 것이다. 스피노자의 윤리적 프로그램이 토대를 두고 있는 것도 바로 이 지점이다!

감정의 기하학

인간은 어떤 대상이나 현상을 이렇게도 보고 저렇게도 볼 수 있다. 그건 각자 자유다. 그런데 안타깝게도 그렇게 보면서 뭔가를 알아내는 경우는 상당히 드물다. 인간은 대부분 몸에 새겨진 동일한 전형을 따르기 마련이다. 그래서 특정한 사람의 경우 특정한 자극은 항상 동일한 연상을 불러일으킨다. 스피노자는 대부분의 사람들이 얼마나 반사적으로 생각하고 판단하는지 긴 시간을 들여 예리하게 분석한다. 당시로선 새로운 길을 여는 선구적 연구였다! 훗날 이 연구는 스피노자의 열렬한 숭배자인 포르투갈의 뇌 연구가 안토니오 다마지오(1944~)에 의해 〈신체 표지 이론〉의 토대로 사용된다.[40] 이 이론에 따르면 뇌 전두엽 복내측 부위의 신경 결합은 과거의 감정을 현재의 새로운 체험과 연결시키는

데, 그 결과 우리는 특정한 말이나 문장, 그림 등을 보면 항상 똑같은 생각과 느낌을 떠올리게 된다는 것이다.

스피노자는 『윤리학』에서 감정과 생각의 이러한 고정적 패턴에 많은 공간을 할애한다. 그가 볼 때도 이 고정적 패턴은 〈뇌의 내부〉에서 만들어진 것이다.[41] 하지만 이것은 단순히 〈만들어진 이미지〉로서 세계를 적절하게 파악하는 데는 전혀 도움이 되지 않는다. 그리고 〈우리는 습관이 우리 몸속에 사물들의 이미지를 정렬해 둔 순서에 따라 한 생각에서 다른 생각으로 넘어간다.〉[42] 스피노자는 동시대인들을 유심히 관찰했고, 그 결과 대다수 사람들의 생각과 판단이 우연적이고 임의적이면서도 지극히 일정하다는 사실을 알아냈다. 사람들이 보통 세상에서 방향을 잡는 데 의존하는 형식은 그사이 몸에 붙은 잠깐의 생각과 고집스러운 오류였다.

그렇다면 인간 정신은 어떻게 외부의 감각적 자극과 반사적 판단으로 잘못된 길로 빠지는 것에서 해방될 수 있을까? 참과 거짓은 어떻게 구분할 수 있을까? 스피노자에겐 모든 생각이 참이다. 〈현존한다〉는 의미에서 말이다. 물론 거짓과 속임수도 육적 사건으로서 세상에 존재한다. 그것들이 거짓으로 판정된다면, 그건 오로지 어떤 지혜로운 사상가에게 그것이 거짓으로 나타났기 때문이다. 따라서 참과 거짓은 인간에 의해서만 구별이 가능하다. 이러한 생각은 굉장히 혁명적이다. 철학자와 자연 과학자들은 보통 사태나 사물에 일치하는 것을 참이라고 정의한다. 그러나 스피노자에게 대상과의 일치는 중요하지 않다. 그에게 적절한 인식이란 생각하는 인간이 자기 속에서 영원한 진리로 깨달은 것과 일치하는 인식이다. 우리에게 진리를 보여 주는 것은 감각적 인식도, 종국에는 합리적 인식도 아닌 직관적 인식이다. 이것만이 영원의 관점에서 사물들을 이해하게 해준다.

그렇다면 직관적 인식이란 무엇일까? 스피노자에 따르면 우리는 우리 내면에서도 작용하고 있는 자연법칙과 자연 원리의 지평에서 사물들을 파악할 때 직관적으로 진리를 인식할 수 있다. 이런 의미에서 인식하는 정신은 올바른 인식을 통해 자기 자신에게 이르고, 그때 〈가능한 (……) 최고의 희열〉[43]을 맛본다. 이로써 젊은 시절 그토록 많은 비난과 오해를 샀던 지식인 스피노자의 윤리학적 핵심이 언급된다. 즉, 무엇이 바람직한 삶인지에 대한 규칙과 원칙을 세우는 것이 아니라 인간의 기분과 감정, 판단, 행동의 오류와 혼란을 해부하고 온갖 잘못에서 벗어나야 한다는 것이다. 스피노자 윤리학은 인간의 감정 삶을 다룬 분석적 기하학이다. 그것도 인간의 감정을 〈마치 선과 면, 물체처럼 다룬〉 기하학으로서 말이다.[44] 윤리학의 끝에는 자기 자신을 꿰뚫어 본 사람이라면 잘못된 길로 유혹하는 많은 감정과 욕망을 최대한 극복하게 되리라는 약속이 주어진다. 물론 고대 스토아 철학자들이 소망하고, 데카르트가 목표한 것처럼 모든 사람이 그럴 수는 없지만(여기서 데카르트에게 그게 목표였다는 것은 스피노자의 좀 부당한 판단이었다).

스피노자가 쓴 내용 중에는 비판할 게 많다. 우선 신과 자연을 동일시한 것은 사변적이다. 인간의 인식 장치 덕분에 세계에 대한 적절한 인식이 가능하다는 가정도 마찬가지다. 그의 직관적 인식 이론 역시 오늘날의 기준을 버티지 못한다. 다만 감정 분석의 영역에서 스피노자는 철학사에 이정표를 세웠다. 그가 보기에, 세상 만물은 〈자신의 존재 속에 계속 머물고자〉[45] 애쓴다. 하지만 간단치 않다. 원인과 결과의 세계에서는 모든 것이 움직이기 때문이다. 따라서 인간을 비롯해 자연 만물은 외부의 모든 영향에 맞서 스스로를 보존하고자 한다. 이 두 가지 생각, 즉 자기 보존 원칙과 그에 대한 추구는 이미 스토아 학자들에게서도 발견되지만, 스피노자에 이르러 한결 날카로워진다. 인간은 자신의 추구를, 그러니까 자신의 가장 고유한 활동 공간을 보존하려고 애쓴다는 것이다.

이 생각은 철학에서 큰 성공을 거둔다. 물론 현대에 들어와서의 일이지만. 독일 생물철학자 한스 드리슈(1867~1941) 같은 19세기 말의 〈생기론자〉들은 자기 보존을 생물학적 힘으로 규정한다. 프리드리히 니체(1844~1900)는 거기서 자연스레 〈권력에의 의지〉를 끄집어내고, 프랑스의 앙리 베르그송(1859~1941) 같은 생철학자는 생의 충동을 자신들이 생각하는 인간상의 중심에 놓는다. 젊은 지크문트 프로이트(1856~1939)는 그것을 리비도로 표현하고, 영국 철학자 알프레드 노스 화이트헤드(1861~1947)는 창조성으로 설명한다. 또한 독일 철학자 막스 셸러(1874~1928)는 인간에 있어서 생의 충동을 가치에 대한 직관적 욕구로 확장하고, 러시아계 프랑스 정신 의학자 유진 민코프스키(1885~1972)는 그것을 성공적인 행동에 대한 인간의 욕구와 긴밀하게 연결시킨다.

살아 있는 모든 것은 자기 보존의 성공이라는 기본 충동을 따른다는 것은 아리스토텔레스도 이미 설명한 바 있다. 그런데 스피노자는 여기서 더 나아가 모든 생명뿐 아니라 모든 존재에까지 해당되는 일종의 보편 법칙을 만든다. 그 과정에서 사용되는 것이 〈충동〉 개념이다. 자기 보존의 〈욕구가 정신 하나와만 관련을 맺으면 의지라 불리지만, 정신 및 몸과 동시에 관련될 때는 충동이라 불린다. 이 충동은 인간의 본질 자체와 다르지 않고, 이 본질에서 필연적으로 자기 보존에 기여하는 것들이 나온다. 따라서 인간은 그렇게 하도록 이미 결정되어 있다. 또한 충동과 욕망 사이에는 차이가 없다. 〈욕망〉이 대체로 인간과 관련된 것이라는 점을 도외시한다면 말이다. 인간의 경우, 자신의 충동을 의식한 것이 욕망으로 나타난다. 따라서 이렇게 정의내릴 수 있다. 욕망은 충동을 의식하는 충동이다. 그렇다면 이 모든 것에서 다음의 결론이 나온다. 우리는 어떤 것을 선으로 여기기 때문에 그것을 추구하고 원하고 갈망하고 욕망하는 것이 아니라, 반대로 우리가 어떤 것을 추구하고 원하고 갈망하고 욕망하기 때문에 그것을 선으로 여긴다.〉[46]

1917년 지크문트 프로이트는 인간은 〈자기 집의 주인이 아니다〉라고 썼다. 그런데 이는 프로이트가 내비치는 것과는 달리 그가 맨 먼저 발견한 생각이 아니었다. 시조는 스피노자였다. 프로이트 역시 그 사실을 알고 있었을 텐데도 스피노자를 인용한 경우는 아주 드물었다. 스피노자는『윤리학』에서 세 가지 기본 감정을 언급한다. 욕망, 기쁨, 슬픔이 그것이다. 우리는 기쁨은 얻으려 하고, 슬픔은 피하려 한다. 우리는 상상의 재능을 갖춘 존재로서 우리에게 기쁨을 줄 것 같은 대상은 사랑하고, 슬픔을 야기할 것 같은 대상은 미워한다. 이것은 보통 지극히 반사적으로 일어난다. 우리가 우리의 욕망을 조종하는 것이 아니라 우리의 욕망이 우리를 조종한다. 윤리학에서 이는 경악할 만한 인식이다. 스피노자에 따르면, 우리는 선을 원해서 선을 추구하는 것이 아니기 때문이다. 대신 우리는 우리에게 유익한 것을 선으로 여긴다. 따라서 도덕은 의지의 문제, 즉 의도적인 결정의 문제가 아니다. 오히려 인간의 모든 추구는 감정의 압제 아래 있다.

여기서도 스피노자는 길라잡이 역할을 한다. 데이비드 흄과 아르투어 쇼펜하우어, 프리드리히 니체를 거쳐 다시 현대의 뇌 연구로 이어지는 길이다. 냉철한 합리주의자인 스피노자는 타협을 모르는 시선으로 사랑과 미움, 부러움, 질투, 공포 등의 감정을 자신의 도식에 따라 분류한다. 가령, 질투는 한 인간의 즐거운 현재를 지키려는 욕구와 그것을 잃을지도 모른다는 불안에서 생겨난다. 이로써 체험한 것만이 아니라 소망하고 기대하는 것들도 우리의 감정생활에 영향을 준다. 쾌락을 얻고 불쾌함을 피하려는 욕구를 인간의 고정적 〈이미지 만들기〉와 조합하면 인간들의 일반적인 행동 양태에 대한 이유가 쉽게 밝혀진다. 언젠가 부정적 경험을 야기했던 것은 장시간 그것과 연결되고, 그 반대도 마찬가지다. 이런 식으로 우리는 상상의 세계를 사물에 투영하고, 그로써 인류와 같은 복잡한 관련성을 비롯해 특정 민족, 종교, 정치, 국가에 대한 판단을 형성한다.

스피노자는 이러한 판단들이 반복해서 남들에 의해 확인되고 뒷받침되어야 한다는 사실을 간과하지 않는다. 그렇지 않으면 우리는 쉽게 고민과 동요에 빠진다. 반면에 남들로부터 동의와 격려를 받으면 우리의 판단은 더더욱 확고해진다. 그래서 사람들은 별로 좋지 않은 야심에 사로잡혀 남들에게 세계를 자기처럼 볼 것을 요구하곤 한다. 바로 여기서부터 자신에 대한 과대평가와 타인에 대한 과소평가, 권력 추구, 지배욕이 출발한다.

스피노자 이론은 인간이 왜 이성적 인식보다 감정을 더 신뢰하는지에 대한 훌륭한 설명을 제공한다. 또한 사실로는 감정을 무너뜨릴 수 없는 이유를 설명해 주기도 한다. 사실이 감정을 이길 수 없다는 것은 사랑의 관계나 정치에서 잘 알려진 문제다. 언젠가 한 지인이 내게 말했다. 〈난 귀신이 없다는 걸 알아! 하지만 귀신이 무서워!〉 이런 상황에서 이성이 할 수 있는 건 없다. 안타깝지만 이건 거대한 사회적 망상의 경우도 마찬가지다. 이런 망상은 어느 시대나 많았다. 다만 오늘날에 이르러서야 그런 현상들을 두고 〈탈사실적〉* 사회라는 이름이 생겼을 뿐이다.

* 〈포스트팍티시Postfaktisch〉는 2016년 독일에서 올해의 말로 선정된 단어다. 직역하면 〈사실에서 벗어난〉, 〈탈(脫)사실적〉이라는 뜻인데, 객관적 사실이 아닌 주관적 감정에 호소하는 것을 가리킨다. 영어로는 〈Post-truth〉이다. 거짓과 선동으로 대중의 지지를 얻으려는 우익 포퓰리스트들의 오래된 전략이기도 하다.

스피노자는 인간 감정의 오류와 혼란을 기술하는 것으로 만족하지 않는다. 그가 볼 때 진정으로 선한 삶은 감정과 잘못된 관념들의 진창 아래 숨겨져 있다. 그런데 스피노자에게 선에 대한 개념 정의는 두 가지다. 하나는 앞서 보았듯이, 우리가 추구하기 때문에 우리가 추구하는 것이 선하다는 것이다. 이러한 선은 잘못된 야심과 물질적인 탐욕, 타인의 불행에 대한 고소함, 오만함 등으로 이어질 때가 많다. 그래서 참된 선은 그런 잘못된 욕망에서 벗어나는 것이다. 대부분의 고대 철학자들도 그렇게 생각했다. 스피노자의 윤리적 목표인 자신에 대한 믿음과 고결함, 정직함도 이미 고대에 잘 알려져 있었다. 스피노자에 따르면, 그런 품성은 우리가 감정을 극복하고, 두려움을 평정심으로, 이기심을 관대함으로, 인정 욕구를 명예심으로 바꿀 때 얻을 수 있다고 한다.

여기까지는 충분히 이해할 수 있다. 그런데 안타깝게도 스피노자의 이론에는 자연스러운 욕구에 사로잡혀 있는 인간이 어떤 방식으로 그 욕망들로부터 해방될 수 있는지에 대한 설명이 부족하다. 그의 똑똑한 감정 이론이 심리학적으로 좀 빈약한 것은 아쉬운 일이다. 어쨌든 스피노자가 그냥 단순히 떠올린 것은 관조적 인간이다. 모든 감정들 뒤에서 본래의 선한 것을 추구하는 인간인데, 결국 지혜로운 철학자로 살아가는 자신의 모습을 떠올린 것으로 보인다. 그러나 본능과 충동을 통제할 수 있는 사람은 극소수에 불과하고, 신-자연의 통찰로 평정심을 얻는 것은 특수한 사람들만을 위한 프로그램일 뿐이다. 그건 타인들의 감정에 원치 않게 휘말려 들어갈 필요가 없는 은둔적 삶을 살 때나 가능하다.

스피노자가 인간들의 번성한 공동생활에 관해 쓴 두 권의 정치 관련 서적 가운데 완성된 것은 한 권뿐이다. 이 두 책은 다음 꼭지에서 다루게 될 것이다. 스피노자는 1677년 2월 21일 마흔네 살의 나이로 헤이그의 파빌리언스흐라흐트 셋집에서 죽었다. 사인은 결핵으로 추정된다. 그해에 몇 안 되는 벗들이 그의 『윤리학』을 출간했는데, 이 책은 출간되자마자 곧 금지되었다. 1675년의 복사본이 2011년 현대 연구자들에 의해 바티칸의 비밀 서고에서 발견되었는데, 스피노자 생전에 그게 어떻게 거기까지 들어가게 되었는지는 알 수 없다. 당시 렌즈 연마공의 철학적 유산은 처음엔 별로 유명하지 않은 네덜란드 철학자들에게만 영향을 끼쳤으니 말이다. 물론 예외도 있다. 오늘날의 스피노자를 있게 한 것도 그 단 하나의 예외적 인물 덕분이었으니, 그 사람의 이름은 바로 당대 독일 최고의 보편학자 고트프리트 빌헬름 라이프니츠(1646~1716)였다.

완벽한 질서

1676년 11월 18일 라이프치히에서 온 낯선 방문객이 헤이그의 스피노자 집 앞에 서 있다. 라이프니츠다. 이제 막 서른 살이지만, 유럽의 절반 정도에선 이미 유명인이었다. 마인츠 선제후의 최고 재판소 판사이자 수석 외교 사절이었던 그는 방금 런던에서 오는 길이었다. 거기선 사칙연산 계산기를 발명한 것에 대해 축하를 받았고, 아울러 국제적으로 명성이 높은 왕립 협회의 외부 회원으로 임명되었다. 그전에는 파리에 머물면서 당대의 대표적인 지식인들과 교류했다. 예를 들어 영향력 있는 신학자인 니콜라 말브랑슈(1638~1715)와 앙투안 아르노(1612~1694), 그리고 네덜란드의 중요한 수학자이자 물리학자이자 천문학자로서 진자시계를 발명한 크리스티안 하위헌스(1629~1695)를 꼽을 수 있다.

이제 다시 스피노자로 돌아가 보자. 헤이그의 렌즈 연마공은 라이프니츠가 파리와 런던에서 만난 지식인들과는 달리 결코 유명 인사가 아니었고, 그의 철학이라는 것도 일종의 비밀스러운 가르침 같은 것으로 비쳤다. 하지만 라이프니츠는 그런 스피노자에게 편지를 보내 접촉을 꾀했다. 또한 자신이 〈유대인〉이라고 불렀던 스피노자의 사유를 탐구했고, 그에 대한 자신의 생각을 정리했다.

몇 권 안 되는 책에 자신의 사유를 항상 새롭게 펼쳐 보인 소심한 성격의 스피노자와 사교적이고 인정 욕구가 강하고 활기가 넘치는 라이프니츠만큼 상반되는 사이는 상상하기 쉽지 않다. 라이프니츠라는 인물은 그 유명한, 즉 큰 머리에 화려한 곱슬머리 가발을 쓴 모습으로 너무 쉽게 가려져 있어 파악하기가 어렵다. 그럼에도 만인의 찬사를 받으며 관념 제국의 태양왕에 등극했다. 관대한 미소로 세상을 내려다보는 자신만만한 모습으로.

작센의 동시대인 요한 제바스티안 바흐와 비슷하게 라이프니츠의 작업도 물가가 보이지 않을 만큼 큰 강이자, 무수한 지류를 거느린 굽이치는 물줄기이자, 큰물이 흘러넘쳐 만들어진 삼각주 평야이다. 즉, 그의 작업 범위는 철학에서부터 법학과 수학을 거쳐 교육 체계와 경제, 광업에 이르기까지 광범했다. 당대의 거의 모든 학문 영역에서 논문과 주석서, 청원서, 특별 저술, 연구서를 집필했으니 말이다. 그는 반평생 넘게 하노버에서 자신을 고용한 벨프 왕가의 역사를 쓸 때도 현재의 통치자들과는 아무 상관없는 네덜란드 광물에 대한 상세한 보고로 글을 시작했다. 라이프니츠는 평생 1만 5,000통이 넘는 편지를 썼고, 수신인만 1,000명이 넘었다. 바로크 시대의 예술이 회화와 건축, 조각의 경계를 없앴듯이 그도 모든 지식 세계의 경계를 자유롭게 넘나들었다. 그래서 훗날 프리드리히 대왕은 라이프니츠를 가리켜 걸어 다니는 〈종합 대학〉이라고 불렀다.

오늘날까지도 라이프니츠의 전집 가운데 상당 작품은 출간되지 않았다. 1923년에 시작된 방대한 아카데미판 역시 아직 완성되지 않았다. 백 권 넘게 계획했지만 지금껏 마흔 권만 출간되었다. 라이프니츠의 온전한 사고 체계를 기술하는 건 애초에 불가능해 보인다. 남은 건 항상 새롭고도 비슷한 시도들이다. 예를 들어, 여기저기 흩어져 있고 때로는 모순적으로 보이는 자료들에서 그의 철학적 진수를 걸러 내어 일목요연하게 서술하려는 시도들이다.

라이프치히 대학 철학 교수의 아들로 태어나 일찍 양친을 잃은 라이프니츠는 어려서부터 천재 소리를 들었다. 청소년기에 이미 기하학 개념들을 산술적으로 설명하고자 시도했고, 스무 살 때는 법학 박사 학위를 받았다. 대학 교수 자리는 처음에도, 그리고 나중에도 거절했다. 철학에서 라이프니츠가 롤모델로 삼은 것은 만능인, 즉 모든 분야의 전문가였다. 그는 정식 교수나 어느 한 분야의 전문가가 되고 싶지 않았다. 야심만만한 청년으로서 그가 원했던 것은 사회를 개선하고, 발명으로 사회를 풍요롭게 하고, 외교적 제안들로 평화를 다지고, 앎의 새로운 종합 체계로 사회에 더 나은 토대를 제공하는 것이었다.

라이프니츠가 스피노자를 방문한 것은 광학에 관해 토론하고 싶어서였다. 그러나 렌즈 연마공은 자신의 생업에 관한 이야기에는 관심이 없었다. 그래서 라이프니츠는 파빌리언스흐라흐트의 그 소박한 집에 나흘이나 묵었지만 원래의 목적을 이루지 못했다. 다만 현미경에 관한 대화는 그다음 주 델프트에서 만난 안토니 판 레이우엔훅(1632~1723)과 나누었다. 광학 현미경을 발명한 사람이었다. 대신 라이프니츠는 신과 세계, 특히 데카르트의 신 증명에 내재한 약점들에 관해 스피노자와 대화를 나누었다. 신이 모든 철학하기의 출발점이 되어야 한다는 점에선 둘 사이에 이론이 없었다. 다만 라이프니츠는 스피노자의 신-자연을 도저히 받아들일 수 없었다. 그의 신은 누가 뭐래도 당연히 기독교 신이었다. 그에게 신은 세계 자체가 아니라 세계 이상이었고, 단 한 번의 행위로 세계를 만든 창조주였다. 게다가 그렇게 창조된 세계는 좋은 세상, 심지어 생각할 수 있는 모든 세계 중에서 가장 좋은 세계라고 확신했다. 이로써 세상의 쓴맛을 호되게 맛본 스피노자로서는 도저히 받아들일 수 없는 것이 라이프니츠에겐 철학적 삶의 강령이 되었다. 즉, 이 세상의 거대한 선함을 증명하고 거기다 철학적 토대를 제공하는 것이었다.

이런 대담한 낙관론은 놀라울 뿐 아니라 심지어 당혹스럽기까지 했다. 라이프니츠가 태어났을 때는 30년 전쟁이 막 끝난 뒤였다. 신교와 구교의 오랜 반목과 갈등은 해소되지 않았고, 오히려 새로운 형태로 더 공고해졌다. 전쟁이 휩쓸고 간 지역은 곳곳이 황폐해졌고, 주민 절반 가까이가 살해되거나 맞아 죽거나 학살당했다. 안드레아스 그리피우스(1616~1664)의 시들과 한스 야콥 크리스토펠 폰 그리멜스하우젠(1622~1676)의 『모험가 짐플리치시무스*Der abenteuerliche Simplicissismus*』는 이 혼란스러운 시절의 참상과 굴곡을 잘 보여 주었다. 독일 땅의 정신적 문화적 삶은 전체적으로 와해되었고, 농민들의 삶은 점점 궁핍으로 빠져들었다. 그럼에도 지배자들은 점점 더 크고 화려한 성을 지어 나갔다. 이런 세계가 생각할 수 있는 모든 세계 중에서 가장 좋은 세계라고?

라이프니츠는 세상에 수많은 고통이 존재한다는 사실을 부인하지 않았다. 이 대목에서 이런 의문이 든다. 이 세상을 가장 좋은 세계라고 여긴 사람이 어떻게 그런 생각을 할 수 있을까? 하지만 그는 새로운 방식으로 세상의 불행을 선하고 완전한 신과 한데 묶어서 생각할 수밖에 없었다. 그러지 않으면 기독교를 구할 수 있는 길은 없어 보였다. 스피노자와는 달리 라이프니츠는 선한 신이 없는 윤리학을 상상할 수 없었다. 또한 윤리학이 없으면 인간과 정치의 긍정적 변화 가능성도 없다고 여겼다. 이런 사고에서부터 야심찬 계획이 흘러나온다. 즉, 라이프니츠는 수학으로 단련된 합리주의적 사고에 맞게 무한히 선한 신을 세계에서부터 규명하고 싶었고, 반대로 세계는 무한히 선한 신에서부터 설명하고자 했다.

라이프니츠가 세계 체계의 구축에 사용한 주춧돌은 다른 경우도 그렇지만 그만의 새로운 것이 아니었다. 그는 일찍이 수학자이자 발명가인 스승 에르하르트 바이겔(1625~1699)을 통해 피타고라스학파의 고대 사상을 잘 알고 있었다. 피타고라스학파에 따르면 우리의 우주는 하나의 거대한 조화로 이루어져 있고, 그 조화는 수로 구축되어 있고, 수로 인식할 수 있다. 라이프니츠는 바쁜 삶 속에서 무엇을 배우고 연구하고 읽고 들었든지 간에 늘 피타고라스학파의 이 인식을 머릿속에 새기고 있었다. 청소년 시절부터 품었던 〈사고의 알파벳〉이라는 꿈도 결코 포기한 적이 없었다. 숫자로 표현되건 단어로 표현되건 세계는 명확한 구조를 갖고 있다는 것이다. 인간이 이 구조의 설명에 사용하는 수 체계가 정밀할수록 우리의 인식도 그만큼 더 진실해진다. 다른 어떤 것보다 라이프니츠의 사유에 더 많은 영향을 준 것이 바로 고대에 뿌리를 둔 이 계획이었다. 그사이 철학자들은 충분히 그럴 만한 이유에서 이 계획을 포기했지만, 오늘날에도 여전히 많은 수학자들이 이 계획에 집념을 불태우고 있는 것이 사실이다.

라이프니츠가 평생 동안 세계를 구축하면서 마법처럼 우주적 조화를 불러낸 것은 17세기의 혼란상에서 얻은 인식이 아니었다. 그의 우주적 조화는 수의 관계야말로 서로 조화롭게 질서를 이루고 있다는 피타고라스의 생각에서 나왔다. 음악적 조화를 울려 퍼지게 하는 것은 세계의 중심적 질서 체계다. 라이프니츠는 이렇게 정의한다. 〈조화란 다양성 속의 통일성이다.〉[47] 조화는 모든 것을 관장한다. 창조의 질서도, 개인의 내적 질서도, 감각과 사고의 질서도, 그리고 경우에 따라선 인간의 공동생활까지.

신의 원리들

바로크 시대의 사상가들이 무한에 가까운 존경을 보인 것이 하나 있다면 그건 규칙과 원리였다. 건축술은 한눈에 조망할 수 없는 거대한 형식적 규칙서였고, 건축가는 이상적인 대칭을 이룬 도시와 요새를 설계했다. 문학과 음악의 세계는 엄격한 기법과 분류 체계, 사용 설명서로 채워져 있었다. 프랑스에서는 규칙 드라마가, 독일에서는 슐레지엔 사람인 마르틴 오피츠(1597~1639)의 규칙 시학이 유행했다. 흐름이 이렇다 보니 철학자들이 규칙과 규범, 원리에 천착하는 것을 자신의 사명으로 받아들인 것은 놀라운 일이 아니다. 그들은 그것들의 형이상학적 뿌리를 더 한층 공고히 다지고자 했다. 그들이 한결같이 찾았던 것은 관념적인 것의 세계를 이루는 비밀스러운 토대였다.

그와 함께 라이프니츠의 계획도 명확해졌다. 겉으로만 혼란스러워 보이는 세계 속에서 조화를 발견하고, 사물들의 다양성 속에서 통일성을 탐지하고, 산란하고 어수선한 것들 속에서 만물을 다시 하나로 묶는 규칙과 법칙을 찾는 일이었다. 이는 데카르트와 스피노자도 이미 자기들만의 방식으로 시도했다. 하지만 라이프니츠에게는 선행자들의 시도가 만족스럽지 못하게 느껴질 이유가 충분했다. 정신과 물질을 선명하게 구분한 데카르트의 이원론에는 둘 사이를 이을 튼튼한 다리가 없었다. 만일 개가 물질이자 영혼 없는 자동 기계에 불과하다면 어째서 예전에 한번 맞아본 몽둥이를 보고 겁을 먹는 것일까? 단순한 물질이 어떻게 기억과 두려움, 희망을 가질 수 있을까? 데카르트는 정신과 물질이 만나는 지점을 제대로 파악하지 못했다. 그렇다고 스피노자의 일원론이 만족스러운 것도 아니었다. 라이프니츠가 보기에 자연보다 더 크지 않은 신은 너무 차갑고 무심하고 비도덕적이고 비기독교적이다. 게다가 인간이 단순히 유한한 물질에 지나지 않는다면 그 얼마나 왜소한가? 개개인의 유일무이한 특성은 어디로 가고, 인간의 불멸성은 어디 있단 말인가?

스피노자와 마찬가지로 라이프니츠의 체계도 위에서 아래로 내려온다. 가장 높은 본래의 자리에 신이 있다. 〈신은 있을 수 있는 최상의 조화와 아름다움으로 세상 만물을 창조했다.〉[48] 그럼에도 세상에 부조화와 추함이 존재한다면 그건 오직 그림자 없이는 빛이 인식될 수 없기 때문이다. 따라서 조화란 〈모순이 없는 단일한 형태〉를 의미하는 것이 아니다. 조화는 무한한 다양성과 대립성이 한데 어울려 화음을 이룸으로써 그로부터 더할 나위 없이 거대하고 완벽한 통일성이 생겨나는 것을 의미한다. 이런 측면에서 보자면 이 세상의 질서는 완벽하다. 만일 신이 세계를 지금과 조금이라도 다른 형태로 창조했더라면 그것은 우리 것보다 덜 완벽한 세계였을 것이다. 신처럼 완벽한 존재라면 가능한 것들 가운데 가장 완벽한 것을 만들어 내는 것이 당연하다. 그렇지 않으면 완벽한 존재가 아닐 테니까.

여기까지는 기독교적이다. 하지만 여기서도 라이프니츠는 최소한 두 가지 점에서 기독교를 분명히 넘어서고 있다. 첫째, 인간이 보기에 세계가 그렇게 불완전하고 잔인하고 궁핍하고 절망적이라면 신이 이런 세계를 인간을 위해 창조했다고 할 수 있을까? 신이 오직 인간의 편의와 이익을 위해 세상을 창조했다는 것은 성경 창세기에 이미 확고하게 나온다. 하지만 라이프니츠는 인간의 그런 특별 지위를 인정하지 않는다. 세계는 식물에서 동물을 거쳐 인간에 이르기까지 생명이 있는 모든 존재의 것이다. 창조의 완벽함은 인간의 필요에 초점을 맞춘 것이 아니라 최대한 많은 종과 〈혼령들의 행복〉,[49] 다시 말해 지각 능력이 있는 모든 생물들의 행복에 초점을 맞추고 있다.

또 다른 비기독교적인 지점은 라이프니츠가 자신의 체계를 설명한 방법이다. 거기엔 신앙이나 기도가 들어설 자리는 없다. 라이프니츠 체계는 데카르트와 스피노자와 마찬가지로 지극히 냉철한 사고를 토대로 한다. 신은 무한히 선하고 지혜로울 뿐 아니라 헤아릴 수 없을 만큼 이성적이다. 그래서 인간은 이성적 사고로도 가장 훌륭하게 신을 가늠하고 신에게 다가갈 수 있다. 라이프니츠는 벨프 가문의 루돌프 아우구스트 공을 위한 글을 쓰면서 세계를 자신이 만든 계산기와 비슷한 디지털 기호 체계로 표현하자고 제안했다. 일자(一者), 즉 신은 1로, 무(無)는 0으로 표현하자는 것이다. 이는 그 이후 점점 새롭고 신기한 기기들과 구원의 약속으로 우리의 정신을 쏙 빼앗아 간, 오늘날 우리가 디지털화라고 부르는 거대한 흐름의 맹아 같은 아이디어였다. 그런데 다른 한편으로는 라이프니츠는 신의 인식 가능성을 아이작 뉴턴(1642~1726/1727)과 거의 같은 시기에 개발한 미적분과 연결시키기도 했다. 무한한 것조차 계산할 수 있다면 신의 영원한 합리적 조화 법칙이 세상 만물에 작용하고 있다는 것에 대한 증거가 아닐까?

기독교를 변호한 사람치고 그전까지 이런 수단을 사용한 사람은 없었다. 게다가 라이프니츠 당시에 고도로 발달한 물리학적 사고에 그처럼 급진적인 방식으로 집중한 사람도 없었고, 그처럼 엄격하게 보편 원리를 세운 사람도 없었다. 참인 진술에는 모순이 담겨 있어서는 안 된다는 원칙은 아리스토텔레스 이후 고전적 표준이었다(물론 륄과 쿠자누스는 이것을 조금 다르게 보기는 했지만). 그런데 라이프니츠 시대에 이르러 이 고전 원칙은 강한 의심에 직면했다. 프랜시스 베이컨은 논리학 일반에 불신을 드러냈고, 데카르트는 신이 지금까지 알려진 것과는 다른 논리학과 다른 수학을 만들어 냈을 가능성을 인정했다.

이런 생각들에 라이프니츠는 강력히 반대했다. 그가 보기에 모든 수학은 논리학에 기초한다(물론 오늘날 우리가 알고 있는 것과는 맞지 않는 생각이다). 수학 없이는 증명 이론과 발명 기술도 없다. 게다가 논리학과 수학이 우리의 세상에 존재하는 것과 다를 수 있다는 것도 그가 보기엔 터무니없는 생각이었다. 우리 세상이 가능한 모든 세계 중에서 최상이라면 논리학과 수학도 그 유형들 가운데 최상일 수밖에 없다. 그렇지 않다면 수학과 논리하저 합리성 속에 구현되어 있는 신은 다른 논리학과 다른 수학을 만들어 냈을 것이다. 따라서 전 세계는 필히 최상의 수학적 논리적 기본 구조로 이루어져 있고, 이 구조를 모순 없이 인식하는 사람만이 보편적 이성 진리를 인식한다.

그런데 라이프니츠는 우리에게 잘 알려진 무모순성의 원리 외에 또 하나의 원리를 세웠다. 충족이유율(充足理由律)의 원리다. 라이프니츠의 확신은 이랬다. 신은 어떤 일도 이유 없이 하지 않는다. 기분이나 변덕에 따라 행동한다면 신은 이성적이지 않고 미친 것이다. 그리되면 세상도 미친 세상이어서 인식과 파악은 불가능할 것이다. 하지만 우리의 세상은 그렇지 않다. 이 세상에서는 어떤 것도 이유 없이 일어나지 않는다. 그 이유라는 것은 신과 신의 무한히 이성적인 창조 계획과 관련이 있다. 신의 목적은 자연 속에 인과율, 즉 원인과 결과의 관계로 구체화되어 있다. 내가 그런 관계로 자연을 관찰하는 것, 예를 들어 물이 어는 온도나 광학과 역학의 법칙은 〈사실 진리〉다. 사실 진리는 충족이유율의 원리를 충족하고, 엄격한 논리성을 띠고 있지 않다는 점에서 〈이성 진리〉와 구분된다. 물이 0도에서 언다는 것이 10도에서 어는 것보다 더 논리적이지는 않기 때문이다. 사실 진리는 그저 무수한 경험에 일치하는 것일 뿐이다. 다만 우리는 거기서 신이 분명 그것을 원했을 거라는 결론을 끄집어낼 수 있다.

라이프니츠는 충족이유율의 원리로 데카르트로선 메울 수 없었던 연역적 논리학과 귀납적 실험 사이의 간극에 다리를 놓았다. 물리 실험을 한다는 것은 자연법칙을 설명하는 것이 아니라 자연법칙의 작용을 경험하는 것이다. 자연의 모든 과정은 신 말고는 누구도 완전히 파악할 수 없는 인과의 무한한 사슬 중 한 부분이다. 여기서 우리는 앞서 언급한 원리들 외에 또 다른 원리들을 알게 된다. 예를 들어, 자연에는 완전히 똑같은 두 개의 사물은 존재하지 않는다는 것이 그중 하나다. 라이프니츠는 벨프 궁정의 귀족들에게 정원에서 똑같은 잎사귀 두 개를 찾게 하고는 아무도 찾지 못하자 무척 즐거워했다고 한다. 또 다른 원리는 연속성의 원리다. 자연에는 비약이 존재하지 않고, 자연의 운동 과정은 모두 연속적으로 흘러간다는 것이다. 마지막으로 라이프니츠는 최상의 원리를 내세웠다. 신은 무한히 선하고 완벽하기에 신의 창조 역시 그럴 수밖에 없다. 신은 무한한 창조 가능성들 가운데 하필 우리 세계를 선정했다. 신 자신이 그것을 원했기 때문이다. 신은 무한한 힘으로 자신의 창조를 최상으로 실현해 놓았다. 그렇다면 깨어 있는 정신으로 탐구하는 사람이라면 피조물에 구현된 신의 뜻과 힘을 세상 곳곳에서 인지하는 건 놀라운 일이 아니다.

라이프니츠는 스피노자와 달리 신의 고유한 의지와 목적을 다시 인정했다. 그건 단순히 개인적 신앙심에서만 비롯된 일이 아니었다. 왜냐하면 라이프니츠는 이성(목적들의 제국)과 자연(원인들의 제국) 사이의 간극도 메우려고 했을 뿐 아니라 거기다 스피노자에게서는 인과율의 무한한 사슬 속에서 고약하게 잃어버린 개인의 유일무이한 특성도 구하고 싶었기 때문이다. 라이프니츠는 이 계획을 위해 1695년부터 좀 더 방대한 책을 세 권 쓰기 시작했다. 『자연의 새 체계*Neuen System der Natur*』, 『모나드론*Monadologie*』, 『자연과 은총의 이성적 원리*Prinzipie der Natur und der Gnade*』가 그것이다.

모나드

데카르트는 모든 물질적인 것을 〈연장된〉 것이라고 정의했다. 모든 물체는 크기와 형태를 갖고 있다는 말이다. 그런데 물리학자 라이프니츠에게 이 정의는 너무 단편적이다. 연장된 모든 것은 무한히 나누어질 수 있고, 그로써 〈실체〉가 아니라 하나의 배치, 또는 집합에 불과하기 때문이다. 들판의 돌들이 그런 집합이고, 그것들은 무수히 잘게 나누어질 수 있다. 물리적 물체를 가장 깊숙한 내면에서 단단하게 묶는 무언가가 있다면 그건 그 물체들의 에너지, 또는 힘이다. 작은 돌은 큰 돌을 굴릴 수 없다. 그에 필요한 힘이 없기 때문이다. 그렇다면 하나의 사물에 실체를 부여하는 것은 연장이 아니라 힘이다.

이는 물리학의 관점에서 보면 획기적인 사고였다. 물체가 데카르트의 경우처럼 더 이상 기하학적으로 규정되지 않고 마침내 물리학적으로 규정되었기 때문이다. 하지만 라이프니츠는 물리학자이기도 했지만, 일차적으로는 형이상학자였다. 그렇다면 그가 말한 에너지는 단순히 물리적 힘에 그치지 않고 순수 정신적인 것을 의미했다. 신에서 흘러나온 이 에너지는 모든 물체 속에서 작용할 뿐 아니라 물체를 자기 보존의 길로 나아가게 하거나, 좀 더 고차원적인 생명체의 경우엔 자기 완벽화의 길로 인도한다. 이런 사유는 새로운 것이 아니다. 그 옛날 아리스토텔레스도 모든 생명체는 각자 체질에 맞게 스스로를 실현하려 애쓴다고 말한 바 있다. 이후 자기 자신을 목표로 삼은 것(엔텔레케이아)은 철학적 전문 용어로 자리 잡았다. 라이프니츠는 이를 받아들여 신의 완벽한 창조에 관한 자신의 이론에 집어넣었다. 그 결과물이 바로 지극히 풍요로운 결실을 맺고 수많은 파장을 불러일으킨 모나드론이다.

라이프니츠가 어디서 〈모나드〉라는 말을 가져왔는지는 말하기 쉽지 않다. 앞서 살펴보았듯이 조르다노 브루노는 세계를 생명이 깃든 근원 물질의 다양성, 그러니까 모나드들의 집합으로 생각했다. 반면에 라이프니츠는 카르다노의 비슷한 구상을 언급하길 좋아했다. 그렇다면 라이프니츠의 모나드는 무엇일까? 그건 자기 자신을 보존하는 순수 정신적인 자동 기계다. 모나드는 감각과 지각을 비롯해 각자 상이한 복잡한 의식을 갖고 있다. 가령 식물은 원시적인 모나드이고, 동물은 진보된 모나드이고, 인간은 고도로 복잡하고 이성적인 모나드이고, 신은 가장 완벽한 모나드이다. 우리의 세계는 이러한 모나드들과 돌, 풀, 하천 같은 무수한 집합체들로 이루어져 있다.

그런데 순수 정신적이고 완전히 비물질적이라고 하는 모나드가 어떻게 나무나 개, 인간 같은 대상으로 세상에 존재할 수 있을까? 이유는 이렇다. 모나드가 마치 세속의 의복처럼 몸을 갖고 있기 때문이라는 것이다. 몸은 모나드가 자연 속에서 자신을 드러내고, 무언가를 인지하고 행동하기 위해 모나드가 입고 있는 옷이다. 모나드의 모든 내적 에너지, 그러니까 무언가를 느끼고 욕망하고 표상하고 기억하는 모든 능력은 그것을 담아 낼 그릇으로서 몸을 필요로 한다.

이는 모든 정신적인 것이 전기화학적으로 발생한다는 사실을 아는 오늘날의 시각에서 보면 생경한 생각이다. 우리가 볼 때 정신적인 것을 생산하는 것은 몸이지, 자연 속에서 자신을 실현하기 위해 몸을 이용하는 정신적인 것이 아니다. 살아 있는 자연에 대한 우리의 표상은 늦어도 다윈 이후로는 진화론적이다. 게다가 우리는 19세기 초부터 세계를 밑에서부터 위로 설명한다. 근원 물질에서 출발해서 인간의 의식으로까지 올라가면서 설명한다는 말이다. 이 과정에서 우리는 창발Emergency이라는 현상, 즉 여러 단계의 진화 단계를 거치는 동안 예견치 못했던 속성들이 불쑥불쑥 나타나는 현상을 만나게 된다. 이런 의미에서 무생물적 물질에서 생명이, 뇌의 신경 세포들에서 의식과 정신이 생겨났다. 오늘날의 우리는 이러한 자연 과학적 인식을 토대로 우리의 몸이, 더 정확하게는 우리의 뇌가 정신을 담는 그릇이라는 사실을 자명하게 받아들인다.

그러나 라이프니츠의 설명 모델은 정반대로 작동한다. 그는 위에서 세계를 내려다보면서 창발 대신 유출Emanation에 대해 이야기한다. 유출설은 신플라톤주의자 플로티노스에게서 시작해서 나중에 기독교로 스며들었다. 세상 만물은 〈일자〉, 즉 신적인 것에서 흘러나오고, 처음에는 정신적인 것이었다. 그러다 나중의 좀 더 깊은 단계에 이르러서야 물질적인 것이 추가되었다. 이러한 사고는 17세기에 널리 퍼져 있었다. 바로크 시대는 아직 오늘날과 같은 현대적 생물학을 몰랐기 때문이다. 앞서 보았듯이 그 시대의 유물론적 설명은 별로 유용하지 못했고, 역학 역시 생명의 설명에는 적절치 않았다. 그러다 보니 라이프니츠가 물질적인 것 대신 정신적인 것으로 시작한 것도 이상한 일이 아니다. 그의 모나드는 영혼이 깃들어 있고, 그 기원에 따르면 순수 정신적 원자다. 그런데 이렇게 원자 이야기를 한다고 해서 라이프니츠를 가상디나 홉스처럼 〈원자론자〉로 볼 수는 없다. 원자론자는 모든 자연이 물질, 즉 영혼 없는 원자로 이루어져 있다고 생각한다. 하지만 라이프니츠는 그에 대한 확신이 없었다. 그런 방식으로는 자연이 어떻게 정신과 의식을 만들어 냈는지 도저히 설명이 되지 않았다. 이는 신경 생물학적으로 많은 것이 밝혀진 우리 시대에도 완벽하게 해명된 문제는 아니다.

라이프니츠를 이해하려면 그가 어떤 철학적 논거를 갖고 위에서부터 아래로 걸어 내려갔는지 이해해야 한다. 우리가 우리 자신과 세계를 파악할 수 있는 것은 우리에게 의식 능력이 있기 때문이다. 그런 측면에서 세계는 〈우리 머릿속〉에 있다. 의식 능력이 있는 모나드가 없다면 세계도 없을 것이다. 다시 말해, 물리적 세계는 여전히 존재할 수 있겠으나, 라이프니츠의 표현대로 하자면 〈세계를 비추는〉 누군가의 머릿속에는 결코 존재하지 않을 것이다. 그런 점에서 세계는 모나드들의 의식 속에서 구체적으로 실현되고, 원래의 본질적인 것은 모든 것을 〈거울처럼 비추는〉 정신이다.

이런 생각은 오늘날의 자연 과학 교육을 받은 사람에게는 낯설고 〈비교(秘敎)적〉으로 느껴진다. 그러나 라이프니츠 본인은 자신의 체계 속에 자연 과학과 모순되는 것이 있다고 여기지 않았다. 아마 17세기 당시 뇌 연구에서 뭔가 주목할 만한 것이 있었다면 그는 분명 뜨거운 관심을 보였을 것이다. 당대의 〈생물학〉과 관련해서 결코 무지한 사람이 아니었기 때문이다. 그는 레이우엔훅의 현미경을 사용해서 막 발견된 정자들이 헤엄쳐 다니는 것을 보기도 했다. 생명의 원리는 곳곳에서 확인할 수 있었고, 모든 것을 관통하고 도처에 담겨 있었다. 그런 점에서 모든 모나드는 다른 수백만 개의 모나드로 이루어져 있는 게 분명하다. 곳곳에 생명이 존재하고, 그 생명은 다른 생명 속에서 살려고 한다. 〈물질의 가장 미세한 부분 속에 이미 창조된 존재들의 세계가 있다. 살아 있는 존재들, 동물들, 엔텔레케이아, 영혼들의 세계다. 물질의 각 부분은 화초가 가득한 정원이나 물고기가 그득한 연못으로 생각하면 된다. 하지만 가지 하나하나, 식물 하나하나, 동물의 팔다리 하나하나, 동물 몸속의 액체 한 방울 한 방울이 이미 하나의 정원이나 연못과 비슷하다.〉[50]

이처럼 세계란 무수한 모나드들이 들끓는 곳이다! 라이프니츠는 이렇게 쓴다. 스피노자가 〈이해도 안 되는 빈약한〉 증거들을 내세워 주장한 신-자연이라는 하나의 거대한 통일체는 존재하지 않는다. 우리는 곳곳에서 에너지를 사용해 스스로를 조직하고, 영혼을 만들어 내고, 개체로서 서로 구분되는 통일체들을 만난다. 이 속에서 수많은 중요한 과정들이 무의식적으로 진행된다. 그에 반해 인간처럼 복잡한 모나드들은 세계와 자기 자신에 대한 의식을 만들 수 있다. 의식이 만들어지면 모나드의 〈고통스러운〉(느끼는) 상태는 〈활동적인〉(생각하는) 상태로 넘어간다. 그러나 내가 아무리 많은 것을 생각하더라도 나의 의식은 하나의 감옥이기도 하다. 내 의식의 한계가 내 세계의 한계이기 때문이다.

이런 의미에서 라이프니츠는 모나드를 가리켜 〈창이 없다〉고 했다. 내 의식을 벗어나 밖을 내다보는 것은 불가능하다는 뜻이다. 모든 의식은 자기 자신밖에 아는 게 없다. 육신의 죽음으로 의식의 강물이 완전히 마르면 우리는 깊은 수면에 빠진다. 이제 우리의 의식은 식물의 의식과 비슷해진다. 결국 죽는 것은 모나드가 아니라 그것의 육체적 껍데기뿐이다. 그렇다면 모나드가 혹시 깊은 잠에서 깨어날 수도 있을까? 일회적이건, 아니면 지속적인 부활의 형태로건? 그에 대한 라이프니츠의 대답은 명확하지 않다. 다만 분명한 것은 그가 이 지점에서 기독교로부터 아주 멀어졌다는 사실이다. 어떤 예수도 모나드를 구제하지 못하고, 어떤 〈구원〉도 천국을 약속하지 못하는 상황에 이르렀으니 말이다.

그런데 모나드에 창이 없다면 그것들은 서로 어떻게 주고받을까? 대화를 비롯해 결투 같은 육체적 만남이나 애무, 성행위에서는 어떤 일이 일어나는 것일까? 여기서도 라이프니츠는 우리가 자신의 의식에 갇혀 있다고 말한다. 우리의 몸 집합체들이 인과 관계로 엮여 있는 것은 맞지만, 실제로 서로 교환이 이루어지는 것이 아니라 우리의 의식 속에서만 다른 것들과 교환이 이루어질 뿐이라는 것이다. 라이프니츠가 볼 때 그 이상은 필요하지 않다. 왜냐하면 하위 모나드들을 거느린 무수한 모나드 속의 단위 세계들 뒤에는 신의 계획이 자리하고 있기 때문이다. 모든 것은 예정된 조화 속에서 서로 최상으로 맞추어져 있다. 육체와 영혼, 그리고 원인의 세계와 목표의 세계가 각각의 모나드 속에서 완벽하게 상호 작용한다면 그건 우주 전체가 그런 방식으로 완벽하게 설계되어 있기 때문이다. 우리는 가능한 최상의 통일성에서 가능한 최상의 다양성을 도처에서 만난다. 바로 이 상태를 라이프니츠는 〈조화〉라고 부른다.

라이프니츠는 신의 무한한 지혜와 조화에 대해 말할 때면 마치 저 높은 곳에서 아래를 내려다보듯이 말한다. 흡사 신의 세계 계획을 그려서 우리에게 설명해 주는 신의 사무국 직원 같다고 할까! 그러나 라이프니츠 역시 모든 모나드가 그러하듯 제한적 인식 능력을 가진 하나의 모나드에 지나지 않는다. 그래서 자신이 꿰뚫어 보지 못하는 무의식적인 충동에 구속되고, 자신이 간파하지 못하는 생각들로 가득 차 있다. 왜냐하면 가능한 모든 생각을 간파하고 모든 인과 고리를 깨닫는 것은 오직 완벽한 신-모나드만 가능한 일이기 때문이다. 그렇다면 라이프니츠같이 똑똑한 인간이 보편적 통찰에 이르는 방법은 무엇일까? 또 우리는 어떻게 그럴 수 있을까?

라이프니츠는 이 문제를 두고 고민에 고민을 거듭했다. 어떻게 하면 세계에 대한 명확하고 논리적이고 확실한 진술에 이를 수 있을까? 그는 호기심 어린 마음으로 한자(漢字)를 비롯해 세상의 모든 언어를 연구했다. 그 과정에서 언어의 기원을 탐색했고, 태곳적의 인간들이 어떻게, 그리고 왜 〈자연스러운 충동에 따라 소리를 감정과 마음의 움직임으로 분류하려고〉[51] 했는지 알아내려 했다. 그는 생각과 감정을 표현하는 적합한 도구로서 언어를 가꾸어 나가고 싶었다. 특히 문학이라는 수단을 통해. 또한 학문 영역을 위해 정밀 언어를 발전시킬 꿈도 갖고 있었다. 청소년기부터 품어 온 〈사고의 알파벳〉과 비슷한 언어였다. 이런 언어의 과제는 분명했다. 인간이 스스로 타고난 이성 진리의 관념들을 표현하거나, 아니면 라이프니츠 본인의 말에 따르면 인식을 〈자신의 내면에서 끄집어낼 수 있도록〉 도와야 한다는 것이다.

인간은 신과 같은 포괄적인 통찰력이 없기에 임시변통으로 〈상징〉에 의지할 수밖에 없다. 그러니까 〈단어, 철자, 화학 부호, 천문학적 도형, 한자 모양, 상형 문자, 음표, 암호문, 산수와 대수〉[52] 같은 기호들에 의지할 수밖에 없다는 것이다. 이것들은 〈기계적 실마리〉로서 빈약한 인간 오성의 사고를 돕는다. 그런데 〈계산 언어〉의 조건에 관한 라이프니츠의 연구가 아무리 흥분되는 일이라고 하더라도 보편 언어를 찾는 데는 성공하지 못했다. 그건 라이프니츠 이후에도 마찬가지였다. 예를 들어 20세기 들어 논리 실증주의의 빈 학파가 1924년부터 1936년까지 12년 동안 비슷한 계획을 세웠지만 역시 실패하고 말았다.

그런데 인간의 사고가 신의 관념이나 설계에 어떻게 적합할 수 있을까 하는 물음은 라이프니츠 인식론에서 두 가지 거대한 문제 중 하나일 뿐이다. 두 번째 문제 역시 아주 거대한 주제를 담고 있다. 이런 식이다. 인간 모나드는 신에 의해 완벽하게 설계되고 고안된 세계에서 어떻게 자기만의 고유한 생각을 가질 수 있을까? 세상 모든 일이 이미 완벽하게 예정된 기본 계획의 일부라면 과연 내 마음대로 생각할 자유라는 게 있을까? 아주 오래된 철학적 질문으로 환원하자면, 자유는 어떻게 가능할까?

인간의 자유에 대한 의심

포르루아얄 데 샹 수도원은 오늘날 폐허로 남아 있다. 옛 예배당만이 베르사유 남서쪽 초록빛 구릉지에 아직 온전한 모습으로 서 있다. 1710년 루이 14세의 군대는 이 지역을 무자비하게 짓밟았다. 네덜란드 신학자 코르넬리우스 얀센(1585~1638)의 지지자들인 얀센주의자들을 박멸하기 위해서였다. 그전까지 이 수도원은 안젤리크 아르노(1591~1661) 원장 아래서 지성의 전성기를 구가했다. 라이프니츠가 나중에 파리에서 알게 되었다는 유명한 앙투안 아르노의 누나 안젤리크 수도원장은 극작가 장 라신(1639~1699)을 비롯해 당대의 뛰어난 사상가들을 불러 모았다. 그중에서 가장 유명한 사상가는 시대의 신동 소리를 듣던 젊은 블레즈 파스칼(1632~1662)이었다. 파스칼은 라이프니츠보다 먼저 초보적인 계산기를 발명했고, 기하학과 입체기하학, 확률론을 당대 최고의 수준에서 연구했으며, 진공의 생성 과정을 물리학적 방법으로 증명하고자 했다. 그러다 갑자기 스물두 살에 종교에 빠져 포르루아얄 수도원의 얀센주의자들과 가까워지려 했고, 이들과 마찬가지로 성직자들, 특히 예수회원들의 도덕적 타락을 신랄하게 비난했다.

파스칼은 얀센주의자들이 교황 인노첸시오 10세에 의해

이단으로 선고받을 무렵에 그들과 합류했다. 그런 식의 금지는 그의 신앙을 더욱 급진적으로 만들었다. 파스칼은 『시골 친구에게 보낸 편지*Briefen in die Provinz*』에서 예수회의 관용*을 맹렬히 비난하면서 엄격한 가톨릭적 생활 방식을 요구했다. 파스칼이 『시골 친구에게 보낸 편지』로써 개입하게 된 얀센주의와 예수회 사이의 갈등은 스페인 예수회 신학자 루이스 데 몰리나(1535~1600)의 자유 구상이 그 계기였다. 몰리나에 따르면, 전지전능한 신은 인간 개인이 자유로운 결정을 내릴 수 있도록 세계를 창조해 놓았다. 인간이 어떤 결정을 내릴지 신이 미리 알고 있다고 해서 그런 자유가 부정되는 것은 아니다. 신은 인간의 결정들을 알지만 조종하지는 않는다. 몰리나의 이런 구상은 예수회원들 사이에서 들불처럼 번져 나갔다. 반면에 그들의 경쟁자인 도미니크회는 그 구상에 분노했다. 이런 상황에서 코르넬리우스 얀센이 아우구스티누스의 은총론을 들어 몰리나의 입장을 공격하자 갈등은 격화일로로 치달았다.

얀센과 마찬가지로 파스칼도 인간 운명의 선결정론을 옹호했다. 그런데 그 과정에서 믿음과 이성 사이의 마찰을 해소하기란 쉽지 않았다. 이성적으로 따져 보면, 신의 실존을 부정하는 논거는 최소한 신의 실존을 긍정하는 논거만큼이나 많았다. 이런 상황에서 파스칼이 신의 실존에 손을 들어 준 것은 일종의 도박이었다. 그러니까 개연성의 규칙에 따를 때 신이 없다는 쪽에 거는 것보다 신이 있다는 쪽에 거는 것이 결국 더 낫다는 것이다. 신이 있다는 것에 대한 이런 간명한 결정은 타인의 신앙이나 불신앙과 관련해 상당히 자유주의적이거나 관대한 태도를 취할 것으

* 자신들의 정치적 목적이나 명예를 위해서라면 살인까지 용인하는 예수회의 관용적 태도를 가리킨다. 그에 대해 파스칼은 이렇게 점잖게 충고한다. 〈생명의 위협을 받지 않는데도 명예나 재산의 상실이 두려워 살인을 허용하거나 묵인하는 법률은 없습니다. 신부님, 믿음이 없는 사람들도 그렇게 하지는 않습니다.〉

로 예상할 수 있지만, 실상은 그렇지 않다. 파스칼의 신앙은 깜짝 놀랄 정도로 비타협적이었다. 그러니까 신앙을 한번 받아들인 이상 초지일관으로 밀고 나갔고, 그 과정에서 걸림돌이 되는 것들에는 한 치의 관용도 베풀지 않았다!

예수회원들은 모든 인간이 자기 자신의 자유로운 주인이라고 선언한 반면에 파스칼은 예정설을 믿었다. 물론 루터나 칼뱅만큼 완고하게 믿은 건 아니었다. 신이 우리의 구원을 미리 결정해 놓았다고 하더라도 우리는 전력을 다해 신의 결정을 뒷받침해야 한다는 것이다. 그렇지 않으면 우리는 신의 은총을 잃을 수도 있다. 〈우리 없이 우리를 창조한 존재가 우리 없이 우리를 구원할 수는 없기〉 때문이다.

파스칼은 오늘날의 우리에게 은총론으로 유명한 것이 아니라 『종교와 몇몇 다른 문제들에 관한 사유*Pensées sur la religion et sur quelque autres sujets*』(줄여서 보통 『팡세』라고 부른다)에 실린 섬세한 감각의 심오한 경구들로 유명하다. 신을 안 믿는 사람들을 악마라 부르며 저주를 퍼붓던 사람이 우리의 마음을 그렇게 인간적으로 만드는 온갖 모순적인 힘들을 잘 이해하는 위대한 심리학자이기도 했던 것이다. 그는 한편으론 〈오성이 알지 못하는 이유가 우리 가슴속에 있다〉고 하면서도[53] 다른 한편으론 오성의 하찮음에도 불구하고 계속 오성을 사용할 것을 권한다. 〈통찰력이 많아질수록 인간 속에서 위대함과 비천함을 더 많이 발견할 수 있다.〉[54] 라이프니츠도 1669년에 출간된 『팡세』의 적지 않은 대목에 깊은 감명을 받았다. 그중 하나가 이런 문장이다. 〈운동은 우리의 본성이고, 완전한 멈춤은 죽음이다.〉[55] 특히 라이프니츠의 가슴에 와 닿은 글귀는 이렇다. 〈통일성으로 이어지지 않는 다양성은 혼란을 낳고, 다양성에 기초하지 않은 통일성은 독재를 낳는다.〉[56] 이런 점들을 감안하면 젊은 라이프니츠가 처음에 『팡세』

를 치켜세운 것은 놀라운 일이 아니다. 그러나 인간의 통찰력에 대한 파스칼의 비판에는 동조하지 않았고, 자유에 대한 깊은 회의에 대해서는 더더욱 말할 필요가 없었다.

파스칼처럼 인간의 자유에 대해 의심하는 것은 종교적으로 매우 불안정한 17세기에는 결코 이례적인 일이 아니었다. 고대의 여러 철학자들을 비롯해 토마스 아퀴나스, 요하네스 둔스 스코투스, 오컴의 윌리엄 같은 중세의 많은 사상가들도 별다른 성과는 없었지만 다음의 문제들과 씨름했다. 인간에게 주어진 선택의 자유는 전지전능한 신에 의해 모든 게 정해져 있다는 세계 구상에 어떻게 들어맞을까? 르네상스가 개인을, 그것도 자기 자신의 주인으로서 복잡한 심리 구조를 가진 인간을 발견했다고 해서 이 문제에 돌파구가 열린 것은 아니었다. 에라스뮈스는 개인의 자유를 옹호한 반면에 루터와 칼뱅은 종교적인 논거로, 폼포나치는 물리학적 논거로 그 자유를 부정했다.

가능한 것의 자유

인간의 자유에 대한 물음은 전쟁과 소요로 상처가 깊었던 17세기의 여러 문제 중 하나였다. 이 문제와 관련해서 선명한 피아 구분은 종교 진영도 그대로 관통했다. 독일에서는 제화공 야콥 뵈메(1575~1624)가 자유의 문제에 대해 자신만의 생각을 구축해 나가고 있었다. 괴를리츠의 독학자였던 그는 1612년, 그러니까 30년 전쟁 발발 6년 전에 『오로라, 또는 떠오르는 아침노을*Aurora, oder Die Morgenröte im Aufgang*』을 발표해서 가톨릭의 반종교 개혁 세력과 프로테스탄트들의 도그마적인 이념에 반대했다. 이 저서는 재빨리 사람들에게 불신을 야기하면서 저자를 곤경에 빠뜨렸다. 그러나 적대적인 눈길과 저술 금지조차 독실한 제화공의 개인적인 연구 활동을 막지는 못했다. 뵈메는 이후의 많은 저술들에서 마이스터 에크하르트, 륄, 쿠자누스, 제바스티안 프랑크, 발렌틴 바이겔처럼 외면의 기독교가 아닌 〈내면의〉 기독교를 부르짖었다. 게다가 이른바 〈신비주의자〉라고 하는 이들이 모두 그러하듯 신을 모든 인간의 영혼 속에 작용하는 〈무근저(無根底) Ungrund〉로 보았다. 그가 볼 때 신은 천상의 권위도 아니고, 세속의 심판자나 세상의 조종자도 아니다. 또한 빛과 어둠도 아니고, 사랑과 분노도 아닌 영원한 일자일 뿐이다. 인간은 그런 신을 〈자기 안에서〉, 그리고 생명이 깃든 모든 피조물 안에서 발견한다. 마이스터 에크하르트와 마찬가지로 뵈메도 자신의 철학에 적합한 독일어 단어들을 직접 만들어 내야 했다. 또한 반복된 새로운 시도 속에서 데카르트처럼 정신과 물질의 부족한 연관성에 골몰했고, 나중에는 파스칼처럼 인간의 마음에 존재하는 수많은 모순을 깨달았다.

이런 과정에서 뵈메를 사로잡은 것은 인간의 자유 문제였다. 그에게 신은 전지전능한 권위가 아닌 영혼의 〈무근저〉였기에 자유의 문제도 신플라톤주의나 에크하르트, 쿠자누스와 비슷한 방식으로 풀어 나갔다. 즉, 인간은 자신의 영혼 속으로 점점 깊이 들어가 신을 찾을수록 더더욱 자유로워진다는 것이다. 이로써 자유는 세계 질서의 문제라기보다 오히려 개인적 자기 관계의 문제로 바뀌었다.

뵈메의 저술은 영국과 미국의 퀘이커파와 독일 경건주의에 많은 영향을 주었고, 스칸디나비아와 러시아에까지 전파되었다. 라이프니츠도 뵈메의 저술을 읽지 않았더라면 우리가 아는 라이프니츠가 되지 못했을 것이다. 그는 뵈메를 〈선하고 신실한 옛 독일인〉이라고 부르면서 그의 독일어 사용을 칭찬했다. 물론 배운 것도 없는 일개 제화공이 그런 훌륭하고 뛰어난 글을 쓴 것을 인정하는 그의 태도에는 나름의 거만함이 없지 않았다. 어쨌든 라이프니츠는 뵈메를 루터의 지지자들과 맞서 싸우는 전선에서 우군으로 여겼다. 뵈메가 쓴 『예속된 의지*Über den geknechteten Willen*』를 일찍이 읽었기 때문이다. 라이프니츠는 인간의 의지가 미리 결정되어 있다는 루터의 학설을 배척했다. 물론 처음에는 무언가 다른 뾰쪽한 해결책이 있었던 것은 아니었다.

그 해결책은 많은 사상가들이 갈망했다. 그러나 대부분의 구상은 좋지 않았다. 라이프니츠가 보기엔 플랑드르-네덜란드 출신의 신학자 아르놀트 휠링크스(1624~1669)가 잡은 방향도 완전히 불가능한 길이었다. 휠링크스는 데카르트처럼 몸과 정신을 엄격하게 구분하면서 둘 사이에 어떤 연결도 인정하지 않았다. 대신 몸과 마음을, 동시에 흘러가지만 완전히 따로따로 돌아가는 정확하게 똑같은 시계 두 개에 비유했다. 우리가 손가락을 칼로 벨 경우 우리의 정신 속에서는 무언가 특별한 연상, 즉 통증이나 부상에 대한 두려움이 일어난다. 하지만 몸과 정신의 이런 연결은 자동으로 일어나는 것이 아니다. 휠링크스에 따르면, 이러한 전이는 〈기회 있을 때〉 개입해서 그것을 조장하는 신의 산물이다. 휠링크스의 기회원인론은 사실 임시방편에 지나지 않았음에도 당시 무척 영향력이 컸던 철학자 니콜라 말브랑슈를 설득시켰다. 라이프니츠가 1675년 파리에서 만난 뒤로 활발하게 편지를 주고받은 인물이다.

아무튼 자유의 문제와 관련해서는 곳곳이 지뢰밭이었다. 기회원인론자들은 신이 인간의 삶에 무수히 개입한다고 주장하지만, 라이프니츠는 그걸 도저히 받아들일 수 없었다. 그렇다고 스피노자의 냉정한 신, 그러니까 무한한 신적 세계 속에서 인간을 〈유한한 형태〉로 만든 신이 딱히 마음에 드는 것도 아니었다. 스피노자에 따르면 인간에게는 오직 자기 자신을 더 잘 인식할 자유만 남아 있었다. 의지의 자유니 행동의 자유니 하는 것은 논외에 가까웠다. 그렇다고 라이프니츠가 보기에 뵈메의 〈내면적인 자유〉가 대단하게 여겨지는 것도 아니었다. 그건 너무 신비주의적이고 모호하고 사변적이었다. 게다가 파스칼의 사유가 깊이 배어 있고, 인간의 자유를 그저 처음부터 주어진 것으로 환원하는 얀센주의자들의 은총론도 라이프니츠로선 받아들일 수가 없었다.

파스칼은 인간의 합리적 정신이 위대한 진리들을 인식하기에는 턱없이 작고 허약하다고 생각했다. 라이프니츠가 평생 품었던 생각과는 정반대되는 의견이다. 프랑스 철학자 피에르 벨(1647~1706)이 1697년 자신의 책 『역사 비평 사전*Dictionnaire historique et critique*』에서 재차 그런 입장을 표했을 때도 라이프니츠는 그에 동조하고픈 마음이 전혀 들지 않았다. 벨은 각각의 의견에 같은 수준의 반대 의견들을 나열했고, 이른바 확실한 것으로 알려진 사실들에 다른 확신들을 대비함으로써 그 확실성에 의문을 제기했다. 벨이 보기에도, 인간 정신은 기껏해야 날카로운 비판만 할 수 있을 뿐 영원한 이성 진리를 인식할 수는 없었다. 그래서 그는 위대한 라이프니츠를, 특히 그의 〈예정 조화설〉을 비판적 현미경 아래에 놓고 꼼꼼히 살펴보는 것을 주저하지 않았다.

라이프니츠는 이 프랑스 회의론자가 만만찮은 적수임을 재빨리 알아보았다. 이런 사람을 상대로 자신의 입장을 증명하는 것은 쉽지 않았다. 라이프니츠는 프랑스인 말브랑슈와 벨과는 형이상학 문제로 싸웠고, 나중에 보게 되겠지만 영국의 아이작 뉴턴과 니콜라 파티오 드 뒬리에와는 물리학 문제로 싸웠다. 자유 문제와 관련해서 라이프니츠의 출발점은 몰리나를 떠올리게 한다. 예수회원인 몰리나에 따르면 신은 모든 것을 알지만 결정하지는 않는다. 라이프니츠도 비슷한 식으로 표현했다. 신은 세계의 흐름을 미리 보지만, 그대로 확정하는 것이 아니라 그냥 그 흐름에 적응할 뿐이라는 것이다. 라이프니츠의 자유 논증은 형이상학적이면서 동시에 심리학적이다. 설명하자면 이렇다. 세계는 모나드들의 의식 속에 비쳐진 가능성들의 우주다. 따라서 의식이 있는 모나드는 많은 가능한 세계를 떠올릴 수 있고, 그와 함께 있을 법한 수많은 행동 가능성을 상상할 수 있다. 모나드의 자유는 이 무한한 상상의 세계에 기초한다. 신이 원한 것도 다른 모습이 아니다. 이 자유를 허용한 것이 신이기 때문이다. 물론 신은 모나드가 〈미래에 어떤 선택을 할지〉 분명히 예견하고, 〈그 때문에 늦지 않게 그런 선택들에 맞도록 예정된 것을 맞추기로 마음먹는다〉.[57]

그렇다면 엄밀히 말해서, 자유로운 것은 현실적인 것이 아니라 가능한 것일 뿐이다. 이를 악의적으로 해석하면, 라이프니츠가 여기서 일종의 반동적 기회원인론까지 옹호하고 있다고 할 수 있다. 즉, 신은 세계 과정의 기본 계획을 변경한다는 것이다. 그것도 의식이 있는 모나드들의 행동에 따라서 말이다. 그런데 의식 있는 모나드들의 가능성 우주는 원칙적으로 미리 잘 짜여 있다. 모나드들은 원래적인 의미에서 모두 동일한 것을 원하기 때문이다. 라이프니츠에 따르면 그건 바로 선이다! 전쟁의 참화가 곳곳을 할퀴고 지나간 17세기에 이만큼 현실과 동떨어진 가정이 있을까! 이 선은 스피노자가 말하는 선, 즉 자기 보존과 자기 확인, 자기 인식이 아니다. 라이프니츠의 선은 플라톤 이후의 모든 철학이 알고 있고, 일반적으로 다른 모든 것 위에 군림하는 이상적 선이다. 시간을 초월한 이성 진리가 아니면 무엇이 인간의 도덕적 행위에 동기를 부여하겠는가? 플라톤처럼 라이프니츠의 선도 다른 모든 것보다 크고 위대하다. 심지어 신보다도 위대하다. 선을 욕망하는 건 신의 소관이 아니기 때문이다. 선은 이미 신 안에 항상 존재해 왔고, 존재하고 있다.

신의 창조 안에 있는 모든 것이 선의 완전함으로 나아가듯 라이프니츠의 인간 역시 자기 완전화의 길을 추구한다. 추구, 완전함, 선은 하나의 통일체를 형성한다. 이것이 바로 원리와 자연 법칙을 토대로 작성된 세계의 형이상학적 헌법 전문(前文)이자, 라이프니츠의 『변신론*Theodizee*』, 즉 신이 세계의 경로를 어떻게 예정해 놓았는지를 설명한 책의 핵심이다. 모든 형이상학적인 것은 이 목적을 따르고, 모든 인과적인 것은 이 목적을 세계 속에서 실현하고, 의식이 있는 모든 모나드는 가능성의 테두리 안에서 선을 향한 결연한 의지로 이 목적을 수행해 나간다. 라이프니츠는 수십 년 동안 초지일관 흔들림 없이 이 구상을 지켜 나갔다. 즉, 선은 본래의 세계이고, 악은 이것 없이는 선의 형체가 드러나지 않는 필요악이다.

훗날 18세기의 볼테르는 우리 세상이 가능한 모든 세계 가운데 최상이라는 주장을 웃음거리로 만든다. 소설 『캉디드 *Candide*』에서 인간의 코가 안경을 쓰기에 더할 나위 없이 적합하게 만들어져 있다며 조롱한 것이다. 심지어 19세기의 아르투어 쇼펜하우어는 이 세계를 〈가능한 모든 세계 가운데 최악〉이라고 부른다. 이런 미래의 굴욕 외에 라이프니츠는 현실 세계에서도 굴욕을 당한다. 베를린의 프로이센 궁정과 러시아 표트르 대제의 궁정에서 개인적으로 가장 큰 사회적 성공을 맛본 뒤, 고향 하노버에서 익히 겪어 본 적이 없는 수모를 당한 것이다. 벨프 공작은 여전히 완성되지 않은 가문의 역사서를 끝낼 것을 요구하면서 라이프니츠에게 녹봉을 중단해 버린다. 이렇게 해서 그는 찬밥신세가 되어 씁쓸하게 물러난다. 그러다 1716년 위대한 라이프니츠의 모나드는 영원히 잠들었으니…….

통제된 권력

맘스베리의 홉스 씨 / 리바이어던 / 자연에서 국가로 / 계약과 법

맘스베리의 홉스 씨

〈강대국 프랑스와 네덜란드가 그렇게 열성적으로 노력해도 소용이 없었고, 스코틀랜드 민족이 그렇게 강하게 외쳐도 소용이 없었으며, 왕비인 그의 아내는 의회에, 왕자인 그의 아들은 군대에 그렇게 애원했지만 소용이 없었고, 적지 않은 지지자들이 그를 구하기 위해 곳곳에서 일어났지만 소용이 없었으니…….〉 독일 시인 고트프리트 아우구스트 뷔르거가 1793년 『영국 공화국*Die Republik Englands*』에서 그 엄청난 역사적 사건을 극적으로 묘사한 대목이다. 영국 왕 찰스 1세가 유럽 군주로는 역사상 최초로 단두대에 오른 사건이었다. 이로써 〈왕좌는 백성들의 총애가 아니라 오직 신으로부터 부여받은 절대 권리라는 고대 아시아 왕들의 믿음은 전복되었고(……) 그의 불행한 머리는 1648년 1월 30일 최고인민법원의 도끼 아래 떨어져 나갔다. 별 쓸데도 없는 그 믿음과 그에 따른 계획만 없었더라면 찰스 1세는 신랄한 적들조차 부인하지 못하는 몇 가지 좋은 품성과 행복의 광채 속에서 왕좌를 끝까지 지킬 수 있었을 것이다.〉[58]

찰스 1세의 처형은 유럽 역사에선 하나의 전환점이었다. 신의 은총을 받았다는 통치자가 어떻게 인간들로부터 극심한 미움을 받고, 이 우주의 창조주조차 그를 구할 수 없는 지경에까지 이르렀는지 온 세상이 두 눈으로 똑똑히 확인하게 되었다. 수년간의 내전 끝에 반역죄로 기소된 찰스 1세는 새로 설립된 최고법원에서 재판을 받았고, 법원은 왕을 새로 지은 왕실 연회장 앞의 처형장으로 보냈다. 이제 영국의 새로운 지배자는 시민 출신의 올리버 크롬웰이었다. 그는 호국경(護國卿)이라는 이름으로 9년 동안 영국을 통치했다.

왕의 재판과 처형 과정을 면밀히 추적한 시대의 증인 중한 사람이 토머스 홉스(1588~1679)였다. 참으로 파란만장한 시대의 증인이었다. 홉스는 데카르트보다 8년 먼저 태어나 스피노자보다 2년 늦게 죽었다. 그가 아흔한 살에 영국 더비셔 백작령에서 눈을 감았을 때 라이프니츠는 이미 하노버 벨프 공작의 궁정에서 총애 받는 유명 인사였다. 홉스는 30년 전쟁과 영국 내전을 비롯해 총 스무 번의 전쟁을 겪었고, 사회적 대변혁과 런던의 흑사병, 대화재를 목격했다. 또한 영국 사회는 그가 죽기까지 절대왕정과 크롬웰의 〈코먼웰스〉,* 장로파 박해, 가톨릭교도 탄압, 그리고 마지막에는 찰스 2세의 가톨릭 재건을 경험했다. 홉스는 그런 세기의 이지적 증인이었다.

그는 영국 남부 윌트셔 백작령의 맘스베리에서 시골 목사의 아들로 태어났다. 1588년 4월 5일 성금요일이었는데, 스페인 펠리페 2세의 무적함대가 리스본에서 영국으로 출정하기 두 달 전이었다. 홉스는 훗날 이렇게 썼다. 〈당시 어머니는 나만 낳은 것이 아니라 공포라는 쌍둥이까지 낳았다고 해도 될 만큼 (……) 두려움에 떨었다.〉[59] 그럼에도 홉스는 평온한 어린 시절을 보냈다. 일명 엘리자베스 시대의 전성기였다. 재능을 타고난 홉스는 열다섯 살에 옥스퍼드 대학에 입학했다. 대학에서는 스콜라의 전통적 논리학을 비롯해 물리학과 수학을 공부했다. 스물두 살에 철학 학부를 졸업했지만 대학에 남을 생각은 하지 않았다. 베이컨과 데카르트, 스피노자, 라이프니츠처럼 대학이라는 세계의 담장 안에 갇혀 살고 싶지 않았던 것이다. 그 세계는 그에게 평생 회의적인 곳으로 남아 있었다.

졸업 뒤 그가 처음 맡은 일은 멘토이자 여행 동반자로서 귀족 자제와 함께 여행을 떠나는 일이었다. 그를 고용한 곳은 캐

* 청교도 혁명으로 찰스 1세를 처형한 크롬웰이 1649년 5월19일 영국을 〈공화국인 동시에 자유국 Commonwealth and Free state〉이라 선언함으로써 성립된 공화정.

번디시 가문이었다. 홉스는 두 살 어린 윌리엄 캐번디시를 데리고 유럽 대륙으로 그랜드 투어를 떠났다. 당시 영국 귀족 자제들의 필수 교양 코스였다. 두 남자는 5년 동안 프랑스와 독일, 이탈리아 등지를 돌아다녔다. 영국으로 돌아온 홉스는 캐번디시의 비서가 되었고, 당시 대법관이던 프랜시스 베이컨을 알게 되었다. 1628년 캐번디시가 죽자 그는 또 다른 귀족을 데리고 다시 그랜드 투어에 나섰다. 이 여행에서는 우연히 한 도서관에서 에우클레이데스의 저서로 알려진 고대의 수학 교과서 『원론*Elements*』을 만나게 되었다. 세계 문화사에서 성서 다음으로 많이 인쇄되었다고 하는 이 책은 홉스를 단숨에 사로잡았다. 그는 한편으론 역사를 연구하면서도 다른 한편으론 수학이 요구하는 것과 같은 정확한 사고에 초점을 맞추었다. 동시대의 데카르트나 이후의 스피노자, 라이프니츠처럼 홉스 역시 세계를 〈기하학적 방식으로〉 설명하고 싶어 했다. 반박할 수 없는 원칙들에 따라 명확하고 확실하고 빈틈없이 세계를 풀어놓고 싶었다는 말이다.

1634년 캐번디시 가문의 다음 후손을 데리고 세 번째 그랜드 투어에 나섰을 때 마흔여섯의 그는 더 이상 완전한 무명이 아니었다. 투키디데스의 『펠로폰네소스 전쟁사』를 영어로 번역했고, 철학자이자 물리학자인 마랭 메르센을 통해 데카르트와 교류하기도 했다. 그런데 두 사람은 서로를 제대로 이해하지 못했다. 데카르트는 홉스를 도덕 철학자로만 여겼고, 홉스는 데카르트를 기껏해야 수학자로만 높이 평가했다. 철학자로서의 데카르트에겐 적대감을 표시했고, 그런 면에선 피에르 가상디와 연대하기도 했다. 그런데 이런 것들보다 더 중요했던 것은 피렌체에서 갈릴레오 갈릴레이를 만난 일이었다. 홉스는 갈릴레이를 경탄해 마지않았다. 어떤 문제든 일단 구성 요소들로 분해한 다음 단계적으로 다시 새롭게 조합하는 홉스의 방식은 갈릴레이로부터 받아들인 것으로 보인다. 물론 그는 이 방법을 자연 과학이 아닌 자신의 가장 뜨거운 관심사인 국가 문제에 적용하게 되지만 말이다.

홉스가 유럽 대륙으로 출발할 당시 영국은 혼란으로 들끓고 요동치고 있었다. 1628년 의회는 자신의 옛 권리를 되찾기 위해 권리청원을 제출했다. 그러나 찰스 1세는 이것을 한시적으로만 승인했고, 이듬해에 바로 의회를 해산해 버리고는 절대주의적 통치 체제를 강화했다. 이로써 국가 속에서의 권력 투쟁은 가속화되었다. 지방 귀족과 런던을 비롯해 여타 도시들에서 자본을 소유한 시민 계급이 중앙의 고위 귀족과 왕에게 반기를 들었다. 거기다 복잡하게 얽히고설킨 종교적 반목까지 더해졌다. 17세기의 영국에는 오늘날 전 세계에 퍼져 있는 것보다 더 많은 기독교 종파들이 있었다. 영국 국교회 내에서는 청교도들과의 대립이 심했다. 하지만 장로파와의 갈등은 그보다 더 심했다. 장로파는 영국 국교회의 틀에서 벗어나 주교들의 권위를 인정하지 않고 교회를 민주화하려고 했다.

1634년 홉스가 영국으로 돌아왔을 때 스코틀랜드에서는 장로파와의 싸움이 격화일로를 걷고 있었고, 2년 뒤 마침내 무장 전투가 발발했다. 찰스 1세로서는 지방 귀족들의 도움 없이는 이 전쟁을 이길 수 없었다. 그런데 서둘러 소집된 의회는 왕에 맞섰고, 전쟁 승인을 거부했다. 찰스 1세는 다시 서둘러 의회를 해산해 버렸다. 하지만 스코틀랜드에서 자신의 군대가 연거푸 참패하자 왕은 다시 의회에 허리를 숙일 수밖에 없었다. 의회는 왕의 절박한 처지를 활용해서 이번에는 왕의 권한을 대폭 축소해 버렸다. 영국 역사상 처음으로 정부가 의회의 통제를 받게 된 것이다. 왕은 다시 반격에 나섰고, 1642년 1월 지도자 격의 의원들을 체포하려고 했다. 계획은 실패로 돌아갔고, 찰스 1세는 옥스퍼드로 옮겨 군대를 모았다. 그에 맞서 의회도 군대를 소집했다. 이른바 영국 내전의 시작이었다.

영국 땅 곳곳이 갈라지는 동안 홉스는 방대한 철학책 집필에 착수했다. 첫 번째 구상에 해당하는 『법의 기초, 자연법과 국가법*Elements of Law, Natural and Politic*』은 1640년부터 복사본 형태로 시중에 나돌았다. 홉스는 그처럼 혼란스러운 시기에 이런 책을 낼 엄두를 내지 못했다. 대신 좀 더 안전한 느낌이 드는 파리로 망명했다. 생계는 틈틈이 수학 교사를 하면서 유지했고, 훗날 찰스 2세에 오르는 찰스 1세의 아들을 가르치기도 했다. 그는 얼마 전에 출간된 데카르트의 『방법서설』을 비판했고, 광학에 관한 저술들을 발표했으며, 사물의 본질에서부터 인간의 본성을 거쳐 국가의 본질까지 파고드는 철학 3부작 집필에 매달렸다. 그런데 철학서에는 어울리지 않는 괴상한 제목의 다른 작품으로 난데없이 유명해졌으니…….

리바이어던

철학사에서 이보다 더 유명한 표지화는 없다(168쪽 삽화 참조). 둘로 나뉜 표지화 윗부분에는 왕관을 쓰고 칼과 주교 지팡이를 든 통치자가 나온다. 철학자 토머스 홉스와 비슷하게 생긴 이 통치자는 마치 해처럼 산 위로 높이 떠올라 도시와 대지를 자애롭게 내려다본다. 수염을 기르고 긴 머리가 물결처럼 내려온 위풍당당한 지배자의 모습이다. 그 아래 그림에는 여러 칸으로 나누어진 액세서리 케이스 같은 게 양편으로 하나씩 있다. 왼편 케이스에는 성, 왕관, 대포, 깃발, 전쟁터 같은 세속의 물품들이, 오른편 케이스에는 교회, 주교 모자, 저주의 파문, 개념 구분, 공의회 같은 종교적 물품들이 그려져 있다. 가운데에는 책 제목(리바이어던. 또는 교회 국가와 시민 국가의 재료, 형태, 힘)이 적힌 깃발이 나오고, 그 밑에는 저자 이름으로 맘스베리의 토머스 홉스가 적혀 있다.

대체 어떤 책일까? 17세기 사람들도 오늘날과 다르지 않게 〈리바이어던〉을 구약 성서의 〈욥기〉에 나오는 용이나 악어 같은 괴물로 이해했다. 그런데 홉스의 『리바이어던』 어디에도 그런 괴물은 나오지 않는다. 제목과 괴물의 관련성을 보여 주는 것은 성서에서 괴물을 묘사한 문장 하나뿐이다. 〈지상의 그 누가 그와 겨루랴. 생겨날 때부터 도무지 두려움을 모르는구나〉(욥기 41장 25절). 홉스에게 리바이어던은 국가였다. 시민들의 의지가 모여서 만든 무제한의 권력이었다. 표지화에서 세계 지배자의 몸통을 이루고 있는, 마치 털실 스웨터처럼 지배자의 몸을 장식하고 있는 300명의 인간이 그런 시민의 상징이다.

파리에서 쓴 이 작품은 1651년 4월에 출간되었다. 데카르트는 1년 전에 죽었다. 30년 전쟁은 끝났고 영국 내전도 마무리되었다. 찰스 1세는 처형되었고, 올리버 크롬웰은 더 이상 왕국이 아니라 코먼웰스(공공의 안녕) 형태로 유지되는 국가의 새로운 지배자가 되었다. 왕권과 상원은 폐지되었다. 법에 따르면 모든 권력은 의회에 있지만 실제로는 국무회의, 즉 크롬웰에게 주어졌다. 이처럼 형식적으로는 공화국의 형태로 띤, 새롭게 정비된 영국에서 홉스는 군주제를 옹호하는 『리바이어던』을 출간했다.

맘스베리의 이 철학자는 똑똑하고 교양 있는 합리적인 인물이었다. 게다가 산전수전 다 겪은 경륜 있는 예순세 살의 남자였다. 그는 찰스 1세의 전제 정치를 곁에서 지켜보았다. 이 모든 것을 아는 사람이 어떻게 군주제를 옹호할 수 있을까? 그리고 전해져 오는 이야기가 맞다면, 어떻게 그런 왕의 아들에게, 그러니까 자신이 한때 수학을 가르쳤던 찰스 2세에게 화려하게 제본된 자신의 책을 건넬 수 있을까? 망명 중인 이 왕위 계승자는 교양과는 거리가 멀고 여자만 밝히는 난봉꾼이었다고 한다. 그런 사람에게 어떻게 공공의 안녕을 수호할 지혜롭고 공정한 통치자의 역할을 맡기려고 했을까?

홉스에 대한 평가는 여전히 엇갈린다. 한편에서는 그를 서양 역사상 최초의 계몽주의자나 근대의 선구자로 여긴다. 다른 한편에서는 오늘날까지도 시대에 뒤떨어진 그의 왕권주의에 고개를 갸웃거린다. 동시대인들 사이에서는 두 번째 평가가 지배적이었다. 『리바이어던』은 출간되자마자 심한 반발을 불러일으켰다. 공화국 신봉자들 사이에서는 책에 대한 혹평이 쏟아졌다. 그건 교회도 마찬가지였다. 이 문제와 관련해서만큼은 청교도, 장로파, 가톨릭 할 것 없이 정말 이례적으로 같은 의견을 보였다. 심지어 망명지의 왕위 계승자와 측근들까지 『리바이어던』의 〈무신론적 입장〉을 이유로 거부하자 이 작품에 대한 단단한 밀집 전투대형이 완성되었다. 이로써 홉스는 정말 원치 않게 이해관계가 상충하는 온갖 세력들 사이에서 옴짝달싹못하는 상황에 빠졌다.

그렇다면 이 책의 어떤 점이 그렇게 반감을 불러일으켰을까? 정치와 국가를 개혁해서 좀 더 확실한 토대 위에 세우려는 홉스의 계획은 하늘에서 갑자기 뚝 떨어진 것이 아니었다. 그 싹은 내전의 시기뿐 아니라 기존의 국가 철학에도 늘 있어 왔다. 1234년 『평화 옹호자*Verteidiger des Friedens*』에서 통치자도 법을 지켜야 한다고 주장한 파도바의 마르실리우스(1275?~1342/1343) 같은 사람은 잊힌 지 오래였다. 선한 통치만이 정당한 통치이고, 나라를 잘못 다스린 통치자는 폐위되어야 한다는 사상도 잊혔다. 마르실리우스에 따르면, 통치자의 자연권은 선한 통치와 연결될 때만 정당한 권리로 인정된다. 마르실리우스의 이런 생각은 중세엔 새로운 것이었다. 어떤 통치가 정당하고 그렇지 않은지를 신이 아닌 철학자가 규정하고 있기 때문이다. 게다가 그에 대한 심판관은 신하들이었다.

홉스는 마르실리우스를 몰랐다. 몇 권 되지 않는 『평화 옹호자』는 줄곧 중세의 수도원 도서관에만 파묻혀 있었다. 홉스 이전에 가장 영향력이 큰 국가 이론가는 프랑스의 장 보댕(1529~1596)이었다. 보댕은 프랑스에서 위그노 전쟁을 겪었고, 『국가에 관한 여섯 권의 책*Les six livres de la république*』을 썼다. 그는 냉혹한 마키아벨리즘부터 시민의 참정권을 보장하는 흥분되는 이념까지 당시 국가에 관한 많은 생각들을 이 책에 담았다. 보댕은 신중한 사람이었다. 최상의 국가 형태가 절대적으로 존재한다고는 생각하지 않았다. 그가 볼 때 사람의 기질을 결정하는 것은 기온이다. 부지런한 사람들이 사는 추운 지방은 게으른 사람들이 많은 따뜻한 지방과는 다른 통치 형태가 필요하고, 그것이 자연의 이치에 맞다. 보댕은 프랑스에는 세습 군주제가 어울린다고 생각했다. 그런 판단을 내린 것은 기후 때문이라기보다 프랑스 왕들의 어려운 상황 때문이었던 것으로 보인다. 보댕은 프랑스 군주제가 종교 전쟁들의 혼란을 끝내고 다시 절대 권력에 이르길 소망했다. 또한 국왕은 온화하면서도 강력한 힘으로 모든 이해관계와 종교들 위에 군림하는 균형 잡힌 통치자여야 했다.

종교적 토대와 도덕적 기반이 무너진 시대에 보댕의 저서는 서유럽 전역에 빠르게 전파되었다. 특히 왕 자신은 어떤 종교적 분파에도 속하지 말아야 한다는 생각은 가히 혁명적이었다. 하지만 홉스는 이 생각이 못마땅했다. 게다가 보댕의 저서는 어차피 철학적 근거도 빈약했다. 홉스는 갈릴레이와 베이컨 같은 자연 과학자들이 더는 정치적인 도그마나 종교적인 도그마에 예속되지 않기 위해 쟁취한 공간을 활용하고 싶었다. 상황은 역전되었다. 정치인이 자연 과학자들에게 게임 규칙을 제시하는 것이 아니라 정치 철학 자체가 자연 과학이 되어야 했다. 그럼 자연 대상은 어떻게 될까? 신의 숨결에 고취된 것들이 아니라 자극과 반응으로 이루어진 자동 기계로 바뀌었다. 그렇다면 국가는? 신의 국가가 아니라 기술적이고 실용적으로 생각하는 인간들에 의해 고안된 기계였다! 이제는 세계라는 극장 무대에서 오직 인간만이 연출하고, 무대장치들을 기술적으로 바꾸어 놓는다. 반면에 신은 현실에서 멀리 떨어져 차갑고 어두운 하늘 뒤로 물러난다.

이런 맥락에서 홉스는 〈기하학적〉 정확성의 모범에 따라 근본적인 재건에 나섰다.그는 『리바이어던』에서건 다른 필생의 작품인 『철학 원리*Elementa Philosophiae*』에서건 가장 아래 영역에서부터 사유의 건물을 짓기 시작했다. 자연 철학에서 출발해서 인간학을 거쳐 유일하게 논리적인 국가 모델로 나아가고자 했던 것이다. 여기서 국가 철학은 수학자가 시종일관 논리성을 견지하듯 합리적이어야 했다. 또한 홉스의 국가 이론은 다른 국가 이론들 가운데 단순히 하나의 이론이 되어서는 안 되고, 신앙이나 전통, 개인적 선호에 예속되어서도 안 되었다. 대신 오로지 합리적으로 의미 있는 이론이어야 했고, 무엇으로도 부정될 수 없을 만큼 이성적 매력이 넘치는 토대여야 했다. 한마디로 홉스는 그 무엇으로도 대체될 수 없는 유일한 국가 모델을 추구했다.

자연에서 국가로

17세기에는 종교가 인간의 행동에 더 이상 지침을 주지 못했다. 똑똑하고 냉철한 바로크 사상가들에게 신의 국가니 신의 윤리니 하는 것들은 이제 가당치도 않는 일이거나, 아니면 라이프니츠의 경우처럼 엄청난 수고를 들여야만 간신히 상상 가능했다. 그렇다고 물리학이 인간들에게 지침을 준 것도 아니었다. 캄파넬라가 물리학에서 기대한 것 같은 수준의 지침은 요원했다. 플라톤과 그의 후계자들을 가슴 뛰게 했던 우주와 폴리스의 일치는 불가역적으로 사라졌다. 물리학과 형이상학도 더 이상 서로 맞지 않았다. 17세기의 모든 국가 이론은 이러한 출발점에서 시작해야 했다.

홉스도 그걸 알고 있었다. 그는 자신에게 논리적이거나 이성적으로 보이지 않는 것은 어떤 것도 믿지 않았다. 대신 인간의 모든 측면을 낱낱이 분석한 다음 거기서 하나의 국가 모델을 도출해 내고자 했다. 이런 측면에서 그는 데카르트만큼 근대적이다. 자연 철학적 고찰 방식이 데카르트와 유사한 것도 이상한 일이 아니다. 홉스 역시 데카르트와 마찬가지로 역학에 초점을 맞추었다. 사실 17세기에는 어떤 길도 역학을 그냥 지나칠 수 없었다. 생리학적 과정도 모두 압력과 반대 압력으로 설명되어야 했다. 그런데 홉스에게는 두 가지 중요한 차이점이 있었다. 즉, 그는 정신의 특별한 역할을 인정하지 않았고, 마찬가지로 〈타고난 관념들〉도 받아들이지 않았다. 우리가 아는 것은 모두 감각 덕분이다. 외부 대상은 우리에게 감각적 인상을 주고, 우리는 내면의 반대 압력으로 그 인상에 대응한다. 홉스에 따르면, 압력과 반대 압력의 이러한 유희에서 우리의 표상과 관념이 생겨난다. 무척 빈약한 설명이다. 반대 압력은 어디서 올까? 그 본질은 무엇일까? 그때 우리 뇌에서는 무슨 일이 일어날까? 이 모든 질문들에 대한 답이 없다. 그리고 나는 내 주변 세계를 정말 그렇게 수동적으로 지각할까? 아니면 실제의 나는 〈반대 압력〉을 통해서가 아니라 감각적 인상을 곧바로 분류한 뒤 〈빛〉과 〈말〉, 〈집〉 등으로 명명함으로써 그 인상들에 하나의 의미를 부여하지는 않을까? 우리의 의식은 우리가 일단 적합한 명칭부터 찾아야 하는 이름 없는 인상들로 이루어진 것이 아니다.

홉스는 데카르트와는 달리 우리가 지각하는 외부 세계가 정말 실재하는지에 대해서는 의구심을 품지 않았다. 그가 믿은 지각 이론은 너무 단순했다. 반면에 인간의 인식력, 특히 언어에 대한 그의 통찰력은 굉장히 흥미롭다. 홉스는 신이 인간에게 언어를 선물했다고 생각했다. 언어는 인간들이 감각적 인상들에 적절한 이름표를 붙이고, 서로 간에 의사소통을 가능하게 해주는 도구다. 언어가 없다면 모두가 이해할 수 있는 규칙과 지시는 없을 테고, 〈인간들 사이에 국가나 사회, 계약이나 평화도 없을 것이다. 그건 사자와 곰, 늑대들도 다르지 않을 것이다〉.[60]

홉스가 보기에, 인간을 다른 생물들과 구분하는 것은 오성이 아니라 복잡한 소리 언어다(그는 오성을 가진 동물도 많다고 여겼다). 이런 생각 틀에서는 청각장애인은 인간 공동체에서 배제될 수밖에 없는데, 이런 사실은 그의 머릿속에 떠오르지 않은 듯하다. 어쨌든 그럼에도 인간을 동물과 연결시키는 것이 있다. 욕망이다. 인간도 다른 동물과 마찬가지로 〈편안한 상태〉, 즉 자신의 욕구가 충족되는 상태를 추구한다. 선에 대한 홉스의 개념 규정은 나중의 스피노자처럼 순수 자연주의적이다. 내가 바라는 것이 선이고, 내가 싫어하는 것이 악이라는 것이다. 홉스가 생각하는 인간은 자기 자신과 무척 강하게 관련되어 있다. 하지만 그 때문에 인간이 이기주의자, 즉 자신의 이익을 위해서라면 얼마든지 남을 짓밟을 수 있는 존재가 되는 것은 아니다. 오히려 홉스는 인간에겐 사회적 감정과 행동뿐 아니라 반사회적 감정과 행동의 성향도 있고, 그래서 인간이 타인에게 선한 행동은 물론이고 나쁜 짓도 할 수 있다는 점을 정확히 꿰뚫어 보았다. 그런 점에서 인간은 타인에게 늑대일 수도 있고 신일 수도 있다.

〈인간은 인간에게 늑대다.〉 〈인간은 인간에게 신이다.〉 이 두 문장은 홉스의 저서 『철학 원리』 중 가장 먼저 출간된 『시민론

De cive』 헌사에 나오는 대목이다. 하지만 이건 홉스가 처음 사용한 말이 아니다. 늑대 문장은 로마 시대의 희극 작가 티투스 마키우스 플라우투스가 이미 사용한 바 있다. 홉스는 이 말을 프랜시스 베이컨과 17세기 전 유럽에서 경구시(警句詩)로 유명했던 웨일스 작가 존 오언(1564~1622)을 통해 알았다. 오언은 인간의 속성을 늑대와 신으로 규정했는데, 홉스는 그 말을 인용했을 뿐이다.

그는 인간의 본성이 악하다고 주장하지 않았다. 아니, 정반대였다. 홉스는 〈악한 사람〉조차 〈날 때부터 악하게 만들어진 것〉은 아니라고 말한다. 그럼에도 인간은 까다로운 족속이다. 균형이 없고, 변덕스럽고, 게다가 자기 자신뿐 아니라 타인과도 갈등을 일으키지 않는 경우가 드물다. 인간의 가장 위험한 속성은 경쟁심과 불신, 명예욕이다. 이로써 홉스는 아리스토텔레스와 구별된다. 이 위대한 그리스 철학자는 타인과 사이좋게 지내고, 타인과 함께하려 하고, 그래서 공동체와 국가를 조직하는 것이 인간의 본성이라고 설명했다. 그에게 인간은 공동체와 국가의 구성을 목표로 나아가는 사회적 동물이다. 그러나 전쟁과 내전으로 얼룩진 세기에 살았던 홉스로서는 인간의 이런 긍정적인 이미지를 받아들일 수 없었다. 아리스토텔레스와 마찬가지로 홉스 역시 인간은 자기 보존을 추구한다고 보았다. 그런데 인간은 무의식 상태에서 자동으로 남들과 사이좋게 지내려고 하지는 않는다. 인간은 사회적으로 행동할 수 있고, 때로는 남들과 잘 지낼 수도 있지만 항상 그러길 원하는 것은 아니다. 나의 이익도 타인의 이익과 무조건 합치되지는 않는다. 함께하는 것이 오히려 나와 타인의 이익 사이를 멀리 벌려 놓을 때가 많다.

인간의 속성이 이러하다면 인간이 〈본성에 맞게〉 사는 것은 어떤 모습일까? 홉스는 『리바이어던』의 그 유명한 13장에서 인간의 그런 〈자연 상태〉를 설명한다. 〈만인의 만인에 대한 투쟁〉

이 지배하는 나쁜 시대가 바로 그런 상태라는 것이다. 그런데 맘스베리의 철학자는 정말 인간의 태곳적 역사와 초기 역사가 그런 모습이라고 생각했을까? 홉스의 시대에는 아직 고인류학이 없었고, 초기 인류의 문화에 대한 지식도 전무했다. 아담과 이브에서부터 내려오는 인류의 역사는 공식적으로 기원전 4004년에 시작되었다. 이 숫자는 영국 국교회 주교인 제임스 어셔(1581~1656)가 『리바이어던』 출간 1년 전에 아주 면밀하게 계산해 낸 것이다.

상황이 이렇다 보니 홉스는 16세기와 17세기에 특히 남아메리카 인디언들에 대한 이야기를 다룬 많은 여행기에 의존할 수밖에 없었다. 영국의 월터 롤리 경과 같은 모험가들의 보고에 따르면, 〈야만인들〉은 지속적으로 전쟁을 해왔다고 한다. 그렇다면 이것이 인간의 〈자연 상태〉일까? 인류의 출발 상황에 대한 홉스의 구상은 양극단을 오간다. 한편으로는 자연 상태를 〈기하학적 방식〉으로 구축해서 확고한 출발점으로 삼는다. 하지만 다른 한편으로는 남아메리카에서 실제로 발견된 것을 통해 그 상태에 안전 고리를 걸어 두려고 한다. 이와 관련해서 『리바이어던』에 이런 대목이 나온다. 〈하지만 혹자는 만인의 만인에 대한 투쟁이 한 번도 없었다고 말하고 싶을지 모른다. (……) 우리 시대에도 아직 많은 곳에서 그렇게 살아가는 모습을 볼 수 있지 않는가? 아메리카인들도 부분적으로 그렇게 살아간다. 작은 혈족 단위로 가부장적 법에 복종하면서 말이다. 이런 혈족들의 화합은 동일한 목적으로 충만한 동안만 유지된다.〉[61]

여기서 이런 의문이 든다. 인간이 악하게 만들어지지 않았다면 자연 상태는 왜 그렇게 나쁜가? 홉스에게 그 이유는 자명하다. 인간 세상을 어지럽히는 것은 공격성이나 악이 아니라 인간들 상호간의 공포와 불신이라는 것이다. 법적 안전성이 떨어지면 인간은 생각할 수 있는 모든 악을 남들이 저지를 수 있다고 믿기에 자신도 악으로 대응한다. 왜냐하면 소유권 문제가 〈저 위에서부터〉 명확하게 규정되지 않으면 모든 사람은 자신의 재산에 대한 타인의 폭력적인 침해를 두려워하기 때문이다. 자연 상태의 인간은 아메리카 인디언들처럼 소집단과 부족의 형태로 싸운다. 게임 규칙을 명확하게 규정해 놓은 상위의 공권력이 없기 때문이다. 질서를 제어하는 중앙 기관이 없으면 규칙도 없고, 규칙이 없으면 공권력도 없고, 공권력 없으면 평화도 없다.

홉스가 여기서 기술한 문제는 오늘날 〈죄수의 딜레마〉라는 이름으로 알려져 있다. 1950년대에 미군의 싱크탱크 랜드 연구소에서 〈딜레마 상황〉을 개발했고, 이것은 곧 미국 게임 이론가 앨버트 W. 터커(1905~1995)의 버전으로 유명해졌다. 두 명의 죄수가 공동으로 범행을 저질렀다. 그런데 안타깝게도 검사는 두 죄수 중 하나가 다른 하나를 배신하지 않으면 범죄를 증명할 수 없다. 둘은 각각 다른 방에서 심문을 받는다. 이때 검사는 한 죄수에게 이렇게 제안한다. 해당 범죄는 징역 6년 형에 해당한다. 만일 범행을 자백하면 4년으로 줄일 수 있다. 그런데 자백하지 않고 범행도 입증되지 않으면 불법 무기 소지 혐의로 2년 형만 받는다. 검사에 협조해서 자신의 범행은 말하지 않고 다른 죄수에게 불리한 증언을 하면 공범 증인으로 징역 1년 형만 받는다. 검사는 다른 죄수에게도 똑같은 제안을 한다. 이때 최선의 답은 무엇일까?

수학적으로 볼 때 두 죄수는 자백하지 않는 게 최선이다. 그러면 둘 다 2년씩 선고받고, 합이 4년이 된다. 개인적으로 최선의 방법은, 다른 사람은 배신하지 않을 거라고 믿으면서 자신은 다른 사람을 배신하는 것이다(1년 형). 하지만 그걸 어떻게 믿을 수 있을까? 공범도 자신의 이익에 따라 행동할 거라는 불안감이 들지 않을까? 그 때문에 서로를 믿지 않게 되면 수학적으로 최악의 결과가 나온다. 둘 다 상대를 배신해서 4년 형을 받게 되는 것이다. 도합 8년이다.

홉스의 국가 이론도 정확히 이 논리에 기초한다. 공동생활에서의 모든 불안은 상대방이 어떤 행동을 할지 믿지 못하는 데서 비롯된다. 그래서 인간은 공동의 평화 전략에 합의하는 것이 훨씬 지혜로운 일임에도 그러지 않고 서로 속이고 거짓말하고 훔친다. 죄수의 딜레마에서 보듯 수학적으로 논리적인 것은 공동의 평화 전략이다. 피해를 최소화하고 서로 이익을 보는 방법이기 때문이다.

국가 모델을 엄격한 〈논리〉에 따라 생각해서 제시한 사람은 서양 역사상 홉스가 최초다. 모든 개인과 인간 집단은 자신을 펼치려고 하기 때문에 남들과 다른 집단으로부터 자신을 지켜야 한다. 달리 말해서, 자신의 자유를 온전히 누린다는 것은 곧 그 자유를 제한해야 한다는 뜻이다. 홉스에게 이는 자연법의 논리다. 도덕과 사회를 숙고한 다른 많은 이들과는 달리 그는 인간을 바꾸려 하지 않는다. 마키아벨리처럼 유토피아를 구상하지도 않고, 인류를 위한 개선 프로그램도 고안하지 않는다. 그저 자신의 이익에 충실한, 있는 그대로의 인간을 인정하는 단계적인 논리 사슬을 구상할 뿐이다.

인간은 자기 보존과 평화가 중요하기에 상호 협정이나 계약을 체결한다. 그리고 자신의 주권을 더 고차원적인 영역, 즉 독점적인 공권력을 가진 중앙 권력에 맡긴다. 여기서도 홉스를 국가로 이끄는 것은 도덕적 통찰이 아닌 논리적 통찰이다. 그가 볼 때, 모든 국가의 기원은 바로 다음에 있다. 즉 이성적 존재들이 서로를 보호하기 위해 맺어야 하는 일종의 근원 계약 속에 있다는 말이다. 옛날에는 늑대들이 살았던 곳에 이제 시민들을 생성시키는 계약이 있다.

홉스도 자신의 국가 모델이 하나의 모델일 뿐이고 역사적 현실이 아님을 알고 있었다. 17세기에 〈국가〉라고 부른 것들 중에 자발적이고 합의된 근원 계약에 따라 성립된 국가는 하나도 없었다. 물론 기원전 3세기 초에 에피쿠로스가 폴리스의 토대로서 〈계약〉이라는 말을 입에 올린 적이 있고, 키케로도 로마 공화국에 대해 같은 말을 꺼낸 적이 있지만, 고대의 강대국들은 실제로 그런 무조건적인 사회 계약에 의해 생겨난 것이 아니라 여러 사회 질서들의 지속적인 부침에 따라 생겨났을 뿐이다. 유럽 열강들의 발전 과정도 그와 다르지 않다. 다만 스위스와 네덜란드만 협정과 암묵적인 사회 계약을 토대로 하고 있다. 물론 이마저도 자연 상태에서 얻어낸 것이 아니라 스페인과 80년 동안 벌인 전쟁 및 신성 로마 제국의 발전 과정에서 얻어낸 것일 따름이다.

중앙 권력을 만들어 내는 홉스의 논리 역시 비역사적이다. 인간들이 용기를 내어 서로 손잡고 그 길로 나아가 자신들 위에 통치 기구를 설치하려면 이미 역사적으로 그런 기구가 존재해야 한다. 그렇지 않으면 그런 기구를 만들어 내는 건 불가능에 가깝다. 그런데 홉스에게 그런 역사적 논리는 중요하지 않다. 그의 모델은 역사적 맥락과는 상관없고, 오직 수학적 추상화의 차원에서만 이루어진다. 그런데 늦어도 그다음 단계부터는 그는 논리성을 벗어 던진다. 절대적인 주권을 행사하는 무제한적인 중앙 권력이 무엇인지는 정확히 규정되어 있지 않지만, 『리바이어던』의 독자들은 홉스가 머릿속으로 무엇을 떠올리고 있는지 짐작할 수 있었다. 왕이었다! 홉스는 만인의 대리자로서 국가의 안녕을 구현할 수 있는 사람은 오직 한 사람뿐이라고 상상했다. 그러나 현실 삶을 조금만 냉철하게 들여다보면 왕들의 사적 이해와 신민들의 공적 이해가 합치되는 일은 아주 드물다는 걸 알 수 있다. 그중 어느 것이 영국 통치자들에게 더 가까웠는지를 따져 보면 영국민들의 자유로운 자기 보존에 도움이 되는 쪽은 분명 아니었다.

홉스가 17세기의 영국에서 보편 선거권을 꿈꾸지 않은 것을 비난할 수는 없다. 지방의 문맹자 수는 90퍼센트가 넘었을 것이고, 충분한 학교 교육은 아직 요원한 일이었다. 사람들에게 정치 전반에 대한 정보를 제공해 줄 대중 매체는 두말할 필요도 없었다. 민주주의가 제대로 작동하려면 사회 기반 시설의 구축이 필수적이지만, 17세기엔 그런 게 있을 리 없었다. 하지만 이 모든 것에도 불구하고 동시대인들의 비난처럼, 〈기하학적 방식〉을 내세운 홉스 같은 사상가라면 이미 수차례 악명에 시달리던 군주제 대신, 그러니까 일시적이지만 영국에서 막 작별을 고한 바로 이 모델 대신 좀 더 나은 무언가를 떠올릴 수도 있지 않았을까?

계약과 법

홉스의 국가 이론에서 기본 이념은 자발적 합의다. 거기다 중앙 권력의 정당성은 신이나 자연법이 아니라 오직 그것이 유용한가 하는 기준에 따라 정해진다. 그렇다면 평화와 법의 안정성을 지키려 애써야 할 절대 군주가 그 의무를 이행하지 않을 경우는 어떻게 해야 할까? 홉스는 이 물음에 좋은 대답을 내놓지 않았다. 통치자가 공공선을 저버릴 경우는 백성이 그를 몰아내도 된다는 아주 당연한 결과를 끌어내지 않은 것이다. 이 점에서는 왕권주의자 홉스는 파도바의 마르실리우스보다 훨씬 시대에 뒤처졌다.

홉스 이론의 핵심 문제점은 쉽게 드러난다. 인간들이 상호 이익을 위해 체결하는 이 계약에 정작 핵심 당사자인 전제군주는 포함되지 않기 때문이다. 계약은 백성과 중앙 권력이 맺는 것이 아니라 인간들끼리 맺는 것에 지나지 않는다. 따라서 이 계약은 애당초 백성과 통치자 사이의 〈계약〉이 아니다. 중앙 권력은 계약으로 체결된 이 약속에서 벗어나 있기에 설령 계약에 위배되는 일이 있더라도 법적으로 책임질 일이 없다. 다시 말해 〈최고 통치자〉는 〈신민들에 의해 법적으로 처형되거나 여타 다른 방식으로 처벌받을 수 없다. 애초에 계약 밖에 있어서 불법을 저지를 수 없는 사람은 기소될 수 없고, 처벌은 더더욱 불가능하다. 결국 최고 통치자가 잘못한 것은 모든 백성이 잘못한 것이다.〉[62]

그렇다면 홉스의 〈계약론〉은 당시 곳곳에서 국가 간이나 기업들 사이에서 체결되던 계약 같은 것이 아니었다. 살라망카 학파와 코임브라 학파의 법학자들은 이 계약의 본질을 이미 철학적으로 철저히 조명한 바 있는데, 그 대표적인 인물이 스페인 신학자 프란시스코 수아레스(1548~1617)이다. 남아메리카에서 스페인인과 포르투갈인 들이 저지른 만행에 충격받은 살라망카의 도미니크회 수도사들과 코임브라의 예수회 수도사들은 모든 인간은 〈날 때부터〉 동등하고 자유롭다고 가르쳤다. 당시로서는 상당히 용기 있고 중대한 도덕적 진보였다. 이들은 스페인과 포르투갈의 침략 전쟁을 비판했고, 만인의 평등과 자유를 담보할 국제적 법질서를 제정하기 위해 노력했다.

네덜란드의 후고 그로티우스(1583~1645)가 1625년에 발표한 획기적인 작품 『전쟁과 평화의 법*De jure belli ac pacis*』도 같은 정신을 표방했다. 즉, 〈국제법〉의 토대를 세운 것이다. 국제법도 자발적 협정이다. 유럽 국가들은 상호 이익을 위해 특정한 규칙을 지키겠다고 약속해야 한다. 그것도 평화 시건 전쟁 중이건. 그로티우스의 저서는 국제법 역사에서 이정표에 해당한다. 수아레스 같은 사상가들이 초보적인 길을 닦아 놓은 〈국제법〉은 그로티우스와 함께 세상에 나왔고, 이후로는 인간 세상에서 이것을 빼놓고는 생각할 수 없는 것이 되었다. 그로티우스의 이론이 현실에 적용된 것은 그가 죽은 지 불과 3년 뒤였다. 베스트팔렌 조약에 참가해서 30년 전쟁을 종식시킨 협상가들은 이미 그의 저서를 알고 있었다. 당시 한 무명의 네덜란드 화가는 이 강화조약을 체결하는 장면을 유명한 그림으로 남겼는데, 그림 속의 남자들은 그로티우스의 대리석 관 위에서 조약 문서에 서명하고 있다.

평화란 타인을 타인으로 인정하는 것을 의미한다. 이 생각은 그로티우스에게서 시작해서 칸트와 피히테를 거쳐 현대 국제법에 이르기까지 철학사와 법률사를 관통한다. 이후 국제법은 수없이 깨져 왔다. 최근만 해도, 유고슬라비아에서는 나토에 의해, 이라크에서는 미국에 의해, 크림 반도에서는 러시아에 의해 깨졌다. 그나마 국제법이 있기에 이런 행위들이 〈위반〉이 된다.

그로티우스가 원한 것은 단순히 국제적 게임 규칙만이 아니었다. 갈등을 피하고 위험을 줄이고 잔인한 행동을 억제하는 것을 넘어 전 인류에게 언제나 원칙적으로 통용될 〈자연권〉을 보장하고 싶었다. 홉스는 그로티우스의 저술을 알고 있었다. 물론 이 네덜란드 법학자가 홉스에게 얼마만큼의 영감을 주었는지는 분명치 않다. 다만 그로티우스와의 가장 큰 차이를 들자면, 홉스는 오직 영국에만 국한되는 〈계약〉에 관심을 가졌을 뿐이다. 그의 저술 어디에도 국제적 평화 질서에 관한 언급은 나오지 않는다. 따라서 그의 모델이 아무리 〈기하학적〉 방식으로 전개되었다고 하더라도 그가 국가 철학의 토대로 삼은 세계는 지엽적이고 제한적일 수밖에 없다.

그에 못지않게 법에 관한 홉스의 관념도 모순적이다. 그가 생각하는 자연 상태에는 권리도 법도 존재하지 않는다. 권리는 누군가의 것으로 〈인정해야〉 하고, 법은 〈공포되어야〉 하기 때문이다. 그럼에도 홉스에겐 자연법이 존재한다. 그는 『리바이어던』에서 이성적으로 숙고할 때 본인의 자기 보존뿐 아니라 타인의 자기 보존에도 유익하기 때문에 인간 모두가 지켜야 하는 〈자연법〉을 스물한 가지 나열한다. 홉스에게 이 자연법들은 전적으로 〈진리〉에 해당한다. 예를 들어 인간은 평화를 추구하고 지켜야 하고, 무고한 사람을 벌하지 말아야 한다. 그런데 절대 군주가 전쟁을 일으키거나 무고한 사람을 벌하면 어떻게 될까? 이 경우 누구에게나 통용되어야 할 〈진리〉는 절대 군주의 자의에 의해 무시되어도 되는 지침으로 전락하고 만다. 왜냐하면 〈어떤 무언가가 진리에 의해서가 아니라 공적인 인정을 통해 법이 되기〉[63] 때문이다.

이는 만족스럽지 못한 결과다. 군주의 전횡에 문을 활짝 열어 주기 때문이다. 홉스가 중앙 권력에 잘못된 행동을 처벌할 힘을 부여한 것은 당연히 옳다. 〈단순한 말로는 공포를 야기할 수 없기〉[64] 때문이다. 그러나 그는 법을 제정하는 권력 기관(입법부)과 집행하는 권력 기관(행정부)을 분리하지 않았다. 권력의 분립은 홉스 시대에 이미 영국을 뜨겁게 달군 문제로서 그사이 효과가 충분히 검증된 요구였다. 그렇다면 『리바이어던』보다 다른 책이 정치적으로 훨씬 더 진보적으로 느껴지는 건 이상한 일이 아니다. 오늘날에는 기억하는 사람이 별로 많지 않은 이 책은 영국의 지방 귀족 제임스 해링턴(1611~1677)이 1656년에 발표한 『오시아나 공화국*The Commonwealth of Oceana*』이다. 이 책에는 누구나 쉽게 알 만한 가명으로 당대의 정치인들이 등장하는데, 그중에는 홉스도 끼어 있다. 물론 해링턴에게 중요한 건 정치인 이름 맞추기가 아니라 상상할 수 있는 가장 이상적인 공화국을 설계하는 일이었다.

해링턴은 서른 개 조항으로 이루어진 헌법을 만들었다. 거기엔 양원제를 설립하고, 의원들이 돌아가면서 관직을 맡는 아이디어도 담겨 있다. 해링턴은 권력이 자본과 결부되어 있음을 처음으로 명확하게 밝힌 사람 중 하나다. 땅을 많이 가진 사람은 힘이 있고, 땅이 별로 없거나 전혀 없는 사람은 가난하다. 따라서 국가 권력을 균형 있게 배분하려면 땅을 재분배해야 한다. 그것도 혁명의 형태가 아닌 단계적 프로그램에 따라 추진해서 마지막엔 모두가 똑같이 땅을 소유하게 해야 한다. 이 제안은 대담하고 현대적이다. 사회적 폭발력도 크다. 오늘날에 못지않게 17세기에도 말이다. 이런 제안이 세상에 나오자 사람들은 큰 관심을 보였다. 그에 대한 논의도 수십 수백 년 동안 이어졌다. 물론 제안이 현실화된 적은 거의 한 번도 없었다. 어찌됐건 유기적이고 단계적으로 이루어진 적은 없었다는 말이다.

해링턴의 목표는 균형이다. 그가 생각하는 좋은 국가는 무엇보다 균형 잡힌 국가다. 누구도 일방적으로 너무 많은 권력을 가져서는 안 된다. 그리 되면 전횡과 불의가 생길 수 있다. 사회적 힘들이 균형을 이루려면 너무 큰 불평등을 피해야 한다. 모든 시민은 재산을 가져야 하고, 재산이 있는 시민은 누구나 선거권과 피선거권이 주어져야 한다. 해링턴의 이상 국가를 떠받치는 건 폭넓은 중간 계급이다. 국가를 지배하는 건 개별 인간이 아니라 법이다. 아리스토텔레스처럼 해링턴도 너무 강한 이해 집단 없이, 많은 이해 집단이 뒤섞인 사회를 지지한다. 국가의 안정성이란 균형 잡힌 다양성을 의미하기 때문이다. 그런 차원에서 나라의 틀을 짜는 헌법이 필요하다. 많은 기관들은 권력을 나누고 서로 견제해야 한다.

시민에 기반을 둔 현대적 헌법의 창시자가 있다면 바로 해링턴일 것이다. 그의 지지자들은 실제로 헌법 초안을 의회에 제출했다. 물론 당연히 통과되지는 않았다. 그럼에도 당대의 거의 모든 지식인들이 그 헌법에 대해 입장을 표명했다. 홉스만 그 문제를 침묵으로 넘겼다. 해링턴과 비교하면 그의 『리바이어던』은 갑자기 다른 시대에서 온 것 같은 느낌을 준다.

홉스가 국교를 영원히 확정된 것으로 본 것도 시대에 뒤떨어진다. 그에겐 영국 국교회 외에 다른 합법적인 교회는 없었다. 〈기하학적 방법〉에 따른 결정일까? 아니면 기회주의의 소산일까? 그가 볼 때 가톨릭교회와 교황, 그리고 무엇보다 장로파 교회는 〈어둠의 제국〉이었다. 홉스가 실제로 독실한 기독교인이었는지는 연구자들마다 의견이 갈린다. 한편으로 그의 저술들에는 성경에서 인용한 글귀가 수두룩하다. 그는 상호 이익을 위한 인간들의 협약을 대홍수 이후 인간이 신과 맺은 언약과 동일시한다. 또한 그에게 중앙 권력은 〈신의 제국〉과 동일한 의미를 갖고 있다. 하지만 다른 한편으로 그의 국가 이론에서는 사실 신이 필요 없으며, 종교적 색깔 없이도 꾸려 나가는 데 아무 지장이 없다. 게다가 스튜어트 왕조의 찰스 1세와 2세는 홉스를 항상 종교적으로 수상쩍게 생각했고, 다른 많은 동시대인들도 그를 실제로 〈무신론자〉로 여겼다. 물론 그 자신은 그에 대해 이렇게 영국식 유머로만 답하고 만다. 〈나도 모르게 내가 무신론자라는 게 있을 수 있다고 생각하십니까?〉[65]

프랑스 왕가도 홉스에게 별로 호감을 느끼지 않았다. 프랑스 궁정과 성직자들은 교황 제도를 가리켜 〈몰락한 로마 제국의 무덤 위에 왕관을 쓰고 앉아 있는 유령〉[66]이라고 비난한 이 영국인이 파리에서 활개치고 다니는 것을 좋아하지 않았다. 이런 분위기 속에서 홉스는 1651/1652년 겨울 서둘러 영국으로 돌아갔다. 그러나 여기서도 그에 대한 적대감은 팽배했고, 그를 비난하는 책들이 쏟아졌다. 바티칸은 1654년 그의 『시민론』을 금지했다. 하지만 이런 비난의 분위기 속에서도 홉스는 캐번디시 가문의 총애를 받으며 더비셔에 있는 엘리자베스 시대풍의 화려한 저택 하드윅 홀에서 안전하게 잘 살았다. 그리고 두꺼운 방벽과 굳건한 오만함 뒤에 숨어 『철학 원리』 3부를 완성했다. 먼저 나온 『시민론』 앞에 『물체론*De corpore*』과 『인간론*De homine*』을 1, 2부로 끼워 넣은 것이다. 이후 홉스는 일종의 앙심에서, 또는 싸움닭 기질의 발로에서 자기보다 훨씬 뛰어난 수학자들과 괜한 독선적인 싸움에 휘말려 들어갔다. 당대의 가장 뛰어난 화학자이던 로버트 보일(1627~1691)과의 언쟁도 쓸데없는 짓이었다. 어쨌든 그가 그 이후에 쓴 가장 중요한 작품은 영국 내전을 다룬 역사서였다.

홉스가 더비셔에서 철학계의 저명한 원로로서 책을 쓰고 논쟁을 벌이는 동안 영국에서는 왕정이 복원되어 찰스 2세가 왕위에 올랐다. 런던에서는 창궐한 대역병으로 7만 명이 목숨을 잃었고, 1666년에는 대화재로 런던의 상당 지역이 잿더미로 변했다. 같은 시기 영국이 영국-네덜란드 전쟁의 돛을 올렸을 때 현실 속 모든 계약은 공염불이나 다름없었다. 〈이런저런 이유가 뭐가 중요한가? 우린 그저 네덜란드인들이 지금 무역에서 누리고 있는 것들을 좀 더 빼앗아 오고 싶을 뿐이다.〉 영국 함대 사령관 조지 멍크의 솔직한 이야기다. 물론 영국 국왕은 이 해전에서 적선의 나포와 함께 많은 노획물을 기대했지만 그건 뜻대로 이루어지지 않았다. 어쨌든 이런 일들을 통해 전 영국이 분명히 확인한 것이 있다. 현실 속의 절대 군주는 평화와 법과 이성의 수호자라기보다 대개 자연 상태의 정신에 더 충실한 인간이라는 것이다.

홉스는 1679년 12월 하드윅 홀에서 숨을 거두었다. 그러나 만인의 이익을 위해 인간들끼리 관념적 계약을 맺어야 한다는 그의 이념은 죽지 않았다. 그가 죽기 6개월 전 마흔일곱 살의 한 남자가 프랑스에서 런던으로 건너와 홉스가 일구어 놓은 토대 위에서 자신의 정치적 대표작을 집필한다. 영향력과 파장 면에서 『리바이어던』을 훨씬 능가하는 작품인데, 그 저자의 이름은 존 로크였으니…….

계몽주의 철학

건축가 에티엔 루이 불레가 설계한 아이작 뉴턴의 기념비, 또는 공묘(空墓).
아래쪽은 야생의 자연을, 위쪽은 거대한 천체의 반원을 묘사하고 있다.

- 존 로크 1632–1704
- 아이작 뉴턴 1642–1727
- 피에르 벨 1647–1706
- 앤서니 애슐리 쿠퍼(3대 백작 섀프츠베리) 1671–1713
- 크리스티안 볼프 1679–1754
- 조지 버클리 1685–1753
- 몽테스키외 1689–1755
- 프랜시스 허치슨 1694–1746
- 볼테르 1694–1778
- 프랑수아 케네 1694–1774
- 헤르만 자무엘 라이마루스 1694–1768
- 피에르 루이 모로 드 모페르튀 1698–1759

1700

- 조르주 루이 르클레르 드 뷔퐁 1707–1788
- 쥘리앙 오프레 드 라메트리 1709–1751
- 토머스 리드 1710–1796
- 데이비드 흄 1711–1776
- 장 자크 루소 1712–1778
- 드니 디드로 1713–1784
- 알렉산더 고틀리프 바움가르텐 1714–1762
- 에티엔 보노 드 콩디야크 1714–1780
- 엘베시우스 1715–1771
- 애덤 스미스 1723–1790
- 폴 앙리 디트리히 돌바크 1723–1789
- 로베르 자크 튀르고 1727–1781
- 모제스 멘델스존 1729–1786
- 고트홀트 에프라임 레싱 1729–1781
- 콩도르세 1743–1794

개인과 사유 재산

타고난 재능의 로크 씨 / 관념적 계약들 /

태초에 소유권이 있었다 / 노동의 가치 / 로크의 이중 잣대 /

상인의 관용

타고난 재능의 로크 씨

1632년 서머싯 백작령 최서단의 도시 웨스턴과 야턴에서 가까운 링턴이라는 작은 마을에 한 남자아이가 태어났다. 이 아이는 어려서부터 특출한 재능을 드러냈다. 스피노자와 같은 해에 태어난 존 로크(1632~1704)는 실제로 이후 유럽의 정신사와 경제사에 큰 충격을 주었고, 그 충격의 여파는 다른 어떤 동시대인들보다 강했다. 한마디로 오늘날까지도 모든 서양 사회에 면면히 영향을 끼치는 자극이었다.

로크의 아버지는 법원 관리로 일했던 평범한 사람이었다. 반면에 할아버지는 가내 수공업으로 만든 직물을 시장에 내다팔아 적지 않은 재산을 모았다. 유능하고 야심만만하고 검소한 사람이었다. 게다가 청교도적 이상을 갖고 있었다. 그래서 오직 신과 무조건적인 경제적 성공만 바라보는 노동의 삶을 살았다. 또한 로크의 할아버지는 다른 청교도 신도들처럼 왕가에 비판적인 태도를 취했고, 군주제와 타락한 가톨릭주의를 경멸하고 의회를 지지했다.

여우처럼 뾰족한 얼굴 모양에 비쩍 마른 몸을 한 존 로크는 일찍부터 두드러졌다. 명석한 두뇌와 빠른 이해력이 돋보이는 아이였다. 그래서 힘 있는 의원들의 추천으로 1647년에는 런던의 저명한 웨스트민스터 학교에 입학했다. 그리고 2년 뒤 찰스 1세의 처형을 경험했다. 이어 장학금을 받고 옥스퍼드의 크라이스트처치 칼리지에 입학해서 고전 문헌학과 형이상학, 스콜라 철학으로 이루어진 통상적인 커리큘럼 과정을 마쳤다. 그리고 1658년부터는 본인이 직접 그리스어와 수사학, 그리고 나중에는 윤리학을 가르쳤다.

1661년에 아버지가 죽자 로크는 〈지주〉가 되었고, 그와 함께 영국 정치 사회의 일원이 되었다. 경제적 자립은 그에게 옥스퍼드에서 누렸던 것보다 더 자유롭게 자기만의 관심사에 몰두하는 것을 가능하게 해주었다. 로크는 비상하는 자연 과학적 세계에 매료되어 있었다. 그래서 의학 강의를 듣고, 홉스의 숙적인 로버트 보일이나 당시 가장 유명한 의사인 토머스 시드넘(1624~1689) 같은 고명한 사람들과 교류했다. 의학 학부를 졸업한 1668년에는 8년 전에 설립된, 영국 자연 과학계의 〈상원〉에 해당하는 왕립 학회 회원이 되었다. 여기서 아이작 뉴턴 같은 슈퍼스타를 만나 평생 교류했다. 그러나 그의 삶에서 큰 전환점은 훗날 섀프츠베리의 초대 백작이 되는 앤서니 애슐리 쿠퍼(1621~1683)와의 만남이었다. 당시 재무 장관이던 그는 국가의 실세였고, 사람 보는 눈과 사람을 모으는 재주가 있었다. 그래서 특출한 재능의 로크를 보는 순간 자신의 정치적 야망에 필요한 사람임을 한눈에 알아보고 개인 비서로 삼았다. 로크는 의사 면허가 없음에도 애슐리 쿠퍼의 주치의 노릇을 했고, 한번은 간 수술을 집도해서 주군의 목숨을 구했다고도 한다.

로크는 멘토의 비호를 받으며 정치에 매진했다. 애슐리 쿠퍼는 왕의 반대파로서 지방 귀족의 이해를 대변했다. 또한 곧 휘그당으로 불리게 될 정파를 이끌기도 했다. 휘그는 휘그모어 Whiggamore(가축 치는 사람)의 약자인데, 원래 보수적 왕당파인 토리당이 상대 정파를 비하하는 욕이었다. 그런데 휘그당은 곧 이 이름을 자랑스럽게 내세웠다. 이 정파의 사람들은 최초의 기계식 직조기를 제작해서 공장제 수공업(매뉴팩처)의 기반을 확립했고, 여기서 생산된 면직물을 대륙에 수출했다. 또한 이런 활동에 걸맞게 국가가 사상과 종교, 행동, 무역 면에서 시민들에게 최대한의 자유를 부여할 것을 주장했다. 그들은 미래의 주인공이자, 19세기 초부터 〈자유주의〉라 불리게 될 운동의 대변자였다.

그러나 상황은 이런 말보다 훨씬 복잡하게 얽혀 있었다. 토리당도 무역을, 그것도 특히 영국 동인도 회사의 해상 무역을 환영하는 입장이었기 때문이다. 왕가와 가까웠던 동인도 회사는 네덜란드 동인도 회사와 마찬가지로 가능한 모든 특권을 하나둘 차근차근 얻어 내고 있었다. 동인도 회사의 경영자와 비서들은 정치적 영향력이 막강했고, 자신들의 계급과 자유 무역을 강력히 옹호했다. 반면에 자유주의의 휘그당에게 자유 무역은 오히려 양날의 칼 같은 사안이었다. 부유한 엘리트 상인들에 비해 지방 귀족들이 자유 무역으로 이득을 보는 것은 별로 없었기 때문이다. 그래서 당시의 거의 모든 자유주의자들은 보호 무역을 옹호했다. 그들이 볼 때 동인도 회사와 영국의 이해관계는 같지 않았다. 그래서 그들은 지방 귀족과 중소 상공인들의 정치·경제적 권리를 위해 싸웠다. 예를 들면 이런 식이다. 국가는 법질서를 통해 어떻게 대상공인뿐 아니라 모든 유산자 시민의 자유를 보호할 수 있을까? 17세기 중반 휘그당의 정치 강령에는 훌륭한 철학적 근거가 없었다. 애슐리 쿠퍼가 자신의 피후견인 로크에게 맡기려고 했던 임무가 바로 그것이었다.

로크는 1672년부터 정계의 명망 있는 구성원이었고, 비록 그리 중요한 직책은 아니지만 정부 내에서 꽤 돈벌이가 되는 자리를 차지했다. 당시 힘깨나 쓰는 정치인은 모두 만났고, 정부 형태와 관련한 문제나 보호 무역과 자유 무역을 둘러싼 문제에서 열띤 논쟁을 벌였다. 그러다 얼마 지나지 않아 국가 서기관을 거쳐 무역 식민부에서 중요한 관직을 맡았다. 그러나 시대 자체가 자유주의적 정치 계열에는 우호적이지 않은 시대였다. 1675년 애슐리 쿠퍼의 별은 지기 시작했고, 로크는 혹시 몰라 프랑스로 피신했다. 그 뒤 망명지에서 멘토가 1년 간 수감되는 것을 지켜보아야 했다. 1679년 상황이 안정되자 로크는 다시 영국으로 돌아갔다. 그해 홉스는 세상을 떠났고, 로크는 자신의 정치적 근본 입장을 담은 『통치론*Two Treatises of Government*』을 쓰기 시작했다. 그러나 상황은 여전히 불투명했다. 로크가 원고를 쓰는 동안 쿠퍼는 다시 체포되었다. 감옥에서 풀려난 쿠퍼는 이제 자유주의자들과 왕의 화친을 통한 변화 가능성을 모두 포기해 버렸다. 그러고는 최후의 수단으로 찰스 2세에 대한 쿠데타를 준비했다. 계획은 실패로 돌아갔고, 쿠데타를 주도한 그는 네덜란드로 도주했다. 로크는 1년 뒤 그 뒤를 따랐지만 애슐리 쿠퍼는 그 직후 숨을 거두었다.

로크는 혼자 네덜란드에 머물면서 인식론에 관한 그 매머드급 프로젝트를 계속 다듬어 나갔다. 나중에는 애슐리 쿠퍼의 아들들을 가르치면서 얻은 경험과 통찰을 토대로 『교육론*Some Thoughts Concerning Education*』을 써서 큰 성공을 거두었다. 그러나 그의 본래 야심은 다른 것에 있었다. 온갖 형태의 사변에서 벗어난 인식론과 윤리학, 정치학이 그것이었다. 모든 견해의 토대는 경험이어야 했다. 그가 볼 때, 사생활에서건 국가에서건 도덕적으로 선한 것의 척도는 오직 하나뿐이었다. 개인과 공동선에 유익한가 하는 것이다.

관념적 계약들

2,000년 넘게 유럽의 철학자들은 도덕과 통치, 법을 하나의 확실한 모델에서 이끌어 냈다. 〈자연〉 아니면 〈신의 뜻〉이 그것이었다. 그렇다면 이 세계는 자연의 질서나 신적 질서 둘 중 하나에 따라 돌아갔다. 절대주의 군주들에겐 둘 다 해당되었다. 마찬가지로 인간들 사이에서도 자연적인 질서와 신의 뜻에 따르는 질서가 존

재했다. 그런데 17세기에 들어 그 토대가 흔들렸다. 물리학적 인식들이 건강한 인간 오성과 일치하지 않은 지는 이미 오래되었다. 게다가 200년 동안 쉴 새 없이 이어져 온 종교 전쟁을 보면서 더 이상 명확하고 확실한 신의 뜻을 거론할 수는 없었다. 이제 자연 질서와 인간 질서 사이의 커다란 구멍을 메우기란 사실 불가능에 가까워졌다.

이런 상황에서 홉스는 〈계약〉이라는 이념을 들고 이 구멍으로 돌진해 들어갔다. 그것도 형이상학적 정당성 대신 논리적·실용적 규칙들로 무장한 채. 사회 계약의 이념은 세상에 나오자마자 정치 철학의 지배적 사상으로 자리 잡았다. 계약론은 더 이상 믿을 수 없게 된 자연 질서를 한 관념적 존재, 그러니까 놀이나 가상으로 이루어진 존재로 대체했다. 예전에는 국가 질서를 위해 실제 모델이 차지하고 있던 자리에 이제는 자연 상태에 대한 생각 유희가 서 있었다. 이제 사람들은 사회와 국가를 마치 그것들이 자연에서 논리적으로 도출될 수 있을 것처럼 바라보았다. 물론 사회와 국가가 역사적으로 정확히 그런 식으로 발전해 오지는 않았다는 것을 동시대 독자들도 모두 알고 있었겠지만.

이로써 사회 계약론은 유토피아를 대신했다. 과거의 정치 사상가들은 이상 국가를 가상의 섬으로 옮겼다면 지금의 이론가들은 가상의 계약을 토대로 이상 국가를 고안해 냈다. 계약론을 구상하는 사람은 전통적인 것들이 자신에겐 종속적 역할밖에 하지 못한다는 것을 보여 주었다. 실제로 새 이론들은 귀족이 아닌 시민 계급에 주도적 역할이 맡겨진 시대에 나왔다. 이제 중요한 것은 관습법이 아니라 〈이성 국가〉였다. 이 국가는 단순히 옛 봉건 국가를 대체하는 것에 그쳐서는 안 되고, 시민과 그 재산을 온갖 자의적 횡포로부터 근본적으로 지켜 내기 위해서는 국가의 지위와 관련해서 〈더 많은 것〉이 주어져야 했다. 이로써 가족 관계나 혈족 관계는 정치적으로 의미를 상실했고, 만인은 매수당할 위험이 없는 동일한 이성적 법률의 지배를 받게 되었다.

근대 국가는 로고스의 정치 영역을 가정이라는 사적 단위, 즉 오이코스와 명확하게 구분했다. 과거 플라톤이 이상 국가 칼리폴리스와 마그네시아에서 꿈꾸었던 것과 다르지 않았다. 이를 통해 시민의 삶도 〈사생활〉과 〈공적 영역〉이라는 두 세계로 나뉘었다. 첫 번째 세계에서는 마음껏 자유를 누리지만, 두 번째 세계에서는 모두의 이익을 위해 일부 자유가 제한되었다.

퇴행적 왕권주의에도 불구하고 홉스는 이런 국가를 위해 중요한 선구자적 작업을 해냈다. 정치 철학에 학문적 토대를 제공한 것이다. 정치 철학은 이성적 해결책으로서 국가를 인간적 공동생활의 본질에서 도출해 낸다. 또한 만인의 이익에 도움이 되는 유익함이 그 유일한 기능인 법률을 설계한다. 이것이 바로 로크가 서 있던 출발점이었다. 로크는 여기서부터 시작해서 홉스보다 더 멀리 나아가고자 했다. 그러니까 시민의 자유를 보호하기는 하지만 그 자유를 독점적인 절대 권력에 넘기지 않는 국가에만 정당성을 부여하고자 한 것이다.

로크가 1679년에 이 작업에 착수했을 때 세상에는 홉스의 계약론만 있었던 게 아니라 다른 계약론들도 많이 나와 있었다. 스피노자도 두 권의 정치 저서 중 하나에서 계약론을 설파했다. 1670년에 익명으로 발표한 『신학 정치론*Tractatus Theologico-Politicus*』이 그것이다. 이 책엔 홉스의 영향이 강하게 배어 있지만, 스피노자의 전형적인 특징도 엿보인다. 모든 인간이 삶의 목표로 삼아야 할 것, 즉 진리 탐구와 지혜 추구를 끼워 넣은 것이다. 〈신을 믿지 않는 수도사의 윤리학〉이라고도 불리는 스피노자의 윤리학은 이런 정치에서 완성된다. 국가의 의미와 목적은 시민들이 방해받지 않고 자유롭게 진리를 추구하고, 그에 상응해서 자신을 실현하도록 하는 데 있다. 이런 목적을 위해 시민들은 홉스의 이론에서와 마찬가지로 상호 이익을 위해 이성적으로 계약을 체결한다. 그와 함께 질서를 유지하고 개개인의 자유를 수호할 권력을 국가에 부여한다.

스피노자는 인간이 방해받지 않고 철학할 수 있도록 국가라는 수단으로 인간을 보호하고자 하면서도 거꾸로 국가의 위험으로부터 인간을 지키고자 했다. 그런 노력 중의 하나가 무조건적인 표현의 자유에 대한 옹호다. 유럽 정신사에서는 처음 있는 일이었다. 모든 신앙과 철학적 신념은 존중되어야 한다. 그 때문에 홉스와는 달리 그에게는 특정 종교에 믿음을 강요하는 국교는 존재하지 않는다. 파문당한 렌즈공인 스피노자에게 종교는 어차피 지성이 부족한 사람들의 임시방편적 치료제이자 도피처일 뿐이다. 이로써 그는 12세기의 철학자 아베로에스와 몇몇 중세 후기 사상가들의 전통 편에 선다. 이 전통에 따르면, 종교는 더 높은 통찰에 이를 수 없는 사람들을 위한 단순하고도 아둔한 대안, 또는 소박한 백성들을 위한 그림책일 뿐이다.

인생에서 가장 중요한 것이 〈철학하기〉라는 주장은 오늘날의 관점에서 볼 때만 매우 특별하게 느껴지는 것이 아니다. 그게 현실과는 동떨어진 지극히 엘리트적인 생각이라는 점은 분명하다. 고국의 정치를 바라보는 스피노자의 시선도 마찬가지다. 그는 시민의 자유와 자유 무역에 열렬히 지지를 보낸 네덜란드 경제학자 피테르 데 라 쿠르(1618~1685)를 높이 평가했다. 무역의 자유와 행동의 자유는 서로를 조건 짓는 요소이기 때문이다. 이는 자유주의의 핵심 공식이다. 이런 이유로 스피노자는 고향 암스테르담뿐 아니라 그 도시의 가장 중요한 정치인 얀 더빗(1625~1672)을 칭찬했다. 더빗은 시민들의 평화가 무엇보다 무역 관계의 활발한 교류를 통해 보장된다고 보았다. 게다가 다양한 사업들의 복잡한 체계에서 개별 시민들의 이익을 최상으로 네트워크화하고 구현하는 국가가 탄생한다고 믿었다.

스피노자의 책이 출간되자마자 그에 반대하는 루터파와 칼뱅파, 가톨릭 계열의 저술들이 봇물처럼 쏟아졌다. 그는 신을 모독하는 이단자이자 무신론자라는 비난을 받았다. 그 무렵 스피노자가 자유 국가로 찬양했던 네덜란드도 뿌리째 흔들리고 있었다. 프랑스와의 전쟁에 휩쓸려 들어갔다가 이제 완전한 항복 상태에 내몰렸다. 그러자 다급한 마음에 둑을 허물어 온 나라에 바닷물이 차게 했다. 그것으로 루이 14세 군대의 진군은 멈추었지만, 대가는 혹독했다. 암스테르담에서는 시민들이 들고일어나 더빗 형제에게 린치를 가했다. 이성이 아닌 감정의 승리였다. 그로써 그동안 공들여 구축해 놓은 시민의 평화는 일거에 무너졌다. 스피노자는 두 번째 시도로 나아갈 수밖에 없었다. 『정치론 *Tractatus Politicus*』의 집필이었다. 그는 이제 정치적 사건을 결정하는 것이 이성이 아니라 감정임을 인정했다. 그가 보기에 다른 가능성은 없었다. 그렇다면 이런 문제가 등장한다. 극소수의 인간만 이성으로 자신의 행동을 결정한다면 그런 토대 위에서 국가는 어떻게 세워야 할까?

스피노자는 홉스와 거리를 두고 〈계약〉에 대한 믿음을 포기한다. 그의 새로운 구상은 자연권, 그러니까 어떤 상황에서도 모든 인간에게 주어지는 권리에서 시작한다. 이 권리는 결코 국가에 양도되어서는 안 된다. 〈정치와 관련해서 홉스와 나의 차이는 분명하다. 나는 자연권을 항상 불가침의 권리로 본다는 것이다.〉[67] 스피노자는 민주주의를 홍보한다. 이미 『신학 정치론』에서 민주주의를 가장 자연스러운 통치 형태라고 칭한 바 있다. 민주주의 체제에서 개인은 자신의 권리를 가장 적게 내주고, 만인의 권력은 국가 권력으로 통합된다. 그런 국가는 최대한 투명해야 한다. 또한 서로 독립된 많은 위원회로 이루어져야 한다. 논의 위원회, 결정 위원회, 실행 위원회 같은 것들이다. 결정권자가 많을수록 사람들의 감정은 더 쉽게 조정된다. 한 사람의 야심은 다른 사람의 야심으로 중화되고, 한 사람의 걱정은 다른 사람의 걱정으로 제거된다.

스피노자도 하나의 유기체처럼 지속적으로 스스로를 보존하는 〈영원한〉 국가를 꿈꾼다. 홉스와 마찬가지로 그의 모델에서도 시간 경과와 함께 나타나는 커다란 변화와 혁신은 낯선 개념이다. 그의 『신학 정치론』은 1674년에 네덜란드에서 금지된다. 현실과 동떨어진 정체적 국가론 때문이 아니라 종교를 〈가련한 인간들을 위한 철학〉으로 본 입장 때문이다. 1677년에야 유작으로 출간된 『정치론』 역시 1년 뒤에 바로 『리바이어던』과 함께 금서 목록에 오른다.

정치적 이상과 관련해서 스피노자는 머나먼 길을 걸어왔다. 처음에는 시민의 판단력을 교육함으로써 국가를 더 평화롭고 안정적으로 만들 수 있을 거라는 희망에 고무되었다. 그런 점에서는 라이프니츠와 다르지 않다. 인간들 사이에 이성과 지혜가 더 많이 확산될수록 국가 조직은 점점 더 나아진다. 그러나 스피노자는 결국 깨닫는다. 인간의 이성은 그다지 신뢰할 게 못 된다는 것을. 그래서 이제는 많은 감정들을 조정하고 결정들을 더 신중하게 내리게 하는 위원회들의 네트워크에 희망을 건다.

관념적인 계약들에 기초해서 좋은 국가를 세워야 할까? 아니면 최대한 많은 사람을 이성적으로 만들어 나머지도 그에 따라 시종일관 이성적으로 흘러가리라는 것에 희망을 걸어야 할까? 영국인들은 사회 계약에 생각이 꽂혀 있었다면 독일 철학자들은 인간들에게 영향을 끼치는 쪽에 더 무게를 두었다. 스피노자는 이 둘 사이 어딘가에 있었다.

스피노자의 정치적 저술이 떨어진 곳은 비옥한 토양이 아니었다. 저자는 너무 무명에다가 그의 저서는 너무 빨리 금지되었다. 로크도 스피노자를 모를 정도였다. 그런 로크도 독일의 유일한 계약론자는 알았던 것으로 보인다. 독일은 계약론이 발전하기엔 전반적으로 환경이 좋지 않았다. 신성 로마 제국은 어쨌든 민족 국가가 아니었기 때문이다. 이런 환경에서 아주 큰 예외적인 인물이 하나 있었다. 철학자이자 법학자인 자무엘 폰 푸펜도르프(1632~1694)이다. 작센 출신으로 스피노자와 나이가 같았던 그는 어린 시절에 30년 전쟁을 겪었고, 나중에는 스웨덴의 대학에 자리를 잡았다. 학문적으로는 홉스의 국가 모델을 폭넓게 따를 준비가 되어 있었는데, 1672년에 출간된 『자연법과 국제법 전8권*Acht Bücher vom Natur-und Völker-Rechte*』과 요약본 『자연법에 따른 인간과 시민의 의무*Über die Pflicht des Menschen und des Bürger nach dem Gesetz der Natur*』(1673)에 그런 면이 여실히 담겨 있다. 그런 그에 비하면 홉스는 평생 푸펜도르프를 거들떠보지도 않았다. 어쨌든 푸펜도르프는 홉스와 마찬가지로 국가를 안전에 대한 시민들의 욕구가 반영된 결과로 보았다. 하지만 통치자를 계약 파트너로 삼지 않은 홉스 〈계약〉의 유명한 약점도 잘 알고 있었다. 그래서 그는 계약을 두 개로 분리함으로써 홉스의 계약을 확대했다. 하나는 인간들 상호간의 근본 계약이고, 다른 하나는 신민과 중앙 권력 간의 계약이다.

여기까지는 좋다. 그런데 푸펜도르프는 놀랄 정도로 현실성 없게, 군주제건 귀족제건 민주제건 인간들이 통치 형태를 스스로 자유롭게 골라야 한다고 주장한다. 그러면서 자신은 군주제를 선호한다는 점을 숨기지 않는다. 강력한 통치자에 의해 일사불란하게 움직이는 군주제가 둔중한 민주제보다 훨씬 신속하게 결정을 내리고 행동에 나설 수 있다는 것이다. 오늘날까지도 민주주의 체제를 비판하는 사람들이 즐겨 내세우는 논리다. 어쨌든 홉스와 마찬가지로 푸펜도르프의 체제에도 권력 분립은 없고 무제한의 통치 권력만 존재한다. 하지만 여기서도 그는 〈홉스의 라이트 버전〉이라 할 수 있다. 왜냐하면 아무리 무제한의 권력을 누리는 통치자도 실정법까지는 아니라도 최소한 자연법, 즉 홉스가 기본법이라고 부른 스물한 개의 법은 존중해야 하기 때문이다. 푸펜도르프는 모두의 재산을 지켜야 할 국가의 의무를 아주 명확하게 강조한다. 왕이라도 마음대로 치부를 해서는 안 된다는 것이다.

하지만 푸펜도르프의 이런 견제 장치는 죽을병에 걸린 환자에게 자잘한 성형 수술을 하는 것과 다르지 않다. 그런 장치들이 있다고 해서 전횡의 해악이 실제로 제어되지는 않기 때문이다. 다만 그의 생각 중에서 한 가지는 정말 획기적이다. 비례의 원칙, 또는 과잉 조치 금지의 원칙이 그것이다. 즉, 통치자는 상위의 국가 목적을 위해 꼭 필요한 경우를 제외하고는 신민들의 자유와 권리에 개입해서는 안 된다. 이러한 혁신은 법 역사에 하나의 이정표를 세웠다. 그건 푸펜도르프의 국제법 해석도 마찬가지다. 그는 그로티우스보다 더 강력하게 전쟁은 오직 한 가지 조건하에서만, 즉 적이 자국의 권리나 영토를 침해하고 공격할 때만 정당화될 수 있다고 강조한다.

태초에 소유권이 있었다

로크는 푸펜도르프의 저술들을 알고 있었다. 『자연법과 국제법 전8권』을 〈이런 형태의 책 중에서 최고〉라고 불렀던 것을 보면 말이다. 아무튼 그는 본인이 직접 그런 견실한 논문을 쓸 여유는 없었다. 그래서 자신의 계약론을 학문적 차원이 아니라 정치적 논쟁의 틀 안에서 전개시켜 나갔다. 로크의 적은 영국의 군주주의자 로버트 필머(1588~1653)였다. 필머는 이미 오래전에 죽었지만, 왕정에 대한 그의 변론은 수십 년이 지난 뒤에도 여전히 큰 인기를 누렸다. 하지만 사실 그는 홉스 같은 수준의 일류급 인물은 아니었다. 대신 희한하게도 성경을 논거로 주장을 펼쳐나갔다. 설명하면 이렇다. 아담은 세계를 정복하라는 사명을 띤 최초의 세계 통치자다. 그래서 이브와 그 자손들을 비롯해 다른 모든 피조물들은 그에게 복종해야 한다. 이후 어느 시대 어느 나라 할 것 없이 모든 이들이 무릎 꿇어야 할 한 명의 아담, 즉 절대 군주가 존재하게 되었다는 것이다.

로크는 놀랍게도 필머의 해석으로부터 성경을 지키려고 많은 노력을 기울였다. 가령 그가 보기에, 이브는 아담에게 복종해야 할 신하가 아니다. 대체 성경 어디에 그런 내용이 적혀 있단 말인가? 이브는 오히려 거의 동등한 권리를 가진 파트너다. 예를 들어 마리아 스튜어트나 엘리자베스 1세처럼 왕위에 오를 동등한 권리를 가진 파트너 말이다. 여자는 결혼할 때 남자와 복종 계약을 맺는 것이 아니라 결혼 계약을 맺는다. 그래서 모든 물질적 재화에 일정한 몫을 갖고 있고, 심지어 남편에게 귀책사유가 있을 때는 이혼을 요구할 수도 있다.

로크가 여성을 바라보는 관점은 혁명적이다. 물론 그렇다고 그가 페미니스트였던 것은 아니다. 그는 당시의 거의 모든 남자들이 그렇게 생각했듯이, 남자가 힘이 더 세고 〈능력도 더 많다〉고 여겼다. 따라서 뭔가 의심스럽거나 불확실한 경우에는 남자에게 결정권을 맡기는 것이 옳았다. 이로써 가정의 계약은 국가의 계약과는 토대가 확연히 다른 것으로 나타난다. 생물학적 차이가 지배하는 가정 영역에서는 결국 강함과 능력이 지배를 정당화한다. 하지만 정치 계약에서는 그것이 거부된다. 여기서는 누가 더 강하고 능력이 있든 상관없이 모든 시민이 동등하고 자유로워야 한다. 국가에서는 생물학적, 신분적, 지적 차이가 통치를 정당화하지 않는다.

이런 국가 계약을 들여다보면 우선 홉스가 퍼뜩 떠오른다. 로크도 역사적으로 결코 존재한 적이 없는 자연 상태를 염두에 두고 있었다. 그 때문에 홉스에 대한 비판 논리는 로크에게도 똑같이 해당된다. 즉, 인간이 아주 오래전에 무정부 상태에서 살았고, 아리스토텔레스가 생각한 것 같은 통치 상황에서 항상 살았던 건 아니라고 누가 그러는가? 지금껏 어느 나라가 근본 계약으로 성립되었는가? 로크 역시 자신의 자연 상태에서는 그게 중요한 것이 아니라고 반박할 수도 있을 것이다. 그는 자연 상태를 역사학자의 시선이 아닌 물리학자의 시선으로 바라본다. 그러니까 현 사회들의 복잡한 상태를 분석한 뒤 근본 구조로 환원한다. 그러면 마지막에는 원칙적인 것, 즉 통치자 없는 공간에 원소들의 운동만 남는다.

그런데 사실 로크의 자연 상태는 역사적이지도 물리적이지도 않고, 그 둘 사이 어디쯤에 있다. 그는 17세기 사회의 실무적인 계약에서 많은 부분을 차용했다. 그런 면에선 홉스는 비할 바가 아니다. 상인들이 법률 행위를 어떻게 하는지 떠올려 보라. 자발적인 매매 계약을 체결할 경우 한쪽은 일반적으로 상대방을 자유롭고 동등한 사람으로 받아들인다. 쌍방에 동등한 권리와 동등한 법적 토대가 있음을 인정하는 것이다. 그에 상응해서 로크는 소유권을 중요시한다. 홉스와 비교할 때 로크의 자연 상태는 그리 고약하지 않다. 대부분의 인간은 이 상태에서도 상당히 많은 〈자연법〉의 목록을 존중하기 때문이다. 우리는 자신을 보존하려고 하고, 남들도 그런 면에선 우리와 똑같다는 것을 인정한다.

〈호의, 상호 부조, 보존〉[68]은 인간의 본성에 속한다. 그런 측면에서 살인과 살해는 규칙이라기보다 예외적 현상이다.

상호 부조가 어느 정도까지 〈자연법〉인지는 오늘날까지지도 이어지는 학자들의 오랜 논쟁거리다. 그런데 이보다 더 눈여겨봐야 할 것은 홉스와 마찬가지로 로크에게도 육체적인 안녕과 목숨뿐 아니라 재산의 획득도 중요했다는 사실이다. 이 둘은 불가분의 관계로 엮여 있다. 재산이 없으면 자기 보존도 없다! 바로 이 때문에 계약이 필요하다. 모두가 〈안락한 삶〉에 필요한 것을 획득하고 보유할 권리를 보장하고, 타인이 그 권리를 부정하지 못하도록 하는 계약 말이다.

그런데 안락한 삶을 위해서는 무엇이 얼마만큼 필요할까? 로크는 자연 상태에서 소유를 제한하는 두 가지 한계를 안다. 부패의 한계와 동등함의 한계다. 우선, 누구도 부패할 수 있는 재화, 즉 식료품을 실제로 먹을 수 있는 것보다 더 많이 소유해서는 안 된다. 또한 남들도 똑같이 식료품을 충분히 얻을 수 있도록 최대한 신경을 써야 한다. 부패하는 재화에 해당되는 이야기는 그것이 자라는 땅에도 해당된다. 땅도 모두가 충분히 얻을 수 있도록 고루 분배되어야 한다.

로크는 공산주의자일까? 그건 분명 아니다. 두 한계는 자연 상태에나 유효하기 때문이다. 그에 반해 고도로 발달한 사회에선 이 한계들은 완전히 무력화된다. 돈이라는 수단을 통해서다. 화폐는 자연적인 한계들을 간단히 뛰어넘어 버리고, 그로써 다른 도덕적 질서를 갖춘 다른 세계를 만들어 낸다. 〈나는 소유의 규칙을 대담하게 주장하고자 한다. 즉, 모든 인간이 스스로 사용하는 만큼만 소유해야 한다는 것은 오늘날에도 별로 당혹감을 느끼지 않으면서 세계에 적용할 수 있을 듯하다. 왜냐하면 주민 수가 두 배여도 충분할 만큼의 땅이 있기 때문이다. 만일 돈의 발명과 돈에 가치를 매기는 사람들의 암묵적 합의가 더 많은 재산 형성과 그에 대한 권리를 야기하지 않는다면 말이다.〉[69]

돈의 발명으로 자연 상태에서의 게임 규칙은 무력화된다. 그런데 로크는 이를 탓하는 것 같지 않다. 아니, 오히려 돈에 대한 탐욕이 불러오는 긍정적 효과를 기술한다. 인간이 자연스럽게 주어진 것 이상을 추구하면 사회는 앞으로 나아간다. 지금까지는 물건의 이용만 줄곧 생각했다면 이제는 수단과 자기 목적으로서 돈을 추구한다. 그로 인해 자연적으로 주어진 한계는 사라지고, 자연 상태와 비교해서 놀랄 만한 부가 생겨난다. 물론 원래 동등하게 태어난 인간들 사이의 불평등은 커진다. 개인이 재산 추구 과정에서 사회의 공동선과 관련해서 고려해야 했던 자연적인 경계는 더 이상 존재하지 않는다. 이 경계는 완전히 사라지고, 넘칠 정도로 풍요한 삶이 합법성을 얻는다. 백만장자가 수백억의 돈을 더 버는 것이 자기 보존에 정말 필요한 일이냐는 물음에 대해 백만장자는 답하지 못할 것이다. 그건 오늘날에도 마찬가지다. 자본주의 체제의 나라라면.

이러한 발전은 도덕적으로 좋은 것인가 나쁜 것인가? 로크의 대답은 간단하다. 좋다는 것이다. 사회의 부가 많이 쌓이면 쌓일수록 가난한 사람들에게도 더 많은 혜택이 돌아갈 것이라는 게 그 이유이다. 그러나 로크는 이 근사한 테제를 굳이 증명하려고 애쓰지 않는다. 사실 이건 그가 만든 테제도 아니다. 영국 동인도 회사의 로비스트들은 이미 반세기 전부터 그와 다르지 않은 논거를 내세웠다. 토머스 먼(1571~1641), 제라드 드 말린스(1586~1641), 에드워드 미셀든(1608~1654) 같은 사람들은 상인을 근대 세계의 영웅으로 보았다. 상인의 행위와 개인적인 이익 추구가 국가 전체의 부를 쌓는 데 기여했다는 것이다. 미셀든은 1623년 무역의 순환에 관한 저서에서 이렇게 묻는다. 〈개인의 부private-wealth가 아니라면 다른 무엇이 공공의 복지common-wealth를 만들겠는가?〉[70] 〈wealth〉라는 단어에 〈복지〉와 〈부〉의 의미가 동시에 들어 있기에 가능한 말이다. 어쨌든 거대 기업들의 성공이 결국 모두에게 이익이 된다고 하는 것은 그 이후 수없이 반복되어 온 주장이다. 이 주장이 맞는지 그른지는 실제 삶의 수많은 조건에 달려 있다.

도덕과 정의, 미덕과 같은 것들은 고대에는 훌륭한 시민의 품성이었다. 반면에 상인 계층은 고대 그리스에서건 중세에서건 상관없이 배척에 가까울 정도로 무시되었다. 그들은 정치적 권리가 없었고, 비도덕적 집단으로 여겨졌다. 플라톤과 아리스토텔레스는 상인을 천박한 인간들로, 사채업자를 범죄자로 보았다. 그러나 이탈리아 르네상스가 상인에 대한 이미지를 바꾸어 놓았다. 그러니까 이제는 상인도 훌륭한 시민이 될 수 있었다. 단, 도덕적으로 행동하고 자신의 도시를 위해 후원을 아끼지 않을 경우에만 그러했다. 반면에 신흥 부자로 떠오른 영국 상인 계층의 옹호자들은 이제 상인의 시민적 품성을 더 이상 저울에 올리지 않았다. 모든 상인은 상인이라는 직업 하나만으로 이미 그 자체로 도덕적이고 공정하고 고결하기 때문이다. 고대 시민의 미덕이 이제 근대 상인의 미덕이 되었다. 상인은 선한 인간이 되려고 노력할 필요조차 없다. 그의 이익 추구는 태생적으로 선하다. 다른 모든 영국인들을 자동으로 풍요롭게 해주기 때문이다. 플라톤과 아리스토텔레스가 들었다면 이런 뻔뻔한 왜곡에 격분해서 무덤에서라도 벌떡 일어났을지 모른다.

그런데 상인 계층에 대한 이러한 찬양만 새로운 것이 아니었다. 말린스, 먼, 미셀든은 사적인 영역과 정치적인 영역도 분리한다. 고대 인간들은 항상 어디서건 도덕적으로 행동해야 했다. 하지만 17세기의 영국인들은 그와 관련해서 분명하게 선을 긋는다. 상인은 부를 키운다는 측면에서 훌륭한 시민이다. 반면에 사생활에서 무엇을 하건 그건 지극히 개인적인 문제다. 누군가가 사적으로 불친절한 인간이건, 혹은 남편이나 가장으로서 현명하지 못한 결정을 내리건, 아니면 혐오스러운 행동을 하는 사람이건 공적으로 해를 끼치지 않는다면 도덕적으로 비난받지 말아야 한다. 이는 도덕 철학에서 완전히 새로운 관점이다. 품성이 아닌 전체 사회에 대한 유익함만이 행위의 가치를 결정하기 때문이다. 계약론으로 사회 질서를 정당화하는 사람은 더 이상 〈도덕적인 잣대〉를 들이댈 수 없고 들이대서도 안 된다. 그렇다면 누군가 더 유익하고, 덜 유익한지는 어떻게 구별할 수 있을까? 이 질문에 대해서도 로크의 답은 간단하다. 노동을 통해서!

노동의 가치

먼, 말린스, 미셀든은 자유주의자가 아니었다. 하지만 로크의 자유주의를 비롯해서 다른 자유주의들이 번성할 토대를 마련해 주었다. 고대와 중세에서는 형이상학을 토대로 구축되었던 윤리가 이제 상인의 윤리가 되었다. 삶은 시장이자 교환 거래다. 인간은 모든 삶의 상황에서 상인이다. 그러니까 모험가 상인 조합의 초대 조합장인 존 휠러가 1601년에 말한 것처럼 인간은 호모 메르카토리우스homo mercatorius(상업 인간)이다. 현대적으로 표현하자면 그가 볼 때 모든 사회 규범은 결국 시장 규범이다. 오늘날에도 이렇게 보는 경제학자와 사회 생물학자들이 제법 있다.

이런 시각으로 보면 달라지는 것은 무엇일까? 그렇다, 이제 인간의 품성은 중요하지 않다. 그보다 더 중요한 건 행동이나 조치, 통치 형태가 공동선에 얼마나 유익하고 얼마나 해로운가

하는 점이다. 이제 사유 재산은 철학에서 그전까지 결코 누려 보지 못한 수준으로 의미가 커졌다. 로크에게 생명과 자유, 재산에 대한 요구는 서로 분리될 수 없을 정도로 밀접하게 연결되어 있다. 이런 맥락에서 보자면, 그는 〈자본주의〉와 그에 기초한 모든 시민 사회의 시조로 여겨져도 무방하다. 오늘날까지도 독일을 비롯한 많은 나라들에서는 일반적으로 은행 강도를 신체 상해범보다 훨씬 엄하게 벌한다. 로크는 심지어 강도와 절도를 살인과 똑같이 취급하면서 그런 범죄에 대해 사형에 처할 것을 요구하기도 한다.[71]

그렇다면 사유 재산은 왜 불가침의 권리로 인정받아야 할까? 그것을 얻기 위해 쏟아 부은 수고와 노력 때문이다. 다시 말해 바로 노동 때문이다. 홉스에 비하면 아주 새로운 관점이다. 하지만 17세기 후반에 이르면 이 관점은 모든 사람의 입에 오르내린다. 남보다 더 유능하게 더 성실히 일한 사람은 더 많은 돈과 재화를 벌고, 이어 장사도 할 수 있다. 오늘날의 우리는 이렇게 표현할 것이다. 성과는 보람이 있고, 보상을 받는다! 그런데 영국에서는 토지를 얻기 위한 공정 경쟁이 이미 오래전부터 더는 존재하지 않는다는 사실을 로크도 알고 있었다. 물론 예전에 그런 공정 경쟁이 실제로 한 번이라도 있었는지는 의문이지만. 어쨌든 땅과 토지는 개척되지 않고 오래전부터 지극히 불평등하게 분배되었다. 그렇다면 재산이 없는 날품팔이로서 매일 들판이나 매뉴팩처를 떠돌아야 하는 수많은 보통 사람들은 무엇을 할 수 있을까? 그들에게는 공정 경쟁을 통해 자신의 유능함을 증명할 기회조차 아예 없지 않은가?

로크의 대답은 진부하기 짝이 없다. 당시의 돈 많은 사람들이 대부분 그렇게 생각했듯, 그 역시 들일을 하는 영국 노동자들의 성취 욕구와 노동 윤리에 의구심을 품은 것이다. 오늘날 아프리카 전역에서 많은 백인 농장주들이 흑인 일꾼들을 바라보는 태도와 다르지 않다. 로크에게 존재가 의식을 결정한다는 것은 존재를 바꾸라는 요구가 아니다. 그런데 그는 기존의 소유 상황과 관련해서 또 다른 정당성을 제시한다. 모든 인간은 이미 돈의 도입에 찬성했고, 그로써 불평등의 게임 규칙에도 동의했다고 생각한 것이다.

이 얼마나 황당한 근거인가! 어떤 영국 노동자들에게도 돈의 도입에 찬성하는지 실제로 물은 적이 없다는 것은 로크도 당연히 알고 있었다. 설령 그가 기원전 6세기에 리디아인들이 동전 화폐를 도입하는 과정에서 국민 투표를 거치지 않았다는 사실을 몰랐다고 해도 그 정도는 충분히 생각할 수 있다. 〈돈 계약〉과 관련한 로크의 주장은 살얼음을 걷는 듯 위태롭다. 사유 재산이 노동의 대가라는 테제도 마찬가지다. 당시 영국에서 상당 액수의 돈이 간단하게 상속되고 있는 점만 고려해도 이 테제의 부당성은 짐작할 수 있다. 또한 어느 나라에서건 부와 빈곤이 항상 개인적 유능함의 믿을 만한 척도라는 주장 역시 골수 자유주의자조차 진지하게 주장하기는 곤란한 케케묵은 얘기로 들린다.

기존의 소유 상황에 대한 근거를 철학적으로는 제대로 밝힐 수 없었다면 혹시 심리학적으로는 가능할까? 로크는 불평등이 어쨌든 심리적으로는 사람들에게 야심과 함께 경쟁심을 부추겨 결국 사회의 전반적인 부를 촉진한다고 생각했다. 이 생각은 그의 철학적 도식과는 완전히 따로 논다. 그가 말한 자연 상태나 사회 계약과는 아무런 상관이 없다는 말이다. 그럼에도 관찰 결과는 옳을 수 있다. 공정한 규칙하에서 이루어지는 진정한 경쟁이 존재한다는 조건이 만족된다면 말이다. 그러나 영국의 일용직 노동자들은 농장 주인이나 동인도 회사 상인들과 결코 경쟁 관계에 있지 않았다. 그들은 출발 조건부터 완전히 달랐다. 공정한 경쟁이 가능하려면 우선 모두가 학교 교육을 받을 수 있는 조건과 보편적 직업 교육 체계가 갖추어져 있어야 한다. 17세기의 영국에선 꿈같은 얘기였다.

로크의 철학에는 두 가지 얼굴이 있다. 한편으론 모든 인간의 자연적인 평등과 자유를 옹호하면서도 다른 한편으론 돈에 의해 지배되는 사회에서 인간의 불평등과 부자유를 정당화한다. 그가 볼 때 불평등한 돈 사회가 평등한 자연 상태보다는 언제나 낫기 때문이다. 그래서 그는 영국을 북아메리카 식민지들과 비교하길 좋아한다. 여전히 자연 상태에 가까운 이 식민지들은 모두를 위해 정복할 땅이 충분하지만, 영국과 같은 부와 풍요를 언급할 수는 없다. 미개한 아메리카에서는 왕조차 영국의 날품팔이보다 못산다는 것이다.

로크의 논증은 냉정하고 객관적이다. 당대의 시대정신에 맞는 태도였다. 이런 태도에 기준을 세운 사람은 의사와 철학자, 경제학자로서 이름을 날린 윌리엄 페티(1623~1687)였다. 궁핍한 환경에서 자라 영국 내전 중에 재산과 함께 수상쩍은 명성까지 얻은 사람이었다. 페티는 인간적으로는 극도로 모호한 인물이었고, 경제학자로는 이것저것 눈치 안 보는 대담성이 눈에 띄는 인물이었다. 그는 『아일랜드의 정치적 해부*Political Anatomy of Ireland*』에서 그 나라의 사회경제적 문제들을 의사의 냉철함으로 진단한다. 그러다 마지막에는 모든 주민과 값나가는 것들을 배에 실어 영국으로 보내라고 제안한다. 이게 다른 어떤 조치보다 싸고 효과적이라는 것이다. 페티의 이런 냉정한 사고에 자극받아 나중에 아일랜드 작가 조너선 스위프트(1667~1745)는 유명한 풍자 수필 『겸손한 제안*A Modest Proposal*』을 쓴다. 이 책에서 스위프트는 아일랜드의 극심한 빈곤과 인구 과잉을 위해선 경제적으로 가장 합리적인 해결책을 찾아야 한다고 주장한다. 즉, 아일랜드의 아기들을 영국인들에게 식량으로 팔라는 것이다.

남들은 인간과 운명을 보는 곳에서 페티는 돈을 본다. 『정치 산술*Political Arithmetic*』이라는 저술에서도 그의 수학적 냉정함은 무척 인상적이다. 그는 행정 통계의 기초를 세웠고, 오직 숫자만으로 자신이 하고 싶은 이야기를 했다. 나중의 찰스 대버넌트(1656~1714)와 마찬가지로 페티 역시 통치는 믿을 만한 숫자와 통계의 토대 위에서만 가능하다고 생각했다. 원칙적으로 정부의 행동을 결정하는 것은 통계적 이성이라는 것이다. 오늘날 경제학자와 정치인들 사이에서 그 어느 때보다 지지자가 많은 생각이다. 물론 정치적 창의성은 심대하게 제한하는 생각이기는 하지만.

아마 순수 경제적 가치 개념을 최초로 공식화한 사람은 페티였을 것이다. 그에 따르면 한 사물의 가치는 땅과 토지의 가치뿐 아니라 인간 노동으로도 산출된다. 로크는 이 생각에 빠르게 설득 당한다. 당시의 많은 국민 경제학자들처럼 그는 가치 창출에서 노동의 몫을 강조한다. 내가 하나의 상품을 생산하는 데 투자하는 시간과 인력이 많을수록 그 상품의 가치는 높아진다. 따라서 로크는 페티와 마찬가지로 농장 및 공장 노동자들의 임금을 가능한 한 최소치로 유지해야 한다고 주장한다. 그래야만 프랑스와 네덜란드 같은 나라와의 경쟁에서 유리한 고지를 차지할 수 있기 때문이다.

이로써 임금 덤핑의 문이 열린 것이 분명하다. 이러한 헐값 경쟁의 철면피한 입장을 네덜란드 출신의 의사 버나드 맨더빌(1670~1733)만큼 적나라하게 드러낸 사람은 아마 없을 것이다. 1693년부터 런던에서 생활한 그는 이렇게 썼다. 〈노예제가 금지된 자유로운 사회에서 가장 확실한 부는 힘들게 일할 수 있는 빈자들이 얼마나 많으냐에 달려 있다.〉[72] 〈A라는 나라에서는 노동자들이 하루에 열두 시간씩 일주일에 엿새 일하고, B라는 나라에서는 하루에 여덟 시간씩 나흘만 일한다면〉 A 나라가 훨씬 더 싸게 상품을 생산할 수 있다. 한 국가는 〈다른 이웃 국가들에 비해 식품과 모든 생활필수품이 (……) 더 싸거나, 노동자들이 더 부지런하거나 더 오래 일하거나, 아니면 더 팍팍한 삶도 견디며 만족할 수 있을〉[73] 때에만 경쟁에서 유리한 입장에 설 수 있다.

로크의 이중 잣대

17세기 중반의 도덕은 올바른 삶의 이념에서 상당히 멀어져 있었다. 미덕 윤리 대신 부자들에게 유익한 것이 결국엔 모두에게 유익하다고 하는 상인 윤리가 만연했다. 고대와 중세에는 항상 비판적으로 여겨졌던 돈을 불리는 행위도 이제는 미덕이 되었다. 하지만 경제적 유용성이라는 새로운 윤리는 값비싼 대가를 치렀다. 그 윤리의 핵심에 이중 잣대가 있음이 재빨리 드러났기 때문이다. 자유롭고 평등한 인간의 안녕과 관련해서 로크가 관심을 가진 대상은 오직 유산자 시민 계급, 그것도 영국의 부르주아 계급뿐이었다. 경제와 돈, 무역, 과세에 대한 그의 수많은 고찰들 역시 영국 경제학자들의 태도와 다르지 않게 오직 자기 나라의 입장에서만 서술한다. 예를 들어, 영국은 어떻게 하면 금화와 은화를 최대한 많이 벌어들이고, 외국에는 최대한 적게 내줄 수 있을까? 영국은 어떻게 하면 경쟁에서 우위에 설 수 있고, 그러려면 어떤 조세 정책을 펴야 할까? 또 영국은 어떻게 해야 타국의 희생 위에서 자국의 이익을 강화할 수 있을까?

이런 고찰은 팔이 안으로 굽는 것처럼 자연스러워 보이지만, 그런 만큼이나 자연 상태에서 인간들의 공동선을 추구하는 철학과는 별로 상관이 없어 보인다. 왜냐하면 모든 인간이 아무리 날 때부터 평등하고 자유롭다고 떠들어대 봤자 결국 영국인에겐 영국인이 외국인보다 더 중요하기 때문이다. 그렇다면 훗날 〈계몽주의〉의 토대로 불리게 될 가치들도 결국엔 자국민들에게만 해당되는 것처럼 보인다. 이는 훗날의 프랑스 의회와 더 훗날의 유엔에 의한 인권 선언에도 불구하고 여전히 굳건히 유지되는 생각이다. 예를 들어, 오늘날 대다수의 독일인들은 독일의 복지를 최소한 현재와 같은 수준으로 유지하는 것이 전 세계 인류가 인간다운 삶을 누릴 수 있도록 돕는 것보다 훨씬 중요하다고 생각한다.

이러한 이중 잣대는 다른 물음에서 한층 더 분명하게 드러난다. 모든 인간이 평등하고 자유롭다면 왜 여자들은 그렇지 않은가? 여자들을 비교적 호의적으로 생각했던 로크조차 왜 여자에게는 선거권을 부여하지 않았을까? 이론과는 달리 실제 현실에서는 여자와 남자를 그렇게 평등하게 생각하지 않은 것이 분명하다. 로크가 생각한 보편적 자유라는 것도 결국 그의 개인적인 경제적 이익에 해당하는 곳까지만 나아갈 뿐 더 이상 나아가지 않는다. 그는 굉장히 수완이 좋고 영리한 경제적 전략가로서 투기성 사업으로 많은 돈을 벌었다. 자본의 논리가 지배하는 곳에서는 가치 같은 건 고려되지 않을 때가 많다. 그런 점에서 자유의 철학자 로크 역시 환상적인 수익이 보장된다면, 그게 노예 무역처럼 비도덕적인 일이라고 하더라도 투자하는 것을 주저하지 않았다.

아프리카와 동남아시아에서 노예를 데려와 아메리카에 파는 것은 해외 무역에서 향신료 다음으로 돈벌이가 되는 시장이었다. 로크는 무역 식민부 서기관으로서 해외 무역과 관련해서 최적의 자리에 앉아 있었고, 거기서 얻은 정보를 토대로 왕립 아프리카 회사RAC의 주식을 구입했다. 1672년에 창설된 이 회사는 금, 상아, 열대 목재, 향신료를 거래하기도 했지만, 주로 거래한 상품은 잠비아와 시에라리온, 상아해안, 노예해안에서 잡아 온 흑인들이었다. 이 과정에서 리버풀과 브리스틀 같은 도시들은 주요 환적장으로 번창했고, 유럽의 권력자들은 예외 없이 이 사업에 관여했다. 16세기에는 포르투갈을 비롯해 독일의 벨저 상인 가문도 이 사업으로 큰돈을 벌었다. 게다가 이 잔인한 사업을 축원한 점에서는 교황이건 교황의 적수인 마르틴 루터건 다르지 않았다.

17세기에는 네덜란드와 함께 영국인들이 이 사업에 대단위로 뛰어들었다. 노예 무역은 서아프리카 전 지역의 인구를 감소시킴으로써 부족과 민족의 경제와 공동체를 파괴했다. 그러나 로크는 그런 일엔 별로 개의치 않았다. 오히려 왕립 아프리카 회사의 세 번째 대주주인 애슐리 쿠퍼와 함께 이 사업에 막대한 금액을 투자한 뒤 큰 이익을 보고 주식을 팔았다. 그뿐 아니라 바하마의 노예 무역에도 투자자로서 관여했다. 애슐리 쿠퍼는 총애하던 로크에게 1660년대에 이미 캘리포니아의 땅과 토지를 마련해 주었고, 또 그에 걸맞게 서기관 자리까지 안겨 주었다. 이 관직에 앉은 로크는 심판관과 조정자로서 다양한 노예 무역 회사들의 이해관계를 조정하고 지켜 주었다. 다음과 같은 특혜를 처음 확정한 사람도 로크인 것으로 추정된다. 〈캘리포니아의 모든 자유로운 남자는 정치적 견해나 종교와 상관없이 흑인 노예들에 대한 절대적 권력과 권위를 갖는다.〉

로크는 아메리카의 상황을 직접적인 관찰로 알고 있었다. 캘리포니아를 비롯해 서인도 제도까지 직접 여행한 것이다. 이들 지역에서는 인구 밀도가 높고 중무장한 유럽보다 훨씬 많은 땅과 지하자원을 확보할 수 있었다. 물론 이런 식민주의에 회의적인 시각을 갖고 있던 동시대인들도 많았다. 혹자는 거기서 경제적 이익을 보지 못해서 그랬고, 혹자는 식민 사업이라는 것이 결국 원주민들의 땅을 불법적으로 빼앗는 일이 아닌가 하는 도덕적 의구심에서 그랬다.

독자들은 로크가 후자에 속하길 바랄지 모른다. 그러나 그건 한참 빗나간 예상이다. 그는 평등과 자유의 철학자이자 사유 재산의 열렬한 옹호자였음에도 아메리카 땅에 대한 인디언들의 권리는 전혀 인정하지 않았다. 그런데 그 근거를 들어 보면 퍽 청교도적이다. 땅을 농업적으로 경작하거나 활용하지 못하는 사람에게는 그 땅의 소유권도 없다는 것이다. 땅은 노동이 곁들여져야만 비로소 진짜 자기 땅이 되기 때문이다. 로크는 〈현지인들이 실제로 필요로 하거나 이용할 수 있는 것보다〉 훨씬 더 넓은 미개척지들이 아메리카 곳곳에 널려 있는 것을 보았다. 이 땅들은 앞서의 〈이유로 보면 모두의 공유 재산〉[74]이다. 로크의 논리에 따르자면 인디언들도 영국으로 건너가 사용되지 않는 땅을 경작하면서 자기 것이라고 우겨도 할 말이 없을 것처럼 보이지만, 영국인들은 그런 걱정을 전혀 하지 않은 것처럼 보인다. 로크를 비롯해 당시의 많은 사람들은 오직 유럽인들만이 농업에 대해 제대로 알고 있다고 생각했기 때문이다. 〈나는 이런 의문이 든다. 배고픔에 쪼들리는 그곳 가난한 주민들을 먹여 살리는 데엔 (……) 제대로 개간된 데번셔의 비옥한 땅이라면 10에이커면 될 것을 아메리카의 야생 밀림이나 개간되지 않은 땅에서는 무려 1,000에이커가 필요하지 않을까?〉[75]

로크의 논거를 듣다 보면 정말 화가 치밀지만, 이런 논리는 오늘날에도 완전히 사라지지 않고 있다. 거침없는 세계화의 확고한 지지자들이건, 무정부주의를 표방하는 빈집 점유자들이건 둘 다 이용되지 않는 공간을 개척함으로써 자연법적으로 획득했다는 논리를 내세우길 좋아한다. 노예제에 대한 로크의 정당화 논리는 더 한층 의아하다. 그에겐 누군가를 노예로 삼는 것이 가능한 것은 오직 하나의 경우뿐이다. 즉, 국제법에 따른 합당한 공격 과정에서 전쟁 포로가 된 군인을 노예로 삼는 경우다. 그렇다면 서아프리카의 흑인과 아메리카 인디언들이 그런 전쟁 포로인가? 그건 분명 아니다. 그들은 영국을 침략한 적이 없다. 그러나 로크는 〈정당한 전쟁〉의 원칙을 굉장히 탄력적으로 확대한다. 영국인들은 신의 뜻에 따라 아프리카 땅을 경작해서 비옥하게 하려는 것일 뿐인데 원주민들이 그런 자신들에게 저항한다는 것이다. 그러니 신의 뜻과 소유권 획득의 합법적 원칙을 거역하는 쪽은 원주민들이고, 영국인들이 그렇게 저항하는 자들을 잡아 〈정당한 전쟁〉의 전리품으로서 노예로 삼는 것은 정당하다.

이 논리가 얼마나 빈약한지는 로크 본인도 알고 있었다. 왜냐하면 한 세대 뒤 노예의 자식으로 태어난 사람은 저항한 적도 없었고, 그렇다면 정당한 전쟁의 전리품도 아니기 때문이다. 논리의 허점은 다른 데서도 드러난다. 즉, 로크는 설사 영국이 침략 전쟁을 시작했다고 하더라도 영국인이 프랑스나 네덜란드에서 포로로 잡혀 적의 노예가 되는 것은 분명 원치 않았을 것이다. 그렇다면 그의 노예제 논리는 미개간지를 경작할 줄 모르는 〈이성 없는〉 흑인과 인디언들에게만 해당되는 이야기였다. 이러한 이성 개념은 20세기 들어 테오도어 W. 아도르노와 막스 호르크하이머에 의해 이른바 〈도구적 이성〉, 그러니까 상인의 효율성 논리로 명명되었다.

모든 유산자들의 이익을 대변하는 로크의 국가는 고전적 의미의 도덕 국가는 분명 아니었다. 여기서는 경제적으로 성공한 국가만이 도덕적으로 훌륭한 국가였기 때문이다. 그 때문에 이 국가는 다른 나라를 정복하고, 식민지를 건설하고, 노예제를 정당화할 수 있었다. 그렇다면 로크에겐 두 얼굴이 있다. 한편에는 만인에게 자연권적 평등과 자유, 사유 재산을 인정하는 자유주의자 로크가 있었고, 반대편에는 영국의 이익과 자신의 사업적 이익이 걸린 문제에서는 항상 도피처를 찾는 자본주의자 로크가 있었다. 물론 이런 점에선 위대한 아이작 뉴턴도 다르지 않았고, 100년 뒤 로크의 『통치론』에 기대어 독립 선언문을 쓴 미국의 건국 아버지들도 마찬가지였다. 〈우리는 만인이 평등하고 자유롭게 만들어졌음을 선언하노라.〉 이렇게 비장하게 독립 선언문을 선포한 토머스 제퍼슨과 제임스 매디슨, 조지 워싱턴은 모두 노예 소유주였다. 자신들의 상황과 선언문 내용 사이의 모순에는 질끈 눈을 감아 버렸다. 그렇다면 도덕적 사고와 이기적 행동을 의식 속에서 서로 충돌을 일으키지 않도록 저장하는 기술은 가나 어린이들의 노예 노동으로 수확한 코코아를 아무렇지도 않게 즐기는 우리 시대만의 특징이 아닌 셈이다. 이 기술은 적어도 자유방임적 자본주의의 시작만큼이나 오래되었다.

상인의 관용

이제 『통치론』에 관한 우리의 시각은 좀 더 명확해졌다. 로크는 왕권주의자 필머에게 반박하기 위해 이 책을 썼다. 또한 유럽 철학에서는 처음 있는 일일 것 같은데, 당대의 경제에 어울리는 국가를 고안하고자 했다. 바로 이 점에서 로크는 홉스나 해링턴과 구분된다. 즉, 로크의 국가 이념은 평화 수호나 모두를 위한 정의를 약속하지 않는다. 그는 자신이 매우 꼼꼼하게 정당화한 영국의 자유방임적 자본주의에 가장 잘 맞는 국가를 구상한다. 여기서 원칙이 뒤바뀐다. 즉, 고대와 중세의 모든 관련 이론들과는 달리, 이제는 경제가 국가와 시민들의 이익에 복무하는 것이 아니라 반대로 국가가 경제에 도움이 되도록 설계된 것이다. 로크의 상인 윤리에 따르면, 경제의 융성은 어떤 경우에도 모두에게 유익하지만 정의로운 국가는 반드시 그렇지는 않다.

로크는 국가라는 말[馬]에 새로운 고삐를 맨다. 모든 유산자들의 이익에 복무해야 하는 국가는 이들이 자유롭게 거래하고 경제 활동을 할 수 있도록 해야 한다. 이때 로크가 선호한 체제는 강한 의회를 가진 입헌군주제였다. 사실 로크 입장에서는 유산자들의 재산을 지키기 위해 왕을 그들의 최고 대변자로 둘 필요는 없었을 것이다. 어쨌든 그럴 만한 논리적 이유는 없었다. 그럼에도 왕은 남겨두었다. 1689년의 정치적 상황 때문이었다. 로크의 『통치론』이 출간되었을 때 영국에서는 막 명예혁명이 일어났다. 의회 주도로 제임스 2세가 폐위되었다. 영국의 스튜어트 왕가는 공식적으론 가톨릭교도가 아니었지만 늘 교황의 교회와 가까웠다. 그러다 보니 점점 세력을 키워 나가던 휘그당과 영국 국교회 사이에는 상호 이익을 위해 연합할 충분한 이유가 있었다. 그들이 스튜어트 왕가 다음으로 선택한 후보는 신교를 믿는 네덜란드의 오라녜나사우 공작 빌럼이었다. 지방 귀족과 광범한 상인 계층의 지원 없이는 자신의 입지를 적절하게 방어할 수 없었던 제임스 2세는 결국 프랑스로 도주했다.

이렇게 해서 빌럼 공은 윌리엄 3세로서 1689년부터 전 영국을 통치했다. 새 왕이 권좌에 앉을 수 있었던 것은 영국에서 가장 강력한 세력으로 자리 잡은 휘그당 덕분이었다. 이런 상황에서 로크가 10년 넘게 품었던 권력 분립의 이념은 그 시대에 딱 들어맞았다. 설명하자면 이렇다. 재산을 가진 사람들의 집단, 즉 자유로운 백성은 사회 계약을 체결하고, 자신들의 이익을 가장 잘 대변해 줄 기관에 권한을 위임한다. 윌리엄 3세 같은 왕은 자기 권력이 백성에게서 빌려온 것뿐이라는 사실을 깨달아야 한다. 그래서 백성의 이익을 해치면 폐위될 수 있다. 이로써 주권자인 백성에게 저항권이 생긴다. 로크로서는 전혀 알고 싶지 않았던 권리다. 게다가 국가의 진정한 권력은 어차피 법을 제정하는 입법부, 즉 의회에 있다. 앞으로는 세금 징수의 권한도 국왕이 아니라 유산자들의 대리 기관인 입법부에 주어진다. 군주에게는 행정권, 즉 집행하는 권한밖에 없다.

정치 이론의 역사에서 로크는 이전의 해링턴처럼 〈권력 분립〉의 아버지들에 속한다. 물론 제네바의 칼뱅주의자들과 아메리카의 청교도들은 이미 수십 년 전부터 권력 분립을 시행하고 있었지만 말이다. 어쨌든 로크의 이론에는 권력 분립에 대한 아주 상세한 심리학적 설명이 담겨 있다. 〈언제나 권력을 손에 넣을 준비가 되어 있는 인간 본성의 약점을 고려하면, 법을 만드는 사람들이 법 집행의 권력까지 갖게 되면 그건 감당하기 어려운 유혹이 될 것이다. 다시 말해 자신들이 만든 법을 지키는 문제에서 자신들만 배제시킬 수 있을 뿐 아니라 자신들의 개인적인 이익에 맞게 법을 제정하고 집행하는 일도 가능해질 것이다.〉[76]

가장 큰 권력은 의회에 있다. 그렇다고 의원들이 상시적으로 회의를 열어야 한다는 뜻은 아니다. 평소엔 일상적인 삶을 꾸려 가다가 정기적으로 모이면 된다. 로크가 염두에 둔 상인들의 영국은 의회라는 상시적인 대표부가 필요한 것이 아니라 이런저런 경우에 맞춰 법을 제정할 입법자들만 있으면 된다. 다만 정기적인 의회 선거는 아주 중요하다. 1640년에 소집돼 1660년까지 이어진 장기 의회long parliament처럼 늘 동일한 인물들이 의석에 앉는 사태를 막기 위해서다. 그런데 로크는 놀랍게도 하원뿐 아니라 상원도 받아들인다. 세습 귀족들의 집합체로서 내전 중에 잠깐 중단된 걸 제외하면 영국의 운명을 늘 함께 결정해 온 상원 말이다. 귀족에 대한 그런 특권은 만인이 자연법적으로 평등하다는 이론으로 보건, 국가란 사회 계약에 따라 설립된다는 이론으로 보건 전혀 근거가 없는 이야기다. 그렇다고 그로 인해 누구도 반박할 수 없는 경제적 이익이 창출되는 것도 아니다.

로크의 『통치론』은 홉스의 『리바이어던』과 마찬가지로 국가의 토대를 놓는 작업이 아니었고, 〈기하학적 방법〉도 아니었다. 오히려 시대에 맞춘 실용주의적 타협에 가까웠다. 『통치론』에는 나쁜 군주에 대한 저항권, 개인의 자유와 행동의 자유, 선출된 의회의 주권 같은 휘그당의 핵심 요구들이 수록되어 있는데, 이 원칙들은 명예혁명 이후에도 보장되지 않았다. 의회는 1689년 윌리엄 3세에게 권리 장전을 인정하게 만들었지만, 거기 적힌 내용들, 가령 모든 의원들에게 보장하는 표현의 자유, 세금과 공과금 부과에 대한 의회의 동의, 모든 시민의 무기 소지 권리 등은 늘 위태로웠다.

왕과 의회 사이의 이런 지속적인 다툼은 참담한 국가 재정 상황으로 인해 더 한층 부담이 되었다. 바다는 이미 오래전부터 영국, 프랑스, 네덜란드 같은 열강들의 지속적인 각축장이자 해상 나포의 현장으로 변해 있었다. 1693년 프랑스는 라고스 앞바다에서 100척 가까운 네덜란드-영국 연합 상단(商團) 함대를 섬멸했다. 영국에는 막대한 경제적 손실이었다. 많은 상인과 그 보증인들이 파산했다. 상단을 안전하게 보호하려면 돈이 필요했지만 그럴 돈이 없었다. 윌리엄 3세가 막 준비하던 프랑스와의 전쟁에 필요한 돈도 없었다. 이런 상황에서 상인들이 적극적으로 나섰다. 40명의 대상(大商)으로 이루어진 한 연합체는 왕에게 8퍼센트의 이자로 총 120만 파운드를 빌려 줄 채권자를 1,200명 넘게 모았다. 그 대가로 윌리엄 3세는 이 연합체에 은행 허가를 내주었다. 그로써 영국 은행이 설립되었고, 왕은 은행의 거액 채무자가 되었다. 영국 은행은 유럽 역사상 처음으로 지폐를 발행할 권리를 얻었다. 국제적인 지폐 거래의 시작이었다.

왕과 상인 계층의 관계는 역전되었다. 과거의 절대 군주가 이제는 자신의 신하에게 손을 벌리는 채무자로 전락하고 말았다. 그와 함께 왕의 종교도 종국적으로 확정되었다. 이제부터 모든 영국 왕은 영국 국교회를 믿어야 했다. 단, 왕들 간에 차이가 있다면 다른 신앙 공동체에 얼마나 관용적인가 그렇지 않은가 하는 것뿐이었다. 로크는 종교적 관용의 문제에도 관심이 많았다. 젊을 때는 가톨릭을 믿었던 스튜어트 왕가의 찰스 2세가 종교를 확정할 권리를 지지했다. 그런데 애슐리 쿠퍼의 영향으로 조금씩 바뀌어서 1667년에는 처음으로 종교적 관용을 옹호했다. 심지어 그가 1685년 네덜란드에서 쓴 『관용에 관한 편지*Letter Concerning Toleration*』는 4년 뒤 영국에서 선풍적인 인기를 끌었다. 이 책에는 종교의 사적인 성격에 대한 지지가 담겨 있었다. 〈국가 당국이라고 해서 천국에 이르는 유일하고도 좁은 길까지 개인보다 더 잘 알지는 못한다. 따라서 나는 그 길을 나만큼이나 모르고, 내 구원과 관련해서는 나만큼도 걱정하지 않는 사람을 지도자로 삼을 수는 없다.〉[77]

종교에 대한 로크의 태도는 실용적이고도 상업적이었다. 그에게 교회란 사람들이 각자의 이익을 위해 자발적으로 가입하는 협회였다. 지금껏 교회를 개인의 영혼 구제를 위해 일정하게 경건함의 비용을 치러야할 이익공동체로 정의한 경우는 한 번도 없었다. 사실 원칙적인 면에서도 로크가 볼 때, 국가는 자신의 설립 목적과 상관없는 일에 개입하지 말아야 한다. 사회 계약을 맺을 때 누가 종교에 신경을 쓴단 말인가? 중요한 건 오직 자신과 소유권의 보존 아니던가? 몸과 생명, 재산을 지키는 일 아니던가? 게다가 예수가 어떤 정부를 원한다고 명시적으로 말한 적이 있던가? 성경에는 어쨌든 우리의 구세주가 믿지 않는 이들을 자신의 이름으로 개종하라는 임무와 함께 당국의 손에 칼자루를 쥐어 주었다는 대목은 어디에도 나오지 않는다.

종교 문제에서 로크는 도덕주의자가 아니라 상인이었다. 1667년의 한 에세이에서는 관용이 노동 생산성에 유리하게 작용하지 않느냐고 은근하게 묻기도 한다. 어쨌든 로크가 자기 가족들의 예를 통해 잘 알고 있었듯이 청교도들은 영국에서 부의 축적에 엄청나게 기여했다. 그에 반해 다른 신앙 공동체를 금지하고 탄압하는 것은 오히려 사회적으로나 경제적으로 훨씬 많은 비용이 들어가지 않는가?

그런데 신앙의 자유를 옹호하면서도 실용적 측면에서는 그에 대한 예외를 두지 않았다면 로크가 아니었을 것이다. 그 예외는 바로 휘그당을 증오하는 가톨릭교도들이었다. 그들 중에서도 가장 신경에 거슬리는 인물은 자유주의자들의 최대 적으로서 망명지에서 절치부심하고 있던 제임스 2세였다. 이런 상황에서 로크는 늘 그래 왔듯이, 원래는 정치적이고 실용적인 차원에 지나지 않는 한 견해에 대해 적합한 철학적 이론을 찾아냈다. 그러니까 가톨릭주의가 왕권신수설을 옹호한다는 점을 들어 〈이단〉이라 부른 것이다. 마찬가지로 그는 무신론자들에게도 종교적 관용을 허용하지 않았다. 〈신의 존재를 부정하는 자들은 결코 용인될 수 없다. 무신론자들은 인간 사회를 단단하게 묶는 끈인 약속과 계약, 맹세를 인정하지 않는다. 비록 생각 속에서만 신의 존재를 부정하더라도 그건 모든 것을 파괴하는 것이나 마찬가지다. 게다가 그게 아니더라도 무신론적 신념으로 모든 종교를 부정하고 타파하는 자들은 어떤 종교로부터도 관용의 특전을 요구할 수 없다.〉[78]

로크에 따르면 어떤 국가도 자유민에게 무엇을 믿으라고 명령할 권한은 없지만, 그들이 무엇이건 믿어야 한다고 규정할 권한은 있다. 논리에 맞지 않는 얘기다. 게다가 〈자연법〉이 신에 의해 만들어졌다는 로크의 주장이 맞다고 하더라도 그의 논증은 사실 신 없이도 아주 잘 작동할 뿐 아니라 무신론자들도 쉽게 납득시킬 수 있을 것으로 보인다. 그렇다면 이런 의심이 다시 솟구친다. 이 대목에서도 로크는 시대정신에 일정 정도 양보한 것이 아닐까? 의도적인 논쟁이야 그렇다 치더라도 의도치 않은 논쟁까지 불러들이는 것을 꺼려한 것이 아닐까? 훗날의 〈계몽주의〉 관점에서 보자면, 로크는 어쨌든 종교 문제에서는 그의 동시대인 피에르 벨보다 훨씬 용감하지 못했다. 라이프니츠의 적이었던 벨도 성경을 논거로 제시했는데, 로크와 마찬가지로 종교적 비관용에 대한 요구는 성경 어디서도 찾을 수 없었다. 그런데 벨은 로크의 『관용에 관한 편지』와 같은 시기에 쓴 『역사 비평 사전』에서 어떤 종교도 편들지 않았을 뿐 아니라 종교를 가지지 않는 것, 즉 무신론에 대해서도 반대하지 않았다.

그럼에도 로크의 『관용에 관한 편지』는 베스트셀러였다. 출간되자마자 네덜란드어와 프랑스어로 번역되었고, 종교적 관용 국가로 가는 노정의 이정표로 여겨졌다. 이 주제는 이미 시대적 분위기에 속했고, 관용에 대한 호소도 사회적으로 부족하지 않았다. 예를 들어 디포de Foe라는 가짜 귀족 이름으로 활동한 대니얼 디포(1660?~1731)는 『로빈슨 크루소*Robinson Crusoe*』를 쓰기 오래전에 관용에 관한 두 편의 저술로 선풍을 일으켰다. 1701년의 『진정한 순종 영국인*The True-Born Englishman*』과 1702년의 『비국교도 처리의 지름길*The Shortest Way with The Dissenters*』이 그것이다. 특히 두 번째 저술은 영국 국교회의 비관용을 어찌나 혹독하게 비판했던지, 출간 뒤 작가가 고위 성직자 모독죄로 잠시 감옥에 갇히기도 했다.

『관용에 관한 편지』와는 달리 로크의 『통치론』은 처음엔 별다른 성공을 거두지 못했다. 우리가 알기로는 동시대인 세 명만이 이 작품을 상세히 다루었을 뿐이다. 홉스의 『리바이어던』이 출판 시장에서 거둔 엄청난 성공과 비교하면 실망스러운 일이 아닐 수 없다. 이유는 무엇이었을까? 로크의 정치적 입장은 시대정신과도 잘 맞아떨어질 텐데 말이다.

그의 개인적 상황이 문제였다. 애슐리 쿠퍼가 죽은 뒤로 로크에게는 강력한 후원자가 사라졌다. 또한 그는 어디서도 공적인 논쟁에 주도적으로 참여하지 않았다. 아니, 정반대로 그는 일상의 시사 문제에 놀라울 정도로 무관심했다. 오늘날의 많은 철학자들이 정치에 무관심한 것처럼 말이다. 예를 들어 로크는 1689년의 헌법을 비판하지 않았다. 그 헌법이 『통치론』에서 요구한 수준에 훨씬 미치지 못하는데도 말이다. 게다가 그는 자기 분야에서도 용감한 투사가 아니었다. 영국 은행의 금융 정책에 대한 그의 침묵은 한층 더 이례적이다. 영국 정치는 의회에 권력이 쏠리면서 단기간에 소수 은행가와 금융 투기꾼의 수중에 떨어졌다. 17세기 말엽의 영국은 갑자기 투기와 부패의 천국이 되어 버렸다. 많은 휘그당원들도 이런 상황을 굉장히 심각하게 바라보았지만, 로크의 이론이 아닌 해링턴의 사회적 균형론에 의지해서 이 잘못된 발전 양상을 바로잡고자 했다.

로크는 자신의 자유주의적 세계관 안에 존재하는 균열에 무덤덤했다. 그의 내면 한편에는 자유경제적인 신조가 있었다. 화폐 경제와 자본주의 경제의 축복을 전혀 의심하지 않는 신조였다. 다른 한편에는 신해링턴주의자들과 함께 사회적 평화와 자유로운 시장의 상실, 의회의 주권을 걱정하는 마음이 있었다. 로크는 내부의 이런 균열을 해소하지 않았다. 그 때문에 위대한 정치철학자로서 로크의 별은 나중에야 떠오르게 된다. 18세기에 『통치론』은 영어로는 20쇄가, 프랑스어로는 11쇄가 발행되었고, 18세기 중반에는 서양 사회에서 막대한 정치적 파급력과 함께 가장 많이 읽힌 정치적 저술 중 하나로 자리 잡았다.

그렇다면 로크는 살아생전엔 철학자로서의 큰 명성을 정치 철학 분야에서 얻은 게 아니었다. 대신 인식론 분야에서 거의 새로운 흐름과 함께 철학적 명성을 얻게 되었으니…….

백지상태

오성의 해부 / 시장과 증권 거래소로 가는 길 / 라이프니츠와의 논쟁 / 에세 에스트 페르키피! / 〈관념론〉은 무엇인가? / 감각과 감성 / 경험의 동물학

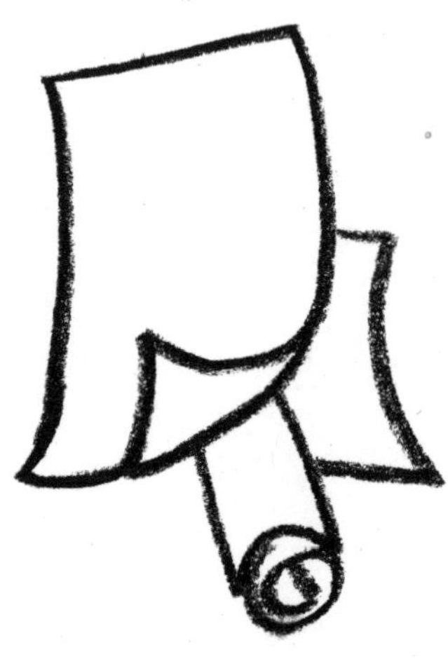

오성의 해부

17세기 철학자들은 삶에 관한 글을 쓸 때면 창밖을 내다보았다. 그것도 가끔은 아주 은밀하게. 존 로크가 1684년부터 1686년까지 에흐베르트 페인과 피터르 귀넬론의 집에 머물 때처럼. 그는 밀고와 배신을 두려워하는 소심하고 불안한 눈으로 암스테르담의 밤거리를 내려다보며 생득적 앎에 대한 정황 증거들 말고 오성 철학의 마지막 정황 증거들을 수집하고 있었다. 그가 볼 때, 『인간 오성론*An Essay Concerning Human Understanding*』에서 모든 잘못된 가정들로부터 해방시키고자 했던 인간 정신은 선천적으로 입력된 내용 없이 그 자체로 무한한 능력을 갖고 있는 것처럼 보였다.

1684년 1월 로크는 페인이 자신 앞에서 얼어 죽은 암사자를 해부했을 때처럼 신학자나 의사들 사이에 있다 보면 자신의 의학적 야망을 떠올리곤 했다. 하지만 그는 몸 대신 인간 오성을 외과 의사처럼 해부해 들어갔다. 정말 특수한 성격과 반항적 면모를 가진 이 기관을 말이다. 〈오성은 눈처럼 스스로 인지하지는 못하지만 우리에게 다른 모든 사물을 보고 인지하게 해준다. 오성과 일정한 거리를 유지한 상태에서 그것을 자신의 대상으로 삼기 위해서는 기술과 수고가 필요하다.〉[79]

로크는 1660년대에 벌써 인간 인식의 근본 문제들에 관심을 보였다. 하지만 그건 예술을 위한 예술처럼 그 자체가 목적이 아니었다. 로크의 인식론에는 정치적 동기가 있었다. 그는 판단과 선입견, 도덕과 사회의 토대를 이루는 많은 종교적 형이상학적 전제들을 끝장내 버리고자 했다. 그것들은 계속 다룰 만한 가치가 없다고 생각한 것이다.

당대의 거의 모든 사상가처럼 로크도 데카르트를 공부했

다. 그런 뒤에는 다른 많은 이들과 마찬가지로 자신이 많은 것을 배운 그 프랑스 철학자를 반박하고자 했다. 애슐리 쿠퍼의 비서 시절인 1671년부터는 그 일을 위한 토론 모임까지 만들었다. 로크는 국가론에서도 그랬지만 인식론에서도 사고의 철저한 다이어트에 돌입했다. 그가 확실하다고 생각하는 것은 오직 실제 경험에 근거한 세계의 체계뿐이었고, 그래서 그의 이론에는 경험적 인식론이라는 이름이 붙었다. 이제 로크는 확실한 것과 필수적인 것만 남겨 두고 사변적인 것은 모두 제거해 버리고자 했다.

모든 인식을 경험에서 끌어내려는 로크의 생각은 완전히 새로운 것이 아니었다. 레우키포스, 데모크리토스, 에피쿠로스 같은 수많은 고대 철학자들도 비슷한 생각을 했다. 아리스토텔레스 역시 경험에 큰 의미를 부여했다. 물론 독점적인 의미는 아니었지만. 중세에는 로저 베이컨, 오컴의 윌리엄, 장 뷔리당 같은 사상가들이 경험을 거의 전적으로 인식론의 토대로 삼았다. 그런 점에서는 레오나르도 다빈치와 갈릴레이, 프랜시스 베이컨, 홉스도 비슷했다.

그렇다면 로크의 인식론에서 새로운 점은 무엇일까? 우선 눈에 띄는 것은 방대한 규모의 연구였다. 물론 그렇다고 데카르트나 스피노자, 라이프니츠처럼 엄밀한 체계를 갖춘 인식론을 정립한 것은 아니었다. 대신 그는 다른 사상가들이 윤리학이나 신학의 토대로 세우기 위해 인식론에 남겨둔 세계관적 선입견들을 제거하고자 했다. 스콜라 철학자들이 우리의 정신에 박아 놓은 말뚝들을 다시 뽑아낸 것이다. 계약론이 다른 모든 것의 토대를 세우려고 인간의 〈자연 상태〉를 고안했다면 로크는 오성에서도 그러한 〈자연 상태〉를 찾았다.

그렇다면 오성의 자연 상태는 어떤 모습일까? 인식론을 연구하는 사람이라면 늦어도 데카르트 이후에는 다음 두 가지 근본 물음에 적절한 대답을 찾아야 했다. 나는 내가 무엇을 아는지 어떻게 알까? 현실은 얼마나 현실적일까? 내가 세계에 대해 알 수 있는 것을 찾아내기 위해 데카르트는 세 가지 관념을 구분했다. 여기서 관념은 착상이 아닌 표상의 의미다. 우리의 관념은 타고나거나 획득되거나, 아니면 스스로 만들어진다. 생득 관념에 속하는 것은 특정한 사고 구조들이다. 예를 들면 논리에 대한 감각이나 〈선〉과 〈악〉 같은 기본적인 개념들이다. 획득된 관념은 우리의 감각이 무언가를 인지하고 반복을 통해 배열하는 법을 익힘으로써 생겨난다. 스스로 만들어진 관념은 우리가 인지한 것들을 자기 힘으로 무언가에 관련시켜 황금 산이나 일각수(一角獸) 같은 것들을 고안함으로써 생겨난다.

데카르트가 획득된 관념이나 스스로 만들어진 관념에 대해 기술한 부분에 대해서는 로크도 전혀 문제 삼지 않는다. 그의 비판이 향한 곳은 생득 관념이다. 물론 이 비판 역시 전혀 새로울 게 없다. 플라톤이 언급한 생득 관념을 두고 그의 제자 아리스토텔레스도 맹렬히 비난을 퍼붓지 않았던가! 물론 플라톤은 생득 관념을 아주 진기하게 설명하기는 했다. 우리 인간이 선악 관념이나 정의에 대한 감각을 갖고 세상에 태어나는 건 이전의 삶에 대한 기억 때문이라는 것이다. 좀 더 정확히 말하자면, 우리 영혼이 다시 태어나기 전에 절대적인 것, 그러니까 천상의 이데아 제국에 가까이 있었던 시절을 기억하기 때문이라는 것이다.

이 이론은 기원전 4세기에도 대다수 동시대인들에게 너무 당혹스럽게 느껴졌다. 하지만 플라톤 입장에서 보면 나름의 근거가 있었다. 경험 세계에는 기하학적으로 정확한 삼각형이 존재할 수 없음에도 우리는 왜 그런 삼각형을 표상할 수 있을까? 이 관념들이 이데아의 제국, 그러니까 우리가 한때 잠시 가까이 있었던 그 제국에서 비롯된 것이 아니라면 이것들은 대체 우리의 뇌로 어떻게 들어온 것일까? 이런 의미에서 우리가 삼각형을 아는 것은 플라톤에겐 〈재인식〉이다. 데카르트에게도 삼각형은 신이 인간에게 심어 준 의식 형상체이다. 그렇다면 플라톤이건 데카르트건, 우리 속에는 삼각형 같은 본질적인 인식 구조들이 마치 기본 장치처럼 존재한다는 전제가 깔려 있다. 진리를 추구하는 사람은 감각적 인상들을 떨쳐 버리고 자기 속으로 들어가 데카르트의 말처럼 〈오래전부터 내 안에〉 있는 것들을 찾아내야 한다.[80]

모든 경험을 떠받치는 그런 근원적 토대가 과연 존재할까? 다시 말해 〈순수 사고〉를 통해서만 인식될 수 있는 무언가가 있을까? 만약 그게 존재하지 않는다면 데카르트에서부터 라이프니츠에 이르기까지 거의 모든 동시대 철학은 길을 잃고 만다. 영국 신사 로크는 바로 이 테제를 들고 은신처에서 나왔다. 그러고는 홉스와 마찬가지로 모든 지식은 오직 경험에서 나온다고 주장했다. 그에게 인간 정신이란 아무것도 새겨지지 않은 〈텅 빈 목판〉과 같다. 나중에는 『인간 오성론』에서 〈텅 빈 목판〉 대신 〈백지상태〉라는 표현을 쓰면서 인간 정신을 좀 더 상세히 설명했다. 플라톤의 이데아론이나 합리주의의 〈생득 관념〉은 그에겐 동화책에나 어울릴 법한 생각이었다. 모든 인간이 정말 논리에 대한 감각이나 정의에 대한 관념을 갖고 태어나는 것이 가능할까? 가당찮은 소리였다. 그가 볼 때 우리의 의식은 태어날 때 〈어두운 방〉과 같다. 만일 그 방에 이미 가구들이 비치되어 있다면 그건 누구나 갖고 있어야 한다. 하지만 다른 것도 아니고 근본적인 관념과 원리 같은 것들이 어떻게 아이들과 야만인, 바보 천치들의 머릿속에 들어 있을 수 있을까?

생득 관념을 믿는다면, 자궁 속의 태아도 논리적 문장에 모순이 있어서는 안 된다는 원칙에 동의해야 하지 않을까? 로크는 농담처럼 이렇게 묻고는 그럴 리가 없다고 단정한다. 하지만 데카르트가 정말 그렇게 주장했을까? 그렇지는 않다. 그는 오히려 이렇게 말했다. 우리 안에는 논리적 감각의 소질이 존재한다. 이러한 소질을 온전히 자기화하는 것은 힘든 과제다. 대부분의 인간은 이 과제를 완수하지 못한다. 합리주의는 고고학과 비슷한 작업이다. 각자 생득적 구조들의 토대에 묻은 경험의 오물들을 깨끗이 긁어내는 작업이라는 말이다.

로크가 『인간 오성론』에서 말로 쏘아 죽인 데카르트는 인형 표적에 그칠 뿐 실제 데카르트나 그의 견해와는 상당히 동떨어져 있었다. 왜냐하면 자궁 속의 태아가 2+2=4라는 진술에 동의할 거라고 기대하는 것과 태아가 나중에 그 진술에 동의할 수 있는 생득적 잠재력을 갖고 있다는 것 사이에는 큰 차이가 있기 때문이다.

이처럼 로크는 문제 해결이 불가능할 정도로 적의 입장을 심하게 과장했다. 철학자들은 이후로도 오랫동안 사고의 생득적 구조 문제를 연구했다. 그러다 오늘날에 이르러 이 문제는 신경생물학과 발달 심리학의 영역으로 넘어간다. 뇌 연구자들은 뇌 속의 중개 회로와 조절 회로를 구분한다. 중개 회로는 뇌의 〈초기화 상태〉와 비슷하다. 별다른 경험 없이도 바로 행동을 불러일으킨다. 이런 측면에서 보면 중개 회로는 합리주의자들의 견해에 힘을 실어 준다. 반면에 조절 회로는 우리의 감각적 경험을 다른 회로로 넘기는 역할을 한다. 우리가 특정 경험을 여러 번 반복하면 뇌 속의 접합부, 즉 시냅스에 변화가 일어난다. 그러니까 시냅스가 더 강해지거나 약해진다. 결국 경험은 초기화 상태의 미세 조정 장치에 변화를 일으킨다. 동전의 이면에 해당하는 이러한 측면은 경험주의자들의 손을 들어 준다. 하지만 이 측면이 합리주의와 모순되지는 않는다. 데카르트 역시 인간이 살아가면서 많은 것을 습득한다는 사실을 부인하지 않기 때문이다. 그의 오류는 인간이 타고난 사고 구조를 갖고 있다고 전제한 데에 있지 않다. 그 사고 구조를 구체적인 내용들로 채운 것이 오류의 핵심이다. 태어날 때 우리의 뇌가 아무리 훌륭하게 구조화되어 있다고 하더라도 〈신〉이나 〈선〉 같은 완결된 개념까지 그 속에 장착되어 있지는 않기 때문이다.

시장과 증권 거래소로 가는 길

그렇다면 진실은 중간에 있고, 로크의 경험론은 일방적인 과장이다. 우리의 뇌는 결코 백지상태가 아니다. 이제 인식론의 두 번째 문제로 넘어가 보자. 현실은 얼마나 현실적일까? 로크는 왕립 협회 회원으로서 당대의 많은 자연 과학자들과 알고 지냈다. 자연에 대한 그들의 기계론적 설명에도 익숙했다. 즉, 자연에서 일어나는 모든 일은 원인과 결과로 이루어져 있다는 것이다. 혹은 물리학적 언어로 표현하자면, 충돌과 작용으로 이루어져 있다. 로크는 인식도 이와 다르지 않게 설명한다. 우리의 감각 기관들은 기계적으로 자극받고, 거기서 우리는 무언가를 느끼고 냄새 맡고 듣고 맛보고 본다. 이런 식으로 우리 뇌에는 로크가 관념ideas이라고 부르는 상들이 생겨난다.

우리가 세계에 대해 아는 모든 것은 이러한 관념들로 이루어져 있다. 그렇다면 이 관념들은 얼마나 적절할까? 다시 말해 우리가 세계에 대해 갖고 있는 관념들은 객관적 세계와 얼마나 일치할까? 로크 식으로 물으면 이렇다. 우리의 관념은 사물 〈그 자체as it is in itself〉와 동일한가? 우리의 관념은 현실, 즉 원형들의 충실한 모사인가? 혹은 관념은 그저 생각해 낸 것이거나 표상한 것에 지나지 않은가? 아니면 우리가 객관적 현실과 일치한다고 확실하게는 말할 수 없는 상인가?

이것은 철학사에서 가장 중요한 구분들 중 하나다. 이 구분을 처음 표명한 사람은 아마 기원전 5세기에 나폴리 근처의 엘레아에 살았던 그리스의 파르메니데스였던 것으로 보인다. 중세에는 디트리히 폰 프라이베르크나 마이스터 에크하르트 같은 사상가들이 세계에 대한 모든 앎은 언제나 우리의 의식 속에 있는 앎이라고 천명했다. 륄과 쿠자누스도 이 방향으로 나아갔고, 데카르트의 『성찰』도 바로 여기서 출발했다.

로크는 자기만의 대답을 찾기가 쉽지 않았다. 자기 속에 존재하는 자연 과학적 성향의 로크는 철학자로서의 로크와는 다르게 생각하기 때문이다. 그 결과 나온 것이 타협이었다. 그것도 심중한 파장을 일으킨 타협이었다. 자연 연구자로서의 로크는 객관적 현실을 부정할 생각이 없었다. 하지만 철학자로서는 모든 인간의 머릿속에 오직 관념밖에 없고 현실은 없다는 사실을 잘 알고 있었다. 그렇다면 확실한 앎은 어디서 올까?

로크는 객관적 인식에 이르는 세 가지 길을 제시한다. 첫 번째 길은 직관이다. 건강한 오성을 가진 인간이라면 누구나 내가 나 자신임을 안다(여기서 〈나 자신〉을 개별적으로 뭐라고 부르든 상관없다). 이 지점에서 로크는 선행자인 데카르트의 의견에 합류한다. 자기 실존에 대한 앎은 모든 정상적인 사람에게는 직관적 확실성이라는 것이다. 확실한 인식에 이르는 두 번째 원천은 실증이다. 그가 볼 때 확실하게 실증될 수 있는 것은 수학적 진리들이다. 아무도 그것에 반박할 수 없기 때문이다. 로크에겐 신도 확실하게 실증될 수 있다. 토마스 아퀴나스는 세상 모든 것엔 시작이, 그것도 다른 원인으로 소급될 없는 영원한 시작이 있는 게 분명하다고 추론했다. 로크는 이 우주론적 신 증명을 반복했다. 하지만 그를 신의 실증으로 이끈 건 독실한 믿음이 아니었다. 근면함과 노동, 잘살려는 욕망 같은 것을 청교도적으로 이해하려면 신이 필요했다. 신이 없으면 세상에 공정한 질서도 없고, 자기 재산을 불리는 사람이 신의 뜻에 맞게 사는 사람이라는 보장도 없어진다.

그렇다면 감각적인 외부 세계의 실존은 어떻게 되는 것일까? 이 세계는 직관적으로도 확실치 않고 논리적으로도 실증되지 않는다. 그럼에도 이 세계의 존재를 확실히 담보하는 것은 무엇일까? 우리가 속고 있거나 꿈을 꾸는 게 아니라는 것을 보장해 주는 무엇일까? 로크가 『인간 오성론』에서 던진 질문이 바로 이것이다. 그는 이렇게 자문한다. 〈우리는 우리 외부에 있는 무언가의 실존을 그에 상응하는 우리 관념에서 확실하게 추론해도 되는가?〉[81] 인간은 어쨌든 이 세상에 분명히 존재하지 않는 것들도 떠올릴 수 있다. 또한 지금 이 순간에 실제로 보거나 냄새 맡거나 맛보는 것이 아님에도 기억의 형태로 사물과 냄새와 맛을 불러낼 수 있다. 하지만 우리는 보통 우리 머릿속에 떠오른 것이 실제로 존재하지 않는 것임을 알고, 우리가 실제로 보고 냄새 맡고 맛본 것과 우리가 단지 머릿속으로만 생각하는 것 사이의 미세한 차이를 느낀다. 그런 점에서 인식의 세 번째 원천이 나온다. 대체로 충분히 믿을 만한 감각적 인식이 그것이다. 이 인식의 길이 우리를 일상으로 이끌어 준다. 우리가 전적으로 신뢰할 수 있을 만큼 훌륭하게.

우리가 지각한 사물이 실제로 존재한다고 건강한 인간 오성이 우리에게 말해 준다면 우리는 그것을 믿어야 한다. 물론 우리의 감각이 완벽하지 않은 것은 분명하다. 인간보다 더 잘 보고 더 잘 듣고 더 잘 냄새 맡는 생물들도 있기 때문이다. 일부 동물은 이런저런 측면에서 우리 인간을 훨씬 앞선다. 그러나 신은 우리에게 인간으로 살아가는 데 적합한 장비를 장착해 주었다. 가령,

우리가 미세한 것들만 생생하게 볼 수 있는 현미경 같은 눈을 갖고 있다면 〈시장과 증권 거래소〉 가는 길을 어떻게 찾을 수 있겠는가? 이는 로크의 오성이 얼마나 상업적인지를 잘 보여 주는 예이다. 다른 사람 같았으면 술집이나 승마장 가는 길을 떠올렸을 수도 있었을 테니까 말이다.

어쨌든 인간의 오성은 제한적이지만, 실용적인 면에서는 최적이다. 로크는 친구이자 대화 상대인 화학자 로버트 보일의 생각을 받아들여, 우리의 물질적 세계는 자연 과학 연구로도 결코 완전하게 파악하고 그 비밀을 풀 수 없을 만큼 미세한 입자들로 이루어져 있다고 믿었다. 자연 과학자인 그조차도 사물 〈그 자체〉의 객관적 현실이 존재한다고밖에 가정할 수 없었던 것이다. 그리고 〈물질들〉의 실존을 아무리 자신 있게 전제하더라도 그것의 실체는 그 자신에게도 숨겨져 있었다.

그렇다면 이렇게 실존하는 물체들은 어떻게 이해해야 할까? 유구한 전통을 가진 질문인데, 그 답변과 관련해서 로크는 아리스토텔레스에서 갈릴레이를 거쳐 데카르트로 이어지는 계열에 속한다. 그들과 마찬가지로 그는 사물의 속성을 일차적 성질과 이차적 성질로 구분한다. 한 사물의 일차적 성질을 지각하려면 여러 감각이 필요한데, 그 성질에 해당하는 것이 사물의 단단함과 연장, 형태, 양, 운동 등이다. 나는 이러한 성질을 보거나 느끼거나, 때론 들을 수 있다. 이렇게 많은 정황 증거들을 보다 보면 일차적 성질이 실제로 사물의 고유한 속성이라는 생각이 자연스럽게 떠오른다. 반면에 부차적 성질은 다르다. 그것은 내가 오직 한 가지 감각으로만 지각할 수 있는 측면으로서 온기, 색, 냄새, 맛 등이 해당된다. 이것들은 주관적이다. 내가 지각하는 것은 하나의 느낌이기 때문이다. 나는 불에 가까이 있으면 뜨겁게 느끼고, 거기서 떨어지면 좀 더 차갑게 느낀다. 파란 하늘도 다른 입사

광이 있으면 회색을 띠고, 냄새도 상황에 따라 강하거나 약하게 느껴진다. 이차적 성질도 사물과 관계가 있지만 일차적 성질과는 달리 대상 자체의 속성은 아니다. 개별 사물은 내 속에서 그런 성질들을 불러일으키는 힘만 갖고 있을 뿐이다.

로크는 이 구분과 함께 단단한 토대가 마련되었다고 확신했다. 왜냐하면 그는 로버트 보일의 견해를 따르고 있었기 때문이다. 보일은 1666년과 1671년의 두 저술에서 바로 이 문제를 다루었는데, 그 결과는 명확했다. 이차적 성질은 단지 상대적일 뿐이라는 것이다. 하지만 어떤 사물이 누군가에게는 참을 수 없는 악취로 느껴지고 누군가에게는 그래도 견딜 만한 냄새로 느껴진다고 해서 그 냄새가 사물에서 비롯되었다는 사실은 바뀌지 않는다. 왜냐하면 화학자의 관점에서 보면, 불은 관찰자가 열기를 느낄 수 없을 만큼 멀리 떨어져 있어도 그 자체로 뜨겁기 때문이다.

로크는 보일의 입장을 따르면서도 포인트는 약간 옮긴다. 인식론자로서의 그에게는 빛과 열기, 온기, 냄새가 오직 관찰자의 감각적 느낌을 통해서만 알 수 있다는 사실이 중요하기 때문이다. 반면에 대상의 양이나 연장은 느낌으로 파악되는 것이 아니다. 대신 그것들은 대상에서 훨씬 중립적으로 지각되고, 그로써 로크의 말대로 실체적이다.

맞는 말일까? 예를 들어 한 대상의 운동은 얼마나 실체적일까? 굴러가는 공의 경우는 분명 운동이 그 성질이다. 하지만 멈추어져 있는 공은 그렇지 않다. 그렇다면 운동은 공의 속성인가, 아닌가? 우리의 경험에서 객관성과 주관성의 명확한 경계를 긋는 것은 무척 제한적으로만 도움이 될 뿐이다. 한편으로 그 경계는 결코 깨끗하게 그어지지 않을뿐더러 다른 한편으론 데카르트의 그 거대한 질문에 답할 수도 없다. 즉, 의식 속에서 표상하는 것이 객관적인 외부 세계와 일치한다는 것을 우리는 어떻게 확실히 알 수 있는가?

로크의 대답은 철학자들을 오랫동안 만족시키지 못했다. 왜냐하면 한편으로 그는 우리의 모든 앎이 우리 머릿속의 관념들로 이루어져 있음을 알면서도, 다른 한편으론 우리의 경험에 구애받지 않는 객관적인 외부 세계가 존재한다고 주장했기 때문이다. 우리가 이 외부 세계에 대해 아는 것은 내 머릿속의 관념들을 통해서다. 다시 말해 우리가 인지한 일차적 성질들의 형태로만 안다. 로크에 따르면 이 관념들은 객관적 현실과 일치해야 한다. 그것도 다시금 우리 머릿속의 관념들일 수밖에 없는 간접 증거들을 통해서 말이다. 이로써 다음의 사실이 명확해진다. 우리가 세계에 대해 아는 모든 것은 항상 우리 속의 한 관념이다. 〈실체 그 자체〉에 관한 주장도 모두 하나의 주장일 뿐이다! 로크가 죽은 지 6년 뒤 그의 가장 똑똑한 비판자가 비판을 시작하는 지점도 바로 이 부분이다. 그런데 이 문제를 다루기 전에 로크 사고 체계의 설계와 함께 유럽 대륙에 있던 그의 중요한 경쟁자와 대립되는 부분을 다시 한번 살펴보도록 하자.

라이프니츠와의 논쟁

로크의 요구는 철학에서 쓸데없는 것을 치우자는 것이다. 스콜라주의자들과 합리주의자들이 개념의 홍수로 정신을 어지럽혔다면 그의 경험론은 정신을 어지럽히는 모든 것을 깨끗이 씻어 내는 소나기여야 했다. 로크가 자신의 인식론을 풀어 낸 그만의 상업적 언어는 정말 새로웠다. 예를 들면 이런 식이다. 우리의 오성은 처음엔 경험의 물품으로 서서히 채워 넣어야 할 텅 빈 창고store다. 〈창고〉라는 개념은 『인간 오성론』에서 여섯 번이나 등장한다. 창고에 넣어야 할 물품은 다음의 두 가지 방식으로 구입할 수 있다. 감각적으로 얻거나sensations, 아니면 우리 자신에 대한 숙고로 얻을reflections 수 있다는 것이다. 비유적으로 표현하자면 첫 번째는 새로운 땅을 개간하는 것과 비슷하고, 두 번째는 좀 더 높은 차원의 이해를 위해 다양한 수공업적 방식으로 재료를 가공하는 것과 비슷하다.

동시대 철학자들도 그랬지만 이후의 철학자들도 로크의 이론이 잘 맞아떨어지지 않는다고 지적한다. 감각적 경험 물품들을 어떤 도구로 가공한단 말인가? 그 도구는 어디서 오는 것인가? 로크는 보편적으로 타고난 능력에 대해 말한다. 하지만 이 능력은 자기 스스로를 반성할 수 있는가? 이 과정을 조종하는 것은 누구인가? 혹은 더 나중의 관점으로 묻자면, 정신을 가장 깊은 내면에서 결집시켜 주는 〈나〉는 어디에 있는가? 지휘 본부 없이는 경험의 가공도 없고, 〈나〉 없이는 반성의 주체도 없는 법이다.

로크도 어떤 식으로건 이 문제를 예상한 게 분명하다. 그렇지 않다면 『인간 오성론』 말미에 갑자기 〈나〉 대신 「이성On reason」을 끼워 넣지는 않았을 테니까. 어쨌든 주의 깊은 독자라면 이렇게 생각할 것이다. 어, 이게 어디서 갑자기 나타났지? 이성은 감각적 경험에서 비롯된 것이 아니지 않은가? 그렇다고 원래 타고났다고 주장할 수도 없다. 그리 되면 로크의 경험론적 카드 집은 완전히 무너져 내릴 것이다. 로크에게 이성은 〈건강한 인간 오성〉과 비슷한 것으로서, 이지적으로 가공된 많은 경험들을 자양분 삼아 서서히 형성된다. 아리스토텔레스가 모든 똑똑한 폴리스 시민들 속에서 지혜(프로네시스)의 성숙을 본 것처럼 로크 역시 모든 영리한 영국인들 속에서 상인의 지혜(이성)를 보았다. 이 이성은 결코 생득적인 것이 아니다. 인간에게는 그저 이성을 취할 잠재력만 있을 뿐이다. 이성을 이루는 모든 내용은 삶에서 길어

올린 것으로 자기 성찰을 통해 정제된다.

로크가 볼 때 이성에 해당되는 얘기는 당연히 언어와 도덕에도 해당된다. 중세의 유명론자들이 그랬던 것처럼 그도 언어가 관습일 뿐이라고 생각했다. 단어는 한 문화가 합의한 기호일 뿐 더 이상 아무것도 아니다. 데카르트와 달리 로크에게 개념은 인간의 뇌에 잠재성의 형태로 확고하게 뿌리 박혀 있는 것이 아니다. 그건 도덕도 마찬가지다. 도덕의 어떤 것도 우리의 오성에 미리 구조화되어 있지 않다. 우리는 선악에 대한 감각을 배워서 발전시켜 나간다. 그것도 정신적으로 건강한 인간이라면 누구나 말이다. 그래서 어린아이들도 게임 규칙을 지켜야만 공동생활이 가능하다는 것을 깨달을 수 있다. 이런 의미에서 로크는 도덕적 깨달음을 수학 명제처럼 실증할 수 있는 것으로 여긴다. 물론 그렇다고 개인이 선을 행할지 악을 행할지 가늠할 수 있다는 뜻은 아니다. 〈평소 세상과 단절된 채 살아가는 추방당한 자들과 도적들〉조차 〈자기들끼리는 의리와 공정성을 지키며 산다. 그러지 않고는 공동생활이 가능하지 않기 때문이다. 하지만 그런 걸 보면서, 속임수와 약탈로 살아가는 자들도 그들끼리 서로 인정하고 동의하는 정의와 진리의 원칙을 타고났다고 말할 수 있을까?〉[82] 결국 도덕적 원칙과 고결한 의도는 완전히 차원이 다른 문제라는 것이다. 오늘날까지 조금도 빛이 바래지 않은 현명한 인식이다.

도덕에 대한 이런 냉철한 관찰은 당연히 반박을 부른다. 하노버에 있던 라이프니츠는 로크와 편지를 주고받고 싶었지만, 정작 로크는 별 관심을 보이지 않았다. 결국 대륙의 위대한 철학자는 『신(新) 인간 오성론*Nouveaux essais sur l'entendement humain*』으로 반박할 수밖에 없었다. 경험론에 대한 거부는 18세기 초에 시작되었다. 1704년에 로크가 세상을 떠나자 라이프니츠는 그 작업에 착수했다. 합리론자인 그에게 로크의 철학은 위험한 유물론적 경향을 띠고 있는 것처럼 보였다. 라이프니츠는 〈생득 관념〉을 옹호했다. 그가 보기에 감각은 모든 것을 제공하는 것이 아니라 그저 〈사례들〉만 제공하기 때문이다. 〈필연적인 진리들에는 반드시 원칙들이 있어야 한다. 그것도 어떤 식으로건 사례들에 의해 그 증명이 좌지우지되지 않아야 하고, 그래서 설령 우리가 감각 없이는 절대 그것들을 생각하지 못한다고 하더라도 감각들의 증거에도 좌우되지 않는 원칙이어야 한다.〉[83] 라이프니츠가 볼 때 우리의 감각은 알찬 내적 잠재력을 활성화하고 단련시켜 나간다. 〈영혼 속의 어떤 것도 감각에서 비롯되지 않은 것은 없기 때문이다. 하지만 영혼 자체와 영혼의 애착은 거기서 제외되어야 한다.〉[84] 라이프니츠는 오성에는 오성 자체 말고는 아무것도 없다고 말한다. 그건 〈도덕적 원칙〉도 마찬가지다. 도덕 원칙들은 위반될 수 있다는 점에서 반드시 의무적인 것은 아니지만, 그럼에도 모든 이성적 존재들에게 동일하게 구속력을 갖고 있다. 그건 바로 신이 우리에게 심어 준 것이기 때문이다.

앞서 말했듯이, 진실은 로크와 라이프니츠 사이 중간쯤에 있다. 하지만 로크는 그의 적수를 심각하게 두려워할 필요가 없었다. 라이프니츠는 1673년에 계산기로 성공을 거둔 뒤로 영국에서는 명성이 급격히 악화되었기 때문이다. 이유는 하나였다. 영국 과학계에서는 신이나 다름없던 뉴턴과의 거친 논쟁 때문이었다. 두 위인의 첫 번째 반목은 시간과 공간에 대한 논쟁에서 비롯되었다. 남의 반박에 익숙하지 않고 그것을 잘 받아들이지 않는 뉴턴은 우주를 신이 다른 모든 것을 집어넣은 하나의 거대한 상자로 보았다. 그런 점에서 공간은 그에게 〈신의 감각 중추〉로서 신처럼 영원하고 무한하고 절대적으로 존재했다. 그건 시간도 마찬가지였다. 시간은 객관적으로 세계 내에 실존했다. 〈시간은 존재하고, 매 순간 균일하게 째깍거린다.〉

반면에 라이프니츠는 그런 절대적인 공간과 시간은 없다고 생각했다. 우리가 공간과 시간에 대해 말할 수 있는 건 그것들이 상대적이라는 사실뿐이다. 시간과 공간이 무엇인지는 오직 시간적 공간적 관계를 통해서만 경험할 수 있다. 공간은 무언가가 다른 것과의 관계 구조 속에서 예를 들어 나란히 있거나 층을 이루거나, 아니면 떨어져 있거나 할 때 생겨난다. 시간 역시 마찬가지다. 절대적인 시간은 경험할 수 없고, 라이프니츠에 따르면 존재하지도 않는다. 이전과 나중만 있을 뿐이다. 이건 이렇게 비유할 수 있다. 자신의 가계도를 그리는 사람은 할아버지에게서 아버지로, 아버지에게서 아들로 이어지는 선을 그린다. 이 선들은 진짜 혈족 관계를 표현하는 것이지만, 구체적으로 존재하지는 않는다. 도식 속에서는 아무리 옳다고 하더라도 현실 세계에서는 어떤 형태의 혈족 선도 실제로 존재하지 않는다.

이런 맥락에서 라이프니츠는 공간과 시간을 인간의 질서 구조에 필요한 관념적인 것으로 볼 뿐 결코 절대적으로 실재하는 것으로 보지 않는다. 이런 식의 의견 차이는 으레 그렇듯 결코 완전히 해결될 수 있는 것이 아니다. 가령, 로크는 자연 과학자이면서 철학자라는 어중간한 입장에 맞게 절대적 연장으로서의 공간과 상대적 경험으로서의 공간 사이에서 상당히 불안하게 오락가락했다. 이후로도 시간과 공간에 대한 많은 똑똑한 생각들이 나왔지만, 오늘날까지도 대부분의 자연 과학자들에게 시간과 공간은 절대적이고 〈객관적으로 존재하는〉 것인데 반해, 대부분의 철학자들에게는 그렇지 않다.

라이프니츠에게 훨씬 더 끔찍했던 것은 미적분에 대한 불쾌한 〈공개적 언쟁〉이었다. 미적분 연산식을 처음 발명한 사람은 누구였을까? 사실 1665/1666년에 중력 이론과 미분법을 먼저 발견한 사람은 뉴턴이었다. 다만 그것을 『자연 철학의 수학적 원리

Philosophiæ Naturalis Principia Mathematica』(1687)에서 발표한 것이 그로부터 20년이 지난 뒤였을 뿐이다. 그사이 라이프니츠는 뉴턴과는 별개로 자신의 미분법을 개발했다. 하지만 영국에서는 거의 어떤 사람도 그것을 인정해 주지 않았다. 뉴턴과 그 지지자들은 라이프니츠가 1672년과 1676년에 뉴턴이 쓴 편지들을 사전에 봤을 거라고 압박을 가했다. 사실 미분과 관련해서는 활용할 만한 내용이 거의 없는 편지였는데도 말이다. 어쨌든 뉴턴의 열렬한 숭배자인 스위스 수학자 니콜라 파티오 드 뒬리에(1664~1753)가 1699년에 처음으로 표절을 문제 삼고 나섰다. 그때부터 영국에서는 라이프니츠를 헐뜯는 목소리가 봇물처럼 터져 나왔다. 더구나 물리학자로서는 뛰어나지만 인간적으로는 음험하고 호전적인 뉴턴이 직접 하노버의 그 적을 향한 섬멸전에 본격적으로 나서기 시작했다. 1712년에는 뉴턴이 이끄는 영국 왕립 협회가 공개적으로 라이프니츠에 대해 혹독한 비난을 내놓았다. 런던의 집중 포화는 라이프니츠로서는 견디기 힘들었다. 하지만 그도 가만있지 않고 오히려 뉴턴을 표절자로 지칭하며 반격에 나섰다. 영국인들은 분노로 들끓었고, 이후 이 사태를 무마하려는 라이프니츠의 모든 시도는 실패로 돌아가고 말았다.

미적분 논쟁으로 라이프니츠는 큰 상처를 입었다. 그 여파로 영국 경험론에 대한 그의 예리한 반박도 거의 주목을 받지 못했다. 그뿐이 아니다. 합리론자인 라이프니츠가 인간의 무의식에 완전히 새로운 역할을 인정한 사실도 학계에서는 무시되고 말았다. 로크에게 사고는 언제나 의식의 영역이었다. 그런데 라이프니츠에게는 밤과 낮의 불분명한 예감도 존재했다. 데카르트도 이미 알고 있었던 것처럼, 내 속에 사고 잠재력으로 존재하는 모든 것이 내게 의식되지는 않기 때문이다. 이런 시각은 아주 획기적이었고, 훗날 미학과 발달 심리학에 영향을 끼쳤다. 나중에 살펴보겠지만, 수십 년 뒤 알렉산더 고틀리프 바움가르텐도 그에 영향 받아 불명확한 감각적(〈미학적〉) 인식에 관한 책을 쓰게 된다. 라이프니츠는 철저한 학습과 힘겨운 자기반성을 통해서만 좀 더 명료해지는 모호하고 흐릿한 관념이 아이들의 머릿속에도 있다는 것을 밝혀냈다. 오늘날의 발달 심리학도 비슷한 입장에서, 아이들의 자아 발달과 언어 발달, 도덕 발달에서 미리 확정된 단계들에 대해 언급한다.

경험론자인 로크는 생물학적 심리학적으로 미리 확정된 의식의 발달에는 관심이 없었다. 그것으로 생득적 사고 구조와 사고 내용을 옹호한 합리론자 라이프니츠와는 정반대로 말이다. 라이프니츠가 완전히 다른 두 가지 논증 사이에 예리한 선을 그은 것도 거의 주목받지 못했다. 로크는 신생아의 오성이 텅 비어 있다고 생각하면서 그것을 시간적 방식으로 논증한다. 즉, 처음에는 아무것도 없다가 나중에 경험을 통해 이것저것 하나씩 채워진다는 것이다. 오늘날 진화생물학자나 발달 심리학자들 같은 자연 과학자들도 이와 다르지 않게 본다. 반면에 라이프니츠는 완전히 다른 논증 방식을 선호한다. 그는 수학자처럼 오성을 바라본다. 수학에서 시간적 발달 과정은 어떤 역할도 하지 못한다. 〈2+2=4〉라는 명제는 시간적 과정이 아닌 논리적 과정이다. 이 과정은 서서히 발전하는 것이 아니라 모든 경험과 모든 시간 관념에 상관없이 타당하다.

같은 맥락에서 라이프니츠는 철학에서 타당성을 요구할 수 있는 것이 무엇인지 묻는다. 그가 〈이전〉이라고 말한다면 그건 시간적 과거의 의미에서 〈이전〉을 말하는 것이 아니다. 그건 논리적 〈이전〉을 뜻한다. 하나의 철학적 진술이 타당하려면 무엇이 전제되어야 할까? 그리고 어떤 진리들이 모든 경험에 앞서 논리적으로 타당할까? 앞서 살펴보았듯이 최소한 모든 수학적 진리는 논리적으로 타당하다. 수학 문제를 푸는 개별 인간들의 심적 발달 상태와는 완전히 무관하게 말이다. 라이프니츠가 확증한 것처럼 수학 명제는 경험과 상관없이 타당하다. 그런 면에서 수학 명제는 아 프리오리a priori다. 논리적 의미에서 경험에 선행한다는 말이다. 그렇다면 이런 선험적 인식은 어떤 영역에 존재할까? 수학 명제의 경우처럼 내 오성의 특정한 인식력과 관련된 영역에만 존재할까? 아니면, 선험적 진술의 범위는 우리의 도덕적 행동으로까지 확장될 수 있을까? 이 물음은 하나의 수학 퍼즐을 훌쩍 뛰어넘는 것으로서 18세기의 가장 중요한 인식론적 물음이기도 했다. 그래서 서양의 많은 주요 사상가들이 이 문제에 천착한다. 하지만 지금은 우리의 물음으로 다시 돌아가기로 하자. 현실은 얼마나 현실적인가?

에세 에스트 페르키피!

세상을 통틀어, 한 대학이 아니라 대학 도시 전체에 본인의 이름이 붙은 철학자가 있을까? 그것도 그저 그런 도시가 아니라 세계에서 가장 유명한 도시 중 하나에 말이다. 샌프란시스코만의 반짝거리는 물가에 신고전주의 양식의 인상적인 건물이 목가적인 분위기를 풍기며 서 있다. 로버트 오펜하이머가 원자 폭탄을 개발했고, 나중에는 〈68 혁명〉이라고 이름 붙여진 학생 운동이 일어난 곳이다.

캘리포니아의 이 도시가 그의 이름을 따라 불렸을 때 조지 버클리(1685~1753)는 이미 오래전에 이 세상 사람이 아니었다. 또한 버클리시에 그의 이름이 붙는 계기가 되었던, 〈제국의 행로는 서쪽으로 나아간다〉는 그의 말도 훗날의 해석처럼 결코 그렇게 제국주의적인 의미를 담고 있었던 게 아니었다.

버클리는 아일랜드 킬케니에서 태어났다. 로크가 1704년 에섹스 지방의 에핑 포레스트에서 죽었을 때 청년 버클리는 더블린의 트리니티 칼리지를 다니고 있었다. 그의 공부 범위는 고전 언어와 철학, 신학, 수학에 이르기까지 아주 폭넓었다. 1707년부터는 대학에서 직접 학생들을 가르치기도 했다. 그러나 로크와 비슷하게 이런 강의 활동은 몇 년에 그쳤다. 버클리는 트리니티 칼리지를 졸업한 사람이라면 누구나 그렇듯 1710년에 사제 서품을 받았다. 그 무렵 더블린의 한 인쇄기에는 그의 주요 철학서 『인간 지식의 원리론*A Treatise Concerning the Principles of Human Knowledge*』이 걸려 있었다. 스물다섯 살의 나이에 벌써 이런 책을 발표한 것이다. 저자 스스로 이 책에 요구한 목표는 더할 나위 없이 높았다. 점점 벌어지는 철학과 자연 과학 사이의 간극을 메우고자 했을 뿐 아니라 그로써 회의론자는 물론이고 무신론자들의 근거까지 빼앗고 싶었다.

트리니티 칼리지의 이 젊은 강사는 로크의 일차적 성질과 이차적 성질의 구분에서부터 시작한다. 앞서 보았듯이 일차 성질은 물질 자체의 속성이다. 반면에 이차 성질은 물질 속의 한 힘이 우리에게 야기한 주관적 현상일 뿐이다. 버클리가 보기에 이러한 구분은 터무니없다. 우리가 물질에 대해 갖고 있는 모든 관념은 주관적이기 때문이다. 그러니까 맛, 냄새, 색뿐 아니라 연장, 크기, 형태, 운동도 주관적이다. 생각해 보라. 〈크기〉에 객관이 어디 있단 말인가? 인간에게는 아주 작게 보이는 것도 개미에게는 산처럼 보일 수 있다. 또한 앞서 말했듯이 어떤 사물이 움직이기도 하고 정지하기도 하는 것을 보면 운동도 상대적이다. 따라서 우리가 지각하는 사물들 뒤에는 명확하게 정의되고 변하지 않는 숨은 실체가 도사리고 있는 것이 아니다. 우리가 지각하는 것은 모두 주관적 지각의 대상이다. 에세 에스트 페르키피Esse est percipi, 즉 모든 존재하는 것은 지각되는 것이다.

버클리는 이 유명한 정의로써 자기도 모르게 디트리히 폰 프라이베르크와 마이스터 에크하르트, 룰, 쿠자누스의 전통에 서게 되었다. 이 철학자들에게는 세간의 잘못된 판단으로 신비주의자라는 딱지가 붙었는데, 버클리 자신은 스스로를 그런 신비주의자로 여긴 적이 한 번도 없었다. 오히려 그의 자기 이해는 이미 1년 전 첫 저서에서 다룬 바 있는 〈감각적 지각〉의 예리한 관찰자였다. 이런 관찰자로서 그는 우리 정신이 느끼거나 생각하는 것과는 무관하게 존재한다는 〈실체〉를 어디서도 발견하지 못했다. 로크에게는 정신이든 물질이든 모두 실체적이었다. 우리가 자연에서 일차 성질의 대상으로 만나는 것은 모두 하나의 실체다. 그러니까 화학적 결합물, 물리적 힘, 돌, 나무, 동물, 우리의 뇌 할 것 없이 모두 물질적 실체다. 반면에 우리의 의식은 정신적 실체다. 그런데 로크는 이 부분에서 자신이 살얼음판에 서 있음을 정확히 알고 있었다. 우리의 의식이라는 것도 중세 후기에 오트르쿠르의 니콜라우스나 장 뷔리당이 주장했던 것처럼 물질적으로 생성된 것이 아니던가? 로크는 이 주장에 큰 소리로 동의하고 싶지도 않았고, 그렇다고 반대하고 싶지도 않았다. 교회와의 불화는 이미 충분했다. 또 정신과 영혼의 비물질성에 대해 비판의 목소리를 내는 것은 17세기 말엽에도 여전히 완전히 위험하지 않다고 할 수 없었다. 그래서 로크는 실체들의 진정한 본질은 어차피 너무 섬세해서 인간의 학문으로는 그 비밀을 완전히 밝힐 수 없다는 쪽으로 후퇴하고 말았다.

반면에 버클리는 훨씬 단호했다. 그는 연장과 크기, 형태, 운동 같은 일차적 성질이 무언가를 하나의 실체로 만든다는 사실만 부정한 것이 아니라 〈실체〉 개념과 함께 〈물질〉 개념까지 완전히 말소시켜 버렸다. 우리가 세계에 대해 아는 것은 모두 우리 뇌 속의 관념들이다. 우리는 이 관념들을 다른 관념들과 비교할 수는 있지만, 결코 현실 〈그 자체〉와 비교할 수는 없다. 이 현실은 오직 우리의 감각과 오성을 통해 생성되는 것뿐이기 때문이다. 무엇을 규명하려고 하건 우리는 언제나 우리의 관념만 바꾸는 것일 뿐이다. 물질 〈그 자체〉에 접근하는 것이 이렇게 불가능한 것을 보면 여기서 하나의 결론을 끄집어낼 수 있다. 물질 그 자체는 결코 존재하지 않는다는 것이다. 실체든 물질이든 그저 우리 머릿속의 관념일 뿐이다.

이제 로크는 한 사물의 진정한 실체가 어떻게 그 자체로 인식될 수 있는지 일련의 보기들을 제시한다. 그를 위한 우리의 수단은 언어다. 만일 내가 개인적으로 아는 모든 사람들에게서 각자의 특수성을 빼버리면 추상화를 통해 〈인간〉이라는 관념이 생겨난다. 로크에게, 인간은 실체들이다. 그건 삼각형도 마찬가지다. 여기서도 각각의 특수성을 빼버리면 삼각형이라는 일반적이고 실체적인 관념이 생겨난다. 이런 실체적 삼각형은 〈직각이어도 안 되고 직각이 아니어도 안 되고, 이등변이어도 안 되고 이등변이 아니어도 안 되고, 그 모든 것이면서 동시에 그 모든 것이 아니어야 한다.〉[85] 버클리는 이 말을 퍽 재미있어한다. 그런 걸 실제로 떠올릴 수 있는 사람이 하나라도 있을까? 〈인간〉이나 〈삼각형〉 같은 모든 추상적 개념에는 색깔이건 형체건 있을 리 없다. 〈간단히 말해 연장과 형상, 운동은 추상화를 통해 다른 모든 성질들과 분리해서 생각할 수 없다. 따라서 그것들은 다른 감각적 성질들이 있는 곳에도 있어야 한다. 다름 아닌 바로 정신 속에.〉[86]

버클리가 이 진술로 말하고자 했던 것은 무엇일까? 인간 의식 저편에 하나의 세계가 존재한다는 걸 부인하는 것일까? 그렇다, 늘 반복해서 주장해 온 것이 바로 그것이다. 물론 버클리 자신이 직접 주장한 것은 아니다. 그가 말한 것은 이것뿐이다. 우리가 세계에 대해 안다고 믿는 것은 모두 우리의 의식에 좌우되고, 그로써 의식의 질료라고 할 수 있다. 또한 우리는 우리 정신의 집을 부수고 나와 하나의 세계 〈자체〉로 건너갈 수는 없다. 하지만 사실 버클리도 실재적인 외부 세계에서 출발한다. 그런데 우리 의식 저편의 이 세계, 즉 자연 과학자들이 철석같이 믿는 이 세계는 물질적이지 않고 관념적이다. 버클리는 물질의 개념을 이미 쓰레기통에 던져 버렸다. 왜냐하면 그 〈자체〉로는 결코 경험할 수 없고 오직 관념의 내용으로 들어갈 채비만 하는 물질이 대체 무슨 의미가 있단 말인가?

하지만 우리의 전체 세계가 단지 의식의 질료로만 경험될 수 있는 것이라는 말이 맞다면, 그럼에도 불구하고 버클리조차 의심하지 않는 하나의 객관적인 세계가 존재한다는 것은 누가 장담할 수 있는가? 경험되지 않는 세계가 대체 무슨 의미가 있는가? 어쨌든 경험되는 것만이 〈존재〉라는 사실은 분명하다. 이제 버클리는 이렇게 말한다. 누구도 경험하지 못하는 세계는 실제로 존재하는 것이 아니다. 하지만 실재 세계는 결코 그렇지 않다. 이 세계는 개별 인간들과는 무관하지만 온전히 경험되고 있다. 그러니까 우리 유한한 존재들은 결코 파악할 수 없는 무한한 존재인 신에 의해 경험되고 있다! 따라서 전체 세계는 우리의 제한된 개별 경험을 통해선 부분들만 다시 만나게 되는 신의 관념적 의식 질료이다.

이로써 그의 의도가 백일하에 드러난다. 버클리는 자연 과학자들 사이에 끼어 있는 것으로 추정되는 급진적 회의론자들을 옹호하려고 했던 것이 아니다. 대신 〈물질〉 개념이라는 것이 순전한 가설, 그러니까 항상 의식의 내용에 머물러 있을 뿐 결코 세계 〈그 자체〉를 해독해 내지는 못하는 의식 내용에 불과하다고 따끔하게 나무람으로써 한창 비상하는 물리학계를 바로 세우고자 했다. 심지어 로버트 보일은 자연 개념을 완전히 없앤 뒤 〈기계론〉으로 대체하자고 제안하지 않았던가? 그러니 기계론 전문가들에게 그들의 물질적 세계상과 격정을 빼앗는 것은 해가 되지 않는다. 그리고 뉴턴이 아무리 공공연히 스스로를 신의 경외자로 연출하더라도 버클리에게 신은 물리학의 영역에 속하지 않는다. 대신 물리학이 인간의 의식에, 인간이 신의 의식에 속한다.

〈관념론〉은 무엇인가?

혹시 독자들은 프랑스 작가 장 콕토(1889~1963)의 「오르페우스 Orphée」를 아는가? 오르페우스 신화를 시적으로 가공한 영화다. 고대 세계의 가수였던 오르페우스는 사랑하는 여인 에우리디케를 죽은 자들의 세계에서 데려오기 위해 저승으로 내려간다. 그런데 장 콕토의 1950년 판에서는 모든 것이 좀 다르다. 여기서 죽음은 새까만 옷으로 몸을 가린 아름다운 여인으로 나타난다. 영화의 한 장면에서 오르페우스는 죽음에게, 대체 죽음의 주인이 누구냐고 묻는다. 죽음은 잠시 망설이더니, 그것을 정확히 아는 이는 어디에도 없다고 답한다. 〈어떤 이는 그가 우리를 생각한다고 말하고, 어떤 이는 우리가 그저 그의 머릿속 생각일 뿐이라고 말하죠.〉

좀 과장해서 말하면 이 죽음의 천사는 버클리의 입장을 재현하고 있다. 관념적인 것만이 실재적이고, 관념적인 것의 근원은 신이라는 것이다. 다른 모든 것은 나의 의식이 생산하는 표상이다. 만일 무언가가 연장된 상태로 일정한 꼴을 갖추고 있고, 또 멈추어 있거나 아니면 흐르거나 날기 때문에 우리가 그것을 〈물질〉이라고 여긴다면 그 또한 우리 머릿속의 표상, 즉 〈물질〉이라는 표상에 지나지 않는다. 버클리는 말한다. 이 물질이 내 의식과 남의 의식 밖에서도 〈그 자체〉로 세계에 존재하는 〈실체〉라고 주장하는 물리학자와 자유사상가, 무신론자가 아니라면 이런 생각에 반대할 이유가 없다고.

버클리의 생각은 오늘날에도 대다수의 사람들에게 반발을 불러일으키는데, 그건 18세기 초에도 다르지 않았다. 『인간 지식의 원리론』을 출간한 지 3년 만에 젊은 성직자 버클리가 더 많은 독자층을 위해 『하일라스와 필로누스의 대화 세 편*Three Dialogues Between Hylas and Philonous*』이라는 우아한 대화편을 발표하자마자 세간에서는 논쟁이 불붙었다. 이 작품에 관심을 보인 사람은 무척 많았고, 그 영향의 시간도 길었다. 스코틀랜드 작가 제임스 보스웰(1749~1795)은 언젠가 한 공동묘지에서 영국의 유명 작가 새뮤얼 존슨(1709~1784)과 버클리에 대해 토론했던 것을 이야기하는데, 그때 존슨은 돌을 힘껏 걷어차며 이렇게 말했다고 한다. 〈나는 그것을 이렇게 반박하네.〉

많은 독자들이 존슨의 이 말에 고개를 끄덕거릴지 모른다. 그러나 존슨의 말은 버클리를 제대로 반박한 것이 아니다. 왜냐하면 돌을 힘껏 걷어참으로 존슨이 느낀 고통도 의식 속의 경험이기 때문이다. 버클리는 사물이 우리에게 아무런 저항을 하지 않는다고 주장한 것이 아니라 우리가 우리 의식의 내재성에서 결코 벗어날 수 없다고 말했을 뿐이다. 오늘날에도 누군가 다음과 같이 말하면 비슷한 식으로 답할 수 있을 것이다. 〈터무니없는 소리. 달의 돌은 인간이 직접 가서 확인하기 전부터 이미 존재하고 있었어.〉 이 말에 대해서도 버클리는 원칙적으로 반박하지 않을 것이다. 다만 이 진술이 내 의식 속의 진술 이상이라는 점, 즉 마찬가지로 내 의식 속에 있거나 거기서 표상된 많은 사람들이 동의할 진술 이상이라는 점에 대해서는 받아들이지 않을 것이다.

버클리의 관점이 가진 문제점은 우리의 일상적 오성과는 배치된다는 것이다. 물론 그건 현대 물리학도 마찬가지다. 지구가 태양 둘레를 돈다는 사실에서부터 양자역학에 이르기까지 우리의 직관과는 잘 맞지 않는다. 이런 상황에서 버클리의 관점을 다룰 또 하나의 가능성이 존재한다. 그의 테제를 우리의 일상적인 삶에서는 별로 중요하지 않은 것으로 치부해 버리는 것이다(그건 양자 역학도 마찬가지다). 몇 년 전 나는 한 친구와 함께 마요르카로 트래킹을 떠난 적이 있다. 무척 뜨거운 한여름이었다. 그때 친구는 내게 철학이 뭔지 설명해 줄 수 있느냐고 물었다. 우리는 이미 오래 걸었던 터라 뭔가 새로운 대화에서 활력을 찾아야 했다. 나는 야자수를 가리키며 물었다. 〈네 눈에는 저 야자수가 있는 게 확실해 보이지?〉 친구가 고개를 끄덕였다. 〈하지만 철학자의 눈에는 저 야자수가 있다는 게 그렇게 완벽하게 확실하지는 않아. 내가 확실하게 아는 건 저 야자수가 표상으로서 내 의식 속에 있다는 것뿐이야. 나는 저 야자수가 있다는 걸 무엇을 통해 확신할 수 있지?〉 이 질문 자체가 이상한지 고개를 갸웃거리던 친구는 저기 야자수가 있는 건 두말할 필요도 없이 분명하다고 말했다. 우리는 저 나무를 만질 수도 있고 발로 차 볼 수도 있다. 따라서 야자수가 저기 있다는 걸 자신은 인정하지 않을 수 없다는 것이다. 이 말에 대해 나는 방금 위에서 했던 것과 똑같은 논리로 답했다. 발로 차는 것도, 친구의 확언도 내게 궁극적인 확신을 안겨주지는 못한다. 그 두 가지 다 내 의식 속에서 일어난 일일 뿐이기 때문이다.

그때 머리가 좀 어지럽다던 친구의 말이 지금도 생생히 기억난다. 친구는 물을 너무 적게 마셔서 그런 것 같다고 했지만, 나를 비롯한 철학자들이 모두 정신 나간 것들 같다는 생각을 그렇게 돌려서 한 것은 아닌지 모른다. 어쨌든 우리는 그 뒤에도 말없이 몇 시간 계속 걷기만 했다. 그러던 중에 친구가 다시 물었다. 사물이 실제로 있느냐 없느냐 하는 것이 정말 그렇게 중요한 문제냐고. 나는 일상에선 전혀 의미가 없는 문제라고 흔쾌히 시인했다. 우리 눈에는 대부분의 사물이 마치 객관적이고 〈그 자체〉로 있는 것처럼 보이기 때문이다. 일상에서는 그것만으로 충분하다. 반면에 우리가 인식론을 논하거나 학문적 연구의 범위나 효력에 대해 숙고할 때는 사정이 다르다. 이 부분은 앞으로 충분히 언급될 것이다.

우리는 버클리가 정신적인 것을 본래적인 것으로, 물질을 비본래적인 것으로 여긴 유일한 사람이 아님을 기억하고 있다. 이런 점에서는 라이프니츠도 〈관념론자〉였는데, 이 말의 특징에는 라이프니츠 본인도 영향을 끼쳤다. 라이프니츠에게는 정신적인 것의 신적인 영역만이 본래적인 것이었다. 그건 버클리도 다르지 않았다. 그런데 〈경험론자〉 버클리는 인간이 세계를 경험하는 방식에서 출발했다면 〈합리론자〉 라이프니츠는 논리적 수학적 원리들에 초점을 맞추었다. 어쨌든 감각이든 수학이든 물질을 위한 확고한 자리는 없었다. 따라서 늙은 라이프니츠가 버클리에게서 깊은 인상을 받은 건 이상한 일이 아니다. 그는 이렇게 고백한다. 〈여기 적혀 있는 것들 중 많은 부분이 올바른 것으로 보인다.〉 하지만 그렇다고 해서 물질과 완전히 작별하는 것은 그가 보기엔 너무 멀리 나간 것처럼 보였다. 그로서는 물질을 〈비본래적인 것〉으로 여기는 것으로 충분했다. 즉, 〈물질이란 무지개 같은 것일 뿐이라고 말하는 것으로〉[87] 충분하다는 것이다.

버클리는 자신의 철학적 전환, 즉 〈그 자체〉로는 인식될 수 없는 외부 세계와의 작별과 함께 새로운 철학의 개척자가 되었다. 데카르트도 이미 모든 철학의 출발점이 세계가 아니라 〈나는 생각한다〉가 되어야 한다고 했지만, 버클리는 거기서 더 멀리 나가 인식의 모든 문제를 자신의 의식에 초점을 맞추는 문제로 만들었다. 〈너 자신을 알라!〉고 하는 델피 신탁의 고대 격언이 이제 철학적으로 완전히 새로운 의미를 얻게 되었다.

동시대인들이야 무슨 말을 하건 버클리는 그들의 비판에 개의치 않았다. 『대화 세 편』의 출간과 함께 버클리에게 철학의 핵심 문제는 종결되었고, 그와 함께 대학에서의 경력도 끝났다. 그때부터 그는 일상적인 삶으로 돌아갔다. 런던으로 간 뒤 6년 동안 프랑스와 이탈리아를 여행했다. 어느 해 겨울에는 알프스에 올랐고, 1717년 6월에는 베수비오 화산의 폭발 현장에 있었다. 런던으로 돌아와서는 사교 생활을 하면서 조너선 스위프트, 알렉산더 포프, 리처드 스틸, 조지프 애디슨 같은 작가들과 벗으로 지냈다. 1724년에는 교구장 자리가 나서 북아일랜드의 데리로 옮겼다. 그러나 그에겐 원대한 계획이 있었고, 그 계획을 위해 1728년 대서양을 건너 미국 동부 해안의 로드아일랜드에 당도했다. 버뮤다에 백인 이주민과 원주민 아이들이 함께 모여 공부하는 학교를 세우는 것이 꿈이었다. 버클리는 철학적 의미뿐 아니라 일상적 의미에서도 〈이상주의자〉였다. 그리고 많은 이상주의자들의 운명이 그러하듯 그 역시 야심찬 계획을 이루지 못했다. 영국으로부터 기대했던 재정적 지원이 오지 않았던 것이다. 그는 3년 동안 하릴없이 기다리다가 결국 포기하고 말았다. 남은 건 북아메리카의 찬란한 미래를 예견하는 시뿐이었다. 영국으로 출발하기 전에 썼고, 훗날 버클리시의 창립자들에게 격정적이고 애국적인 감동을 안겨 준 시였다.

1734년 버클리는 아일랜드 코르크 지방의 소도시 클로인의 주교가 되었다. 여기서는 여가 시간을 이용해 주로 종교와 수학에 관한 책들을 썼고, 그 밖에 『질문하는 자*The Querist*』라는 책으로 경제학에 기여하기도 했다. 이 책은 실제로 질문들로만 이루어져 있는데, 한 예를 들자면 부를 창출하는 것이 금은이나 토지의 양이 아니라 주민들의 근면함이 아닌가 하는 물음을 던진다. 신학자로서 버클리는 수학자들이 무한한 것을 계산해 낼 수 있을 거라고 믿는 것을 염려했다. 이런 회의적인 태도로 라이프니츠와 뉴턴의 미적분 원리에 영민한 비판을 가했다. 그는 1752년 옥스퍼드로 이주했고, 그곳의 소박한 집에서 겨우 1년을 살다가 숨을 거두었다. 근대 주체 철학의 선구자 버클리의 시신은 옥스퍼드 대성당에 묻혔다. 오늘날까지도 항상 시계가 5분 늦게 간다는 그 교회에…….

감각과 감성

성공은 늦게 찾아왔다. 그것도 전혀 엉뚱한 책과 함께. 데이비드 흄(1711~1776) 이야기다. 그러니까 오늘날에는 18세기의 가장 중요한 영국 철학자로 여겨지지만, 당시에는 국제적인 베스트셀러가 된 『영국사*History of England*』의 저자로 알려진 인물이다.

세상에 이름이 났을 때 흄의 나이는 마흔셋이었다. 그전까지는 정말 힘든 삶이었다. 에든버러의 비교적 가난하지만 좋은 집안에서 태어난 그는 일찍 대학에 들어갔다. 로크가 옥스퍼드에서 공부할 때가 스무 살이고, 버클리가 더블린의 트리니티 칼리지에 입학할 때가 열다섯 살이었다면 흄이 에든버러 대학에 들어간 것은 불과 열두 살이었다. 전공은 고전 언어와 철학이었다. 그런데 3년 뒤 가족의 뜻에 따라 법학 공부를 시작했지만 곧 접고 말았다. 그가 죽기 직전에 쓴 짧은 자서전에 따르면, 〈철학과 보편적 학식을 제외한 모든 것에 대한 극복할 수 없는 거부감〉을 〈자

기 속에서〉 발견했기 때문이다.[88]

흄은 스스로를 타고난 철학자로 여겼다. 그래서 밥도 거르고 건강도 챙기지 않은 채 게걸스럽게 책을 읽고 또 읽었다. 결국 혹사당한 몸은 괴혈병과 침 과다 분비라는 형태로 반격해 왔다. 결국 흄은 가족들의 품으로 돌아갈 수밖에 없었다. 그런데 그때부터는 반대로 몸이 빠르게 불기 시작했는데, 비만은 평생 동안 그를 따라 다닌 문제였다. 그는 내키진 않았지만 가족의 뜻에 따라 〈번듯한〉 직장을 구했다. 리버풀과 함께 노예 무역의 중심지였던 브리스톨에서 부유한 노예 상인의 서기로 일한 것이다. 그런데 흄은 고용주에게 맞춤법을 바로잡아 주다가 눈 밖에 났다. 더러운 일로 막대한 돈을 버는 남자에게는 정서법 따위는 필요치 않았던 것이다. 그때의 굴욕을 가슴 깊이 새긴 이 박식한 학자는 훗날 이렇게 쓴다. 아무리 좋은 말이라도 듣는 사람이 누구냐에 따라 완전히 쓸모없는 것이 될 수 있다고. 가령 군인은 달변가라는 찬사를 좋아하지 않고, 주교는 재치 있는 사람으로 불리고 싶어 하지 않으며, 상인은 박식하다는 소리를 듣기 싫어한다는 것이다.

흄은 자서전에서 이 시기를 이렇게 짧게 정리한다. 〈몇 개월도 채 지나지 않아 나는 이 삶이 내게 전혀 맞지 않는다는 것을 깨달았다.〉[89] 그는 영국을 떠나 프랑스에서 가난하게 살았다. 처음에는 랭스에서, 나중에는 데카르트가 한때 예수회 학교를 다녔던 라 플레슈에서. 그가 1737/1738년에 생애 첫 작품을 쓴 곳도 바로 라 플레슈였다. 『인간 본성론*A Treatise of Human Nature*』이라는 이 책은 영국 철학사에서 가장 중요한 작품일 텐데도 출판 측면에서는 재앙이었다. 처음에는 거의 한 권도 나가지 않았다. 그러다 나중에는 당대 최고의 독설가로 알려진 윌리엄 워버튼(1698~1779)의 신랄한 비판에 막무가내로 당했다. 그는 『인간 본성론』에 대해 전체적으로 혹평을 쏟아내면서 악평의 모든 공식에 따라 저자를 깎아내렸다. 이후 이 책은 80년에 가까운 세월 동안 그 악평의 수렁에서 벗어나지 못했다. 그때까지 초판이 천 권도 팔리지 않았다. 사실 흄이 나중에 인기 있는 역사가로 이름을 날리지 않았더라면 『인간 본성론』이 그 합당한 지위에 맞게 철학사에 올랐을지는 모를 일이다.

3부로 이루어진 이 책은 놀랄 정도의 성숙함과 인상적인 철학적 깊이를 담고 있다. 게다가 예전의 버클리 작품처럼 굉장히 명료하고 정확하고, 그러면서도 우아한 문체를 드러낸다. 흄 철학의 매력은 냉철함이다. 로크가 인간을 어떤 때는 해부학자로서, 어떤 때는 경제학자로서, 또 어떤 때는 신에 대한 경외심을 품은 전통적인 철학자로서 관찰했다면 흄은 마치 동물학자처럼 정밀하게 조사한다. 우선 인간을 그때까지 겨우 반쯤 파악된 종으로 연구하면서 그 종의 내부 조직과 반사 작용, 조건 형성, 고유의 행동 방식에 관심을 가진다. 게다가 19세기의 개념으로 표현하자면 그는 인간을 〈이성적 존재〉라기보다 〈본능적 존재〉를 본다. 이런 점들 때문에 흄은 영국의 진화생물학자 토머스 헨리 헉슬리(1825~1895)에서부터 뇌 연구가 게르하르트 로트(1942~)에 이르기까지 후대의 많은 자연 과학자들이 가장 사랑하는 철학자가 되었다.

흄 철학은 라이프니츠와 달리, 또 부분적으로는 로크나 버클리와도 달리 인간 본성에 대한 형이상학적 가정에서 출발하지 않는다. 로크의 경우, 신은 어쨌든 인간이 발전하고 부를 늘려 나갈 게임 규칙을 제시해 놓았다면, 버클리의 경우는 신이 세계의 질서 틀, 즉 인간이 살아가는 관념적인 우주를 상정했다. 그러나 흄은 달랐다. 그의 철학에서는 인간에게 규칙을 지시하는 이는 더 이상 존재하지 않는다. 신이나 황제, 호민관이 아닌 오직 자연

만이 인간을 인간이게 하는 것이다.

우리의 삶을 결정하는 원리들은 영원한 법칙이 아니라 우리가 우리 종에서 관찰할 수 있는 생물학적·심리학적 특징들이다. 왜냐하면 우리가 우리 자신의 오성이나 의지, 이성에 대해 알고 있는 것은 모두 자기 관찰과 타자의 관찰을 통해 알아낸 것들이기 때문이다. 철학자들은 세계를 드러내고 신의 마법 외투를 열어젖히는 것이 아니라 인간을 관찰한 뒤 그에 합당한 개념들을 고안해 내는 사람들이다.

흄은 그의 선행자들이 그때까지 전혀 파고들지 않았던 지점에서도 질서를 만들어 낸 지극히 정연한 사상가였다. 이는 외부 세계의 문제에서 특히 뚜렷이 드러난다. 버클리는 외부 세계에 대해 이렇게 생각했다. 우리는 사물 〈그 자체〉를 결코 알지 못하고, 그 때문에 신만 제외하면 외부 세계는 존재할 수 없다. 반면에 흄의 대답은 상당히 놀랍고, 철학적이라기보다 지극히 실용적인 차원으로 심리학적이다. 로크나 버클리와는 달리 흄은 인간 오성에 특별히 훌륭한 판단력이 있다고 믿지 않았다. 우리의 사고와 행동에서 정말 정교한 생각에서 비롯되었다고 할 만한 것이 어디 있는가? 또 그런 정교한 생각은 어디로 향하는가? 사물에 대한 관점에는 항상 반대 관점이 있다. 만일 인생이 자기 자신과의 체스 게임이라면 흄의 삶은 이렇게 요약할 수 있다. (플라톤의 경우처럼) 먼저 두는 백이 아니라 나중에 두는 흑이 이길 수밖에 없다고. 다음 수를 생각할 때마다 항상 더 나은 응수가 즉각 떠오르기 때문이다. 이것이 맞다면 인간을 이끄는 것은 이성, 즉 로크가 말한 똑똑한 상업적 오성이 아니다. 달리 표현하자면, 이성은 궁극적 해결책이나 명확하게 올바른 결정으로 이어지지 못한다.

보통 사람들은 철학자와 달리 이 사실을 예감하고 있다고 흄은 확신했다. 그래서 일반인들은 일상에서 이성을 별로 사용하지 않거나 꼭 필요한 만큼만 사용한다. 대신 대부분의 의견과 행동은 반사적이고 자동적으로 생겨난다. 그건 외부 세계의 문제에도 해당된다. 앞서 언급한 필자의 친구처럼 흄도 그런 문제는 중요하지 않다고 생각했다. 사물 〈그 자체〉는 존재할 수 없다고 아무리 강조해도 우리의 일상적 의식은 논증보다 직관을 더 신뢰한다. 요즘 한창 뜨고 있는 말로 표현하자면 〈탈사실〉의 방향으로 나아간다. 왜냐하면 세계에 대한 우리의 견해는 주로 〈사유의 과정이 아닌 감정적 과정〉으로 생성되기 때문이다. 흄의 생각으론, 보통 사람들이 외부 세계가 실제로 존재한다고 여긴다면 철학자들도 절대 그것을 논외로 삼아선 안 된다. 버클리의 논증이 아무리 타당하더라도 현실에선 결코 중요한 문제가 아니라는 것이다.

흄의 심리학적 실용주의는 사람의 마음을 무장 해제시킨다. 〈현실은 얼마나 현실적인가〉 하는 문제로 골머리를 썩는 대신 〈나는 내가 무엇을 아는지 어떻게 아는가〉 하는 문제에 더 집중하자는 것이다. 이 점에서는 흄이 로크보다 훨씬 정밀하다. 그는 우리의 경험에 대한 로크의 분류를 두 번이나 아주 예리하게 검토했다. 한 번은 『인간 본성론』에서, 다른 한 번은 『인간 오성에 관한 탐구*An Enquiry Concerning Human Understanding*』에서. 로크 생각엔 두 가지 원천이 있다. 감각 지각sensations과 자기 지각reflections이 그것이다. 감각 지각은 우리에게 〈말〉, 〈회색〉, 〈단단함〉, 〈추위〉 같은 표상을 제공한다. 반면에 자기 지각은 〈사고〉, 〈느낌〉, 〈좋음〉, 〈사랑〉, 〈고통〉 같은 표상으로 이어진다. 흄이 볼 때 이 구분은 충분치 않을뿐더러 어느 정도 착각도 존재한다. 그는 감각과 표상을 명확하게 분리하지 않고, 대신 다른 세분화를 시도한다.

내가 경험하는 것은 모두 지각perceptions으로 이어진다. 이 지각은 정말 다양한 성격을 띨 수 있고, 상이하게 느껴지기도 한다. 관건은 인상impressions, 아니면 표상ideas, 둘 중 하나다. 누른 들판을 보거나, 감동적인 음악을 듣거나, 어떤 장면에 마음이 흔들릴 때 나는 인상을 받는다. 그 체험들을 가슴에 새겨두었다가 마음의 눈앞에서 일깨우면 그것들에 대한 표상이 생긴다. 이때 인상들은 훨씬 생생하고 강렬한 데 반해 표상들은 약하고 모호하다. 많은 경우, 인상에서 표상으로 길이 이어진다. 예를 들어 우리는 어느 여름날이나 사랑의 밤을 체험하고, 나중에 그 일을 다시 떠올리는 식이다. 그런데 무척 다양한 인상들에서 우리의 표상을 독자적으로 조합해서 판타지를 만들어 낼 때도 많다. 이때 우리가 인상들에서 점점 더 멀어진다면 그건 우리가 가상의 세계로 들어가기 때문이라고 가정할 수 있다. 심리학적으로 보면, 우리에게 강한 현실감을 보장하는 것은 인상뿐이기 때문이다.

그렇다면 흄의 결정적인 분리선은 더 이상 감각 지각과 자기 지각 사이를 지나가지 않는다. 왜냐하면 나는 밖에서부터 오는 인상(환한 빛을 바라보는 경우)뿐 아니라 안에서부터 오는 인상(누군가에 대한 반감을 느끼는 경우)도 가질 수 있기 때문이다. 그건 표상도 마찬가지다. 표상은 내부 인상(누구누구는 정말 싫다)과 마찬가지로 외부 인상(햇빛이 비친다)을 통해서도 자극을 받는다.

흄이 이 같은 새로운 분류로 말하고자 했던 것은 이렇다. 우리가 감각으로 증명하는 모든 것에는 하나의 원천만 있고, 그것은 바로 우리의 감성이다. 모든 의미 있는 표상은 인상에서 비롯된다. 만약 그렇지 않으면 그 표상은 터무니없는 것이라는 의심을 산다. 왜냐하면 우리는 표상이라는 것이 어떤 인상에서 유래했는지 끊임없이 캐물어 들어가기 때문이다. 만약 그 표상 뒤에 아무런 인상이 존재하지 않는 것으로 밝혀지면 그건 말도 안 되는 무의미한 것으로 확증된다. 〈나는 이런 명확한 설명과 함께 이 문제에 관한 논쟁이 말끔히 해소되고, 그와 함께 우리가 제기한 원칙이 지금까지보다 훨씬 더 큰 의미를 이 연구에서 얻게 되길 바란다.〉[90]

흄의 입장은 정말 새로운 진리론의 한 형식이다. 무언가 참인지, 또는 의미 있는지 보장하는 것은 신이나 논리성이 아니라 오직 의미 기준 하나뿐이라는 것이다. 즉, 이런저런 표상이 인상에서 비롯된 것인가, 그렇지 않은가? 흄이 볼 때는 언어의 영역도 마찬가지다. 개념도 특정 인상과 관련될 때 의미가 있다는 것이 그러하다. 이전의 어떤 서양 사상가도 그처럼 주관적인 의미 기준을 제시한 사람은 없었다. 라이프니츠에게 개념은 세계의 보편적이고 신적인 구조와 일치할 때 참이었다. 반면에 흄에게 참은 지칭하는 단어가 지칭되어진 구체적인 대상과 일치하는 것으로 충분했다.

이것으로 흄이 형이상학의 영역에 던진 폭탄은 200년 가까이 땅속에 잠들어 있었다. 그러다 1920년대와 30년대에 이르러 빈 학파의 사상가들이 그 폭탄을 다시 끄집어냈다. 그들 역시 흄과 마찬가지로 과학적으로 명료한 문장들을 앞뒤가 안 맞거나 무의미한 주장들과 구분하기 위해 분명한 의미 기준을 찾았던 것이다. 하지만 흄과는 달리 논리 실증주의는 단순한 문장뿐 아니라 그사이 고도로 복잡해진 언어 논리학과 문법 문제와도 치열하게 씨름했다. 스스로 설정한 목표에는 결코 도달한 적이 없으면서도.

경험의 동물학

흄이 말한 〈인상〉과 〈표상〉은 신이 우리에게 부여한 능력이 아니다. 그 토대는 전적으로 우리의 신경 속에 있다. 〈하나의 인상은 일단 감각에 작용해서 우리에게 더위나 추위, 배고픔이나 갈증, 또 여러 종류의 쾌감이나 불쾌감을 느끼게 한다. 정신은 이 인상에서 하나의 모상(模像)을 만들고, 이 모상은 인상이 종료된 뒤에도 그대로 남는다. 이것을 우리는 표상이라고 부른다.〉[91]

흄은 겨우 스물여섯의 나이에 이런 글을 썼다. 로크도 스스로를 인간 경험의 해부학자이자 생리학자로 여긴 것은 분명하지만 그의 『인간 오성론』에서 드러난, 많은 철학적 관습을 배려한 듯한 장황하고 번거로운 설명을 보면 흄의 간결하고도 정곡을 찌르는 분석과 얼마나 다른지 모른다. 이전의 그 누구도 그처럼 탁월하게 인간이 어떻게 경험을 하고, 어떻게 의견을 갖게 되는지 연구한 사람은 없었다. 그렇다면 이러한 〈자연주의적〉 단초는 그 사정거리가 얼마나 될까? 예를 들어 우리가 왜 우리 자신에 대한 통찰에 이를 수 있는지, 그 이유가 감각과 경험의 분석으로 밝혀질까? 그러나 이는 인상과 표상의 메커니즘을 훨씬 벗어나는 문제다. 왜냐하면 우리가 수학 명제들을 반박할 수 없는 이유를 설명하기 위해선 우리 신경계의 민감성을 지적하는 것으로 충분할 것이기 때문이다. 게다가 우리의 뇌 화학은 우리에게 진리는 어떠한 논리적 반발도 허용하지 않는다고 말하지 않는가?

여기서 중요한 것은 다음의 유명한 물음이다. 모든 경험 이전에, 즉 선험적으로 타당한 진리들이 있을까? 이는 흄이 결코 좋아할 만한 물음이 아니지만, 어쨌든 그는 『인간 오성에 관한 탐구』에서 한 짧은 절을 할애해 이 문제를 다룬다. 여기서 그는 〈표상의 관계들〉과 〈사실들〉을 구분한다. 〈3과 5를 곱하면 30의 반과 같다는 것은 수들 사이의 관계를 표현하고 있다.〉 이 관계는 논리적이고 설득력이 있지만, 중요한 건 세계가 아니라 오직 자기 자신하고만 관계를 맺고 있다는 사실이다. 왜냐하면 〈이런 종류의 문장들은 우주 어딘가에 무언가가 실제로 존재하는 것과 무관하게 단순한 사고 활동만으로 발견될 수 있기 때문이다. 자연에 원이나 삼각형이 결코 존재하지 않더라도 에우클레이데스가 실증한 진리들은 영원히 확실성과 명징성을 유지할 것이다.〉[92]

따라서 앞서의 물음에 대한 답은 다음과 같다. 그렇다, 선험적 진리들은 존재한다. 다만 우리 오성이 오직 자기 자신과 홀로 있는 곳에서만 존재한다. 인간이 외부 세계의 자극에 어쩔 수 없이 구속되거나, 삶으로부터 인상과 표상을 받을 수밖에 환경에서는 존재하지 않는다. 이런 환경에서는 어디에도 확고한 지반이 없다. 왜냐하면 자연법칙을 포함해 세계의 어떤 법칙도 지금까지 단순히 그래 왔다는 이유만으로 내일 다시 해가 뜰 거라고 보장해 주지는 못하기 때문이다. 엄밀하게 보면 해가 뜨는 건 논리적 차원이 아니다. 그것이 논리적이라면 해가 뜨지 않을 경우 해는 모순에 빠져야 한다. 하지만 자연 관찰은 우리가 〈법칙〉이라는 이름을 붙여도 될 만큼 규칙적이라고 해도 수학 명제의 엄격한 논리에는 결코 도달할 수 없다. 내가 무엇을 보고, 무엇을 듣고, 무엇의 무게를 달고, 무엇의 넓이를 재건 상관없이 모든 자연 관찰은 그저 하나의 관찰일 뿐이다. 게다가 〈모든 사실의 반대도 늘 가능하다.〉[93] 이로써 모든 관찰은 주관적이다. 내일 다시 해가 떠오를 가능성이 거의 100퍼센트이고, 물도 순수한 물질로서 기압이 같을 때는 항상 0도에서 어는 게 거의 확실하다고 하더라도 말이다.

여기서 우리가 알 수 있는 것은 무엇인가? 아주 간단하다. 판단은 우리가 무언가를 서로 관련시킴으로써 생긴다는 것이다. 수학에서 우리는 공리를 세우고 명제들을 서로 관련시키고, 그럼으로써 라이프니츠의 표현을 빌리자면 이성 진리에 도달한다. 반면에 다른 모든 판단은 관찰에서 비롯된 사실 진리이다. 이성 진리가 선험적이라면 사실 진리는 그렇지 않다. 자연을 관찰하는 것은 항상 인간이기 때문이다. 게다가 모든 관찰은 우리의 인간 의식이 작업하는 방식에 따라 그 색깔과 구조가 정해진다. 우리는 사물들이 실제로도 우리가 경험한 것과 같은지 결코 알 수 없다. 이는 일상에서는 결코 중요하지 않는 물음이겠지만, 자연 과학자와 철학자들의 작업을 평가할 때는 아주 중요하다. 이 두 부류의 사람들은 외부 세계의 자연이건 인간 속의 자연(본성)이건 자연(본성) 〈그 자체〉를 깨달았다고 절대 착각해서는 안 되기 때문이다.

인간 종이 판단을 내리는 보편적 방식은 연결이다. 인간은 자신이 관찰한 것들 사이에 〈때문에〉를 넣어 연결한다. 예를 들면 이런 식이다. 태양이 비치기 때문에 환하다. 나는 공복감을 느끼기 때문에 배가 고프다. 나쁜 사람들이 아주 많기 때문에 세상이 나쁘다. 이때 나는 항상 하나의 원인을 하나의 결과와 연결시킨다. 인간 의식이 그렇게 생겨먹었듯이, 나 역시 사물들을 인과적으로 연결함으로써 세상이 내게 의미 있게 비치도록 하는 수밖에 없다. 그러한 연결은 내게만 타당한 지극히 평범한 일상 경험일 수 있지만 모두에게 해당되는 보편타당성을 요구할 수 있고, 또 그게 자연법칙이라고 주장할 만큼 상당 수준의 객관성을 갖고 있을 수도 있다.

그런데 그런 인과적 판단, 즉 〈이런 원인에서 저런 결과가 나왔다〉는 판단이 옳은지는 어떻게 알 수 있을까? 흄이 볼 때, 사실 주장을 검증할 원천은 단 하나뿐이다. 경험이 그것이다! 이 점에서 그는 라이프니츠와 확 갈린다. 앞서 살펴보았듯이 합리론자 라이프니츠는 많은 진리들이 순수 논리적으로 규명되고 검증될 수 있다고 주장했다. 흄의 경우처럼 수학에서만 그런 것이 아니라 자연 과학과 철학에서도.

그러나 흄은 날카롭게 경계를 긋는다. 수학적 진리는 시간과 경험을 벗어나 항상 타당하다. 반면에 사실 주장은 늘 특정 경험과 관련되어 있다. 나는 설탕이 달다는 것을 백 번 넘게 맛보고 안다. 그걸 기준으로 내일도 설탕이 달 거라고 전제한다. 흄에 따르면 그런 전제는 좋고 옳다. 다만 설탕이 내일도 단맛이 날 거라는 것은 논리적으로 규명되는 것이 아니다. 관찰은 왜 시간의 변화에 종속되면 안 된다는 말인가? 자연법칙이라고 하는 것들도 단순히 관찰 진리일 뿐이다. 어떤 논리도 자연법칙이 늘 그대로이고 변치 않을 거라는 걸 보장하지 못한다.

자연에서 법칙에 맞게 늘 그대로인 것이 있을까? 흄은 이것을 증명되지도 않았고 증명될 수도 없는 문제로 여긴다. 오늘날에는 에너지가 어떻게 한 대상에서 다른 대상으로 전이되는지, 또 무엇이 내면 가장 깊숙한 곳에서 물질을 결집시키는지, 확정해 놓은 영속적 과정이 있다는 것은 명백한 사실로 여겨진다. 빛의 속도나 기본 전하(基本電荷) 같은 영속적 상수들은 우주 곳곳에서 유효하고, 의심될 수 없다. 그런데 이른바 자연 상수라는 것들이 정말로 영속적인지에 대한 흄의 의심은 오늘날 다시 뜨거운 쟁점으로 떠오르고 있다. 일단 현재의 연구 결과에 따르면 이 자연 상수들은 상상이 안 될 만큼 긴 시간대를 넘어서면 미세한 편차를 보일 수 있다고 한다. 가령 몇 십억 년 전의 전자기 복사는 오늘날보다 아주 조금 느리게 퍼져 나갔을 수 있다. 수 년 전부터 물리학계에 열띤 논쟁을 불러일으킨 주제다.

흄은 아마 이런 흐름에 동의한다는 듯 고개를 끄덕거렸겠지만, 사실 그에게 중요한 건 물리학적 세부 사항이 아니었다. 중요한 건 어떤 사실 진리든 원칙적으로는 항상 완벽하게 옳은 것은 아니라고 생각할 수 있다는 것이다. 바로 이것이 사실 진리와 수학적 이성 진리를 구분하는 핵심 지점이다.

경험은 영속성을 보장하지 못한다. 과거의 관찰에서 미래를 추론하는 것은 논리적으로 불확실하다. 이 인식은 훗날 흄 문제, 또는 귀납 문제라는 이름으로 역사에 오르는데, 뉴턴 이후 두 세대밖에 지나지 않은 영국인으로서는 상당히 대담한 생각이다. 그게 타당한 생각이라고 하더라도 말이다. 인간은 더 이상 대담한 연구자 정신으로 자연 원리를 들추어내는 것이 아니라 인간 종의 일원으로서 자신의 사고가 작동하는 방식에 맞게 자연을 해석한다. 라이프니츠와 마찬가지로 흄도 뉴턴의 무한한 시간과 무한한 공간으로는 할 수 있는 것이 없었다. 그런 시간과 공간은 경험할 수가 없기 때문이다. 표상이 인상에서 비롯된 것이 아니라면 공허할 뿐이다. 그렇다면 어떻게 그런 무한한 시간과 공간이 있다고 주장할 수 있을까? 우리가 시간과 공간에 대해 아는 것은 모두 병렬성과 순차성에 대한 우리의 지각에서 비롯된다. 병렬성과 순차성은 인간적 관점과 결부되어 있고, 인간적 관점에 따라 정해진다.

흄이 볼 때, 중요한 철학적 물음에 통용되는 건 일상에도 똑같이 통용된다. 우리는 일상생활에서도 아침부터 저녁까지 사물들을 꾸준히 연결시킨다. 그게 의미 있는 연결이건 검증될 수 있는 연결이건 상관없이. 인간은 일상적으로 생각하고 행동할 때 가능한 한 빠르고 자동적인 판단에 만족하는 생물이다. 순간의 느낌, 이전 경험들과의 반사적인 관련, 이 정도면 판단을 내리는 데 충분하다.

이전까지 그 누구도 인간의 심리학적 사고 모델에 그런 식으로 해부칼을 들이댄 철학자는 없었다. 흄은 스피노자보다 더 급진적으로 인간의 사유 구조를 해부하고 곳곳에서 짧은 생각 가지들을 발견한다. 이성의 길고 굵은 줄기가 발견된 경우는 거의 없다. 그가 보기에 인간은 이성 기계가 아니라 무엇보다 여러 감정들과 산란한 표상들의 무질서한 다발이다. 우리를 지배하는 것도 오성이 아니라 감정이다. 우리의 판단은 철저한 정신적 숙고에서 나오는 것이 아니라 감정적 관성의 산물이다. 어떤 연결이 우리 정신 속에서 자주 반복될수록 그것은 점점 더 필연적으로 보인다. 흄의 이런 생각이 정확했다는 것은 앞서 스피노자와 관련해서 언급한 바 있는 뇌 연구가 안토니오 다마지오가 〈신체 표지 이론〉으로 증명해 주었다. 새로운 경험과 과거 감정과의 연결은 대개 자동적으로 이루어진다는 것이다. 성찰하는 이성이 새로운 경험들을 꼼꼼하게 숙고해 볼 겨를도 없이.

흄은 우리 뇌의 이런 수많은 자동적 과정을 기술하는 데 많은 시간과 공간을 할애한다. 그는 그때까지 스피노자와 함께 인간 감정을 가장 철저하게 분석한 해부학자로서 우리 감정생활의 다양한 측면을 우리 신경계와 연결시키면서 아주 정밀하게 묘사한다. 그러니까 상응하는 생물학적 과정 없이는 어떤 감정적 움직임도 있을 수 없다는 것이다. 이런 생물학적 과정과 관련해서 데카르트는 영국 경제학자 존 메이너드 케인스보다 300년 먼저 동물적 기질animal spirits*이라는 개념을 사용했다.

흄은 이전의 수많은 철학자와 자연 연구자들이 자연 곳곳에서 〈필연성〉을 발견했다고 그렇게 좋아하면서 정작 우리 자신 속에 있는 필연성에 대해서는 완전히 무시하는 태도를 보이는 것을 비웃곤 했다. 여기서 우리 속의 필연성이란 나 자신의 감정 도식, 표상 도식, 사유 도식을 따를 수밖에 없는, 그러니까 지속적인 원인과 결과의 사슬에 따를 수밖에 없는 내적 강제성을 가리킨다. 그렇다면 여기서도 버클리의 경우처럼 다음의 모토가 제기된다. 〈세상을 알라〉가 아니라 〈너 자신을 알라〉 다만 흄의 경우는, 자기 인식이 관념적 정신을 밝히는 것이 아니라 자극과 반응의 복

* 케인스는 인간의 경제 행위를 설명하면서 합리적 판단이 아닌 감정이나 직관에 의존하는 인간적 특성을 〈animal spirits〉라고 불렀다. 이 경우는 대개 〈야성적 충동〉으로 번역한다.

잡한 메커니즘을 드러내고 있다. 그와 함께 다음의 중차대한 물음이 다시 솟구친다. 내 모든 감정과 사고가 오직 원인과 결과의 고리로만 설명된다면 대체 인간에게 〈자유 의지〉의 공간은 어디에 있는가?

모두의 행복

삶의 경험들 / 자유롭지 않은 의지를 가지는 것의 행복 / 도덕 감정 / 도덕 감각 / 공정한 관찰자 / 도덕에서 경제로 / 자연적 자유를 통한 부의 생성 / 보이지 않는 손

삶의 경험들

혹시 여러분은 윌리엄 클레그혼(1718~1754)을 아는가? 아니면 제임스 클로우는 들어 봤는가? 몰라도 상관없다. 앞사람은 에든버러 대학에서 윤리학과 기(氣) 철학을 가르친 교수였다. 강의 노트가 포함된 네 권짜리 미발표 원고가 유일한 저술이지만, 그것을 연구하려고 굳이 그곳 대학 도서관을 찾는 사람은 아마 거의 없을 것이다. 뒷사람도 글래스고 대학에서 논리학을 가르친 교수였다. 단 한 권의 저서도 남기지 않았고, 심지어 삶의 구체적인 이력조차 남아 있는 게 없는 사람이다.

그럼에도 이들의 이름이 지금도 남아 있는 건 한 위대한 인물의 앞길을 가로막았기 때문이다. 다시 말해 클레그혼과 클로우는 데이비드 흄이 그렇게 얻고자 했지만 결국 얻지 못한 교수직을 대신 차지한 사람들이었다. 물론 그런 과거의 승리자들도 지금은 역사의 뒤안길에서 별 볼 일 없이 서성이고 있을 뿐이다. 그럼에도 그들의 승리가 크게 느껴지는 이유는, 흄이 홉스나 로크, 스피노자, 라이프니츠, 버클리와는 달리 전임 교수직을 무엇보다 간절히 원했기 때문이다. 그것도 채신머리없이 스스로를 심하게 왜곡시켜 가면서까지. 확고한 무신론자였음에도 학교 당국에 보낸 한 편지에서 자신의 독실한 신앙심을 눈물겹도록 절절히 토로한 것이다.

흄은 『인간 본성론』을 출간한 이후 경제적인 형편이 좋지 않았다. 학계로부터 고대했던 인정은 받지 못했고, 생계유지의 토대가 되어 줄 교수 자리도 얻지 못했다. 사실 대학에서 자리를 얻을 조건은 나쁘지 않았다. 스코틀랜드에는 그에게 즉시 자리를 내줄 대학이 네 곳이나 있었다. 18세기 초반에는 스코틀랜드 대학들이 잉글랜드보다 수준이 높았다. 대학마다 철학 교수직이 생겨난 것은 물론이고 학문적으로 무언가 새 출발의 분위기가 팽배했다. 그러나 철학이 아무리 신학과 자연 과학으로부터 제도적으로 분리되었다 하더라도 스코틀랜드 대학에서 근무하는 철학자라면 여전히 독실한 신앙심을 갖고 있어야 했다. 아니면 최소한 신앙심이 있는 것처럼 능숙하게 연기를 할 줄 알아야 했다. 주류에서 벗어난 생각을 하는 사람들이 전임 교수직을 얻기 어려운 건 사실 오늘날에도 별반 바뀌지 않았다.

1744년 에든버러에서 교수직을 구할 때는 생존 문제가 걸려 있었다면, 1752년 글래스고 대학에 지원할 때는 애덤 스미스와 제임스 와트(1736~1819)가 속한 아카데미에서 함께 일하고 싶었던 것이 주 동기였다. 만일 그게 성사되었다면 당대의 가장 중요한 철학자가 당대의 가장 중요한 경제학자 및 발명가와 나란히 한 대학에서 학생들을 가르치는 것을 볼 수 있었을 것이다. 그러나 현실 속의 흄은 런던 인근의 세인트 알반에서 정신 장애가 있는 애너데일 후작의 가정 교사가 되었다. 물론 교사라기보다는 간병인에 더 가까웠다. 어쨌든 그는 집사와 사사건건 마찰을 일으켰고 그 집 하인들과도 사이가 좋지 않아 결국 수치스럽게 해고되고 말았다. 그렇다고 흄을 가리켜, 삶을 모르고 삶과 화합하지 못하는 철학자라고 말할 수는 없다. 세인트 알반에서의 이러한 굴욕에 이어(이 집에서 못 받은 보수를 받으려고 그는 11년 동안 법정 투쟁을 벌인다) 그를 기다리고 있었던 것은 제임스 싱클레어(1762년 사망) 장군과의 모험이었다. 흄을 개인 비서로 고용한 싱클레어는 6,000명의 병력으로 캐나다 퀘벡의 프랑스 점령지를 공격할 계획이었다. 그러나 날씨가 도와주지 않았다. 결국 싱클레어는 캐나다로 가는 대신 1746년 9월에 병력 2,000명을 더 증원해 브르타뉴로 향했다. 싱클레어가 공격 목표로 삼은 곳은 1664년에 설립된 프랑스 동인도 회사의 본거지 로리앙이었다. 그런데 흄은 이렇게 쓴다. 싱클레어 장군은 그 원정을 〈의도하지도〉 〈계획하지도〉 〈승인하지도〉 않았고, 또 그 작전이 〈성공하리라는 것도 믿지〉 않았다.

군사 작전은 한마디로 재앙이었다. 프랑스는 무모하게 덤벼드는 공격자보다 수적으로 다섯 배나 많았다. 게다가 영국군은 화약이 부족했을 뿐 아니라 말이 없어 모래밭에서 대포도 직접 끌어야 했다. 전투가 벌어지는 동안 흄은 군사 법정 판사로 일하면서 끊임없이 도덕적이고 법률적인 결정을 내렸고, 때로는 생사를 가르는 판결을 내리기도 했다. 싱클레어의 군사 작전이 실패한 이후 흄은 스코틀랜드와 잉글랜드 국경 인근의 천사이드에 위치한 나인웰스 저택으로 돌아갔다. 여기서 『인간 오성에 관한 탐구』를 개정했고, 에세이도 여러 편 썼다. 그러나 얼마 안 가 싱클레어 장군이 또 그를 책상에서 불러냈다. 이번에는 외교 임무를 띠고 빈으로 떠나는 일이었다. 그는 1748년 한 해 내내 독일과 오스트리아를 돌아다녔다. 그 뒤 영국으로 돌아와서는 두 번째 주저인 『도덕 원리에 관한 탐구*An Enquiry Concerning the Principles of Morals*』를 집필했다. 본인 스스로 가장 중요하고 훌륭한 작품이라 불렀던 책이다.

자유롭지 않은 의지를 가지는 것의 행복

도덕에 관한 흄의 생각을 이해하려면 일단 〈우리 인간에게 자유의지가 있는가〉 하는 물음에 그가 어떻게 대답하는지부터 알아야 한다. 그의 답은 명확하다. 없다! 그래서 좋다! 많은 사람들에게는 이 대답이 좀 당혹스러울 것이다. 이유는 분명하다. 첫째는 사람들이 대개 자유 의지가 있다고 생각하기 때문이고, 둘째는 자유 의지가 없는 것을 좋다기보다 좀 갑갑하게 느끼기 때문이다. 그렇다면 흄은 어떻게 해서 대부분의 사람들과는 다른 생각에 도달하게 된 것일까?

이 대목에서 흄이 인과의 문제를 어떻게 바라보았는지 다시 떠올려보자. 그는 거의 모든 자연 과학자들과 달리 사물들의 인과적 연결을 자연에서 발견되는 하나의 법칙으로 여기지 않고, 오히려 인간이 세계를 파악하는 전형적인 방식으로 생각했다. 그가 볼 때, 물질세계에는 어디에도 확고한 토대가 없다. 대신 인간 심리 속에 확고한 토대가 있다. 우리는 〈인과율〉이 속해 있기도 한 일종의 심리적 문법에 따라 우리가 보고 싶은 대로 세계를 본다. 예를 들어 쇳가루가 자석에 척척 붙는 것을 보면 사람들은 자석에 쇠를 끌어당기는 〈힘〉이 있다고 생각한다. 물론 이 힘은 인간 세계에서의 관찰을 자석에 전이한 것에 다름 아니다. 우리 눈에는 그 힘이 실제로 보이지는 않기 때문이다. 하지만 우리는 그 힘을 필연적으로 가정할 수밖에 없다고 느낀다. 또한 다음번에도 자석이 똑같은 힘을 발휘할 거라고 추정할 수밖에 없다. 자석은 늘 그렇게 하는 것이 분명하기 때문이다.

우리가 자석을 원인으로, 쇳가루가 끌어당겨지는 것을 결과로 보는 이유는 우리의 정신이 그러라고 시키기 때문이다. 원인과 결과 사이에 불가분의 관계가 존재한다면 그건 인과율이 우리 사고의 범주 체계이기 때문이다. 그것은 인간 오성이 의미를 만들어 내는 방법이기도 하다. 우리는 자석과 쇳가루에 적용하는 사고 과정을 타인들에게도 늘 그대로 적용한다. 그러니까 〈때문에〉를 통해 남의 행동을 설명하는 것이다. 예를 들어 누군가 밥을 먹으면 우리는 배가 고파서 먹는다고 생각하고, 누군가 대답을 하지 않으면 마음이 상해서 대답을 하지 않는다는 거라고 생각한다. 이런 식으로 우리는 모든 행동에 동기가 있다고 전제하고, 그런 동기를 벗어나서 생각하고 행동하는 사람을 정신이 나갔다고 여긴다. 그러니까 뭔가 납득할 만한 동기가 없거나, 뚜렷한 이유 없이 하는 행동은 미친 짓이다.

이 지점에서 흄은 아주 복잡 미묘한 생각에 빠진다. 우리는 미친 행동을 하는 사람을 보면 정신적으로 병들었다고 생각하지 않는가? 그리고 정신적으로 병든 불쌍한 인간들을 보면 그들은 자신이 무슨 짓을 하고 있는지 스스로 모르고 있다고 생각하지 않는가? 왜냐하면 그들은 자신들도 어쩌지 못하는 내면의 힘들에 의해 움직이기 때문이다. 정신적으로 병든 사람은 이 힘들 때문에 자유로울 수 없고, 이 힘들에 예속된다. 따라서 자신의 행동에 대한 책임도 질 수 없다.

대부분의 사람은 아마 이런 의견에 동의할 것이다. 그러나 흄은 아니다. 그는 이 문제를 완전히 뒤집는다. 즉, 정신병자는 알 수 없는 힘에 예속되어 있기 때문에 미친 것이 아니라 행동이 예측 불가능하기 때문에 미친 것처럼 보인다는 것이다. 그 말은 곧, 우리가 그들을 원인과 결과, 또는 동기와 행위의 도식에 따라 설명할 수 없다는 뜻이다. 그런데 이를 역으로 뒤집으면, 인간은 정확히 그 도식에 맞게 행동할 때 〈정상〉이 된다. 그러니까 어떤 사람이 어떤 행동을 한 데에는 이런저런 이유나 동기, 의도가 있다고 말할 수 있을 때만 정상이라는 말이다. 그게 맞다면, 정상인들도 동기와 행동의 심리적 문법을 따라야 한다는 규정에 예속되어 있는 게 아닌가! 심지어 동기와 의도는 우리의 힘으로는 어쩔 수 없는 것들이다. 맛있는 음식을 보면 배가 고파지고, 피곤이 느껴지면 누워서 자고 싶고, 누군가를 질투하면 그 사람에 대해 나쁜 말을 하게 된다.

원인과 결과가 우리 심리의 기초 문법이라면 의지의 자유는 없다. 게다가 감정 없이는 평가하고 결정 내릴 능력이 없는 우리의 이성은 감정이 앞서 내린 결정을 나중에 정당화하는 일종의 마케팅 부서에 지나지 않는다. 이는 오늘날의 뇌 연구가들이 무척 선호하는 입장이다. 그들은 우리 의지의 충동이 합리적 판단에서 벗어나 있음을 증명하고자 한다. 폼포나치와 관련해서 이미 언급한 바 있는 뇌 연구가 벤저민 리벳이 1979년에 시도한 일련의 실험들은 그들에게 많은 자양분을 제공해 주었다. 리벳은 피실험자들에게 10분 안에 스스로 선택해서 아무 때나 손가락을 들어 보라고 지시했다. 그와 동시에 이 결정이 뇌에서 언제 내려지는지 측정했다. 그 결과 아주 특별한 사실이 드러났다. 손가락이 뇌 결정보다 먼저, 그러니까 약 0.5초 빨리 움직인다는 것이다. 이로써 리벳은 이전에 동료인 한스 헬무트 코른후버(1928~2009)와 뤼더 데케(1938~)가 1960년대에 발견한 것을 증명해 주었다. 무의식 상태의 뇌 활동이 의식 상태의 결정보다 시간적으로 앞선다는 것이다. 그런데 특이하게도 리벳은 이 실험을 인간에게 자유 의지가 없다는 것에 대한 증거로 보지 않았다. 그에게 0.5초는 우리 뇌의 무의식적 의도를 따르거나 거부하기에 충분한 시간이었다. 그렇다면 인간에게 자유 의지는 없지만, 최소한 〈자유 반(反)의지〉, 즉 우리의 무의식적 충동에 대한 거부권은 있다는 말이다.

리벳의 실험은 여러 차례 뜨거운 논쟁을 불렀지만, 철학적으로는 흄의 수준에 훨씬 미치지 못했다. 자유 반의지이라는 것이 대체 어디서 온단 말인가? 그것에도 우리가 마음대로 어쩌지 못하는 무의식적 유발 요소가 있지 않을까? 의지의 자유를 옹호하려면 분명 리벳 식으로 해서는 안 된다. 어떤 길도 순간에 영향을 줄 수 없는 의지 충동과 이 충동이나 경쟁하는 충동에 의해 결정된 반응 사이의 인과성을 비켜갈 수는 없다. 그렇다고 우리 의지가 우리 인생을 형성하는 수많은 경험과 인식으로 이루어진 인생 이력의 일부가 아니라는 말은 아니다. 우리 의지는 우리 속 미지의 동물이 아니라 우리가 자신의 인지적 관점에서 〈나〉라고 부르는, 끊임없이 상호 영향을 주는 전체 시스템의 일부다. 이 문제와 관련해서는 오늘날의 철학을 논의하는 자리에서 좀 더 상세히 언급될 것이다.

자유 의지나 자유롭지 않은 의지의 뇌 메커니즘은 오늘날까지도 충분히 연구되지 않았다. 또한 최근의 많은 결과들은 서로 모순되기도 한다. 어쨌든 흄이 남긴 것은 폼포나치가 추측했던 것을 좀 더 정확하고 근대적으로 증명했다는 것이다. 즉, 원인과 결과의 세계에는 자유 의지가 없다! 물론 폼포나치는 인과율을 물리학적 법칙으로 보았지, 흄처럼 심리 물리학적 법칙으로 보지는 않았다. 흄은 16세기의 폼포나치가 그랬던 것처럼 자유 의지의 논쟁 방향을 18세기에 맞게 바꾸어 놓았다. 그러니까 다른 사람들은 신이 세계를 전지적으로 미리 결정해 놓았다면 인간이 어떻게 자유롭게 생각하고 행동할 수 있을지 고민했다면 폼포나치와 흄은 신의 자리에 인과율을 갖다 놓은 것이다.

그런데 당혹스러운 것은 흄이 자유롭지 않은 의지를 아주 높이 평가했다는 사실에 있다. 왜냐하면 바로 그것이 우리를 예측 가능한 존재로 만들어 주기 때문이다. 만일 각자에게 완벽한 자유 의지가 있어서 우리가 자신의 행동이든 남의 행동이든 상관없이 그 배후에 깔린 이유를 알지 못한다면 우리는 머리가 돌아버릴 것이다. 어디로 튈지 모르는 생각과 행동을 어떻게 감당하겠는가! 인간이 정해진 노선이나 궤도 속에서 생각한다고 가정해야만 인간의 심리를 과학적으로 연구할 수 있다. 과학에는 관찰로 확인할 수 있는 반응, 일정하게 반복되는 과정, 합법칙성이 필요하다. 흄이 추진한 것이 바로 이 프로젝트다. 즉, 독일어권에서는 〈경험 영혼론〉, 또는 〈심리학〉이라 불린 경험론적 영혼 연구가 그것이다. 이 영혼 학문의 가장 중요한 영역은 인간의 사회적 행동에 대한 정밀한 연구인데, 영국에서는 이것을 도덕이라고 불렀으니…….

도덕 감정

인간은 왜 그런 행동을 할까? 흄의 도덕 연구를 이끄는 물음이다. 이것만큼 라이프니츠와 더 큰 차이는 없어 보인다. 흄은 도덕 원리나 가르침, 규범에는 관심이 없다. 그에게 중요한 건 오히려 그러한 것들이 어떻게 만들어지는가 하는 점이다. 그의 윤리적 강령은 〈무심함〉이다. 그는 그런 무심함으로 사회를 개선하고자 했다. 철학자로서 남들에게 무엇을 하라고 말하는 것이 아니라 그들이 자신의 행동을 더 잘 이해할 수 있도록 도움으로써.

흄이 두 번째 주저에 착수한 것은 서른여덟 살 때였다. 스스로 인간 이해의 폭을 한층 넓힌 격동의 세월을 보낸 뒤였다. 도덕에 관한 생각도 이미 글로 무수히 풀어낸 상태였다. 그는 『인간 본성론』을 쓰면서 정말 완벽하게 확신한 것이 하나 있었다. 사실들은 당위의 문제에선 논리적으로 도움이 되지 않는다는 것이다. 사실을 확인하는 것과 윤리적 행동을 요구하는 것은 완전히 다른 차원이다. 예를 들어 〈독일인 셋 중 한 명만 규칙적으로 이를 닦는다〉는 문장에서 더 많은 독일인이 규칙적으로 이를 닦아야 한다는 문장이 나오지는 않는다. 〈독일인 셋 중 한 명만이 4년마다 새 차를 산다〉는 사실도 더 많거나 더 적은 독일인이 새 차를 사야 한다는 당위로 이어지지 않는다. 또 다른 예로, 인간이 원래 햇빛이 잘 드는 숲속 공터의 나무나 숲 가장자리 나무에 사는 영장류였다는 사실에서 현대인도 나무나 숲 가장자리에서 살아야 한다는 당위가 나올 수는 없다(물론 건축가들은 이 사실에서 인간이 대개 지하나 1층보다 좀 더 높은 곳을 편하게 느끼고, 중부 유럽인들이 대개 햇빛이 잘 드는 집을 선호한다는 이론을 끄집어낼 수는 있다고 하더라도 말이다).

이처럼 흄이 사실과 규범을 엄격하게 분리한 것은 오늘날까지도 아주 유명하다. 그의 말을 직접 들어 보자. 〈나는 지금껏 온갖 도덕 체계를 들여다보면서 늘 똑같은 것을 알아차렸다. 그러니까 저자들은 처음 얼마간은 통상적인 관찰 방식으로 나아가다가 신의 존재를 확인하거나 인간의 일들에 대한 관찰을 제시한다. 그러다 갑자기 어느 순간부터 놀랍게도, 〈무엇 무엇이다〉나 〈무엇 무엇이 아니다〉라는 일상적 문장들 대신 〈무엇 무엇을 해야 한다〉거나 〈무엇 무엇을 해서는 안 된다〉는 문장들이 예외 없이 등장한다. 이런 식의 문장 전환은 드러나지 않게 이루어지지만 굉장히 중요한 의미를 담고 있다. 〈해야 한다〉거나 〈해서는 안 된다〉는 말은 새로운 관계나 주장을 표현하기 때문이다. 그래서 그것은 반드시 존중되고 설명되어야 하고, 그와 동시에 그전에는 전혀 이해가 안 되는 것처럼 보이던 일에 대한 이유도 제시되어야 한다. 즉 이 새로운 관계가 어떻게 그것과 완전히 다른 관계에서 비롯될 수 있는지 그 이유가 제시되어야 한다는 말이다. (……) 나는 이런 작은 관심이 익숙한 모든 도덕 체계를 전복시킬 거라고 확신하다. 또한 미덕과 악덕의 구분이 대상들의 단순한 관계에 근거한 것이 아니고, 이성적으로도 인식된 것이 아님을 보여줄 거라고 확신한다.〉[94]

사실(〈-이다〉 명제)과 규범(〈-해야 한다〉 명제)의 엄격한 분리를 흄의 법칙이라고 부른다. 이는 중요한 인식이다. 물론 언어철학자들은 지난 수십 년 동안 그 법칙에 회의를 표하고, 진화심리학 같은 일부 분과들은 그 법칙을 제대로 따르지 않지만 말이다. 어쨌든 흄 자신은 이 규칙을 지켰다. 인간의 사회적 행동을 사실로만 연구할 뿐 거기서 규범을 도출하려 하지 않은 것이다. 그런 점에서는 스코틀랜드라는 무대에 걸출한 동지가 있었다. 글래스고 대학의 철학 교수 프랜시스 허치슨(1694~1746)이었다. 흄보다 열일곱 살이 많은 허치슨은 스코틀랜드에서 교회와 무관한 모든 도덕적 토론의 중심이었다. 훗날 그에게 〈스코틀랜드 계몽주의의 아버지〉라는 칭호가 붙은 것은 그의 저서가 남들보다 뛰어나서가 아니었다. 그는 신학과 무관하게 철학적 사고를 가장 번성시킨 스승이었다. 계몽주의 이념을 노골적으로 설파하는 그의 목소리에 이끌려 전 유럽에서 제자들이 몰려들기도 했다. 이렇게 해서 18세기 중반 에든버러와 글래스고는 약 20년 동안 서양 세계의 지적 중심지가 되었다. 런던과 파리가 아직 중심으로 부상하기 전의 일이다.

흄이 『인간 본성론』을 발표했을 때 허치슨은 이 책의 가치를 인정한 극소수 사람들 가운데 하나였다. 허치슨의 윤리학 역시 신적인 원리나 보편적 법칙에 토대를 두고 있지 않았기 때문이다. 그는 흄과 마찬가지로 모든 도덕의 뿌리를 하늘이 아닌 인간 속에서 찾았다. 또한 그에게 도덕을 받치는 건 이성 진리가 아니라 감정이었다. 그런데 허치슨은 흄이 원래 목표를 넘어 너무 멀리 나갔음을 숨기지 않았다. 1742년에서 1743년으로 넘어가는 겨울 흄이 그에게 도덕에 관한 짤막한 저서를 보냈을 때 차이는 더욱 분명해졌다. 허치슨은 인간이라면 모두 정의에 대한 감각을 타고난다고 믿었다. 식물이 뿌리에서 자라듯 이 정의감도 좋은 환경 조건이 갖추어지면 선의의 감정에서 유기적으로 성장한다. 왜냐하면 성숙하고 확장된 선의는 정의에 대한 감각으로 이어지고, 그와 함께 〈공통 감각common sense〉, 즉 공동체적인 연대 감정이 형성되기 때문이다. 이러한 공통 감정은 홉스 이후 도덕과 정치에 관련해서 자신의 견해를 신 없이 설명하려는 철학자들에게 핵심을 차지하는 개념이다.

인간의 〈내적 감각〉에 대한 이런 믿음에 도달한 사람은 허치슨만이 아니었다. 이 문제와 관련해서 새로운 돌파구를 연 책을 쓴 사람이 있었다. 로크 후원자의 손자이자 3대 섀프츠베리 백작인 앤서니 애슐리 쿠퍼(1671~1713)였다. 그는 『미덕, 또는 가치에 관한 연구*Inquiry Concerning Virtue, or Merit*』에서 인간을 끊임없이 내적 균형을 찾으려고 노력하는 동물로 보았다. 우리 자신과의 이런 관계는 당연히 타인들과의 관계에도 해당된다. 내적 외적 조화의 추구는 모두가 타고나는 인간 본성의 일부라는 것이다. 섀프츠베리의 논문은 영향력이 엄청났고, 참된 핵심적 내용도 담고 있었다. 우리 인간이 대개 내적인 부조화 상태를 잘 견디지 못하고, 또 오래 버티지도 못한다는 것은 오늘날 사회 심리학의 기본 인식이다. 미국의 두 사회 심리학자 레온 페스팅거(1919~1989)와 스탠리 샤흐터(1922~1997)는 1950년대에 우리의 자기상(自己像)이 타인들이 우리에 대해 갖고 있는 상과 일치하지 않을 때 무슨 일이 일어나는지 연구했다. 우리의 기대와 생각, 의견이 남들의 것과, 그러니까 여러 면에서 충분히 〈옳다〉고 할 만한 남들의 것과 일치하지 않으면 우리는 〈인지 부조화〉를 겪고, 우리의 내적 조화는 깨진다. 그렇게 깨진 조화는 즉시 회복되어야 한다. 나 자신을 바꾸거나, 아니면 나에 대한 외부 시각을 조금씩 평가 절하함으로써.

허치슨도 공감과 선의를 자양분으로 삼은 미덕과 악덕의 내적 감각에 대해 말하는 것을 보면 모든 인간이 내적 균형을 추구한다는 생각에 동의하고 있다. 반면에 흄은 이 문제를 다르게 본다. 그에게 정의란 허치슨이 말하는 것처럼 결코 선의에서 그렇게 유기적으로 나오는 것이 아니다. 선의는 지극히 주관적인 문제이기 때문이다. 우리는 우리 자신이 사랑하고 높이 평가하는 사람들에게 더 많은 선의를 베푼다. 좋아하지 않거나 모르는 사람에게 베푸는 선의는 적거나 아예 없을 수도 있다. 따라서 선의와 정의는 직접적으로 연결되어 있지 않고, 때에 따라선 서로 심하게 부딪치기도 한다.

흄의 비판은 허치슨에게 깊은 상처를 주었다. 허치슨의 도덕 철학적 강령은 미와 명예, 도덕과 같은 가치들을 신의 자비가 아닌 인간의 〈내적 감각〉으로 설명하는 것에 그 본질이 있었다. 그에게 인간은 홉스가 본 것과는 달리 늑대 무리들 틈에 낀 늑대가 아니라 공동체적 연대 의식을 갖춘 고도로 사회적인 동물이었다. 공감에서 선의를 거쳐 정의의 소망으로 이어지는 오솔길을 그려 낼 수만 있다면 왕도를 찾은 것이다. 그리 되면 모든 것을 신 없이 설명하는 것이 가능해졌다. 그러니까 공중도덕과 국가란 인간의 선천적인 프로그램이 공동체적으로 전환된 것에 다름 아니라는 것이다! 공감과 선의를 최대한 확장하는 것은 도덕적이다. 좋은 국가란 〈최대 다수의 최대 행복〉을 가능하게 하는 국가다. 이 구호는 훗날 공리주의이라는 이름으로 역사에 출현하게 되는데, 오늘날까지도 앵글로·색슨 국가들의 정치적 사고에 깊은 흔적을 남기고 있다.

도덕 감각

흄은 공리주의자들과 맞지 않는 구석이 전혀 없는 사람이었다. 그런 점에서 당연히 공리주의의 창시자 그룹에 속한다. 하지만 공감에서 선의를 거쳐 정의와 공익으로 이어지는 오솔길은 보지 못했다. 그에게 정의란 선천적인 미덕이 아니라 〈인위적 미덕〉으로서 공감과 선의와는 간접적으로만 관련되어 있을 뿐이다. 물론 공감은 정의의 한 중요한 전제 조건이다. 하지만 모든 공감이 정의로 이어지지는 않는다. 심지어 때로는 공감이 불의로 이어지기도 한다.

흄의 이러한 비판은 정곡을 찔렀다. 지난 40년 동안 이 문제를 다루어 온 영장류학과 행동 경제학 같은 학문들도 대체로 비슷한 입장이었다. 네덜란드 영장류 연구가 프란스 드 발(1948~)은 인간 도덕성의 뿌리에 다른 동물들, 특히 영장류와 겹치는 감정적 직관적 영역이 있음을 보여 주었다. 우리 존재의 가장 깊은 핵심에는 감정적 반응이 있다. 한 단계 더 나아가면, 어린아이와 유인원의 경우에는 〈인지적 감정 이입〉 같은 것이 발달한다. 우리는 타인의 감정을 평가하는 법을 배우고, 타인의 행동에 대한 이유를 찾는다. 흄이라면 아마 소아기에 인과율의 감각이 발달한다고 말했을 것이다. 그에 반해 뇌 연구가들은 공감의 신경적 토대를 추적했고, 1990년대 이후로는 공감 능력의 토대로 거울신경을 지목했다. 도덕적 발달의 마지막 단계에서는 타인의 관점을 온전히 받아들이는 능력이 생성된다. 드 발에 따르면 오로지 인간에게만 있는 능력이다.

오스트리아 경제 심리학자 에른스트 페르(1956~)도 비슷한 발달 과정에 대해 언급한다. 그는 드 발과 마찬가지로, 인간은 자신에게 닥친 불공정함을 느끼는 타고난 감각이 있다고 생각한다. 그런데 이 감정을 타인에게로 확장하는 것은 공감 능력의 점진적인 발전을 통해 부분적으로만 가능하다. 우리가 속해 있는 사회적 환경도 그와 마찬가지로 중요하다. 남들이 공정하게 행동하고 이 행동이 보상을 받으면 우리 역시 마찬가지로 공정하게 행동하려고 노력한다. 하지만 불공정한 행동이 게임 규칙을 지배할 경우 우리는 몹시 유연하게 현실에 순응하는 경향을 보인다.

자신이 손해를 보지 않으려면 지나치게 도덕적이지 않은 편이 현명하다고 생각하는 것이다. 핵심적으로 표현하자면, 인간은 바보가 되기보다 차라리 악인이 되는 쪽을 택한다. 비슷한 의미에서 1950년대 이후엔 사회 심리학자들도 이렇게 확인했다. 인간은 확고한 원칙이 아닌 매우 가변적인 원칙을 갖고 있다고. 미국 심리학자 조너선 하이트(1963~)는 우리의 도덕적 감정은 그렇게 믿을 만한 것이 아니기에 이성을 통한 교정이 꼭 필요하다고 강조했다. 나중에 칸트에게서 다시 확인하게 되는 생각이다.

결과는 무엇일까? 우리의 도덕성은 전반적으로 감정에, 그러니까 자동화된 반응과 공감 능력에 기초한다. 하지만 감정에서 더 높은 도덕적 통찰로 나아가기까지는 미리 엄격하게 설계된 운하가 나 있는 것이 아니라 하천과 지류들의 거대한 삼각주가 펼쳐져 있다. 바로 이것이 18세기의 커다란 문제였다. 허치슨뿐 아니라 애덤 스미스, 토머스 리드, 제임스 비티 같은 그의 동료와 후임자들도 도덕 발달의 확정된 프로그램을 주장했다. 그들에게 도덕 감각moral sense은 건강한 오성common sense의 일부로서 인류학적 초기 상태와 비슷한 것이었다. 홉스와 로크가 건강한 오성, 즉 공동체적 연대 의식에 대해 언급한 뒤로 그것은 영국 철학에서는 더 이상 빼놓고 생각할 수 없는 것이 되었다. 신적인 선한 세계 질서에 대한 믿음의 상실로 만들어진 큰 구멍은 이제 도덕 감각이 메워야 했다. 그로써 인간은 선의 유일한 원천이 된다. 하지만 그 원천이 미리 정해진 길을 따라 저절로 샘솟는 것이 아니라면 어떻게 되는 것일까?

흄이 정의를 설명하면서 〈인위적〉 미덕에 대해 말하고, 원천 자체가 아닌 파생된 무언가에 대해 말한 것은 옳다. 그런데 우리는 왜 일상적으로 사회적 규범과 도덕적 게임 규칙, 사회법을 따를까? 흄은 『인간 본성론』에서 이렇게 답한다. 그건 우리가 우리 자신을 사랑하고, 그런 연유로 모든 불필요한 갈등을 피하고 싶어 하기 때문이다. 허치슨이 볼 때 이 대답은 너무 부족했다. 그것으로는 인간이 왜 〈선한 사람〉일 때 기분이 좋아지는지 설명이 되지 않기 때문이다. 또한 그것은 도덕적 규칙이 존재하는 이유도 설명해 주지 못한다. 흄은 그전에 허치슨에게 이렇게 대답했다. 자신은 인간의 아름다움을 드러내는 화가가 아니라 해부학자처럼 도덕을 관찰한다고. 흄은 『인간 오성에 관한 탐구』에서 이러한 〈미적〉 관찰에 대해 보충 설명에 나선다.

출발점은 다음과 같다. 인간은 거의 모두 자기 자신을 사랑한다(스스로를 비판하는 것도 자신을 사랑해서 그러는 것이다). 우리와 가까운 사람들에게 우리 자신을 비추어 보는 것도 그런 자기애의 일부다. 이런 식으로 우리는 우리 자신과 가까운 사람들과 감정적 도덕적 공감대를 형성한다. 우리는 우리 자신만 사랑하고 존중하는 것이 아니라 우리 가족을 비롯해 혈족과도 정서적 관계를 맺는다. 타인은 우리 사랑의 일부가 되기도 하지만, 때로는 증오의 대상이 되기도 한다. 타인은 우리에 대한 평가를 통해 우리를 거울에 비추어 보게 한다. 이 모든 것은 우리가 대체로 반감보다 공감을 훨씬 더 높이 평가하는 도덕적 정서의 일부를 보여 준다. 이웃이 우리에게 관대하고 친절하고 이타적으로 행동하면 우리는 무척 기뻐하고, 그래서 문화적 단계 어디쯤에서부터는(개인의 발달 과정에서도 마찬가지다) 그런 행동을 보편적으로 높이 평가하기 시작한다. 우리가 개인적으로 전혀 모르는 사람들의 행동까지 칭찬하고 비난하는 것도 그 때문이다. 그렇다. 우리는 특정한 행동 방식 〈그 자체〉를 칭찬하고 비난한다. 사랑하고 용기 있고 자비롭고 신의를 지키는 것은 좋고, 그 반대는 나쁘다. 타인이 반응을 통해 우리에게 좋은 기질이 많이 있음을 보여 주면 우리는 스스로에게 만족하며 충만한 삶을 산다.

흄이 보기에 이런 면에서는 모든 인간과 문화가 상당히 비슷하다. 미덕은 세상 어디서나 유사하고, 비열함과 배신, 냉담함, 증오를 칭찬하는 나라는 없다. 이유는 분명하다. 건강한 오성을 가진 모든 평범한 사람은 자기애에서부터 그 자기애에 좋은 속성을 거쳐 미덕과 공통 감각으로 동일한 길을 걷기 때문이다. 흄은 이러한 통찰을 멋진 비유로 표현한다. 〈라인강은 북으로 흐르고 론강은 남으로 흐른다. 그러나 둘은 같은 산에서 발원했고 (……) 같은 중력의 원리로 움직인다. 두 강바닥의 상이한 경사가 물살의 전체적인 차이를 야기한다.〉[95]

도덕적 본능은 세계 어디서나 동일하기에 흄은 건강한 인간 오성의 일부로서 〈도덕 감각(도덕심)〉에 대해 이야기한다. 그런데 이 도덕 감각은 선천적인 프로그램이 아니라, 인간이 자기애와 주변 세계와 관련해서 어디서나 비슷비슷하게 경험하는 것들을 자양분 삼아 형성된다. 윤리적 결정을 내릴 때 기껍거나 기껍지 않은 감정이 드는 것을 보고 개인마다 〈원래적인 기질과 선천적 심성이 다르기 때문〉이라고 생각하는 것은 틀렸다. 〈우리의 의무를 세어 보면 어떤 면에서는 무한하다고 할 수 있는데, 그렇다면 각각의 의무에 원래적인 본능을 하나씩 대입하는 것은 불가능하다.〉[96] 도덕은 본성이 아니라 관습이다. 타고나는 것은 자기애뿐이다. 이런 이유에서 우리는 도덕 감각을 끊임없이 연마해야 하고, 도덕 감각이 좋은 토대 위에서 감정적 결정을 내릴 수 있도록 여러 도덕적 문제를 면밀하게 숙고하는 법을 배워야 한다. 이 점에서 흄은 허치슨과 의견이 같다. 즉 모든 인간은, 심지어 재판관조차 이성으로 분류할 수 있는 것은 상황뿐이라는 것이다. 모든 것이 일목요연하게 정리되면 도덕 감각이 나타나 가장 강한 감정이 제시하는 대로 결정을 내린다. 그에 비하면 이성은 혼자서 결정할 수 있는 것이 없다. 〈온 세상이 파괴되는 것보다 내 손가락 하나 다치는 것이 더 싫은 것도 이성에는 어긋나지 않기〉[97] 때문이다.

흄은 이 견해와 함께 지금까지도 굳건히 서 있는 하나의 말뚝을 인간 사상계에 단단히 박았다. 결국 인간에게 결정을 내리게 하는 것은 이성이 아니라 감정이라는 사실은 이미 많은 뇌 연구가들에 의해 증명되었다. 또한 도덕적 감정이 원래 주변 사람들에 대한 공감을 위해 만들어진다는 사실에 대해서도 마찬가지로 별 이론이 없다. 미국의 행동 경제학자 새뮤얼 보울스(1939~)는 말한다. 우리의 감정은 우리의 사적 교구(教區)까지만 영향을 미친다고. 우리는 우리의 〈교구〉, 즉 사적 범위 안에서만 타인의 삶에 대해 관심을 갖지, 그것을 넘어서면 그렇지 않다. 설사 사람들이 아프리카 어린이들에 관심을 보이더라도 그들의 사적인 〈교구주의〉에는 근본적인 변화가 생기지 않는다. 우리에게는 남보다 자기 자식이 더 가깝고, 우리 지역이나 동네에서 일어나는 일이 우즈베키스탄에서 일어나는 일보다 더 중요할 수밖에 없다는 것이다.

공정한 관찰자

흄은 도덕 철학자로서는 그리 성공하지 못했다. 오히려 그 방면으로는 당시 영국에서 가장 유명한 철학자이던 토머스 리드(1710~1796)의 영향력이 훨씬 컸다. 리드의 견해는 흄과 비교하면 단순했지만, 바로 그 때문에 오히려 대중적이 될 수 있었다. 리드는 철학에서건 삶에서건 항상 건강한 오성을 따르는 것이 가장 바람직하다고 보았다. 한마디로 곳곳에서 선호되던 공통 감각, 즉 상식의 대철학자였다. 만일 인간 오성이 우리에게 우리의 경험 너머에 외부 세계가 존재한다고 말한다면 우리는 그렇게 생각해야 한다. 리드는 로크가 사물의 이차적 성질들을 〈주관적으로〉 여긴 것을 물질의 실존에 대한 버클리의 비판만큼이나 도저히 받아들일 수가 없었다. 우리는 상식적으로 빨갛게 보이는 것은 빨갛다고 말하지 않는가? 비록 다른 조명에서는 그 색이 바뀌더라도 말이다.

리드는 경험주의자들이 경험을 위해 외부 세계를 뒤로 밀쳐 놓거나 심지어 의문시하는 것을 〈괴팍한 남자들의 허황한 꿈〉[98]이라고 생각했다. 그에게 외부 세계는 우리의 정신만큼이나 실제적이었다. 만일 우리가 도덕성을 우리 안에서 느낀다면 그건 그런 프로그램이 우리 안에 존재한다는 것이다. 그것도 신에 의해 완벽하게 이식된 상태로 말이다. 리드는 흄의 『인간 본성론』을 비판했다. 두 사상가는 처음엔 정중하게 의견을 주고받았다. 그러다 1764년에 흄은 리드의 책 『상식의 원리에 따른 인간 정신 연구 *Inquiry into the Human Mind on the Principles of Common Sense*』에서 자신의 『인간 본성론』을 〈근대 회의주의의 괴물〉이라고 지칭한 대목을 읽었다. 이런 상황은 리드가 그사이 글래스고 대학, 그러니까 12년 전 흄이 거부당한 바로 그 대학의 철학 교수에 임용됨으로써 더욱 악화되었다.

흄은 이제껏 한 번도 비판에 대응하지 않았다. 비판을 받으면 본인 스스로도 어쩌지 못할 정도로 흥분했기 때문이다. 그런데 리드와 나중에는 그의 제자인 비티가 공격했을 때는 흄도 그사이 한층 차분해져 있었다. 불안정한 직업적 상황에서 벗어났기 때문이다. 그는 에든버러 법률가 협회 도서관에서 사서 자리를 얻었다. 안정된 직장이었다. 여가 시간도 많았다. 그는 이런 틈을 이용해 여러 권으로 이루어진 『영국사』 중에서 첫 두 권을 집필했다. 이 책은 국제적인 베스트셀러가 되었고, 단숨에 흄을 유명 인사로 만들었다. 그러니까 철학자가 아닌 대중 학술서의 저자로 먼저 이름이 난 것이다. 스코틀랜드 화가 앨런 램지가 그 유명한 초상화를 그린 것도 이 시점이었다. 멋진 셔츠를 입고 세련된 비단 모자를 쓰고 부드러운 표정으로 세상을 흐뭇하게 바라보는 흄의 모습 말이다.

책의 성공과 함께 사회적 인정도 따라왔다. 흄은 떠오르는 보수 정치인 에드먼드 버크(1729~1797)를 비롯해 훗날 로마 제국에 관한 표준서를 쓸 에드워드 기번(1737~1794), 미국의 만능 재주꾼 벤저민 프랭클린(1706~1790) 같은 인물들과 교류했고, 영국 대사의 개인 비서 자격으로 프랑스를 여행했으며, 2년 뒤에는 본인이 잠깐 파리 주재 대사에 임명되기도 했다. 또한 드니 디드로와 친분을 맺고, 장 자크 루소도 알게 되었다. 그런데 짧은 시간이지만 루소의 매력에 푹 빠졌던 흄은 곧 그와 결별했다. 영국까지 루소를 동행했다가 그의 자기중심적인 성격을 확인하고 다른 모든 이들처럼 그를 미워하게 된 것이다.

1767년 흄은 런던 외무부 차관이 되었다. 에든버러로 돌아온 뒤에는 기존 저술들을 세심하게 가다듬었고, 『자연 종교에 관한 대화*Dialogues Concerning Natural Religion*』를 집필했다. 고대의 모범에 따라 세 사람이 오붓하게 대화를 나누는 형식을 띤 이 책은 상당히 많은 것을 내포하고 있었다. 우선 흄은 토론에 참여한 세 사람 중 필로라는 인물의 목소리를 빌려 자신의 철학을 신의 존재를 증명하는 데 적용한다. 신은 하나의 사실이고, 그 사실 없이는 세계도 존재하지 않는다는 것이 우주론적 신 증명의 출발점이라면 흄은 이렇게 반박한다. 사실에서 필연성이 나오는 것은 아니라고. 우리가 세계 기원에 대한 원인을 찾는다면 그건 우리가 인간으로서 원인과 결과의 범주 안에서 생각할 수밖에 없기 때문이다. 내가 도박하듯이 세계의 근원적인 원인을 가정한다고 해도 거기서 나오는 것은 〈사랑하는 신〉이 아니라 물리학적 세계의 토대뿐이다.

목적론적 신 증명도 검토 대상에 오르지만 필로에 의해 다시 배척된다. 라이프니츠와 바로크 신학자들이 생각한 것처럼 세계가 철저한 계획에 따라 만들어지고 최상의 상태로 고안되었다는 것은 그저 단순한 주장에 지나지 않는다. 우리가 지적 설계 intelligent design라고 여길 수 있는 건 우리가 전형적인 인간적 모델에 따라 생각하는 우주의 작은 부분뿐이다. 우리에게 계획적으로 보이는 것들은 혹시 물질의 자연적인 프로그램에 불과하지 않을까? 필로가 보기에 인간은 그런 물음에 믿을 만한 대답을 할 수 있기엔 너무 보잘것없다. 완벽한 신을 생각해 보라. 전지전능하면서 동시에 한없이 자비롭지 않은가? 그에 비하면 인간은 무한히 작다. 그런 점에서 필로는 신앙의 문제에 관심이 있는 사람에게 가능한 입장은 단 하나뿐이라고 결론짓는다. 바로 회의하는 것이다!

『자연 종교에 관한 대화』는 종교 비판에 관한 가장 중요한 저서 중 하나다. 저자는 죽을병에 걸린 상태에서 이 책을 썼는데, 결국 생전에는 출간되는 것을 보지 못했다. 흄은 말년에 간암으로 고생하면서 시름시름 야위어 갔다. 죽기 직전에는 가장 가까운 친구들을 런던에 모아 놓고 작별의 식사 모임을 가졌다. 1776년 7월 4일의 일이었다. 6,000킬로미터 가까이 떨어진 필라델피아에서는 미국 건국의 아버지들이 독립 선언문에 서명하던 날이었다. 흄은 8월 25일에 숨을 거두었다. 베스트셀러 역사책과 고위 관직 퇴직으로 나오는 상당한 액수의 유산은 형제와 가까운 친구들, 하인들, 그리고 스코틀랜드와 잉글랜드, 프랑스의 몇몇 철학자 동료들에게 남겼다. 그중 한 사람이 흄을 마지막으로 방문한 친구 애덤 스미스(1723~1790)이다.

애덤 스미스는 에든버러 인근의 커콜디에서 태어났다. 스미스 외에도 축구 선수와 다트 선수 들을 많이 배출한 곳이다. 스미스는 열네 살에 글래스고 대학에 들어가 허치슨 밑에서 공부했고, 이어 옥스퍼드로 옮겨 갔다. 에든버러로 돌아와서는 임시직 강사를 맡아 많은 학생들을 매료시켰다. 그 뒤 흄을 알게 되었고, 그에 대한 경탄을 아끼지 않았다. 스미스는 상냥하고 사교적인 사람으로서 무척 다방면으로 관심이 많았다. 그래서 철학에서 문학으로, 거기서 다시 경제학으로 쉽게 관심 분야를 옮겨 갔다. 1751년 그는 겨우 스물일곱 살의 나이에 글래스고 대학의 논리학 교수가 되었다. 1년 뒤에는 허치슨의 후임으로 도덕 철학 교수로 자리를 바꾸었다. 흄도 그 자리를 노려 논리학 교수직에 지원했지만 탈락하고 말았다. 스미스는 글래스고에서도 다방면으로 관심을 드러냈는데, 특히 철학과 경제학을 연결시키는 일에 주력했다. 그에게 필생의 프로젝트는 문명의 역사였다. 좀 더 구체적으로 말하면, 개인의 감정에서 도덕, 법, 정치를 거쳐 올바른 형태의 경제 활동에 이르는 역사였다. 이 모든 것을 아우르는 개념은 이미 해링턴과 허치슨, 흄에게도 무척 중요하게 여겨졌던 〈공동선〉, 즉 공익이었다.

사회적이고 도덕적인 동물인 인간이, 그것도 인간 하나하나가 그 종의 본성에 맞게 최고의 상태로 발달하려면 공동체와 사회는 어떻게 조직되어야 할까? 아리스토텔레스가 제기한 이 오랜 물음을 스미스는 당시의 철학적 지식 수준에 따라, 그리고 실용적 관점을 통해 18세기 후반의 영국 경제를 바라보면서 대답하고자 했다.

1759년에 나온 첫 책은 인류학적 전제들을 해명하는 내용이었다. 즉, 사회적·도덕적 존재라는 것은 무슨 의미일까? 이 방대한 저서는 에세이나 논문이 아니라 하나의 이론이었다. 그건

『도덕 감정론*The Theory of Moral Sentiments*』이라는 책의 제목에서도 그대로 드러난다. 이 책에서 스미스는 흄에 대해 온정 어린 비판을 숨기지 않는다. 그가 볼 때 흄은 도덕적 감정의 수많은 섬세한 움직임들을 충분히 살피지 못했다. 스미스는 흄의 근본적인 두 가지 오류를 지적했고, 아울러 그가 빠뜨린 한 가지 중요한 부분을 추가했다.

첫 번째 오류는 흄이(스피노자도 마찬가지다) 기쁨과 슬픔이라는 두 가지 근본 감정밖에 몰랐다는 것이다. 하지만 도덕에는 그보다 훨씬 많은 감정들이 있지 않은가? 누군가 장례식장에서 우리에게 조의를 표하면 우리는 기쁨이나 슬픔이 아닌 고마움을 느낀다. 또 다른 경우, 우리는 지인이 자선 단체에 큰돈을 기부하면 단순히 기뻐만 하는 것이 아니라 그 행동에 대해 존경심을 느낀다. 그러니까 흄이 말한 공감에는 두 가지 측면만 있는 것이 아니라 아주 많은 측면이 포함되어 있다. 스미스는 도덕과 관련 있는 온갖 미세한 감정적 움직임을 포착해서 기술하는 면에서는 대가의 솜씨를 자랑했다.

스미스가 지적한 흄의 두 번째 오류를 살펴보자. 그가 볼 때 흄은 도덕적 감정들을 잘못된 목적, 즉 유익함의 목적 아래 두었다. 그러다 보니 사회에 유익한 것만이 미덕이 될 수 있었다. 유익함이란 공동체에 이익이 되는 것을 의미한다. 그렇다면 미덕은 당연히 다른 사람들에게도 칭찬받아야 한다. 하지만 실제는 그렇지 않다. 사람들은 행동의 동기에 더 큰 가치를 두지 단순히 그 결과만 즐기지 않는다. 우리는 누군가 선한 일을 하면 비록 그게 실패하더라도 감동한다. 게다가 유익함과는 상관없이 미덕 자체를 높이 산다. 우리는 결과가 좋다는 이유만으로 어떤 일이 좋다고 생각하지 않고, 누군가 〈올바르게〉 행동한 것을 더 높이 평가한다. 유익함과 올바름이란 결코 같은 것이 아니다.

이런 생각에 대해 흄은 아마 이렇게 반박할 것이다. 미덕은 우리가 그것을 원칙적으로 유익한 것이라 여기기 때문에 미덕이라고 말이다. 이 말은 미덕이 모든 상황에서 유익하지는 않다는 뜻이다. 스미스는 우리의 결정을 주도적으로 이끄는 수많은 삶의 상황과 내면의 나침반에 무척 관심이 많았다. 이와 관련해서 그가 도입한 멋진 새로운 개념이 있다. 오늘날에도 애덤 스미스하면 떠오르는 〈공정한 관찰자impartial spectator〉가 그것이다. 이 개념에 대한 기본 생각은 흄도 이미 갖고 있었다. 우리의 도덕성은 언제나 밖에서 볼 때만 인지될 수 있다고 생각했기 때문이다. 인간은 대체로 선하거나 악한 것에 대한 판단을 주관적으로 내릴 수밖에 없다.

스미스는 흄에서 한걸음 더 나아가 그 관찰자를 우리 안에 있는 일종의 심판 기구로 옮겨 놓는다. 인간의 의식은 보통 분열되어 있다. 즉, 인간은 끊임없이 자기 자신과 이야기한다. 좀 더 정확히 말하자면 중립적인 것 같은 우리 머릿속의 심판 기구가 우리의 충동과 욕구를 평가한다. 〈내가 꼭 (……) 두 인간으로 쪼개진 것 같다. 하나는 시험관이자 재판관의 역할을 하는 나이고, 다른 하나는 이런 나에게 검사와 판결을 받는 인물로서의 또 다른 나이다. 첫 번째 인물은 관객이다. 나는 관객이라는 아주 독특한 관점에서 내 행동이 어떻게 비치는지 생각해 봄으로써 내 행동을 관객의 감정으로 느껴 보려 한다. 두 번째 인물은 본래적 의미에서 〈자아〉라고 할 수 있는 행동하는 나이다. 관객 역할을 하는 첫 번째 나는 이 행동하는 나의 행동에 대해 의견을 낸다. 첫 번째 인물은 판결을 내리는 재판관이고, 두 번째 인물은 판결을 받는 피고인이다.〉[99]

따라서 나는 나 자신만으로 이루어진 것이 아니라 나 자신을 평가하기 위해 나 스스로 관찰자의 입장을 취하는 너도 그 안에 포함되어 있다. 스미스의 〈공정한 관찰자〉는 자아 철학 분야에서 영향력이 아주 막강한 존재 중 하나다. 미국 심리학의 창시자인 윌리엄 제임스(1842~1910)도 훗날 매우 비슷한 차원에서 인식하는 자기pure ego와 인식되는 자기empirical ego를 구분한다. 지크문트 프로이트 이론에서 이 관찰자는 초자아가 된다. 미국 철학자이자 심리학자인 조지 허버트 미드(1863~1931)는 일반화된 타자에 대해 말한다. 게다가 오늘날의 심리학에선 스미스의 공정한 관찰자는 우리의 자기 관심self-attention을, 관찰되는 나는 자아 개념self-concept을 가리킨다.

스미스가 볼 때 공정한 관찰자라는 심판 기구는 다음의 중요한 물음에 대해 답을 준다. 인간은 왜 상황마다 다른 공감으로 사회적 공통분모에 도달할 수 있을까? 그 공통분모의 본질이 유익함에만 있는 것이 아닌 경우에도 말이다. 답은 이렇다. 우리는 공정한 관찰자가 특정 상황에서 우리의 감정에 대해 생각하는 것을 정신 속에서 이미 신중하게 검토함으로써 그런 사회적 일치점에 도달할 수 있다는 것이다. 사회적 관습은 우리가 무언가를 말하거나 행동하기 아주 오래전부터 늘 우리 곁에 있어 왔다. 공정한 관찰자는 우리의 성향을 검열해서 교정하고, 우리가 생각하는 것이 반듯하고 올바른지 검사한다. 설령 우리가 가끔 잘못된 행동을 하는 것을 막지는 못한다고 해도 공정한 관찰자는 사회 공통의 도덕적 입장을 위한 공간을 만들어 준다. 이 입장이 바로 우리의 정신 속에서 모범적으로 나타나는 것이 다음의 규칙이다. 항상 네 자신이 대우받고 싶은 대로 남을 대하라!

이 〈황금률〉에 대한 스미스의 근거 제시는 퍽 독창적이다. 그는 더 이상 신의 게임 규칙을 들먹이지 않고 사람들에 대한 심리적 관찰로 시선을 돌린다. 그런데 그 모든 것은 유리한 사회적 조건 하에서만 가능하다. 흄도 이미 미덕의 유익함은 사회가 얼마나 균형을 이루고 있는지에 따라 상당히 편차가 크다고 말한 바 있다. 재화가 몹시 부족한 사회일 경우 모두를 위한 유익함은 재빨리 야만성 뒤로 밀려난다. 이와 관련해서 베르톨트 브레히트가 희곡 『서푼짜리 오페라*Dreigroschenoper*』에서 정곡을 찌른 표현이 있다. 〈먹고사는 문제가 먼저고, 도덕은 그다음이다!〉 흄이 볼 때는 재화가 너무 많이 남아돌 경우도 마찬가지다. 모든 것을 다 갖고 있어서 더는 필요한 게 없는 사람은 반사회적이 되기 쉽다. 타인이나 공동선에 신경 쓸 필요가 없기 때문이다. 스미스도 같은 맥락에서 공정한 관찰자를 걱정한다. 그의 전제는 분명하다. 타인들이 내게 전적으로 무관심하지는 않다는 것이다. 그렇지 않다면 내 속의 도덕적 심판 기구로서 공정한 관찰자는 존재할 수 없다. 이로써 스미스의 문명사에서는 다음 단계가 이미 정해져 있다. 우리의 숭고한 윤리적 감정이 적절하게 작동하려면 어떤 정치 경제적 조건이 전제되어야 할까?

도덕에서 경제로

18세기엔 영국 철학자들이 대부분 동의한 한 가지 사실이 있었다. 도덕 철학이 곧 사회학이라는 것이다. 퍽 주목할 만한 관점이다. 오늘날의 자유주의적 자본주의 사회는 그렇게 보지 않기 때문이다. 우리는 도덕이 아니라 법과 소송, 공공 기관을 믿는다(그 때문에 철학은 우리에게 별 의미가 없다). 그런 만큼 당시에 널리 퍼져 있던 다음의 사고는 더더욱 흥미롭게 느껴진다. 만일 사람들이 누구에게나 이해될 만한 사익을 추구하면 저절로 사회와의 일치 속에서 미덕이 발전하고, 이 미덕은 다시 좋은 국가와 경제 번영의 토대를 이룬다.

허치슨은 물론이고 흄도 17세기에 경제와 연관된 미덕 개념에 대해 신뢰를 보냈다. 이윤 추구를 포함해서 누구에게나 이해될 만한 사익에 유용한 것이 결국에는 모두에게 유익하다는 것이다. 도덕 감정, 미덕, 자본주의는 서로 불가분의 관계로 연결되어 있다. 자본주의 경제는 인간 존재의 사회적 화신에 다름 아니다. 물론 흄은 로크처럼 이미 자연 상태에서부터 사유 재산이 존재했다고는 생각하지 않지만, 사유 재산의 획득이 문명의 진보에 중요한 역할을 한 것은 인정한다. 자본주의 경제는 인간의 미덕을 꽃 피운다. 효율적인 노동, 진보에 대한 믿음, 풍요의 안락함 속에서 말이다.

흄에게는 모든 미덕이 〈사회적 미덕〉이다. 도덕에 좋은 것은 항상 사회에도 좋다. 흄은 살아가면서 점점 더 많은 인정을 받을수록 자신이 살아가는 사회를 좋게 보았다. 이것은 오늘날까지도 많은 사람들에게서 나타나는 현상이다. 성공한 사람은 대부분 잘 못사는 사람들보다 덜 비판적이다. 흄은 『인간 본성론』에선 도덕 감각이 정의 감각으로 이어질 수밖에 없다는 점을 부정하지만, 『인간 오성에 관한 탐구』에선 그 입장을 철회한다. 대신 많은 개인들의 도덕들이 사회를 번영케 하고 경제를 번창시킨다고 생각했다. 이런 점에서 흄 같은 자유주의적 무신론자도 글로스터의 대주교 조시아 터커(1713~1799) 같은 보수적 성직자와 아무런 마찰을 일으키지 않았다. 〈모든 개인의 자기애와 사익은 (……) 자기 자신을 돌보는 것과 동시에 공공의 이익을 촉진할 것이다.〉[100] 교회와 시민, 은행의 연합은 상당히 안정된 토대 위에 구축되어 있었다.

그렇다면 어떤 공익을 말하는 것일까? 흄은 18세기 중반에 영국 경제에 관한 책을 썼고, 터커도 『여행자들을 위한 지침 *Instructions for Travellers*』을 1758년에 출간했다. 당시 영국은 엄청난 경제적 비약을 경험하는 중이었다. 조지 2세 치하에서 스코틀랜드의 자코바이트 봉기는 진압되었고, 영국인들은 유럽에서의 패권을 계속 확대해 나갔다. 1761년 잉글랜드 인구는 670만 명이었다. 거기에 스코틀랜드인 100만 명이 추가되었다. 둘을 합친 인구는 오늘날의 8분의 1에 지나지 않지만, 당시에는 인구 과잉이 중요 문제였다. 큰 도시들과 달리 시골의 삶은 대부분 비참하기 그지없었다. 지주들의 이른바 울타리 치기로 인해 농민들은 이미 200년 전부터 공동 경작하던 땅을 잃어버렸다. 과거엔 마을 주민들이 곡물과 채소를 키워 먹고살았던 공유지에서는 이제 국제 양모 거래를 위해 양이나, 국내 육류 시장을 위해 소들이 풀을 뜯고 있었다.

흄은 이런 상황을 알고 있었고 『영국사』에서 자세히 적기도 했다. 그런데 16세기 소농들의 봉기에는 많은 공감을 표시했지만, 정작 자기 시대의 농민들이 겪고 있는 곤궁한 처지에는 입을 닫았다. 울타리 치기*의 결과는 오늘날 개발 도상국에서 흔히 볼 수 있는 상황과 비슷했다. 생산성이 높아지면서 대지주는 점점 부유해지는 데 반해 농민들은 점점 가난한 날품팔이로 전락하고 말았다. 도덕적 자유주의는 18세기 후반의 이런 발전 양상을 가속화했다. 허치슨과 흄, 스미스의 고향인 스코틀랜드에서는 목양 산업을 위해 소농들이 고원 지대에서 쫓겨났다. 온 마을이 아메리카의 식민지로 강제 이주되거나, 아니면 마을 주민들은 뿔뿔이 흩어질 수밖에 없었다. 앞서 살펴본 냉철한 경제학자 윌리엄 페티의 그림자가 짙게 드리워진 모습이었다.

토지와 땅에 대한 모두의 권리를 주장한 로크의 숭고한 이론은 이런 상황과는 한참 동떨어져 있었다. 이러한 〈내부 식민지

* 인클로저Enclosure. 15세기 중엽 이후 주로 영국에서 지주 계급이 미개간지와 공유지 같은 땅에 담이나 울타리를 쳐서 사유화한 것을 말한다.

화〉는 모두에게 유익하지 않았다. 1700년 이후 빈민 구제법은 점점 더 강화되었다. 런던에서는 상인들이 스스로 로마 제국의 후손이라 여기며 세인트 폴 성당에서부터 증권 거래소를 거쳐 영국 은행에 이르기까지 곳곳에 고전주의풍의 웅장한 건물을 세우는 동안 날품팔이와 매뉴팩처 노동자들은 정말 근근이 목구멍에 풀칠만 하고 살았다. 영국인 열 명 중 여덟이 경제적 번영에서 소외되었고, 자본주의 윤리에 따라 아무리 열심히 일해도 이러한 곤궁에서 벗어날 길은 보이지 않았다.

학자들도 이런 상황을 모르진 않았다. 에든버러의 성직자 로버트 월리스(1697~1771)는 『인류와 자연, 섭리에 관한 여러 구상*Various Prospects of Mankind, Nature and Providence*』에서 인류의 진보를 무척 암울하게 진단했다. 그에 따르면, 영국뿐 아니라 다른 나라들의 도덕적 상태는 상당히 나빴다. 의학 분야의 발전 상황도 마찬가지였다. 이런 일이 벌어진 것은 특권층이 공동선에 신경을 쓰는 대신 사리사욕만 챙기려고 해서 그런 건 아닐까? 월리스의 설명은 이렇다. 원칙적으로 보면, 〈자연 상태〉와 같은 공산주의를 도입하는 것만이 논리적인 해결책이다. 현재의 경제 형태는 진보를 가져온 것이 아니라 빈곤과 〈과잉 노동〉, 무지, 비도덕적 행동을 촉진했다. 권력을 가진 자들은 당연히 이런 공정한 공산주의에 반대할 것이고, 그러면 그것을 도입하기란 어렵다. 하지만 공산주의를 도입하기 정말 어려운 이유는 그것이 아니다. 문제는 영국에서 인구가 너무 빨리 증가하고 있다는 것이다. 이렇게 인구가 늘다가는 공산주의도 지속적으로 모든 사람을 배불리 먹일 수 없다. 결국 인구 과잉으로 만인에 대한 만인의 전쟁이 일어날 수밖에 없다는 것이다. 훗날 영국의 성직자이자 경제학자 토머스 로버트 맬서스(1766~1834)는 이 생각에 영향을 받아 인구 과잉이 안고 있는 심각한 위험성을 경고한다.

월리스는 각양각색의 에든버러 학계에서 무명이 아니었다. 친구들은 그를 〈철학자〉라고 불렀고, 월리스는 흄이 대학에 자리를 구할 때 그를 지지한 몇 안 되는 사람에 속했다. 그런데 1761년의 학계에서 공산주의를 예찬한 사람은 아직 그 혼자뿐이었다. 그러다 1775년이 되어서야 영국 작가 토머스 스펜스(1750~1814)가 그 뒤를 이어 모든 땅과 토지의 국유화 및 남녀 평등을 요구했다.

월리스와 흄은 서로 잘 아는 사이였고, 서로를 높이 평가했다. 두 사람은 노예제를 비난했고, 인구 과잉 문제에 대해 열띤 토론을 벌였다. 영국 사회는 높은 출생률 때문에 장차 파국을 맞을 수밖에 없을까? 인구 과잉 문제와 관련해서는 오늘날까지도 의견이 갈린다. 21세기에도 이 문제를 인류의 가장 큰 문제로 여기는 사람이 적지 않다. 그것도 단순히 영국의 문제가 아니라 전 세계적인 문제로 말이다. 경제 발전이 인구 증가 속도를 따라잡을 수 있을까? 오늘날 인구 과잉은 정치 토론에서 18세기와 비슷한 역할을 한다. 이 문제를 인류 최대 악으로 여기는 사람은 모든 도덕적 낙관론자들을 냉소적으로 쏘아 대는, 끝을 알 수 없는 비관주의로 가득 차 있다.

그에 비하면 18세기에는 비관론자보다 낙관론자가 훨씬 많았다. 그중 가장 유명한 사람이 어쨌든 첫눈에 보기엔 애덤 스미스였다. 우리 안의 도덕적 심판 기구로서 공정한 관찰자에 대한 그의 확신부터 벌써 친근하게 다가온다. 이 철학자의 호감 가는 성격만큼이나 말이다. 스미스는 낙관적 입장과 관련해서 기본적으로 허치슨과 흄의 자취를 따라가지만 그 생각에 고대 스토아학파의 윤리학을 추가한다. 스토아학파와 마찬가지로 그도 사람들에게 미덕 문제에서 스스로를 완벽하게 만들라고 요구한다. 인간은 태어날 때부터 완벽함을 추구하도록 정해져 있다는 것이다.

무척 강한 낙관론이다. 고대 스토아학파는 그의 이런 생각에 결코 동의하지 않겠지만, 어쨌든 부단한 진보와 완벽화의 과정을 믿는 건 시대정신에 부합했다. 신의 섭리를 가정하건 가정하지 않건, 인간의 성실함과 유능함에 대해서는 신의 보상이 따를 거라는 프로테스탄트적 희망은 도덕 철학과 정치 철학, 경제 철학 할 것 없이 곳곳을 휩쓸었다. 고대 스토아학파가 들었다면 경악할 만한 생각이다. 그 어떤 그리스 자유민도 〈노동〉을 통해 완벽해질 수는 없기 때문이다.

젊은 시절의 흄은 오성이 우리의 내적 살림살이를 조정하는 주체라는 사실에 회의를 표하면서 그게 〈우리 감정의 노예〉일 거라고 생각했다. 반면에 스미스는 자제의 숭고한 능력을 칭찬했다. 내가 나 자신을 점점 더 자유롭게 통제할수록, 그리고 점점 더 자기 규정적이고 독립적으로 스스로를 만들어 나갈수록 미덕에는 더 많은 공간이 생겨난다. 그런데 이 말과 함께 영국 주민의 80퍼센트에게는 미덕을 발전시킬 기본 조건을 박탈했다는 사실은 그의 머릿속에 떠오르지 않았던 모양이다. 그가 〈사람〉이라고 말할 때는 자신의 책을 읽을 수 있는 사람만 가리킨다. 나 자신을 도덕적 완전체로 만들려면 경제적으로 〈자유로워야〉 하기 때문이다. 또한 나는 경제적으로 완전한 존재가 되려면 도덕적이어야 한다. 미덕과 유능함, 성공으로 이어지는 이 순조로운 과정에 대한 반박은 아주 명백하고, 오늘날까지도 통용된다. 즉, 자유롭지 못한 농촌 일꾼이나 매뉴팩처 노동자들은 무엇을 토대로 자신들의 노동 윤리를 세워야 하고, 무엇으로 그 윤리를 키워 나갈 수 있을까? 반대로, 성공한 기업가라면 정말 누구나 할 것 없이 미덕의 열매를 수확할 수 있을까?

스미스의 『도덕 감정론』은 전 유럽에서 큰 성공을 거두었다. 하지만 그의 도덕적 낙관론은 계속 이상한 형태로 남았다. 스미스 본인도 자신의 도덕 이론에 위험 요소가 숨어 있다는 것은 알고 있었다. 그래서 17년 뒤 삶의 경륜이 좀 더 쌓인 상태에서 인생 대표작을 쓸 때는 이 문제를 바라보는 시각이 좀 바뀌었다. 이제는 모든 인간이 공감에 좌우되고 미덕을 추구한다는 전제에서 사회적 선을 도출하지 않았다. 게다가 미덕도 자동으로 노동 속에서 실현된다고 보지 않았다. 오히려 노동은, 그것도 무수히 확대되고 분할된 〈노동〉은 이제 스스로 알아서 크나큰 선을 만들어 낸다. 모든 노동이 도덕적인지에 대해서는 의견이 다를 수 있으나, 한 사회에서 노동의 합이 그 사회의 미덕이라는 점에 대해서는 이견이 있을 수 없다.

자연적 자유를 통한 부의 생성

오늘날 서양에서 가장 영향력이 큰 저술 중 하나로 꼽히는 이 책에 대한 구상은 스미스가 프랑스 파리와 툴루즈 여행하면서 무르익어 갔다. 보통 『국부론』이라고 불리는 『국가적 부의 성격과 요인에 관한 고찰*An Inquiry into the Nature and Causes of the Wealth of Nations*』가 그것이다. 이 책이 1776년 영국에서 출간되었을 때 유럽은 인류 역사상 가장 중요한 또 한 권의 책을 갖게 되었다. 뉴턴의 『자연 철학의 수학적 원리』, 칸트의 비판서 3권, 다윈의 『종의 기원』, 마르크스의 『자본론』과 더불어 시대를 뛰어넘는 최고의 책이었다.

13년 전 스미스는 글래스고 대학 교수직을 그만두었다. 윌리엄 피트(1708~1778)와 함께 영국 정부의 실세였던 찰스 타운센드(1725~1767)가 스미스에게, 자신의 의붓아들을 데리고 유럽 대륙으로 교양 여행을 떠나 줄 것을 부탁한 것이다. 정치와 철학 사이의 간극이 아직 그리 크지 않을 때였다. 게다가 그 일에 대한 보수도 무척 좋았다. 이렇게 해서 스미스는 여행 첫해에 정치인의 아들을 데리고 툴루즈로 갔다. 막 마흔 살이 된 스미스는 사실 여행 동반자로서는 좋은 선택이 아니었다. 내성적인 성격 탓에 프랑스어를 배우는 데 어려움을 겪었고, 현지 살롱에서도 별로 환대를 받지 못했다. 그럴수록 그는 저술 작업으로 도피해서 경제에 관한 방대한 책을 쓰기 시작했다. 세 번째 저술에 해당할 책에서는 마지막으로 국가를 다룰 생각이었다. 스미스는 자연적 진화의 철학을 꿈꾸었다. 흄과는 달리 로크의 계약론을 단호하게 거부했다. 대신 인간의 본성이 노동 사회에서 어떻게 실현되고, 그에 맞는 국가가 어떻게 논리적으로 탄생하는지 보여 주고 싶었다. 그가 가진 기본적인 생각은 유기적 발전, 즉 인간의 본성 속에 미리 새겨진 하나의 프로그램이었다. 계약론은 동의에 기초한다. 하지만 자연사적 발전 모델은 그렇지 않다. 인간 본성과 문명의 자연적 진화에는 동의가 필요 없다. 그것들은 동의 없이도 스스로 발전해 나간다.

방대한 규모의 이 저서는 빠른 속도로 진척되었다. 글을 쓸 시간이 많았기 때문이다. 스미스가 제네바에서 볼테르를 만났던 일로 달라진 것은 없었다. 그저 성향이 너무 다른 두 사람은 서로를 높이 평가했을 뿐이다. 파리에서는 그곳 대사관에서 근무하던 친구 흄을 다시 만났다. 그런데 내성적인 스미스를 파리 사교계로 끌어들이려는 흄의 시도는 그리 성공을 거두지 못했다. 어쨌든 미래의 이 국가 경제학자는 프랑스의 대표적 경제학자인 프랑수아 케네와 안로베르자크 튀르고를 만났다. 그 뒤 이 그랜드 투어는 1776년에 갑자기 끝을 맺고 말았다. 함께 여행하던 피후견인의 남동생이 중병에 걸렸기 때문이다. 새로운 저서의 골격은 이미 완성된 상태였다. 그러나 그 뒤로도 10년 동안이나 생각을 갈고 다듬지 않았다면 스미스가 아니었을 것이다. 부의 기원을 설명한 이 책은 100년 뒤에 나올 다윈의 『종의 기원*On the Origin of Species*』에 버금갈 만큼 긴 발전사를 갖고 있었다. 스미스는 고향 커콜디에서 책에 파묻혀 지내면 국가 경제의 근간이 될 이 책에 매진했다.

로크를 비롯해 많은 동시대인들처럼 스미스도 인간을 타고난 상인이라고 생각했다. 1601년에 존 횔러가 사용한 표현을 빌리자면 호모 메르카토리우스Homo mercatorius, 즉 상업 인간이다. 그렇다면 전 사회는 스미스가 새 책에서 명명한 것처럼 상업하는 사람들의 조직, 즉 상업 사회였다. 이런 사회의 가치 증대는 〈생산적 노동〉, 그러니까 원료의 처리와 가공을 통해 이루어진다. 반면에 농업의 생산성은 떨어지고, 서비스업은 가치 증대에 전혀 기여하지 못한다. 오직 제조업의 노동만 새로운 가치를 창출한다. 로크와 같은 사상가에게 노동은 누군가가 사유 재산을 획득할 수 있는 수단이다. 반면에 스미스에게 노동은 훨씬 더 많은 뜻을 내포한다. 모든 생산성의 토대로서 모든 부의 토대를 이룬다는 것이다.

로크와 마찬가지로 스미스에게도 사유 재산은 불가침의 권리였다. 그러나 토머스 스펜스와 스코틀랜드의 보편학자 윌리엄 오길비(1736~1819)가 그런 것처럼 누구에게나 동일한 면적의 땅을 요구할 권리가 있다는 주장은 스미스에게는 낯설었다. 스미스의 『국부론』이 나오고 5년 뒤 오길비는 『토지 소유권에 대한 논고*Essay on the Right of Property in Land*』에서 모든 인간에겐 어머니 젖에 대한 젖먹이의 몫처럼 어머니 자연에 대해 똑같은 권리가 있다고 단언했다. 그러나 스미스는 기존의 소유 질서를 뒤흔들고 싶지 않았다. 소유 관계를 문제 삼는 것은 사회 질서를 위협하는 것이나 다름없었다. 그는 귀족의 특권적 소유를 〈비생산적〉이라고 격하게 비난하면서도 시민 사회의 소유 질서는 정당한 것으로 보았다. 시민 사회의 소유 질서는 생산적일 뿐 아니라 결과적으로 모두에게 이익이 된다는 점에서 사회의 진보를 촉진하기 때문이다.

사유 재산에 대한 스미스의 논거는 그의 철학에서 가장 취약한 부분이다. 귀족과 관련해서는 그는 왜 그런 특권이 있어야 하는지 납득하지 못한다. 출신에 따라 특권이 주어지는 건 능력 사회의 이념과 이성적 논리에 모순된다. 하지만 귀족과 마찬가지로 본인은 아무것도 하지 않았음에도 단지 부유한 상인의 아들로 태어났다는 이유만으로 특권을 누리는 것에 대해선 스미스도 사회적 빈부를 자연스러운 질서의 일부로 이해하고 넘어간다. 그로써 지혜와 미덕은 기존의 질서 뒤로 물러난다. 스미스가 말하고자 하는 바는 이렇다. 경제 질서와 사회 질서가 원칙적으로 올바를 경우 도덕은 그에 종속되어야 한다. 이유는 분명하다. 전체 사회가 바람직한 체제이기 때문이다. 반면에 귀족 정치처럼 전체가 나쁘면 도덕적 이성이 등장해서 공동선의 이름으로 특권의 종식을 요구한다. 다시 말해서, 좋은 사회 체제에서는 불평등도 좋고 정당화되지만, 나쁜 사회 시스템에서는 그렇지 않다.

이 견해와 함께 스미스는 도덕을 『도덕 감정론』에서처럼 더는 개인의 관점으로 바라보지 않고 거대한 전체의 관점에서 바라본다. 전체 체제의 성공은 전적으로 이 거대한 전체가 모두에게 정말 좋으냐에 달려 있다. 17세기의 상인과 철학자들은 일만 열면 개인의 사익이 결국엔 모두에게 유익하다고 주장했다. 하지만 이를 누구도 반박할 수 없을 정도로 명확하게 증명한 사람은 없었다. 스미스는 바로 그것을 하고 싶었다. 그것도 막 꼴을 갖추어 가던 자본주의 체제를 조감해 가면서.

이런 관점의 변화로 인해 스미스는 여러 가지를 『도덕 감정론』과는 다르게 보았다. 우선 『도덕 감정론』에서는 사회가 공감과 미덕 위에 구축되어 있다고 생각했다. 하지만 전체적 관점에서 조감해 보니, 못돼먹은 대기업가가 착해빠진 성직자보다 영국을 위해서는 훨씬 더 많은 일을 하는 것을 확인할 수 있었다. 그렇다면 국가의 부와 관련해서는 시민들이 얼마나 도덕적인지는 그렇게 중요한 것이 아니지 않을까? 스미스의 회의는 새로운 것이 아니었다. 그는 당연히 앞서 이 책에서 로크와 관련해서 언급한 바 있는 네덜란드인 버나드 맨더빌의 도발적인 견해를 알고 있었다. 18세기 초에 이미 맨더빌은 당시 세상을 떠들썩하게 했던 『꿀벌의 우화, 또는 개인의 악덕, 공공의 이익*The Fable of The Bees: or, Private Vices Public Benefits*』에서 바로 그 점을 주장했다. 결국 원활한 경제 순환을 가능하게 하는 것은 미덕이 아니라 악덕임을.

스미스는 처음엔 스승 허치슨과 마찬가지로 맨더빌의 주장에 반대했다. 그런데 나이가 들수록 맨더빌의 주장이 점점 설득력 있게 다가왔다. 미덕은 사회적 결속을 위해서는 중요하지만, 경제적인 관점에서만 보면 그것으로는 할 수 있는 것이 아무것도 없었다. 사회를 진일보시키는 것은 복지가 아니라 투자다. 투자가 있기에 국가는 모두를 위해 도로와 하수도망, 학교, 대학을 설립할 수 있다. 그러니까 이기심에서 비롯된 사적 이익이 결국엔 공익에 도움이 된 것이다. 〈우리가 밥을 먹고 술을 마실 수 있는 건 도축업자와 양조업자, 제빵사의 선의 덕분이 아니라 그들의 이기심 덕분이다. 우리는 그들의 인간성이 아니라 그들의 이기심을 믿어야 하고, 그들에게 우리의 욕구가 아닌 그들의 이익에 대해 말해야 한다.〉[101]

스미스는 17세기와 그 이전 시대를 되돌아보면서 이러한 형태의 경제 활동으로 인해 많은 사람들의 소득이 높아졌다고 말한다. 그렇다면 장기적으로 봐서 모두에게 그런 일이 생기지 않을 이유가 있을까? 〈자연스러운〉 경제적 자유를 보장하면 새로운 시장을 개척하고, 수입보다 수출을 많이 하고, 종업원들에게 점점 더 나은 임금을 지불할 수 있는 기업인들이 자연스럽게 생겨날 것이다.

보이지 않는 손

스미스가 자유로운 시장에 관한 글을 쓸 무렵 유럽에 그런 시장은 존재하지 않았다. 영국에도 보호 무역주의와 자유 무역이 혼합된 형태밖에 없었고, 거기다 몰락해 가는 귀족과 힘차게 부상하는 시민 계급 사이에서 지속적인 갈등만이 만연했다. 부의 주원천은 무역이었다. 오늘날의 의미에서의 생산은 아직 아니었다. 스미스가 살았던 시대의 경제는 대규모 콘체른의 형태가 아닌 매뉴팩처의 세계였다. 사람들은 대부분 농업에 종사하고 있었고, 사업가로서 새로운 분야에 투자하는 사람은 의심의 눈길을 받을 때가 많았다. 지방 귀족은 시민 계급의 기업가 정신이 자신들의 패권을 무너뜨리지 않을까 촉각을 곤두세웠다. 이러한 균열은 휘그당, 즉 원래는 지방 귀족을 대변했지만 이제는 막 싹을 틔운 산업 생산자들을 점점 더 대변하는 쪽으로 나아가는 정치 조직을 관통했다.

스미스는 새로운 기업가 정신을 옹호하려면 그간 비난의 도마에 자주 올랐던 사업가들의 이기심이 유익하다는 것을 보여 주어야 했다. 게다가 수많은 신상품의 적정 가격에 대해 설명해야 했고, 〈시민적〉 경제 활동이 필히 성장으로 이어진다는 점을 제시해야 했으며, 아울러 그것이 모두의 안녕에 좋다는 것을 증명해야 했다.

스미스는 일을 적절하게 나누는 것이 얼마나 유익한지 최초로 깊이 생각한 사상가였다. 분업에는 두 가지 효과가 있다. 한편으론 온종일 한 가지 상품만 생산하는 사람은 자신에게 필요한 것 이상으로 초과 생산할 수 있고, 그로써 교환할 물건이 생긴다. 다른 한편으론 한 가지 상품만 생산하는 사람에게는 당연히 다른 물건들이 부족할 수밖에 없는데, 그는 그런 상황을 자신의 잉여 상품을 남들과 교환함으로써 해결한다. 스미스에 따르면, 인간은 그런 식으로 타고난 상인 본성을 활발하게 펼쳐 나가고, 그로써 경제적 활력을 상승시킨다. 그게 아니더라도 분업에 따른 전문화된 노동은 훨씬 더 효율적이어서 그로 인해 특수 산업 부문이 생겨나고, 그 역시 경제 활력을 이끈다. 오늘날까지 스미스 하면 떠오르는 유명한 예가 바로 핀 생산이다. 그가 프랑스 백과사전에서 찾아낸 예이다. 핀 만드는 매뉴팩처 공장에서는 노동자 열 명이 하루에 핀을 4만 8천 개 생산한다. 만일 보통 사람이 가내 수공업으로 그만큼 생산하려면 얼마나 걸릴까? 어쩌면 하루에 하나도 만들지 못할지 모른다. 〈여러 기술 분야에서 분업을 통한 이런 생산 증대로 말미암아 잘 체계화된 사회에서는 최하 계층에까지 미치는 보편적인 부가 생성된다.〉[102]

그러나 스미스는 19세기의 〈맨체스터 자본주의〉 시스템에서 동일한 생산 방식이 대량 빈곤을 초래하리라는 것을 예감하지 못했다. 〈대다수 사회 구성원의 삶이 가난하고 비참하지〉 않을 때 그 사회가 〈번창하고 행복할 수 있다〉[103]는 것은 그에겐 당연한 믿음이었다. 그래서 노동자들에게 적정한 임금이 주어져야 한다고 생각했고, 분업화된 매뉴팩처에서 일하는 노동자들이 작업 과정에 무감각하게 길들여지는 것을 몹시 안타깝게 생각했다. 그는 거기서 일하는 사람들이 얼마나 육체적으로 괴로움을 겪고 정신적으로 피폐해지고, 또 신체 일부가 잘려 나가는 일이 많은지 잘 알고 있었다. 〈내가 자주 들은 이야기에 따르면, 스코틀랜드 고지대에서는 한 가정의 엄마가 자식을 스물 명 낳고도 그중 두 명을 지키기 못하는 것은 이례적인 일이 아니라고 한다. 또 군 경험이 많은 장교 몇 명한테 들은 이야기에 따르면, 이 상태로는 연대 신병을 채우는 건 말할 것도 없고, 군인 자식들을 다 합쳐도 군의 고수나 나팔수조차 채울 수 없을 거라고 한다.〉[104] 그러나 빈곤과 유아 사망에 대한 스미스의 처방은 기껏해야 박애주의에 그친다. 단순한 노동자들을 교육시키고, 그로써 그들의 삶을 의미 있는 생각으로 가득 채우게 하는 것이 얼마나 중요한지 거듭 강조한다. 하지만 짧고 버거운 인생 동안 핀만 만들다 가는 사람에게 교육이니 생각이니 하는 것들이 무슨 소용이 있을까? 게다가 교육 받은 노동자 자식들이 더 이상 매뉴팩처 공장에서 일을 하지 않는다면 부를 늘리는 노동은 누가 해야 한다는 말인가?

스미스는 노동자 단체나 노동조합, 노동자의 경영 참여 같은 것들에 대해 한 번도 생각해 본 적이 없는 사람이었다. 그래서 대량 빈곤의 숙명적인 발전 과정에 반대 목소리를 낸 것은 훗날의 노동 운동에서나 가능했다. 스미스는 잘못된 발전 과정을 수정할 수 있는 그런 수단을 전혀 알지 못했다. 게다가 원래 노동자 집회도 비판적으로 보는 사람이었다. 그에게 중요한 것은 오직 시장밖에 없었다. 시장이 노동과 임금을 비롯해 만사를 적절하게 조절해 준다는 것이다. 이와 관련해서 스미스의 표현 중에 시장의 〈보이지 않는 손〉만큼 자주 인용되는 문구는 없다. 이 문구는 독창적인 것이 아니라 18세기에 널리 쓰이던 말이었다. 스미스는 이 표현을 모든 저서를 통틀어 딱 세 번 사용했을 뿐인데, 그중 한 번이 『국부론』이었다. 그런데 그게 사용된 맥락을 보면 좀 당혹스럽다. 영국이 값싼 수입품으로부터 시장을 보호하려면 특정 상품에 대해 무역 제한 조치를 내려야 한다는 문제가 중점적으로 다루어지는 대목이었기 때문이다.

애덤 스미스를 진정한 자유 무역이 아직 요원하던 시절에 자유 무역의 초기 옹호자로 여기는 것은 지극히 타당하다. 〈한 나라가 특정 상품의 생산에서 다른 나라들보다 앞설 경우 가지게 되는 자연스러운 이점은 가끔 온 세상이 인정하듯 그와 맞서 싸우는 것이 무의미할 정도로 크다. 스코틀랜드에서는 온실과 온상, 재배 틀을 이용해서 매우 좋은 포도가 자라고 그를 통해 꽤 괜찮은 와인을 생산할 수 있다. 다만 문제는 가격이다. 이러한 와인은 스코틀랜드보다 훨씬 좋은 자연 환경 조건의 외국에서 수입한, 최소한 비슷한 품질의 와인보다 서른 배 가까이 비싼 것이다. 그렇다면 스코틀랜드의 와인 생산을 촉진하려고 외국 와인의 수입을 금지하는 것이 합리적일까?〉[105] 물론 이런 스미스도 자유 무역으로 인해 영국의 특정 경제 분야가 상당한 피해를 입을 경우 그런 조처를 내릴 수 있는 권리를 예외적으로 인정한다. 그런데 하필 이런 맥락에서 〈보이지 않는 손〉이 언급된다. 영국에서 자신의 내수 시장이 보호받길 바라는 상인은 사적인 이익에 따라 행동한 것이다. 무역의 제한으로만 자신의 생산성을 높일 수 있기 때문이다. 하지만 결국 이 사적인 이익은 모든 영국인들에게 유익하다. 왜냐하면 상인은 〈이 경우를 비롯해 다른 많은 경우에서도 보이지 않은 손에 의해 움직일 것이고, 그러다 보면 본인이 결코 의도한 적이 없는 목적을 촉진할 수밖에 없기〉[106] 때문이다. 여기서 그 목적은 모든 영국인들의 안녕이다.

인간의 사회적 행동에서 〈보이지 않는 손〉과 같은 무언가가 존재한다는 것은 사회 심리학자들도 부인하지 않는다. 그에 대한 좋은 예가 독일 행동 생물학자 옌스 크라우제(1965~)의 실험이다. 그는 수백 명의 사람들에게 박람회장 안으로 줄줄이 들어가 다른 사람들과 팔 길이 정도의 간격을 유지할 것을 부탁했다. 그러자 짧은 시간 안에 두 개의 원이 생겨났다. 오른편으로 도는 바깥쪽 원과 왼편으로 도는 안쪽 원이었다. 다른 그룹의 실험에서도 반복해서 똑같은 형태의 두 개의 원이 만들어졌다. 이러한 자동적인 움직임을 적절하게 설명하려면 인간의 군집 행동에 대해 말할 수밖에 없다. 즉 인간은 〈보이지 않는 손〉에 따라 움직인다는 것이다.

하지만 스미스의 〈보이지 않는 손〉은 사회 심리학이 아니라 신학에서 비롯되었다. 〈공정한 관찰자〉가 우리를 바라보는 신의 시선과 다르지 않듯이 〈보이지 않는 손〉도 신의 섭리라는 것이다. 허치슨과 마찬가지로(흄도 부분적으로는 마찬가지다) 스미스 역시 신학적 사유 자산을 신 없이도 잘 돌아가는 자신의 도덕 체계 속에 들여놓았다. 하지만 군집 행동에 통용되는 것이 순환 경제 속의 모든 생산자 군집에도 통용될까?

오늘날의 경제학적 인식에 따르면, 시장이 웬만큼 자유롭게 돌아가려면 매우 이상적인 조건이 있어야 한다. 또한 국가 정책을 통한 끊임없는 감시와 수정이 필요하다. 스미스 본인도 이미 자신이 살던 시대에 자유 시장의 잘못된 발달 과정을 인상적으로 목격했다. 그가 볼 때 하나의 생산물에는 두 가지 가격이 존재한다. 상품의 생산과 유통에 들어가는 자연적인 가격과 누군가 그 상품에 대해 지불할 의사가 있는 시장 가격이 그것이다. 대부분의 경우 수요와 공급은 조만간 자연적인 가격에 가까워진다. 여기서도 모든 것이 균형을 이루기 때문이다. 그러나 스미스는 어떤 사업가도 이 균형에 실제로 관심이 있다고는 생각하지 않았다. 그래서 사업가들은 서로 담합해서 자유 시장을 조작하기 시작한다. 〈같은 사업을 하는 사람들 치고 대중을 상대로 무언가 공모를 하거나 가격 인상 계획을 세우지 않은 채 그냥 웃고 즐기자

고 만나는 일은 거의 없다.〉[107]

스미스는 자신의 주장이 가진 약점을 잘 알고 있었다. 어떤 사업가도 자유 시장 체제를 좋아하지 않는다. 기껏해야 자유 시장 안에서 자신이 강력한 위치만 차지하는 것을 좋아할 뿐이다. 바로 이런 이유에서 철학자 스미스는 크리켓 경기와 같은 〈페어플레이〉를 호소한다. 그러나 그것은 호소에 그칠 뿐이다. 그는 카르텔 법과 같은 규제로 이 문제를 풀려고 하지 않는다. 그가 생각한 경제의 이상적 상태는 관념적 모델에 머문다. 그에게는 잘못된 발전을 조절할 수단이 없다. 또한 그는 강력한 변화의 동력도 알지 못한다.

스미스가 주식회사를 반대한 건 그가 당시 영국 동인도 회사의 폐해를 목도한 것을 감안하면 이해가 된다. 이 회사는 영국 시장에서 독점 기업이었고, 어느 면으로 보나 미덕이라고는 전혀 없어 보이는 파렴치한 장사치들에 의해 운영되고 있었다. 스미스는 이 회사 이사회가 남들의 돈을 관리하고, 그런 만큼 돈을 무책임하게 다루는 것이 못마땅했다. 〈그렇다면 회사의 관리 부서에서는 항상 소홀함과 낭비가 전반적으로 만연할 게 분명하다.〉[108] 반면에 주주들은 이런 사실을 거의 간파하지 못한다. 〈대부분의 주주는 회사 사업을 이해하려고 수고스럽게 나서지 않기 때문이다. 그래서 그 사람들 사이에 반골 같은 정신이 팽배하지 않는다면 대부분의 주주는 회사 사업에 상관하지 않고, 그저 이사회가 반기나 연도별로 적절하다고 책정한 배당금을 받는 것으로 만족한다.〉[109] 이로써 스미스는 그때나 지금이나 똑같이 해당되는 항구적인 문제를 언급했다. 하지만 그가 비판한 바로 그 회사 모델이 온갖 비난에도 불구하고 결국 미래의 주인이 되리라는 것은 알지 못했다.

자신의 이상적 모델에 맞지 않는 것은 없어야 한다는 것이 스미스 모델의 단점이었다. 그는 자신이 살아 있을 때 시작된 산업 혁명을 무역에 비해 과소평가했다. 유동적인 인구수는 자신이 그리는 그림에 맞지 않았고, 노동자들의 이주도 그 그림의 주변부에서만 등장할 뿐이다. 서비스업의 미래도 기술 혁신을 통한 사회 변화와 마찬가지로 과소평가되었다. 스미스는 최종 상태의 경제를 묘사했다. 그 과정에서 변화는 배제된 것처럼 보인다. 조시아 터커는 지주와 금융 경제 사이에서 점점 격화되는 갈등을 지적했지만, 스미스는 투기자들에 대한 못마땅한 생각에도 불구하고 그로 인한 심각한 문제점을 인식하지 못했다.

『국부론』 출간 이후 14년의 여생 동안 스미스는 커콜디에서 만족스럽게 살았다. 전 유럽에서 주목받은 두 권의 베스트셀러 저자로서 국제적인 명성도 누렸다. 하지만 그 명성에 안주했을 뿐 그를 바탕으로 더 멀리 나가지는 못했다. 챙 넓은 모자를 쓴, 좀 산만해 보이고 세상 물정 모르는 이 교수에 대한 이야기는 무척 많다. 그의 세 번째 저술에 해당하는 국가에 관한 책은 충분한 연구에도 불구하고 완성되지 못했다. 미완성 원고는 그의 바람에 따라 소각되었다. 스미스가 국가에 적절한 기본 골격과 기반 시설, 교육 제도를 구축할 임무를 맡겼고, 예나 지금이나 국방을 위해 국가가 필요하다고 주장한 것은 그의 다른 저술들에서도 거론되었다. 그러나 노동 사회와 교육을 서로 어떻게 연결시키려고 했는지는 불분명하다. 스미스는 1790년 67세의 일기로 세상을 떠났다. 재산은 죽기 전에 이미 다 나누어 주었는데, 상당 부분이 궁핍한 사람들의 몫으로 돌아갔다.

스미스의 가장 큰 유산은 〈공감〉과 사익, 공동선을 하나의 거대한 체계 속에서 묶으려 했다는 것이다. 그것도 당시까지는 가장 웅장한 규모로 말이다. 바로 이 시도에서부터 근대적 전통, 그러니까 상당히 영국적인 색채가 묻어나는 근대적 전통이 전 세계로 개선 행진을 시작했다. 개인과 사회를 무엇보다 경제적 관점으로 파악하는 전통이었다. 그런데 이 문제를 치열하게 파고든 첫 번째 국가가 하필이면 영국의 가장 큰 정치적 적이자 경쟁자인 프랑스였으니…….

무너져 내리는 옛 건물들

〈세계사적인 사건〉 / 왕, 궁정 철학자, 그리고 불행한 행복 연구가 / 인간: 원숭이와 기계? / 감각의 문법 / 종들의 가변성 / 자연주의적 도덕

〈세계사적인 사건〉

1755년 어느 늦가을 온화한 아침이었다. 독일 렌츠부르크 중앙 교회의 샹들리에 세 개가 한 시간가량 이리저리 흔들렸다. 사제는 뭐라 해석하기 어려운 이 징후에 깜짝 놀라 설교를 멈추고, 신도들도 겁에 질려 교회 밖으로 도망쳤다. 이런 상황은 플렌스부르크, 룬덴, 글뤽슈타트, 빌스터, 켈링후젠, 멜도르프, 엘름스호른에서도 다르지 않았다. 후줌과 쇼빌, 이체호, 뤼베크에서는 썰물 때인데도 바닷물이 계속 쐬쏴 소리를 내며 밀려들면서 수위가 위협적으로 높아졌다. 마르크 브란덴부르크와 노르웨이, 스웨덴에서는 이마누엘 칸트의 표현을 빌리자면 호수들이 〈물결치듯 거세게 요동쳤다〉. 선착장에 계류되어 있던 선박들은 떨어져 나갔다. 그건 네덜란드에서도 다르지 않았다. 심지어 스코틀랜드와 스위스에서는 깊은 내륙에 있는 호수들까지 수위가 높아졌다. 룩셈부르크에서는 병영이 무너져 내려 병사들이 벽돌에 깔려 죽었고, 세비야에서는 대성당 탑이 삐걱삐걱 흔들렸으며, 베네치아에서는 두칼레 궁전의 납 지붕이 파르르 떨렸다.

그런데 이 모든 현상은 사실 지진의 진앙에서 일어난 참사에 비하면 아무것도 아니었다. 역사상 유례가 없는 대재앙이었다. 때는 1755년 11월 1일이었다. 우리의 세상이 〈모든 가능한 세계 중에서 최고〉라는 이념이 종말을 고하는 날이었다. 오전 9시 40분 포르투갈 서해안에서 200킬로미터 떨어진 대서양에서 지진이 발생했다. 두 번의 진동이 더 이어졌다. 밀려드는 파도가 서로 업고 업혀 20미터 높이의 거대한 쓰나미가 되어 포르투갈 남부와 모로코를 덮쳤다. 이 물결은 아조레스 제도와 카보베르데를 거쳐 서인도 제도까지 밀어닥쳤다.

심지어 그날은 매우 상징적인 날이었다. 기독교인들은 〈모든 성인 대축일〉을 맞아 함께 기뻐하며 교회에서 예배를 올리고 있었다. 리스본의 주민 27만 5,000명도 마찬가지였다. 그때 지진이 강타했다. 10분 동안 지축이 흔들렸다. 교회 촛대의 많은 초들이 쓰러지고 도시 곳곳에 불이 났다. 가옥의 3분의 2가 무너지거나 불탔다. 수도원 쉰네 곳과 교회 서른다섯 곳, 궁전 서른세 곳이 무너졌다. 그중에는 왕궁과 종교 재판소도 있었다. 번화가는 곳곳이 폐허로 변했다. 유황 증기와 짙은 연기는 60킬로미터 떨어진 곳에서도 보일 정도로 하늘 높이 치솟았다. 재가 어른 허리 높이만큼 도시를 뒤덮었다. 공포에 질린 사람들은 먼 바다로 도망치려고 배가 있는 테오강 가로 향했다. 그러나 쓰나미가 더 빨랐다. 지진 발생 30분 뒤 쓰나미는 리스본을 비롯해 포르투갈 해안을 완전히 쑥대밭으로 만들어 버렸다.

이 참사로 얼마나 죽었는지는 아무도 모른다. 대략 리스본과 포르투갈 남부에서만 3만에서 10만 명이 죽었을 것으로 추정된다. 당시에는 6만이라는 수치가 사람들의 입에 오르내렸는데, 이 소문은 곧 유럽 곳곳으로 퍼졌다. 동정과 연대의 물결이 유럽 대륙을 휩쓸었다. 외국 정부는 생필품과 공구, 현금 같은 구호물자를 앞다투어 보냈다. 물자는 범선과 마차로 수송되느라 늦게 도착할 수밖에 없었지만, 어쨌든 유럽사에서는 전례가 없는 인도주의 물결이었다. 끝없는 전쟁으로 갈라져 있던 유럽 민족들이 연대의 기치 아래 잠시 하나가 된 듯했다. 그들에게는 〈아주 특이한 세계사적인 사건〉이었다. 요한 볼프강 폰 괴테가 유년 시절의 회상에서 평한 표현이다. 당시 여섯 살이던 괴테는 훗날 『시와 진실*Dichtung und Wahrheit*』에서 썼던 것만큼 그 사건에 대한 충격이 실제로 크지는 않았겠지만, 지진이 〈엄청난 공포〉를 불러일으킨 것만큼은 틀림없을 것이다.[110]

리스본의 대참사를 최소한 지식인들 사이에서는 세상을

뒤흔들 만큼 충격적인 사건으로 만든 사람이 있다. 스스로 〈볼테르〉라고 불렀던 프랑수아 마리 아루에(1694~1778)가 그 주인공이다. 볼테르는 국제적 스타 작가로서, 우아한 프랑스어 외에 이탈리아어와 영어에도 능통했다. 원래는 문학가, 역사가, 비평가였지만 보통 〈철학자〉로 알려져 있다. 물론 그만의 인식론이나 윤리학, 정치 철학 체계 같은 건 없다. 하지만 프랑스에서는 철학자 개념이 영국이나 독일보다 훨씬 광범했다. 18세기의 프랑스인들에게 철학자는 공공의 지식인이었다. 물론 그건 오늘날도 마찬가지다. 이런 철학자 개념에 볼테르만큼 잘 맞는 사람이 있을까? 직관력이 뛰어나고, 여자를 밝히고, 활동적이고, 자신을 완벽하게 연출할 줄 알고, 오만하고, 또 남에 대한 험담을 입에 달고 사는 그런 사람이 말이다.

파리에서 변호사의 아들로 태어난 볼테르는 프랑스인들이 18세기를 〈볼테르의 세기〉라 부를 정도로 정말 많은 일을 하고 정말 많은 사고를 쳤다. 우선 그는 파리 사회의 직업 선동가이자 살롱의 악동이었다. 그가 나타나는 곳이면 어김없이 한바탕 소동이 벌어졌다. 젊은 시절 벼락출세로 대번에 도시에서 유명해진 그는 한 격분한 귀족의 수족들에게 노상에서 매질을 당했다. 귀족 칭호를 사칭한 것에 대한 합당한 응징이었다. 늘 우아하게 차려입고 다니는 이 남자는 고등 사기 혐의와 국왕 불경죄로 바스티유에 두 번 투옥되었다. 그러다 망명 조건으로 석방되어 처음엔 영국으로, 나중엔 로트링겐의 시레로 도망쳤다. 그러고는 망명지에서 교회와 절대 왕정에 반대하는 희곡과 서사시, 에세이를 지치지 않는 열정으로 부지런히 써댔다.

1755년 리스본에서 지진이 일어난 것은 볼테르가 막 제네바 인근의 웅장한 저택으로 이사했을 때였다. 명성과 돈의 측면에서 보자면 볼테르는 드디어 상류 사회로 진입한 것이다. 그는 프랑스에서 가장 많은 작품을 공연에 내거는 극작가였고, 게다가 기민한 사업 감각은 가히 전설적이었다. 리스본 지진의 참상은 그에게도 빠르게 알려졌다. 〈이 사건에서 우리는 정말 잔인하기 짝이 없는 자연을 마주한다. (……) 인간 삶의 유희라는 게 얼마나 슬픈 도박인가!〉 그가 한 친구에게 보낸 편지에 나오는 내용이다. 그의 글을 좀 더 따라가 보자. 〈그 사람들은 생각할 수 있는 모든 세계 중에서 최상이라는 세계의 운동 법칙이 어떻게 그런 끔찍한 재앙을 야기할 수 있는지 밝히는 데 상당한 어려움을 겪을 것이다.〉[111] 볼테르는 리스본 지진이 라이프니츠의 철학, 즉 이 세상이 생각할 수 있는 모든 세계 중에서 최상이라는 명제가 거짓말이라는 것을 보여 주는 명확한 증거임을 깨달았다. 인간들 사이에 악이 존재하는 것에 대해선 라이프니츠도 아직 신의 선한 창조와 일치시킬 수 있었다. 그러나 자연이 리스본에서처럼 그렇게 잔인하게 행동한 것은 변신론(辯神論)에 맞아떨어지지 않았다. 생각해 보라. 지진이 그 많은 사람들을 불행에 빠뜨리지 않는 것이 당연히 더 좋은 일이 아닌가? 그것도 〈모든 성인 대축일〉에 그런 일이 생기다니!

볼테르는 「리스본 재앙의 시Poème sur le désastre de Lisbonne」를 썼고, 거기다 〈모든 것이 좋다〉라는 철학적 공리에 관한 연구라는 부제를 달았다. 이 작품은 들불처럼 유럽 전역에 퍼졌고, 1년 사이에 20쇄를 찍었다. 이 세상이 모든 가능한 세계 중에서 최상이라는 라이프니츠의 낙관론은 리스본의 대지진을 겪으면서 볼테르에 의해 오류로 증명되었다. 즉, 이 세상은 가능한 모든 세계 중에서 최상이 아니었다. 볼테르의 비판적 화살은 곧 한달음에 영국인 알렉산더 포프(1688~1744)에게로 향했다. 볼테르가 한때 경탄하기도 했던 이 시인이 시집 『인간론*Essay on Man*』(1733)에서 라이프니츠와 비슷하게 세계의 조화를 주창하고 〈모든 것이 좋다〉는 이론을 극구 옹호했기 때문이다.

볼테르의 시는 라이프니츠 철학에 치명타를 먹였다. 그는 소설 『캉디드, 혹은 낙관주의*Candide, ou l'Optimisme*』에서도 라이프니츠 철학을 쉴 새 없이 조롱했다. 평화로운 베스트팔렌 지방에서 다채롭고 거친 세계로 나온 순박한 청년 캉디드는 자신의 낙관주의가 반복해서 현실의 벽에 부딪혀 절망의 나락으로 떨어지는 것을 힘겹게 깨달아 나간다. 이 작품은 출간된 해인 1759년에만 유럽의 17개 지역에서 인쇄되었고, 합리주의를 뿌리째 뒤흔들었다. 브레슬라우 출신의 만능 학자 크리스티안 볼프(1679~1754)는 수십 년 넘게 자신의 위대한 스승 라이프니츠의 사상을 분류하고 정리해서 일종의 체계로 묶었다. 할레 대학의 교수였던 이 독일 계몽주의자는 모든 것을 〈실증적〉 방식으로 체계화하는 데 집중했다. 이때 라이프니츠 외에 다른 사상도 체계 안에 넣고 함께 짜 맞추었다. 데카르트 철학이나 스콜라 철학 같은 것이 한 예다. 볼프는 라이프니츠와는 달리 글을 주로 독일어로 썼다. 그 과정에서 많은 라틴어 개념을 새로운 독일어 단어로 번역했다. 데카르트와 라이프니츠의 그 유명한 콘스키엔티아Conscientia가 독일어의 〈Bewusstsein(의식)〉으로 번역된 것도 그의 공이다. 〈주의(注意)〉니 〈의미〉니 하는 단어들도 볼프를 통해 철학적 어휘로 유입되었다. 심지어 철학자들이 논쟁할 때 즐겨 사용하는 〈물(物) 자체〉도 볼프가 도입한 개념이다.

볼프는 모든 점에서 라이프니츠를 따르지는 않았다. 특히 그의 단자론에 대해서는 큰 회의감을 가지고 있었다. 그럼에도 18세기에는 도처에서 사람들이 〈라이프니츠-볼프 체계〉를 입에 올렸다. 볼프는 영향력 있는 대학교수이자 법학자로서 특히 독일어권과 예수회, 그리고 이탈리아 베네딕트회에서 큰 명성을 누렸다. 라이프니츠-볼프 체계는 18세기의 독일 대학들에 가장 널리 퍼진 철학 사상이었고, 최소한 독일에서는 동시대 영국의 로크 철학만큼이나 중요했다. 상황이 이렇다 보니 리스본 지진으로 이 철학의 심장부까지 함께 흔들린 것은 더더욱 좋지 않았다. 이 대참사 이후로는 누구도 신적인 〈세계 이성〉을 믿고 싶어 하지 않았기 때문이다.

정작 볼프 본인은 자신의 체계에 가해진 심대한 타격을 직접 겪지 못했다. 이 마지막 위대한 합리주의자는 리스본 지진 발발 1년 6개월 전에 할레에서 세상을 떠난 것이다. 그의 죽음은 철학사적으로는 바로크 시대의 종말을 뜻한다. 〈무엇 무엇에 관한 이성적 사고〉라는 제목이 붙을 때가 많은 그의 저서들에는 사실 계몽주의적 요소가 많이 담겨 있음에도 말이다. 어쨌든 늦어도 리스본 지진 이후로는 유럽 대륙에서도 영국 철학과 자연 과학의 개선행진을 위한 길이 열렸다. 이전에는 〈이성적 사유들〉이 합리적 세계 체계를 드러냈다면 이제 사람들은 세계를 로크와 흄처럼 점점 더 경험적으로 관찰했다. 우리가 세계에 대해 말할 수 있는 것은 모두 더 이상 저 높은 곳의 심판자가 아닌 인간에서부터 시작할 수 있었다. 이로써 회의적 사고에 유물론적 사고만큼이나 많은 공간이 생겼다. 이제는 신적인 이성이 아니라 인간 개개인이 만물의 척도가 되었다. 그 옛날 프로타고라스의 철학에서처럼 말이다. 게다가 고대 아테네처럼 다음 질문도 제기되었다. 만일 신이 세상의 게임 규칙을 제시하는 것도 아니고, 군주에게도 그럴 권리가 없다면 인간은 어떻게 사회와 국가를 스스로 구축할 수 있을까?

바로 이 진공 상태 덕분에 볼테르는 〈계몽주의자〉로 활동할 여지, 그러니까 스스로 자신을 그렇게 생각한 것처럼 〈빛의 철학자philosophe des Lumières〉로 활동할 여지가 생겼다. 그는 1726년부터 1728년까지 약 2년 반 동안 영국에 머물면서 많은 영감을 받았다. 자신이 인류 최초의 계몽주의자라고 경탄한 로크의 저서를 읽었고, 뉴턴을 하늘의 위대한 계몽주의자라고 찬양했다. 게다가 자신이 사표로 삼은 이 두 인물처럼 볼테르도 신앙과 완전히 단절하지는 않았다. 신랄한 교회 비판가였음에도 말이다. 로크는 무신론이 미덕을 파괴한다고 쓰지 않았던가? 볼테르도 그와 다르지 않게 주장했다. 신이 존재하지 않는다면 미덕을 위해서라도 신을 만들어 내는 것이 필요했을 거라고. 그의 수많은 해학적 경구 중 하나다. 또한 그는 뉴턴과 마찬가지로 세계를 시계에 비유했다. 그 뒤에 이지적인 시계공이 숨어 있는 마법과도 같은 기계 장치 말이다.

볼테르가 신앙을 미덕의 원천으로 예찬하는 내용은 『문고판 철학 사전*Dictionnaire philosophique portatif*』(1764)에 나온다. 그는 모순과 자기모순에 구애받지 않는 격정적인 사상가였다. 생각해 보라. 리스본 지진과 같은 재앙을 일으키거나 허용한 신이 어떻게 미덕의 원천일 수 있겠는가? 게다가 시계가 제작자의 계획대로 흘러가지 않는 걸 보면 이지적 시계공도 그리 이지적인 존재는 아니다. 그런데 볼테르는 1755년에 분명히 깨달은 것을 나중에 무효화한다. 하지만 지금은 대참사가 일어난 해에 좀 더 머무르기로 하자. 계몽주의자 볼테르는 인간 운명에 대한 신의 무심함을 온 세상에 드러내려는 의도만 있었던 것이 아니다. 아울러 「리스본 재앙의 시」는 그의 상황과 직접적인 연관이 있었다. 철학 공리 〈모든 것이 좋다〉에 대한 연구라는 부제가 붙은 이 작품은 베를린의 프로이센 과학 아카데미가 제시한 공모 문제와 관련이 있었기 때문이다. 이 아카데미를 관리 감독한 후원자는 볼테르도 잘 아는 사람이었으니…….

왕, 궁정 철학자, 그리고 불행한 행복 연구가

시작은 비교적 순수했다. 뭇 사람에게 두려움의 대상이던 〈군인왕〉 프리드리히 빌헬름 1세의 스물네 살 아들 프리드리히는 베를린에서 멀지 않은 목가적인 시골 라인스베르크에서 무료한 나날을 보내고 있었다. 아버지에게 〈약골〉이라고 무시당하고, 매도 자주 맞고, 또 자신의 도서관까지 잃는 등 가혹한 벌에 시달리던 프리드리히 왕세자는 슈프레 강가에 태양의 나라, 즉 루이 14세의 모범을 따르는 왕국을 세우는 것이 꿈이었다.

왕세자는 단지 꿈만 꾸기에는 너무 에너지가 넘쳤고, 미래가 그에게 어떤 기회를 가져다줄지 깨닫지 못하기에는 너무 영민했다. 게다가 위대한 인물이 되고자 하는 사람은 자신을 위대하게 묘사해 줄 남자들이 필요하다는 사실도 일찍 깨달았다. 그런데 시대정신으로 보건대, 적어도 프로이센에서는 고위 성직자를 그런 후보에서 배제시킬 수밖에 없었다. 그렇다면 남은 건 문학가와 철학자뿐이었다. 하지만 아버지 나라 같은 암울한 병영 국가에서는 그런 사람들도 얼마 남아 있지 않았다.

결국 프리드리히는 적당한 후보자를 찾기 위해 자연스레 프랑스로 눈을 돌렸다. 때는 1736년이었다. 프랑스에서는 시대의 대담한 자유사상가들이 새로운 인간상과 미래 사회에 대해 자유롭게 글을 쓰고 대화를 나누고 열띤 토론을 벌이고 있었다. 그중에서도 특히 이름이 높았던 사람은 아카데미 프랑세즈 소속의 일흔아홉 살 석학 베르나르 르 보비에 드 퐁트넬(1657~1757)이었다. 프리드리히 왕세자는 이 남자에게 편지를 보냈다. 그런데 이 편지에 대한 남자의 판단은 다소 무뚝뚝하면서도 지극히 지혜로웠다. 〈철학자들에게 큰 경의를 표한 군주들은 그로 인해 더 위대한 군주가 될 수 있으나 철학자들은 그로 인해 더 작은 철학자가

되지 않을까 저어되옵니다.〉

프랑스 사회에서 꽤 명망이 있는 사람이라면 프로이센 왕세자와 거리를 두는 것이 올바른 처신이었다. 외국 군주와 호의적으로 편지를 주고받다가는 자칫 위험한 정치적 사건에 연루될 수 있었다. 그렇다면 프리드리히가 노려야 할 사람은 똑똑하고 달변인데다가 이름은 꽤 났지만 그와 동시에 프랑스 궁정으로부터 몹시 시달리는 아웃사이더여야 했다. 거기다 프로이센 왕세자와의 밀접한 관계를 온 세상에 떠들고 다닐 만큼 공명심이 큰 사람이라면 더더욱 좋았다.

왕세자는 그에 딱 맞는 스타 배역을 찾았다. 볼테르였다. 프리드리히의 프랑스 밀정들은 볼테르에 대해 다음과 같은 인물평을 보내 왔다. 속박을 싫어하는 예민한 사람으로 사교적이지만 친구가 없고 〈과도할 정도로 허영심이 강하고, 자신의 이익을 중시하고, 명성보다는 돈을 위해 일한다. 돈에 굶주려 있고, 돈을 갈망한다. 재물을 모으는 것이 소원이다〉. 이 인물평이 맞다면 정말 적절한 선택이었다. 그리고 그 선택은 옳았다. 시레에서 망명 생활 중이던 마흔한 살의 볼테르는 젊은 왕세자로부터 자신을 〈제자〉로 받아 달라는 호의적인 편지를 받는 순간 환호성을 터뜨렸다. 추방당한 작가는 그때부터 벌써 스스로를 장차 왕이 될 사람의 스승으로 여겼다. 프랑스에서는 정말 걸출한 고위 성직자만 맡을 수 있는 역할이었다. 볼테르는 자신이 왕세자와 동등한 반열에 오른 것에 자긍심을 느끼며 왕세자의 〈하해같이 넓은 마음〉과 〈인간에 대한 사랑〉을 칭찬했다. 그 뒤로 서로 찬가를 부르는 진정한 축제의 시간이 시작되었다. 프리드리히에게 볼테르의 정신은 〈내 삶의 마법〉이었다. 그는 정말 공경하는 마음으로 〈가장 위대한 프랑스인〉에게 경의를 표했다. 그에 대한 답례로 볼테르는 〈북방의 젊은 솔로몬〉을 올림포스 신들의 반열에 올려놓았다.

〈소크라테스가 제게 뭐란 말입니까? 제가 진정 사랑하는 이는 프리드리히 왕세자입니다. 아내의 잔소리에 시달리는 아테네의 수다쟁이 신들과 비교하면 인간의 감격이자 인간에게 행복을 가져다줄 우리의 왕자님은 얼마나 다르십니까? (……) 제 눈은 언제 저의 구세주를 볼 수 있을까요?〉[112]

24년 뒤 볼테르의 회고록에서는 두 남자의 이런 시적 우정은 한결 산문적으로 읽힌다. 〈부왕이 그에게 별로 국사를 맡기지 않았기에, 물론 이 나라는 모든 게 군대 열병처럼 짜여 있어서 특별히 국사라고 할 만한 것이 거의 없긴 했지만, 어쨌든 왕세자는 남는 시간을 이용해서 세상의 이름난 프랑스 작가들에게 편지를 썼다. 그중에서도 왕세자의 편지가 몰린 사람은 나였다. 그의 편지는 주로 시나 형이상학적, 역사적, 또는 정치적 논문이었다. 그는 나를 신적인 인간으로 대했고, 나는 그를 솔로몬으로 대했다. 우리로서는 전혀 손해 볼 것이 없는 별칭이었다.〉[113]

물론 이 계몽주의자도 초기에 편지를 주고받을 때는 나중처럼 그렇게 사려 깊지는 않았다. 볼테르는 프로이센 왕세자가 자신에게 큰 도움이 될 거라는 희망을 갖고 있었다. 그래서 프리드리히의 편지를 열심히 퍼뜨리고 신문용 이야기로도 만들어 유포시키면서 자신을 왕세자의 벗으로 이름을 알렸다. 왕세자의 계산은 딱 맞아떨어졌다. 얼마 지나지 않아 중부 유럽 전역에서 이 저명한 두 남자에 대한 이야기가 사람들의 입에 오르내렸다. 프리드리히는 볼테르가 스스로 지어낸 작위를 인정해 주었고, 볼테르는 그 대가로 일찍부터 왕세자에 대해 〈프리드리히 대왕〉이라는 칭호를 입에 담았다. 그러니까 이 칭호는 세계사의 심사 위원회나 후세가 내린 것이 아니라 프리드리히에게 복무하는 한 문학가가 붙인 별칭이었다.

사실 왕과 볼테르는 대부분의 삶 동안 서로를 잘 이해하지 못했다. 두 사람이 부딪칠 때마다 뼈아픈 패배를 맛본 쪽은 거의 항상 철학자였다. 이 계몽주의자는 앙심과 시기심에서 프리드리히의 은총을 즐기는 모든 경쟁자들을 헐뜯고 웃음거리로 만들려고 했다. 특히 왕의 총애를 받던 철학자 크리스티안 볼프가 그 대상이었다. 볼테르는 볼프의 형이상학에 대해 잘 알지도 못하면서 부당하고 편협한 비판을 쏟아 냈다. 그건 문학과 역사는 몰라도 철학에 대해선 별로 정통하지 않는 사람이 이 영역에서도 완전히 권위자인 것처럼 행세했기 때문이다. 어쨌든 그럼에도 왕은 정확히 구분할 줄 알았다. 그는 흔들림 없이 크리스티안 볼프를 성원했고, 심지어 볼테르의 숙적인 프랑스 수학자 피에르 루이 모로 드 모페르튀(1698~1759)를 베를린 아카데미 원장에 임명하기도 했다. 학자로선 최고로 영예로운 자리였다.

볼테르는 섬세한 성격의 모페르튀를 가장 강력한 적수로 생각했다. 볼테르가 늘 뭔가 근사한 표현을 찾았다면 아카데미 원장은 숙고하고 또 숙고하는 스타일이었다. 모페르튀의 인식들은 많은 동시대인들로부터 조롱을 받기도 했지만 사실 상당히 주목할 만했다. 그는 『우주론*Essai de cosmologie*』에서 뉴턴 물리학을 새로운 토대 위에 세웠고, 물리학과 형이상학 사이의 갈등을 해소하고자 했다. 그가 볼 때, 자연은 항상 가장 짧은 길을 선호했다. 다시 말해 자연은 늘 가장 단순한 방식으로 작용한다는 것이다. 이로써 모든 운동 법칙은 〈최소 작용의 원리〉를 따른다. 이는 나중에 아일랜드 수학자이자 물리학자인 윌리엄 해밀턴(1805~1865)의 이름을 붙여 〈해밀턴 원리〉라 불리게 되고, 양자 역학에서 가장 중요한 인식 중 하나로 자리 잡는다.

모페르튀는 여기서 아주 폭넓은 결론을 이끌어 낸다. 자연이 우리 사고처럼 합리적이고 효율적으로 작동한다면 그게 과연 우연일 수 있을까? 똑똑한 오성도 항상 가장 단순하면서도 가장 효율적인 해결책을 찾는다. 만일 자연의 합리성과 인간의 합리성이 동일한 원리에 따라 작동한다면 그 배후에는 신의 작용이라고밖에 할 수 없는 진정한 세계 법칙이 숨어 있지 않을까? 이런 식으로 모페르튀는 물리학을 라이프니츠 형이상학과 새롭게 화해시키는 연결 고리를 만들어 낸다.

모페르튀의 〈생물학〉도 그의 물리학 못지않게 꽤 슬기롭다. 1734년 수리남 출신의 〈피부색이 흰 흑인 여성〉이 파리에 나타났을 때 학자들은 깊은 고민에 빠졌다. 어떻게 이런 일이 가능할까? 당시 사람들은 일반적으로 신이 인간 몸의 유기적 구조를 난자나 정자 속에 미리 심어 놓았다고 확신했다. 반면에 아리스토텔레스는 그런 〈전성설(前成說)〉을 거부하고, 대신 인간 몸의 개별적이고 점진적인 발전, 즉 후성설(後成說)을 주장했다. 모페르튀 역시 파리의 그 흑인 여성을 보면서 전성설에 강한 의구심을 품게 되었다. 한 흑인 여성이 피부색이 다른 자식을 여덟 낳았는데, 그중 하나가 파리의 그 〈흑인 여성〉처럼 피부가 하얗다면 그건 전성설에 대한 부정이 아닌가! 인간은 전체 발전 프로그램이 미리 정밀하게 계획되어 있다고 하는 식물의 알뿌리 이론과는 다른 것이 분명했다.

모페르튀는 전성설에 비판적인 책을 익명으로 썼고, 2쇄에서는 『비너스 몸*Vénus physique*』이라는 근사한 제목을 붙이기도 했다. 그는 학자들 사이에선 자신의 전성설 비판을 걱정하지 않았다. 하비와 데카르트도 전성설을 거부하지 않았던가! 다만 그들은 개별적인 발전을 결정하는 열쇠를 찾지 못했다. 대신 데카르트처럼, 〈동물적 정기〉 같은 좀 애매하고 수상쩍은 개념만 언급했을 뿐이다. 난자나 정자처럼 영혼 없는 무언가에서 개별 생명체가 어떻게 비롯되는지는 풀 수 없는 문제처럼 보였다. 신이 그때그때마다 새로운 생명의 숨결을 불어넣을까? 아니면 태초에 한

번만 그랬을 뿐인데, 그 숨결이 이후의 모든 생명체들에 그대로 이어진 것일까?

영국의 자연 연구가 존 터버빌 니덤(1713~1781)과 마찬가지로 모페르튀도 완벽하게 만족스러운 해답을 찾지는 못했다. 니덤은 현미경으로 발견한 〈살아 있는 최소 원자〉를 언급하면서 생명이 그것들로 조합되어 있다고 생각했다. 모페르튀는 유전 법칙을 밝혀내기 위해 개와 닭, 앵무새를 교배했다. 그러고는 생식 과정에서 양쪽의 〈최소 단위들〉이 서로를 잡아당겨 결합하고 그로써 훗날의 기관들을 위한 토대가 만들어진다고 추정했다. 이런 수많은 자잘한 결합 과정에서 오류가 생기면 장애와 이상 현상이 발생한다. 모페르튀는 『자연의 체계*Système de la nature*』에서 한걸음 더 나아간다. 생식 행위에서 최소 단위들을 통해 통합되는 것은 육체적 소인뿐 아니라 욕망과 혐오, 기억 같은 정신적 소인도 포함된다. 그렇다면 이 최소 단위들에는 모두 〈생명이 깃들어 있다〉. 라이프니츠 〈모나드〉의 근대적 버전이라고 할 만하다.

모페르튀의 추정이 일으킨 파장은 무척 컸다. 그 여파로 그의 제자 카스파르 프리드리히 볼프(1734~1794)가 후성설을 실험으로 증명하고자 나섰기 때문이다. 닭을 이용한 수많은 실험 끝에 그는 1759년에 마침내 『발생 이론*Theoria generationis*』이라는 책을 발표했다. 전성설의 극복 과정에서는 이정표 같은 저술이다. 모페르튀와 볼프의 인식은 신학에 심대한 타격을 입혔다. 신이 자신의 뜻에 따라 모든 인간을 미리 형성해 놓는 대신, 이제 생식은 제비뽑기가 되었기 때문이다. 이런 의미에서 모페르튀와 볼프는 유전학, 특히 20세기 초 네덜란드의 후고 데 브리스(1848~1935)에 의해 발전한 돌연변이 이론의 선구자라 할 수 있다.

모페르튀가 일군 세 번째 영역은 도덕 철학이다. 그의 『도덕 철학론*Essai de philosophie morale*』은 전통에서 상당히 벗어나는 책이었다. 수학자로서 모페르튀가 도덕 영역에서 관심을 보인 것은 오직 예측 가능한 것뿐이었다. 에피쿠로스 이후 많은 사상가들과 마찬가지로 그 역시 행복을 쾌락과 고통의 기준에 따라 나눈다. 즉 쾌락이 많으면 좋고 고통이 많으면 나쁘다는 것이다. 행복의 수학은 이 공리에서 출발한다. 우선 행복의 모든 순간을 더하고 그것을 지속 시간과 강도에 따라 곱한 다음 불행의 그것과 비교한다. 모페르튀는 이런 식으로 개인의 행복을 계산한다. 이것은 오늘날 행복 경제학이라고 하는 좀 괴팍한 학문에서 이야기하는 것과 비슷하다. 다만 모페르튀는 주지의 사실이지만 삶이 희망 콘서트가 아니고, 행복이 공식에 따라 상승할 수 없다는 점을 오늘날의 행복 연구가들보다 더 잘 알고 있었다. 때문에 자신의 독자들에게는 에피쿠로스처럼 쾌락을 얻는 것에 삶의 초점을 맞추지 말고 오히려 스토아학파처럼 고통을 피하는 것에 맞추라고 조언한다.

그런데 정작 모페르튀 본인의 삶에서 고통 회피의 기술을 발휘하는 것은 쉽지 않은 도전이었다. 굉장히 예민한 성격의 이 수학자는 자신의 저술에 대한 세상의 반향에 결코 만족할 수 없었다. 그의 행복 경제학은 프랑스 여성 작가 마들렌 드 퓌지외(1720~1798)에게 조롱을 받았고, 그의 유전론은 무신론주의자들로부터 의심을 받았다. 그의 유전론을 높이 평가한 사람은 카스파르 볼프와 디드로뿐이었다. 또한 〈최소 작용의 원리〉를 표방한 그의 물리학은 볼테르의 혹독한 험담에 무자비하게 짓밟혔다. 이 일로 인해 프리드리히 대왕은 자신의 궁정 철학자 볼테르를 포츠담에서 쫓아내 버리고 형리를 시켜 볼테르의 비방문을 공개적으로 불태우게 했다. 그에 대해 볼테르는「인물과 생활 방식, 그리고 프로이센 궁정에 대한 생각Gedanken zur Person, zur Lebensweise und zum Hof des Königs von Preußen」이라는 익명의 글로 왕에게 복수했다. 이후 왕과 철학자는 나이가 들어서야 화해했다. 반면에 모페르튀와 볼테르의 화해는 이루어지지 않았다. 볼테르의 모진 비방에 충격을 받은 그는 1753년 음모와 술수가 난무하는 프로이센 궁정을 떠나 스위스에서 가장 유명한 수학자 가문의 일원인 요한 베르누이가 사는 평화로운 바젤로 옮겼다.

인간: 원숭이와 기계?

모페르튀가 〈생물학적〉 문제에서 자기 생각을 자유롭게 내놓을 수 있었던 것은 프리드리히 대왕 치하 시절 베를린 아카데미가 누리고 있던 자유 사상가적 분위기 덕분이었다. 인간을 확대경으로 좀 더 정밀하게 살펴보는 자연 연구가들에 대해 이와 비슷하게 우호적인 분위기가 팽배한 곳은 네덜란드와 영국, 이탈리아, 스위스뿐이었다. 가톨릭 국가인 프랑스에서는 루이 14세의 섭정 이후 가톨릭교회와 국가의 완벽한 일치 속에 인간의 모든 정신적 삶이 감시당하고 있었다. 바로 그 때문에 독일 사상가들 외에 많은 프랑스 사상가들이 별로 중요하지도 이 작은 프로이센 아카데미를 떠나지 않았다. 그중에서 가장 도발적인 인물이 의사이자 철학자인 줄리앙 오프레 드 라메트리(1709~1751)였다.

라메트리는 모페르튀와 마찬가지로 브르타뉴 지방의 생말로 출신이었다. 1748년 그의 책이 프랑스에서 배척받고 탄압받자 프로이센 아카데미 원장인 모페르튀가 그에게 베를린 망명을 주선해 주었다. 계몽주의의 무서운 아이(앙팡 테리블)인 라메트리는 프랑스에서 의학을 공부했지만, 나중에 네덜란드의 레이던으로 갔고, 거기서 대륙의 가장 유명한 의사인 헤르만 부르하버(1668~1738)와 함께 일했다. 고향 생 말로에 잠시 기착하기도 했지만, 1742년부터는 의사로서 파리에 정착했다. 당시 가장 진보적인 의학자 중 한 명이었던 그는 시대에 뒤떨어진 고루한 프랑스 동료들을 비판하는 일에서는 거리낌 없이 목청을 높였다. 이후 2년 동안 루이 드 그라몽 공작 군대의 군의관으로 일하면서 틈나는 대로 자신의 철학적 사유를 종이로 옮기기 시작했다. 그렇게 해서 1745년 『영혼의 자연사*Historie naturelle de l'âme*』가 헤이그에서 익명으로 출간되었다.

라메트리의 출발점은 자기 관찰이다. 이 관찰을 통해 그는 열병에 걸렸을 때 자신의 심리 상태가 육체 상태와 밀접하게 연결되어 있음을 알아차렸다. 그에 따르면 마음의 모든 움직임은 생리학적 과정의 결과일 뿐이다. 이 철학하는 의사는 철학자들이 인간의 영혼을 제대로 이해하려면 먼저 생리학자와 해부학자가 되어야 한다고 장난스럽게 지적한다. 내가 느끼고 생각하는 것은 모두 감각적 자극의 결과에 지나지 않기 때문이다. 그래서 자신의 영혼을 발전시키고자 한다면 다른 것은 필요 없고 오직 자신의 감각을 단련시켜야 한다고 말한다.

스피노자도 육체와 정신은 동일한 존재의 상이한 양면일 뿐이라고 주장했다. 하지만 라메트리는 여기서 더 나아가 형이상학의 외피를 벗어 던져 버렸다. 스피노자에게는 어쨌든 신이라는 이름의 작용 원인이 여전히 존재했고, 물질적인 것은 관념적인 것의 변형에 지나지 않았다. 반면에 라메트리에게 관념적인 것은 더 이상 존재하지 않고, 오직 움직이는 물질과 기계적 자극, 그리고 혈액의 화학 작용만 존재했다. 이로써 신을 불필요한 가설로 선언한 꼴이 되어 버렸고, 거기다 당시의 의사들까지 가차 없이 조롱했기에 그는 1747년 황급히 프랑스를 떠날 수밖에 없었다. 그 뒤 영혼에 관한 그의 책은 의사들에 대한 비판서와 함께 공개적으로 불태워졌다.

다시 네덜란드로 돌아온 라메트리는 자신을 둘러싼 세간의 소동에 전혀 개의치 않는 듯했다. 아니, 오히려 이제야 제대로 한번 붙어 볼 요량인 듯했다. 광포하기 그지없는 『인간 기계 *L'homme machine*』를 본격적으로 쓰기 시작한 것을 보면 말이다. 데카르트도 예전에 동물을 기계로 설명하고 라이프니츠도 〈예정 조화〉를 시계의 기계 장치와 비교한 적이 있지만, 어쨌든 두 사람은 그것과는 별개로 불멸의 정신-영혼을 믿었다. 그런데 라메트리는 기계의 비유를 아무렇지도 않게 인간에 들이댄다. 모든 정신적인 것이 육체의 문제에 지나지 않는다면 인간 기계가 다른 동물 기계와 무슨 큰 차이가 있을까?

라메트리는 원숭이, 특히 유인원의 지위를 둘러싼 뜨거운 논쟁에 한껏 고무되었다. 17세기 말 영국 의사 토머스 윌리스(1621~1675)와 에드워드 타이슨(1650~1708)은 인간과 침팬지 사이의 정언적 차이를 찾아내느라 골머리를 앓았다. 어쨌든 인간과 동물을 가르는 건 뇌에 있지 않았다. 살아 있는 물질 면에서는 전혀 차이가 없었다. 이제 라메트리와 함께 모든 영적인 것을 부정하고 오직 살아 있는 물질만 인정한다면, 인간과 유인원은 전적으로 같은 재료로 빚어졌거나 아니면 자연에 의해 똑같이 제작된 기계일 것이다. 〈동물에서 인간으로 넘어간 것은 결코 강제적인 과정이 아니다. (……) 단어를 발명하고 언어를 배우기 전의 인간은 과연 무엇이었을까? 원숭이나 다른 동물들과 별 차이가 없는 (……) 원숭이가 다른 동물들과 다른 것보다 더 차이가 크지 않은 인간종이라는 동물이었을 뿐이다.〉[114] 따라서 인간을 원숭이와 구분 짓는 것은 영혼이 아니라 언어다. 만일 어떤 원숭이가 말을 할 수 있다면 그 원숭이는 〈《미개한 인간》이나 《잘못 발달한 인간》이 아닐〉 것이다. 오히려 그 원숭이는 〈완벽한 인간, 평범한 도시민〉일 것이다.[115]

라메트리는 이 발언으로 단순히 영혼의 차이뿐 아니라 인간과 원숭이의 특성 차이도 부정한다. 만일 다른 동물들도 내면의 충동을 고수하도록 정해진, 자기 보존 본능의 자동 기계라고 한다면 인간과 원숭이의 특성 차이는 어디서 오는 것일까? 이 기계들의 특성 차이가 존재한다면 그건 영혼의 높고 낮음에서 비롯된 것이 아니다. 차이는 기후와 공기에 달려 있다. 기질을 결정하는 것은 기온이다. 거기다 그때그때마다 조금씩 다른 체액들(오늘날의 언어로 표현하면 신경 전달 물질)이 섞이고, 다양한 물질대사가 추가된다. 에너지 연소 과정이 빠른 기계, 즉 물질대사가 빠른 사람은 물질대사가 느린 사람보다 정열적이고 감정적이다. 또 인간의 고유성을 결정하는 것으로서 빼놓을 수 없는 것이 바로 음식물 섭취다. 〈인간은 자신이 먹는 것으로 이루어진다!〉 이건 100년 뒤 루트비히 포이어바흐가 말한 경구이지만, 라메트리도 이미 같은 생각을 했다.

지나치게 용감한 이 유물론자는 이 모든 인식과 함께 자신이 의학 연구의 정점에 있다고 보았다. 스위스의 위대한 학자 알브레히트 폰 할러(1708~1777)도 바로 얼마 전에 우리의 신경이 근섬유를 〈당혹스럽게 한다〉고, 즉 자극한다고 말하지 않았던가? 그렇다면 생리학과 심리학 사이의 이런 밀접한 상호 작용은 어떻게 일어나는 것일까? 라메트리는 심지어 장난삼아 자신의 책을 할러에게 헌정하기도 했다. 그것도 단순히 명망 있는 의사에 그치지 않고 보수적이고 경건한 정치인이기까지 한 사람에게…….

라메트리의 이단적 견해는 근거가 없지 않았고, 그중 적지 않은 것들이 오늘날의 생리학이나 신경 과학의 표준이 되었다. 하지만 그의 이론은 학습이 어떻게 작동하고, 교육이 인간 기계에 어떤 영향을 미치는지는 제대로 설명하지 못했다. 이 부분에서 미진한 것은 라메트리 본인도 인정했다. 그는 자신을 위대한 체계

사상가로 보지 않았다. 오히려 인간 연구에 올바른 길을 제시하는, 그러니까 사변과 이론이 아닌 경험과 실천의 길을 제시하는 소박한 학자 정도로 여겼다. 인간을 이해하려는 사람은 인간을 분석하고 신체 기관을 연구해야 한다. 그러지 못하면 인간을 감각적 욕망과 쾌락 추구의 성향에 따라 살게 내버려 두어야 한다.

『인간 기계』에 대한 세간의 반응은 이전 저서와는 비교가 되지 않았다. 자유주의 성향의 네덜란드인들조차 그런 식의 헛소리에 넌더리를 치며 고개를 절레절레 흔들었다. 결국 라메트리는 모페르튀의 중재로 프로이센으로 피신할 수밖에 없었다. 프리드리히 대왕은 그에게 망명을 허락하고, 종신 연금과 베를린 아카데미에 한 자리를 제공했다. 그런데 이 익살스러운 〈궁정 무신론자〉(볼테르의 표현이다)는 베를린에 도착하자마자 자신을 궁극적으로 모두의 적으로 만드는 다음 책 『행복론*Discours sur le bonheur*』의 집필에 착수했다. 그러니까 프리드리히 대왕에 의해 대화 상대로 높이 평가된 이 남자는 프로이센 검열 당국을 교묘하게 속여 넘긴 뒤 프로이센 왕을 비롯해 당시의 거의 모든 프랑스 계몽주의자들을 격분시키는 책을 쓴 것이다. 그는 세네카의 『행복한 삶*De vita beata*』에 대한 입문서 정도로 위장하면서 행복에 관한 완전히 도덕 외적인 관찰을 감행한다. 간추리면 이렇다. 행복 추구는 사실 무슨 대단한 것이 아니다. 모든 고등 동물이 행복을 추구하고, 자신의 욕구와 갈망을 충족함으로써 행복을 얻는다. 이건 도덕과는 아무 관련이 없다. 어떤 욕구와 갈망도 원칙적으로 다른 욕구나 갈망보다 더 좋거나 나쁘지 않기 때문이다. 우리가 미덕이라고 부르는 것, 가령 정신적 만족을 육체적 만족보다 선호하는 것은 굉장히 자의적이고 비자연적이다. 핵심은 아주 간단하다. 내 본성에 맞는 것이 나에게 좋다. 그것이 무엇이건 간에.

그 때문에 인간을 생리학적 기계로 선포한 라메트리는 그와 동시에 인간의 자유와 자기 결정권을 공포한다. 즉, 인간 기계는 최상의 작동에 필요한 것을 해도 된다는 것이다. 인간은 기능 메커니즘 면에서만 자유롭지 못하다. 인간에게는 의지의 자유가 없다. 반면에 사회에서는 완전히 자유롭게 자신에게 좋을 것을 할 수 있다. 행동의 자유가 있기 때문이다. 이로써 라메트리는 이중으로 무정부주의자가 된다. 그러니까 기계 인간을 어떤 사회적 질서와 종교에도 복종할 필요가 없는 순수 자연 존재로 여긴 것과 함께 기계 인간에게 자신이 원하는 것을 하거나 하지 않을 자유를 선사한 것이다. 인간이 자신의 행위에서 양심의 가책을 받는 건 사회적 선입견이 그것을 강요하기 때문일 뿐이다. 반면에 인간의 본성은 어떤 죄도 모르고, 전적으로 자연적일 뿐 도덕적이지 않다.

모든 사회적 관습과 규범, 가치, 미덕이 인간의 본성에 어긋난다는 사실은 프로이센 왕의 원탁 모임에서는 즐거운 대화거리였지만, 텍스트로 인쇄되어 나온 순간에는 곳곳에서 반발을 불러일으킨 일대 스캔들이었다. 라메트리는 모든 계몽주의자들을 하나로 묶은 당대의 사회 질서를 어찌나 심하게 비판했던지 누구도 더는 그를 따르려고 하지 않았다. 아니, 상황은 오히려 정반대로 흘러갔다. 사방 천지에서 그에 대한 적대감과 혐오감이 봇물처럼 터져 나왔다. 근본적으로 그것은 왜곡 거울의 시선이나 다름없었다. 라메트리는 인간 본성으로 사회 질서를 반박하는 사람은 결국 비도덕성에 이르게 된다는 점을 계몽주의자들에게 일깨워 주었지만, 그로써 계몽주의의 전체 구상이 위협받게 된 것이다. 생각해 보라. 계몽주의는 옛 봉건 체제보다 도덕적으로 우월하다는 점을 근거로 자신들의 정당성을 주장하지 않았던가?

상황이 이렇다 보니 동료들이 격분과 역겨움으로 반응한 건 결코 이상한 일이 아니다. 1751년에 상한 음식 탓이었는지, 아니면 독살이었는지는 알 수 없지만 라메트리가 갑작스레 숨을 거두자 볼테르는 몹시 고약한 방식으로 기쁨을 드러낸다. 그 성가신 경쟁자가 〈맥주 통처럼 퉁퉁 부은 채로 본인이 생전에 원했건 원치 않았건 가톨릭교회에 묻히게 되었다〉는 것이다. 얼마나 고소했으면 이런 악담을 할 수 있을까! 디드로도 라메트리와 굳이 논쟁을 벌이려고 하지 않았다. 그러니까 인간을 도덕적으로 만드는 선천적 프로그램이 인간에게 존재할지도 모른다고 반박하는 대신 계몽주의를 조롱하고 빈정거리는 그 남자에게 그냥 30년 동안 철저하게 입을 다무는 쪽을 택했다. 그러다 말년에서야 무덤 속의 라메트리를 향해 이렇게 외친다. 〈비도덕적이고 파렴치하고, 바보이자 아첨꾼인 라메트리는 궁정 생활과 대왕의 총애를 위해 태어난 사람 같았다. 그는 죽어야 마땅한 방식으로 죽었다. 무절제와 광기의 제물이었다는 말이다. 그는 자기 직업의 기술적 무능함 때문에 스스로를 죽였다. 이런 판단은 가혹해 보이지만 사실 공정하다. 악덕을 옹호하고 미덕을 비방하는 사람에게 자제하는 건 어려운 일이다.〉[116] 〈행실과 생각 면에서 그렇게 타락한 인간〉은 철학자가 될 수 없다. 진리를 구하지 않고, 미덕을 행하지 않는 이를 어떻게 철학자라고 할 수 있겠는가?

갈등이 심해질수록 디드로 같은 계몽적 자유사상가도 자신이 예전에 그렇게 격정적으로 비난했던 옛 봉건 질서의 수호자들만큼이나 완고하고 오만하게 변해 갔으니…….

감각의 문법

18세기 중반 프랑스 곳곳에서는 이전 시대의 옛 건축물들이 심하게 요동치기 시작했다. 19세기 역사가들이 이 시기를 앙시앵 레짐(구체제)이라 명명한 건 당시의 시대정신을 정확히 짚어 낸 것이었다. 1589년부터 이 나라를 통치해 온 부르봉 왕가의 미래가 그리 길지 않을 것 같다는 예감은 거의 모든 사람이 갖고 있는 듯했다. 가톨릭교회의 위세도 마찬가지였다. 리슐리외 추기경 이후 가톨릭교회는 세속의 통치 권력과 밀접하게 연결되어 있었는데, 그렇다면 교회 권력은 얼마나 더 유지될 수 있을까?

인식론의 지하실 천장에서부터 이미 곰팡이가 피기 시작했다. 왜냐하면 세계 체계와 사회 질서의 토대를 이루는 〈자연〉이 무엇인지의 문제가 수십 년 동안 완전히 불투명해졌기 때문이다. 1730년대 이후 점점 많은 프랑스 사상가들이 뉴턴과 로크뿐 아니라 영국과 네덜란드 의사들의 지식을 연구함으로써 도처에서 옛 건물들의 담장이 흔들거렸다. 지금껏 프랑스 철학에서는 데카르트가 있음에도 불구하고 인식론이 중요한 역할을 하지 못했다. 미술에서 정물화가 가장 아래 장르이고, 초상화가 중간, 전쟁화가 최고 형식인 것처럼 철학에서도 분야별로 등급이 있었다. 그러니까 인식론은 미술의 정물화, 도덕은 초상화, 정치 철학은 전쟁화에 해당했다. 그런데 경험론이 점점 세력을 넓혀 나갈수록 프랑스의 경직된 사회 질서는 점점 더 위험해지고 있었다.

프랑스의 인식론은 영국보다 훨씬 밀접하게 자연 연구와 연결되어 있었다. 〈자연〉은 철학적 구상에서 〈생물학적〉 구상이 되었다. 물론 당시에는 〈생물학〉이라는 말이 아직 없었지만 말이다. 16세기와 17세기에는 물리학이 새로운 세계상으로 교회를 도발한 것처럼 18세기에는 프랑스 의사들과 생리학자, 실험적 자연 연구가들이 그 역할을 했다.

신이 창조한 게 아니라면 생명은 왜 존재할까? 미리 그 형태가 정해진 게 아니라면 개체는 어떻게 개인적 성격을 구축해 나갈까? 이성이 하늘에서 떨어진 것이 아니라 감각에서 자라난다면 인간은 어떻게 지혜와 통찰에 이를 수 있을까? 18세기 프랑스에서는 자연의 자연적인 기본 계획과 생명의 비밀스러운 메커니즘을 찾는 사변들이 정말 무성하게 자랐다. 생식은 제비뽑기인가? 인간은 기계인가? 이성은 환경의 영향과 교육의 산물일 뿐인가? 숙고와 검증을 거친 이런 많은 생각들은 서로에게 상당히 고무적인 것으로 드러났다. 그런데 이 시기에 단 한 명의 프랑스 철학자만이 인식론 면에서 로크를 훨씬 뛰어넘는 체계적인 작품을 쓰게 된다.

프랑스의 철학적 전통에 맞게 이 조용하고 꼼꼼한 사상가는 대개 철학사 가장자리에 등장한다. 에티엔 보노 드 콩디야크(1714~1780)를 두고 하는 말이다. 그는 젊은 시절 눈병을 심하게 앓았다. 나중에 회복되기는 했으나 가끔 작업하는 데 심각한 지장을 받았다. 물론 그럼에도 방대한 전집을 집필했다. 그르노블에서 태어나 성직자 교육을 받은 그는 1740년대 초에 파리에서 디드로와 루소를 알게 되었다. 세 사람은 함께 문학 비평 잡지를 만들자는 계획을 세웠지만 첫 호 발간 뒤에 바로 접었다.

세 사람 중에서 하나의 소재를 가장 깊고 면밀하게 숙고하는 사람은 가장 체계적인 스타일의 콩디야크였다. 이전의 어떤 프랑스인도 그만큼 영국 경험론을 세심하게 연구하고 검증한 사람은 없었다. 그 결과가 1746년에 나온 『인간 인식의 기원론*Essai sur l'origine des connaissances humaines*』이었다. 라메트리의 『영혼의 자연사』가 출간된 직후에 나온 이 책을 보면, 익살과 비약이 넘치는 라메트리의 사고와 콩디야크의 꼼꼼한 작업 방식이 얼마나 대조적인지 모른다. 콩디야크는 뉴턴처럼 자연을 선입견 없이 분석적으로 연구하고자 했다. 또한 로크처럼 〈생득 관념〉의 표상을 쓰레기통에 던져 버렸다. 우리가 아는 모든 것은 감각에서, 그러니까 우리 신경의 〈민감성〉에서 비롯된다는 것이다.

그런데 로크는 감각의 자극이 〈관념〉이 되는 과정을 제대로 설명했을까? 그에 따르면 우리의 개념들은 오성이 감각의 자극들을 분류해서 챙겨 넣은 서랍과 비슷하다. 하지만 이 이론은 콩디야크에 따르면 우리의 실제 경험에 어긋난다. 최소한 성인들은 뭔가를 경험할 경우 항상 개념이 미리 준비되어 있다는 것이다. 우리는 지속적인 경험의 세계, 또는 통상적인 의식의 흐름(20세기 에드문트 후설의 표현이다) 속에서 살아간다. 인간은 기나긴 역사 과정 속에서 소리와 몸짓 같은 〈자연적인 기호〉를 〈인위적이고 제한적인〉 기호, 즉 음성 언어와 문자 언어로 만드는 법을 배웠다. 다른 어떤 생명체도 의미 없는 소리를 의미 있는 단어로 만들어 내지 못한다. 이 기술은 우리 삶을 내내 동반한다. 그것도 사고의 〈수단〉이 그 〈재료〉, 즉 직접적인 감각적 자극과 무관하게 움직일 정도로 강렬하게. 우리에게는 기억하고 추상화하고 비교하는 능력이 있다. 우리의 모든 〈관념〉은 언어적 관념이다(이 점에서 콩디야크는 로크와 구분된다). 우리가 고통을 느낀다면 그건 단순히 하나의 자극만 느낀 것이 아니라 우리가 어떤 〈고통〉을 느끼고 있다는 것을 항상 의식하고 있음을 가리킨다. 따라서 감각적 지각과 언어 규정은 서로 분리될 수 없이 하나의 과정 속에서 일어난다.

콩디야크가 볼 때, 언어가 우리의 세계상을 형태화하는 이유도 오직 그런 식으로만 설명될 수 있다. 자연적 기후와 사회적 기후(환경)는 우리의 특성에 영향을 줄 뿐 아니라 우리에게 개념도 제공한다. 즉 추위니 온기니 하는 자연의 속성이 사회적 냉기와 온기라는 개념으로 전용되는 것이다. 1754년 콩디야크는 『감각론*Traité des sensations*』에서 언어가 우리의 개별 감각들과 어떻게 협업을 하는지 밝혔다. 로크와 달리 콩디야크는 어떤 형태의 〈내적 지각〉이나 내적 〈성찰〉을 인정하지 않았다. 그가 볼 때, 로크는 감각과 언어가 〈외적인 것〉과 〈내적인 것〉으로 분리될 수 없을 만큼 서로 밀접하게 상호 작용하고 있음을 모르고 있었다.

콩디야크는 인간 감각을 하나하나 확대경으로 꼼꼼히 들여다보았다. 방향을 찾을 때 후각과 미각, 청각은 별 도움이 안 된다. 이 감각들은 다른 것의 도움 없이 혼자서는 세계를 표상하지 못한다. 유일하게 외부 세계에 대한 복잡한 표상을 얻는 데 도움이 되는 것은 촉각이다. 이 감각은 우리에게 세계와 자아에 대한 근본 감정을 제공한다. 내가 〈나〉임을 확신할 수 있는 것은 내가 나 자신을 느끼기 때문이다(듣거나 냄새 맡거나 맛보는 것이 아니라). 〈나는 느낀다, 그러므로 존재한다.〉 콩디야크는 자신의 적수 데카르트에게 시종일관 이렇게 반론을 펼친다. 반면에 외부 세계의 실존을 의심하는 버클리를 향해서는, 내가 만지는 무언가가 존재한다는 것만큼 분명한 확실성은 존재할 수 없다고 반박한다.

인간의 감각 세계는 양파처럼 여러 겹으로 둘러싸여 있다. 바깥쪽으로 나가면 나갈수록 직관적 앎은 점점 미미해지고 부수적 인식 감각으로서 언어의 중요성이 점점 커진다. 콩디야크에 따르면 오성은 눈보다 더 많은 것을 본다. 이 이론으로 그는 로크를 성큼 뛰어넘었고, 오늘날의 인지심리학도 더 세심하게 표시할 수 없었을 한 영역의 경계를 표시했다. 현재의 인지학자들은 감각과 언어의 분리할 수 없는 상호 작용에 대해선 콩디야크와 생각이 거의 다르지 않다. 내 존재를 확신할 수 있는 가장 근원적인 것은 바로 〈몸-자아〉이지, 나 자신에 대한 성찰적 앎이 아니다. 이 점에선 21세기의 발달 심리학자와 신경 과학자들도 18세기의 이 선행자의 생각이 옳았음을 흔쾌히 인정한다.

콩디야크는 인간의 인식력이 어떻게 점진적으로 생성되는지를 학계에 보여 주었다. 이때 그는 〈논리적으로〉 생각하는 것이 아니라 〈발생학적〉으로 생각했다. 데카르트는 자신의 사고와 존재의 논리적 핵심으로 밀고 들어가기 전까지 다른 모든 것을 빼 버리는 사상가의 모습을 그렸다. 반면에 콩디야크는 처음엔 생명이 없다가 점점 감각을 하나씩 갖추어 가면서 마지막에 완전한 인간이 되는 동상 같은 입체적 이미지를 구상했다. 데카르트에게 진리란 모든 감각적인 것을 빼 버렸을 때 논리적으로 남는 것 속에 있다면, 콩디야크에게 진리란 제로베이스에서 감각이 점진적으로 발전해 나가는 가운데 덧붙여지는 것 속에 있었다.

데카르트의 길은 수백 년 동안 철학의 길로 남았다. 반면에 콩디야크의 길은 자연 과학으로서 심리학의 영역으로 들어갔다. 오늘날의 심리학이 인간의 선천적 구조를 인정하고, 모든 인식을 감각적 지각에서만 도출하지 않는다고 하더라도 콩디야크가 심리학의 중요한 개척자임은 변하지 않는다. 다만 그는 자신의 그런 심리학적 경향에도 불구하고 유물론자는 아니었다. 그의 감각주의는 죽은 물질이 어떻게 느낄 수 있는 생명이 되는지를 설명하는 이론이 아니었다. 콩디야크의 열광적인 지지자인 스위스 자연 연구자이자 철학자 샤를 보네(1720~1793)는 자신의 수많은 생물학 논문을 그에게 헌정했다. 식물의 잎과 곤충뿐 아니라 인간의 심리까지 파고든 인물이다.

콩디야크 자신은 『감각론』 출간 뒤 꽤 오래도록 인식론과 거리를 두었다. 왕자의 스승을 맡아 달라는 제의를 받고 이탈리아로 가서 훗날 파르마 공작에 오를 페르디난도를 가르치다가 9년 만에 파리로 다시 돌아왔다. 그러고는 아카데미 프랑세즈의 회원이 되었고 그 뒤 주로 경제학 문제에 천착했다. 인식론을 다시 집어든 것은 노년에 시골로 낙향해서다. 그가 세상을 떠난 해인 1780년에 인식론에 관한 책이 마침내 출간되었다. 끝에서 두 번째 저서였는데, 마지막 저서는 1798년, 그러니까 그의 사후에 출간되었다. 그는 이 두 책에서 다시 한번 자신이 가장 좋아하던 문제에 집중했다. 언어는 어떻게 우리의 사고를 가능하게 할까? 그는 예전에 했던 말을 더욱 힘주어 강조한다. 음성 언어는 몸짓 언어, 그러니까 행동에서 비롯되었다고 말이다. 예전의 문화들은 이 행위들을 더 잘 전달하기 위해 개별 부분들로 쪼갰다. 이렇게 해서 점진적으로 독립된 개념들이 서서히 생겨났다. 이 개념들이 점점 자율적으로 움직일수록 인간의 사고도 그만큼 발달했다. 그렇다면 언어와 사고는 분리될 수 없다. 이 둘은 콩디야크가 1746년에 처음 썼던 것처럼 우리의 지식을 이루는 〈질료〉다.

따라서 콩디야크가 언어에 대해 말할 때면 음성 언어뿐 아니라 표정과 몸짓도 포함하고 있음을 감안해야 한다. 그의 친구 디드로도 이 부분에 관심을 보였다. 그러나 콩디야크와는 달리 철학적 인식론으로 만족하지 않았다. 그를 매료시킨 건 조형 예술과 춤, 음악에서 기호와 언어의 감성적이고 미적인 측면이었다. 게다가 디드로는 콩디야크가 멈춘 곳, 즉 생명의 문제와 우리를 구성하는 물질의 문제에 좀 더 깊이 파고들고자 했다. 콩디야크는 이 물질을 설명하지 않았다. 이것을 〈단순한 물질〉로 환원하지도 않았고, 그렇다고 그것에 〈생명을 부여하지〉도 않았다. 하지만 디드로에게는 후자가 정답인 듯했다. 그것도 모페르튀가 말한 다음의 의미에서 말이다. 물질의 가장 작은 입자(분자)를 비롯해 물질 자체는 지극히 예민하고 생명으로 가득 차 있었으니…….

종들의 가변성

드니 디드로(1713~1784)는 자연 연구가로서 역사에 이름을 올리지 못하고 인식론자로서도 역사의 귀퉁이에나 이름을 올렸을 뿐이지만 프랑스 계몽주의에서는 거성이었다. 샹파뉴 지방의 랑그르에서 칼 만드는 대장장이의 아들로 태어난 그는 유럽 문학사의 이정표라고 할 만한 소설 『운명론자 자크와 그의 주인*Jacques le fataliste et son maître*』의 저자로 유명했다. 볼테르보다 생각이 깊고 성실하고, 루소보다 지적이고 사회성이 좋은 그는 지성계의 진정한 중심이었다. 당시의 거의 모든 지식을 자석이 쇳가루를 끌어당기듯 모아 놓고 성찰한 남자였다.

콩디야크와 마찬가지로 디드로도 성직자의 길이 예정된 사람이었다. 그런데 예수회 학교를 마치고 대학 공부를 위해 파리로 갔지만, 3년 만에 신학 공부를 중단했다. 대신 변호사 사무실에서 잠시 일한 뒤 가정 교사, 설교문 대필, 영어를 프랑스어로 번역하는 직업을 전전했다. 청년 디드로는 신학을 제외한 거의 모든 것에 푹 빠졌다. 연극을 좋아한 것은 물론이고 수학 강의실과 의학 강의실에서도 그를 볼 수 있었다. 그는 작가나 철학자가 되려고 했다. 전문적인 양성 기관도 없고, 고정된 일자리나 정해진 삶의 길도 없는 직업이었다. 사교적이고 다감한 이 청년은 섀프츠베리의 『미덕, 또는 가치에 관한 연구』를 번역했고, 몽테뉴의 『수상록』에 깊이 빠졌다. 섀프츠베리 백작의 인문주의는 프랑스 귀족 몽테뉴의 회의론만큼이나 그를 매료시켰다. 디드로는 길에서건 카페에서건 비슷한 생각의 동지들을 만났다. 콩디야크, 루소, 작센 출신의 남작 프리드리히 멜히오르 그림(1723~1807), 파리의 수학자 장바티스트 르 롱 달랑베르(1717~1789) 같은 청년들이었다.

디드로가 1703년 삯바느질로 생계를 꾸려 가는 가난한 안앙투아네트 샹피옹(1710~1796)과 결혼하려고 하자 격분한 아버지는 아들을 트루아 인근의 카르멜회 수도원에 감금해 버렸다. 디드로는 가슴을 쥐어뜯으며 괴로워하다가 마침내 수도원을 탈출해서 아버지의 허락도 없이 연인과 결혼해 버렸다. 그런데 이 여인과 평생 결혼 생활을 유지하면서도 여러 여자들과 다년간 내밀한 관계를 이어갔다. 달변에다 굉장히 사교적이고 인정 욕구까지 강한 그는 유명한 돌바크의 살롱에서 지적인 중심이 되었다. 그사이 여러 편의 에세이를 선보였는데, 그중에는 특히 신학과 교회를 비판하는 글들이 많았다.

1749년 런던에서 『볼 수 있는 사람들을 위한 맹인 서간 *Lettre sur les aveugles à l'usage de ceux qui voient*』이 출간되었을 때 디드로는 그로 인해 화를 입었다. 어떻게 보면 화를 입지 않는 게 이상할 정도였다. 이 작품의 출발 테제는 수상쩍을 만큼 라메트리의 냄새를 강하게 풍기지만, 저자는 일부러 그 이름을 언급하지 않았다. 그러는 편이 좋다는 건 삼척동자도 알 일이었다. 어쨌든 디드로는 라메트리와 마찬가지로 우리 신체 기관의 상태와 우리 감정과 사고 사이에 불가분의 관계가 있다고 보았다. 여기서 감정과 사고에는 도덕과 형이상학에 대한 우리의 모든 관념까지 포함된다. 게다가 디드로는 콩디야크처럼 모든 감각이 감각성에서 생겨난다고 생각한다.

디드로는 태어날 때부터 맹인이었던 퓌조 출신의 한 남자를 예로 들며 자신의 관점을 설명한다. 맹인은 콩디야크가 촉각에 대해 써놓은 내용을 실감나게 이야기한다. 굉장히 예민한 손가락으로 사물을 만지면서 자신의 세계를 만들어 낸다. 볼 수 있는 사람들처럼 공간과 시간을 인지하고, 사물의 형태에 대해서도 정확한 이미지를 갖고 있다. 그에게 없는 건 미에 대한 감각이다. 맹인은 도덕적 문제에 대해서도 볼 수 있는 사람들과 다르게 평가할 때가 많다. 예를 들어 도둑질에는 놀랄 정도로 격분한다. 있던 물건이 없어지면 자신의 방향 감각에 문제가 생기기 때문이다. 게다가 본인은 절대 도둑질을 할 수가 없다는 무력감 때문에 분노는 한층 더 커진다. 그에 반해 맹인은 수치심은 별로 없다. 특히 자신의 옷차림과 관련해서는 더더욱 그렇다. 정상적인 사람에게서 관찰되는 또 다른 면도 맹인에게는 해당되지 않는다. 즉, 볼 수 있는 사람의 경우 〈눈에서 멀어지면 마음도 멀어진다는 것〉은 자연스러운 도덕적 현상이다. 어떤 도덕적 불의가 우리에게서 멀리 떨어진 곳에서 발생할수록 우리는 그 사건에 그만큼 더 개의치 않는다. 반면에 맹인에게는 그런 등급이 존재하지 않는다. 이는 우리의 감각성이 도덕에 대한 감각을 결정한다는 것에 대한 또 다른 징표다.

디드로에게는 도덕에 통용되는 건 형이상학에도 통용된다. 그가 볼 때 맹인은 추상화하는 능력이 보통 사람보다 뛰어나다. 영국의 맹인 수학자 니콜라스 손더슨(1682~1739)이 그 예이다. 손더슨은 논리적 명료성에 도움이 된다면 초감각적인 것에 대한 사변도 얼마든지 해낼 수 있었다.

관습과 고차원적인 도덕, 신학을 포함해서 인간의 모든 사고와 행동에 대한 그런 냉철한 분석은 프랑스 국방부 장관을 격분시켰다. 때문에 디드로는 1749년 7월 말부터 11월 초까지 뱅센 국립형무소에 갇혀야 했다. 다시 자유의 몸이 되었을 때는 어떤 글을 어떤 형식으로 써야 할지 오랫동안 고민했다. 게다가 디드로 역시 자기 자신과의 생각 게임에서 체스로 치면 항상 흑이 이기는 회의적 사상가에 속했다. 다시 말해 모든 논거에 대해 항상 더 나은 반대 논거가 떠오르는 사람이었다. 그래서 그가 체계적인 작품을 한 권도 완성하지 못하고 단편과 초안, 대화록, 편지, 에세이, 소설만 남긴 것은 놀라운 일이 아니다.

더 이상 완결된 하나의 세계 체계를 믿지 않는 오늘날에는 디드로를 의식적으로 비체계적인 길을 걸은 사상가로 치켜세우는 일이 왕왕 있다. 그러나 그건 부당한 찬사다. 디드로도 주변의 다른 모든 계몽주의자들처럼 자신이 실존을 의심치 않는 자연의 진정한 질서를 규명하고자 애썼고, 그 질서는 밝혀질 수 있다고 믿었다. 뉴턴의 본보기에 따르면 우리 인간은 관찰과 실험, 성찰의 똑똑한 협업을 통해 그 질서를 드러낼 수 있었다.

디드로는 감수성이 어떻게 물질 속으로 들어가는지 그 거대한 비밀을 밝히고 싶었다. 인간에게 감수성이 있다는 것이 모든 감각론의 토대이기 때문이다. 그런데 지금까지는 이 감수성의 기원을 설명할 수 없었다. 생명이 없는 물질에서 살아 있는 물질로 넘어가도록 하는 것은 무엇이고, 모든 개별 생명체 속에서 그런 이행을 계속 야기하는 것은 무엇인가? 기독교 및 기독교 조물주와 단절한 사상가들에게(디드로 주변의 많은 사상가들이 그랬다) 사실 이 물음은 큰 난제였다. 디드로는 이 문제와 관련해 많은 짧은 에세이를 비롯해 제법 부피가 나가는 책을 세 권 썼다. 『자연 해석에 관한 사유*Pensées sur l'interprétation de la nature*』(1754), 『달랑베르의 꿈*Le rêve de d'Alemberts*』(1769), 『생리학의 기초*Éléments de physiologie*』(1774)가 그것이다.

첫 번째 책은 생물학과 화학, 생리학의 문제를 다루는데, 54개의 짧은 장에서 이 학문들의 지식을 대략적으로 간추린다. 디드로는 감수성의 문제에서 모페르튀와 뜻을 같이한다. 분자의 가장 아래 단계에서부터 외부 자극을 느끼는 능력과 자신을 펼치려는 충동이 존재한다는 것이다. 이는 단계적으로 더 높이 올라가고 점점 더 복잡해지려는 본능적인 갈망이다. 디드로가 여기서 대략적으로 밝히고 있는 것은 오늘날 창발Emergence이라고 부르는 것과 다르지 않다. 즉, 어떤 성질이 없는 구성 요소에서 그 성질이 새롭게 발전한다는 것이다. 디드로에 따르면, 그렇게 해서 무생물이 생물이 되고, 단순한 생물이 복잡한 생물이 된다. 의사 테오필 드 보르되(1722~1776)에게서 영감을 받은 생각이다. 이는 개별 생물의 발전뿐 아니라 종의 생성에서도 일어나는 과정이다. 디드로는 대화 파트너였던 자연 연구가 조르주 루이 르클레르크 드 뷔퐁(1707~1788)과 더불어 자연사를 종들의 점진적인 발달 과정으로 생각한 최초의 사상가 중 한 명이다. 우리가 오늘날 동식물 종에 관해 알고 있는 모든 것은 〈원형들〉에서 발전했을 수 있다. 생물체들의 무한한 사슬 속에서 말이다.

새로운 종은 분자들의 유전 과정에서 발생하는 〈오류들〉로 인해 생겨난다. 모페르튀는 어쨌든 그렇게 추정했다. 그로써 발달사는 더 이상 지속적인 연관의 역사가 아니다. 모페르튀에 따르면, 연속성은 우리의 정신에는 마음에 들지만 자연의 마음에는 들지 않는다. 모페르튀가 높이 평가한 라이프니츠가 무한한 인과성에 대해 말했다고 해서 그것에 어떤 혼란과 뒤엉킴도 없다는 뜻은 아니다.

디드로는 이 생각 속으로 깊이 파고들었고, 시간이 가면서 종들의 점진적인 생성에 관한 전체 그림이 그려졌다. 〈우리 앞에 어떤 동물 족속들이 있었는지 누가 알 것이며, 우리 뒤에 어떤 동물 족속들이 나올지 누가 알겠는가? 모든 것은 변하고, 모든 것은 스러진다. 유구한 건 오직 우주뿐이다.〉[117] 그런데 여기서 말하는 발달사의 총 기간은 어떻게 될까? 1739년부터 파리 왕립 식물원을 이끌었던 뷔퐁은 일련의 실험을 통해 발달사의 총 기간을 대략 7만 5,000년으로 추정했다. 아마 그가 침전물 형성의 속도를 알고 있었다면 훨씬 더 긴 시간이 나왔을 것이다. 심지어 300만 년이라는 시간까지 말이다. 어쨌든 이로써 홉스와 같은 시대에 살았던 어셔 추기경의 계산처럼 지구가 기원전 4004년에 생성되었다는 주장은 급격하게 수정될 수밖에 없었다.

모페르튀와 디드로, 뷔퐁은 진화론의 초기 선구자였다. 물론 그들은 아직 모르는 것이 많았다. 어쨌든 뷔퐁은 무한히 운동하는 불멸의 유기 분자에 대해 말했고, 디드로는 자기 작품 속의 달랑베르로 하여금 그의 유기체가 꿀벌 떼와 비슷해 보이는 꿈을 꾸게 했다. 각 부분들이 서로 자유롭게 조합하면서 합성된 그의 유기체가 꼭 꿀벌 떼를 닮아 보였던 것이다. 두 사람은 모두 뉴턴 물리학의 한계를 깨닫고 있었다. 〈생명〉이 단순히 움직이는 물질과 다른 것은 분명했다. 생명의 원리에는 스스로를 조직하는 능력이 내재해 있었다. 〈기관은 욕구를 만들고, 반대로 욕구는 기관을 만든다.〉[118] 이 똑똑한 통찰과 함께 디드로와 뷔퐁 같은 사상가들은 자신들이 라이프니츠와 그 유명한 몽펠리에 의학 학파 사이의 미개척지 어딘가에있다고 생각했다. 그들은 라이프니츠처럼 모든 모나드를 스스로 보존하게 하는 〈에너지〉가 있음을 깨달았다. 그런데 이 에너지는 라이프니츠처럼 순수 물리학적일 수는 없었다. 디드로와 뷔퐁은 몽펠리에 학파처럼 그것을 일종의 생명 에너지로 보았다. 물론 그게 정확하게 어디에 있는지는 확인할 수 없었지만.

디드로와 뷔퐁은 자연 과학이 장차 〈생명〉의 문제를 해결할 거라고 확신했다. 그렇다면 철학자에게는 어떤 역할이 남게 될까? 자연 과학으로 인해 이제 철학은 필요 없어지는 것일까? 어쨌든 철학자라면 디드로의 다음 말처럼 항상 생물학적 연구 상황에 정통해야 하는 건 분명했다. 〈해부학자, 박물학자, 생리학자, 의사가 되지 않고는 훌륭한 형이상학자나 도덕 철학자가 되기 어렵다.〉[119] 그런데 이런 의구심과 씨름한 건 디드로 같은 회의론자뿐이었다. 〈유물론〉의 이름으로 모든 문제를 해결한 것이나 다름없다고 생각한 그 두 작품의 저자들은 그런 의구심을 품지 않았으니…….

어떤 책이 그걸 미리 알 수 있을까? 의회와 소르본 대학, 파리 대주교구, 교황, 국왕 할 것 없이 모두에게 동시에 비난받고 금지되리라는 것을. 종교와 국가를 위태롭게 한다는 죄목으로 1758년 출간 직후 바로 불태워진 그 책은 바로 『정신론*De l'esprit*』이었다. 저자는 귀족이자 왕실 시종관으로서 자신을 엘베시우스라고 부른 클로드 아드리앵 슈바이처(1715~1771)였다.

엘베시우스가 파리의 최상류층에 속했기에 스캔들은 더 커졌다. 원래 의사 집안 출신의 그는 스물세 살에 벌써 경제적인 걱정에서 해방되었다. 아버지가 벌이가 쏠쏠한 세금 징수관, 즉 조정의 위탁으로 세금과 공물을 추징하는 세금 청부업자 자리를 돈으로 얻어 준 것이다. 그러나 젊은 엘베시우스는 그 일에 많은 시간을 투자하지는 않았다. 이 멋쟁이 청년은 파리 살롱의 스타이자 타고난 춤꾼이었다. 한마디로 18세기의 루돌프 누레예프*로서 모두의 시선을 한 몸에 받았다. 그는 서른여섯 살에 징수관 직을 그만두었고, 그때부터 전적으로 아름다운 인생과 정신의 연구에만 집중했다. 그의 아내 안카트린 드 리니뷰(1722~1800)가 주관하는 살롱은 파리 사교계의 중심이 되었는데, 거기엔 부부의 빼어난 아름다움이 큰 몫을 차지한 듯하다. 어쨌든 엘베시우스 살롱에 참석할 수 있는 사람은 파리의 상위 500명에 속하는 성공한 사람이었다.

엘베시우스는 자신에게 닥칠 수 있는 위험을 너무 과소평가한 것이 분명했다. 그렇지 않고서야 『정신론』을 그런 식으로 쓴 것은 설명이 되지 않는다. 이 책은 신학과 종교에 대한 비판으로 가득한 유물론적 철학의 원론이자 성적 자유의 선언서였다. 같은

* 1938~1993. 소련에서 서방으로 망명한, 당대 최고의 무용수 중 한 사람이다.

시기에 나온 것이 애덤 스미스의 『도덕 감정론』인데, 두 저자 모두 새로운 객관적 도덕학의 토대를 세우고자 한 것은 한결같다. 그러나 스미스의 낙관적 사회 진화와 모든 형이상학에 창끝을 겨눈 엘베시우스의 혁명적 사유는 그 차이가 얼마나 큰지 모른다! 한 사람은 고국의 사회 질서를 지키려고 했다면 다른 한 사람은 고국의 사회 질서를 전복시키려 했다. 물론 영국과 프랑스의 사회적 지배 상황은 달랐다. 프랑스 계몽주의자들이 소망하던 많은 것들이 영국에서는 최소한 부분적으로는 실현되었다. 하지만 스미스와 엘베시우스의 차이는 그것만으로는 충분히 설명되지 않는다. 다정다감한 성격의 스미스는 계몽사상가인 동시에 여전히 온갖 다툼을 피하는 독실한 신앙인이었다. 반면에 독일 작센이 원래 뿌리였던 그 프랑스인은 살롱의 멋쟁이이자 쾌락주의자이자 단호한 무신론자였다. 게다가 자신의 생명과 재산이 위태로워지지 않은 상태에서 명성을 높일 수 있는 일이라면 스캔들을 일으키는 것도 마다하지 않았다.

건실한 앵글로·색슨 철학과 다채로운 프랑스 철학의 이런 차이는 오늘날까지도 이어진다. 그래서 영국 철학사가들이 엘베시우스 같은 남자들을 거의 다루지 않는다고 해도 별로 놀랍지 않다. 그들에게 『정신론』 같은 작품의 순진한 과대망상은 생경하다. 또한 천체 물리학에서 도덕과 정치로까지 이어지는 하나의 거대한 세계 체계를 만들려는 대담성은 놀랍게 여겨진다. 하지만 그런 프로그램이 프랑스 계몽주의의 핵심이었고, 그를 통해 프랑스 계몽주의는 종교적 절대주의의 낡은 질서를 대체하려고 했다. 〈유물론자들〉은 크고 총체적으로 생각했다(오늘날까지도 그런 경우가 많다). 또한 중세부터 앙시앵 레짐까지 그들 이전의 신학자들 못지않게 야망이 컸다.

18세기에 뉴턴이 얼마나 황홀한 존재였는지는 사실 상상하기 어려울 정도다. 엘베시우스 같은 사람에게는 이제부터 생명의 모든 현상을 자연 과학적으로 설명할 수 있을 거라는 믿음으로 인식의 아름다운 서광이 비치는 것 같았을 것이다. 마치 교회가 2,000년 가까이 사실들 위에 드리웠던 신앙의 어두운 그림자가 환한 햇빛과 함께 물러가는 듯했다. 이제 신의 뜻은 물리학적 운동이 되었고, 신이 인간에게 불어넣은 숨결은 신경 자극의 전기가 되었다.

엘베시우스는 자신의 살롱에 드나들던 콩디야크와 디드로처럼 뉴턴과 로크를 추종했다. 그의 책은 사변을 배제한 정밀과학이 되어야 했다. 인간은 무엇이고, 어떻게 행동하는가? 남들이 규범을 세우는 것에 집중할 때 엘베시우스는 행동 연구가의 확고부동함을 보여 주고자 했다. 그 과정에서 뉴턴의 물리학에서 열쇠를 보았고, 그 물리학에 천착했다. 운동의 물리학 법칙이 우주를 지배하듯 인간의 감각성이 도덕적 우주를 지배한다. 이는 생물학의 모든 문제를 간단히 뛰어넘어 버리는 비약적 결론이었다. 그러다 보니 이후의 발걸음은 여기저기서 비틀거린다. 모든 도덕은 기억 속에 저장되어 있는, 이미 체험된 감각성이다. 우리가 〈정신〉이라고 부르는 것은 우리 감정들 사이의 물리학적 커서 cursor, 또는 감정과 그 감정을 불러일으키는 대상들 사이의 물리학적 커서에 다름 아니다.

이 커서는 우리의 열정에 의해 조종된다. 욕망만이 사물에 대한 우리의 〈관심〉을 일깨우기 때문이다. 도덕이라는 것이 관심과 이익의 계량화와 뭐가 다른가? 삶의 목표는 전기화학적 자기애를 양분으로 하는 자기 보존이다. 내 이익에 도움이 되는 것이 도덕적으로 좋고, 그에 반하는 것은 나쁘다. 스피노자와 흄도 그렇게 보았다. 다만 두 사람은 자신의 이익이 일반의 이익에 유리한지 해로운지 면밀하게 검토할 것을 요구했다. 엘베시우스도 그에 동의한다. 그래서 흄처럼 미덕을 사회적 유익성에 따라 배열했다. 하지만 근대적 인간이 살아가는 세계처럼 한눈에 조망할 수 없는 복잡한 세계에서 모두에게 유익한 것이 무엇인지 어떻게 항상 제대로 알 수 있을까? 도덕에서는 정녕 유익함만 따지는 것으로 충분할까? 미덕을 미덕 자체로 놓고 평가하는 것이 더 낫지 않을까? 스미스는 이 쟁점에 대해 영리한 해결책을 찾아냈고, 만인의 머릿속에 〈공정한 관찰자〉의 개념을 심어 놓았다. 우리 뇌 속의 이 선한 존재는 만인의 안녕을 놀라운 방식으로 개인적 심판 기구, 즉 자기 자신의 안녕에만 신경을 쓰는 개인적 심판 기구와 연결시킨다.

엘베시우스는 이런 심리학적 해결책을 마련하지 못했다. 대신 각자의 관심을 공동선으로 돌리게 할 교육에 전적인 신뢰를 보냈다. 많은 영국인들의 생각과는 달리 그는 개인의 사적 이익이 전 사회에 이롭다는 사실이 도저히 납득되지 않았다. 그래서 곧 보게 되겠지만, 그는 전형적인 프랑스인답게 생각했다. 〈공동선〉은 각자가 알아서 자기 자신만을 생각할 때 마법처럼 자동으로 생겨나는 것이 아니다. 그건 교육으로 모든 사람에게 주입시켜야 할 이상이다. 엘베시우스에 따르면 모든 건강한 인간은 선천적으로 똑같은 재능을 타고나기에 분명 그런 이상적 인간으로 만들어질 수 있다는 것이다.

어떤 동시대인도 엘베시우스가 그 책에서 흄의 법칙을 위반했다고 비방하지는 않았다. 왜냐하면 뉴턴의 물리학(존재의 묘사)에서부터 모든 인간이 당위적으로 공동선을 따라야 한다고 추론할 수는 없기 때문이다. 인간은 공동선에 따를 수도 있지만, 영악한 기회주의와 교활한 이기주의로도 얼마든지 빠질 수 있다. 그리고 사회에 〈유익한〉 것이 무엇인지 대체 어떤 심판 기구가 결정할 수 있을까? 앙시앵 레짐의 대변자들은 그런 것에 신경을 쓰지 않았다. 오히려 엘베시우스가 원래 도덕적으로 선하거나 악한 행동이 있다는 것을 전혀 모르는 것에 화를 냈다. 그에겐 공공에 구체적인 해를 입히지 않는 한 원하는 것은 무엇이건 허용되었다. 그래서 어떤 형태건 사적 쾌락의 충족은 모든 당사자들이 그에 동의하면 전적으로 정당화되었다. 교회와 왕실의 사람들은 모든 인간이 평등하고 똑같은 재능을 타고났다는 것도 마뜩치 않았다. 하지만 그들을 특히 자극한 것은 그 책 곳곳에 넘쳐나는 기독교에 대한 수많은 경멸적 비방이었다.

엘베시우스는 가까스로 그 스캔들에서 무사히 빠져나올 수 있었다. 공개적으로 자신의 견해를 철회한 것이다. 그리고 이후 몇 년 동안은 급진적인 발언도 자제했다. 그 과정에서 그가 가장 좋아한 대화 상대 중 하나가 폴앙리 디트리히 돌바크(1723~1789)였다. 그가 운영하는 살롱은 지성인들 사이에서 엘베시우스의 살롱보다 유명했지만, 대신 화려하거나 매력적이지는 않았다. 돌바크도 유물론적 전체 구상을 내놓았다. 『자연의 체계, 혹은 물리적 도덕적 세계의 법칙들*Système de la nature ou des loix du monde physique & du monde moral*』이 그것이다. 1770년 이 작품이 출간되었을 때 저자는 만일의 경우에 대비해서 장 바티스트 드 미라보라는 가명을 사용했다. 이미 10년 전에 유명을 달리한 철학자의 이름이다.

돌바크는 독일 란다우 인근의 에데스하임에서 포도 농사를 짓는 가정에서 태어나 여덟 살 때 금융 중개업을 하는 부유한 숙부 집에 맡겨졌다. 숙부 프란츠 아담 홀바흐는 파리 왕립 은행의 설립에 결정적으로 기여했고, 1664년 영국의 모범에 따라 설립되었다가 1719년에 프랑스 동인도 회사와 합병한 프랑스 서인도회사의 사업에 초기부터 투자한 인물이었다. 막대한 수익으로 돈이 넘쳐나던 그는 빈에서 귀족 작위를 돈으로 샀고, 조카의 앞날을 위해 아낌없이 후원했다. 청년 홀바흐*는 레이던에서 법학과 자연 과학을 공부했다. 영국의 휘그당 사람들도 자식들을 유학시키던 곳이었다. 사람들과의 관계에 탁월한 재능이 있던 홀바흐는 훗날 정치적으로 성공한 많은 사람들과 친분을 맺었다. 그의 자랑이던 숙부는 조카를 자식으로 입양했고, 두 사람은 프랑스 국적을 취득했다. 1753년 숙부가 죽으면서 남긴 거액의 재산으로 돌바크는 단숨에 부자가 되었다. 게다가 6촌 여동생과의 결혼은 그의 신분 상승에 추가로 도움을 주었다. 그의 아내 바질주느비에브 수잔 데느로 인해 파리의 귀족들 세계로 들어가는 문이 열렸고, 그때부터 그는 그 세계에서 아주 당연하다는 듯이 활동했다.

돌바크 살롱은 단시간에 계몽주의의 정신적 중심지가 되었다. 돌바크 남작은 사별한 아내의 여동생인 두 번째 아내와 이 집에 기거하면서 디드로와 달랑베르, 콩디야크, 그림, 엘베시우스 같은 친구들을 맞았다. 이후 도시 곳곳에서 돌바크 패거리라는 말이 나돌기 시작했다. 상당수의 외국인 손님들이 그 명성을 프랑스 밖으로까지 전파했고, 그로써 돌바크 살롱은 유럽의 카페라는 전설적인 별칭을 얻게 되었다. 당대의 인물들 중에서 돌바크는 광물학과 화학 전문가였다. 그 외 일상적인 벗들의 모임에서는 교회에 대한 비판적인 글들을 썼다. 이런 글들은 익명이나 가명으로 네덜란드에서 인쇄를 맡긴 뒤 아슬아슬한 방식으로 다시 프랑스로 몰래 들여왔다.

자연에 관한 돌바크의 철학적 주저가 출간된 것은 마흔여섯 살 때였다. 그는 12년 전의 엘베시우스처럼 물리학에서 사회물리학으로 부드럽게 넘어가는 철학적 체계를 구상했다. 두 사람의 책은 돌바크가 그렇게 오랜 시간이 지나 엘베시우스와 비슷한

* 원래 독일어 성은 홀바흐Holbach인데, 나중에 프랑스 국적을 얻으면서 돌바크D'Holbach로 바뀌었다. 여기서 〈D〉는 귀족의 성 앞에 붙는 〈de〉의 줄임말이다.

책을 쓸 수 있는 것이 의아할 정도로 닮았다. 책의 성분들은 이미 세상에 잘 알려져 있는 것들이었다. 예를 들어 뉴턴의 물리학, 라메트리의 기계적 유물론, 콩디야크의 감각론, 오직 유익함에만 초점을 맞춘 공동선의 도덕이 그것이다. 거기다 돌바크는 스피노자를 집중적으로 연구했고, 스피노자처럼 정신과 육체의 〈이원론〉을 거부하고 〈일원론〉 펼쳤다. 그런데 이런 구상은 이미 엘베시우스와 디드로에게서도 있었다. 돌바크가 스피노자를 읽으면서 고무된 것은 자유 의지에 대한 의심이었다. 스피노자나 젊은 흄과 마찬가지로 그는 의지의 자유란 없다고 생각했다. 세상 모든 것이 원인과 결과의 법칙에 종속되어 있다면 인간의 의지도 마찬가지가 아닐까? 그런데 이 입장은 즉각 돌바크가 간파하지 못한 다음 문제로 이어졌다. 자유 의지가 없다면 인간은 어떻게 교육을 통해 공동선을 존중하도록 설득할 수 있을까?

돌바크의 책은 체계를 강조한다. 실제로는 그 안에 체계라고는 조금도 없음에도. 책은 전체적으로 장황하고 서툴다. 게다가 명확한 목표도 없이 반복과 화학적 설명만 가득하다. 가끔은 살롱에서 오갔던 대화를 무작위로 선택해서 다듬지도 않고 그대로 실은 느낌도 든다. 책은 유물론의 온갖 모순이 곳곳에 포진하고 있을 정도로 폭이 넓다. 저자에게는 그런 모순이 눈에 띄지 않았던 모양이다. 물리학은 엘베시우스의 저서처럼 어려움을 겪고, 생물학은 모호하고, 감각론은 콩디야크를 조금도 넘어서지 못했으며, 도덕적 결론과 요구는 불확실했다. 자연이 물리학적으로 설명될 수 있고 인간 경험이 감각에 좌우된다는 사실에서 인간이 신을 믿지 말아야 한다는 결론이 바로 도출될 수는 없었기 때문이다.

어쨌든 그것도 영광이라면, 돌바크의 저서 『자연의 체계』 역시 공개적으로 불태워졌다. 그의 적들에게는 지겨울 정도로 뻔한 이야기였을 텐데 말이다. 대신 저자는 책 안에서 기독교를 가리켜 진리를 고의로 위조한 단체로 탄핵했다. 사기꾼 같은 사제들이 사적인 이익을 위해 순진한 사람들을 속이고 있다는 것이다. 그런데 그 책에 대해 거부감을 불러일으킨 것은 교회의 탄생에 관한 이 음모론에 가까운 이론만이 아니었다. 포츠담의 프리드리히 대왕은 경험보다 체계를 더 믿는 것 같은 저자의 순진함을 경멸적으로 비웃었다. 그러면서 자신의 궁정 수학자 요한 카스티용(1708~1791)에게 그 책에 버금갈 만큼 방대한 양으로 반박문을 쓰게 했다. 반면에 젊은 괴테는 반쯤 읽다가 돌바크의 책을 던져버렸다. 흄은 영국에서 그 책을 여기저기 들추어보고는 〈장황하고 과감하다〉는 평을 내렸다. 짧고 요란스러운 소동은 비누거품처럼 꺼졌다. 프랑스 혁명은 20년도 안 남은 시점이었다. 이제 대규모 전투가 벌어질 영역은 더 이상 인식론이 아닌 정치 철학이었으니…….

공공의 이성

백과전서 / 몽테스키외 / 공공의 이익 / 루소 / 불평등의 기원 / 사회 계약 / 고독하고 자유롭게 살라! / 국가 없는 이념들 / 콩도르세 복음서 / 이성의 사원 / 진보의 법칙

백과전서

종교적 믿음은 어떻게 무너뜨릴 수 있을까? 성서를 자구 그대로 받아들여 해석하면 된다. 예를 들어, 창세기에 나오는 숫자가 사실이라고 가정하면 그 옛날 노아의 방주에서는 어떤 일이 벌어졌을까? 당시로선 어마어마하게 큰 배였다. 오늘날의 척도로 환산하면 길이 133미터, 폭 22미터, 높이 13미터에 이르렀다. 노아의 배에는 동물들을 위한 공간이 분명 충분히 마련되어 있었을 것이다. 그렇다면 신의 선택을 받은 노아가 두 아들과 함께 그런 배를 만드는 데 얼마나 걸렸을까? 대략 52년에서 100년 사이로 추정된다. 또 그 배에는 정확히 몇 마리의 동물종이 타고 있었을까? 18세기 인간들이 파악하고 있던 동물종의 기준으로 보면, 포유동물 종을 위해 서른여섯 개 축사와 조류를 위해 서른여섯 개 대형 새장이 필요했을 것이다. 게다가 이 모든 공간들은 합리적으로 잘 배치해야 했고, 환기도 잘되도록 신경 써야 했을 것이다. 그뿐 아니다. 동물들의 먹이를 저장하는 창고도 서른여섯 개 필요했다. 4만 7,000세제곱미터의 건초와 육식 동물용으로 수백 마리의 양이 그것이다. 그 밖에 물도 3만 6,000톤 필요했고, 노아의 가족들이 사용할 선실도 네 개 있어야 했다. 이 모든 설비와 구조는 갑판별로 정말 잘 생각해서 배치해야 했을 것이다. 그런데 동물들의 분뇨는 어떻게 처리했을까? 노아 가족은 바다에 떠 있는 40일 내내 쉴 새 없이 동물들을 먹이고, 막대한 양의 똥오줌을 바다로 퍼내느라 아마 등골이 빠졌을 것이다. 그것도 겨우 남자 셋이서 말이다. 그사이 노아의 아내는 음식을 만들고 선실을 청소했을 것이다.

이 계산은 신학자 에드메 프랑수아 말레(1713~1755)가 한 것으로, 저자들이 『백과전서, 또는 학문과 예술, 기술에 관한 체계적 사전*Encyclopédie ou Dictionnaire raisoné des sciences, des arts et des métiers*』이라고 이름붙인 거대한 프로젝트 1권에 나오는 내용이다. 이 프로젝트는 뷔퐁의 『자연사*Historie naturelle*』와 더불어 당시 가장 큰 출판 기획이었다. 1749년, 돈도 없고 이름도 없던 디드로는 원래 영국에서 1728년에 출간된 두 권짜리 『백과사전*Cyclopaedia*』만 번역하기로 되어 있었다. 그런데 영민한 이 젊은 문학가는 지금 자신에게 얼마나 엄청난 기회가 제공되었는지 재빨리 알아차렸다. 그래서 친구 달랑베르와 함께 당시의 모든 중요한 지식을 간략하게 담은 여러 권짜리 책을 만들고자 했다. 디드로는 단순히 정보만 제공하는 것에 그치고 싶지 않았다. 많은 유익한 내용들 외에 온갖 사상적 흐름과 종교적 방향, 철학을 나란히 동등하게 소개하는 것이 목표였다. 모든 것을 알파벳 순서로 나열한다는 것 자체가 이미 혁명이었다. 그리 되면 모든 지식을 원칙적으로 동등한 입장에서 비교하는 것이 가능해지기 때문이다.

본보기는 이미 큰 성공을 거둔 피에르 벨의 『역사 비평 사전』이었다. 하지만 디드로와 달랑베르의 『백과전서』는 완전히 차원이 달랐다. 프랑스를 대표하는 계몽주의자들을 비롯해 144명의 저자를 참여시켜 수많은 항목을 쓰게 할 생각이었다. 아베 말레만 해도 1751년에 출간된 1권에 500개 넘는 항목을 집필했다. 이 프로젝트는 1780년에 종결되었는데, 그때까지 출간된 권수가 무려 서른다섯 권에 이르렀다. 『백과전서』는 계몽주의의 모든 작품들 가운데 가장 크고 의미 있는 성취일 것이다. 디드로는 이 작품의 제목과 같은 〈백과전서〉라는 항목에서 그 목표를 이렇게 밝히고 있다. 〈우리의 후손들을 단순히 좀 더 교양 있게 만드는 것에 그치지 않고 좀 더 도덕적이고 행복하게 만들고 싶고, 그로써 우리가 인류에 기여한 바 없이 죽지는 않았음을 확인하고 싶다.〉

디드로에게 인류에 기여한다는 것은 모든 이론적 실용적 지식을 일반인들이 접근할 수 있게 하는 것을 의미했다. 또한 특정한 경향성을 띤 항목을 쓰는 용기를 뜻하기도 했다. 『백과전서』는 모든 항목을 외적으로는 알파벳순으로 동등하게 배열하고 있지만, 내용적으로는 굉장히 상이한 관점에서 기술한다. 예를 들어 종교적 도그마나 인습, 풍습 같은 것들에 대해선 상당히 비판적인 입장으로 바라보는데, 그러다 보니 노아의 방주도 금세 사람들의 조롱거리로 전락해 버린다. 심지어 〈성찬(聖餐)〉 항목에서는 〈식인주의〉를 참조하라는 지시까지 달려 있다.

그럼에도 디드로는 별로 만족하지 못했다. 『백과전서』는 오늘날의 위키피디아와 비슷한 문제점을 안고 있었다. 지식과 관심도에 따라 어떤 항목은 비교가 안 될 정도로 길었고, 어떤 항목은 턱없이 짧았다. 게다가 통일적인 어조는 기대할 수도 없었다. 〈여기서는 균형을 잃고 과장하기에 바쁘고, 저기서는 빈약하고 진부하고 알맹이 없는 말만 늘어놓는다. 또 어떤 대목은 해골처럼 앙상하고, 어떤 대목은 수종처럼 부어 있다. 우리는 난장이와 거인, 자이언트와 피그미를 번갈아 가며 만난다. 어떤 때는 균형을 이루면서 쭉쭉 잘 자란 것을 보다가도 어떤 때는 뒤틀리고 마비된 기형을 본다.〉[120]

이런 상황에서 돌바크가 1752년에 합류하면서 신선한 바람이 불었다. 이후 그의 살롱은 이 매머드급 저서의 공간적 중심이 되었다. 돌바크는 폭넓은 지식으로, 디드로는 개인적인 매력과 흘러넘치는 정신으로 살롱 손님들을 즐겁게 했다. 그러나 마냥 즐거운 시절만은 아니었다. 사유의 교류만큼이나 이 모임에 영향을 끼친 것은 시기와 질투였다. 배후에는 항상 이 프로젝트에 비판적이고 강압적인 태도를 취하는 앙시앵 레짐이 도사리고 있었다. 1759년에는 심지어 『백과전서』가 일시적으로 금지되었고, 몇몇 저자는 경찰에 쫓기기도 했다. 결국 발행인들은 위장용으로 스위스의 제네바, 로잔, 뇌샤텔, 베른에 책의 인쇄를 일부 맡겼다.

그럼에도 이 프로젝트가 실패하지 않은 건 왕실 검열관장 크레티앵 기욤 드 라무아뇽 드 말제르브(1721~1794) 덕분이었다. 영향력 있는 법률가이자 정치인이었던 그는 『백과전서』와 그 저자들에게 자신의 직책에 어울리지 않을 만큼 호의적인 태도를 보였다. 말제르브는 왕실과 부상하는 시민 계급의 이해관계를 번번이 중재했고, 현명함과 선견지명으로 고위 법관직을 물려주는 귀족들의 특권을 금지하기도 했다. 그럼에도 말년에는 단두대의 이슬로 사라지는 운명을 피할 수 없었다. 1792년 국민 의회에서 루이 16세를 변호했다는 이유로 말이다. 누군가는 맡았어야 할 일을 그가 맡은 것뿐인데.

1759년의 불쾌한 충돌에 지칠 대로 지친 달랑베르는 이 프로젝트에서 손을 뗐다. 대신 프리드리히 대왕과의 관계에 공을 들였다. 이는 프리드리히 대왕이 1756년 7년 전쟁을 일으킨 뒤로 이 계몽 군주를 경멸하던 디드로에게는 무척 못마땅한 일이었다. 젊은 시절 안티 마키아벨리즘으로 프랑스 계몽주의자들 사이에서 인기가 높았던 프리드리히 대왕이 이제는 완전히 사람이 바뀌어 본인이 가장 야비하고 잔혹하게 마키아벨리식 정치를 실천하고 있었다. 이 프로이센 왕은 더 이상 말이 아니라 대포로 유럽 내에서 자신의 입지를 굳히려고 했다. 그가 촉발한 전쟁은 유럽의 모든 열강들을 끌어들였다. 수많은 전쟁터에서 첫 번째 〈세계 전쟁〉이라고 할 만한 전쟁이 벌어지는 동안 디드로는 『백과전서』라는 평화 프로젝트를 두고 풍기 감독관과 검열 당국에 힘겹게 맞서고 있었다. 〈이 작품은 시간이 흘러 사람들의 생각에 분명 혁명을 일으킬 것이고, 나는 이 작품으로 폭군과 압제자, 광신자, 무관용자들이 손해를 보길 바랍니다. 우리는 인류의 이익에 복무하고 있지만, 후세인들이 그런 우리에게 고마움을 표할 때쯤이면 우린 벌써 흙으로 돌아가 있겠죠.〉[121]

디드로와 그 동지들에게 최고의 사건은 흄이 로열가에 있는 돌바크의 살롱을 방문한 일이었다. 이 탁월한 영국인이 1763년 파리에 도착했을 때 살롱 부인들은 그의 관심을 끌려고, 지식인들은 어떻게든 한마디라도 말을 더 붙이려고 앞다투어 경쟁을 벌였다. 흄으로서는 퍽 으쓱할 일이었다. 18세기 중반 프랑스 수도 파리는 오랜 잠에서 깨어나 지식인이라면 꼭 가봐야 하는 장소가 되었다. 물론 대학이 아니라 사교 모임으로서의 살롱이 그랬다. 그런데 돌바크 살롱의 일부 남자들은 흄의 모습에 실망했다. 크고 뚱뚱하고 둔중한 흄의 실물에 실망한 것이 아니었다. 흄은 남을 즐겁게 해주는 사람이 아니라 예리한 관찰자였다. 그가 돌바크의 살롱에서, 자신은 무신론자들의 존재를 믿지 않는다고 재치 있게 농담하자 돌바크는 웃음기 없이 이렇게 받아쳤다. 〈선생님, 지금 여기 몇 사람이 있는지 세어 보십시오. (……) 열다섯 분은 제가 선생님에게 보여 드릴 수 있어서 참으로 다행입니다만, 나머지 세 분은 선생님 말을 어떻게 받아들여야 할지 몰라 무척 고민하고 있을 것 같습니다.〉[122]

무신론은 뛰어난 종교 대용품이었다. 교회에 대한 뜨거운 적대감만큼 디드로와 돌바크 패거리를 강하게 결속시키는 것은 없었기 때문이다. 반면에 사려 깊은 흄에게는 자신을 초대한 집주인들의 너무 열성적인 무신론이 곧 신경에 거슬렸다. 그는 그들의 몸에 밴 종교적 농담에서 풍겨 나오는, 자기만 옳다는 독선도 마음에 들지 않았고, 자연 과학의 전능함 역시 돌바크와 디드로, 엘베시우스만큼 믿지는 않았다. 정치와 관련해서도 프랑스 동료들의 낙관론에 동조할 수 없었다. 흄이 보기에 공동선은 총계에서 나왔다. 각자가 사익과 미덕의 균형 잡힌 관계에 따라 행동하면 그게 결국 전체 사회에 유익한 것이다. 반면에 〈로열가의 셰이크들〉*(흄이 돌바크 살롱의 사람들에게 붙인 별칭이다)에게 공동선은 인간이 따라야 할 좀 더 높은 규범이었다. 그렇다면 이 독실한 무신론자들에게는 공동선이 바로 신앙인들에게 신과 비슷한 역할을 하고 있었다. 이처럼 흄은 훗날 막시밀리앙 로베스피에르의 도덕 테러를 직접 겪을 기회는 없었지만, 자신들도 모르게 로베스피에르의 선구자가 되어 버린 이 돌바크 패거리의 비관용적 열정에 대해서는 그들 자신보다 더 잘 알고 있었다.

몽테스키외

18세기 중반의 프랑스인들은 어떤 정치적 이념을 꿈꾸었을까? 가톨릭교회는 『백과전서』 첫 권이 나온 1751년에, 이미 20쇄나 찍어 전 유럽에 퍼져 있던 한 권의 책을 금서 목록에 올렸다. 책 제목은 『법의 정신*De l'esprit des loix*』이었고, 저자는 가스코뉴 출신의 귀족으로 법학자이자 아카데미 프랑세즈의 명망 높은 회원이던 샤를루이 드 스콩다 바롱 드 라 브레드 에 데 몽테스키외(1689~1755)였다. 1721년에 이미 정치 저술가로서 『페르시아인의 편지 *Lettres persanes*』로 일찍이 명성을 얻은 인물이었다. 이 작품은 암스테르담에서 익명으로 출간되었음에도 그가 저자라는 소문은 빠르게 퍼졌다. 몽테스키외는 당시 유행하던, 고상한 인물들의 서간체 소설 형식을 사용했다. 페르시아 귀족 둘이 아랍 세계의 풍습을 파리의 풍습과 비교하면서 토론을 벌인다. 한 사람이 다른 사람보다 좀 더 똑똑하고 지혜롭다. 둘은 프랑스에서 여자들에게

* 아랍 세계에서 정신적·세속적·종교적 지도자를 가리키는 말.

허용되는 여러 사회적인 행동 방식을 높이 평가하고, 성 문화에 대한 자유로움과 관대함을 예찬한다. 하지만 그런 만큼이나 기독교인들의 괴상한 신앙에 대해서는 더더욱 이해를 하지 못한다. 기독교인들은 교황과 같은 인간을 〈습관적으로 떠받드는 옛 우상처럼〉 숭배한다. 게다가 빵을 그리스도의 몸으로 바꿀 수 있다고 주장하는 〈주술사〉를 믿다니 얼마나 덜떨어지고 퇴행적인가? 그뿐이 아니다. 자칭 사랑의 종교라고 하는 것이 어떻게 곳곳에서 같은 신자들끼리 잔혹한 전쟁을 벌이고, 아니면 스페인과 포르투갈에서처럼 이교도들을 〈짚처럼〉 불태워 버릴 수 있는가?

몽테스키외의 초기 저서는 단순히 신랄한 종교 비판만 담고 있지 않았다. 〈동굴 거주인〉이라는 뜻의 가상 부족 〈트로글로다이트〉를 예로 들면서 국가 철학을 다루기도 했다. 페르시아 현인들은 트로글로다이트 부족이 자연 상태에서 체구가 큰 압제자들에게 어떻게 지배받는지 이야기한다. 이어 홉스의 주장에 입각해서, 압제자들을 몰아내는 것이 자유를 부르지 않고 오히려 야만과 무절제한 이기주의로 이어진다고 설명한다. 그래서 현자들은 눈물을 머금고 왕의 직책을 받아들일 사람이 트로글로다이트 부족에게 필요하다고 결정한다. 그런데 트로글로다이트의 왕은 홉스의 국가 지도자와는 달리 이 해결책이 결코 진정한 열쇠가 아님을 안다. 모든 독재자는 언제가 됐건 공동체의 화가 될 것이기 때문이다.

『페르시아인의 편지』는 프랑스 루이 15세의 시대에 대한 우아한 풍자이자 사회 비판이다. 그러나 잘못된 국가 형태들의 딜레마에서 빠져나올 방법은 제시하지 못했다. 사유를 한 걸음 더 진전시키기 위해서는 새로운 자극과 더 많은 경험이 필요했다. 몽테스키외는 판사직을 그만두고 보르도 근처의 고향 저택과 파리를 오가며 지냈다. 그러다 1728년에 긴 교양 여행에 나서 독일과 이탈리아, 네덜란드 땅을 주유했다. 영국에서는 2년 동안 머물며 현지 지성계 및 정치계와 다양한 교류를 했다. 영국 정치에 대한 경험은 그에게 강한 영향을 끼쳤다. 프랑스로 돌아와서는 로마 제국의 흥망성쇠에 관한 책을 쓰기 시작했다. 국가의 기능과 실패에 대한 일종의 청사진이었다. 몽테스키외에게는 〈사물의 본성〉이라는 원칙이 있었다. 모든 국가가 그에 따라 발전해 나가는 합법칙성을 가리킨다. 처음에는 대개 땅의 점유가 존재한다. 그러다 농토가 어느 정도 공정하게 배분되는 것과 함께 시민은 스스로를 공동체의 일부로 이해하면서 외부의 적에 맞서 언제든 공동체를 지킬 각오를 한다. 그런데 시간이 지나면서 불평등이 스며들고 빈부가 형성된다. 그러면서 미덕과 도덕은 사라지고, 공동체에 대한 책임감도 희박해진다. 마지막에는 도덕적으로 타락한 상류층과 궁핍한 대중이 대립한다. 이전에는 공동체 감정이 가장 내밀한 곳에서 국가를 결속했다면 이제는 힘 있는 사람들과 힘없는 사람들의 다툼만 존재한다. 전능한 힘을 가진 황제는 〈백성들〉과 유리된 채 완전히 딴 세상에서 살아가고, 나라를 지키는 일은 용병들에게 맡겨진다. 빵과 유희가 사람들의 관심을 딴 데로 돌리고 사람들의 욕구를 충족시킴으로써 어느 정도 평화를 이어갈 수 있으나, 결국 이 부패한 전체 구조물은 무너져 내릴 수밖에 없다.

몽테스키외는 로마 제국에 대해 언급하고 있지만, 실은 영국과 프랑스 같은 근대 국가들도 겨냥하고 있었다. 그렇다면 국가의 흥망성쇠라는 자연 법칙에는 어떻게 대응해야 할까? 이 딜레마에서 벗어날 방도는 없을까? 이 문제가 바로 1748년 20년 넘는 연구 끝에 제네바에서 출간된 그 유명한 『법의 정신』의 화두였다. 그전에도 몽테스키외는 자신이 소망하는 국가가 초기의 로마 제국처럼 미덕이 넘치는 자족 국가라는 사실을 숨기지 않았다.

그런 국가는 언제가 됐건 모든 국가 모델을 파멸에 빠뜨리는 잘못된 야망과 무절제한 탐욕의 위험으로부터 어떻게 스스로를 지킬 수 있을까? 그리고 그런 위험에 빠진 국가들이 반대로 뒤집혀져서, 무절제한 평등으로 인해 치명적인 중우정치(衆愚政治)로 변질되는 것은 어떻게 막을 수 있을까? 한마디로 국가에 올바른 기준을 보장하는 것은 무엇일까? 몽테스키외는 자신이 철저히 연구한 해링턴이나 로크와 마찬가지로 권력 분립에서 그 해답을 찾았다. 후세에 그의 이름이 유명해진 것은 그가 법을 만들고 법을 시행하는 권력 기구 외에 그것들과 동등한 제3의 권력으로서 사법 권력을 도입했기 때문이다. 그가 볼 때 정교하게 분리된 입법권과 행정권, 사법권은 도덕적 국가의 존립을 보장하는 세 기둥이다. 몽테스키외에 따르면 오직 법에만 충실하고 법의 의무만 다하는 독립적 재판관만큼 국가 질서의 존립을 지키는 사회 교정 수단은 없다.

여기까지는 아주 좋고, 유럽과 미국의 역사에도 큰 영향을 끼쳤다. 하지만 어떤 법이 옳은지에 대해서는 언급이 없다. 이 부분에 대해서는 몽테스키외도 쉽게 답하지 못한다. 대신 세계 도처에서 기후가 인간의 기질을 결정한다는 점을 내비친다. 기후가 따뜻할수록 인간은 그만큼 더 무기력해진다는 것이다. 이는 고대 의사들도 이미 알고 있던 생각이었다. 보댕도 프랑스인들의 기질에 적합한 정치 제도로 절대 왕정을 추천했다. 몽테스키외는 절대 군주제가 최종적인 해결책이 될 수 없다고 하더라도 이상적 헌법은 기질적 요소도 고려해야 한다고 보았다. 그에게 중요한 세 가지 요소는 기질, 도덕, 준법성이었다.

로크처럼 몽테스키외도 평등과 자유, 종교적 관용이라는 가장 기본적 이상을 지향한다. 그러나 그 역시 로크와 마찬가지로 일관성이 없다. 몽테스키외는 민중을 불신하고, 민중에게는 오직 대표자를 선출할 수 있는 권리만 인정한다. 그리고 국민 의회 외에 안전장치로 귀족 의회도 따로 둔다. 심지어 행정 권력으로서 군주에게는 설사 잘못이 있더라도 국민 의회와 귀족 의회가 탄핵할 수 없는 권한을 부여한다. 따라서 이론적 평등과 실질적 평등은 따로 논다. 예를 들어 몽테스키외는 노예제를 정당화하는 사람들의 선입견을 조롱하지만, 노예제의 전반적인 금지까지 밀고 나가지는 않고 단지 주인들이 노예를 대하는 태도만 비판할 뿐이다. 그럼에도 노예제 문제에서는 거의 입을 다문 디드로와 그 패거리들이 볼 때 『백과전서』의 〈민주주의〉 및 〈전제주의〉 항목에 글을 써줄 저자로는 몽테스키외만 한 인물이 없었다.

하지만 그들의 공동 작업은 거기까지였다. 1755년 파리에서 몽테스키외가 바이러스 감염으로 숨을 거둔 것이다. 그래서 같은 해에 코르시카의 독립운동가 파스콸레 파올리(1725~1807)가 권력 분립 원칙을 코르시카에 도입한 것도 보지 못했다. 그 원칙이 지상에서 최초로 시행되는 순간이었다. 물론 짧게 13년 동안만 시행되다가 프랑스의 침략과 함께 폐지되었지만 말이다. 그래서 이 원칙의 더 큰 돌파구는 1787년에 제정된 미국 헌법이었다. 반면에 프랑스에서는 삼권 분립이 시행되려면 아직 한참을 더 기다려야 했다. 프랑스 혁명가들을 사로잡은 것은 몽테스키외의 조화로운 균형과 절제의 미덕이 아니라 그와는 완전히 다른 정신이었다. 즉, 그들의 이상은 보편 이성이자, 관습과 도덕, 기질을 고려하지 않는 엄격한 합리적 국가론이었다. 그렇다면 엘베시우스가 『정신론』에서 몽테스키외의 『법의 정신』을 처리하느라 그렇게 고생한 것도 무리는 아니다. 보편 이성을 상대화하는 것은 그 무엇이건 틀렸기 때문이다.

공공의 이익

18세기 중반의 파리는 지난 수백 년 동안 누려 온 유럽 최대의 도시라는 지위를 상실했다. 인구수 57만 5,000여 명으로 런던보다 10만 명이 더 적었던 것이다. 영국의 수도가 계속 번창해서 세기 말까지 인구가 배로 늘어 백만 명이 넘는 동안 파리는 정체되었다. 이 도시에서는 소수의 사람들만 웅장한 대리석 건물에 살았고, 그 안의 화려한 살롱에서는 귀족들이 모여 파티를 즐기고 철학을 논했다. 하지만 거기서 길모퉁이만 돌아가면 빛이 들지 않는 불결한 골목길이 나타났다. 쓰레기는 산더미처럼 쌓여 있고, 곳곳이 똥오줌으로 가득하고, 생존 투쟁과 범죄, 거친 풍습, 악다구니로 하루도 조용할 때가 없는 도시 뒷골목이었다. 프랑스 수도에 사는 사람들의 대다수가 이런 곳에서 살았다. 나라의 재정은 파탄 났고, 곡물은 투기꾼들의 손아귀에 넘어갔으며, 농업 위기는 또 다른 위기로 이어졌다.

이런 상황에서 철학자들만 동경의 시선으로 영국 해협 너머를 바라본 것은 아니었다. 뱅상 드 구르네(1712~1759) 같은 경제학자도 그런 시선으로 영국을 건너다보았다. 브르타뉴 출신의 이 남자는 무역 감독관으로서 권력의 중심에 있었고, 로크의 생각에 동조해 개인의 자유와 유능한 영국 상인의 이상을 강조했다. 그러나 프랑스의 현실은 달랐다. 세기 중반에도 프랑스 경제의 5분의 4는 여전히 농업 생산에 의지했고, 경제 순환은 정부에 의해 엄격하게 통제되었다. 구르네와 그 동지들은 길드 제도와 도제 교육 시스템을 해체하고, 모든 사람에게 직업의 자유와 거주 이전의 자유를 부여하고, 경제 활동의 통제를 생산과 생산자 보호 정책으로 바꿀 것을 요구했다. 영국의 예를 보면서 경제적 자유만이 생산성을 획기적으로 높일 수 있다고 믿은 것이다.

이는 프랑스 절대 왕정에서는 새로운 의견이었다. 당연히 궁정의 입장에서는 별로 듣기 좋은 소리가 아니었다. 국가의 모든 실권은 여전히 왕정의 중앙 정부에 있었고, 경제에서 너무 많은 개인주의는 지체 없이 거부감을 불러일으켰다. 그러다 보니 구르네가 실질적인 영향력을 행사할 수 없었던 건 이상하지 않다. 그건 당시의 또 다른 경제학자 프랑수아 케네(1694~1774)도 마찬가지였다. 파리 남서부 랑부예 출신의 왕실 궁정 의사였던 그는 달랑베르의 친구로서 『백과전서』에도 수많은 항목을 썼다. 물론 주로 경제 분야의 문제만 다루었는데, 특히 농업에 관한 글이 많았다. 농업 역시 혈액처럼 순환해야 한다는 말도 거기 등장한다. 그런데 케네는 경제학 문제만 중시했던 것이 아니라 스코틀랜드의 애덤 스미스처럼 개인과 사회, 경제의 새로운 종합 체계를 꿈꾸기도 했다.

케네 역시 경험론과 감각론의 대열에 합류했다. 모든 인식은 우리 감각에 의해 〈명백하게〉 파악된 사물에서부터 시작한다. 그런데 자연 사물들만 인간에게 확정된 것이 아니라 인간의 〈자연적 질서〉도 확정되어 있다. 케네는 계약 이론가들처럼 이상적인 자연 상태를 구상할 필요가 없었다. 18세기에 프랑스에서 유행하던 고대 철학자 에피쿠로스처럼 자연적인 자연 상태를 염두에 두고 있었기 때문이다. 그가 볼 때 이 상태가 모든 사회적 질서의 모범이 되어야 했다.

이 자연 상태는 어떤 모습일까? 케네에 따르면 인간은 원래 자신이 경작한 땅에서 나는 수확물을 먹고산다. 그렇다면 인간이라 함은 본래 시골에서 농사를 짓는 존재라는 뜻이다. 다행스럽게도 인간은 자신의 삶에 필요한 것보다 더 많은 것을 생산할 수 있었다. 이 〈잉여 가치(순생산물produit net)〉*가 모든 경제의 토대다. 한 나라의 부는 오직 〈생산 계급〉, 즉 농민들이 만들어 내는 순생산물에 뿌리를 두고 있다. 케네는 이 같은 정의로 중농주의 학파, 또는 〈분파〉를 세웠다. 스미스의 경우처럼 〈노동〉이 잉여 가치를 생산하는 것이 아니라 오로지 농업만이 잉여 가치를 창출한다. 때문에 스승과 그 제자들은 농업에 모든 힘을 쏟을 것을 요구한다. 또한 농업은 구조적으로 개선되어야 하고, 무엇을 경작하고 무엇을 경작하지 않을지는 전적으로 토지 소유자들에게 맡겨야 한다.

케네는 영국에서 보편적 부의 원천으로 칭송받던 산업과 무역은 별로 중시하지 않았다. 파리 근교 시골에서 자란 이 남자가 무역에 대해 생각하는 것은 오직 하나였다. 항구 도시들의 국제적 상인 계층이 곡물과 다른 물건들로 투기를 일삼으면서 프랑스 농민들의 궁핍에 대해서는 조금도 신경을 쓰지 않는다는 것이다. 케네에게 이런 상인들은 실질적인 〈무역〉에 도움이 안 되는 사람들이었다. 이들의 이익은 오히려 대다수 프랑스인들의 무역 이익에 어긋났다. 영국 경제학자들이 투기 거품과 폭리, 식량 위기를 산업 발전의 어쩔 수 없는 부수적 폐해로 받아들였다면 중농주의자들은 투기로 이익을 얻는 모든 사람을 경멸했다. 케네가 볼 때 무역 자체는 필요했지만, 상인들의 이익 추구는 필요하지 않았다.

유일하게 참된 잉여 가치인 농업의 순생산물을 만들어 내려면 토지 소유자들의 사유 재산이 보호되어야 했다. 케네는 땅과 토지를 소유한 사람만이 자유롭다고 썼다. 로크의 경우와는 정반대였다. 자유주의자 로크는 모든 (백인) 인간이 자유롭고, 그로써 사유 재산을 획득할 권리가 있다고 생각했다. 반면에 케네에게 인간은 재산을 소유할 때만 자유롭다. 시민이든 귀족이든

* 농업 생산물에서 그것의 생산에 소요된 모든 비용을 제외하고 남은 생산물을 이르는 말. 중농주의 용어다.

상관없이 모든 인간이 그렇다. 바로 이것이 케네가 말하고자 하는 핵심이었다. 자유란 인간의 기본 속성이 아니라 사회적 질서와 분배의 결과라는 것이다. 이 정의는 상당히 큰 파장을 낳았다. 자유가 재산의 소유에 달려 있다고 해서 내 자유를 찾기 위해 남들에게 재산을 달라고 청구할 수는 없기 때문이다. 따라서 케네의 모델은 유산 시민 계급을 유산 귀족과 동등시한다는 점에서는 진보적이지만, 누구도 자유의 이름으로 어떤 권리나 요구를 제기할 수 없다는 점에서는 보수적이다. 18세기 중반에 프랑스 사람 다섯 중 네 명은 밭 한 뙈기조차 없었다. 귀족과 성직자, 시민에 이어 〈제4신분〉으로 불렸던 이 계급은 케네에게도 완전히 소외된 사람들이었다.

케네의 사고는 시민 계급의 부상에는 활짝 문을 열어 주었지만, 경제와 사회의 모든 진정한 혁명적 전복에는 제동을 걸었다. 대다수 프랑스인들은 그렇게 많은 영국인들이 노동의 미덕과 그 축복적인 결과를 예찬하며 퍼뜨린 낙관주의에 공감할 수 없었다. 돌바크 같은 사상가를 비롯해 프랑스인들은 이렇게 생각했다. 인간은 천성적으로 게으르고 열심히 노력하지 않는다. 개인은 믿을 수 없고 오직 선하고 정의로운 법만이 사회를 발전시킨다. 더 나은 사회를 구축하는 것은 개인의 미덕이 아니라 법적으로 관철되고 확립된 공공의 이익이다. 이 점에서 케네는 돌바크나 엘베시우스와 생각이 같았다. 그들에게서 인간 개인에 대한 우울한 비관론을 상쇄해 준 것은 보편 이성의 축복적인 힘에 대한 낙관적 믿음이었다. 애덤 스미스는 정반대였다. 좀 과장해서 표현하자면 그가 볼 땐 나쁜 인간들조차 좋은 국가를 만들 수 있었다. 하지만 케네와 유물론자들에게 좋은 국가란 오직 법이 된 이성을 통해서만 가능했다.

프랑스에서 국가 이성에 대한 과도한 믿음에는 한 가지 명백한 이유가 있었다. 영국인들과 달리 진정한 의회 제도를 별로 경험해 보지 못한 프랑스인들로서는 실질적인 시민 정치에서 공익의 가치를 아직 순진하게 판단할 수 있었던 것이다. 이는 많은 프랑스 계몽주의자들을 하나로 묶는 위험한 순진성이었다. 어쨌든 보편 이성에 대한 이 물신 숭배는 프랑스 계몽주의 철학 하면 가장 먼저 떠오르는 그 남자, 즉 루소의 책에 가장 엄숙하고 숭고하게 나타난다.

루소

그는 고등 사기꾼에다 여자들의 우상이었고, 견디기 어려운 성격에다 돌바크 살롱의 자유사상가 중에서 가장 신경질적인 말썽꾼이었다. 그럼에도 18세기에 가장 막강한 영향력을 발휘한 이론을 세상에 남겼다. 제네바 시계공의 아들 장 자크 루소(1712~1778)는 1742년 파리에 정착하면서 자신의 부단한 방랑 생활을 돌아보았다. 동판화가, 가짜 탁발승, 위조 추천장을 소지한 음악 교사, 교육자, 토지 등기소 서기, 새로운 기보법의 발명가, 이류 작곡가 등 온갖 직업을 전전한 삶이었다. 서른 살 때는 한 살 어린 디드로를 만나 곧바로 친구가 되었다. 두 사람은 콩디야크와 함께 일주일에 한 번 파니에 플뢰리 호텔로 가서 식사를 했다. 루소는 『백과전서』의 초기 저자 중 한 명이었는데, 자칭 음악 전문가로서 음악 관련 항목들을 집필했다. 당시 가장 추앙받던 음악가이자 음악 이론가였던 장필리프 라모(1683~1764)에게는 상당히 불쾌한 일이었다.

루소는 1749년 디종 아카데미의 현상 공모전에 참가하면서 인생의 돌파구가 열렸다. 현상 공모 문제는 이랬다. 〈학문과 예술의 발전은 도덕을 타락시켰는가, 아니면 도덕의 향상에 기여했는가?〉 루소는 사회적 논란을 불러일으킨 라메트리의 행복에 관한 저서를 막 읽고 있었다. 그에 따르면 미덕의 행복은 없었고, 오직 욕정과 욕망의 행복만 존재했다. 루소는 이 책을 읽고 무척 흥분했다. 라메트리의 말이 옳을까? 모든 사회적 도덕은 신기루일 뿐일까? 당시 디드로는 뱅센 감옥에 갇혀 있었고, 루소는 정기적으로 면회를 갔다. 두 친구 사이에 라메트리와 현상 공모에 관한 이야기가 오간 것은 당연했다. 이때 루소에게 깜짝 놀랄 답변으로 디종 아카데미를 도발하라고 부추긴 사람은 아마 영리한 디드로였을 것이다. 질문의 의도를 거슬러, 학문의 발전이 도덕을 향상시킨 것이 아니라 타락시켰다고 주장하는 사람만이 세상의 눈에 띌 수 있기 때문이라는 것이다.

루소는 곧장 답안지 작성에 착수했고, 디드로는 매 단계마다 동참하며 몇 가지 수정을 제안했다. 그런데 디드로가 이 일에 그렇게 적극적으로 나선 이유는 무엇일까? 학문과 예술의 발전이 인류를 타락시켰다는 주장은 『백과전서』의 기획과는 상반되지 않는가? 그 이유는 추정만 가능하다. 혹시 디드로는 루소의 의견에 반대하는 여론이 일기를 기대한 건 아닐까? 그러면 그걸 기화로 아직 제거되지 않고 남아 있는, 왕과 교회의 지배로 인한 수많은 폐단을 일깨우고 싶었던 건 아닐까? 예술과 학문이 진정으로 만인에게 봉사할 수 있기 위해서 말이다.

디드로의 진실은 지금까지도 가려져 있다. 다만 이 사건과 관련해서는 루소가 훗날 지적 각성의 신비 체험으로 미화한 향냄새만 가득하다. 그는 자서전적 고백에서 찌는 듯이 더운 어느 여름날 뱅센 감옥으로 디드로를 면회 가던 순간을 떠올린다. 그때 우연히 잡지 『메르퀴르 드 프랑스*Mercure de France*』가 수중에 있었는데, 거기서 현상 공모 기사를 읽게 된다. 〈기사를 보는 순간 내

주변은 완전히 다른 세상으로 변했고, 나 역시 다른 인간이 되었다.〉[123] 말제르브에게 보낸 편지는 더 격정적이다. 〈그 공모를 읽었을 때 내 속에서는 일찍이 그보다 빠른 영감이 있을까 싶을 정도로 신속하게 착상이 치솟았네. 내 정신 속에 천 개의 등불이 한꺼번에 번쩍 켜지는 것 같았고, 생기 넘치는 생각 덩어리가 위압적이고 무질서하게 내 정신 앞에 모습을 드러내는 듯했네. 형언할 수 없는 혼란에 빠지는 느낌이었지. 머릿속은 마치 술에 취한 것처럼 어지러웠고. 심장은 또 어찌나 격하게 고동치던지 가슴이 부풀어 올라 답답해 미칠 지경이었네. 결국 이대로는 더 이상 숨조차 쉴 수 없어 나는 길가의 한 나무 발치에 주저앉고 말았네.〉[124] 루소의 전형적인 모습이다. 이 이야기에서 디드로는 그저 단역에 그친다. 여기서 루소의 전략적 구상은 기독교의 각성 체험과 비슷하다. 일례로 다마스쿠스로 가던 사도 바울에게 일어났던 일이나, 아우구스티누스가 밀라노의 정원에서 겪었던 일처럼 말이다. 격정과 눈물, 위대한 선택받음의 감정으로 이 이야기는 전설이 된다. 그리고 마지막엔 축복받은 자가 서 있다. 〈내 모든 자잘한 욕망은 진리와 자유, 미덕에 대한 감격으로 사라졌네. 여기서 가장 놀라운 것은 이러한 내면의 흥분과 찬란함이 남들의 가슴속에서는 그런 예가 없을 정도로 뜨겁게 4, 5년 넘게 지속되었다는 것이네.〉[125]

철학자들 중에 루소만큼 자기 자신을 이렇게 키치적으로 그려 내는 사람은 아마 없을 것이다. 아무튼 현상 공모전에서 그는 소망하던 1등상을 받았다. 루소는 단숨에 유명해졌고, 저 멀리 프랑스 밖에서까지 추앙 받았다. 이제 그의 테제는 곳곳에서 토론의 대상이 되었다. 학문과 예술이 인간의 자연적 도덕을 파괴했고, 고대 스파르타와 로마에서는 아직 도덕이 살아 있었으며, 몽테스키외도 이미 밝혔듯이 문화가 발달할수록 불평등은 점점 더 심해지다가 결국 타락으로 이어질 것이라는 테제 말이다.

그의 생각 중 어느 것도 완전히 새로운 것은 아니었음에도 루소는 문명 비판의 스타가 되었다. 디종 아카데미의 현상 공모에 당선되고 몇 년 뒤 그는 재차 같은 공모전에 참가했다. 이번에는 이런 질문이 내걸렸다. 〈인간들 사이에 존재하는 불평등의 기원은 무엇이고, 그 불평등은 자연 법칙으로부터 인가를 받은 것인가?〉

루소의 대답은 『인간 불평등의 기원과 토대에 관한 담론 *Discours sur l'origine et les fondements de l'inégalité parmi les hommes*』이라는 책이었다. 이 책은 1755년 암스테르담에서 출간되었지만, 이번에는 이 격정적인 사상가의 답은 디종 심사 위원들의 선택을 받지 못했다. 이 글은 이전의 현상 공모 문제에 대한 답보다 한층 불같고 맹렬했다. 루소는 책에서 인간의 문명사를 상당히 새로운 방식으로 이야기한다. 홉스와 로크처럼 그 역시 자연 상태에서 시작한다. 얼마만큼 진정한 자연 상태인지는 의문으로 남지만 말이다. 어쨌든 루소는 〈가정적 숙고〉를 언급한다. 이 점에서는 영국의 선행자들과 비슷하다. 하지만 인류의 진보를 더 나은 것으로의 상승이 아닌 하락으로, 도덕적 몰락의 역사로 본 것은 그들과 상반된다.

루소에 따르면 인간은 처음엔 인간이 아니라 동물이었다. 디드로가 종의 생성과 멸종에 대해 숙고한 반면 루소는 진화의 생각을 일관되게 인간에게 적용한다. 〈동물 상태〉의 인간은 사유 재산이나 정의, 언어, 이성, 도덕, 통치에 관한 어떤 형태의 관념도 없다. 인간은 서로 싸우지 않고 전쟁도 벌이지 않는다. 반면에 로크의 이론에서 인간은 신에 의해 처음부터 물건을 교환하고 사유 재산을 관리하는 상인으로 만들어졌다. 루소에게 이는 훗날 문명으로 생긴 질병들이다. 그가 볼 때 인간 동물에게는 자기애,

또는 콩디야크가 정확히 기술한 자신에 대한 실존감 같은 동물적 본능만 있다.

루소가 인간의 진화를 동물 상태, 그러니까 언어를 모르는 야만인의 상태에서부터 시작한 것은 혜안이 있는 선택이었다. 하지만 인간을 자기 자신에게만 만족하는 비사회적 존재로 본 것은 이상하기 짝이 없다. 늦어도 이쯤에서 이 철학자의 개인적인 이상이 뚫고 나오기 시작한다. 자연 속에서 완전히 자유롭고 누구도 필요로 하지 않는 인간의 이상이다. 그런데 포유동물이나 새들이 천성적으로 사교적인 모습을 보이는 것은 자연 어디서나 쉽게 관찰할 수 있다. 그렇다면 인간은 왜 자신의 본성에 맞지 않는데도 사교적이어야 할까? 그러한 행동의 동기는 무엇일까? 루소는 이런 비사교적인 〈단독자 이상〉으로 아리스토텔레스와 로크에 한참 뒤처졌고, 심지어 홉스와 비교해도 뒤처진 상태로 개인적인 판타지를 신속하게 인간의 참된 본성으로 선언해 버렸다.

그에 반해 교환과 소유가 인간을 근대적 인간으로 만드는 것이 아니라는 생각은 흥미롭고 선견지명이 있었다. 루소는 영국인들이 내세운 상업 인간과는 심리적으로 반대되는 모델을 발전시켰다. 그가 볼 때 시민 사회로의 발전은 한 가지 감정, 또는 한 가지 성향에서 비롯되었다. 뭔가를 특별히 선호하거나 자신이 남에게 선호받으려는 소망이 그것이다. 여기서 사랑과 가정이 생겨나고, 질투와 부러움, 미움이 생성된다. 인간은 정서적으로 뒤얽힌 가운데 서로 관계를 맺고, 그로써 감정적 삶은 점점 복잡해진다. 사람들은 끊임없이 자신을 남들과 비교하고, 자기 확신을 잃고 타인의 시선에 신경을 쓴다. 또한 자기애를 가꾸어 나가면서 남들의 주목과 인정을 갈망한다. 인정을 더 많이 얻는 사람은 그렇지 못한 사람보다 더 나은 지위를 얻는다. 이것이 모든 불평등의 시작이다!

루소는 불평등을 이렇게 설명한다. 그것은 무엇보다 사교적이 된 인간과 그 〈문화〉의 심리적 변형으로 생긴 결과다. 이로써 루소는 인간의 불평등을 〈자연적〉이라고 본 영국의 전통에 반기를 든다. 불평등은 문화적이고 병리학적인 요소라는 것이다. 건강하고 자족적인 인간이라면 점점 더 많은 것을 가지려고 탐하지 않기 때문이다. 로크에게 지구란 인간이 정복하고 소유해야 할 대상이라면 루소에게 지구란 소중히 아끼고 가꾸어야 할 대상이다. 하지만 그런 루소도 인류에겐 옛날로 자발적으로 돌아갈 길이 없음을 잘 안다. 단독자에서 〈무리〉가 나왔고, 거기서 가족이 형성되고 나중엔 국가까지 만들어졌다. 땅은 농경과 야금술(冶金術)로 개간만 된 것이 아니라 분배까지 이루어지면서 소유의 불평등은 확정되었다. 루소는 모든 불의가 소유권 규칙을 어긴 것에서 시작되었다는 로크의 주장을 재미있다는 듯이 언급한다. 왜냐하면 로크에게는 지극히 자연스러웠던 것이 루소에서는 원죄가 되기 때문이다. 〈아무 땅에다 울타리를 치고는 《이건 내 것이오!》라고 처음으로 말할 생각을 했던 사람, 게다가 그런 말을 믿어 줄 만큼 소박한 이웃을 둔 그 사람이야말로 시민 사회의 진정한 창시자다.〉[126]

사유 재산은 인간의 성격을 망치고, 순진무구한 자기애는 사악한 이기심으로 변한다. 그와 함께 소수의 부자와 수많은 빈자가 생겨난다. 이것이 루소가 18세기 프랑스에서 발견한 〈시민적 상태〉다. 이 상태를 좀 더 공정하고 좀 더 좋은 것으로 만들려면 단독자들의 근원적 평등을 복원할 법질서가 필요하다. 자유로운 자연 상태로 돌아가는 것은 이제 불가능하고, 그 길은 차단되어 있다. 하지만 인간이 그런 시민적 상태의 사슬에 묶여 살 수밖에 없다면 최소한 법질서만큼은 빈부 사이의 간극을 메꾸려는 조치를 취해야 한다. 이로써 루소의 사유 모델은 변증법적 성격을 띤다. 즉, 인간을 불평등하게 만든 것이 바로 이 사회임에도 불구하고 인간이 예전처럼 평등해지기 위해선 사회 질서가 필요하다는 것이다!

법질서의 목적은 제2의 교육 과정 같은 것을 통해 인간의 평등을 복원하는 것이다. 그렇다면 그런 법질서는 세부적으로 어떤 모습이어야 할까? 루소는 오랫동안 〈정치 체제〉라는 제목의 책에서 이 문제에 천착했다. 하지만 책은 출간되지 않았다. 그는 고독한 삶 속으로 칩거해 들어갔다. 나중에는 고향 제네바의 명예시민이 되었다. 그런데 이름이 날수록 그의 나르시시즘은 점점 더 요란하게 표출되었다. 몇 년도 안 되는 시간 안에 친구들과 수많은 언쟁 및 자잘한 다툼에 빠지면서 거의 모든 친구를 잃고 말았다. 그는 쉴 새 없이 돌아다니고, 글을 쓰고, 절망하고, 환호하고, 세상에 대한 승리로 의기양양하고, 은둔하고, 싸우고, 그러고 다시 세상을 향해 우쭐한 포즈를 취했다.

루소는 칼뱅파와 더불어 제네바에서는 앞으로 어떤 연극도 공연되어서는 안 된다고 주장함으로써 친구들과 완전히 갈라섰다. 그곳에서 자신의 작품이 공연되길 기대하던 볼테르로서는 격분할 일이었다. 하지만 루소의 입장은 단호했다. 예전에는 직접 희곡을 쓰기도 했던 사람이 이제는 연극에 대해 아주 가혹한 평을 내렸다. 연극이 노동 윤리를 해치고, 창의성에 악영향을 주고, 품행이 좋지 않은 여배우들로 인해 미풍양속을 해친다는 것이다.

사회 계약

루소는 자신의 새로운 역할을 발견했다. 지금까지의 방탕한 모습을 버리고 엄격한 종교 개혁가로 변신한 것이다. 그는 1761년에 출간된 정치 저서 『사회 계약, 또는 정치적 권리의 원리에 관하여 *Du contrat social, ou principes du droit politique*』(『사회 계약론』)를 제네바 시민들에게 헌정했다. 하지만 제네바 당국은 기뻐하기는커녕 불같이 화를 냈다. 게다가 프랑스에서도 출간 일주일 만에 그 책은 금지되었다.

검열관들은 무엇에 그렇게 격분했을까? 가장 거슬린 것은 종교와 루소의 관계였다. 달랑베르와 디드로 패거리와는 달리 제네바 출신의 이 남자는 무신론자가 아니었다. 그럼에도 루소가 주창한, 국가 내에서 종교가 맡아야 할 역할에 대해서는 신교도인 스위스인들은 물론이고 구교도인 프랑스인들도 모두 마음에 들어 하지 않았다. 루소가 볼 때 종교는 사회적 통합을 보장하는 수단으로서 국가에 필요하다. 진리나 계시가 아니라 시민적 유용성의 차원에서 종교의 존립 이유를 설명한 것이다. 전술적인 동기로 두 번이나 종교를 바꾼 남자에게는 어쩌면 자연스러운 생각이었을지 모른다.

그런데 사회 계약이 철학적으로 유의미한 것은 루소의 신학적 진술보다는 정치적 진술 때문이다. 홉스와 로크처럼 루소도 계약론을 구상했다. 계약의 목적은 시민 사회 안에서 최대한 개인의 자유를 유지하고 지키는 것이어야 한다. 통치권은 시민의 자율성을 제대로 보호할 경우에만 합법성을 얻는다. 〈함께 힘을 모아 모든 구성원 개인과 그 재산을 지키고 보호할 수 있고, 또 각자가 다른 모두와 하나가 되면서도 자기 자신의 원칙을 지키고 예전과 똑같이 자유로울 수 있는 사회적 결속의 형태를 찾아야 한다.〉[127]

루소가 백과전서파 루이 셰발리에 드 조쿠르(1704~1779)와 마찬가지로 자유롭고 평등한 인간의 범주에 여자들을 포함시키지 않고, 식민지의 흑인 노예들도 배제한 것은 좀 실망스럽다. 그의 머릿속에 있는 시민은 오직 백인 남자뿐이었다. 이들의 시민적 자유에는 재산을 획득할 권리가 포함된다. 그것도 다른 어떤 방식이 아닌 노동의 결실로서만 말이다. 이때 주의해야 할 것은 〈어떤 국민도 타인을 살 수 있을 만큼 부유해지지 말아야 하고, 누구도 자신을 팔아야 할 만큼 가난해지지 않도록〉[128] 재산의 소유 정도를 적당 선에서 유지하는 것이다. 모든 시대에 통용될 힘을 가진 이 근사한 원칙은 루소를 영국의 주류 철학자들과 근본적으로 구분 짓게 하는 요소다. 로크의 경우, 사회 계약이 필요했던 것은 원칙적으로 제한 없이 모을 수 있는 사유 재산을 보호하기 위해서였다. 반면에 루소에게 사회 계약은 사유 재산을 가질 권리를 보장하기 위해서였다. 로크와 달리 루소는 법을 입안하고 가결하는 의회에도 시민의 주권을 맡기지 않는다. 시민 각자가 영원히 자신의 주권자이다. 그렇다면 이런 직접 민주주의는 실제적으로 어떤 모습을 띨 수 있을까?

잘 알려져 있다시피 만인의 의지가 보편 의지(공동 의지)를 형성하지는 않는다. 왜냐하면 개인은 우선적으로 자기 자신을 위해 뭔가를 원하고, 모두가 그렇게 각자의 것을 원하게 되면 거기서 보편 의지가 나오는 것은 요원하기 때문이다. 다른 프랑스 동료들과 마찬가지로 루소도 모든 개인의 사적 이익이 결국 좋은 사회로 이어진다는 애덤 스미스의 주장에 동의하지 않는다. 또한 몽테스키외의 권력 분립 원칙도 의도적으로 포기한다. 대신 보편 의지와 동일할 수밖에 없는 〈보편 이성〉의 숭배를 불러낸다. 이 보편 의지는 보편 이성의 화신으로서 국민에 의해 선출되고 결코 단 한 명으로 이루어져서는 안 되는 〈입법자〉를 통해 관철된다.

보편 이성의 화신에 해당하는 기구가 수천수만의 비이성적 유권자들에 의해 생성된다는 사실은 이 전체 체계에서 큰 약점임이 분명하다. 루소가 아무리 신분 사회를 철폐하고 귀족을 무력화하고 직접 민주주의를 도입할 만큼 진보적이라고 하더라도 그의 유토피아는 보편 이성을 향한 철저한 믿음으로 인해 현실 세계와 동떨어질 수밖에 없다. 심지어 그 믿음은 전체주의적 통치 체제에 문을 열어 주기도 한다. 왜냐하면 루소에 따르면, 사회 계약을 훼손한 사람은 목숨으로 갚아야 하기 때문이다. 어떤 편지에서는 개인의 피가 온 인류의 자유보다 더 소중하다고 쓴 사람의 입에서 나온 말이라고는 차마 믿기지 않는다. 이 역시 해결되지 않는 그의 수많은 모순 중 하나다.

고독하고 자유롭게 살라!

루소는 지나치게 감정적인 인간이었다. 어떤 때는 황홀할 정도로 매력적이다가도 어떤 때는 참을 수 없을 정도로 퉁명스럽고 고약했다. 그가 오늘날 문학사와 철학사에서 한 페이지를 장식하고 있는 것도 그런 내적 분열 및 자신과 세상에 대한 괴로움을 이전의 그 누구보다 격정적이고 생동감 넘치게 표현했기 때문일 것이다. 그의 작품들은 철학뿐 아니라 교육학을 비롯해 문학에도 큰 영향을 끼쳤다.

루소는 불행한 연애 사건을 겪고 나서 세기의 베스트셀러 『쥘, 또는 신엘로이즈*Julie ou la Nouvelle Héloïse*』(『신엘로이즈』)를 썼다. 그전까지는 강한 욕정과 도덕적 교훈 사이를 오가던 감상적 연애 소설은 영국에만 있었다. 그러던 것이 루소가 거기다 자기만의 독특한 요소를 잔뜩 집어넣었다. 예를 들면 스위스의 목가적 분위기, 영국식 정원 같은 풍경, 소박한 삶의 찬가, 순박함과 죽음, 오만한 신분 의식에 대한 비판, 종교적 도그마가 결여된 영성의 예찬, 만물에 대한 엄격한 재판관 노릇을 하는 순수한 미덕

같은 것들이다. 자연과 비슷한 이러한 방향 물질의 효과는 무척 컸다. 이 책은 시대적 취향을 저격했고 세기말까지 70쇄를 찍었다. 괴테도 13년 뒤 비슷한 풍의 소설 『젊은 베르테르의 슬픔*Die Leiden des jungen Werthers*』으로 큰 성공을 거두었다.

평생 상대에 대한 배려 없이 많은 여성들의 감정을 악용하기만 했던 남자가 쓴 책으로는 아주 놀랍다. 훗날 덴마크 작가 한스 크리스티안 안데르센처럼 루소도 자신의 개인적 결점과 완전히 상반되는 이상적 판타지의 세계로 도주한다. 현실에서 그의 모습이 냉담하고 이기적일수록 자신이 고안한 세계 속에서의 모습은 더더욱 부드럽고 따뜻한 사람으로 나타난다. 두 번째로 큰 성공을 거둔 책, 그러니까 1762년에 출간된 교육 소설 『에밀*Émile ou De l'éducation*』도 상황이 다르지 않다. 실제 현실에서 루소는 자식들이 태어나고 얼마 안 돼 아내 테레즈 르바세르를 시켜 모두 고아원에 갖다 주게 했다. 자식이건 누구건 타인에 대해 책임을 지기 싫었기 때문이다. 그런 사람이 허구 속에서는 한 아이의 교육에 관한 획기적인 책을 썼다. 내용은 이렇다. 어린 에밀은 세상의 온갖 부정적인 문화의 영향으로부터 차단된 채 자의식이 강한 인간으로 성장해 나간다. 교육자는 에밀이 한 그루 나무처럼 자연스럽게 크도록 내버려 둔다. 이따금 에밀의 성숙에 도움이 될 만한 상황들을 만들어 준다. 에밀은 적당한 직업을 가진 시민이 아니라 한 인간으로 성장해야 한다. 그를 위해선 많은 자유가 필요하다. 인간으로 성장하려면 책이 아니라 경험으로 깨쳐야 하기 때문이다. 벌도 교육자가 내리는 것이 아니다. 자신의 행동으로 불가피하게 생겨나는 부정적 결과가 곧 벌이다.

18세기에 『에밀』은 시대를 향한 도발이자 세상을 뒤흔든 일대 사건이었다. 아마 당시에 자기 자식을 에밀처럼 자유롭게 교육시킨 사람은 거의 없었을 것이다. 게다가 모든 아이들 속에 사회와 무관하게 꽃피워야 할 자연적 도덕이 있다고 루소처럼 확신한 사람도 거의 없었을 것이다. 그러나 후대의 교육학에 미친 이 책의 영향은 엄청났다. 책의 교육학적 원칙은 이랬다. 교육시키지 말고 스스로 형성되고 자라나게 하라! 왜냐하면 인간 속에는 모든 선한 것이 이미 천성적으로 주어져 있기 때문이다. 루소의 인식들 중에는 마치 21세기에 듣는 것처럼 지혜롭고 공감이 가는 것들이 더러 있다. 예를 들어 〈시간은 얻지 말고 잃어야 한다〉는 문장은 오늘날처럼 효율적인 시간표를 강조하는 교육자들이 명심해야 할 말처럼 들린다. 반면에 오늘날의 시각에서 보면 몽상 같은 생각들도 있다. 루소의 작품 속에 나오는 아이를 너무 태만한 방식으로 사회에서 격리시키는 것도 그중 하나다. 그 밖에 이 모든 생각의 근간이 되는 〈자연〉에 대한 관념도 낭만적이고 모호해 보인다.

어쨌든 루소는 교육에 관한 이런 새로운 구상으로 세상을 뒤흔들었다. 『에밀』은 이마누엘 칸트와 요한 고트프리트 헤르더, 요한 하인리히 페스탈로치에서부터 마리아 몬테소리와 개혁적 교육자들에 이르기까지 수많은 사상가들에게 영감을 주었다. 아이들은 〈나무통처럼 채워지는 게 아니라 등처럼 켜지고 싶어 한다〉는 인문주의자 프랑수아 라블레(1494?~1553)의 지혜도 루소에 의해 시대를 초월한 교육적 버전으로 자리 잡았다.

『신엘로이즈』와 『에밀』은 국제적으로 큰 성공을 거두었다. 그러나 『에밀』은 그전의 『사회 계약론』과 마차찬가지로 금지당했고 저자는 경찰에 쫓겼다. 루소는 쉴 새 없이 스위스 땅을 전전하다가 뇌샤텔의 한 도피처에서 2년 반 동안 머물렀고, 그 뒤 흄과 함께 영국으로 떠났다. 그러나 거기서도 오래 머물지 못하고 1767년 프랑스로 돌아와 이리저리 거처를 바쁘게 옮겨 다녔다. 그를 향한 시대적 격앙이 서서히 잦아들었음에도 그는 곳곳에서 쫓기고 있다는 느낌을 받았다. 이런 가운데 『고백록*Les Confessions*』을 썼고, 그 안에서 가차 없는 자기 폭로를 약속했다. 그는 자신의 시도가 유례없는 것임을 격정적으로 언급하는 것으로 책을 시작했다. 이 책에 특히 강한 영향을 받은 이들은 독일 감상주의와 낭만주의 계열의 작가와 철학자들이었다. 루소는 자서전을 쓰고 나서는 식물학에 점점 깊이 빠져들기 시작했다. 그 뒤 1776년에는 자기변호로 점철된 또 다른 책 『루소, 장자크를 재판하다*Rousseau juge de Jean-Jacques*』를 발표하고는 비장한 심정으로 이 책을 파리로 가져가 노트르담 성당의 제단에 바치고자 했다. 그러나 제단실이 잠겨 있는 바람에 그 시도는 물거품이 되었다. 그로부터 2년 뒤 끊임없이 자기 자신을 향해 불평을 늘어놓던 루소는 뇌졸중으로 사망했다. 에름농빌의 포플러섬에 묻혔지만, 그 목가적인 무덤에서 오래 쉬지는 못했다. 1794년 10월 국민 의회의 결정으로 다시 자연에서 끌어내어져 휘황찬란한 판테온에 안치된 것이다. 그의 숙적 볼테르 곁에.

국가 없는 이념들

『사회 계약론』은 같은 시기에 출간된 『에밀』과 달리 처음엔 큰 성공을 거두지 못했다. 1760년대 초 루소는 프랑스 계몽주의자들 사이에선 고립무원이었다. 그의 이상적 풀뿌리 민주주의는 어차피 그들의 취향에 맞지 않았다. 루소 역시 자신의 사회 계약이 당시의 프랑스에는 적용될 수 없음을 잘 알고 있었다. 이 나라는 직접 민주주의를 실시하기에는 너무 컸다. 그가 생각하는 이상 국가는 시민이 직접 이끌어 가는 도시 국가, 즉 고대 아테네 같은 폴리스였다. 제네바시에 책을 헌정한 것도 그 때문이었다. 하지만 프랑스인들은 그것으로 무엇을 할 수 있단 말인가? 나라 전체를 소국으로 잘게 나누기라도 해야 할까? 게다가 문명이 발달한 도시국가 제네바에는 있는 것, 즉 정치에 적극적인 시민들이 프랑스에는 극히 일부 도시에만 있었다. 그건 민중을 〈천박한 무리〉로 경멸했던 볼테르의 오만함만 생각해도 알 수 있다. 디드로와 돌바크도 봉건 절대주의와 교회에 열정적으로 맞서 싸웠지만, 본래 민주주의자는 아니었다. 상황이 이런데, 어떻게 교육도 받지 않고 가진 것도 없는 프랑스 농민들에게 선거권을 줄 수 있단 말인가?

디드로의 이론에도 〈사회 계약〉뿐 아니라 〈보편 의지〉의 개념이 나온다. 그러나 이 개념들은 루소의 경우처럼 보편 이성의 이름으로 시민들을 엄격하게 통치하는 국가 질서로 이어지지는 않았다. 디드로가 생각하는 국가의 개념은 놀랄 정도로 모호했다. 그가 원한 건 천성적으로 자유로운 시민들이 자신들의 보편 의지를 실현하는 것이었다. 달리 표현하자면, 인간 동물이 자기 종의 본래적 욕구에 맞게 살 수 있기를 바란 것이다. 이와 관련해서 그는 『백과전서』의 〈자연권〉 항목에서 보편 의지에 대해 다음과 같이 쓴다. 〈보편 의지는 모든 개인 속에 있는 오성의 순수 행위로서 욕망이 잠든 사이 인간이 남들에게 요구할 수 있는 것은 무엇이고, 또 반대로 남들이 그에게 마땅히 요구할 수 있는 것은 무엇인지 깊이 숙고하는 것을 가리킨다.〉

이런 생각에 맞는 국가 형태를 떠올리지 못한 건 디드로의 결함이었다. 왜냐하면 그가 여기서 정의 내린 건 구체적인 국가 형태에만 해당되는 것이 아니라 인류 일반에 해당되는 것이기 때문이다. 이런 생각에 걸맞게 그는 『두 인도의 역사*Histoire des deux Indes*』 집필에 참여했다. 기욤 토마 프랑수아 레날(1713~1796)이 인도와 남아메리카에 대해 쓴 이 책은 인권을 유럽인에게만 한정된 것으로 보지 않고 인류 보편으로 확대했다는 측면에서는 이정표와도 같은 책이었다. 하지만 식민주의와 노예제, 전제 정치에 비판을 가했다고 해서 이상적인 정부가 어떤 형태여야 하는지 아직 아는 것은 아니었다.

디드로는 당혹감 속에서 한동안 프로이센 같은 계몽 군주제를 탐했다. 그러나 늦어도 7년 전쟁이 발발할 무렵에는 그에 대한 환상이 깨지고 말았다. 이제 디드로는 프리드리히 대왕을 경멸했다. 하지만 시민과 통치자가 어떻게 보편 의지를 최대한 구현하고 실천으로 옮길 사회 계약을 체결할 수 있을지는 여전히 떠올리지 못했다. 루소가 1770년대에 점점 더 자아와 때 묻지 않은 식물의 세계로 칩거해 들어가는 동안 디드로는 전제 정치에 반대하는 글을 연이어 썼고, 거대한 재앙의 도래를 예측했다. 그러나 자신의 동지들이 그랬듯 몽테스키외의 권력 분립을 여전히 거부했기에 앙시앵 레짐에 맞설 생산적 대안은 마련하지 못했다.

말년에도 계속 익명으로 정치적 저술을 집필한 돌바크의 상황도 다르지 않았다. 디드로와 마찬가지로 그 역시 계몽 군주에 희망을 걸었다. 통치자가 자신의 욕망과 악덕을 이겨 내고 공동선에 복무한다면 그것이야말로 최고의 통치 형태라고 본 것이다. 게다가 어떤 경우에도 폭력적인 전복은 허용하지 않았다. 그리 되면 필연적으로 혼돈으로 이어질 수밖에 없었기 때문이다.

그에 비하면 엘베시우스는 한층 단호했다. 그는 단순히 생명과 자유, 행복에 대한 만인의 권리와 〈공동선〉의 이상만 주장하지 않고, 무척 실용적인 제안도 내놓았다. 가령 지나친 빈부 격차를 막기 위해 상속권을 제한하는 것이 그중 하나다. 그 밖에 남녀 평등에 대한 요구도 센세이션을 불러일으켰다. 그러나 올바른 공동생활의 경험론적·감각론적 이론을 구상하려는 그의 시도는 모두 단편적인 형태에 그치고 말았다. 게다가 도덕론과 정치 철학에 과학적 정밀성을 더하려는 꿈도 좌절됐다. 그가 죽고 2년 뒤

『인간과 인간의 정신 능력, 인간의 교육에 관하여*De l'homme, de ses facultés intellectuelles, et de son éducation*』가 출간되었지만, 여기서도 도덕론과 국가론을 획기적으로 진전시키는 내용은 담겨 있지 않았다. 어떤 측면에서 보더라도 인간의 공동생활은 엘베시우스가 기대했던 것만큼 결코 과학적으로 엄밀하게 규범화될 수 없었던 것이다. 엘베시우스의 철학적 재료가 아무리 획기적이었다고 하더라도 지배 관계의 새 질서에 대한 구체적 이념은 그에게도 물거품이 되고 말았다.

철학자들은 이리 휩쓸리고 저리 휩쓸렸다. 한편으론 모든 개인의 사유 재산이 보호받길 원했지만, 다른 한편으론 모두가 부를 누리는 삶을 지향했다. 철학자들은 개인의 자유를 지켜 주고 싶었고, 그와 동시에 각자가 자신의 권리를 찾을 수 있도록 돕고 싶었다. 게다가 당시 여건으로는 프랑스 국민 중 95퍼센트가 감히 넘볼 수 없는 삶을 꿈꾸었다. 힙스터* 운동의 18세기 버전이라고 할 만한, 미래의 삶에 대한 이상적 모델을 만들어 낸 것이다. 하지만 이 모델이 최대한 많은 사람들을 위해 실현되려면 어떤 경제적 토대가 마련되어야 할까? 계몽주의가 풍족함의 극단을 즐기는 힙한 귀족들과 그들의 살롱을 들락거리는 돈 잘 버는 출판인들의 전용 문화로만 머물지 않으려면 프랑스에서는 어떤 일이 일어나야 할까?

리스본 지진은 봉건 절대주의의 토대를 파괴했고, 잉글랜드 자유주의의 성공은 앙시앵 레짐의 경제 질서에 근본적인 의문을 제기했다. 그러나 철학자들이 권력 분립에 주저했던 것처럼 케네 같은 대표적 경제학자들은 완전히 자유화된 경제를 거부했다. 대신 1770년대에는 중농학파, 루소, 돌바크, 엘베시우스, 디

* Hipster. 1940년대 주류 문화에 반발해서 흑인들의 재즈 음악에 열광하고, 그 패션과 생활 방식을 모방하던 젊은이들, 혹은 그 문화.

드로 할 것 없이 모두 〈공공의 이익〉을 내세웠다. 물론 각자가 말하는 의미는 조금씩 달랐지만 말이다. 권위적 국가 권력의 이념에서는 보수적 개혁가 케네와 혁명적 자유사상가 루소가 손을 맞잡았다. 하지만 루소는 그러면서도 〈국민 주권〉을 꿈꾼 반면에 중농학파는 임의의 전제 군주제가 아닌 합법적 전제 군주제를 꿈꾸었다.

그런데 한동안 중농학파와 가까웠던 디드로는 모든 형태의 전제 정치에 불신을 표했다. 그는 이탈리아 경제학자 아베 페르디난도 갈리아니(1728~1787)의 책을 읽고 나서 이러한 전제주의가 무제한적인 국가 권력뿐 아니라 통제되지 않은 경제 권력에서도 생겨날 수 있음을 간파했다. 선견지명에 가까운 인식이었다. 완전히 자유로운 시장은 이르든 늦든 자동으로 이해관계의 조정으로 이어지는 것이 아니라 독점과 과두제로 이어진다고 봤기 때문이다. 따라서 그는 곡물의 자유로운 거래를 반대했다. 그러니까 중농학파 기치로 내건 핵심 요구에 반대한 것이다. 국가 독재이건 시장 독재이건, 디드로는 둘 다 막고 싶었다. 그래서 유럽의 카페라 불리던 돌바크의 살롱에서 케네를 비롯해, 흄의 절친한 친구로 1765년에 이 살롱을 찾은 애덤 스미스와도 격정적으로 토론을 벌였다. 그렇다만 〈제3의 길〉은 어떤 모습일까?

이들 철학자 주변의 한 남자가 2년 시한으로 프랑스 재정 총감, 즉 재무장관이 되었을 때 제3의 길이 열릴 기회가 생겼다. 남자의 이름은 안 로베르 자크 튀르고(1727~1781)였다. 노르망디 출신의 이 귀족은 프랑스 여러 지방을 도는 구르네의 순회 여행에 동행했고, 엘베시우스 부인과 친분이 깊었으며, 『백과전서』 집필에도 동참했다. 그는 빠르게 출셋길을 달렸다. 1761년 프랑스에서 가장 가난한 지방 중 하나인 중앙 산지 북서부의 리모주 지방 감찰관에 발탁되었다. 여기서 그는 조세 체계를 바꾸어 농민들의 높은 세 부담을 덜어 주었다. 농민들의 순이익에만 세금이 부과한 것이다. 그는 자신의 직무 범위 안에서 최대한 자유주의적 경제 정책을 펼쳤고, 지주들에게는 가난한 사람들을 돌볼 의무를 부여했다. 1774년 루이 16세는 그를 중앙으로 불러들여 고위직에 앉혔다.

튀르고는 귀족과 지주 계급의 경제적 특권을 폐지하고, 무능한 인사를 좀 더 능력 있는 인사로 대체하고, 국가 재정의 만성 적자를 줄였다. 청렴했던 그는 나라를 좀 더 도덕적으로 만들고자 했지만, 미덕과 도덕의 이해에 아직 확고한 토대가 없었다. 물론 개인적인 미덕이 국가에서 실현되는 공공의 이익과는 다르다는 것은 잘 알고 있었다. 하지만 다수의 도덕적인 사람들이 사회를 도덕적으로 만들 수 있으리라는 것도 믿지 않았고, 루소와 디드로처럼 보편 의지도 믿지 않았다. 대신 결정을 내리지 못하고 미적거리기만 했다. 인간의 불평등과 소유 관계의 불평등에 대해서는 자연적으로 주어진 것으로 인정했고, 모든 인간이 평등하다는 미국 독립 선언문 작성자들의 주장에는 화를 냈다. 귀족도 성직자도 없고, 땅도 아직 완전히 분배되지 않은 미국인들에게는 쉬운 일이 튀르고에게는 일상의 문제였다. 어떻게 하면 봉건 절대주의 같은 사회를 비효율적이고 비도덕적인 소유 관계를 건드리지 않으면서 좀 더 효율적이고 도덕적으로 만들 수 있을까?

튀르고는 혁명가가 아니라 개혁가이고 싶었다. 디드로와 돌바크가 권력의 향방을 좌우하는 위치에 올랐어도 마찬가지였을 것이다. 현실적 대안이 없으면 자유와 평등을 외치는 아무리 뜨거운 목소리도 차갑게 식을 수밖에 없었다. 또한 모든 신분의 이해관계를 조정하는 일은 말이 쉽지, 혁명적 조처 없이는 실현될 수 없었다. 튀르고가 마침내 중농주의자들의 요구대로 자유로운 곡물 거래를 관철시키려 했을 때 그 계획은 안타깝게도 1774년에서 1775년으로 넘어가는 겨울의 대기근 시기와 딱 맞아떨어졌다. 그로 인해 〈밀가루 전쟁〉이라 불리는, 프랑스 대혁명의 전진(前震)에 해당하는 폭동들이 일어나면서 그의 개혁 조치는 수포로 돌아갔다. 시민과 수공업자, 농민뿐 아니라 모든 신분에 세금을 부과하려는 시도도 별로 성공을 거두지 못했다. 왕실 측에서 즉시 성직자 계급을 제외시켰기 때문이다. 권력 분립의 반대자이자 반의회주의자였던 튀르고는 국왕과 대신들의 선의에 종속되어 있었다. 그래서 루이 16세가 1776년 측근들의 독촉으로 그를 파면하자 그의 훌륭한 계획들도 삽시간에 날아가고 말았다. 그중에는 귀족 출신이건 시민이건 상관없이 모든 지주에게 동일한 투표권을 부여하는 선거 제도도 있었고, 빈민들을 위한 교육 제도와 복지 제도도 있었다. 이로써 자신의 이념을 실현할 위치에 있던 유일한 프랑스 계몽주의자는 앙시앵 레짐의 개혁적 무능함을 극명하게 드러낸 경직된 구조로 인해 좌절하고 말았다. 그나마 튀르고는 침대에 누워 편안하게 죽음을 맞는 행운만큼은 누릴 수 있었으나, 모든 철학자들 가운데 최고의 낙관론자인 그의 가장 뛰어난 제자는 스승과 달리…….

콩도르세 복음서

박해자들의 추격을 피해 지하실에 몸을 숨긴 한 남자를 떠올려 보라. 그런데 박해자들이 그를 반드시 죽일 수밖에 없다고 생각할 만큼 그들에게 이상한 신(新)사상을 심어 준 사람은 바로 그 자신이었다. 눈앞에 단두대가 어른거리는 상태에서도 오직 인류의 끊임없는 도덕적 진보를 주창하는 책을 열정적으로 쓴 사람이었다. 마리 장앙투안 니콜라 카리타 마르키 드 콩도르세(1743~1794)

를 두고 하는 말이다.

스페인의 모험가 미구엘 데 세르반테스가 풍자와 해학이 넘치는 『돈키호테*Don Quijote*』를 세비야의 감옥에서 착수했고, 도미니크회 수도사 토마소 캄파넬라가 유토피아 소설 『태양의 나라』를 나폴리의 카스텔 누보 고문실에서 구상한 것처럼 콩도르세도 인류를 구원하는 계획을 단두대의 그림자 속에서 글로 옮기기 시작했다. 그는 1793년부터 파리의 한 은신처에 머물며, 인류의 발전은 더 고결하고 더 나은 쪽으로 나아가는 지속적인 상승선이라는 복음을 담은 원고에 매진했다. 간략하게 정리하면 이렇다. 학문과 진리, 도덕은 손을 맞잡고 인류를 원시 상태에서부터 숱한 다툼을 거쳐 마침내 이상 사회로 이끈다. 빈부의 격차는 없어져 모두가 충분한 풍요를 누린다. 게다가 무한한 지식 사회는 보편적 소통을 가능케 하는 하나의 언어로 연결되고 하나의 평화로운 문명으로 통합된 채 세계 공동체를 민주화한다. 인류의 역사는 지속적으로 상승하는 행복의 역사다.

1794년 3월 24일, 콩도르세가 원고를 끝낸 순간 형리들이 은신처에 숨은 그를 찾아냈다. 그는 도주했다. 그러나 인근의 클라마르까지밖에 가지 못했다. 그는 사흘 뒤 그곳의 한 술집에서 붙잡혀 부르 라 렌으로 압송되었다. 나머지 이야기는 안개에 싸여 있다. 그가 추격자들에게 독살 당했는지, 탈진해 죽었는지, 아니면 스스로 목숨을 끊었는지는 각자의 추측에 맡길 뿐이다.

그럼에도 그의 저서 『인간 정신의 진보에 관한 역사적 개요*Esquisse d'un tableau historique des progrès de l'esprit humain*』는 세상에 나왔다. 콩도르세는 프랑스 계몽주의 철학자 중에서 오늘날엔 별로 주목받지 못하는 사람이지만, 당시엔 가장 중요한 인물 중 하나였고, 상당히 높은 수준의 만능 학자였다. 그는 1743년 프랑스 북부 리브몽에서 태어나 랭스의 예수회 학교를 다녔다. 이어 파리의 콜레주 마자랭에 입학했다. 국가의 기존 질서를 지킬 가톨릭 엘리트를 양성하는 곳이었다. 그러나 콩도르세는 좋은 가톨릭인이 되지 못했다. 그의 열정이 향한 곳은 종교가 아니라 논리학과 연산(演算)이었다. 그는 스물두 살에 적분법에 관한 첫 수학 논문을 발표했다. 그 뒤 연이어 수학 논문들을 쏟아냈고, 그와 함께 이 젊은 수학자의 관심은 급속도로 확장되었다. 미적분의 세계에 더 이상 만족할 수 없었던 것이다. 수학으로도 사회를 설명하고 해석할 수 있지 않을까? 정치와 사회생활을 수학 공식으로 나타내고, 확률 법칙에 따라 설명할 수는 없을까?

이것은 콩도르세가 1770년 제네바 인근의 페르네 성으로 볼테르를 찾아갔을 때 떠오른 생각이었다. 프랑스의 농업 위기에 대해 대화를 나눈 자리였다. 온 나라가 또다시 최악의 흉작으로 끔찍한 고통을 겪고 있었다. 수많은 농민과 일꾼들은 굶어죽을 위험에 빠져 허덕거렸다. 국가의 잘못한 것일까, 아니면 지주들의 잘못일까? 이런 재앙들은 장차 어떻게 막을 수 있을까?

콩도르세는 마치 감전이라도 된 듯 흥분했다. 국가와 경제는 마스터플랜, 즉 정치와 경제, 사회, 도덕을 모두 아우르는 이론이 필요했다. 수학자의 사고방식으로는 거기에 적합한 것은 오직 사회 수학밖에 없었다. 인간 공동생활을 계산으로 표시하고, 미래에 대한 예측도 가능한 그런 체계 말이다. 콩도르세는 이 생각을 삶이 마감하는 날까지 고수했다. 인간 삶을 좀 더 이성적이고, 좀 더 좋게 만드는 데 결정적 기여를 할 수 있는 것은 수학이 유일하다는 생각이었다. 그로부터 2년 뒤 그는 튀르고를 만났다. 재정총감은 이 젊은 사회 수학자를 조폐국장에 앉혔다. 두 사람은 힘을 모아 궁정의 부패와 정실(情實) 체제를 일소하고, 자유로운 시장에 활력을 주고자 애썼다. 그러나 앞서 언급했듯이 저항은 너무 컸다. 1776년 왕은 튀르고를 파면했고, 썩어빠진 국가는 모든 개혁에 반발했다. 군주제는 눈멀고 귀 닫은 채 나락의 구렁텅이로 비척거리며 나아갔다.

콩도르세는 오래전부터 미래를 연구했다. 1776년부터는 저명한 과학 아카데미의 사무총장으로 일했고, 6년 뒤에는 국가 엘리트들만 들어갈 수 있는 아카데미 프랑세즈의 회원으로 승격되었다. 그의 생각은 야심만만하고 급진적이었다. 왜 모든 나라에 동일한 보편 법이 존재하지 않고, 나라마다 고유한 법이 있는 것일까? 사람들은 무슨 권리로 노예를 부리고 흑인을 억압하는가? 그들도 같은 인간인데. 전 세계 모든 여자들은 왜 동등한 권리를 갖지 못하고 투표권에서 배제되어야 하는가?

콩도르세가 가장 좋아하는 주제는 확률 법칙에 따라 인간의 행동을 설명하는 것이었다. 출발점은 간단했다. 모든 인간은 다양한 가능성들 가운데 선택하며 살 수 있어야 한다는 것이다. 나를 납득시키는 건 무엇이고, 납득시키지 못하는 건 무엇인가? 내게 좋은 것은 무엇이고, 나쁜 것은 무엇인가? 오늘날에는 경제 심리학자와 행동 경제학자들이 무수한 연구 논문들을 통해 거의 매일 연구하고 검토하는 것이 당시에는 아직 이례적인 질문이었다. 즉, 나는 살면서 어떤 기준에 따라 결정을 내리는가?

콩도르세의 생각은 새로웠다. 보기에 따라서는 초기 근세의 가장 대표적인 심리학자 중 한 사람으로 볼 수도 있다. 이론적으로는 말이다! 하지만 희한하게도 그는 처음부터 아주 잘못된 결정을 내렸다. 다시 말해 잘못된 공리에서 출발했다. 그에 따르면 우리 삶의 결정들에서 가장 중요한 기준은 바로 진리다. 우리는 매일, 아니 시시각각 객관적으로 옳은 것과 객관적으로 잘못된 것을 구분하고자 한다는 것이다. 인간의 본성을 이보다 더 우아하게 오인한 경우는 드물다. 진리처럼 막연하고 머나먼 것은 인간의 일상적 삶에서 거의 아무런 역할을 하지 못하기 때문이다.

또한 진리를 자신이 옳기를 바라는 많은 사람들의 간절한 욕망과 혼동해서도 안 된다.

그러나 인간의 삶에서 진리의 막대한 의미에 대한 콩도르세의 믿음은 요지부동이었다. 그의 첫 번째 공리는 이렇다. 모든 인간은 인생에서 행복을 추구한다. 두 번째 공리는 이렇다. 인간은 진리와 정의를 향해 나아감으로써 행복을 경험한다. 아는 것이 많아질수록 인간은 자신의 삶을 위해 현명하고 올바른 결정을 내리고, 그로써 행복해지기는 점점 쉬워진다. 인간이 행복해지는 것은 공공에도 좋다. 이 말이 맞다면 국가의 가장 중요한 임무는 국민에게 최대한 많은 정보를 제공하고, 국민을 교육하는 것이다. 왜냐하면 교양이 늘어날수록 진리도 점점 많아지기 때문이다. 진리가 늘어나는 건 도덕과 정치에도 좋다. 콩도르세는 자신의 프로그램을 정확히 다음과 같이 표현했다. 모든 인간은 가능한 한 많은 교육을 받아야 한다. 인권을 배우고 존중할 줄 알아야 한다. 또한 사회학의 일반 원리를 이해하고 그에 따라 살아야 한다. 거기다 국민 경제를 파악하고, 그 지식에 근거해 자신의 노동력과 돈을 다룰 줄 알아야 한다.

1789년 마침내 콩도르세의 시간이 찾아왔다. 국가 경제는 파탄 났고, 루이 16세는 삼부회를 소집했다. 개혁가들은 6월 베르사유 궁전의 테니스장에 모여 새 헌법이 관철될 때까지 해산하지 않기로 결의했다(테니스 코트 서약). 7월 14일에는 시민 5,000명이 바스티유 감옥을 습격했다. 새로 설립된 국민 의회는 8월 26일 인간과 시민의 권리를 선포했다. 〈인간은 나면서부터 자유롭고, 서로 동일한 권리를…….〉

왕이 베르사유에서 파리로 옮길 수밖에 없는 상황에 빠졌을 때 콩도르세는 자신의 새로운 도덕학을 발표할 기회를 잡았다. 동지들과 〈1789년 클럽〉을 결성한 뒤 이 클럽의 기관지에 해당하는 잡지에 글을 발표하기 시작한 것이다. 그때부터 그는 혁명의 가장 중요한 선구적 사상가 중 하나가 되었다. 그렇다면 1791년에 그가 새 헌법 제정을 위한 9인 입법 위원회에 들어간 것은 놀라운 일이 아니다. 콩도르세는 숭고한 사명을 띤 전사였다. 새 헌법은 그의 사회 수학을 완성시켜야 했다. 다시 말해 자유와 이성, 법을 일치시켜야 했다. 국민 의회 의장으로서 그는 스스로를 선입견 없는 합리적인 세계와 보편적 지식 사회의 산파로 여겼다. 벗과 동지들이 그의 철저한 도덕적 생활 방식 때문에 붙여 준 〈선한 콩도르세〉라는 별명은 그의 본성과 정말 딱 맞았다. 국민 교육을 위한 기본 정책은 가결되었고, 그 정책의 강령은 다음과 같았다. 모든 시민을 교육하는 것은 사회적 의무다!

1793년 봄 상황이 바뀌면서 자코뱅당이 파리의 권력을 장악했다. 콩도르세의 긍지였던 새 헌법은 쓰레기통에 던져졌다. 그 뒤로는 루소를 열렬히 숭배하던 급진적 변호사 막시밀리앙 로베스피에르(1758~1794)가 이끄는 〈공안 위원회〉가 세상을 좌지우지했다. 불과 얼마 전까지 절대 권력을 휘두르던 콩도르세는 이제 피고인석에 앉을 수밖에 없었다. 그런데 그 상태에서도 자신이 만든 헌법을 너무 열렬히 옹호하고, 자코뱅당이 선포한 헌법을 보고는 습작과도 같은 한심한 헌법이라고 조롱하는 바람에 사형 판결을 받았다. 진선미의 이상적 세계와 혁명의 실제 세계는 더 이상 맞지 않았다. 콩도르세는 마흔아홉 살이었다. 이제 그에게 남은 시간은 9개월밖에 없었다.

하지만 짧다면 짧은 9개월이 그에겐 어떤 시간이었을까! 실패한 혁명가는 파리의 은신처에 숨어 인류의 걷잡을 수 없는 진보를 표방한 자신의 대표작에 온 힘과 정성을 쏟았다. 그에 따르면 인류는 초기 역사에서부터 현재에 이르기까지 끊임없이 더 높고 더 나은 쪽으로 발전해 왔다는 것이다. 그는 지극히 따뜻한 색채로 인간의 본성을 그렸고, 이어 완전함의 단계로까지 나아가는 인류의 진보를 수학적 정밀함으로 예견했다.

그 책은 그의 유언이자 희망의 복음서였다. 주변에서는 자코뱅당의 공포 정치가 전 도시를 휩쓸고, 수천 명의 무고한 사람들이 비방과 선동에 몰려 죽임을 당하고, 혁명 광장에 놓인 단두대가 여전히 그를 기다리는 동안에도 콩도르세는 쉬지 않고 열심히 복음을 적어 나갔다. 열정적인 무신론자들이 그렇듯 그도 자기 확신이 강했고, 스스로를 전도자로 보았다. 인간의 진보란 온갖 역사적 재앙에도 불구하고 멈출 수 없고 돌이킬 수 없다. 미래는 낙원이 될 것이다. 삶은 학문과 기술의 개선 행진으로 좀 더 편안해지고, 국가는 좀 더 공정해지고, 인간은 통일된 보편 언어를 통해 연결되고 화합할 것이다. 또한 전쟁은 불필요해지고, 재화는 적절하게 분배되고, 국민 교육은 창의성의 폭발적인 분출을 불러올 것이다.

그 당시 누구도 진보의 사회 수학자 콩도르세만큼 진리와 도덕이 논리적으로 밀접하게 결합되어 있다고 본 사람은 없었다. 진리에 대한 사랑과 선에 대한 사랑은 동일한 원천에서 나온다. 자연 과학이 기술에 수단을 제공하듯 도덕은 선한 사회의 도구여야 한다. 콩도르세는 개인의 이익이 미래에도 다수의 이익과 완전히 다를 수 있다는 것을 전혀 염려하지 않았다. 18세기에 계급 대립과 이해관계의 충돌이 존재한다면 그건 아직 사회가 미숙하고 계몽되지 않았기 때문이다. 따라서 미래의 입법자에게는 다음 기술이 필요하다. 개인적 이익과 공익 사이의 표면적인 대립을 모두가 흔쾌히 따를 만큼 공정한 사회 질서로 제거해 내는 기술이다. 선한 것은 인간에게 유익하고, 악한 것은 해롭다. 왜냐하면 〈진리와 도덕, 행복〉은 〈끊어지지 않는 끈으로 연결되어〉 있기 때문이다.

그날은 올 것이다. 콩도르세가 떨리는 손으로 책을 끝내면서 한 말이다. 이 책의 예언대로 역사는 과연 1789년의 혁명이 약속한 것을 지킬 것인지…….

이성의 사원

1793년 11월 10일 파리의 혁명가들은 노트르담 대성당에서 〈이성과 자유〉를 위해 싸울 것을 맹세했고, 그때부터 이 성당은 더 이상 기독교 성전이 아니라 〈이성의 사원〉이 되었다. 그로부터 13일 뒤, 도시의 모든 기독교회가 이성의 사원으로 거듭났다. 그 전에 아이작 뉴턴의 공묘(空墓)로서 거대한 구를 설계했던 건축가 에티엔 루이 불레(1728~1799)는 심지어 〈이성의 사원〉으로서 완전히 새로운 입체기하학적 구도를 계획했다. 즉, 땅속의 반원에는 바위 동굴과 고대 다산의 여신이 있고, 땅 위의 반원에는 거대한 빈 창공이 있는 구도였다(270쪽 삽화 참조).

그렇다면 이 사원에서는 어떤 이성을 숭배할까? 이 이성은 어떤 모습이고, 어떤 형태를 띠고 있을까? 그것은 명확하게 파악하고 정의 내릴 수 있을까? 이성적인 것이 선한 것임은 누가 보장할 수 있는가? 헤라클레이토스와 플라톤, 플로티노스를 비롯해 다른 수많은 고대 그리스 철학자들에게 로고스, 즉 이성은 신에서 비롯되었다. 인간은 사색과 명상으로 이성에 다가가는 것 말고는 더 이상 이성에 〈동참할〉 길이 없다. 초기 중세의 아랍 철학에서도 이성은 다르지 않았다. 그들의 이성은 인간 밖에 있었고, 인간이 오직 사유를 통해서만 접근할 수 있는 절대적인 무엇이었다. 이 모든 이성은 이신론(理神論)*과 연결되어 있었다. 이성은

* 자연신론(自然神論)이라고도 한다. 18세기 계몽주의 시대에 등장한 합리적 종교관이다. 우주의 창조주로서의 신은 인정하지만, 세상일에 관여하거나 계시나 기적으로 자기를 드러내는 인격적 주재자로서의 신은 부정한다. 인간은 이성을 통해 신의 존재나 우주 법칙을 알 수 있다고 생각한다.

신적인 것이고 절대적인 작용력이지만 인격체가 아니다. 인간은 이성을 이해함으로써 거기에 동참할 수는 있지만, 이성 자체는 인간의 운명에 관여하지 않는다.

이런 이신론적 이성은 온갖 인간적 속성을 갖춘 신을 믿는 옛 유대교, 그러니까 창조의 장인이자 이스라엘의 초월적 아버지를 믿는 종교와는 결코 하나가 될 수 없었다. 가장 똑똑하다고 하는 기독교 철학자들이 골머리를 싸맸던 것도 바로 이 문제였다. 그리스인들의 무심하고 차가운 로고스와 인간적 온기를 물씬 풍기는 기독교 신을 어떻게 연결할 수 있을까? 마이스터 에크하르트, 라몬 륄, 쿠자누스 같은 철학자들은 자기 침잠의 영성 속에서 우리에게 말을 거는 내면의 신에서 답을 찾았다. 륄이 오성보다 이성이 더 현명하다고 주장한 자신의 새 논리학에 대해 말하거나, 쿠자누스가 인간 영혼의 심원에서는 대립이 해소된다고 보았다면 그들은 각자의 철학으로 이신론과 유신론을 화해시키고 있는 셈이다.

그런데 이런 신비주의자들의 이성은 아무리 똑똑하더라도 이성의 옹호자들에게 정치적 행동 지침까지 제공하지는 못했다. 관용과 평화, 자유, 신 앞에서의 평등, 박애 같은 기준점은 제공할 수 있었지만 말이다. 이성은 이제 마르실리오 피치노의 경우처럼 비교(秘教)로 빠질 수도 있었고, 폼포나치의 경우처럼 오직 교회 비판에서 그 목적을 찾을 수도 있었다. 심지어 초기 자본주의의 프로테스탄트 윤리에서는 이성이 비용과 이익에 대한 순수 이해타산, 즉 상업적 이성으로 전환되기도 했다. 또한 휠러에서 스미스로 이어지는 전통에서는 결국 전체 사회의 행복에 기여하는 요소로서의 이성이 부각되었다. 〈보이지 않는 손〉의 선한 조종으로 개인들의 이기적 약삭빠름이 마지막에 가서는 공동선으로 바뀐다는 것이다.

그에 반해 프랑스 철학자들은 시장을 믿지 않았다. 그들에게 이성은 무엇보다 봉건 절대주의의 가치 체계에 맞서는 투쟁적 개념이었다. 이전에는 신이 있었던 곳, 그리고 세계의 자연스러운 질서와 보편적 정의, 선이 있었던 곳에 이제는 이성이 있어야 했다. 이런 관점에서 자크 르네 에베르(1757~1794)나 피에르 가스파르 쇼메트(1763~1794) 같은 혁명가들은 도덕 테러로 뜨겁게 달구어진 겨울에 노트르담 성당과 다른 곳에서 이성의 찬가를 불렀다. 열렬한 루소 숭배자 로베스피에르 치하에서 보편 의지는 새로운 로고스, 즉 개인은 무조건 따라야 하는, 신과 유사한 초개인적인 심판 기구가 되었다.

이성의 사원은 불레의 건축 도안처럼 차갑고 텅 빈 공간이었다. 지상의 자연을 천상의 자연과 분리시키는, 촘촘한 울타리로 둘러싸인 원형의 열주(列柱)이자 감옥 창살이었다. 영국의 보수적 정치인 에드먼드 버크는 프랑스 이성 개념의 〈형이상학적 추상화〉를 조롱했고, 그러면서도 섬뜩해했다. 이 이성 개념의 상징은 단두대 미학이었다. 단두대의 원리는 세 가지 기하학적 기본 형태로 조합되어 있었다. 틀은 사각형이고, 칼날은 삼각형이고, 범죄자의 머리를 몸뚱이에서 잘라 내는 곳은 원형이었다. 프랑스 건축가 클로드 니콜라 르두(1736~1806)가 설계한 〈바퀴 만드는 사람의 집〉도 단두대와 다르지 않은 느낌을 주었다. 원형의 구멍에 목을 집어넣을 사람을 기다리는 것 같은 모습이다. 그리고 새로운 프랑스의 기획자들은 역사적으로 형성된 지역을 잘게 잘라 동일한 면적의 83개 구역으로 분할했다.

인간의 공동생활을 구체적으로 형상화할 아이디어가 부족할 때는 숭배와 추상화, 형식주의가 그 아이디어를 대신하기 마련이다. 루소의 도시 국가 모델은 프랑스처럼 땅덩어리가 큰 나라에서는 비현실적이었다. 돌바크의 계몽된 신분 국가에는 헌법

뿐 아니라 자연계와의 납득할 만한 관련성이 없었다. 엘베시우스의 좋은 생각들도 비현실적이기는 마찬가지였다. 디드로는 자신이 반대하는 것이 무엇인지는 정확히 알고 있었지만, 자신이 원하고 실행으로 옮겨야 할 것이 무엇인지는 몰랐다. 게다가 몽테스키외의 권력 분립 이념은 너무 영국적이어서, 그리고 전형적인 프랑스식 사고방식에는 너무 맞지 않아서 진지하게 받아들여지지 않았다.

진보의 법칙

프랑스 계몽주의에서 남은 것은 무엇일까? 백과전서파는 세계를 탈주술화했고, 세계를 실제로 움직이는 〈역학〉을 밝혀냈다. 이제 자연은 설명되었고, 우주는 모든 환상에서 벗어났다. 하지만 인간이 무엇을 해야 하고, 어떤 식으로 함께 살아가야 하는지 말해 줄 수 있는 역학이 있을까? 정신을 차릴 수 없을 정도로 연이어 쏟아진 획기적인 저서들에 현혹되어 사람들은 사회와 정치 영역에서 방향을 잃은 것을 모르고 있었다. 라메트리의 『인간 기계』, 모페르튀의 『도덕 철학론』, 몽테스키외의 『법의 정신』, 콩디야크의 『감각론』, 디드로의 『자연 해석에 관한 생각』, 엘베시우스의 『정신론』은 모두 10년이라는 시간 안에 연이어 출간되었다. 이제 인간은 심리적 자극과 반응의 메커니즘으로 묘사되었고, 인간의 행복 추구는 수학화되었으며, 이른바 인간의 사고라는 것은 감각적 지각으로 설명되었고, 인간의 위치는 진화 과정 속에 고정되었고, 인간 존재는 물리학의 거대한 전체 세계 속에 편입되었다.

그런데 낡은 세계 체계가 무너진 것만큼 빠르게 새로운 체계가 생겨나지는 않았다. 종교와 달리 이성은 사회와 제도뿐 아니라 인간의 머릿속에도 아무런 인프라가 없었다. 혁명은 위태로웠고, 실제와 가상의 적들에 포위되어 있었다. 로베스피에르가 훗날 레닌이 마르크스에게 그랬던 것처럼 루소에 대해 갑자기 태도를 바꾼 것은 놀랍지 않다. 이상적으로 보면, 보편 이성의 지배권은 모든 인간과 사회, 그리고 새로 선포된 〈인권〉에도 똑같이 해당된다. 그러나 보편 이성의 개선 행진은 콩도르세의 논리대로 움직이지 않았다.

인간에 대해 모든 것을 안다는 것과 철저하게 합리적인 사회를 구축한다는 것은 별개의 문제다. 따라서 우리는 이런 의문을 품을 수 있다. 인간은 정말 철저하게 이성적 사회를 원할까? 아니, 원해야 할까? 대부분의 인간은 아마 오늘날에도 완벽하게 이성적인 삶과 아주 세세한 부분까지 이성적인 사회를 원하지는 않을 것이다. 그런 사회에서는 비이성적이고 격정적인 사랑을 비롯해 기록경기나 게임, 점성술 같은 것들이 들어설 자리가 거의 없다. 우리는 〈여가〉라는 개념을 다행히 이성적일 필요가 없는 영역으로 이해한다.

콩도르세의 경우엔 이성이 과도한 요구를 받고 있음에도 그의 낙관론은 얼마나 근거가 있을까? 우리 사회는 과연 18세기에 비해 더 지혜로워지고 더 나아졌을까? 의학의 발달, 화학의 진보, 풍요로운 삶, 노동 세계의 복지 수준, 〈평범한〉 주민들의 여가 생활, 전반적인 위생 상태, 자기 삶의 자유로운 구축, 아동 교육에서의 진보, 남녀의 성 역할 등을 살펴보면 대체로 콩도르세의 예견이 옳았다는 쪽에 손을 들어 주고 싶다. 기술적 진보, 국민 교육, 사회 복지, 경제 영역, 법체계, 정치 민주화의 역사는 성공의 역사였다. 최소한 서방 세계에서는 말이다. 만일 콩도르세가 오늘날의 현대적 병원을 보았더라면 분명 감격했을 것이고, 각종 사회 보조금과 실업 급여를 보고는 흐뭇함을 감추지 못했을 것이다. 또한 공장 노동자와 농민들이 모두 부자로 보일 테고, 우리의 일상적 생활용품에는 눈이 휘둥그레질 것이며, 학교와 대학교를 보고는 환호성을 질렀을 것이다. 게다가 그가 그렇게 열망했던, 세계의 국경을 넘어 통용되는 〈세계 언어〉도 이미 오래전에 현실이 되었다. 물론 그 언어가 프랑스어가 아니라 영어라는 게 좀 섭섭했을 테지만.

콩도르세가 예견한 것 중에는 현실에 의해 오히려 훨씬 추월된 것도 많다. 폭발적인 지식의 증가로 오늘날 서양 문화권에 사는 거의 모든 사람들의 삶이 획기적으로 개선된 것도 그중 하나다. 그럼에도 콩도르세의 복음이 오늘날 우리에게 무척 낯설게 느껴지는 이유는 무엇일까? 인간 역사를 돌아보면 아주 흥미로운 것이 눈에 띈다. 기술적 진보와 정신적 발달은 나란히 진행되지 않는다는 것이다. 서양의 평균적인 사람들은 오늘날 이전의 어떤 시대보다 세상에 대해 훨씬 폭넓은 지식과 정보를 갖고 있다. 수많은 사람이 신문을 읽고 텔레비전을 보거나, 인터넷으로 정보를 얻는다. 18세기 계몽주의자들이 현대의 정보 공학을 보았더라면 입을 다물지 못할 것이다. 하지만 우리가 이런 마법의 수단들로 대부분의 시간을 어떻게 보내는지 알게 된다면 그만큼 실망도 클 것이다. 우리는 나날이 발전하는 무선 통신 기기를 어디에 사용하고 있는가? 나 자신의 성장과 서로간의 인격 함양에 도움을 주는 데? 그게 아니라면 200년 전의 사람들처럼 하루 종일 별 쓸데도 없는 똑같은 이야기나 하는 데? 우리의 위성은 매 순간 우주 공간에서 지구로 영상을 전송한다. 우리로 하여금 뭔가를 깨달아서 이 세계를 좀 더 잘 이해하게 하려고? 물론 가끔 그런 것도 있다. 하지만 우리는 그저 한번 웃고 마는 연예 프로그램이나 유튜브 동영상을 수백만 배 이상 더 자주 본다. 어차피 우리의 삶을 가득 채우고 있는 별 의미 없는 시시껄렁한 것일 텐데 말이다. 우리 문화권의 사람들에겐 생각할 자유도 있지만, 생각하지 않을 권리도 있다.

많은 기대가 충족되고 많은 예언이 적중했음에도 오늘날 우리는 우리 자신이 가능한 모든 세계 중에서 가장 지혜롭고 가장 좋은 세계에 산다고 착각하지 않는다. 게다가 스스로를 완벽하게 선하고 현명하고 이성적인 존재라고 여기지도 않는다. 대신 우리는 콩도르세가 전혀 몰랐던 다른 거대 문제들을 놓고 치고받고 싸운다. 인간이 진보하는 만큼 새로운 걱정거리들이 생겼기 때문이다. 인간은 오랫동안 갈망하던 자연 정복의 꿈을 이루었지만, 그와 함께 환경 파괴와 대기 오염이라는 새로운 문제가 생겨났다. 게다가 지식의 발달로 대학과 발전소, 컴퓨터, 로봇만 생겨난 것이 아니라 핵미사일과 생화학 무기도 새로 탄생하게 되었다는 사실은 18세기 계몽주의자들에겐 상상 밖 이야기일 것이다.

대신 미래에 대한 그들의 판타지 속에 어떤 그림이 어른거리고 있었는지는 콩도르세와 같은 시대에 살았던 루이 세바스티앵 메르시에(1740~1814)의 책 『서기 2440년*L'an deux mille quatre cent quarante*』에 잘 나타난다. 자코뱅당의 박해를 받았지만 가까스로 단두대형을 면한 사람이다. 그가 상상한 미래의 파리는 콩도르세의 예언과 다르지 않은 선과 정의의 세계다. 도시의 기반 시설은 현대적이고, 센강의 다리들도 잘 정비되어 있다. 왕의 거처인 튈르리 궁은 공공시설로 바뀌고, 악취가 진동하던 구빈원은 현대적 병원으로 변해 있다. 대학에서는 이해하기 어려운 라틴어 대신 프랑스어로 수업이 진행된다. 관세 폐지로 내수 시장은 번성하고, 군대는 꼭 필요한 규모로 축소된다. 모든 시민은 과하지도 덜하지도 않게 잘살고, 더 이상 불행한 결혼은 없다. 미덕의 그림자가 드리운 곳에서는 자연스럽게 미풍양속이 흐르기 때문이다. 심지어 사람들은 세금조차 자발적으로 흔쾌히 낸다.

콩도르세와는 달리 메르시에는 1771년의 파리에서 몇 가지 새롭고 심각한 문제점을 인식했다. 물론 미래에는 아주 쉽게 해소될 수 있는 문제라고 생각했지만. 예를 들어 대도시의 〈유독성 가스〉와 도시의 혼잡스러운 교통 문제가 그랬다. 그런데 돌아보면 아직은 무해한 수준이었을 그 문제점들은 메르시에의 예상과 달리 미래에 해결된 것이 아니라 오히려 우리 시대에 이르기까지 극단적으로 심화되었다. 걷잡을 수 없는 환경 파괴를 수반한 자연의 지속적인 약탈은 과거엔 예상할 수 없던 일이었다. 하지만 그게 아니라면 풍요를 위한 자원은 어디서 나온단 말인가?

역사는 예측하기 어렵다. 18세기의 어떤 예언가도 전 지구적인 환경 파괴나 기후 재앙은 내다보지 못했다. 진보의 역사와 행복의 역사는 별개다. 두 역사는 반복해서 만나지만, 균일한 걸음으로 나란히 흘러가지는 않는다. 서유럽에서는 70년 동안 평화가 유지되고 있다. 과거 그 어느 때보다 긴 기간이다. 그러나 여전히 지상에는 수많은 전쟁이 일어나고 있다. 이웃 국가를 침범해서 지하자원을 탐하는 일도 비일비재하다. 문화권을 넘어선 진정한 연대는 예나 지금이나 요원하다. 여전히 수백만 명의 사람들이 집권자의 망상이나 권력욕, 물질적 탐욕 때문에 죽어간다. 그리고 세계에서 가장 잘 사는 나라들조차 여전히 가난한 나라들에 조금이라도 〈더 많이〉 얻어 내려고 안간힘을 쓴다.

이런 상황을 막으려면 보편 이성에만 호소할 수는 없다. 평등과 자유와 함께 인간 삶의 불가침성도 논거로 제시해야 한다. 아니면, 피코 델라 미란돌라가 말한 것처럼 인간의 존엄을 제시하든지. 그런데 엘베시우스와 돌바크처럼 물리학만을 자기 근거로 내세우는 사람은 인간의 존엄과 가치를 보장할 수 없다. 따라서 물리학과 형이상학 사이에는 새로운 화해가 필요했고, 이 웅장한 프로젝트는 이마누엘 칸트의 핵심 과제였으니…….

독일 관념론 철학

이마누엘 칸트
1724-1804

요한 게오르크 하만
1730-1788

프리드리히 하인리히 야코비
1743-1819

요한 고트프리트 헤르더
1744-1803

카를 레온하르트 라인홀트
1757-1823

프리드리히 실러
1759-1805

고틀로프 에른스트 슐체
1761-1833

요한 고틀리프 피히테
1762-1814

게오르크 빌헬름 프리드리히 헤겔
1770-1831

야콥 프리드리히 프리스
1773-1843

프리드리히 빌헬름 요제프 셸링
1775-1854

정신의 우주

세계의 섬들 / 도그마와의 작별 / 영계로 들어가는 다리 / 큰 깨달음 / 코페르니쿠스적 전환 / 의식의 문법 / 나와 우주와 신에 대한 무지 / 자유의 제국

세계의 섬들

1756년 4월 8일 쾨니히스베르크의 한 젊은 학자가 교수직에 지원했다. 5년 전부터 공석으로 남아 있던, 논리학과 형이상학 담당 비전임 교수직이었다. 서른한 살의 칸트는 자신이 그 자리에 가장 이상적인 사람이라고 여겼다. 모르는 분야가 거의 없는 사람이었다. 〈생명력〉에 관한 논문을 썼고, 불과 천체 역학에 관한 글을 쓰기도 했다. 형이상학에 대해서도 물리학만큼이나 잘 알았다.

지원 편지의 수취인은 다름 아닌 프리드리히 대왕이었다. 그러나 왕에게는 대학 교수직 문제 따위와는 비교도 안 되는 다른 걱정거리가 있었다. 프로이센은 7년 전쟁을 목전에 두고 있었다. 〈세상에서 가장 막강한 왕〉의 머릿속에는 대포와 곡사포, 박격포만 어른거릴 뿐 철학자가 들어설 자리는 없었다. 왕은 그 학자의 청원에 거절할 가치조차 느끼지 못했다. 이처럼 이마누엘 칸트(1724~1804)의 상황도 처음엔 데이비드 흄과 다르지 않았다. 교수직을 얻어 경제적 걱정 없이 연구에만 매진하려던 소망이 불발로 돌아간 것이다.

칸트는 1724년 쾨니히스베르크에서 말과 수레, 마차, 썰매에 쓰이는 가죽 장구를 만드는 피혁공(皮革工)의 아들로 태어났다. 얌전한 성격의 소년은 아버지보다 어머니에게 더 깊은 애정을 느꼈다. 어머니는 아들을 밖으로 데려 나가 동물과 식물, 그리고 별이 총총한 밤하늘을 보여 주었다. 소년의 가슴에 경외심을 가득 심어 준 밤하늘이었다. 칸트는 열두 살에 어머니를 잃었고, 스물두 살에는 아버지까지 세상을 떠났다. 쾨니히스베르크의 알베르투스 대학을 다니던 칸트는 아버지의 죽음을 계기로 『살아 있는 힘에 대한 참된 평가*Gedanken von der wahren Schätzung der lebendigen Kräfte*』를 썼다. 그의 첫 학술 논문이었다.

젊은 칸트의 재능은 일찍 발견되었다. 전직 군종 신부였던 프란츠 알베르트 슐츠는 소년의 재능을 일찍 알아보고 칸트를 인문학교에 넣었고, 이후엔 대학까지 보내 주었다. 거기다 크리스티안 볼프의 합리주의 철학까지 접하게 해주었다. 칸트의 두 번째 멘토는 쾨니히스베르크 대학에서 논리학과 형이상학을 가르치던 마르틴 크누첸이었는데, 칸트는 그 덕분에 자연 과학, 특히 천문학에 푹 빠졌다. 그는 대학 시절 뉴턴의 『자연 철학의 수학적 원리』를 읽었고, 영국 철학자 새뮤얼 클라크(1675~1729)가 라이프니츠와 주고받은 편지들을 접했다. 그 과정에서 생겨난 거대 물음들이 평생 그를 사로잡았다. 시간과 공간은 절대적인가, 아니면 상대적인가? 시간과 공간은 존재하는가, 아니면 인간 정신의 질서 틀일 뿐인가? 칸트가 보기엔 둘 다 어느 정도씩 옳았고, 숙고할 가치가 있었다. 그는 만물을 움직이는 〈힘〉과 관련한 뉴턴과 라이프니츠의 사유에서도 비슷한 대립을 발견했다. 뉴턴에게(데카르트도 마찬가지다) 〈힘〉은 질량 곱하기 가속도였다. 반면에 라이프니츠에겐 질량에다 속도의 제곱을 곱한 것이 힘이었다. 뉴턴에게 이런 구적법은 아무 의미가 없었지만, 라이프니츠에게는 살아 있는 물체가 그 에너지를 어디서 끌어오는지를 설명하는 데 필요했다.

칸트는 뉴턴의 공식이 물리적 세계의 물체에만 적용될 뿐 생명의 내적 과정에는 적용될 수 없다는 것을 재빨리 간파했다. 라이프니츠도 의심스러운 수학 공식으로 뉴턴에 이의만 제기했지, 생명 문제를 본격적으로 다루지는 않았다. 그렇다면 생명 과정은 수학적으로 표현될 수 없는 것일까? 칸트가 보기엔 그랬다. 〈생명력은 수학적 판단 영역에서 완전히 벗어나는〉[129] 무엇이었다. 영혼의 법칙은 수학 법칙이 아니라 자기만의 고유한 게임 규칙을 따랐다. 이는 칸트가 평생 간직한 깊은 확신이었다. 그는 라이프니츠와 마찬가지로 〈영혼의 힘〉을 믿었지, 수학적으로 설명될 수 있는 힘을 믿지는 않았다.

스물두 살의 칸트는 자신이 도달한 새로운 종합(진테제)에 감격했지만, 누구도 그것을 진지하게 받아들이지 않는 현실에 깊이 실망했다. 자신이 뭔가 새롭고 올바른 것을 발견하지 않았단 말인가? 영혼은 질량을 가진 물체가 아닐 텐데, 그렇다면 몸속의 과정들은 어떻게 질량 곱하기 가속도의 공식으로 설명할 수 있을까? 육체적인 것만 영혼에 영향을 주는 것이 아니라 영혼적인 것도 육체에 영향을 주는 게 아닐까? 무거운 근심이 있으면 우리 몸이 쉽게 쇠약해지고 병드는 것만 봐도 그렇다. 하지만 이 모든 것은 역학이나 수학으로는 설명되지 않았다. 이로써 칸트는 실제로 하나의 거대한 물음을 제기한 셈이다. 같은 시기에 콩디야크도 관심을 보였지만, 풀지는 못하고 그저 수수께끼로의 형태로만 표현한 문제다.

젊은 칸트는 교수직 지원에서 낙방했다. 물리학의 한계를 제대로 지적하기는 했지만, 사변 이상의 무언가는 제시할 수 없었기 때문이다. 공공의 반향 없이는 대학에서 자리 잡는 건 당분간 기대할 수 없었다. 결국 이해받지 못한 천재는 궁여지책으로 동프로이센 지방에서 가정 교사직을 구했다. 그렇다고 뜻을 굽히지는 않았다. 오히려 똑같은 열정으로 더 큰 주제를 집어 들었다. 우주의 생성 문제였다! 그는 과거와 같이 자신이 완벽하게 납득하지는 못하는 통상적인 이론들을 서로 대립시켰다. 〈생명력〉에 관한 논문처럼 이번에도 시작은 뉴턴이었다. 물론 칸트도 영국의 이 위대한 물리학자에게 감탄을 금치 못했다. 하지만 뉴턴의 물리학으로는 인간의 모든 문제가 풀리지 않는다는 사실을 엘베시우스나 돌바크보다 더 날카롭게 간파했다. 게다가 자연 과학 내부에서조차 수수께끼는 여전히 존재했다. 중력은 세상의 많은 것을 설명해 주지만, 중력 그 자체는 무엇으로 설명할 수 있는가? 물리학의 세계에서는 모든 것이 당기고 밀쳐내지만, 왜 그런 일이 일어나는지는 그 사실에서 밝혀지지 않는다.

칸트는 생명력에 관한 논문과는 달리 이번에는 좀 더 신중했다. 하늘의 자연사를 밝히고 싶었지만, 그것을 위해 자신이 증명할 수 없는 별도의 힘을 끌어들이고 싶지는 않았다. 그는 모페르튀의 『우주론』을 읽으면서 깨달은 것이 있었다. 자연은 항상 자신의 힘을 경제적으로 다루고 가장 짧은 길을 찾는다는 것이다. 현재 존재하는 것과 같은 우주가 존재한다면 거기엔 여러 개의 원인이 있는 것이 아니라 단 하나의 원인만 있어 보였다. 1750년 독일어 번역본이 출간되자마자 칸트가 바로 구입한 『자연사』 제1권의 저자 뷔퐁도 비슷하게 보았다. 그럼에도 중력 하나로만 모든 것을 설명하는 뉴턴의 이론에는 만족할 수 없었다. 중력만으로는 우주에 왜 여러 개의 은하계가 존재하는지 설명이 되지 않았기 때문이다. 이 젊은 만능 학자는 그런 은하계의 존재를 쾨니히스베르크에 딱 하나만 있는 망원경으로는 확인할 수 없었지만, 마찬가지로 1750년에 출간된 토머스 라이트(1711~1786)의 『우주에 관한 독창적 이론, 또는 새로운 가설*An Original Theory or New Hypothesis of the Universe*』을 통해 알고 있었다. 영국의 이 천문학자는 은하수를 우주에 무수히 존재하는 별들로 이루어진 하나의 체계, 그것도 하나의 원반형 체계로 묘사했다. 그렇다면 우주는 은하들, 칸트의 표현을 빌리자면 〈세계의 섬들〉로 이루어져 있다.

조르다노 브루노는 사변만 할 수 있었던 것을 라이트는 실제로 보여 주었다. 우주의 성운들이 무한한 세계를 이루고 있음을. 그렇다면 어떤 합법칙성이 그런 세계들을 만들어 냈을까? 칸트에게 은하는 원형이거나, 아니면 (다른 관점에서 보면) 타원형이다. 모페르튀의 표현에 따르면 〈원형의 길쭉한 작은 광장들〉이다. 은하는 소용돌이로서 기본 입자들의 혼란스러운 당김과 밀침을 통해 생성되었다. 그런 체계는 우주 곳곳에 존재했다. 그것은 또 다른 체계의 일부로서 모두 모여 헤아릴 수 없을 만큼 거대한 하나의 전체 체계를 만들어 낸다.

이 전체는 누가 움직일까? 뉴턴에게는 신이었다. 데카르트도 다르지 않았다. 신의 손가락이 물질들을 움직인다는 것이다. 그것도 매번 다른 움직임으로! 칸트는 이런 설명에 만족할 수 없었다. 뉴턴이 우주 상자로 상상했던 텅 빈 공간도 예전의 언젠가는 분산된 물질들로 꽉 차 있지 않았을까? 칸트는 『일반 자연사와 천체 이론*Allgemeine Naturgeschichte und Theorie des Himmels*』에서 이렇게 쓴다. 〈나는 모든 세계의 물질이 전반적으로 분산되어 있다고 생각하고, 이 분산에서 완벽한 혼돈을 만들어 낸다. 이후 끌어당김의 확고한 법칙에 따라 질료가 형성되고, 또 밀어냄을 통해 그 운동에 변화가 생기는 것을 본다. 나는 자의적인 허구의 지원 없이도, 확고한 운동 법칙의 사주 아래 하나의 잘 정리된 전체가 생성되는 것을 보는 즐거움을 누린다.〉[130]

〈무엇이 물질을 움직이는가?〉 칸트의 답은 간단했다. 물질은 늘 움직이고 있었고, 그러다 조금씩 조금씩 오늘날 우리가 아는 우주로 조직화되었다. 이로써 신은 배제되었다. 물론 완전히 배제된 건 아니다. 움직이는 물질이 왜 존재하는지에 대한 의문은 여전히 남기 때문이다. 칸트는 세계의 역동성을 설명하는 데는 신이 필요 없었지만, 왜 무(無)가 아닌 이 모든 게 존재하는지를 설명하는 데는 계속 신이 필요했다.

뉴턴과 모페르튀, 라이트를 종합한 칸트의 결론은 우주기원론의 역사에서 하나의 이정표를 세웠지만, 이번에도 세간의 인정을 받는 데 실패했다. 천문학과 물리학은 관찰과 측정, 증명을 요구하지, 책상머리 사변을 요구하지는 않았기 때문이다. 결국 그의 소책자는 잊혔다. 20여 년 전, 그러니까 1734년에 스웨덴의 만능 학자 에마누엘 스베덴보리(1688~1772)가 『자연 사물의 원리*Principia rerum naturalium*』에서 나중의 칸트와 매우 유사한 결론에 도달했을 때도 동일한 딜레마에 빠졌다. 〈성운 가설〉이 그 자체로 인정받은 것은 스베덴보리의 책이 나온 지 60년, 칸트의 책이 나온 지 40년이 지나서였다. 그것도 두 사람의 업적이 아닌 프랑스 자연 연구가 피에르시몽 라플라스(1749~1827)의 업적으로서.

도그마와의 작별

이렇듯 서른 살 즈음의 칸트는 철학에서 가장 큰 두 가지 의문에 몰두했다. 〈생명은 무엇인가?〉 〈우주는 무엇인가?〉 18세기 중반에도 이 물음들은 여전히 신학의 영역이었다. 그건 프랑스건 독일이건 다르지 않았다. 생명과 우주를 신 없이 설명하려는 사람은 여전히 의심을 샀다. 따라서 칸트에게 즉시 곤혹스러운 질문이 던져진 것은 이상한 일이 아니었다. 당신은 종교를 어떻게 생각하는가? 신에 대한 당신은 생각은 정확히 무엇인가? 무한한 우주 속 어마어마한 은하 한가운데 어디쯤에 있는 거대한 태양계의 작은 지구에 사는 티끌만큼 작은 인간으로서 말이다.

칸트는 경건한 환경에서 자랐고, 어머니는 신앙심이 무척 깊었다. 게다가 첫 번째 멘토 슐츠든 두 번째 멘토 크누첸이든 모두 기독교의 신을 믿었다. 하지만 칸트의 신은 기독교의 신이 아니었다. 그에게 신은 라이프니츠처럼 첫 번째 원인이자, 움직이는 모든 물질을 창조하고 영원한 법칙과 원리에 따라 관장하는 창조주였다. 그가 볼 때 신을 체험하다는 것은 교회에 나가 기도하는 것을 의미하지 않았다. 신의 원리를 이해하고자 하는 사람은 시선을 하늘로 돌리고 무한한 우주에 빠져야 했다. 칸트는 반복해서 별이 총총한 밤하늘에 대한 경외심을 이야기하는데, 가장 절절하게 표현된 곳이 『실천 이성 비판*Kritik der praktischen Vernunft*』이다. 그 문장은 훗날 쾨니히스베르크 성의 칸트 기념 동판에 새겨진다. 〈깊이 생각하면 생각할수록 감탄과 경외감이 점점 더 새롭게 커져 나가면서 내 마음을 채우는 두 가지가 있다. 내 머리 위의 별이 총총한 하늘과 내 마음속의 도덕 법칙이 그것이다.〉[131]

칸트의 종교성은 무한히 큰 것 앞에서 한없이 작게 느껴지는 미적인 매혹에서 비롯된다. 〈동물적 피조물로서 나의 중요성은 우주의 무한한 모습을 처음 보는 순간 무너지고 만다. 결국 나는 (어떻게 그런 일이 일어나는지는 모르겠으나) 내 몸을 이루는 물질에 짧은 시간 생명력이 부여된 뒤 그 물질들을 (우주의 한낱 점에 불과한) 이 행성에 다시 돌려주어야 하는 피조물에 지나지 않는 것이다.〉[132] 이런 거대한 시간적 공간적 차원을 고려하면 지구가 우주의 중심이 아니라는 사실은 칸트에게 하등 문제될 것이 없었다. 다른 많은 선행자나 동시대인들과 마찬가지로 그 역시 다른 행성들에도 생물이 살 거라고 여겼다. 〈나는 모든 행성에 생물이 산다고 굳이 강조할 필요는 없다고 생각한다. 모든 행성이 아니라 대다수 행성만 고려해도 그 사실을 부인하는 것은 앞뒤가 맞지 않기 때문이다.〉[133] 조르다노 브루노, 베르나르 르 보비에 드 퐁트넬, 크리스티안 하위헌스, 에마누엘 스베덴보리도 외계 생명체를 믿었다. 다만 칸트의 새로운 점은 외계 생명체들의 사고 능력에 대한 그 특유의 생각이었다. 정리하면 이렇다. 태양에서 가까울수록 행성 생명체들의 사고는 나태하다. 반면에 멀리 떨어져 있을수록 그들은 더 자유롭고 경쾌하게 생각한다. 지구는 그렇게 멀지도 가깝지도 않은 중간쯤에 위치해 있다. 그래서 지구인들은 감각의 강한 추동력과 가볍고 유연한 정신 사이의 〈위험한 중간 지점〉에서 이리저리 흔들린다.

〈천체의 생명체들〉에 대한 생각이 사변이라는 것은 칸트 자신도 알고 있었다. 이런 문제에서는 원래 개연성을 따를 뿐 확실한 토대는 찾을 수 없었다. 그건 18세기 전반기에 유행한 〈물리 신학〉, 즉 자연의 신비로운 움직임에서 신의 존재를 증명하려는 시도도 마찬가지였다. 칸트는 1763년에 발표한 『신의 현존을 입증하기 위한 유일한 근거*Der einzig mögliche Beweisgrund zu einer Demonstration des Daseins Gottes*』에서 신을 자연에서 느끼는 것에 대해 공감을 표하긴 했으나, 그것을 수학적 의미의 증거로 여기지는 않았다. 그가 볼 때 모든 신 증명은 결코 증명이 아니었다. 우리는 신이 있다는 것을 논리적으로 제시할 수 있기 때문에 신을 믿는 것이 아니다. 신을 끌어들이는 것은 단지 도덕적인 고려에서다. 나중에도 썼듯이 칸트에게 신은 〈세계의 모든 결합이 마치 모든 것을 만족시키는 하나의 필연적인 원인에서 비롯된 것처럼 보이게 하려는 이성의 조절 원리일 뿐 (……) 그 자체가 필연적인 실존의 증명〉이 될 수는 없다.[134] 다시 말해, 신이 존재할 수밖에 없다면 그건 논리적 근거로 존재하는 것이 아니라 인간의 행동과 도덕적 품행에 기준점이 필요해서 존재하는 것이다.

칸트의 신은 가정법이었다. 우리는 마치 신이 존재한다는 걸 확실히 아는 것처럼 신을 상정할 뿐이라는 것이다. 그는 이런 조심스러운 태도로 시류를 따랐다. 독일 땅에서도 자유사상가들은 함부르크와 베를린, 볼펜뷔텔 할 것 없이 교회를 비판했다. 하지만 독일에는 지성의 중심지도 없었고, 열렬한 무신론자도 많지 않았다. 독일의 종교 비판은 파리보다 한결 부드러웠다. 게다가 신의 존재 자체에 의문을 표한 것이 아니라 잘못된 교조주의에 대한 비판이 주를 이루었다. 엘베강변의 한 김나지움에서 동양 언어를 가르치던 헤르만 자무엘 라이마루스(1694~1768)는 1754년 『자연 종교의 가장 고귀한 진리들*Vornehmste Wahrheiten der natürlichen Religion*』에서 라이프니츠처럼 세계가 〈작용 원인으로서의 독립적 실체에 의해 (……) 현실화되거나 창조되거나 생성되었다는 것〉[135]을 증명하고자 했다. 왜냐하면 생명이 없는 자연에 아무 목적이나 목표가 없다면 인간 삶의 목적과 목표는 어디서 온단 말인가? 인간이 자신의 행동에 의미를 요구하는 것은 이 세계의 것일 수 없는 외부의 부가물이다. 물론 인간만 그런 것이 아니다. 동물도 합목적적이고 목표 지향적으로 행동한다. 라이마루스는 1760년에 출간된 『동물들의 충동에 관한 일반적 관찰*Allgemeine Betrachtungen über die Triebe der Thiere*』에서 〈모든 가능한 세계 중에서 최고〉라는 라이프니츠 이론에다 동물을 의도적으로 집어넣는다. 라이마루스는 뷔퐁의 저서를 읽으면서 동물에게도 생산적인 상상력이 있음을 알게 되었다. 동물은 기억하고 의지를 형성할 수 있을 뿐 아니라 〈생득 관념〉도 갖고 있다. 많은 것은 이미 미리 알고 있어서 따로 습득할 필요가 없다. 때문에 동물은 거대한 창조 프로젝트 안에서 영혼이 없는 죽은 자연이 아닌 인간 쪽에 더 가깝다. 이는 획기적인 생각이었지만, 칸트는 그에 동의하지 않았다.

이신론자였던 라이마루스가 볼 때, 성서를 자구 그대로 해석하는 것은 완전히 정신 나간 짓이었다. 그는 예수의 신성은 물론이고 기적과 부활에 대한 믿음에도 회의적이었다. 하지만 그런 것들을 가장 신랄하게 꼬집은 원고 〈신의 이성적 숭배자를 위한 변호, 혹은 변론서Apologie oder Schutzschrift für die vernünftigen Verehrer Gottes〉를 생전에는 발표하지 않고 서랍 속에 넣어 두었다. 이 원고를 발표한 사람은 1770년부터 볼펜뷔텔의 아우구스트 공작 도서관에서 사서로 일하던 고트홀트 에프라임 레싱(1729~1781)이었다. 이 책은 익명의 〈단편〉 형태로 출간되었고,

〈단편 논쟁〉이라는 떠들썩한 스캔들을 불러일으켰다. 『한 무명인의 단편*Fragmente eines Ungenannten*』에 반대하는 저술이 50편 이상 쏟아져 나온 것이다.

레싱으로서는 곤혹스러운 상황이었다. 자신은 라이마루스의 견해에 제한적으로만 동의하고 있었기 때문이다. 레싱은 스피노자를 존경했고, 성서를 인간의 작품으로 여겼다. 그러면서도 기독교가 배운 것이 없는 소박한 사람들을 도덕적인 행동으로 이끄는 것을 인정했다. 그에게 종교란 1780년에 자신이 발표한 책 제목처럼 〈인류의 교육Die Erziehung des Menschengeschlechts〉에 이르는 〈과정〉이었다. 그럼에도 레싱은 이신론자가 아니었다. 라이마루스의 생각처럼 기독교를 이성의 〈자연 종교〉로 대체하는 것은 너무 지나치다고 생각했다. 왜냐하면 이성의 보편 종교라는 게 대체 무엇이란 말인가? 이성적 성찰과 종교적 믿음은 완전히 다른 별개의 영역이 아니던가? 전자가 세계의 〈어떻게〉에 대한 답이라면, 후자는 〈왜〉에 대한 답이었다. 이성적 진리가 〈사물의 본질에서 흘러나오는 (……) 이해 가능한 증거〉를 찾는다면 종교적 믿음은 〈자기 인식의 미로〉[136] 속에서 〈증명과 경험칙〉[137]을 찾는다. 이는 성서의 〈기적〉에 대한 해석에서 특히 뚜렷이 드러난다. 이신론자인 라이마루스에게 기적은 학문적으로 도저히 받아들일 수 없는 난센스였다. 그러나 레싱에게 기적은 과거 어느 시기에는 무척 설득력이 컸던 증거로 여겨졌다. 라이마루스가 종교를 〈천한 것들〉이나 〈맹목적인 대중〉, 그리고 〈사제들〉이나 믿는 것으로 경멸했다면 레싱은 종교에 대해 무한한 존경심을 표했다. 또한 라이마루스가 이성의 높직한 망루에서 각각의 신앙에 대해 완전한 관용을 요구했다면 레싱은 관용이 무엇보다 기독교의 계율임을 강조했다.

레싱은 종교가 과오를 범하기 때문에 비판하는 것이 아니다. 우리는 모두 어떤 식으로건 잘못을 범하지 않는가! 그가 볼 때 거대한 악은 순진한 믿음이 아니라 불관용이다. 〈나는 파벌을 조장하는 모든 사람을 가슴 깊이 미워한다. 인간을 불행하게 하는 것은 과오가 아니라 종파주의적 과오, 심지어 종파주의적 진리이기 때문이다. 혹은 진리가 파벌을 조장할 때 불행이 만들어지기도 한다.〉[138] 믿음의 내용이 아니라 자기만 옳다는 독선이 종교를 의심스럽게 만든다. 물론 이건 종교에만 해당되는 것이 아니라, 자신들이 진리라고 착각하는 온갖 이신론과 무신론적 단체들에도 해당되는 이야기다. 지금으로 시각으로 봐도 얼마나 옳은 말인가!

종교적 관용에 대한 레싱의 가장 중요한 작품은 논문이 아니라 『현자 나탄*Nathan der Weise*』(1778)이라는 희곡이었다. 레싱은 나탄이라는 인물을 통해 자신의 벗 모제스 멘델스존(1729~1786)에게 그의 생시에 기념비를 세워 주었다. 데사우 출신의 멘델스존은 중세 유대인 철학자 모제스 마이모니데스의 저서를 정밀하게 탐독함으로써 베를린이라는 작은 철학계에서 스타로 부상했다. 그의 이름을 알린 책은 1767년에 나온 『페돈, 또는 영혼의 불멸에 관하여*Phädon oder über die Unsterblichkeit der Seele*』였다. 멘델스존은 로크와 섀프츠베리, 볼프, 라이프니츠, 루소를 높이 평가했다. 반면에 돌바크 주변의 독단적인 무신론자들은 거부했고, 돌바크의 『자연사』를 〈깊이 없는 잡담〉 정도로 폄하했다. 그는 자신이 두 진영으로부터 모두 위협을 받고 있다고 여겼다. 그를 개종시키려고 집요하게 노력하는 기독교 열성분자들과 철저한 무신론자들이 그들이었다. 멘델스존은 『페돈』에서 영혼의 불멸성을 다음의 논리로 증명했다. 자연 속의 모든 것은 늘 다른 무언가로 넘어가고, 존재는 결코 비존재로 변할 수 없기에 영혼은 죽지 않는다. 반면에 그는 독단적 교리나 기적, 삼위일체 같은 것들과는 상종하지 않았다.

그의 종교성은 가슴과 삶의 지혜에서 오는 종교성이었다. 그에게 유대인이라는 것은 모세의 율법을 따르는 것을 의미하지, 무언가 특정한 것을 믿는 것을 뜻하지 않았다.

영계로 들어가는 다리

1776년 멘델스존이 막 『페돈』 집필을 끝마쳤을 때였다. 익명으로 쓴 책 한 권과 편지 한 통이 도착했다. 소포는 쾨니히스베르크에서 왔고, 발신자는 이마누엘 칸트였다. 기이한 느낌을 주는 책의 제목은 『형이상학의 꿈을 통해 밝아진 혼을 보는 사람의 꿈*Träume eines Geistersehers, erläutert durch Träume der Metaphysik*』이었다. 칸트는 당대의 한 유명한 학자에게 치열하게 몰두하고 있었다. 어떤 때는 공감하고, 어떤 때는 건방지게 덤비고, 또 어떤 때는 노골적으로 공격하기도 했다. 늘 자신의 입장을 찾아서 말이다.

칸트가 당대의 사상가 중에서 가장 상세하고 공개적으로 연구한 사람은 스베덴보리였다. 칸트보다 20년 먼저 은하의 생성에 관한 글을 쓴 스웨덴 작가인데, 훗날 스웨덴의 노벨 화학상 수상자 스반테 아레니우스는 칸트가 스베덴보리의 글을 베꼈다고 생각했다.

스베덴보리는 1688년 루터 교회의 주교 아들로 태어났다. 영국에서 대학 생활을 하면서 자연 과학에 열광했고, 위대한 천문학자 존 플램스티드(1646~1719)가 운영하는 그리니치 천문대에서 소수 정예로 일했다. 들어가기가 무척 까다로운 곳이었다. 스베덴보리는 스물다섯 살이 채 안 되었음에도 자신을 런던 고급 지성계의 일원으로 여겼다. 그는 대학에서 화학과 광학, 수학, 생리학을 공부했고, 기술 발명과 관련한 계획을 수없이 세웠다. 나중에 본국으로 돌아가서는 스웨덴에서 가장 중요한 산업 부처인 왕립 광산국 특별 감독관이 되었다. 라이프니츠가 하르츠 산지의 하노버 광산 작업장에서 자신이 발명한 것들을 시험한 것처럼 스베덴보리도 거기서 일하면서 물리와 화학을 연구했고, 여러 기술적 도구들을 발명하고 새로운 기계 모형을 제작했다. 또한 칼스크로나에서는 선박 도크를 만들어 트롤헤탄 폭포에도 불구하고 예타강에 배가 다닐 수 있게 했다. 당시로서는 정말 탁월한 갑문 프로젝트였다.

스베덴보리는 광산 갱도와 땅속에서 나온 바위 파편과 계곡 표석(漂石), 하천 조약돌을 잘게 부순 뒤 광물이 함유된 여러 암석의 금속 성분을 비교했고, 밀물과 썰물을 측정했으며, 천체 운행을 계산했다. 또한 불과 2년 만에 돈벌이가 될 만한 새로운 광석 제련법을 발명하고, 열 권짜리 대수 교과서를 집필하고, 400쪽에 달하는 원고에다 수학과 천문학적 연구 결과를 옮겨 적고, 철저한 해부학적 관찰로 신경과 막에 관한 데카르트의 〈진동 이론〉에 이론적 토대를 마련해 주고, 영국에서 고안한 경도(經度) 측정 방법을 책으로 펴냈다.

스베덴보리는 자신이 가진 모든 지식을 글로 옮겼다. 학술 잡지들은 그에게 경의를 표했고, 학계는 그에게 문을 활짝 열어 주었다. 그런데 명성의 문턱에서 깜짝 놀랄 일이 일어난다. 스베덴보리가 『동물의 왕국*Regnum animale*』을 쓰던 쉰 살 때의 일이다. 뇌 해부학 영역에서 몇 가지 주목할 만한 관찰을 담은 생물학적 본성에 관한 여러 권짜리 책이었다. 젊은 시절 이후 열광했던 기계론적 사고에 불만감을 느낀 것은 이미 오래되었다. 지금까지의 인식에 대한 회의는 근본적이었다. 스베덴보리는 고문에 버금갈 정도로 뇌를 혹사했고, 탈진 상태에 이를 정도로 스스로를 학대하면서 사색과 실험에 몰두했다. 밤의 혼란스러운 꿈에 이어 낮에는 발작과 경련이 찾아왔다. 그런 와중에도 그는 스스로를 면밀하게 관찰했고, 마음의 움직임과 꿈을 일기에 기록했다. 그러고 얼마 뒤 그의 삶에 전기가 찾아왔다.

스베덴보리가 예수의 첫 환시 현상을 경험한 것은 1744년이었다. 자연 연구자로서의 명성이 정점에 이르렀을 때였다. 이 선택된 자는 더 높은 곳에서 자신을 부르는 소리를 들었다. 그때부터 자연 과학 연구는 뒷전으로 밀렸고, 관심은 오직 피안의 세계로 향했다. 스베덴보리는 예쁜 정원이 딸린 스톡홀름의 작은 집으로 이사했고, 거기서 매일 환영을 보고 계시를 들었다. 그와 함께 책도 한 권 한 권 쌓여 갔다. 그런데 이번에는 모두 존재의 기원, 육체와 영혼의 문제, 사물의 본질과 그 현상들에 관한 책이었다. 지칭된 것을 그것에 정확히 일치하는 기호로 표현해 내지 못하는 언어의 무능함을 깨달으면서 그에게 고유한 해석의 길이 열렸다. 사람들의 얼굴에 내적인 본질이 가려져 있듯이 사물의 참된 존재도 언어 아래 파묻혀 있다는 것이다.

스베덴보리의 세계에서는 육체와 영혼이 명확하게 분리되지 않았다. 죽음 앞에도 거대한 바리케이드가 쳐져 있지 않았다. 스베덴보리의 말에 따르면, 인간은 죽으면 처음엔 죽음을 의식하지 못한다. 자신을 둘러싼 모든 것이 처음엔 완전히 똑같다. 그러다 죽은 사람은 영계(靈界)에서 자신을 발견한다. 스베덴보리는 혼들의 삶을 생생한 필치로 세밀하게 묘사한다. 모든 것이 좀 더 강렬하게 느껴지고, 우리 세계의 명확한 인식과 경험을 안개처럼 가리던 베일이 걷힌다. 이해가 되지 않던 것들이 이해되고 구체화된다. 영계에서는 모든 모순이 하나둘 사라진다. 이승에서는 불가분의 관계로 엮여 있던 선한 힘과 악한 힘들이 이제 각각 순수한 형태로 모습을 드러내고, 신의 질서 법칙에 따라 천국과 지옥으로 나뉜다. 그런데 인간의 자유는 전혀 침범받지 않는다. 스베덴보리가 명상 속에서 본 신은 인간으로 하여금 저승에서 자기 성향에 따라 자신의 자리를 선택하게 한다.

스베덴보리는 벌을 폐지한다. 보상은 물론이다. 그의 천국은 쾌락의 정원이라기보다는 계몽의 에덴동산과 더 비슷해 보인다. 여기서는 인간의 모든 요구가 충족된다. 의지는 자유롭고, 인간은 자신의 삶을 스스로 결정할 수 있다. 천계에는 설교하는 하늘 사원이 있고, 토론이 이루어지는 하늘 회랑, 공부하는 하늘 대학, 강의가 이루어지는 하늘 강의실, 판결이 이루어지는 하늘 법원, 책을 쓰는 하늘 서재가 있다. 스베덴보리는 마치 여행 작가처럼 혼의 세계, 그러니까 천국과 지옥에서 본 것을 낱낱이 기록한다. 이처럼 묘사한 피안의 삶이 무려 2만 쪽에 이른다.

그렇다면 스베덴보리의 어떤 점이 칸트의 관심을 끌었을까? 아마 자기 자신을 치유하는 데 스베덴보리를 이용했을 수 있다. 스베덴보리와 마찬가지로 칸트도 물리학자들이 모든 것을 장악하려는 시도로부터 〈정신〉을 구해 내고 싶었다. 우리 속에는 육체와 소통하는 비물질적 정신이 있지 않은가? 이번에도 주제는 첫 번째 저술에서 젊은 칸트를 움직인 바로 그 문제였다. 즉, 인간을 가장 깊숙한 곳에서 하나로 묶고, 물리학적 도구로는 결코 포착할 수 없는 그것은 무엇인가? 우리의 머리와 가슴 속에서 움직이는 영혼의 본질은 무엇인가? 철학자들은 〈정신〉을 서로 다르게만 해석했을 뿐, 정작 정신의 실존을 확실하게 담보하는 데는 소홀했다. 한마디로 핵심 문제는 〈형이상학〉의 존립 기반을 확보하는 것이었다. 물리학의 존립 기반에만 신경 쓰지 말라는 뜻이다.

칸트는 형이상학을 구하기 위해 스베덴보리를 스파링 파트너로 활용했다. 이 스웨덴 적수가 다감하고 올곧은 인물이라는 건 그도 알고 있었다. 물론 혼이 보인다는 그의 환시는 이성적으로 납득할 수 없었지만. 칸트가 볼 때, 〈정신〉을 객관적인 무언가로 확립하려면 남들이 도저히 추체험할 수 없는 내면세계로 그것을 옮겨 놓아서는 안 된다. 왜냐하면 〈각자 다른 사람에게 자기만의 고유 세계가 있다면 각자가 꿈을 꾸고 있다고 생각할 수도 있기〉[139] 때문이다. 〈너희는 모르겠지만 그건 내가 직접 겪은 일이야!〉라고 말해선 안 된다. 정신의 영역은 주관적 주장이어선 안 되고, 근거가 있는 상호 주관적 설명이 되어야 한다. 따라서 정신에 대한 추구가 〈어디에도 없는 유토피아〉의 영역에서 끝나지 않으려면 〈형이상학의 나비 날개〉[140]는 짧게 잘라 버려야 한다. 형이상학을 한다는 것은 우선 그 한계를 인식한다는 것을 의미한다.

스베덴보리를 연구할 무렵의 칸트는 형이상학을 소극적 의미로밖에 정의 내리지 못했다. 즉, 형이상학을 물리학으로는 모든 것이 설명되지 않는다는 사실을 물리학에 보여 주는 일종의 교정 수단으로만 본 것이다. 우리가 확실하게 말할 수 있는 것은 정신적인 것과 영적인 것이 존재하고, 그것들이 육체에 영향을 준다는 사실 뿐이다. 칸트는 이 세계를 사랑했고, 이 세계를 지키고 구제하고 보존하고 싶었다. 아름답고 참되고 선한 이 세계를 말이다. 하지만 그렇다고 스베덴보리처럼 사변과 상상력으로 죽은 자들의 세계로 내려가는 무리수를 두고 싶지는 않았다. 그는 〈말도 안 되는 난센스〉에 맞설 이성의 변호인으로서 자신이 여전히 올바른 쪽에 서 있음을 직관적으로 느꼈다. 그러나 〈형이상학의 총애를 받은 적이 정말 몇 번 되지 않았음에도〉 칸트가 〈사랑에 빠질 수밖에 없었던 운명〉[141]의 형이상학은 곧 그를 거의 나락으로까지 이끄는 훨씬 더 큰 도전에 직면하게 한다. 1771년 그는 막 번역 출간된 흄의 『인간 본성론』을 읽고 있었으니…….

큰 깨달음

의지는 자유롭지 않고, 정신은 감정의 노예이고, 자연은 우리 뇌 속에 있는 인과 메커니즘의 모사다. 이런 주장을 담은 이 책은 어떤 책일까? 칸트의 제자이자 친구인 요한 게오르크 하만(1730~1788)이 독일어로 번역한 책이다.

칸트는 1766년부터 왕립 도서관 사서로 일했다. 그전에 에어랑겐과 예나에서 교수직을 제안받았지만 거절했다. 쾨니히스베르크에 남고 싶어서였다. 그러다 마침내 1770년에 이곳 대학에서 논리학과 형이상학 담당 교수가 되었다. 나이 마흔여섯에 지금껏 그렇게 열망해 오던 꿈이 이루어진 것이다. 그는 교수 자격 논문에서 감각 세계를 오성의 세계와 정밀하게 구분하는 내용을 썼다. 데카르트에서 볼프에 이르기까지 모든 합리론자들이 한결같이 해온 작업이었다. 라이프니츠와 마찬가지로 칸트도 시간과 공간을, 감각 세계를 포착하고 파악하기 위한 정신의 상대적인 질서 틀로 보았다. 이어 그는 자기만의 고유한 인식과 도덕을 담은 형이상학을 쓸 채비를 했고, 이 작업은 어렵지 않게 이루어질 듯했다. 그런데 흄의 책을 읽으면서 깊은 충격에 휩싸였다.

칸트는 흄을 오래전부터 알고 있었다. 물론 1748년에 나온 『인간 오성에 관한 철학 논집*Philosophical Essays Concerning Human Understanding*』(『인간 오성에 관한 탐구』)이라는 책을 통해서였다. 초기의 급진적인 흄에 대해서는 몰랐다. 그래서 하만이 번역한 『인간 본성론』 제1권의 마지막 장을 『쾨니히스베르크 학술 및 정치 신문』에서 읽었을 때의 당혹감은 그만큼이나 더 컸다. 하만이 〈한 회의론자의 심야의 생각〉이라고 이름붙인 이 장으로 인해 칸트는 마음속 깊이 흔들렸다. 마치 딛고 서 있던 땅이 무너져 내리는 것 같은 충격이었다. 나중에 쓴 것처럼 그는 〈도그마적인 선잠에서 깨어났다〉. 흄의 말은 모두 사실이 아닐까? 칸트가 1년 전부터 가르치고 있던 형이상학이라는 분과가 결코 존재할 수 없다는 사실이? 형이상학적인 것은 모두 근거 없는 사변과 풀 수 없는 정신적 모순들로 이루어져 있다는 것이? 모든 인식이 감각적 인식이라는 것이? 오성은 자유롭지 않고 가차 없는 인과성의 도식에 예속되어 있을 뿐이라는 것이? 모든 도덕적 행위란 결국 우리가 통제하지 못하는 감정들에 의해 결정된다는 것이?

해일과도 같은 엄청난 회의가 2년 가까이 칸트의 정신을 휩쓸었다. 그러다 비로소 첫 희망의 불꽃이 피어났다. 칸트는 흄의 논거를 분해하고 검증했고, 새롭게 읽고 또 숙고하고 또 분석했다. 1772년 2월 마침내 그는 제자 마르쿠스 헤르츠(1747~1803)에게 하나의 해결책을 제시했다. 〈이론적인 인식과 실천적인 인식의 본질을 담은 순수 이성 비판〉[142]이 그것이었다. 그러나 그에 관한 책은 나오지 않았다. 다른 책도 마찬가지였다. 칸트는 구상하고 가다듬고, 상술하고 포기하고, 또 실망하고 망설였다. 진을 빼는 이 과정은 12년 간 지속되었다. 그런 그를 보고 그의 벗이자 법률가인 테오도어 고틀리프 폰 히펠(1741~1796)은 형이상학의 모순들 속에서 어찌할 바 모르고 헤매는 길 잃은 할아버지라고 썼다. 칸트 주변에는 『순수 이성 비판*Kritik der reinen Vernunft*』이 끝까지 완성되리라고 믿는 사람은 아무도 없어 보였다.

이런 우려에도 불구하고 1780년 가을, 마침내 원고가 완성되었다. 그런데 예전에 칸트의 책을 전담 출간했던 출판업자의 후손은 이 책의 출간을 거부했다. 이때 리가 출신의 요한 프리드리히 하르트크노흐가 도움의 손길을 내밀었고, 1781년 5월에 책은 출간되었다. 세간의 반향은 대실패였다. 칸트의 친구 히펠은 한마디로 알아듣지 못하겠다고 하소연했고, 멘델스존은 도저히 참지 못하고 책을 덮어 버렸다고 했다. 멘델스존과 함께 당대 독일어권에서 가장 유명한 철학자였던 크리스티안 가르베(1742~1798)는『괴팅겐 학술지』에 그 책에 대한 서평을 썼는데, 특히 칸트의 문체에 불만을 터뜨렸다. 〈고백컨대, 세상에서 이렇게 읽기 힘든 책은 이제껏 없었다.〉[143] 가르베를 높이 평가하던 칸트는 상처를 받았다. 게다가 서평은 칸트의 책을 심하게 난도질하고 편집해서 가르베가 나중에 칸트에게 사과를 해야 할 정도였다. 그럼에도 칸트 비판가들은『순수 이성 비판』같은 책들도 좀 더 쉽게 쓸 수 있고, 쉽게 써야 한다고 주장했다. 칸트는 갈피를 잡지 못했다. 그러면서도 〈그렇게 높은 곳을 지향하는 연구〉는 대중적으로 쓸 수 없다고 자신을 변호했다. 물론 너무 모호하게 써서는 안 된다는 점은 본인도 인정했다. 〈그들은 내 저술에 대해 대중성의 결여를 언급하길 좋아한다. 타당한 지적이다. 왜냐하면 모든 철학적 저술은 사실 대중성을 갖추어야 하기 때문이다. 그렇지 않으면 터무니없는 걸 써놓고도 심오한 걸 썼다고 주장할 수 있기 때문이다.〉[144] 철학자라면 오늘날에도 마음속 깊이 담아 두어야 할 대목이다.

오늘날의 관점에서 보면 이 책은 제목부터 벌써 좀 혼란스럽다. 순수 이성 비판이라니, 대체 무슨 뜻일까? 누가 누구를 비판한다는 것일까? 이성이 비판을 받는다는 말일까, 아니면 이성이 비판을 한다는 것일까? 칸트의 동시대인들은 이것을 이해하기가 별로 어렵지 않았다. 그들은 〈비판〉을 이의 제기가 아닌 〈조명〉이나 〈검증적 조사〉 정도로 이해했기 때문이다. 이성은 자기 자신에 대해 자기 자신과 대화를 나눈다. 그리고 스스로 묻는다. 〈형이상학은 가능한가?〉 크리스티안 볼프의 책 제목처럼 우리는 신과 세계, 그리고 인간 영혼에 대해 이성적인 생각을 할 수 있는가? 아니면 흄처럼 우리의 오성은 이 모든 것에 대해 객관적으로 아는 것이 없음을 인정하고, 철학적 프로젝트를 끝내야 하는가?

칸트의 대답은 처음부터 정해져 있었다. 우리는 할 수 있다는 것이다. 다만 지금까지의 방식은 아니었다. 도그마주의자들은 항상 목표를 훨씬 넘어 자신들이 증명할 수 없는 것들을 주장했다. 칸트의 머릿속에 있는 도그마주의는 바로 플라톤과 아리스토텔레스, 스콜라학파에서부터 데카르트, 스피노자, 라이프니츠, 볼프에 이르는 기나긴 전통이었다. 그는 스베덴보리에 대한 연구에서 이미 볼프를 가리켜, 〈경험이라는 소수 자재〉와 〈절취한 개념들〉로 사유의 집을 지은 〈사상누각의 장인〉이라 불렀다.

반면 견유학파와 피론, 아르케실라오스에서부터 로크, 버클리, 흄으로 이어지는 회의론자들은 형이상학적 통찰로 명백하게 증명할 수 있는 것들조차 부인했다. 칸트가 추구한 것은 합리론과 경험론의 위대한 종합이었다. 즉, 우리의 선천적 인식 구조와 경험적 지식이 어떻게 상호 작용하는지를 궁극적으로 밝히는 새로운 체계였다. 게다가 우리가 참된 것, 아름다운 것, 그리고 무엇보다 선한 것에 대한 형이상학적 물음과 관련해서 어떻게 궁극적인 인식에 도달할 수 있는지를 증명하는 것도 그의 목표였다.

칸트는 도그마주의자들, 특히 볼프의 철학을 자유롭게 활용했다. 그들의 사변에 공감하지는 않으면서 말이다. 그의 가장 강력한 적은 흄이었다. 칸트는 흄을 반박해야 했다. 아니면 최소한 흄의 극단적인 회의를 무력화시켜야 했다. 흄이 볼 때 우리가 체험한 모든 것은 원인과 결과라는 끝없는 사슬의 일부였다. 물론 객관적인 세계가 인과율에 따라 움직이기 때문에 그런 것이 아니다. 우리는 객관 세계에 대해 아는 것이 없다. 우리가 인과율을 체험하는 건 우리의 뇌가 세계 속에서 방향을 정립할 때 인과적으로만 생각하는 것 말고는 달리 할 수 있는 것이 없기 때문이다. 그런 점에서 인과율은 객관적이다. 대안이 없기 때문이다. 그러나 그것은 최종 목표나 목적, 또는 우리의 삶에서 의미를 야기하는 모든 것에 해당되지는 않는다. 무한한 인과율의 사슬에서는 어떤 필연적인 것도 존재하지 않기 때문이다. 어떤 것도 다른 것에서 필연적으로 나오지 않는다. 사슬은 끝도 목표도 없고, 의미를 만들어 내지도 않는다. 이 모든 형이상학적 대상들은 세계 속에 아무 근거가 없는 정신적 욕구에 다름 아니다. 진리와 선도 세계 체계 안에는 자리가 없다. 둘 다 주관적 상상력으로서만 존재할 뿐이다. 어떤 존재도 당위에 방향을 제시하지는 않는다!

흄 자신은 나중에 이 노골적인 관점에 화해의 옷을 입히고, 도덕적 감각에 사회를 위한 많은 유익한 속성이 있음을 인정했다. 그러나 칸트는 당혹스러울 만큼 똑똑한 것을 언급한 젊은 시절의 흄을 집요하게 파고들었다. 흄의 〈공격〉은 형이상학의 〈운명〉을 확정 짓고 영원히 끝내 버린 것일까?[145]

코페르니쿠스적 전환

칸트는 자신의 철학을 초월 철학Transzendentalphilosophie이라고 불렀다. 인간이 어떻게 무언가를 인식할 수 있는지를 밝혀내는 학문이다. 자기 자신과 세계의 이해에 필요한 보편적 조건은 무엇일까? 존재에 대한 우리의 앎은 어떻게 생겨날까? 우리의 오성은 어떤 판단을 내릴 수 있고, 그 판단의 근거는 무엇일까? 이때 우리는 어떤 개념을 사용할까? 칸트는 쾨니히스베르크 교수 연구실에 앉아 자신에게 부여된 거대한 임무를 깨달았다. 〈완벽한 해상 지도와 나침반을 구비한 채, 지구에 대한 지식에서 도출된 항해술의 확고한 원칙에 따라 자기가 좋다고 생각하는 방향으로 배를 안전하게 이끄는 수로 안내인〉[146]의 역할이 그것이었다.

칸트의 비판적 형이상학을 이해하려면 그가 어디서 이론

의 확고한 토대를 구했는지 알아야 한다. 칸트는 그 토대를 우주와 자연은 물론이고 신에게서도 찾지 않는다. 그가 찾는 곳은 생각하는 인간 그 자체다. 따라서 그에게 〈세상을 알라〉는 항상 〈너 자신을 알라〉라는 뜻이다. 코페르니쿠스가 지구에서 태양계로 관점을 돌렸듯이 칸트도 형이상학의 관점을 바꾸고 싶어 했다. 물리적 우주에서 우리 정신의 우주로 시선을 돌리는 것이었다. 칸트는 모든 세계가 우리의 의식 속에서 이루어진다는 사실을 흄을 통해 알게 되었다. 세계는 우리 정신의 표상이라는 것이다. 데카르트와 스피노자, 라이프니츠, 볼프의 믿음처럼 세계 자체가 합리적인 것이 아니라 우리 의식이 세계를 합리적으로 분류하는 것일 따름이다. 그때 우리의 의식은 영국 경험론자들의 상상을 훨씬 뛰어넘는 놀라운 능력을 보인다.

칸트는 자신을 르네상스 시대의 천문학자에 비유하면서 자신의 철학을 〈코페르니쿠스적 전환〉이라고 불렀다. 그러나 이 전환은 세계의 중심에서 인간을 밀어내는 것처럼 인간 자신에게 그렇게 냉정한 것은 아니었다. 오히려 반대였다. 모든 세계가 우리 안에 있고, 모든 합리성이 우리 자신의 능력이고, 모든 인과성이 우리의 가장 고유한 심리 기제라는 사실을 마침내 인식하게 되면 우리는 우리 정신의 다채로운 우주 속으로 들어가는 매혹적인 여행을 시작하게 된다는 것이다.

인간은 자신의 세계를 만드는 이성적 창조자다. 〈사고방식의 이러한 완전한 변화〉[147]는 칸트의 큰 업적이다. 이 변화로 말미암아 칸트는 이성의 작업 방식을 탐구하려고(이건 이전의 누구도 하지 못한 일이다) 수많은 새로운 개념을 고안해 냈다. 우주의 새로운 중심으로 떠오른 모든 개인의 정신은 이제 감각적 경험과 인식의 상호 작용이라는 관점에서 연구되었다. 감각적 지각에서는 개념의 역할이 두드러지게 강조되는데, 이 부분에 대한 콩디야크의 영향은 오늘날까지도 제대로 밝혀지지 않고 있다. 어쨌든 칸트는 인간의 사고 기관을 다양한 사고 능력과 구분 능력으로 세분화하고, 그것들이 하는 일을 밝혀냈다. 이로써 이전의 그 어떤 지도보다 더 포괄적인 의식의 〈완벽한 해상 지도〉가 나왔다.

그런데 인간 의식 능력에 대한 이러한 세부적인 분석을 시작하기 전에 칸트는 진짜 큰 문제부터 먼저 풀어야 했다. 형이상학이 가능한지, 그렇지 않은지가 달린 문제였다. 라이프니츠가 제기하고 곧바로 그렇다고 대답한 이 물음은 이렇다. 논리적으로 볼 때 모든 경험 이전에 존재하는 판단이 있을까? 즉, 선험적a priori 판단이라는 게 있을까? 만일 존재한다면 이 판단은 도덕과 같은 문제들로 확장할 수 있을까?

우리는 논리적 진술과 시간적 사건 사이의 차이를 기억한다. 논리적 진술은 시간을 초월한다. 2+2는 어제도 오늘도 내일도 항상 4이기 때문이다. 반면에 시간적 사건은 시간적 연속이다. 그런데 〈우리는 어떻게 인식에 도달하는가〉라는 물음에는 시간적 대답도 논리적 대답도 가능하다. 칸트가 『순수 이성 비판』 서론에서 시작한 문장이 시간적 대답에 해당한다. 〈우리의 모든 인식이 경험과 함께 시작한다는 데에는 의심의 여지가 없다. 우리의 인식력이 대상에 의해 일어나는 것이 아니라면 그 밖의 다른 무엇으로 일깨워진단 말인가? 대상은 우리의 감각을 건드리고, 때론 자동으로 표상을 야기하고 때론 우리의 오성을 움직여 그 표상들을 비교하고 연결하거나 분리해서, 감각적 인상들의 거친 재료를 우리가 경험이라고 부르는 대상들의 인식으로 가공해 낸다.〉[148]

그렇다면 경험은 감각적 인상을 경험으로 만들어 내는 인식력이 인간에게 있다는 것을 전제해야 한다. 흄이 보여 주었듯이, 경험의 세계에는 필연적인 것은 없고 관찰만 존재한다. 그럼에도 칸트의 가정처럼 인간의 의식 속에 보편적이고 필연적인 무언가가 존재한다면 그건 감각적 경험 저편에 있는 게 틀림없다. 그것은 분명 우리의 오성 자체에서 나온 능력이다. 그런 보편적이고 필연적인 판단에 대한 간단한 보기가 다음 문장이다. 〈공은 둥글다.〉 이 진술은 항상 유효하고, 현실의 검증 이전에 있거나 건너편에 있다. 이것이 선험적 판단이다. 왜냐하면 공은 둥글어야 한다는 것이 공의 정의(定義)이기 때문이다. 둥글지 않으면 공이 아닐 것이다. 무언가가 자신의 정의에 일치하기에 보편적이고 필연적인 것으로 인정받는다는 것이 바로 선험적 분석 판단이다.

경험 세계에서 비롯된 판단은 그와 반대다. 〈공은 까맣다〉라는 진술을 예로 들어 보자. 그건 결코 그 자체로 증명되는 것이 아니라 색채를 인지하는 내 감각에 좌우된다. 이런 판단은 분석적이지 않고 종합적이다. 즉, 내가 경험으로 알고 있는 것들의 조합이다. 종합적 판단은 처음부터 유효하지 않고, 경험 저편에 있지도 않다. 오히려 〈후험적a posteriori〉이다. 경험에 의해 (〈나중에〉) 형성된 것이라는 말이다. 그래서 보편타당하지도 않고 필연적이지도 않다.

이 문제가 칸트에게 왜 그리 중요했을까? 이유는 분명하다. 모든 형이상학의 기반은 선험적 분석 판단뿐 아니라 선험적 종합 판단도 존재한다는 사실에 달려 있기 때문이다. 그렇다면 단순한 정의보다 인간 삶과 더 깊은 관련이 있는 보편타당하고 필연적인 것은 존재할까? 칸트는 그렇다고 답한다. 그가 볼 때 수학적 판단은 이미 그 자체로 선험적 종합 판단이다. 〈1+1=2〉는 너무나 자명한 정의다. 그러나 2만 6,742에다 9만 5,558을 곱할 경우는 결코 자명하지 않다. 나는 계산을 해야 하고, 그로써 내 직관을 사용해야 한다. 이런 계산 문제는 조합된 것이지만, 그럼에도 선험적으로 타당하다. 칸트는 자연 과학에서도 이런 선험적 종합 판단을 확인한다. 그렇다면 과학적 근거를 갖춘 형이상학에 그런 판단이 존재하지 않을 이유가 있을까? 바로 이것을 증명하는 것이 『순수 이성 비판』의 과제였다.

의식의 문법

오늘날까지 이 책은 곤혹스러움을 야기한다. 철학과 학생들은 한 학기 내내 책의 서문조차 다 읽지 못했던 수업 시간부터 떠오를 것이다. 라틴어 문장을 모범으로 삼은 칸트의 악명 높은 문체도 일독을 권하고 싶은 마음을 싹 달아나게 한다. 이제 우리가 올라야 할 산은 스피노자의 세계 체계와 라이프니츠의 원리들에 이어 세 번째 8,000미터급 봉우리다. 이 작품의 구성은 교과서와 비슷하다. 1부 〈초월적 원리론〉은 인간의 감성과 사고를 두 개의 큰 장으로 나누어 연구한다. 2부 〈초월적 방법론〉은 그보다 분량이 좀 적은 두 장으로 나누어 오성과 이성을 조명한다.

그럼 이 거대한 건물의 내부로 들어가 보자. 원리론의 첫 부분은 초월적 미학이다. 여기서 〈미학〉은 아름다움이나 예술과 관련된 말이 아니라 고대 그리스인들이 〈지각〉이라는 의미로 사용한 아이스테시스aisthesis를 가리킨다. 지각은 감각 기관을 통해 우리에게 전달된 것으로 이루어져 있다. 물론 지각을 이루는 것은 그것만이 아니다. 왜냐하면 우리의 모든 인상은 즉시 자잘하게 쪼개지기 때문이다. 처음에는 공간적으로, 두 번째는 시간적으로. 우리의 의식이 작업하는 방식과 마찬가지로 모든 것은 서로 공간적·시간적으로 연결되어 있다. 내가 〈코끼리〉를 떠올릴 경우 그 코끼리는 공간 속에 연장되어 어딘가에 위치해 있다. 그리고 시간적으로는 지금 있거나, 어제 있었다. 공간적으로 연장되지 않아 어디에도 없는 코끼리는 상상할 수 없다. 따라서 우리의 직관은 늘 공간적이고 시간적이다. 우리의 뇌는 그렇게 말고 다른 식으로는 볼 수가 없기 때문이다. 라이프니츠와 마찬가지로 칸트도 수십 년간 고민한 뒤에도 〈공간〉과 〈시간〉을 절대적으로 존재하는 것으로 여기지 않았다. 어떤 것을 공간적·시간적으로 배치하는 인간 의식이 없으면 공간과 시간은 존재하지 않는다. 따라서 그것들은 인간의 전형적인 소유물이거나, 아니면 동물에게도 해당될 수 있을지 모른다. 어쨌건 그것들은 하나의 의식 속에만 존재한다. 공간과 시간 개념이 작동하지 않는 건강한 인간 의식은 존재하지 않는다. 그런 점에서 칸트에게 공간과 시간은 일반적이고 필연적이다. 공간과 시간의 범주가 없으면 우리는 어떤 것도 체험하거나 인식하지 못하기 때문이다. 그런 점에서 칸트는 이렇게 말한다. 공간은 우리 〈외부 감각〉의 〈선험적 직관 형식〉이고, 시간은 우리 〈내부 감각〉의 선험적 직관 형식이다.

만일 뉴턴과 같은 물리학자나 〈건강한 인간 오성〉을 토대로 삼은 사람들이 공간과 시간을 가리켜 인간 없이도 존재하고, 〈그 자체〉로 존재하는 것이라고 말한다면 칸트는 그저 온화한 미소만 짓고 말 것이다. 물론 그렇게 주장할 수는 있지만, 그런 주장은 검증될 수 없다. 그것은 (어쩌면 손쉽게 떠오르는) 사변이다. 칸트는 그런 것들과는 더 이상 상종하려 하지 않는다. 공간과 시간이 〈우리 속〉에 있다는 것에 대한 또 다른 증거는 수학이 제공한다. 우리가 수학을 할 수 있는 것은, 그러니까 공간적 수학으로서의 기하학과 시간적 수학으로서의 산술을 할 수 있는 것은 공간과 시간이 우리 속에서 직관 형식으로 작용하고 있기 때문이다.

이로써 우리는 벌써 원리론의 두 번째 부분인 초월적 논리학에 이르렀다. 우리가 뭔가를 인식할 때면 언제나 감각적 경험과 오성의 상호 작용이 우리와 관계한다. 감성이 경험된 것의 원료를 시간적 공간적으로 분해하는 동안 우리의 오성은 그에 적합한 개념을 부여함으로써 원료를 분류한다. 감각은 오성 없이는 인식에 이르지 못하고, 오성은 감각 없이는 가공할 재료를 얻지 못한다. 그런 점에서 다음 문장은 타당하다. 〈내용 없는 사유는 공허하고, 개념 없는 직관은 맹목적이다.〉[149]

우리의 사고 기관은 어떻게 적합한 개념을 찾을까? 사고 기관은 어떤 분류와 구분의 원칙을 갖고 작업하는가? 이 물음에는 아리스토텔레스가 이미 대답한 바 있다. 우리의 판단은 네 가지 범주, 즉 양, 질, 관계, 양상의 측면으로 설명될 수 있다는 것이다. 논리학은 이미 2,000년도 넘게 그렇게 분류해 왔고, 칸트도 그에 동의한다. 다만 각 범주를 좀 더 상세히 규정하기 위해 또 다른 세 가지 특징으로 세분화한다. 양의 문제는 단일성, 다수성, 전체성에 따라 풀릴 수 있고, 질은 어떤 판단의 현실성, 비현실성, 범위를 결정하고, 두 사물 간의 관계는 실체와 우유성(偶有性)*의 관계, 원인과 결과의 관계, 또는 둘의 상호 작용으로 표현될 수 있으며, 양상은 가능성과 불가능성, 존재와 비존재, 필연성과 우연성에 관한 정보를 제공한다. 그렇다면 열두 개의 상이한 판단 형식이 존재한다. 칸트가 열두 개의 상이한 범주에 대해 말하는 것도 그 때문이다. 이 범주들은 우리의 오성이 적합한 개념을 찾을 때 열어 보는 서랍과 같다. 각각 서랍이 세 개씩 딸린 네 개의 서랍장이다.

내가 뭔가를 보고 듣고 느끼면 오성은 그에 맞는 서랍을 뒤져 적합한 개념을 찾아내 상응하는 판단에 끼워 넣는다. 이런 방식으로 논리적 결합, 즉 판단이 생겨난다. 이 모든 것은 인간이 태어날 때부터 이런 서랍 체계, 즉 판단력을 갖고 있었기 때문에

* Akzidenz. 사물이 지닌 성질에는 그 성질이 없어지면 사물 자체도 없어지는 것과 성질을 제거해도 사물의 존재에는 영향을 주지 않는 것이 있다. 후자가 우유성으로서 비본질적인 성질을 가리킨다.

가능하다. 이 점에서 칸트는 합리론자다. 로크가 〈우리의 감각에 사전에 없었던 것은 오성에도 없다〉고 주장하고, 라이프니츠는 그에 대해 〈오성 자체를 빼면!〉 하고 반박한다면 칸트는 라이프니츠 편이다. 우리는 합리적인 기본 장비를 갖고 세상에 나온다. 그것 없이는 우리의 감각은 어찌할 줄 몰라 당황하고, 느끼는 것 말고는 할 수 있는 것이 없다. 그런데 인과율 문제에서 칸트는 라이프니츠가 아닌 흄을 따른다. 인과율은 자연의 원리가 아닌 인간 정신의 도식으로서, 오성이 감각적 인상을 배열하는 원리다. 때문에 우리에게는 모든 것이 서로 인과적으로 연결된 것처럼 보인다. 우리 평범한 인간이 현실로 여기는 것은 우리의 감각 및 오성 기관이 만들어 낸 현실에 지나지 않는다.

의식된 체험이나 무의식적인 체험이나 감각과 오성 기관에 매여 있다는 사실에 대해선 오늘날에도 심각하게 의심을 품는 사람은 거의 없다. 모든 인지 과학이 출발하는 지점도 바로 거기다. 오늘날의 우리에게 중요한 것은 세계의 구조가 아니라 우리 뇌 속에서 세계를 생성해 내는 구조이다. 물고기처럼 옆줄 체계를 갖고 있거나, 눈은 멀었지만 박쥐처럼 음향 측심기를 갖고 있거나, 또는 뱀처럼 따뜻한 지점을 지각할 줄 아는 생명체라면 그 뇌는 인간의 것과는 완전히 다른 형태의 세계를 만들어 낼 것이다. 모든 감각은 지각의 감각성에 좌우된다. 이런 점에서 칸트는 자신의 〈초월적〉 사유와 함께 인식 가능성의 조건을 연구한 선구자이다. 현대 인지 과학이 우리 의식 속에 열두 개의 상이한 범주를 상정하는 데 어려움을 느끼고, 〈순수 이성〉의 개념으로 뭘 해야 좋을지 몰라 난감해하는 것은 별개의 문제다. 그 부분은 나중에 현재 철학과 관련해서 상세히 조명될 것이다.

나와 우주와 신에 대한 무지

칸트는 지금껏 인간 의식이 어떤 능력을 갖추고 있는지 연구했다. 두 번째 부분인 초월적 변증법에서는 우리 인간이 그 능력들로 어디까지 갈 수 있는지 알고 싶어 했다. 그래서 오성을 이성과 구분한다. 그런데 착각해선 안 될 것은 그가 〈이성〉을 이중적으로 사용하고 있다는 사실이다. 우선 책의 제목이기도 한 〈순수 이성〉이 있다. 이것은 인간 정신과 심정의 모든 능력을 포괄하는 상위 개념이다. 그다음으론 감성 및 오성과 같은 등급에 위치하는, 특별한 능력으로서의 이성이 존재한다. 감성은 무언가를 경험하고 시간과 공간의 도움으로 직관을 형성하는 능력이다. 오성은 이 직관들을 적절한 개념 아래에 놓고 정리한다. 이제 〈마무리하는 능력〉에 해당하는 이성이 등장한다. 이성은 좀 더 높은 차원의 관련성을 만들어 내는, 좀 더 수준 높은 판단력의 일종으로서 〈규칙〉과 〈이념〉을 제시하는 중앙 위원회이다. 이성이 추구하는 것은 거대한 전체, 상위의 의미, 절대적인 것이다.

유감스럽게도 이성의 꿈은 오성의 능력보다 더 클 때가 많다. 이성은 내 영혼과 우주, 신에 대해 확실한 앎을 추구한다. 그런데 이성은 얼마나 쉽게 자신을 과대평가하고, 자신이 판단할 수 없는 사물들에 대해 판단하려는 경향을 보이는가! 오히려 조금만 더 관심을 갖고 들여다보면 바로 착각으로 드러나는 심리학적·우주론적 확실성에 의문을 품어야 하지 않을까? 이 점에서는 위대한 뉴턴조차 착각에 빠져, 비물질적인 인간 영혼과 실체들의 세계, 지고한 신이 존재한다는 신중치 못한 주장을 내놓았다. 여기서 칸트는 묻는다. 뉴턴은 그 세 가지가 존재한다는 걸 어떻게 알았을까? 〈나〉와 같은 개념을 사용하는 것은 극도로 조심해야 하지 않을까? 이 〈나〉가 무엇이건 간에 확고하고 일반적이고 혼동될 수 없는 실체는 결코 아니기 때문이다.

흄도 이미 말했다. 데카르트처럼 명확하고 확실한 〈나〉를 상정하는 것은 적절치 못하다고. 이유는 분명하다. 〈우리가 정신이라고 부르는 것은 모종의 관계에 의해 서로 연결된 여러 지각들의 덩어리이거나 집합체에 지나지 않고, 그런 정신에 완벽한 단일성과 동일성을 부여하는 것은 잘못된 가정이기〉[150] 때문이다. 칸트가 높이 평가한 루소도 『에밀』에서 사브와의 수습 사제 입을 빌려 다음과 같이 말한다. 〈우리는 우리 자신을 알 때가 드물어요. 우리는 우리의 본성도 모르고, 우리의 행위 원리도 모릅니다.〉[151] 칸트는 모든 인간에게 혼동될 수 없는 실체적 영혼이 있다는 뉴턴과 멘델스존의 말을 믿지 않았다. 이성은 오랫동안 자기 자신에 대해 숙고할 수 있는데, 이때 이성이 발견하는 것은 내 생각은 내 생각이라는 느낌이다. 이 점에서 칸트는 데카르트보다 콩디야크에 훨씬 가깝다. 의심할 바 없이 우리는 일종의 자아 감정, 즉 〈우리의 개념들을 동반한 의식〉[152]을 갖고 있다. 그런데 이 자아가 단순한 느낌 이상의 어떤 확고한 지점이라는 주장은 증명되지 않은 사변이다. 아니면 칸트 식으로 표현하자면, 〈전적으로 공허한 표상〉[153]이다.

이것이 칸트에게 얼마나 중요한 문제였는지는 나중에 의사 자무엘 토마스 죄머링(1755~1830)이 경험으로 확인하게 된다. 마인츠의 이 해부학자는 자신의 책 『영혼의 기관에 관하여 *Über das Organ der Seele*』(1796)에 대한 자부심이 어찌나 컸던지 칸트에게 책을 보내면서 후기까지 써달라고 부탁했다. 철학자는 죄머링이 시도한 것을 보고 두 눈을 믿지 못했다. 이 대담한 의사는 실험적 연구와 철학적 최종 논증 사이의 큰 구멍을 〈초월적 생리학〉으로 메꾸고 있었다. 다시 말해, 칸트가 『순수 이성 비판』에서 제시한 것처럼 우리 안에는 생각하면서 세계를 검증하는 영혼이 있는데, 그 영혼이 뇌 속에 위치한 지점을 찾았다는 것이다. 칸트는 후기를 쓰는 데 어려움을 겪었다. 그러다 결국 『순수 이성 비판』의 취지에 맞게 썼다. 우리가 영혼이나 자아라고 부르는 것은 물질적으로 존재하는 것이 아니라 우리의 〈내부 감각〉이 자아내는 무엇이라는 것이다. 따라서 그것은 〈외부 감각〉으로는 인지될 수 없고, 어디에 존재하는지 확인할 수 있는 실체도 아니다.

흄, 라메트리, 칸트는 변함없는 〈자아〉에 의문을 제기한 초기 회의론자에 속했고, 이어 많은 사람들이 그 뒤를 따랐다. 예를 들어 20세기 초 오스트리아 물리학자 에른스트 마흐(1838~1916)는 다음과 같이 말한다. 〈자아는 구제 불능이다.〉[154] 이 문제는 철학사 3권에서 충분히 다루게 될 것이다. 철학 외에 심리학과 신경 과학도 이 복잡한 주제를 받아들였기 때문이다.

칸트는 자아와 영혼보다 우주에 관한 우리의 앎을 훨씬 더 집중적으로 다루었다. 뉴턴은 자신의 책 『자연 철학의 수학적 원리』로 우주를 궁극적으로 해명했다고 생각했다. 하지만 정말 그럴까? 뉴턴의 책에는 칸트가 이율배반Antinomie(〈반대 법칙〉)이라고 불렀던 해결될 수 없는 네 가지 모순이 그대로 드러나 있지 않은가? 첫 번째 대립은 이렇다. 세계는 시작이 있고, 공간적으로 제한적인가? 아니면 세계는 원래부터 있었고, 공간적으로 무한한가? 두 번째 대립은 다음과 같다. 세상 만물은 단순한 부분들로 이루어져 있는가? 아니면 만물은 조합되어 있고, 단순한 것은 존재하지 않는가? 세 번째 대립은 이렇다. 세상 만물은 철저하게 인과율에 따라 움직이는가? 아니면 그것을 뛰어넘어 자유의 영역도 존재하는가? 끝으로 마지막 대립을 보자. 우리가 세계의 원인으로 상정하곤 하는 존재가 꼭 세계의 일부여야 하는가? 아니면 세계에 꼭 있어야 하는 존재는 아닌 것인가?

고대 이후 위대한 철학자라고 하는 사람들은 하나같이 이 물음들에 대해 어느 것이 옳다고 확실하게 결정을 내렸다. 칸트가 볼 때 그건 잘못이었다. 대립하는 진술 쌍은 어느 하나가 옳다고 명쾌하게 결정 내릴 수 있는 사안이 아니다. 〈명제든 반명제든 똑같이 명백하고 선명하고 반박할 수 없는 증명으로 제시될 수 있지 않은가?〉[155] 그럼에도 이제 하나의 해답을 찾아야 했다. 어찌됐건 우주는 영원하고 무한하거나, 혹은 그렇지 않거나, 둘 중 하나이기 때문이다. 이 대목에서 칸트는 다른 차원에서 해답을 구한다. 혹시 물음 자체가 잘못된 것은 아닐까? 그가 볼 때 오해는 〈세계〉라는 개념에 있었다.

내가 말하는 〈세계〉는 어떤 세계일까? 감각적으로 겪을 수 있는 경험적 세계일까? 아니면 오성이 이지적으로 〈세계〉라고 이해하는 것을 말할까? 칸트가 볼 때 합리론과 경험론 사이의 이 오랜 논쟁은 무엇보다 관점의 문제였다. 예를 들어 첫 번째 대립을 순수 경험론적으로만 관찰하면 두 진술 모두 난센스다. 모든 것이 원인과 결과에 따라 움직인다면 세계에는 시작이 있을 수 없다. 모든 시작 이전에 또 다른 시작이 있어야 한다. 무에서는 아무것도 나올 수가 없기 때문이다. 하지만 무언가가 어떤 형태의 시작도 없이 영원하고 무한하다는 것도 우리의 경험에 어긋난다. 결국 경험론적으로 관찰하면 두 진술 다 틀렸다. 그럼에도 나는 오성 속에서 두 가지 표상을 떠올릴 수 있다. 무에서 시작한다는 표상과 무한함의 표상이 그것인데, 내 지성은 둘 중 하나가 맞다고 말한다. 그렇다면 경험론적 경험과 지성은 서로 모순된 결론에 이르고, 우리는 딛고 설 단단한 지반을 모두 잃고 만다. 그건 두 번째 대립도 마찬가지다.

칸트에 따르면 세 번째와 네 번째 대립은 사정이 좀 달라 보인다. 네 번째 진술 쌍을 살펴보자. 신은 존재해야 한다. 신은 존재할 필요가 없다. 이 문제의 경우 경험적 지식으로 할 수 있는 것이 없다. 신과 세계 창조는 내가 감각적으로 경험할 수 있는 것이 아니거나, 아예 원칙적으로 감각적 경험이 불가능한 것이기 때문이다. 이로써 신은 증명할 수 없다. 신이 있다는 것도 증명할 수 없고, 신이 없다는 것도 증명할 수 없다. 〈신이 있다〉는 주장은 〈신이 없다〉는 주장만큼 사변적이다. 처음 두 대립에서는 두 진술이 경험론적으로 틀렸던 반면에 네 번째 대립에서는 두 진술 모두 이론적으로는 맞을 수 있다. 다만 우리는 올바른 대답을 결코 알지 못한다.

자유의 제국

칸트의 세 번째 이율배반 풀이는 유명하다. 인과율과 자유의 모순 문제였는데, 이건 다른 어떤 문제들보다 그에게 중요했다. 자유 없이는 책임 있는 행동도 없고, 책임 있는 행동 없이는 윤리도 없기 때문이다. 칸트가 볼 때 흄은 많은 지점에서 옳았다. 예를 들면 이런 것들이다. 우리 오성은 인과의 원칙에 따라 세계를 분해하고, 곳곳에서 원인과 결과, 조건과 조건 지워진 것을 인식한다. 우리는 이 도식에서 벗어날 수 없다. 하지만 다른 한편으로 우리는 자유와 같은 것이 존재하고, 예를 들면 세계와 같은 무언가가 〈저절로 시작되었다〉고 믿고 싶어 한다. 그렇다면 뭐가 맞을까?

칸트는 이 지점에서 매우 중요한 사유 노선을 끌어들인다. 우리가 경험하는 모든 것에는 인과의 원리가 작용된다는 흄의 주장에 손을 들어 준 것이다. 이유는 분명하다. 우리의 오성이 〈자연에 규칙을 정해 주기〉 때문이라는 것이다. 이 유명한 문장은 원래 흄이 했던 다음 말을 재현한 것뿐이다. 모든 것을 원인과 결과로 인식하는 것은 우리 오성이 세계에 구조를 부여하는 방식이다.

그런데 이 말보다는 〈자연에 규칙을 정해 준다〉는 칸트의 말이 더 의미심장하게 다가온다. 자연 과학자들 중에는 이 문장을 읽으면 자기도 모르게 움찔하는 사람이 많을 것이다. 자연 법칙이 인간 오성에 의해 정해진다니, 이 무슨 소리란 말인가? 자연 법칙이란 전적으로 오성 밖에 존재하는 것이 아니던가? 사과가 인간 정신의 지시로 나무에서 떨어지는 것은 아니지 않은가?

여기서 우리는 다시 그 문제에 부딪힌다. 〈현실은 얼마나 현실적인가?〉 버클리와 흄이 치열하게 매달린 질문인데, 두 사람은 이렇게 대답했다. 현실은 나한테 나타나는 것만큼 현실적이다. 다만 버클리는 그와 동시에 인간의 경험 세계 말고도 객관적 영역이 하나 더 있다고 주장했다. 일상적 삶에서는 직접 만날 수 없는 신의 이상적 세계가 그것이다. 하지만 흄은 본래적 세계로서의 이 신적인 세계로 들어가지 않았다. 그에겐 내가 감각적으로 경험할 수 있는 것만이 세계였다. 그 밖의 다른 것에 대해서는 아무것도 말할 수 없다는 것이다.

칸트는 이 두 영국 경험론자를 아주 멀리까지 뒤따라갔다. 버클리나 흄과 마찬가지로 그도 모든 세계가 내 머릿속의 세계임을 안다. 이 세계는 흄이 설명한 원인과 결과의 법칙에 따라 분해된다. 이런 세계에는 자유란 없다. 그러나 칸트는 자유를 완전히 포기하고 싶지 않았다. 자유가 현상 세계에 있는 것이 아니라면 혹시 그 세계 너머에 있는 건 아닐까? 버클리가 신의 이상적인 세계를 본 지점에서 칸트는 인간의 의식으로는 접근이 불가능한 외부 세계를 보았다. 내 머릿속에 〈현상〉으로 반짝이는 〈물(物) 자체Ding an sich〉가 존재하는 곳이 바로 거기다. 〈물 자체〉는 내가 내 의식 속에 사물이 나타나는 것에 대한 이유라고 받아들이는 바깥의 실제적인 원본이다. 내가 접근할 수 없는 이 〈원본〉의 세계는 내 머릿속의 현상 세계와 달리 오성을 통해 분해되지 않는다. 그와 함께 모든 것을 원인과 결과로 해석하는 심리 기제에도 예속되지 않는다. 〈물 자체〉의 세계에는 인과성이 없고, 범주도 없고, 공간과 시간도 없다. 우리가 아무것도 모르는 이 세계는 우리의 경험 너머에 존재한다. 오성은 이 세계에 〈규칙을 정해 주지〉 않는다. 이 세계는 자유의 제국이다!

흄은 『순수 이성 비판』이 출간되기 5년 전에 죽었다. 칸트는 이 위대한 영국 철학자가 자신의 책을 봤더라면 무덤에서도 벌떡 일어날 거라고 생각했다. 내 감각은 전혀 알지 못하는 자유의 제국이라는 것이 대체 무엇이란 말인가? 그런 제국은 기껏해야 추측일 뿐이다. 칸트도 이 말에 반박하지 못했을 것이다. 사실 자유의 제국은 추측이다. 하지만 우리가 필연적으로 가정할 수밖에 없는 추측이다. 그런 의미에서 이는 요청Postulation*이다. 그것도 우리가 자유롭게 행동한다는 데서 출발하기 위한 요청이다. 같은 방식으로 칸트는 신의 존재를 요청했다. 우리가 선을 원하고 행하는 것이 옳은 것임을 분명히 해두기 위해서 말이다. 칸트에게 신과 자유는 〈……처럼〉의 양식으로 존재한다. 그러니까 〈마치 신이 있는 것처럼〉, 〈마치 자유가 있는 것처럼〉 생각하자는 것이다. 형이상학에서는 아주 이례적인 논증이다. 보통 형이상학자들은 스피노자의 신-자연이나 라이프니츠의 합리적 신처럼 인간 너머에 존재하는 확고하고 확실한 지점에서 출발하기 때문이다. 그러나 칸트가 〈연인〉이라고 칭할 정도로 애정을 표한 형이상학은 세계 속에 있지 않고 인간의 머릿속에 있다. 숭고함 면에서는 오직 밤하늘의 별들만 비견될 수 있는 형이상학의 황홀한 매력은 도덕 능력에 있었으니……!

* 공리처럼 자명하지 않고 증명도 불가능하지만, 학문적 또는 실천적 원리로 인정받는 명제.

내 안의 도덕 법칙

계몽인가 후견인가? / 선한 의지 / 정언 명령 / 선한 원숭이 /
신의 합목적적 세계 / 영원한 평화 / 〈정해진 건 아무것도 없다〉

계몽인가 후견인가?

칸트는 1768년부터 1780년까지 12년 동안 『순수 이성 비판』을 썼다. 매일 아침 다섯 시에 일어나 일곱 시부터 아홉 시까지 강의를 했고, 그게 끝나면 연구실에 틀어박혔다. 그사이 영국 선장 제임스 쿡은 오스트레일리아를 발견했고, 독일은 감자 경작으로 대기근을 간신히 버텨 냈고, 러시아와 프로이센은 폴란드 땅을 처음으로 나누어 가졌고, 프랑스는 〈밀가루 전쟁〉의 광풍이 몰아쳤고, 튀르고는 인생의 영고성쇠를 경험했고, 괴테는 『괴츠 폰 베를리힝겐』과 『젊은 베르테르의 슬픔』을 썼고, 케네와 흄, 루소, 볼테르는 이미 저세상 사람이 되었고, 애덤 스미스는 『국부론』을 발표했다. 그 밖에 증기 기관이 발명되었고, 미국 건국의 아버지들은 독립 선언문 의결과 함께 영국을 상대로 독립 전쟁을 시작했고, 오스트리아의 마리아 테레지아 여제는 숨을 거두었다. 이런 변화에도 칸트는 쾨니히스베르크에서 매일 똑같은 리듬으로 살았다. 점심때는 찾아온 손님들과 함께 식사를 했고(이제는 하숙집에서 점심을 먹을 필요가 없어졌다), 오후에는 산책을 했다. 얼마나 규칙적으로 다녔던지 사람들이 지나가는 칸트를 보고 시계를 맞추었다고 한다. 어쨌든 그러고 나면 저녁까지 작업을 하다가 정확하게 열 시에 잠자리에 들었다.

『순수 이성 비판』이 출간되었을 때 베를린을 중심으로 독일의 여러 도시에서도 계몽주의가 꽃피었다. 그런데 곳곳의 계몽주의자들은 칸트의 저서에 실망을 금치 못했다. 너무 모호하고 장황하고 어렵다는 것이다. 특히 칸트의 친구로서 쾨니히스베르크에서 물류 창고 관리인으로 만족하며 살 수밖에 없었던 다혈질의 하만이 격하게 분노를 토해 냈다. 칸트는 욕조의 물을 쏟으면서 그 속의 아이까지 같이 쏟아 버린 것이 아닌가? 어떻게 이성의 개념에서 인간의 오랜 전통과 믿음을 깨끗이 청소해 낼 생각을 할 수 있는가? 이성은 역사적·문화적 구상이 아니던가? 교육으로 전달되고, 감각적 경험의 색채가 강하게 묻어 있지 않는가? 하만에게 칸트는 부드러운 독재자였다. 왜냐하면 〈건강한 이성은 지극히 천박하고 독선적이고 파렴치한 자기 명성〉이기 때문이다. 〈이 자기 명성에 의해 증명되어야 할 모든 것은 미리 전제되었고, 그를 통해 진리에 대한 모든 자유로운 연구는 로마 가톨릭교회의 무오류성보다 더 폭력적으로 배제되었다.〉[156]

하만은 법칙을 제정하는 영원한 이성에 대한 비판과 함께 나중에 프랑스 혁명의 도덕 테러로 피를 흘리기 시작한 그 상처를 건드렸다. 쾨니히스베르크의 격분한 물류 창고 관리인이 문화와 역사의 부재를 한탄하는 동안 브레슬라우의 가르베는 칸트의 책에서 심리학의 부재를 꼬집었다. 우리의 이성 사용을 좌우하는 감정과 감각적 추동력, 일상의 실용적 상황 같은 경험론적 동인들은 어디에 있는가? 피와 살로 이루어진 인간 속에서는 결코 그렇게 행사되지 않는 지배권을 이성에 부여한 건 정말 이상하지 않은가?

이성과 관련한, 혹은 하만의 표현을 빌리자면 〈철학의 청소〉와 관련한 칸트의 이상한 비역사적 고찰에 대한 이들의 실망에도 불구하고 다른 계몽주의자들은 칸트에게 조언과 지지를 청했다. 이해하기는 무척 어려웠지만 어쨌든 칸트를 자기들 편으로 본 것이다. 특히 멘델스존과 출판업자 프리드리히 니콜라이가 중심이 된 〈계몽주의 동지 모임〉이 칸트의 지원을 구했다. 그들은 계몽주의의 대중화를 목표로 1783년 처음으로 『베를린 월간지 *Berlinische Monatsschrift*』를 발행했다. 그리고 1784년 12월 호에서는 실제로 칸트를 저자로 섭외하는 데 성공했다.

칸트는 자신의 방대한 저서가 너무 난해하다는 비판에 대해 심각하게 고민했다. 그래서 『학문으로 등장할 수 있는 미래의 모든 형이상학을 위한 서설*Prolegomena zu einer jeden künftigen Metaphysik, die als Wissenschaft wird auftreten können*』이라는 다소 장황한 제목의 짧은 책에서 좀 더 대중적으로 다가가려고 시도했지만, 그조차 실패했다고 할 수 있다. 그런 상태에서 예순 살의 칸트는 자신의 몇 가지 중요한 생각을 월간지에 기고해 달라는 부탁에 응했다. 원고의 명확한 제목부터가 완전히 달라진 칸트의 모습을 예고했다. 「세계 시민적 관점에서 본 보편적 역사의 이념Idee zu einer allgemeinen Geschichte in weltbürgerlicher Absicht」. 내용도 깜짝 놀랄 만했다. 칸트는 여기서 굉장히 현실적인 약점을 가진 굉장히 현실적인 인간에 대해 말한다. 루소를 통해 알게 된 것처럼, 인간은 〈비사교적이면서도 사교적인〉 족속이다. 남들과 잘 어울리지 못하면서도 남들 없이는 살 수 없다는 말이다. 게다가 인간은 항상 자기 자신과 싸우고, 감정과 이성은 서로 잘 조율되지 않는다. 인간은 완벽하게 곧은 물건을 만들 수 없는 〈굽은 나무〉와 같다. 인류 역사가 〈어리석음과 유치한 허영기, 때로는 유치한 악의와 파괴욕으로 점철된〉[157] 것도 놀라운 일이 아니다. 그럼에도 칸트는 인류의 점진적 진보를 깨닫는다. 왜냐하면 인간은 시민 사회에 이르러서야, 그리고 법이 지배하는 공화국에서 이르러서야 자기 자신을 찾고 도덕적 심성을 가꿀 수 있기 때문이다. 그러다 마지막에는 모든 시민 국가가 하나의 〈국가 연합〉으로 합쳐지고, 인간들은 그 속에서 평화롭게 살아간다.

프리드리히 대왕이 죽기 2년 전 칸트는 인간 종에 맞는 정치 체제로 공화국을 선포한다. 그리고 지금껏 쓰고자 마음먹었던 모든 대담한 시도를 한층 뛰어넘는 혁명적인 낙관적 역사관을 전파한다. 그런데 역사 철학과 국가 철학에 관한 이 에세이보다 월간지에 두 번째로 기고한 원고가 훨씬 더 유명해졌다. 기고문의 제목은 마치 지금껏 칸트가 붙인 제목들을 놀리기라도 하듯 간결하다. 『계몽이란 무엇인가에 대한 답변*Beantwortung der Frage: Was ist Aufklärung?*』. 이것은 칸트의 가장 유명한 에세이이자, 철학 일반에서 가장 많이 인용되는 텍스트 중 하나다. 〈계몽이란 인간 자신에게 책임이 있는 미성숙 상태에서 벗어나는 것이다. 미성숙은 타인의 지도 없이는 자신의 오성을 사용하지 못하는 무능력이다. 미성숙의 원인이 오성의 결핍에 있지 않고, 타인의 지도 없이는 자기 오성을 사용할 결정이나 용기를 내지 못하는 데서 비롯되었다면 그건 자신의 책임이다. 사페레 아우데Sapere aude! 너 자신의 오성을 사용할 용기를 내라! 이것이 계몽의 표어다.〉[158]

『세계 시민적 관점에서 본 보편적 역사의 이념』과 비교하면 이 글은 『순수 이성 비판』에 좀 더 가깝다. 왜냐하면 개인이 자기 자신에 대해 깨우쳐 자율적인 인간으로 변해 가는 과정을 계몽으로 설명하고 있기 때문이다. 용기 있는 사람만이 성숙함에 이를 수 있다. 이 선언은 역사와 권력, 교육, 종교, 프로이센 당국의 강철 족쇄를 과소평가하면서 자기 삶을 스스로 결정하는 개인의 힘에 열광한다. 여기서 우리가 관계하는 건 사회적 문제가 아니라 심리적 문제뿐이다. 어떤 사람들은 〈거의 본성이 되어버린 미성숙 상태에서 벗어나는 것이 무척 어렵다. 심지어 그들은 미성숙 상태를 좋아하기도 한다〉.[159] 그건 〈게으름과 비겁함〉 때문이다. 루소의 말처럼 인간은 자신을 자유롭지 못하게 하는 문화적 습관을 떨쳐 버려야 한다. 자유로워지려면 자신의 진정한 이성적 본성을 찾아야 한다. 자기 자신에 대한 끊임없는 수련을 통해!

자기 수련은 속박으로부터의 해방이다! 이것이 칸트가 월간지를 읽는 법률가, 의사, 행정 전문가, 교육자, 신학자, 국가 공무원, 약제사들에게 던지고 싶은 메시지였다. 이로써 칸트는 분명 개인의 자유 추구를 제한하는 모든 공적인 시스템도 함께 비판한다. 하지만 용기 있는 사람은 거기서부터 자유롭다.

여기서 칸트가 말하는 용기 있는 사람은 누구일까? 크리스티안 토마시우스(1655~1728)나 크리스티안 볼프처럼 정식 교수여서 일시적인 강의 금지 말고는 더 나쁜 일을 겪지 않을 계몽주의자들일까? 아니면 마찬가지로 생명과 개인적 자유, 교수 자리를 잃지 않을 거라고 확신하는 칸트 자신일까? 모든 프로이센 시민이 자기 직책에서 국가를 위해 성실히 일해야 한다는 것은 칸트도 부인하지 않는다. 하지만 그런 공적인 직업인을 자신의 성숙과 관련해서 자기 자신을 연마할 권리와 의무가 있는 사적인 세계 시민과 대비시킨다. 그런데 만일 그 사람이 공적인 학자라면 이성의 사적 사용과 공적 사용은 마찰 없이 맞아떨어진다.

〈자기 자신의 완전화를 이루려는 지속적인 노력〉, 고대 스토아학파의 이 오래된 구상은 칸트에 이르러 시대에 맞는 새로운 외피를 걸친다. 생각이 자유롭게 한다! 생각은 종교적 후견 상태로부터 인간을 해방시킨다. 자유로운 인간은 이성에 기초한 안정되고 정의로운 사회 체제를 만들어 낸다. 그런데 여전히 이런 의문이 든다. 칸트가 〈자기 자신의 오성을 사용하라!〉고 호소한 그 대상은 누구일까? 어쨌든 칸트가 당시 대다수 사람들을 지칭하고, 볼테르도 〈천민〉이라고 부른 〈생각 없는 거대 무리〉는 확실히 아니었을 것이다. 물론 칸트도 날품팔이나 농민, 막노동꾼 같은 인간들도 언젠가는 〈계몽되기〉를 분명 원했다. 그러나 1785년 당시에는 그들에게 이성을 자유롭게 사용할 능력이 조금이라도 있다고 보지 않았다. 대신 칸트는 자신의 왕에게 경의를 표했다. 〈인간 족속을 처음으로 미성숙 상태에서 벗어나게 해준, 최소한 통치의 측면에서는 그렇게 해준 군주로 세계와 후세로부터 칭송받아 마땅한〉[160] 왕이라는 것이다. 그렇다면 칸트에게 계몽의 시대는 볼테르와 루소, 흄, 디드로의 세기가 아니라 〈프리드리히 대왕의 세기〉였다.

관료 국가이자 획일적인 군사 독재가 세계의 모범이라고? 칸트는 대체 무슨 생각으로 그런 굴욕적인 태도를 보인 것일까? 하만이 묻는 말이다. 단순히 칸트가 절대주의를 정치에서 철학으로 옮긴 데 그 이유가 있을까? 이성이 사적인 인간에게 규칙을 정해 주는 것이 마치 프로이센 국가가 공적인 인간들에게 규칙을 내리는 것과 비슷하다고 생각한 것일까? 하만에게 칸트의 이성 숭배는 독재적인 것 이상이었고, 〈자신에게 책임이 있는 후견 상태〉를 의미했다. 하만을 더 격분시킨 것은 〈따뜻한 난로 뒤에서 수면 모자 차림으로〉 특권을 누리는 교수가 미성숙의 책임을 그 사람들 본인에게 돌렸다는 것이다. 그들을 미성숙하게 만든 미지의 다른 존재나 제도는 언급하지 않으면서 말이다. 그렇다면 오히려 상황의 피해자만, 그러니까 어려서부터 뼈 빠지게 고생만 해온 불쌍한 인간들만 현재의 자기 상태에 대한 범죄자로 몰아가고 있는 것이 아닌가?

하만은 날카로운 어조로 공격했고, 그 과정에서 여러 가지 탁월한 표현을 남겼다. 그에게 칸트는 역사의 잘못된 편에 선 사람이었고, 가난한 사람과 억압받는 이들의 고통에 눈 감은 〈구경꾼〉이었으며, 그러면서도 부당하게 후견인 노릇이나 하려는 남자였다. 칸트의 그 열렬한 호소도 〈비겁한 오성에 대한 계몽과 비겁한 의지에 대한 공감이 없는 차갑고 황량한 달빛이 아니면 무엇이란 말인가? 또 제기된 물음에 대한 대답도 대낮에 걸어 다니는 모든 미성숙한 사람들에게는 눈부신 조명이 아니면 무엇이란 말인가?〉[161]

선한 의지

하만의 칸트 비판은 계몽주의의 약점을 건드렸다. 스스로 자유롭게 생각하라는 요구가 남에게서 오는 것은 모순이다. 이성, 혹은 이성의 이름으로 말하는 철학자가 나에게 자신을 따르라고 재촉한다. 그 지시에 따르면 나는 자기 결정권을 가진 사람이 된다는 것이다. 별로 설득력이 없는 주장이다. 그런데 이성적으로 행동하라는 명령이 외부에서 오는 것이 아니라면 어떻게 될까? 모든 인간 속에 그 명령이 원래부터 주어져 있다면? 그리고 철학자란 소크라테스의 표현처럼 사람들이 자기 생각을 세상에 드러내는 것을 도와주는 〈산파〉일 뿐이라면? 칸트는 이렇게 생각했다. 누군가 다른 사람이 그렇게 말하기 때문이 아니라 우리 모두에게 있는 이성이 직접 그렇게 요구하기 때문에 우리는 이성을 사용하는 것이다!

이성의 명령이 존재할까? 내게 신중하고 균형 있게 심사숙고하면서 행동하라고, 심지어 〈선하게〉 행동하라고 말하는 무언가가 내 안에 있을까? 당연하다! 인생 경험은 내게 말한다. 주도면밀하게 준비하면 정해진 목표에 한층 빨리 도달할 수 있다고. 무슨 행동을 할지 미리 숙고하고, 목표를 이룰 전략을 세우고, 이후 각 단계마다 내 행동의 결과를 산정하고 평가하면 목표 달성은 더 쉬워진다. 게다가 남에게 친절하게 대하고 남의 감정과 상태에 공감하는 것도 분명 도움이 될 것이다. 흄과 스미스는 정확히 그런 식으로 윤리학을 발전시켰다. 목표에 도달하고자 하는 사람은 남에게 친절해야 한다. 자신의 행동은 남에게 방해가 되는 것이 아니라 아주 폭넓은 차원에서 정당하고 지혜로운 것으로 여겨져야 한다. 그런 점에서 내 행동의 결과를 생각하고 신중하게 평가하는 것은 유익하다. 그에 상응해서 우리 속에는 스미스의 표현처럼 〈공정한 관찰자〉로서의 외부 시선이 존재한다. 그 시선 덕분에 우리는 유익함에 대한 고려에서 〈선하게〉 행동한다.

칸트가 볼 때 도덕에 대한 이런 영국식 실용적 근거는 끔찍했다. 인간 행위의 동기가 어떻게 〈선〉이 아니라 유익함이 될 수 있단 말인가! 흄과 스미스에게 선은 목표가 아닌 수단이었다. 선에 대한 요구는 목적에 예속되어 있었다. 흄과 스미스가 근거로 댄 것들은 칸트가 보기엔 가언적 명령에 지나지 않았다. 상황과 조건이 그렇게 요구하니 선하게 행동하라는 요구였다. 이런 실용주의에 맞서 칸트는 선을 위한 선, 오직 그 자체 때문에 추구하는 선을 지켜내고자 했다. 그런데 우리 인간 안에 그런 행위 목표가 존재할까? 선으로의 의지를 학문적으로 찾아내어 거기서 인간이 행동해야 할 규칙을 도출할 수 있을까?

칸트는 이 질문에 대한 답을 예순한 살에, 그러니까 1785년에 얇은 책으로 내놓았다. 도덕에 관한 첫 저술인 『도덕 형이상학의 정초*Grundlegung zur Metaphysik der Sitten*』가 그것이었다. 목표는 아주 야심만만했다. 감정적 동인, 상황, 유익함, 문화적 특성에 대한 일체의 고려 없이 윤리학을 세우는 것이었다. 물론 그런 요소들이 일상에서 우리의 행동에 강한 영향을 끼친다는 것은 칸트도 잘 알고 있었다. 하지만 학문으로서의 윤리는 거기에 토대를 둘 수 없었다. 어쨌든 흄은 존재에서 당위가 나오지 않는다고 확신을 갖고 설명했다. 그 때문에 칸트가 보기에, 흄은 윤리학을 정립하지 못하고, 인간이 공감 능력과 건강한 오성으로 사회를 위해 어떤 유익한 일을 할 수 있을지 권고만 했을 뿐이다. 칸트에게 그건 너무 부족했다. 그는 모든 실용적인 고려 이전에 존재하면서 우리를 선으로 몰아가는 일반적이고 필연적인 무언가를 찾았다.

칸트의 윤리는 〈절대적〉이고 〈자발적인〉 것이어야 했고,

모든 인간 속에 있는 이성적 원리에 토대를 두어야 했다. 그렇다면 선의 이러한 원천은 어디에 위치해 있을까? 지성이 아닌 것은 분명하다. 지적인 사람이라고 해서 덜 지적인 사람보다 도덕적으로 훌륭하지는 않기 때문이다. 또한 교양의 문제도 아닌 듯하다. 많이 배우고 교양을 갖춘 사람이라고 해서 더 나은 사람은 아니기 때문이다. 그렇다면 선에 대한 의지는 기질의 문제일까? 당연히 아니다. 그건 열정적이냐, 무덤덤하냐는 기질적 차이에 따라 좌우되는 것이 아니다. 그럼 성격의 문제일까? 답하기 어렵다. 그에 답하려면 성격이 무엇인지부터 알아야 한다. 성격이 무엇인지 규정하기는 어렵지만, 어쨌든 우리 속에서 변함없이 유지되는 것은 아니다. 그렇다면 선은 행복 추구와 관련이 있을까? 퍼뜩 떠오르는 생각이다. 고대의 거의 모든 윤리학이 이 주장에 토대를 두고 있으니 말이다. 플라톤은 행복 추구를 선과 동일시했다. 선을 원하고 실행하는 자만이 진정으로 행복할 수 있다. 선을 행하는 것보다 더 큰 행복이 있을까?

칸트는 바로 이 전통에서 이탈했다. 그는 〈행복〉 개념을 높이 평가하지 않았다. 〈행복의 개념이 그렇게 불투명하고, 모든 사람이 그것에 이르기를 바람에도 불구하고 자신이 진정으로 원하는 것이 무엇인지 결코 명확하게, 자기 자신과 일치된 상태로 말할 수 없는 것은 불행〉[162]이 아닐까? 행복은 각자가 원하는 것을 각각 다르게 떠올리는 무척 모호한 말이다. 누군가는 권력을 원하고, 누군가는 부와 인정, 건강 등을 원한다. 하지만 이렇게 떠올린 것들 중에 필연적으로 행복으로 이어지는 것은 없다. 칸트는 오히려 그런 욕구들을 〈진정한 도덕성〉에서 떼어 놓는다. 그에게 선은 〈유익한 것〉이 아니다. 진정으로 도덕적인 인간은 아무 이익이 없을 때도 도덕적으로 행동한다. 바로 여기에 미덕의 특별함이 있다. 칸트는 나중에 이렇게 쓴다. 미덕은 〈무언가 이익이 있기 때문이 아니라 비용이 많이 들기 때문에 그렇게 가치가 큰 것〉[163]이다.

선을 그 자체를 위해 추구하는 사람만이 선하다. 그에 대한 원천은 유익함이나 행복, 성격, 기질이 아니라 오로지 〈선한 의지〉다. 〈이 세상 어디서건, 아니 이 세상 밖 어디서도 아무 제한 없이 선으로 간주될 수 있는 것은 오직 선한 의지뿐이다.〉[164] 선한 의지는 일차적으로 나를 위한 선이 아니라 그저 선 자체를 원하는 의지다. 이런 의지는 흄과 스미스에게는 완전히 낯선 것이었다. 그러나 칸트는 정상적이고 건강한 사람이라면 누구나 선에 대한 의지가 있다고 믿었다.

칸트의 윤리는 오직 선한 의도만이 중요한 심정 윤리학이다. 〈선한 의지는 그것이 무엇을 초래했거나 성취했는지에 따라서가 아니고, 또 주어진 목적의 달성에 얼마나 쓸모가 있었는지에 따라서가 아니라 오직 그러고자 하는 마음 때문에, 즉 그 자체 때문에 선하다.〉[165] 어떤 일을 정말 순수한 마음으로 했다면 그 행위가 설사 선한 의도와 반대되는 부정적인 결과를 초래했더라도 선한 행동이다. 물론 칸트가 볼 때 그런 부정적인 결과가 생기는 일은 아주 드물다. 선한 의지는 보통 선한 목표를 달성하게 하는 행위를 불러일으키기 때문이다. 선한 의지는 맹목적인 것이 아니라 철저하게 이성적이다. 또한 내가 해야 하는 행동을 남들도 정확히 (나에게) 해야 하는 행동으로 만드는 것도 바로 이 선한 의지다.

정언 명령

이 지혜는 오랜 전통을 갖고 있다. 보통 황금률이라 불리는 이것은 고도의 문명권에서 공통적으로 발견된다. 유교, 힌두교, 자이나교, 불교, 페르시아의 조로아스터교, 플라톤의 『법률』(사유 재산과 관련한 부분), 소피스트, 세네카, 에픽테토스, 유대교, 기독교, 이슬람교 할 것 없이 말이다.

칸트가 표명한 이것은 누구나 아는 지극히 당연한 지혜가 아닐까? 다 그렇지는 않다. 근거가 새롭기 때문이다. 이전의 모든 황금률은 삶을 살아 나가는 데 필요한 지혜였다. 반면에 칸트는 거기서 하나의 규칙만 본 것이 아니라 이성의 〈법칙〉을 보았다. 『도덕 형이상학의 정초』에서 이 법칙은 그때그때 강조점을 조금씩 달리하며 다섯 번 언급되었다. 가장 단순한 것은 다음과 같다. 〈너는 오직 너의 준칙이 동시에 보편적 법칙이 되기를 바랄 수 있는 준칙에 따라 행동하라.〉[166]

칸트는 자신의 이성 법칙을 정언 명령이라 불렀다. 상황에 따라 가끔 바뀌기도 하는 것이 아니라 언제나 원칙적으로 통용되는 요구를 의미한다. 선한 의지는 무조건적이고, 본성상 그때그때의 상황에 전혀 훼손되지 않는다. 칸트의 정언 명령은 감각 세계와는 아무 관련이 없다. 그것의 고향은 칸트가 『순수 이성 비판』에서 주장한 자유의 제국이다. 인간은 보통 살아가면서 끊임없이 흔들리고 망설인다. 이 상황에서 이성적 존재로서의 인간은 정언 명령이 자신에게 선의 의무를 지우는 자유로운 오성 세계에 머물 수 있다. 반면에 감각적 존재로서의 인간은 인과율과 의존성, 상황의 세계 속에서 살아간다. 이런 세계에서도 목표 지향적으로 헤쳐 나가려면 이성적 통찰을 지키는 것이 현명하다. 가장 좋은 것은 칸트가 준칙Maxime이라고 부른 이성적 행동 규범을 따르는 것이다.

이성의 이 〈법칙〉은 학문적 법칙일까? 칸트는 그렇다고 확신했다. 그리고 그것을 『실천 이성 비판』에서 증명하고자 했다. 『도덕 형이상학의 정초』 이후 3년 만에 나온 이 책은 그의 다른 대표작들과 비슷하게 구성되어 있다. 여기서도 다시 〈원리론〉이 출발선상에 선다. 칸트는 인식하는 존재로서의 인간과 행동하는 존재로서의 인간을 구분한다. 무언가를 인식하는 사람은 이성을 이론적으로 사용하고, 행동하는 사람은 실천적으로 사용한다. 이때 행동하는 이는 누구나 무언가 지향하는 것이 있다. 정상적인 사람이라면 아무 이유 없이 뭔가를 하지는 않기 때문이다. 그런 이유들을 제시하는 것은 무엇일까? 흄과 스미스에게 그 이유들은 상황에, 그러니까 〈우리 외부〉의 사물들에 있었다. 행동한다는 것은 곧 감각 세계에서 방향을 정한다는 뜻이고, 그때 기준이 되는 것은 유익함, 또는 〈공정한 관찰자〉의 조언이다.

칸트가 볼 때 이것만으로는 아직 너무 부족했다. 그런 윤리는 학문이 아니기 때문이다. 거기엔 보편타당하고 필연적인 것이 없었다. 칸트에 따르면 도덕 법칙이 있다면, 그건 〈우리 안〉에 존재해야 했다. 실제로 그는 이성 세계에 그러한 법칙이 있다고 믿었다. 이 법칙은 우리에게 (자연 법칙처럼) 우리가 반드시 해야 할Müssen 것을 말해 주지는 않지만, 우리가 마땅히 해야 할Sollen 것은 말해 준다. 이 〈당위〉는 인간 세계 말고 자연계 어디에도 존재하지 않는다. 내적 당위로서의 그것은 우리 속에 있고, 외적 당위로서의 그것은 사법적 법률의 형태로 명시되어 있다. 당위가 〈있다〉는 것은 칸트에겐 의문의 여지가 없는 사실이다. 인간은 양심의 가책을 느낄 수 있고, 자신이 한 일에 울음을 터뜨리거나 후회할 정도로 절망하는 유일한 동물이다. 그건 자신이 원한 것과 마땅히 해야 할 것 사이의 차이를 자기 속에서 느끼기 때문이다.

스미스도 당연히 그 차이를 안다. 〈공정한 관찰자〉, 즉 우리의 〈초자아〉는 끊임없이 우리가 마땅히 해야 할 일을 깨우쳐 주지 않는가? 그러나 이 관찰자는 우리 교육의 산물일 뿐 칸트의 실천 이성 같은 입법자는 아니다. 스미스의 관찰자는 인과적 연결

고리가 지배하는 감각 세계에서 유래했다면 칸트의 당위 계율, 즉 정언 명령은 감각 세계와는 아무 관련이 없다. 정언 명령은 〈단순한 형식〉일 뿐이고, 그래서 교육과 문화, 기질, 상황으로부터 자유롭다. 그것은 우리 안에서 다음과 같이 말하는 내면의 목소리다. 〈네 의지의 준칙이 언제나 동시에 보편적 입법 원리로 통용될 수 있도록 행동하라.〉[167]

칸트가 특히 중요하게 생각한, 정언 명령에서 도출해 낸 결론이 하나 있다. 타인을 내 목적을 위한 도구로 사용하지 말라는 것이다. 이성을 가진 사람은 누구나 〈내적 가치〉가 있다. 그런 인간은 가격을 매길 수 있는 사물들의 세계가 아니라 가치를 가진 사물들의 세계에 속한다. 칸트는 『도덕 형이상학의 정초』에서 이 〈내적 가치〉를 처음으로 〈존엄〉이라고 칭했다. 존엄을 가진 사람은 〈그 자체가 목적〉으로서, 절대 타인의 목적을 이루기 위한 수단이 되어서는 안 된다. 〈인간 존엄〉의 개념은 칸트의 발명품이 아니다. 이건 앞서 설명한 대로 르네상스 시대에 근대적 사유의 형태로 이루어진 바 있다. 특히 피코 델라 미란돌라에 의해서.

인간이 왜 〈도덕적으로 자율적인〉 존재이고, 〈도구화〉되어서는 안 되는지에 대한 칸트의 설명은 사법 영역과 자유 민주주의 사회의 자기 이해에 아주 인상적인 영향을 끼쳤다. 오늘날 우리가 타인을 존중하고, 모든 사람에게 절대적 생명권이 있고, 만인이 (실질적인 이성적 존재로서건, 아니면 잠재적인 이성적 존재로서건) 동등하다는 것을 자명한 사실로 받아들인다면 그건 무엇보다 칸트에게서 비롯되었다. 왜냐하면 계몽주의 사상가 중에는 인간이 이성적 존재로서 어떤 경우에도 침해받을 수 없는 존재임을 칸트만큼 명확하게 표명한 사람은 없기 때문이다. 게다가 프랑스 혁명가 중에도 많은 사람이 지고의 선을 개인이 아닌 초개인적 보편 이성으로 보았다. 이런 관점에서 보자면 칸트가 주장한 〈인간 존엄〉은 거대한 도덕적 진보였다. 그럼에도 그의 구상은 오늘날의 철학계에서는 비판을 받을 때가 많다. 왜 하필 정체도 확인하기 어려운 이성이 인간에게 가치와 존엄을 부여한단 말인가? 보편적 의식 능력이나 고통을 느끼는 능력을 기준으로 삼는 것도 가능하지 않았을까? 아니, 어떤 면에서 그게 더 낫지 않았을까? 그리 되면 다른 많은 동물들까지 윤리적으로 가치 있는 삶의 클럽으로 들어갈 수 있는 기준이 마련되었을 텐데 말이다.

어쨌든 칸트의 〈인간 존엄〉 구상은 18세기엔 획기적인 진보였다. 그의 정언 명령은 애덤 스미스의 〈공정한 관찰자〉보다 더 구속력이 있고, 정신이 온전한 사람이라면 모두 서명해야 할 엄격한 법칙이었다. 그러나 이런 필연성을 위해 칸트는 비싼 대가를 치른다. 그의 윤리는 행위의 실제 상황을 이루는 온갖 뒤얽힌 현실들을 도외시한다. 또한 〈자유의 제국〉이라는 아주 독특한 영역을 고안해야 할 정도로 도덕성의 기원을 우리의 내면 깊숙한 곳으로 옮겨 놓는다. 물론 칸트는 이 자유의 영역을 자신이 고안한 것이 아니라 우리 안에서 발견했다고 말할 것이다. 그러나 모든 인간이 〈두 세계의 시민〉이라는 사실, 즉 제한적 감각 세계와 자유로운 이성 세계의 시민이라는 사실은 모두를 납득시키지는 못한다. 칸트는 이 대목에서 옛 합리주의적 유산을 끌어들인 게 아닐까? 헤라클레이토스와 플라톤 이후 철학자들은 우리의 감각 세계 저편에서 인간과 우주에 더 높은 의미를 부여하는 순수한 영역을 반복해서 고안해 냈다. 칸트가 인간 정신의 우주에 자율성을 부여하고 〈순수한 도덕 법칙〉, 즉 선의 세계를 우리 안에서 발견한다면 그 역시 그들의 어깨를 타고 올라가 있는 것이다.

선한 원숭이

별이 총총한 밤하늘 아래서 믿음이 깊은 어머니와 함께한 아름다운 시간들! 칸트가 그 엄청난 개념들로 작업한 것은 결국 그 아름다운 시간들의 토대를 세우고자 함이 아니었을까? 그는 밤하늘의 숭고함을 어머니의 순수성과 결합시켜 모든 인간 속에 집어넣은 것이 아닐까? 한마디로 그는 외부 세계의 숭고한 우주로 내부 세계의 숭고한 우주를 만든 것이 아닐까? 어쨌든 앞서 첫 두 문장을 인용한 바 있는 『실천 이성 비판』의 소름 돋치는 결론은 그렇게 읽힌다. 〈깊이 생각하면 생각할수록 감탄과 경외감이 점점 더 새롭게 커져 나가면서 내 마음을 채우는 두 가지가 있다. 내 머리 위의 별이 총총한 하늘과 내 마음속의 도덕 법칙이 그것이다. 나는 이 둘을 어둠 속에 감추어져 있거나 내 시야 밖의 어떤 엄청난 것으로 찾아서는 안 되고, 또 단순히 추측해서도 안 된다. 나는 그것들을 내 눈 바로 앞에서 바라보며 내 실존 의식에 직접 연결시킨다. 첫 번째 것은 내가 외부 감각 세계에서 차지하는 자리에서 시작하고, 내가 속한 연관성을 수많은 세계와 체계들의 가늠할 수 없는 크기로 확장하는 것을 넘어 그 세계와 체계들의 주기적 운동 및 그 시작과 지속의 무한한 시간으로까지 확장한다. 두 번째 것은 보이지 않는 나 자신, 즉 내 인격에서 시작하고, 오직 이성만 느낄 수 있는 진정한 무한의 세계 속에서 나를 드러낸다. 여기서 나는 전자의 경우처럼 나 자신이 이 세계와 단순히 우연적인 관계로 맺어진 것이 아니라 보편적이고 필연적인 관계로 연결되어 있음을 깨닫는다(이를 통해 그 모든 가시적 세계들과도 그런 관계에 들어간다). 동물적 피조물로서 나의 중요성은 우주의 무한한 모습을 처음 보는 순간 무너지고 만다. 결국 나는 (어떻게 그런 일이 일어나는지는 모르겠으나) 내 몸을 이루는 물질에 짧은 시간 생명력이 부여된 뒤 그 물질들을 (우주의 한낱 점에 불과한) 이 행성에 다시 돌려주어야 하는 피조물에 지나지 않는다는 것이다. 반면에 두 번째 것은 인격을 통해 지성적 존재로서의 내 가치를 무한히 고양시킨다. 내 인격 속의 도덕 법칙은 동물성에서 자유로운, 아니 거기서 더 나아가 모든 감성계로부터 자유로운 삶을 내게 드러내 준다.〉[168]

여기서 분명한 것은 칸트가 플라톤의 선한 우주를 내면세계로 갖고 들어와 순수하고 고결한 자유의 제국으로 우리 모두의 마음속에 깊이 심어 놓았다는 사실이다. 세계의 이러한 분리, 즉 감각의 영역과 〈물 자체〉의 자유로운 영역으로의 분리는 칸트 철학에 공격의 빌미를 제공한다. 이미 동시대인들조차 그걸 이해하기 어려워했다. 하지만 최소한 모든 인간이 자기 안에서 양심과 같은 뭔가를 느낀다는 것은 옳지 않을까? 또한 부패하지 않은 한 이 양심이 선을 지향한다는 것도 옳지 않을까?

이것은 오늘날에도 전혀 시의성이 떨어지지 않는 문제다. 프란스 드 발 같은 영장류 연구자는 인간을 〈선한 원숭이〉로 본다. 물론 다른 유인원도 다르지 않다. 영장류는 선천적으로 같은 종족과 잘 지내는 것에 관심이 많다. 후회, 절망, 부끄러움도 전적으로 인간의 것만은 아닌 것처럼 보인다. 독일 행동 연구가 펠릭스 바르네켄과 미국 연구가 마이클 토마셀로(1950~)는 2005년 라이프치히의 막스 플랑크 진화 인류학 연구소에서 일련의 실험을 했는데, 그를 통해 인간이 〈선천적으로〉 얼마나 도덕적 성향을 갖고 있는지 인상적으로 잘 보여 주었다. 예를 들어 누군가 장롱문을 열지 못해 쩔쩔매거나, 펜이나 수세미를 떨어뜨려 도움이 필요할 경우 서너 살 아이도 그걸 보면 시키지 않아도 자발적으로 도와주었다. 그건 침팬지도 마찬가지였다. 어린아이든 침팬지든 그런 행위에 대해 보상을 받는 것도 아니었는데 말이다(재미 있는 것은, 아이들과 침팬지는 그런 도움에 보상을 해주는 순간 그때부터는 보상이 있을 때만 돕는다).[169]

선한 의지 면에서는 인간과 다른 원숭이들 사이에 차이가 없다. 다만 모든 행동에 대해 이유를 찾고, 위기감을 느낄 경우 자신의 행동을 정당화하는 능력 면에서는 차이가 있는 듯하다. 도덕적 행위의 우주는 이유들로 이루어져 있다. 그렇게 본다면 칸트의 말은 분명 옳다. 다만 문제는 그가 이름 붙인 도덕 법칙, 즉 선에 대한 자기 의무가 우리의 일상적 삶에서 어떤 의미를 갖고 있느냐 하는 것이다. 발달 심리학의 관점에서 보면 주로 유년기에 형성된 특성이 우리의 도덕적 행동을 결정한다. 사회 심리학자와 행동 경제학자들의 관점에서는 우리가 어떤 행위를 할지 결정하는 것은 대개 사회적 관계다. 사회적 동물로서의 우리는 타인들과 전반적으로 같이 움직이려는 경향이 강하다. 반면에 주류 대열에서 이탈하는 것은 싫어한다. 방금 내가 한 행동이 본래는 도덕적 신념에 어긋나더라도 말이다.

칸트도 이 모든 걸 부정하지는 않을 것이다. 현실 삶을 조금만 들여다보아도 대부분의 인간이 〈의무〉가 아닌 〈욕망〉에 따라 행동한다는 사실을 그 역시 분명히 알 수 있었을 테니까 말이다. 『실천 이성 비판』 제2부 〈변증법〉 편에서 칸트는 감각적 욕망과 도덕적 의무의 일상적 모순을 상세히 다룬다. 욕망은 결코 도덕적 행동으로 이어지지 않지만, 우리의 의무감은 어쨌든 욕망에 영향을 주고 욕망을 제어할 수 있다. 비슷한 차원에서 플라톤은 우리의 영혼을 마부가 팽팽하게 고삐를 쥐고 끌어야 하는 〈영혼 마차〉에 비유했다. 그런데 칸트는 자신이 자주 비판하곤 했던 행복을 결국엔 이런 식으로 윤리학에 교묘하게 끼워 넣었다. 인간은 행복이 아니라 선을 추구해야 하지만, 선한 삶은 어쨌든 인간을 〈행복할 만한 가치가 있는 존재〉로 만든다는 것이다. 그렇다면

(행운이 좀 따를 경우) 행복이 찾아올지 누가 알겠는가! 그것도 비도덕적으로 살 때보다는 분명 더 일찍.

여기서 칸트가 이해하는 행복은 일차적으로 고통의 회피이지, 쾌락의 획득이 아니다. 스토아학파와 고대의 다른 많은 철학자들도 그와 다르게 보지 않았다. 하지만 칸트 윤리학을 건조하고 시대에 뒤떨어지게 보이게 하는 것이 바로 그런 냉정함이 아닐까? 젊은 사람들이 볼 때 그건 삭막하고 매력적으로 느껴지지 않는다. 칸트 윤리학은 진짜 젖 대신 분유를 주는 것이 아닐까? 무알콜 맥주를 내주면서 마시고 행복에 취하라고 하는 것이 아닐까? 최소한 칸트에게는 샹송 가수 에디트 피아프가 했던 다음 말이 적용되는 듯하다. 〈아무 재미없이 사는 게 도덕이야!〉

칸트 자신이 그렇게 살았다. 마치 자신의 철학에 좋은 본보기를 남기기 위해 그렇게 살기라도 한 것처럼. 그의 삶에서 비열한 행동이나 증오, 욕정, 비이성적인 결정에 대한 이야기는 알려진 것이 하나도 없다. 대신 그는 자신의 준칙에 충실하게 살았다. 그런데 이건 반대로도 생각해 볼 수 있다. 그러니까 칸트는 원래 욕망대로 살 수 있는 사람이 아니고 욕망을 억누르며 사는 게 더 쉬운 사람이기에 그런 자신을 기준으로 삼을 수 있지 않았을까? 그가 설명한 이성과 그가 자기 속에서 느낀 선에 대한 절대적 의지는 무엇보다 그 자신의 인격에서 나왔다. 칸트가 혹시 아스퍼거 증후군을 앓았을지도 모른다는 주장이 수십 년 전부터 계속 제기되고 있다. 타인의 감정을 해석하고 이해하는 데 어려움을 겪는 가벼운 자폐증이다. 이런 증상이 있는 사람들은 자신이 감정적으로 이해하지 못하는 것들을 합리적으로 해석해 내는데, 그때 논리학과 구조 면에서 고도의 지적 능력을 수반하는 경우가 많다. 동시대인들의 보고에 따르면 칸트는 실제로 지극히 일정한 패턴에 따라 살았다고 한다. 주변 사람들이 가끔 그런 그를 희화화할 정도로 말이다. 하지만 밥을 먹으면서 농담과 유머로 사람들을 즐겁게 해주었다는 것을 보면 아스퍼거 증후군과는 상관없어 보이기도 한다.

그런데 칸트 본인은 아스퍼거 증후군이 아니었다고 하더라도 아스퍼거 증후군처럼 행동하는 사람들을 위한 윤리학을 정립한 것이 아니었을까? 그건 자신의 감정을 억누르면서 우리 내면의 논리적 법칙에 귀를 기울이는 윤리학이자, 상황에 따라 행동이 바뀌는 삶이 아닌 가능한 한 준칙을 지키는 삶의 윤리학이자, 모든 도덕적 상황에서 즉흥성을 억누르고 항상 이성적인 행동을 지향하는 윤리학이자, 어떤 경우에도 당위를 욕망 위에다 두는 윤리학이다. 그렇다면 이 윤리학은 고통 회피의 규칙에 불과한가, 아니면 정말로 보편타당하고 필연적인 법칙인가?

칸트 윤리학의 학문성에 대한 논의는 오늘날에도 진행 중이다. 다만 칸트 윤리학이 철학 자체에 막대한 영향을 끼쳤고, 20세기에도 주요 도덕 철학적 이론 체계들에 영감을 불어넣은 건 의심할 바 없다. 물론 다른 한편으론 비판적 반론도 없지 않다. 하만부터 이미 『도덕 형이상학의 정초』를 읽고 고개를 절레절레 저었다. 인간에 대한 규정을 담은, 실제로는 존재하지도 않는 허깨비를 칸트가 또 지어 냈다는 것이다. 〈이번에는 핵심이 순수 이성이 아니라 선한 의지라는 또 다른 망상과 우상이다.〉[170] 칸트에게 경탄해 마지않았던 프리드리히 실러(1759~1805)도 인간의 성향을 도덕적 의무감과 대립시킨 칸트의 엄격함에는 공감할 수 없었다. 그냥 그러는 게 좋아서 도덕적 의무를 다하는 성향도 있지 않을까? 자신의 의무를 다하는 것도 우리 마음의 성향 중 하나가 아닐까? 요약하자면, 욕망과 이성이라는 두 세계의 철학적 구분은 심리적으로 납득이 안 되는데도 옳다고 할 수 있을까?

신의 합목적적 세계

칸트는 자신이 한 중요한 문제를 미제로 남긴 것을 안다. 즉, 감정은 어떤 역할을 하는가? 감성과 오성이 우리의 일상적 판단에서 협력하고 있다면 그건 모든 경우에 둘이 함께한다는 뜻이나 다름없다. 우리는 늘 도덕 외적인 의미에서 무언가가 좋거나 나쁘다고 판단한다. 이때 기준이 되는 것은 〈쾌감〉 또는 〈불쾌감〉의 유발 여부다. 이처럼 내가 체험하는 것은 좋고 편안하고 질서 정연하거나, 아니면 고통스럽고 신경에 거슬리고 거추장스럽고 당혹스럽고 화나거나, 둘 중 하나다.

그 이유는 무엇이고, 우리 판단의 배후에는 어떤 합법칙성이 깔려 있을까? 이에 대한 답이 세 번째 〈비판서〉인 『판단력 비판*Kritik der Urteilskraft*』이다. 이 책은 다른 두 비판서의 간극을 메꾸어야 했다. 칸트는 〈판단〉이 무엇인지 이미 『순수 이성 비판』에서 설명했다. 판단은 내가 감각적으로 체험한 것을 오성의 도움으로 개념화한 것이다. 이런 의미에서 칸트는 이렇게 정의한다. 〈판단력이란 (……) 특수성을 일반성 아래에 넣고 생각하는 능력이다.〉[171] 판단하는 사람은 체험한 것을 기존 개념들을 이용해 분류하고, 자신의 세계를 분류하도록 도와주는 규칙, 또는 원리나 법칙을 찾는다. 칸트에 따르면 인간은 이 과정을 아주 만족스럽게 경험한다. 감각적인 체험에 대한 적절한 가공이 이루어질 때 인간의 규정적 판단력은 목표에 이른다.

그렇다면 그건 어떻게 가능할까? 우리의 오성이 세계를 파악하는 것은 어떻게 가능할까? 칸트의 대답은 퍽 당혹스럽다. 세계가 이미 우리가 파악해야 할 목적으로 존재하기 때문에 가능하다는 것이다. 자연 곳곳에서 오성은 〈합목적성〉을 깨닫는다. 즉, 자연에는 오성이 파악하고 이해할 수 있는 합목적적 구조들이 널려 있다는 것이다. 이건 자연 과학적으로 사유하는 사람에게는 칸트의 세 번째 무리수로 비친다. 첫 번째 무리수는 시간과 공간이 오직 인간의 의식 속에서만 존재한다는 것이었고, 두 번째는 우리 오성이 자연에 법칙을 정해 준다는 것이었다. 그러다 이제 세 번째가 나타났다. 자연은 인간이 파악할 수 있도록 원래 합목적으로 존재한다는 것이다.

이 모든 것은 칸트의 관점에서 생각할 때만 이해가 된다. 그는 자연 〈그 자체〉가 어떠한지 묻지 않는다. 자연 자체는 우리가 알 수 있는 것이 아니다. 대신 그의 물음은 이런 뜻이다. 자연은 우리의 의식에 어떻게 드러나는가? 우리는 자연을 어떻게 체험하는가? 아무리 냉철한 계산가나 아무리 정밀한 자연 연구자라도 자기 의식의 그 세계에서 벗어나지는 못한다. 아무리 세계에 대해 객관적 인식을 추구하고, 자신이 측정한 것을 객관적 인식으로 여기더라도 말이다. 칸트가 자연을 〈합목적적〉이라고 부른 것은 자연이 〈그 자체〉로 무언가에 합목적적이라는 뜻이 아니다. 자연은 분명 그렇지 않다. 그가 말한 뜻은 우리 의식이 자연을 〈합목적적〉이라고 떠올릴 수밖에 없다는 것이다. 자연이 합목적적이 아니라면 우리는 하루 종일 아무것도 이해하지 못한 채 과도한 요구와 혼란, 불쾌감의 상태에 빠져 있을 것이기 때문이다.

이런 이유에서 우리는 자연을 합목적적인 것으로 간주한다. 그것도 자연이 정말 실제로 그런 것처럼 간주한다. 우리는 자연을 규정적 판단력으로 파악하고, 그로써 세상을 잘 헤쳐 나간다. 우리가 체험한 것에 적당한 개념을 찾지 못하는 경우는 드물다. 그러면 우리의 판단력은 감각적 체험과 파악 사이를 이리저리 오간다. 이 경우 우리의 판단력은 대부분 규정적이 아니라 반성적이다.

반성적 판단력을 사용하는 전형적인 경우가 미의 경험이

다. 이 부분에 대해서는 나중에 상세히 다룰 기회가 있을 것이다. 또 다른 전형적인 경우는 우리가 자연 만물에 마치 하나의 목적이나 의미가 있는 것처럼 자연을 바라볼 때이다. 인간은 자신이 경험하는 것을 더 큰 의미 연관에 집어넣는 경향이 있다. 모든 것은 하나의 목표나 의미가 있어야 한다는 것이다. 칸트가 『순수 이성 비판』에서 썼듯이 우리 이성은 절대적인 것을 추구한다. 감각적인 세계는 곳곳이 원인과 결과로 이루어진 데 반해 이성의 세계는 전혀 그렇지 않다. 우리가 세계에 하나의 목적을 상정하고 의미와 목표를 부여한다면 그건 마치 세계에 진짜 그런 하나의 목적이 있는 것처럼 생각하는 것뿐이다. 하지만 사실 그것은 우리의 추구이자, 이성이 우리에게 강요하는 무언가 〈규범적 이념〉에 지나지 않는다.

우리의 이성이 원래 그렇게 생겨 먹었기 때문에 자연은 우리에게 합목적적으로 보인다. 특히 살아 있는 자연은 유일한 의미 연관이다. 식물과 동물을 학문적으로 관찰할 때 우리는 하나의 합목적적인 전체를 떠올린다. 라이프니츠도 비슷한 식으로 자연을 최상의 상태로 인식하고 묘사했다. 그러나 칸트에게 계획적이고 목표지향적인 것은 신의 작품이 아니라 우리 이성이 자연을 이해하기 위해 자연에 투영한 욕구다. 우리는 자연에서 목적을 인식하는 것이 아니라 자연에 마치 하나의 목적이 있는 것처럼 판단할 뿐이다. 세계를 이해하고자 하는 자연 과학자는 세계에 뭔가 이해할 만한 것이 있다고 가정한다. 그는 세계가 합리적으로 조직되어 있다고 믿는다. 그러나 그건 인간의 욕구를 자연에 전이한 것이다. 라이프니츠 같은 사람이 온 세상을 창조하고 합리적인 질서를 부과한 존재를 떠올린 것은 이상한 일이 아니다. 우리 이성은 원래 그런 절대적으로 필연적인 존재를 생각할 수밖에 없다. 비록 그 존재를 결코 인식하거나 증명하지 못하더라도 말이다.

그렇다면 칸트에게 신은 이성적 욕구에서 비롯된 존재이자, 없어서는 안 될 필수 불가결한 이념이다. 이런 생각은 기독교의 전통적 입장에서 봤을 때 그렇게 신을 경외하는 태도가 아니었다. 1790년 『판단력 비판』이 출간되었을 때 칸트는 이 책으로 자신이 어려운 처지에 빠질 수 있음을 알았다. 1786년 프리드리히 대왕의 죽음과 함께 프로이센의 분위기는 확 바뀌었다. 후계자 프리드리히 빌헬름 2세는 종교적인 성향이 강한 인물들에게 휘둘리는 유약한 군주였다. 왕은 칸트를 높이 평가했다. 심지어 쾨니히스베르크에서 대관식을 치를 정도였다. 그러나 이제 정신적인 자유의 시대는 끝났다. 국가는 두 개의 〈검열 칙령〉을 선포하고는 국가의 종교 정책에 일치하지 않는 모든 출판물을 의심의 눈초리로 감시했다.

칸트는 자신의 방식으로 대응했다. 나이는 예순일곱이었고, 독일에서는 이미 유명 인사였다. 1791년 그는 『베를린 월간지』에 종교를 비판하는 논문을 발표했다. 제목은 『변신론의 모든 철학적 시도의 실패에 대하여*Über das Misslingen aller philosophischen Versuche in der Theodizee*』였다. 그는 성경 인물인 욥의 예를 통해 모든 종교성은 깊은 도덕성에 근거한다는 점을 명확히 했다. 그러니까 종교가 인간을 도덕적으로 만드는 것이 아니라 도덕적인 인간이 내면의 확신을 종교로 표현한다는 것이다. 결국 모든 종교적 확신보다 더 중요한 것은 〈선한 품행〉이고, 나머지는 모두 장식물에 불과하다.

이어 두 번째 에세이 『인간 본성의 근본악*Über das radikal Böse in der menschlichen Natur*』이 발표되었다. 이 글은 기독교의 〈원죄〉 문제를 깊이 다루는데, 여기엔 칸트의 새로운 생각이 담겨 있었다. 지금껏 칸트는 인간을 저급한 충동과 순수 이성 사이에서 이리저리 헤매는 존재로 보면서 욕망만 따르는 인간은 나쁘고, 이성을 따르는 인간은 선하다고 생각했다. 그런데 새 논문에서는 인간이 아무리 심사숙고해도 악을 행할 수 있다는 점을 인정했다. 그렇다면 선과 악은 단순히 의지박약의 문제만이 아니다. 왜냐하면 도덕적으로 어떤 존재가 될지는 인간 스스로 만들어 나가는 것이기 때문이다. 따라서 이성은 더 이상 무조건 선하지 않다. 또한 인간이 선하거나 악하게 행동하는 것만 갖고는, 얼마나 깊이 생각해서 그런 행동을 했는지는 드러나지 않는다.

칸트의 다음 글은 『베를린 월간지』에 실리지 않았다. 검열 당국도 이제는 쾨니히스베르크의 이 자유사상가에게 신물이 난 것이다. 그러나 칸트는 우회로를 찾았다. 그 글을 작센 지방에서 소책자의 형태로 출간한 것이다. 『단순한 이성의 한계 내에서의 종교*Die Religion innerhalb der Grenzen der Bloßen Vernunft*』가 그것이다. 1793/1794년의 이 기획은 도발이었다. 사람들이 지금까지 신학에서 알고 있던 관계들을 칸트가 간단히 뒤집어 버렸기 때문이다. 이제는 성서가 아니라 『실천 이성 비판』이 권위다. 성서도 그 책을 기준으로 평가되어야 한다. 그 책에 맞거나 일치될 수 있으면 좋고 올바르고, 그렇지 않으면 나쁘고 틀렸다. 성서에서 〈원죄〉라고 불리는 것도 스스로 악을 결정할 수 있는 인간의 자유다. 기독교인들이 〈구원〉이라고 하는 것은 악덕에 대한 미덕의 승리를 가리킨다. 그렇다면 교회는 무엇일까? 미덕의 의무를 가진 인간들의 단체에 다름 아니다. 진정한 교회는 성전이나 제도가 아니라 〈눈에 보이지 않는다〉. 예배 의식은? 도덕적 삶에 도움이 될 경우에만 좋고 올바르다. 중요한 건 오로지 도덕적 삶이기 때문이다. 〈인간이 신의 마음에 들기 위해 선한 품행 외에 더 할 게 있다고 생각하는 것이 있다면 그건 모두 단순한 종교적 망상이자 신에 대한 사이비 예배다.〉

그렇다. 중요한 건 오직 선한 삶이다. 아우구스티누스가 4세기와 5세기에 영국인 펠라기우스의 추종자들을 박해하고 살해한 것도 바로 이 견해 때문이었다. 신교도인 프로이센 검열 당국도 가만있지 않았다. 뜻을 굽힐 생각이 없던 칸트가 1794년 그 월간지에 「만물의 종말Das Ende aller Dinge」를 발표하는 순간 당국과 철학자 사이에 우호적인 관계는 완전히 절단 나버렸다. 칸트는 이 에세이에서 교회와 종교의 이름으로 사람들에게 벌을 줄 수 있다고 착각하는 모두 이들을 공격했다. 특히 그런 일을 실행하는 자는(칸트가 지목한 이는 베를린 검열 당국이다) 〈반(反)그리스도〉 시대를 준비하는 인간들이라고 몰아붙였다. 왕도 더는 참지 못하고 칸트에게 이제부터 종교에 관한 그 어떤 말도 하지 말 것을 명했다. 탄핵당한 자는 격분했지만 금지 조처를 지키는 쪽을 택했다. 자신이 해야 할 말은 이미 충분히, 그리고 명확히 다 했기 때문이다.

영원한 평화

프로이센 검열 당국의 눈에 칸트는 자기가 무슨 짓을 하고 있는지도 분명히 모르는 고집불통 늙은이였다. 왕실과 조정이 너무 지나친 자유사상가적 입장에 알레르기 반응을 보이는 데는 이유가 있었다. 프로이센은 1792년부터 프랑스와 전쟁 중에 있었다. 유럽의 구세력들은 프랑스 혁명과 함께 세상에 불어 닥친 새 시대의 바람을 차단하고자 했다. 칸트가 『판단력 비판』을 집필하는 동안 프랑스에서는 〈제3신분〉인 시민 계급이 국민 의회를 소집했고, 대중은 바스티유 국가 감옥을 습격했으며, 〈자연적이고 양도될 수 없고 성스러운〉 인권과 시민권이 만천하에 공포되었다.

혁명의 진앙에서 멀리 떨어진 쾨니히스베르크에서도 혁명을 위해 와인 잔을 드는 사람이 있었다. 논리학과 형이상학을 담당하는 프로이센의 교수 이마누엘 칸트였다. 그는 파리에서 새로운 소식이 들려오길 초조하게 기다렸고, 함께 식사를 하는 동료들 앞에서 혁명에 열광했다. 〈그는 사람들과 있는 자리에서는 거의 매번 화제를 그 사건으로, 아니면 최소한 정치 이야기로 돌릴 정도로 그 위대한 사건에 온 마음을 빼앗겼다.〉[172] 『판단력 비판』의 한 주석에서 칸트는 〈한 위대한 민족이 국가를 완전히 개조하려는 새로운 기도〉[173]로서의 그 혁명을 자연에 비유했다. 우리의 이성이 살아 있는 자연을 생각할 때 오직 〈목적〉으로만 떠올릴 수밖에 없듯이 프랑스 혁명도 사회의 모든 구성원을 수단이 아닌 목적으로 삼는다는 것이다. 물론 칸트의 열광적인 비교는 하나의 비유일 뿐이다. 왜냐하면 인간 사회는 우리가 자연을 상대로 가정하는 것만큼 결코 그렇게 목적에 따라 움직이는 것이 아니기 때문이다. 칸트는 자연에서 인간 공동생활의 게임 규칙을 읽어내는 사회 생물학자가 아니었다. 하지만 그로서도 엄밀하게 보면 전혀 어울리지 않은 지점에서 혁명에 대한 감격을 터뜨릴 수밖에 없었다.

친구들의 눈에 이제 칸트는 예전의 칸트가 아니었다. 자코뱅당의 테러와 그칠 줄 모르는 단두대 형도 그에겐 과도기 현상이나 안타까운 부수적 피해로 비쳤을 뿐이다. 파리에서 들려오는 어떤 나쁜 소식도 그를 제정신으로 돌려놓지 못했다. 전에는 본데없다는 이유로 대중을 〈생각 없는 거대 무리〉라 부르며 믿지 않았다면 이제는 하만이 예전에 자신에 대해 비판했던 논거를 들이댔다. 자유가 우선이고, 이성은 그다음이다! 〈자유로워지기 전에는 이성이 성숙할 수 없기 때문이다(자신의 이성적 힘을 자유 속에서 합목적적으로 사용할 수 있으려면 자유로워야만 한다는 것

이다).〉[174]

칸트는 『실천 이성 비판』과 함께 지금껏 철학이 도덕과 사회에 대해 진술할 수 있는 영역의 경계를 그었다. 그런 사람이 이제 프랑스 혁명에 고무되어 적극적인 도덕론에 착수했다. 우리는 미덕과 법에 대해 무엇을 말할 수 있는가? 인간과 국가를 위한 이성적인 입법은 무엇인가? 도덕적인 삶이란 세부적으로 들어가면 어떤 것인가? 칸트의 『도덕 형이상학*Metaphysik der Sitten*』은 『실천 이성 비판』보다 훨씬 방대하고 실용적이다. 거기서는 일상적 정치적 삶의 모든 도덕적 물음이 논의되고, 이성적 척도에 따라 결정된다.

1795년 칸트는 국가법에 관한 여러 연구 중에서 짧은 논문 한 편을 추려 따로 발표했다. 그게 바로 베스트셀러가 된 『영원한 평화를 위한 철학적 구상*Zum ewigen Frieden. Ein philosophischer Entwurf*』이다. 제목부터 칸트에게 어울리지 않게 유머가 넘친다. 그는 공동묘지 맞은편의 한 음식점 이름에서 이 제목을 따왔는데, 인류의 오랜 꿈인 〈영원한 평화〉는 원래 죽은 뒤에나 가능하기 때문이다. 그럼에도 칸트는 우리 인류가 그 이상에 다가가려면 인간으로서 할 수 있는 것을 다해야 한다고 말한다. 그러다 글의 내용이 확 바뀐다. 갑자기 〈예비 조항〉과 〈확정 조항〉으로 세분화된 조약이 우리 눈앞에 나타난다. 세계의 여러 민족들이 장차 서로를 존중하며 살아갈 토대가 되어 줄 하나의 공통된 국제 헌법이 제시된 것이다.

인류의 입법자로서 철학자! 칸트 속에서 드디어 플라톤 정신이 깨어났다. 그로써 그는 더 이상 〈비판〉에 머물지 않고, 명확하고 직접적이고 이성적인 지침을 제시한다. 최고 목표는 항구적 평화 보장이다. 평화 조약을 체결할 때는 어느 나라도 미래의 전쟁을 염두에 두어서는 안 되고, 국경을 변경할 마음을 품어서도 안 되고, 또 상비군을 계속 유지하거나 다른 나라의 일에 개입할 생각을 해서도 안 된다. 〈현실 정치적〉 수단으로서의 전쟁은 완전히 퇴출되어야 한다. 칸트는 이런 평화적 정치 지형을 최소한 유럽에서만이라도 영원히 변치 않는 것으로 못 박아 두고 싶어 했다. 물론 국경과 영토 문제에서만. 왜냐하면 그의 〈확정 조항〉에는 유럽의 모든 군주들이 무척 당혹스러워할 요구들이 제시되어 있었기 때문이다. 다시 말해, 받아들일 수 있는 유일한 이성적 국가 형태는 시민 공화국이라는 것이다. 이유는 아주 간단하다. 군인을 비롯해 전쟁의 고통을 직접 겪어야 할 모든 당사자들에게 전쟁 결정에 관한 투표를 맡기면 언제나 평화 쪽으로 결론이 날 수밖에 없다는 것이다(오늘날에도 전쟁을 일으킨 모든 지도자를 무조건 최전선으로 내보내는 규정이 있다면 똑같은 결론이 날 것이다). 칸트는 자신이 생각하는, 자유 국가들로 이루어진 연방제가 무엇인지 정의 내렸고, 그와 함께 세계사에 관한 연구에서 이미 언급한 바 있던 〈세계 시민권〉을 반복했다. 거기엔 세계 어떤 나라도 다른 나라를 침략해서 식민지로 만들 권리가 없다는 점도 포함되어 있었다. 사람들은 칸트가 다른 글들에서 〈아프리카 흑인〉들에 대한 당시의 편견과 선입견을 믿고 받아들였다고 비난하지만, 다른 한편으로 그가 〈흑인 나라들과 향신료의 섬들, 희망봉 등등〉이 유럽 식민주의자들의 공격으로부터 보호되길 바란 것도 사실이다.

18세기 말에 그런 생각은 지극히 진보적이었고, 그중에는 지금도 사람들이 소망하는 것들이 많다. 『도덕 형이상학』의 〈법 이론〉도 굉장히 현대적이다. 칸트는 법을 〈한 사람의 자의(恣意)가 자유의 보편 법칙에 따라 타인의 자의와 통합될 수 있는 조건들의 총합〉[175]으로 정의했다. 칸트가 볼 때 국가는 법에 의해 유지된다. 모든 시민의 평등과 자유를 보장하는 것은 몽테스키외가 제시한 권력 분립이고, 국가 간의 관계를 보장하는 것은 『영원한 평화』에서 제시한 국제법이다. 국제법은 〈동업 조합(또는 연방)〉의 의미에서 세워진 〈국제 연합체〉를 통해 지켜지고 감시되어야 한다.

법 이론이 사회와 국가를 위한 것이라면 개인들을 위한 것은 〈미덕 이론〉이다. 미덕 이론은 모든 인간이 자기 자신과 타인들에게 져야 할 의무를 다룬다. 동물적 존재로서 인간에겐 자기 보존의 의무가 있고, 도덕적 존재로서의 인간에겐 자기 존중의 의무가 있다. 도덕적 인간은 진리를 따르고, 양심에 반하는 행동을 하지 않으며, 세상에 대한 인식과 자신에 대한 인식을 추구한다. 칸트가 『실천 이성 비판』에서 구상한 것이 여기서 세부적으로 그려진다. 타인과의 관계에서는 선의, 관심, 감사, 사랑의 의무가 있다. 존중의 의무는 타인을 목적으로 보는 것이 아니라 『도덕 형이상학의 정초』에서 제시된 타인의 〈존엄〉을 존중하는 것이다. 유감스럽게도 칸트는 이런 의무들을 인간에게만 한정했다. 동물에 대해서는 그런 의무가 없고, 오직 〈인간 자신에 대한 의무〉[176]만 존재한다는 것이다. 원칙적으로 인간은 동물을 자기 마음대로 다루어도 된다. 다만 자기 존중을 잃고 잔인해지지 않으려면 〈동물들을 배려해서〉 너무 거칠게만 다루지 말아야 한다.

〈정해진 건 아무것도 없다〉

『도덕 형이상학』은 칸트의 마지막 방대한 저서다. 그가 계획한 건 이전과는 완전히 다른 것이었다. 1770년대의 오랜 성숙기를 거치면서 노년의 계획은 점점 거대해졌다. 늙은 칸트에게 세 권의 비판서는 세상의 모든 고딕식 대성당을 압도할 만큼 웅장한 어떤 사유 체계의 기초 공사로밖에 보이지 않았다. 그는 중앙 회랑의 천장을 점점 높였고, 그와 함께 건축 설계도의 부피는 점점 늘어났다. 친구들에게는 자신의 대표작이 곧 나올 거라고 말했다. 형이상학과 물리학, 그러니까 칸트가 흄을 만난 이후 엄격하게 분리했던 두 세계를 융합하는 책이었다. 칸트는 자유로운 내부 세계와 인과적인 외부 세계 사이에 하나의 〈통로〉가 있을 거라고 생각했다. 이성이 자신의 행위로 세계 속에서 실현된다면 그건 자유에서 인과율의 세계로 미끄러져 들어갔다는 것이다. 두 세계가 생각 속에서는 아무리 분리되더라도 현실에서는 그렇게 연결되어 있는 게 분명하다.

이 웅장한 프로젝트는 지금까지 칸트의 사유에는 전혀 어울리지 않는 것처럼 보였다. 그의 철학에서는 그런 〈통로〉가 완전히 배제되어 있었기 때문이다. 그런 칸트가 늙어 가면서 바뀌기 시작했다. 이제 이성은 매력이 없어졌다. 대신 육체적인 것에 점점 관심이 끌렸다. 그는 베스트셀러 의학서인 『인간 생명을 연장하는 기술*Die Kunst das menschliche Leben zu verlängern*』에 깊은 감명을 받았다. 저자는 대인 관계를 아주 잘하는 바이마르 궁정 의사 크리스토프 빌헬름 후펠란트(1762~1836)였다. 칸트는 이 사람이 어찌나 마음에 들던지, 자신의 건강 원칙과 섭생 습관을 꼼꼼히 적은 자료까지 보내며 출간을 권하기도 했다. 칸트가 특히 가깝게 느낀 것은 후펠란트의 〈생명력〉 개념이었다. 쾨니히스베르크의 이 노인은 젊은 시절에 같은 문제를 다룬 자신의 책이 떠올랐다. 그런데 후펠란트도 50년 전의 그 자신처럼 간접 정황만 갖고 〈생명력〉을 탐지할 뿐 설명에까지 이르지는 못했다. 두 사람에게 생명력은 에너지를 머금은 전지와 비슷했다. 올바르게 산다는 것은 에너지를 절약하고 불필요하게 낭비하지 않는 것을 의미했다. 도덕적으로 살면서 자기 자신과 아무 마찰이 없는 사람은 위선자와 사기꾼보다 에너지 자원을 덜 소비했다. 전지에 에너지를 다시 채우는 것도 좋고 건강하다. 예를 들어 새를 돌본다든지 하는 취미 활동이 그런 역할을 하는데, 그중에서도 가장 좋은 것은 바로 철학하기다!

칸트는 이런 삶의 지혜들 가운데 많은 것을 20년 동안 학생들에게 가르쳤고, 그렇게 가르친 내용을 1798년 『실용적 관점의 인간학*Anthropologie in pragmatischer Hinsicht*』으로 발표했다. 동시대인들이 〈인간학〉을 자연 존재로서의 인간에 관한 학문, 그러니까 자연사, 의학, 〈심리학〉 정도로 이해했다면 칸트는 오직 〈자유롭게 행동하는 존재로서의 인간이 자기 자신으로 무엇을 만들어 내는지, 또는 무엇을 만들어 낼 수 있거나 만들어 내야 하는지〉[177]에만 관심을 보였다. 인간은 어떤 방법으로 자기 자신을 연마할 수 있고, 연마해야 할까? 이에 대한 칸트의 답은 새로운 구석이 없다. 자신의 이성을 사용하면서 가능한 한 감각적 충동과 욕망에 굴복하지 말아야 한다는 것이다. 인생이란 시종일관 〈이성의 타자〉, 그러니까 뜨거운 욕망과의 끊임없는 투쟁이다. 왜냐하면 감각적 즐거움은 〈노동 뒤의 휴식〉을 제외하면 항상 역겨움을 동반하기 때문이다. 칸트가 남들의 입에서 나온 이야기로만 알고 있던 결혼에 관한 견해도 가슴에 별로 와 닿지 않는다. 그의 관념 속 결혼에는 남자를 지배하려는 여자와 지배당하길 원하고 그로써 자유를 잃어버린 남자만 존재한다. 요즘 말로 꼰대 같은 어투로 늘어놓는, 학문과 선입견이 뒤섞인 그의 결혼관은 동시대인들에게도 불쾌감을 자아냈다. 괴테는 이 책에서 그나마 견딜 만한 부분은 〈아주 소량〉이라고 말했다. 〈전체적으로 보면 불쾌하기 짝이 없다. 이런 관점에서 보면 그 인간은 병리학적 상태에 있다. 그 노신사가 자기 입으로 장담한 것처럼 인간은 예순 살 전에는 이성적이 될 수 없다면 그 외 나머지 시간은 결국 바보의 삶

이었다고 스스로 고백하는 것이 되는데, 이는 아주 고약한 농담이다.〉[178]

후펠란트와 달리 칸트는 노년에도 모든 힘을 아껴야 하는 건 아니라고 확신했다. 최소한 정신적인 힘만큼은 말이다. 이런 입장에 맞게 그는 스스로 대표작이라고 선언한 작품 집필에 매진했다. 한 작업 메모지에는 〈신, 세계, 그리고 자신의 의무를 다하는 인간〉을 다루는 책이라고 적혀 있었다. 그러나 그가 원했던 〈자연 과학의 형이상학적 토대에서 물리학으로 넘어가는 통로〉, 즉 초월적인 것에서 현실적인 것으로 넘어가는 다리를 만드는 데는 실패했다. 시간이 갈수록 두통은 잦아졌고, 몸은 쉬이 지치고 무기력해졌다. 칸트는 생각의 기원으로서의 자아와 우리가 〈나〉라고 표상하는 자아를 구분했다. 우리가 우리 자신에게 〈나〉라고 말한다면 그건 우리의 초월적 자아가 인격적 자아를 만들어 낸 것이다. 달리 표현하자면, 우리의 자아에 대한 모든 표상은 내 자아에 대한 나의 표상이다. 인격으로서의 〈나〉(내가 나라고 여기는 것)는 다른 표상들과 함께 신과 사물의 세계 사이 어딘가에 자리한 하나의 표상이다. 초월 철학은 이런 〈가장 높은 관점〉에서부터 하나의 거대한 체계가 되어야 했다. 그런데 예전과는 달리 칸트는 이 체계에 자연 과학적 토대도 구축하고 싶었다. 자신의 세계와 자신의 자아를 만드는 그 〈나〉는 무엇인가? 그건 어떤 물질로 이루어져 있을까? 독일과 프랑스 자연 연구자들이 〈생물학〉이라는 말을 서서히 주조해 낸 것과 같은 시기에 칸트는 우리의 생각과 표상 세계를 물리적으로 구성하는 〈원소〉나 〈열 물질〉을 탐색했다.

칸트가 의학 문헌에서 생각의 질료를 찾는 동안 정작 생각은 서서히 그를 떠나고 있었다. 생명력의 전지가 방전되면서 늙은 남자는 해골처럼 말라붙었고, 가끔 던지는 유머만이 그가 아직 살아 있음을 확인시켜 주었다. 그는 후펠란트에게 이렇게 썼다. 〈늙었다는 건 큰 죄악입니다. 그 대가로 우린 가차 없이 죽음의 벌을 받으니까요.〉[179] 머리가 맑은 순간은 점점 드물어졌고, 노인성 치매는 칸트의 똑똑한 뇌를 갉아먹었다. 미래에 기대하는 게 뭐냐는 물음에 그는 많은 의미를 담은 말을 내뱉었다. 〈정해진 건 아무것도 없어.〉 1804년 2월 마침내 생명력이 그를 떠났다. 의사로선 〈그의 죽음이 실재〉임을 확인해 주는 것밖에 달리 할 일이 없었다.

최고의 관점

울름에서 취리히로 / 칸트에게 던진 질문 / 자아와 비아 / 모든 분야의 전문가

분위기는 목가적이었다. 성 베드로 교회의 커다란 시계탑에서 멀지 않은, 리마트 강 왼편의 교회 농장은 취리히 구시가지의 한적한 곳에 위치해 있었다. 베드로 교회의 목사로서 이 농장의 주인인 요한 카스파르 라바터(1741~1801)는 사람의 인상을 보고 성격을 읽는 것으로 유명한 인물이었는데, 그런 사람이 큰 눈과 매부리코에다 옹이처럼 둥근 턱을 가진, 에너지 넘치는 한 작센 남자에게 공개 강연의 기회를 제공했다. 이렇게 해서 1793/1794년 겨울 요한 고틀리프 피히테(1762~1814)는 라바터의 살림집에서 처음으로 자신의 철학을 이루는 기본 사상을 공개적으로 펼쳐 보였다. 얼마나 상세히 설명했는지는 친구들에 대한 피히테의 묘사에서 알 수 있는데, 그의 손자는 사람들이 자신에게 들려준 것을 이렇게 기억한다. 〈그가 당시 철학의 최고 원리에 대해 명상과도 같이 오랫동안 사색하고 있을 즈음 어느 겨울날 따뜻한 난롯가에서 불현듯 엄습한 명징함으로, 순수한 주관-객관성의 개념인 자아만이 최고의 원리일 수 있다는 생각에 사로잡혔다.〉[180]

이 장면은 낯설지 않다. 〈철학의 최고 원리〉를 겨울철 난롯가에서, 모든 것이 결국 〈나〉에게서 비롯되었다는 결론과 함께 〈불현듯 엄습한 명징함〉으로 깨달았다고? 피히테가 무슨 18세기의 데카르트라도 된다는 말인가? 철학의 최고 원리에 가깝게 다가섰던 칸트를 포함해 수 세대의 철학자들이 밝혀내지 못한 그 원리를 찾아냈단 말인가? 울름에서 시작된 일이 취리히에서 완성되었단 말인가? 라바터의 거실에 선 그 남자는 정말 그렇게 믿었다. 그리고 자신이 칸트 자신보다 칸트를 더 잘 이해하고 있다고 생각했다. 이제 철학에 엄격한 학문으로서의 길이 활짝 열렸다. 초월철학은 개혁되었고, 약점은 제거되었으며, 철학의 최고 원리는 처음으로 명확하게 인식되었다. 그 원리는 〈나〉였다. 데카르트에게서 자명한 지성으로 타올랐다가 이제 피히테에 의해 참된 지위, 즉 전체 세계의 입법자로서의 지위를 부여받은 그 자아였다.

서양사에서 피히테의 〈자아〉는 사실 데카르트에서 프로이트를 거쳐 현대 신경 생물학으로 이어지는 기나긴 여정에서 하나의 중간 정거장이자 격정적인 막간극에 지나지 않는다. 하지만 자부심으로 끓어오르던 서른한 살의 그 철학자에게 자아는 모든 철학의 절정이자 종착점이었다.

피히테는 대체 어떤 인물일까? 칸트에 대한 그의 비판에서 타당한 근거는 무엇인가? 최고 원리로서 그의 〈자아〉는 무엇을 의미하는가? 피히테는 그 시대의 몇 안 되는 철학자 중의 한 사람으로서 아주 궁핍한 환경에서 태어났는데, 루소보다도 가난했다고 한다. 그는 오버라우지츠 지방의 라메나우에서 일곱 형제자매 틈바구니에서 자랐다. 여덟 살 때 목사의 주일 설교를 줄줄 외움으로써 비상한 머리를 타고났음을 일찍부터 인정받았다. 이후 한 귀족의 후원으로 학교에 들어갔고, 나중에는 예나 대학에서 신학을 공부할 수 있었다. 하지만 주변의 더없이 높았던 기대는 충족되지 않았다. 젊은 피히테는 대학을 그만두고 가정 교사를 전전했다. 취리히에서 만난 약혼녀는 피히테가 라이프치히에서 칸트 저술을 연구하던 2년 동안 아무 소식을 듣지 못했다. 하지만 불안했던 그의 정신은 그 무렵 〈지극히 행복한 나날〉을 보내고 있었다. 피히테는 자신의 눈에 타락하고 악하게 비치는 이 사회를 개혁할 토대를 칸트에게서 발견했다. 그의 직업적 목표는 확고했다. 철학자가 되는 것이었다. 그는 칸트 철학에서 불분명한 것들을 걷어 내고, 칸트를 좀 더 쉽게 표현함으로써 그 철학을 좀 더 대중적으로 만들고자 했다. 그는 다시 약혼녀에게 편지를 보냈고, 자신이 칸트에게 푹 빠졌음을 이야기했다. 그가 쾨니히스베르크의 철학자에게 특히 매료된 두 가지 견해가 있었다. 하나는 의지는 자유롭다는 것이고, 다른 하나는 삶에서 중요한 건 최대치의 행복이 아니라 행복할 가치가 있음을 입증해야 한다는 것이었다.

이제 남은 건 존경하는 칸트를 되도록 빨리 만나는 일이었다. 1791년 7월 피히테는 마침내 쾨니히스베르크에 도착해서 칸트를 찾아갔다. 그런데 칸트와의 대화는 계획한 것처럼 흘러가지 않았다. 두 사람의 기질은 극단적으로 달랐고, 피히테는 자신이 철학자임을 증명할 만한 것이 전혀 없었다. 그는 즉시 집필에 착수했다. 그렇게 해서 몇 주 만에 탄생한 것이 『모든 계시에 대한 비판적 시도*Versuch einer Kritik aller Offenbarung*』였다. 프로이센에서 문화 전쟁이 한창이던 시절에 나온 종교 비판서였다. 피히테는 칸트가 종교에 대해 생각하는 것을 가감 없이 그대로 이야기했다. 신에게 하나의 의미가 있다면 그건 세계 인식을 위해서가 아니라 오직 윤리학을 위해서이다. 사람들이 〈계시〉라고 하는 것도 신이 우리 속 도덕 법칙의 입법자로 현시하는 것일 뿐이다. 다른 의미의 모든 계시, 예를 들어 계시로 인해 진리로 향하는 직접적인 통로가 열렸다는 주장은 피히테에겐 헛소리나 다름없었다. 그건 도덕이 아닌 종교 자체에 복무하는 온갖 종류의 독단적 교리나 계율도 마찬가지였다.

이 저술의 의도는 적중했다. 쾨니히스베르크의 노신사는 감탄했고, 책의 익명 출간을 도왔다. 대신 학자금을 지원해 달라는 피히테의 요구는 인색한 칸트답게 거절했다. 어쨌든 책은 성공했다. 많은 사람들이 그것을 칸트의 작품으로 생각했기 때문이다. 곳곳에서 이 책에 대한 논의가 활발히 이루어졌다. 부당하게 갈채를 받은 칸트가 결국 진짜 저자를 밝히자 피히테의 이름은 한순간에 사람들의 입에 오르내리기 시작했다. 피히테는 기회를 놓치지 않고 재빨리 다른 책을 들이밀었다. 이번에는 그를 열광의 도가니에 빠뜨린 프랑스 혁명에 관한 것이었다. 프랑스 혁명과 관한 한 그의 생각은 칸트를 훨씬 능가했다. 늙은 대가도 혁명에 깊은 감동을 받았지만, 평가하는 철학자의 입장에서는 대체로 혁명이 아닌 개혁의 길을 지지했다. 반면에 피히테는 라인강 저편에서 일어나는 현실의 전복 사태에 감격했다. 시민권과 〈시민계약〉 같은 이념에도 열광했다. 그럼에도 오늘날의 많은 역사가들은 이 책을 다루기 주저한다. 또 다른 형태의 나쁜 반유대주의적 선동이 담겨 있기 때문이다. 그런데 피히테의 괴팍스러운 감정과 사유에서 비롯된 유일한 모순은 그것만이 아니었다.

칸트에게 던진 질문

18세기의 말 모든 독일 철학은 칸트의 어깨 위에 올라타 있었다. 한 세대 젊은 철학자들은 하나같이 칸트를 연구했고, 그중 일부는 가끔 저 하늘 높은 곳까지 비상하기도 했다. 독일인의 관점에서 보면, 바로 이 시절이 고대 아테네 이후 철학이 두 번째로 맞는 최고의 전성기였다. 물론 영미 철학자들은 대체로 다르게 생각한다. 칸트를 흄과 비슷한 반열에 올려놓기는 하지만, 칸트 이후의 독일 관념론에 대해선 근거 없는 사변의 덤불로 이루어진 미로로 평가할 때가 많다.

어쨌든 피히테만 그런 비판을 받은 것은 아니었다. 그는 다른 젊은 사상가들과 마찬가지로 철학을 학문으로 완성하는 것을 자신의 사명으로 여겼다. 피히테 세대는 칸트가 시작한 것을 몇 가지 필요한 수정과 개조를 거쳐 완성하고자 했다. 그리고 그에 대한 보상이 철학의 완성된 학문 체계일 거라고 생각했다.

칸트 후계자들은 어떤 공사판을 벌렸을까? 먼저 그들의 눈에 못마땅하게 비친 것은 칸트가 사유 체계에서 세계를 둘로 나누었다는 것이다. 하나는 입장이 불가능한 자연의 세계이고, 다른 하나는 인간 의식의 세계였다. 둘 사이엔 다리가 없었다. 자연에서 일어나는 일(물리적 힘의 작용과 생물학 법칙들)과 인간이 경험하는 것(문화와 역사)은 서로 연결되지 않은 채 나란히 존재했다. 두 세계의 통일은 의식 속에서만 일어날 뿐 의식과 세계 사이에는 존재하지 않았다. 앞서 언급했듯이 칸트 본인도 노년에는 그 사실을 뼈아프게 인지했다. 그러나 모든 것을 결합시키겠다고 호언했던 그의 대표작은 제대로 꼴도 갖추지 못한 채 수북한 낱장과 메모지의 형태로만 남고 말았다.

칸트를 향한 두 번째 비판은 감정에 관한 것이었다. 그의 사유 체계에서 감정은 오직 부정적인 색깔로만 덧씌워져 있었다. 격정과 욕망은 고통만 만들어 내기 때문에 극복되어야 할 대상이라는 것이다. 감각적 격정과 순수한 이성을 명확하게 분리하는 것이 과연 올바를까? 그전에 하만부터 이미, 칸트가 언어의 역할을 제대로 이해하지 못했다고 비판하지 않았던가! 하만에게 언어는 칸트와는 달리 오성의 삭막한 수단이 아니라 삶의 감성적 표현이었다. 순수한 사유가 언어를 규정하는 것이 아니라 반대로 감성적 언어가 우리의 생각을 규정할 수도 있지 않을까?

하만의 반론은 상당히 획기적인 것으로서 오늘날 칸트에 대한 가장 중요한 비판으로 여겨진다. 칸트의 제자로서 동프로이센의 시인이자 문화철학자였던 요한 고트프리트 헤르더(1744~1803)도 사유의 핵심에 순수 이성이 아니라 언어가 있다고 보았다. 칸트가 〈이성〉이라고 부른 것은 인간이 경험에서 배워서 언어로 형태화한 것일 뿐이다. 이때 인간은 항상 감정 세계에 구속되어 있다. 왜냐하면 헤르더가 볼 때 느낌이 빠진 순수한 사유, 감성이 없는 이성은 터무니없는 것이기 때문이다. 인간을 이해하고자 한다면 이성의 문법을 찾는 게 아니라 인간 문화사의 흐름 속에서 언어와 사유를 연구해야 한다. 헤르더는 1784년부터 1791년까지 발표한 『인류사의 철학에 관한 이념*Ideen zur Philosophie der Geschichte der Menschheit*』에서 인간의 다양한 생활 방식과 표현 형식을 조명했다. 그 역시 레싱과 마찬가지로 이성을 통한 인류의 점진적 발전을 믿었다. 그러나 그에게 이성은 순수한 것이 아니라 사회적 갈등과 학습 경험의 산물이었다.

순수 이성과 실천 이성에 대한 칸트의 구상은 살얼음판이나 다름없었다. 그것을 납득하지 못하는 동시대인들이 많았다. 이성 개념의 불모성에 대한 실러의 비판은 이미 언급한 바 있다. 의무와 성향, 도덕과 욕망이 왜 대립 쌍이어야 하는가? 〈아름다운 영혼〉은 도덕적인 사람이 되려고 열정적으로 노력하지 않던가? 선에 대한 그런 격정도 선한 것이 아니던가? 우리를 더 나은 쪽으로 이끄는 것이 항상 이성의 건조한 명령이어야만 하는가? 가슴의 뜨거운 소망일 수는 없는가?

실러의 비판은 깊은 상처를 건드렸다. 칸트에게는 의무와 성향의 대립만 있었기 때문이다. 그의 전체 철학은 무수한 대립 쌍들로 이루어져 있었다. 순수 이성과 실천 이성(이 둘은 판단력으로 서로 결합된다), 감성과 오성, 경험적인 것과 순수한 것, 질료와 형식, 현상으로서의 사물과 〈물 자체〉, 선험적인 것과 후험적인 것 등등. 칸트의 전체 세계는 대립되는 항목들을 왼쪽과 오른쪽 서랍에 따로 챙겨 넣은 서랍장이나 다름없다. 하지만 항상 어디서나 이원론이 통용된다고 누가 말할 수 있는가? 왜 항상 두 개만 가능하고, 세 가지, 네 가지, 다섯 가지 가능성은 없는가? 세계는 정말 대립 쌍들로 이루어져 있는가? 아니면 그건 칸트의 망상일까? 그도 아니라면, 이 대립 쌍들의 체계 속에 최소한 전체 질서를 파악할 수 있는 확고한 지점이 어딘가에 있는 건 아닐까?

최고의 원칙으로서 하나의 출발점을 찾으려는 바로 그런 시도가 칸트의 후계자들을 사로잡은 최대의 유혹이었다. 이들은 거기서부터 일목요연하지 않은 칸트 체계를 새로 구축하고자 했다. 오스트리아 철학자 카를 레온하르트 라인홀트(1757~1823)가 먼저 치고 나왔다. 그는 1786년부터 잡지 『독일의 메르쿠어*Der Teutsche Merkur*』에 발표한 『칸트 철학에 관한 편지들*Briefen über die Kantische philosophie*』에서 칸트를 좀 더 대중적으로 만들고자 했다. 그가 볼 때 칸트의 사유에는 사회를 더 나은 쪽으로 교육시키는 데 필요한 모든 것이 담겨 있었다. 그에 맞게 라인홀트는 〈사고방식의 혁명〉을 요구했다. 그를 위해선 언어의 불순물을 제거해야 했고, 칸트의 사고는 좀 더 쉽게 표현되어야 했다. 그것이 어떻게 가능한지를 라인홀트는 『철학적 앎의 토대*Über das Fundament des philosophischen Wissens*』(1791)에서 설명했다. 칸트가 펼쳐 보인 것들 중에는 엄격한 논리의 결과물이 아닌 것이 많았다. 질료와 형식 같은 일부 대립 쌍은 이상한 느낌이 들 정도로 불명확해 보였다. 또한 칸트 철학을 도표 형태로 그려 보면 개별 부분들이 서로 얼마나 연결되지 않는지 곧바로 알 수 있었다. 칸트 자신도 그것을 알고 있었다. 그렇다면 초월 철학의 최고점에서 계획된 말년의 주저가 그 틈을 메꾸어야 하지 않을까?

라인홀트는 1791년 칸트 철학을 확실한 기반 위에 새로 세우고 그 기반에서 빈틈없는 체계를 도출할 것을 요구할 무렵, 칸트가 말년의 저서에서 계획하고 있던 것을 아직 전혀 모르고 있었다. 게다가 그 요구와 함께 자신이 칸트 철학의 가장 똑똑한 비판가를 무대 안으로 불러 낸 것도 몰랐다. 칸트 체계는 도저히 수리가 불가능할 정도로 심각한 오류를 갖고 있다고 생각한 그 비판가의 이름은 고틀리프 에른스트 슐체(1761~1833)였다.

헬름슈테트의 이 젊은 교수는 1792년 긴 제목의 책을 썼다.

『아이네시데모스, 또는 예나의 라인홀트 교수가 제시한 원리 철학의 토대 및 비판적 이성의 월권에 대한 회의론 옹호*Aenesidemus oder über die Fundament der von dem Herrn Professor Reinhold in Jena gelieferten Elementar-Philosophie. Nebst einer Vertheidigung des Skeptizismus gegen die Anmassungen der Vernunftkritik*』가 그것이었다. 슐체는 묻는다. 이론적 실천적 이성이 속해 있는 〈심정(心情)〉은 원래 어떤 것일까? 내면 깊숙한 곳의 이 진기한 영역은 이상할 정도로 불분명하다. 〈물 자체〉처럼 무언가 절대적인 것일까? 그렇게 가정할 수도 있지만, 슐체가 확신조로 명확히 설명하는 것처럼 〈물 자체〉는 결코 존재하지 않는다. (흄과 마찬가지로) 칸트도 인과율이란 현상들의 감각적 세계에만 존재한다고 하지 않았던가? 그렇다면 사물들이 내게 감각적으로 나타난다는 사실에서 어떻게 사물 〈그 자체〉가 내 경험 세계 너머에 존재한다고 인과적으로 추론할 수 있을까? 칸트가 볼 때, 〈물 자체〉의 세계에는 인과율이 없다. 시간도 공간도 없다. 그렇다면 나는 어떻게 〈물 자체〉가 원인이고, 내게 나타나는 현상 세계는 내 의식에 미친 〈물 자체〉의 결과라고 인과적으로 추론할 수 있을까?

칸트의 도덕 철학은 〈물 자체〉의 세계, 즉 자유의 제국이 존재한다는 사실에서 출발했다. 칸트가 오로지 인과율의 세계만 인정하고 의지와 도덕의 자유는 도외시한 흄을 반박한 것도 바로 그 가정에 따라서였다. 그러나 슐체가 볼 때 〈필연적〉 인식과 〈필연적〉 요청으로 이루어진 칸트의 전체 구조는 자기모순 때문에 무너져 내렸다. 자유의 제국을 인과적으로 도출한 그 모순 말이다. 인과적으로 도출된 것은 그 도출로 인해 결코 절대적인 것이 되지 못하고, 거기에 제한될 수밖에 없다. 제한되지 않고 절대적인 건 사변뿐인데, 칸트는 바로 그 사변을 극복하고자 했다. 슐체가 보기에 칸트 철학은 바로 이 부분에서 실패했다. 이제 철학은 편한 마음으로 흄의 회의론으로 돌아가도 된다. 도덕을 말하는 사람은 경험론적 심리학을 기반으로 해야지 더는 〈내적 법칙〉이니 〈필연성〉이니 하는 것들의 판타지에 함몰되어서는 안 된다.

슐체의 비판은 칸트 철학의 심장부를 명중했다. 이제부터 초월 철학을 구하려는 사람은 슐체에 반박해야 했다. 아니면 앞으로는 〈물 자체〉 없이 어떻게 헤쳐 나가야 할지 고민해야 했다. 이 제안을 한 사람은 뒤셀도르프의 철학자 프리드리히 하인리히 야코비(1743~1819)였다. 그것도 슐체 이전인 1787년에. 그런데 펨펠포르트의 농장에 거주하던 이 재야 학자는 본인이 직접 그 길을 걷지는 않았다. 그는 1785년 스피노자에 관한 얇은 비판서를 한 권 썼다. 스피노자의 〈범신론적〉 신이 그에게 너무 합리적이고 너무 작위적이고 너무 왜소하게 느껴졌던 것이다. 이 책은 격한 찬반 논쟁을 불러일으켰는데, 칸트와 괴테, 멘델스존을 비롯해 많은 젊은 철학자들이 이 논쟁에 뛰어들었다. 덕분에 스피노자의 이름은 갑자기 사람들의 입에 오르내리게 되었다. 야코비가 의도한 것이 그것이었다.

야코비가 2년 뒤 〈물 자체〉를 포기하라고 제안했을 때 다시 한번 똑같은 일이 그에게 일어났다. 자신이 조롱조로 불러냈던 그 유령들이 더 이상 통제되지 않았던 것이다. 사실 야코비 자신은 외부 세계의 객관성을 부정할 수 없는 것으로 여기고 있었다. 그것은 직관적으로 분명하기 때문이다. 하지만 칸트의 체계에 계속 머물려면 〈물 자체〉를 포기할 수밖에 없었다. 이런 의미에서 야코비는 칸트 지지자들에게 〈지금껏 배운 것들 중에서 가장 강력한 관념론을 주장하고, 사변적 이기주의라는 비난에도 전혀 두려워하지 말 것〉[181]을 요구했다. 〈물 자체〉를 포기한 사람은 불가피하게 버클리와 같은 입장에 이르게 되기 때문이다. 즉, 모든 것은 주관적이고, (어쩌면 신만 제외하고) 더 이상 객관적인 것은 없다는 것이다. 야코비가 볼 때 이는 〈부조리함의 나라〉로 떠나는 소풍이지만, 사실 〈독일 관념론〉은 여기서부터 제대로 꽃을 피우기 시작했다. 그런 관념론자들 중 첫 번째 인물이 피히테였다!

자아와 비아

피히테는 슐체의 책을 읽고 충격에 빠졌다. 그의 비판이 전적으로 타당했기 때문이다. 이제 〈칸트에 대한 의심〉이 스멀스멀 기어올랐다. 지금껏 그렇게 존경해 마지않던 인물이었는데 말이다! 그럼에도 초월 철학의 진리는 계속 믿었다. 물론 그의 말마따나 칸트를 〈다시 새롭게 구축하는 것〉[182]은 불가피한 일이었다. 그러려면 〈물 자체〉 없이 꾸려 나가야 했다. 왜냐하면 〈모든 사물이 표상 능력과는 무관하게 그 자체로 현존하고, 확고한 성질을 갖고 있을 거라는 생각은 망상이자 꿈이자 비(非)생각이기 때문이다.〉[183]

새로운 단초는 라바터의 거실에서 생겨났다. 피히테가 자신의 철학으로 선택한 제목은 불분명하고 삭막하게 들렸다. 칸트가 초월 철학이라고 불렀던 것을 피히테는 지식학이라고 부른 것이다. 의미는 다를 게 하나도 없었다. 다른 모든 학문에 기초를 제공하는 엄격한 학문성의 철학이었으니까 말이다. 칸트에게든 피히테에게든 철학은 학문에 관한 학문이었다. 수학자가 방정식을 세우고, 물리학자가 측정을 시작하고, 화학자가 실험에 나서기 전까지 그들에게 원칙적으로 통용되는 것은 지식학이 인식한 내용들이다. 지식학은 우리가 무언가를 어떤 방식으로 경험하고 인식할지 말해 준다. 또한 인간 인식의 조건과 가능성, 한계를 적시한다. 아리스토텔레스가 〈제1철학〉에서, 데카르트가 『성찰』에서 했던 것과 다르지 않은 시도다.

피히테의 야망은 최소한 칸트의 야망과 동등했다. 그는 스스로를 철학의 완성자로 보았다. 그런데 이 작업을 철저하게 다듬어 나갈 시간이 부족했다. 그는 1794년 봄 취리히에서 서둘러 예나로 떠났다. 예나 대학에서 교수직을 제안한 것이다. 마다할 이유가 없었다. 그런데 학위가 없었기에 거기서 급히 석사 학위를 땄다. 그의 지식학은 서서히 모습을 드러냈고, 피히테는 편집되지 않은 텍스트를 학생들에게 한 장 한 장 나누어 주었다. 그렇게 몇 년 동안 초안 상태의 원고는 반복해서 수정되고, 목차가 달라지고, 표현이 바뀌었다. 권위와 자의식으로 충만한 지식학은 이제 탄생 과정에 있었다.

피히테의 출발점을 이해하기 위해서는 1937년에야 출간된 1797년도의 강의록에서 시작하는 것이 가장 좋다. 어떤 철학사에도 빠져서는 안 되는 피히테만의 인상적인 명제들이 그 안에 담겨 있기 때문이다. 그럼에도 동시대인이나 후대인들에게는 거의 알려지지 않은 명제들이다. 피히테는 이 세상엔 두 개의 확고한 철학 체계, 즉 〈독단론Dogmatismus〉과 〈관념론Idealismus〉만 존재한다고 생각했다. 독단론은 〈물 자체〉에서 체계를 시작한다. 우리가 경험을 할 수 있는 건 〈물 자체〉가 우리의 감각을 자극하고, 그로써 경험과 인식 과정을 유발하기 때문이라는 것이다. 파르메니데스와 어쩌면 회의론자들을 제외하면 대부분의 고대 철학자들은 그렇게 보았다. 피히테가 볼 때 독단론의 전형은 스피노자였다. 독단론자들은 하나의 세계가 존재한다는 데서 출발하면서 우리가 그 세계를 어떻게 충분히 파악할 수 있는지 묻는다. 오늘날의 자연 과학자들은 거의 모두 고개를 끄덕거릴 만한 내용이다.

독단론의 반대는 〈관념론〉이다. 관념론자는 어떤 것이건 인간과 무관한 세계는 인정하지 않는다. 내가 세계에 대해 아는 것은 모두 하나의 자아가 세계에 대해 아는 것이다. 따라서 내 경험의 원천은 〈물 자체〉로서의 외부 세계가 아니라 나 자신이다. 설령 내가 세계의 사물들이 인간의 지각과는 무관하게 존재한다고 주장하더라도 그 역시 내 의식 속의 주장일 뿐이다. 이는 이미 우리가 버클리를 통해 알고 있는 논증이다.

둘 중 어느 입장이 논리적으로 올바르고 철학적으로 일관될까? 피히테는 처음엔 이 물음에 호기로운 모습을 보였다. 〈어떤 철학을 선택할지는 당사자가 어떤 인간이냐에 따라 좌우된다. 왜냐하면 하나의 철학 체계는 기분 내키는 대로 치우거나 들여 놓을 수 있는 죽은 가재도구가 아니라 거기엔 인간의 영혼이 깃들어 있기 때문이다.〉[184] 그런데 피히테의 이런 느긋함은 꾸민 것일 뿐이었다. 실제로는 〈관념론〉의 손을 들어 주어야 한다고 명확하게 생각하고 있었다. 〈독단론은 자신이 설명해야 하는 것을 설명하는 데 전적으로 무능하고, 바로 이 점 때문에 별로 쓸데가 없다.〉[185] 슐체가 설득력 있게 설명한 것처럼, 모든 경험과 무관한 〈물 자체〉의 외부 세계는 결코 우리 의식에 영향을 미칠 수 없다. 우리 의식 속에 있는 것은 항상 의식의 질료이다. 그중 어떤 것도 그 자체로 존재하는 것은 없고 모두 우리 속에 있다. 그렇다면 독단론자들은 세계 속에 인간의 의식과 무관하게 〈그 자체〉로 존재하는 것이 있다는 기본 전제부터 잘못되었다.

라인홀트와 마찬가지로 피히테도 모든 철학은 하나의 최고 원리에서 시작되어야 한다고 확신했다. 그래야만 엄격한 학문이 될 수 있었기 때문이다. 〈물 자체〉에 대한 비판에서 비롯된 이 최고 원리는 세계 안이 아니라 오직 우리 의식 속에 있다. 그것이 바로 〈자아〉다. 내가 경험하고 인식하는 모든 것은 내 자아가 경험하고 인식하는 것이다. 자아 밖의 세계는 없다. 어떤 것도 〈그 자체〉로 존재하지 않는다. 모든 것은 자아 속에 있다. 심지어 내가 나 자신과 구분하는 것들, 예를 들어 나무와 소리와 다른 인간들까지도 내 자아 속에 있다.

그렇다면 〈자아〉란 무엇일까? 모든 인간이 각각 다른 〈자아〉를 갖고 있는 것은 아닐까? 그렇기도 하고, 아니기도 하다. 피히테의 대답이다. 경험적으로 볼 때 모든 인간은 어느 정도 차이가 있고, 생각도 다르다. 하지만 하나의 〈자아〉를 갖고 있다는 점에서는 모두 똑같다. 피히테가 계속 언급하는 것은 바로 이 보편적이고 초개인적인 자아다. 초개인적 지성으로서 그의 〈자아〉는 헤라클레이토스와 플라톤으로까지 거슬러 올라가는 철학적 전통의 최신 버전이다. 즉 로고스, 이지적인 것, 이성, 또는 피히테의 〈자아〉가 일종의 세계 지성으로서 존재한다는 표상이 그것이다. 피히테의 〈자아〉는 개별 인간보다 훨씬 크다. 〈(인격에서) 영원한 것은 (……) 이성뿐이고, 개성은 끊임없이 소멸된다.〉[186] 피히테가 〈자아〉라고 하는 것은 경험적 자아가 아니다. 그러니까 삼십 대 초반의 〈피히테〉라고 불리는 인간을 가리키는 것이 아니라는 말이다. 그것은 모든 상황이나 특수성과는 무관하게 자기 자신에게 〈나〉라고 말할 수 있는 그런 자아다. 다시 말해, 경험을 가능하게 하는 조건으로서의 자기 자신에 대해 알고 있는 절대적 존재다.

세계 이성으로서의 이런 〈자아 성격〉은 오늘날 대부분의 사람들에겐 의심스럽게 비친다. 심지어 독일 철학자 디터 헨리히(1927~)가 이끄는 현재의 〈하이델베르크 학파〉처럼 여전히 피히테에 뿌리를 두고 있는 사람들조차 이성을 초현실적 힘으로 여기지 않는다. 피히테는 거의 멸종된 구상을 여기서 대변한 게 분명하다. 이해되지 않는 무언가를 실제로 존재하는 실체로 설명하는 그 구상 말이다. 이 생각은 철학에서 전반적으로 사라졌다. 순수한 이성은 더 이상 존재하지 않는다. 그래서 오늘날 우리는 수학적 합리성과 개인적 지성은 언급하지만 그런 이성에 대해서는 말하지 않는다. 그럼에도 피히테의 사고 과정은 따라가 볼 만한 가치가 있다. 일반 보편적 자아를 세계 속의 실체가 아닌 철학적 심리학적 과정으로 여길 경우 그의 사고 과정도 꽤나 명확하게 밝혀지기 때문이다.

피히테에게 〈자아〉는 데카르트와 비슷하게 모든 앎의 토대다. 또한 데카르트처럼 이 〈자아〉에서 그 밖의 모든 것을 엄격한 논리성으로 끌어내어 반박할 수 없는 체계를 만들고자 한다. 이 체계는 매우 역동적이다. 칸트의 경우는 사물들이 우리의 의식 속에 잘 분류되어 있다는 인상을 강하게 풍겼다면 피히테의 경우는 우리의 모든 인식 능력을 포함해서 세계는 활동을 통해 비로소 생겨난다. 〈자아〉는 실행이다. 피히테 이전의 철학자들 치고 그만큼 일관되게, 모든 존재가 하나의 활동이라고 주장한 사람은 없었다. 무언가를 하는 것이 존재하는 것이다To do is to be! 〈행위는 존재에서 나오지 않는다. (……) 오히려 존재가 행위에서 나온다.〉[187] 훗날 20세기에 장 폴 사르트르가 실존주의 철학으로 이 인상적인 모델을 다시 받아들여 발전시켜 나갈 것이다. 중요한 건 행위다. 내가 무언가를 한다는 것은 부정할 수 없는 유일한 철학적 확실성이기 때문이다.

피히테에 따르면 나는 무언가를 하면서 자유를 만들어 낸다. 자유는 칸트의 경우처럼 내가 〈물 자체〉의 영역에서 발견하는 것이 아니라 내 의식의 힘에서 생겨나는 것이다. 피히테가 볼 때 〈자아〉가 모든 인간 속에서 행하는 일은 동일하기 때문이다. 즉, 체험 주체로서의 자아를 그것이 체험하는 객체와 구분한다. 피히테의 표현에 따르자면 자아는 〈비아(非我)〉인 모든 것과 스스로를 구분한다. 자아는 비아를 〈정립한다.〉 건강한 이성을 가진 사람이라면 누구나 이런 구분을 한다. 그것도 쉴 새 없이. 우리는 매 순간 주체로서의 우리를 객체와 구분하고, 이 객체를 다시 주체로서의 우리와 구분해 나간다. 우리는 이런 〈상호 규정〉을 끊임없이 수행한다. 〈자아〉는 오직 행위 속에서만, 그러니까 〈비아〉의 지속적인 정립 속에서만 자기를 경험하고 주변을 구축한다.

우리 의식은 자신의 게임 규칙에 따라 세계를 만들어 낸다. 이런 생각은 철학적으로 흥미진진하고, 오늘날 이른바 구성주의에도 영감을 불어넣는다. 모든 세계는 의식의 질료다! 피히테는 이 지점에서부터 인간의 전 인식 기관을 파헤치고 싶어 한다. 물론 물질적 원인들을 찾는 생물학자로서가 아니라 전제 조건과 이유, 필연적 가정, 도출 같은 관념적 원인을 밝히는 관념론자로서. 우리 뇌의 〈체계〉는 신경 경로들로 구성되어 있지만, 우리 의식의 체계는 논리적이고 필연적인 결합들로 이루어져 있다. 〈나는 자의식의 지적인 직관 없이는 한 걸음도 떼지 못하고, 손과 발을 움직이지 못한다.〉[188] 〈자아〉가 스스로를 〈비아〉와 구분할 수 있는 건 〈상상력〉이 있기 때문이다. 우리의 세계를 만들어 내는 건 칸트가 생각한 것처럼 감수성이 아니라 상상력이다. 상상력은 우리 안에 〈떠다닌다.〉 〈자아〉와 〈비아〉 사이를 이리저리 떠다니며 우리의 세계를 빚어낸다. 상상력은 〈떠다니면서, 그리고 떠다님을 통해서〉[189] 우리의 관념 세계를 만들어 낸다.

안타깝게도 떠다니는 상상력은 전능하지 않다. 우리가 떠올리는 모든 것은 〈관념〉, 즉 오성에 의해 〈고정된〉 세계의 단면일 뿐이다. 칸트와 마찬가지로 피히테에게도 공간과 시간은 관념에 속한다. 그것들 없이는 우리는 사물들을 나란히, 차례로 구분할 수 없기 때문이다. 공간과 시간은 우리의 세계를 자유롭게 배치하고 형상화하고 조망할 수 있게 한다. 우리는 공간과 시간 속에 있는 것이 아니라 우리가 그것들을 만들어 낸다. 다만 그때 우리가 완전히 자유롭지는 않다는 것은 피히테도 인정할 수밖에 없다. 우리가 우리 자신과 구분하는 〈비아〉가 우리의 자유를 제한하기 때문이다. 공간과 시간을 비롯해서 세계 속 많은 사물이 우리의 추구에 경계를 정한다. 전능하게 정립하는 우리의 〈자아들〉에도 불구하고 우리의 구체적 주관성은 실천적 자아 속에서 항상 상대적으로만 발현된다. 우리의 일상 삶은 정립하는 〈자아〉가 아닌 정립된 〈자아들〉의 한계 속에서 일어난다. 정립하는 자아는 일상생활이 아닌 철학적 반성 속에서만 의식되는 것이기 때문이다.

관념론자 피히테가 실천적 자아의 묘사에 사용한 개념들은 다분히 생물학적 냄새를 풍긴다. 우리의 자아는 지속적으로 자유로운 발전을 〈추구〉하고, 〈감정〉에 의해 규정되고, 〈충동〉도 갖고 있다는 식이다(여기서 충동은 라인홀트에게서 차용한 개념이다). 피히테에게는 〈정언 명령〉조차 하나의 〈충동〉이다. 인간에게 당연히 존재하는 내향의 도덕적 욕구라는 말이다. 칸트가 도덕적 암실(暗室)에 넣어 둔 감정과 충동은 피히테가 볼 때 분리할 수도 극복할 수도 없는 인간 주관성의 일부다. 〈욕망에서 벗어나려는 것은 의식에서 벗어나려는 것이나 다름없다.〉[190] 이는 여전히 유효한 말이다. 감정적 동인이 없다면 우리의 지성은 무엇을 해야 할지 모르기 때문이다. 피히테가 볼 때 느끼고 생각하고 행동하는 것은 모두 〈정립〉, 즉 활동이다. 그것도 세계 내에서의 실용적 활동이다. 우리는 항상 의도와 목적에 따라 움직인다. 우리가 의자를 〈의자〉로서 우리와 구분한다면 그건 우리가 의자로서의 그 물건에 관심이 있기 때문이다. 그건 동사나 형용사에 대해서도 마찬가지고, 구름이나 새처럼 비실용적인 사물에 대해서도 마찬가지다. 어떤 사물에 맞는 단어를 찾아낸다는 것은 목적(〈의미〉라는 뜻에서)을 언어화한다는 것을 의미한다.

모든 분야의 전문가

이것은 대체 어떤 종류의 철학인가? 피히테는 스피노자와 비교될 때가 많다. 비록 동프로이센의 이 관념론자가 암스테르담의 그 렌즈 연마공을 자신과 반대편에 서 있는 〈독단론자〉로 간주했음에도 말이다. 둘 사이의 공통점은 정말 깜짝 놀랄 정도다. 두 사람은 세계를 하나의 최고 원리에서부터 설명한다. 또한 둘 다 〈일원론자〉다. 의식과 세계를 하나로 보는 것이다. 다만 스피노자는 세계를, 피히테는 의식을 본래적인 것으로 보았다. 그 밖에 스피노자는 세계가 물리적 힘들에 의해 결정된다고 생각한 반면에 피히테는 생물학적 형성 충동을 내세운다.

전 세계를 〈자아〉에서부터 설명하려는 피히테의 원대한 계획은 끝까지 완성되지는 않았다. 그는 자신의 지식학을 평생에 걸쳐 수정하고 또 수정했다. 도덕론이나 자연법 같은 특정 분야는 별개의 저술에서 따로 설명했다. 스피노자나 칸트와 마찬가지로 피히테에게도 일차적으로 중요한 것은 도덕이었다. 철학은 도덕성 교육이고, 학자는 〈자기 시대에서 도덕적으로 가장 훌륭한 사람〉이자 〈진리의 사제〉여야 했다.[191]

이 얼마나 엄청난 요구인가! 이론적으로 무리하게 들리는 것은 실제 삶에서는 더더욱 과도한 요구일 수밖에 없다. 그러나 피히테의 생각은 다르다. 선하고 올바른 삶은 전혀 어렵지 않다는 것이다. 격정과 이성이 영구적인 갈등상태에서 싸우고 있다고 보지 않았기 때문이다. 이 둘은 서로 잘 이해하면서 같은 방향으로 나아간다. 우리의 모든 추구는 자유로 향해 있다. 자유로운 삶은 정언 명령에 의거해 도덕적 규칙을 명심하고 타인을 자기 자신처럼 존중할 때만 가능하다. 피히테는 이론적 이성을 실천적 이성의 일부로 보았기 때문에 굳이 둘 사이에 다리를 놓을 필요가 없다. 순수 이성과 실천 의지는 중개가 필요 없다는 것이다. 피히테는 칸트처럼 의지를 이성 밑에 복속시키는 어떤 〈준칙〉도 세우지 않는다. 그의 도덕성은 〈자아성〉 자체에 있었다. 또한 칸트처럼 도덕성을 가능하게 하려고 접근이 불가능한 외부 세계에 〈자유의 제국〉을 설정할 필요도 없다. 자기 자신과 자신의 자유를 올바르게 이해하는 사람은 필히 도덕적으로 행동할 수밖에 없다!

피히테가 도덕적 행동의 〈충동〉에 대해 쓴 내용은 칸트보다 철학적으로 훨씬 깔끔하다. 바로 그게 피히테 철학의 장점이다. 그렇다면 이 〈도덕적 충동〉은 어디서 오는 것일까? 젊은 시절과 노년기의 칸트처럼 피히테도 생물학에서, 그러니까 철학자가 도출해 낸 것을 생화학적으로 설명하는 이론에서 우군을 찾는다. 괴팅겐의 동물학자이자 인류학자인 요한 프리드리히 블루멘바흐(1752~1840)의 이론이 그것이다. 블루멘바흐의 책 『형성 충동과 생식 활동*Über den Bildungstrieb und das Zeugungsgeschäfte*』(1781)은 많은 동시대인들에게 감탄과 영감을 안겨 주었다. 그는 모든 생물 속에는 목표를 지향하고 형식을 부여하는 내적 동인이 지배한다고 보았다. 이런 내적 동인이 형체를 결정하고 유기체를 형성한다. 피히테는 열광했다. 그러더니 〈인간에게서 유일하게 나누어질 수 없는 기본 힘〉[192]으로서의 정신에 이 〈형성 충동〉을 대담하게 전용한다. 이렇게 해서 블루멘바흐에게서는 〈생명력〉으로서의 〈형성 충동〉이 피히테에게서는 완성을 향한 숨겨진 무의식적 〈정신의 추구〉가 된다. 확고한 법칙에 따라 유기체를 형성할 때의 형성 충동은 정신 속의 자유로운 창조력이다.

창조력 없이는 도덕적 자기실현도 없다. 추구하는 충동과 의무에 맞게 행동하려는 욕구는 생화학적 이론과 이성 철학의 독특한 혼합물 속에서 경계가 흐릿해진다. 늘 좋은 감정을 동반하는 선으로의 의지는 이 혼합물을 통해 설명된다. 정립하는 자아가 옳다고 여기는 것을 정립된 자아가 행하면 우리는 편안하게 느낀다. 〈이 감정은 결코 속이지 않는다. 왜냐하면 그것은 (……) 우리의 경험적 자아가 순수한 자아와 완전히 하나 될 때만 생겨나기 때문이다. 여기서 순수한 자아는 우리의 유일하게 참된 존재이자, 모든 가능한 존재이자, 모든 가능한 진리이다.〉[193] 그럼에도 인간이 악을 행한다면 그건 구체적인 자아의 성격이 양심(늘 순수 자아의 배후에 있는 요소)을 따르기엔 너무 약하기 때문이다.

피히테는 무수한 의무 목록을 나열한다. 그중 일부는 그의 시대에나 이해할 수 있는 것으로 〈순수 자아〉에서 도출되었다는 느낌이 들지 않는다. 아무튼 그가 내세운 수많은 의무 중에서 새롭고 의미 있는 것은 〈토론의 의무〉다. 자신의 의견을 남과의 대화를 통해 검증할 때만 자기 관점의 한계를 극복할 수 있다는 것이다. 이것이 가능하려면 일단 타인에 대해 존중심을 갖고 있어야 한다. 이 생각은 훗날 독일 철학자 카를-오토 아펠(1922~2017) 철학의 핵심을 이룬다.

그런데 피히테가 자신의 체계에서 도출했다고 하는 것들 중에는 그렇지 않은 것들이 많다. 그의 논리학과 논리적 일관성은 당시나 지금이나 논리학자들에게 가벼운 현기증을 일으킨다. 그것은 특히 피히테가 1796/1797년 『도덕 이론의 체계*System der Sittenlehre*』 직전에 발표한 『자연법의 기초*Grundlage des Naturrechts*』에서 두드러진다. 피히테도 칸트처럼 도덕과 법을 분리한다. 법이 존재하는 건 모두가 타인의 자유를 침해하지 않는 가운데 자신의 자유를 누리기 위해서다. 그런데 법은 인간이 내적 확신에 따라 선하게 행동했는지, 악하게 행동했는지에 좌우되면 안 된다. 법의 영역은 도덕적 영역에서 도출되지 않는다. 법은 인간이 하나의 몸을 갖고 있고, 다른 육체적 존재들과 공존한다는 데서 생겨난다. 그런 공동생활을 위해선 〈기본권〉이 보장되어야 한다. 신체적으로 침해받지 않을 권리, 자기 보존의 권리, 사유 재산의 권리처럼 우리가 로크를 통해 이미 알고 있는 가장 기본적인 권리를 말한다. 이를 위반한 사람은 강제적인 법으로 처벌받는다. 홉스와 로크 이후 잘 알려진 것처럼 그것을 위해 사람들은 계약을 체결한다. 모두가 자유를 누리기 위해 개인의 자유를 제한하는 계약이다.

여기까지는 관습적이다. 그런데 그에 이어 자신이 엄격한 논리로 도출했다고 하는 법규들의 목록을 보면 그는 자기도 모르게 희화화의 수렁으로 빨려 들어가는 듯하다. 수백 개의 개별 규정들, 그러니까 시대정신과 선입견, 숙고된 법칙, 터무니없는 결론들이 무작위로 뒤섞인 규정들이 인간 행위를 확정 짓는다. 도로 건설 규칙에서부터 건강 통제에 이르기까지 온갖 민법 영역이 하나하나 정확하게 규정된다. 도출의 판타지에는 한계가 없다. 예를 들어, 자연에 대한 〈자아〉의 지배라는 상위 이념에서 참새 같은 〈무익한〉 동물은 깡그리 뿌리 뽑아야 한다는 법규가 나오고, 그 지시가 실제로 사냥꾼들에게 내려진다. 피히테는 모든 분야의 전문가다. 결혼 규정을 만들고, 무역과 상업을 조절하고, 신분증의 형식을 결정한다. 여자들은 선거권에서 배제된다. 생식 활동에서 수동적이고 받아들이기만 하는 태도를 보이는 사람은 정치에서도 비슷한 태도를 보인다. 이 모든 것이 〈자아〉에서 논리 정연하고 필연적으로 도출된 것일까? 피히테의 주관적 관념론을 희화화하려면 아마 그 자신보다 더 잘할 수는 없을 듯하다. 하지만 피히테는 실제로 자기 출발점의 한계를 알지 못했기에 온 세상을 〈필연적〉 규정들로 가득 채울 수 있었다.

세계 해석자들 중에 아마 알바니아의 독재자 엔베르 호자를 제외하면 피히테만큼 스스로를 플라톤적 입법자로 오해한 사람은 없을 것이다. 그랬기에 그가 권력 분립의 대의민주주의를 꿈꾼 것은 더더욱 놀랍다. 하지만 그 철학자가 이미 세상의 모든 세부 사항을 되돌릴 수 없을 정도로 확고하게 정해 놓은 상태에서 국민의 대표가 무엇을 더 결정할 수 있겠는가? 철학적 판타지의 전능함과 국민의 의사는 전혀 어울리지 않는다. 피히테로서는 상상하지 못한 지점이었을 것이다. 그는 이론가로서는 전능했지만, 정치 실무나 경제 영역에서는 어차피 낯설 수밖에 없었다. 하지만 그 어떤 것도 수많은 〈연역법〉으로 이 영역들까지 정복하려는 그의 시도를 가로막지는 못했다.

피히테는 애덤 스미스의 책도 읽지 않았고, 그 시대를 대표하는 다른 경제학자의 책도 보지 않았다. 그럼에도 〈완벽한 상업국〉의 모델을 구상했다. 피히테의 이상은 모두가 〈자신의 노동으로 먹고사는 것〉[194]이 가능한 복지 국가였다. 정말 존경스럽고 진보적인 생각이다. 그런데 그에 이어 피히테는 외국과의 모든 무역을 거의 포기하고, 경제적인 영역을 엄격하게 규제하는 〈이성〉 국가를 연역해 낸다. 호자의 알바니아나 김 씨 왕조의 북한과 같은 고립된 경제 모델을 떠올리게 하는 체제다. 모두에게 행동의 자유를 보장하기 위해 존재하는 국가가 본분을 망각하고 후견인 독재로 들어간 것이다.

피히테의 〈자아〉는 개입하지 않은 영역이 없을 만큼 곳곳으로 손을 뻗었고, 그만큼 자기 속의 모순은 점점 쌓여 갔다. 1798/1799년 그가 예나에서 일요일마다 한 강연들은 유명한 〈무신론 논쟁〉을 불러일으켰다. 칸트처럼 피히테도 신을 감각적 세계에서 몰아내는 데 아주 열심이었다. 기독교인들이 믿는 것은 거의 모두 〈완전한 헛소리〉에 지나지 않는다. 신의 유일한 존재 정당성은 우리가 도덕적 행위를 하면서 선의 승리를 믿기 위해 신을 상정해야 한다는 데 있을 뿐이다. 독실한 기독교인에게 이런 가정적 신은 너무 과한 요구였다. 거센 역풍이 몰아쳤다. 하지만 피히테는 굴하지 않았다. 오히려 격한 언쟁 중에 격분한 상태에서 교수직에서 물러나겠다고 위협했다. 물론 진심은 아니었다. 그럼에도 대학 측은 피히테의 제안을 감사하는 마음으로 넙죽 받아 버렸다. 피히테의 불타던 투지는 급격하게 꺾였다. 그는 급히 십자가에 무릎을 꿇고는 자신의 대담한 논제들에 담긴 극단성을 완화했다. 그런 뜻으로 한 말은 아니었다는 것이다! 심지어 어찌나 흥분했던지, 신을 믿지 않는 사람은 〈짐승이나 다름없다〉[195]는 말까지 내뱉었다. 그러나 이미 늦어 버렸다. 되돌릴 길은 없었다. 결국 다른 저서들은 재야 학자의 신분으로 발표할 수밖에 없었다. 1800년에 출간된 『인간의 사명*Die Bestimmung des Menschen*』은 그의 지식학을 대중화하는 데 어느 정도 성공했다. 게다가 그는 무신론 혐의에서 벗어나기 위해, 이 책의 핵심 문제가 관념론적 출발점이 아니라 영적인 무언가가 아닐까 하는 느낌이 들 정도로 절대 자아에 신학적 향을 강하게 피워 올렸다.

피히테는 1806년 『현 시대의 기본 특징*Die Grundzüge des gegenwärtigen Zeitalters*』에서 그전의 레싱과 헤르더처럼 목표 지향적인 인류사를 구상했다. 천진난만한 비이성의 상태에서 죄악을 거쳐 자기 확실성의 성스러운 이성으로 이어지는 길이었다. 안타깝게도 19세기 초의 세계는 아주 깊은 죄악의 구렁텅이에 빠져 있었다. 계몽주의가 그 옛날의 천진난만함을 파괴했지만, 자신의 지식학에 대한 이해 없이는 돌파구를 열 수 없는 성스러운 이성의 시대는 아직 무르익지 않았다는 것이다. 그런데 그가 지나가는 말로, 자신의 모든 철학적 적수들을 한정된 인식의 시대로 몰아넣고 오직 자기 자신만을 거기서 제외할 때는 〈씁쓸하다〉거나 〈독선적〉이라는 말이 퍼뜩 떠오른다.

그사이 죄악의 시대는 피히테가 사는 곳 어디서건 쉽게 확인되었다. 그것도 나폴레옹군이라는 형체로 말이다. 프로이센은 프랑스에 패했고, 베를린은 점령당했다. 괴테와 헤겔을 존경과 경외심으로 가득 채웠던 것들이 이제 피히테에게는 잔인한 폭력에 지나지 않았다. 그가 프랑스 혁명에 열광한 시간은 이미 오래전에 지나갔다. 이제 그에게 프랑스 혁명은 〈짙은 어둠의 그림자〉였다. 그가 『독일 국민에게 고함*Reden an die deutsche Nation*』에서 프랑스 혁명을 가리켜 한 말이다. 이제 이 보수적 민족주의자에게 성스러운 이성으로 가는 길은 오직 〈국민 교육〉밖에 남지 않았다. 그의 지식론이 그렇게 많은 사람들에 의해 이해되지 못하거나 거부당했다면 이제 그에 상응하는 교육론의 형태로 젊은 세대에게 전달할 수밖에 없었다. 독일 청년들은 피히테의 철학적 가르침으로 시대의 질병을 이겨 내야 한다는 것이다. 이 대목에서 알바니아 학교의 교과 과정을 직접 짰던 호자가 다시 떠오른다. 피히테는 어긋난 망상 속에서 독일인을 〈타민족에 앞서 모범을 보이면서 새 시대의 출발을 여는〉[196] 선택된 민족으로 여겼다. 타민족에 대한 그런 우월감은 독일어에서 비롯되었다. 독일어 말고 대체 어떤 언어로 철학을 적절하게 펼쳐 나갈 수 있단 말인가? 이 힘든 시기에 독일인으로 태어났다는 것에 대한 피히테의 망상은 한계를 몰랐다. 그러다 보니 나중에는 〈심지가 굳다는 것이 곧 독일적이라는 말과 같은 뜻〉[197]이라는 터무니없는 주장까지 나오게 되었다.

피히테의 애국주의는 본인에게 유리하게 작용했다. 1810년 가을 베를린 대학이 설립되었을 때 그는 철학부 학장에 임명되었고, 뒤이어 바로 총장에까지 올랐다. 그런데 불과 2년 만에 대학생 단체들과의 심각한 갈등으로 자리에서 물러나고 말았다. 1년 뒤 그는 프랑스에 맞설 예비군에 자원했다. 아내는 간호사로 활동했다. 그런데 아내가 티푸스를 앓으면서 피히테도 감염되었다. 그리고 1814년 1월 쉰한 살의 나이로 숨을 거두었다.

영혼의 세계인가, 세계의 영혼인가?

풍성한 유산 / 정신을 닮은 자연 / 그늘 속에 웅크린 남자 /
헤겔의 변증법 / 정신의 길

풍성한 유산

독일에는 혁명이 없었고, 〈독일 관념론〉과 〈낭만주의〉만 있었다. 〈사고방식의 혁명〉이 정치 혁명을 준비해야 했다. 비록 정치 혁명을 대체하는 것까지는 못하더라도. 이 짧은 문장 속에는 오늘날의 관점에서 보면 쉽게 이해가 안 되는 것이 기술되어 있다. 칸트를 잇는 독일 철학자들은 어떻게 피히테만큼 그렇게 높은 곳까지 올라갈 수 있었을까? 곧 살펴보게 되겠지만, 피히테는 어떻게 그렇게 풍성한 영향을 끼치고, 다른 사상가들이 그에 못지않게 현기증을 일으키는 사유 체계를 구축하도록 영감을 불어넣었을까?

철학적으로 볼 때 모든 것을 〈자아〉에서 설명하는 생각은 숙고해 볼 만한 중요한 구상이다. 철학자가 피히테와 같은 단초, 즉 〈물 자체〉가 아니라 자기 자신과 합치하는 의식에서 출발하는 단초를 선택하는 데에는 그만한 이유가 있다. 이 단초가 특정 사고 유형의 근거가 되기 때문이다. 즉, 세계에 대한 모든 앎은 이 앎에 대한 앎을 통해 설명된다는 것이다. 이런 방식으로, 아니 오직 이 방식으로만 철학자는 앎의 옳고 그름을 확인할 수 있다. 이 전통은 20세기 중반에 이르기까지 150년 동안 상당수의 독일 철학자들을 우군으로 삼았고, 오늘날에도 이 전통의 신봉자는 여기저기 존재한다.

하지만 내 의식 속에서 발견한 모든 것을 필연적으로 하나의 최고 원리 아래에 두어야 할까? 정말 이 절대적이고 순수한 자아가 실체라고, 혹은 신적인 것으로 세계에 존재한다고 주장할 수 있을까? 이 최고 원리에서 세상 만물, 그것도 여성의 투표권이나 신분증 형식 같은 현실적인 것까지 모두 명쾌하게 도출해 내려고 하는 것은 너무 심한 발상이 아닐까? 피히테는 심지어 〈공기〉와 〈빛〉도 자아에서 끌어낸다. 우리의 자아에게 다른 개인들을 인지할 수 있게 해주려고 공기와 빛이 존재한다는 것이다. 결국 상호 주관성Intersubjektivität이 가능하려면 공기와 빛은 〈반드시〉 있어야 한다. 오늘날엔 이러한 이상한 필연성의 도출을 납득하는 사람은 거의 없을 것이다. 대신 심오함의 가면을 쓴 황당무계한 주장으로만 비칠 뿐이다.

피히테가 수많은 규정들의 밀림 속을 헤맬 당시 그의 조국 프로이센은 세계 무대에서 한낱 조역에 지나지 않았다. 나폴레옹 군대에 맞서 동등하게 내세울 만한 것은 어디에도 없었다. 국가는 한줌의 시민 엘리트를 보유한 반동적 군주제였다. 베를린은 여전히 인구 15만 명의 중급 도시였고, 그중 2만 5,000명이 군인이었다. 대학 도시 예나에도 5,000명이 채 살지 않았고, 유명한 바이마르도 그보다 더 크지 않았다. 심지어 당시의 한 목격자는 바이마르를 가리켜 〈형편없는 건물들이 즐비한, 생기 없는 역겨운 소도시〉[198]라고 불렀다. 거기다 위생 상태도 엉망이었고, 도로는 지나다니기가 어려울 정도였다. 그럼에도 독일을 대표하는 정신적 엘리트들은 거의 모두 이 세 도시에 북적거렸다. 괴테와 실러, 헤르더, 크리스토프 마르틴 빌란트, 프리드리히와 아우구스트 빌헬름 슐레겔 형제, 노발리스, 빌헬름 티크 등이었다. 그 한가운데에 피히테를 비롯해 그의 중요한 후계자이자 대척자인 셸링과 헤겔이 있었다.

정신적 근친 교배의 환경은 행동하고 글 쓰는 인물들에게 문학과 철학에서 최고의 성과를 내도록 자극과 활력을 제공했다. 물론 다툼과 질투뿐 아니라 괴이한 영웅적 자기 인식을 야기하기도 했다. 프로이센-작센 지방에서는 파스칼이 활동할 당시의 포르루아얄 냄새가 났다. 프랑스 혁명에서 나폴레옹의 몰락까지 격동의 세월에 대한 열띤 토론과 찬양이 이루어졌다. 민족 국가의 구심점이 없는 소도시들은 혁명을 열렬히 소망하면서도 다른 한편으론 비판하고 배척했다. 세계 질서는 궤도에서 벗어나 비틀거렸고, 그와 함께 초월론적인 것과 초월적인 것의 세계도 무너졌다. 방목장과 변소 구덩이 사이, 그리고 어유(魚油) 가로등의 희미한 불빛이 비치는 악취 나는 골목길에서는 다음과 같은 문제를 두고 토론이 벌어졌다. 세계의 논리는 무엇인가? 모든 모순을 응집시키는 힘은 무엇인가? 인간은 물리학과 불멸 사이 어디쯤에 있을까? 인간의 정신은 얼마나 고대 그리스적일까, 아니면 얼마나 독일적일까? 새로운 아테네는 독일 슈프레 강변 어디쯤에서 다시 탄생할까? 어떤 독일인의 머리에서 유일하게 가능한 진리가 떠오를까? 바로 이것이 〈절대적인 것〉, 즉 당대의 가장 영향력이 큰 추상적 철학이 생겨날 즈음의 시대적 분위기였다.

1798년 독일의 문화 철학자이자 문필가인 프리드리히 슐레겔(1772~1829)은 잡지 『아테네움 단편*Athenäums-Fragment*』 제216호에서 이렇게 썼다. 〈프랑스 혁명, 피히테의 지식학, 괴테의 빌헬름 마이스터는 이 시대의 가장 큰 경향이다. 이 셋의 동등한 배열이 마뜩치 않게 느껴지거나, 시끄럽지 않고 물질적이지 않은 혁명을 별로 중시하지 않는 사람은 아직 높고 넓은 관점에서 인류사를 내려다볼 수준에 이르지 못했다.〉[199] 자신은 이런 높고 넓은 관점에 이르렀다고 생각한 예나의 슐레겔은 튀링겐에서 일어난 일을 프랑스 혁명에 못지않은 〈시대적〉 경향으로 여겼다. 그러나 피히테는 칸트와는 달리 독일 국경 너머에서는 거의 주목받지 못했고, 설사 주목받았다고 해도 정치적 텍스트로 국한되었다.

그럼에도 피히테는 18세기 말의 독일에서는 철학의 열렬한 전도사나 다름없었다. 칸트 개혁가에 해당하는 그는 철학의 위대한 혁신가였고, 그의 지식학은 자아의 복음서였다. 피히테는

1793년 6월과 1794년 5월, 이렇게 두 번 튀링겐을 찾았다. 그곳 신학교에는 각각 다른 방식으로 피히테에게 매료된 신학생 셋이 공부하고 있었다. 프리드리히 횔덜린(1770~1843)과 헤겔은 1793년에 막 학업을 마쳤고, 그들보다 나이가 어린 프리드리히 빌헬름 요제프 셸링(1775~1854)은 지루한 교과 과정과 고등 교육 기관의 질식할 듯한 분위기에 시달리면서도 여전히 학업을 이어가고 있었다.

뷔르템베르크 주 레온베르크 출신의 이 신동은 열다섯 살에 벌써 튀링겐 신학교에 입학했고, 처음부터 최고 성적을 기록하며 다른 학생들을 압도했다. 젊은 셸링은 플라톤과 라이프니츠, 칸트, 루소, 헤르더, 스피노자의 책을 읽었다. 또한 다른 많은 학우들처럼 프랑스 혁명에 열광했다. 피히테 철학을 알게 되었을 때(아마 개인적으로 알게 되었을 때도 마찬가지였을 것이다) 그는 마치 감전이 된 것처럼 전율에 휩싸였다. 헤겔에게 보낸 편지에 이런 대목이 나온다. 〈철학은 아직 끝나지 않았습니다. 칸트는 결론을 제시했지만, 아직 전제가 부족합니다. (……) 피히테는 지금껏 대부분의 칸트주의자들조차 현기증을 느낄 정도로 철학을 높이 끌어올릴 겁니다.〉[200] 자의식에 충만한 이 청년은 지체 없이 피히테의 칸트 비판을 요약한 책을 써서 예나의 피히테에게 보냈다. 곧이어 두 번째 책도 나왔다. 『철학의 원리로서 자아에 관하여, 또는 인간의 앎에서 절대적인 것에 관하여*Vom Ich als Prinzip der Philosophie oder über das Unbedingte im menschlichen Wissen*』였다. 약관의 셸링은 당시 튀빙겐 신학교의 다른 친구들과 마찬가지로 가슴 절절하게 열망하는 것이 있었다. 강제 대신 자유, 도그마 대신 참된 인식, 구체적인 기독교 신 대신 어떤 절대적인 것에 대한 갈망이었다. 셸링은 피히테의 〈자아〉에서 〈자유로의 추구〉를 깨닫게 되었다. 모든 것이 자아 속에 있다면 세속의 모든 권위는 단지 상대적일 뿐이었다.

그렇다면 이 자아는 세계 속 어디에 있을까? 셸링은 사람들이 〈세계〉니 〈신-자연〉(스피노자의 경우)이니 하고 부르는 절대적인 것과 피히테가 말한 〈자아들〉의 절대적인 것 사이에서 갈등한다. 〈하나이자 모두인 것〉은 어디에 있을까? 내 안에 있을까, 내 바깥의 어떤 절대적인 것 속에 있을까? 신학교의 많은 학생들처럼 셸링도 종교적인 야코비의 영향을 많이 받았다. 야코비는 피히테만큼이나 칸트도 높이 평가했다. 하지만 두 사람의 지적 체계에서 오성이 파악할 수 있는 것만 받아들였다. 진리가 정말 인간의 사고 속에서 드러난다고 누가 장담할 수 있는가? 사고의 저편, 그러니까 예감과 침잠, 명상 속에서 드러나지 않는다고 누가 장담하는가? 진리란 정말 모순 없는 명제들의 결과일까? 혹시 내가 산책하다가 자연에서 깊이 예감한 것 속에 있지는 않을까?

셸링도 야코비와 동일한 의문을 제기한다. 최고 심판자로서 절대적 자아는 자유의 축복인가, 아니면 제한됨의 저주인가? 피히테에게는 의심할 바 없이 전자이지만, 야코비에게는 후자다. 왜냐하면 피히테의 〈자아〉는 초감각적인 것뿐 아니라 신비적 경험에는 어떤 자리도 내주지 않기 때문이다. 셸링은 이런 생각과 의심, 고민 속에서 1795년 튀빙겐에서 성직자 시험을 치렀다. 그러나 그다음의 발걸음은 그를 어쩔 수 없이 세상 밖으로 끌어냈다. 사제의 길을 걷고 싶지 않은 사람이 혼자서 살아갈 재력까지 마땅찮을 경우 가정 교사가 되는 것 말고는 다른 방법이 없었기 때문이다. 그래서 루소와 칸트, 그리고 셸링의 나이든 친구인 헤겔과 횔덜린도 마찬가지로 그 길을 걸었다.

정신을 닮은 자연

셸링은 가정 교사 자리를 좇아 라이프치히에까지 이르렀다. 비슷한 또래의 리트에젤 남작에게 공부를 가르치면서 틈틈이 대학에서 자연 과학 강의를 듣고, 평론을 쓰고, 자연 철학에 관한 자신의 책을 준비했다. 그가 빠져 있던 생각은 여전히 실재성의 문제였다. 우리가 자연을 적절히 파악할 수 있을 정도로 인간 정신과 객관적 자연이 잘 합치되는 이유는 무엇일까? 피히테와 마찬가지로 셸링도 모든 자연은 우리 의식의 산물이라는 데서 출발한다. 하지만 우연적이거나 자의적인 산물은 아니다. 오히려 우리의 정신은 꼭 필요한 만큼은 객관적 자연과 대립한다. 하지만 우리가 생각하는 자연이 허깨비가 아니라 진짜 객관적 자연이라는 사실을 누가 보장할 수 있는가?

셸링은 숨 가쁜 속도로 자연 과학 속으로 밀고 들어갔다. 강의를 듣는 것 말고도 자연사에 관한 책이건 물리학이나 화학에 관한 책이건 가리지 않고 미친 사람처럼 읽어 댔다. 20대 초의 그는 자연 과학 분야의 모든 세세한 것들에 관심을 보였지만, 그 자체가 목적은 아니었다. 피히테가 민법과 국제법의 모든 문제를 자신의 지식학에 삽입했듯이 셸링은 자연을 자신의 철학에 집어넣으려고 했다. 그 결과물이 1797년에 출간된 『자연 철학의 이념 *Ideen zu einer Philosophie der Natur*』이다. 경쾌하게 쓰인 서문은 〈실재론 문제〉의 비밀을 벗긴다. 그러면서 객관 세계가 어떻게 〈우리에게 현실이 되었는지, 현상들의 체계와 관련성이 어떻게 우리 정신에 이르게 되었는지, 또 그것들이 어떻게 우리 관념 속에서 우리로 하여금 그것을 생각할 수밖에 없게 하는 필연성을 얻게 되었는지〉[201] 설명한다. 열쇠는 자연과 정신이 신비스러운 방식으로 서로 일치한다는 사실에 있었다. 〈자연은 볼 수 있는 정신이

고, 정신은 보이지 않는 자연이다.〉[202]

젊은 철학자는 자신의 이론을 광학, 전기, 자기(磁氣), 뉴턴의 인력과 척력, 역학, 특히 화학에 관한 상술로 증명했다. 그런데 사실 자연 과학적 관점에서 보면 그의 관찰들은 자기와 전기의 연관성처럼 가끔 우연히 맞아떨어진 것들만 제외하면 대부분 별 가치가 없다. 하지만 셸링은 과학적 정밀성에는 거의 수고를 들이지 않았다. 그에게 중요한 건 다른 무엇, 즉 무언가 원칙적인 것이었다. 그는 자연 곳곳에서 인간의 정신 속에 있는 것과 비슷하게 서로 대립되는 힘들을 찾고 또 확인했다. 인간이 정신과 물질, 〈자아〉와 〈비아〉 사이에서 생각이 왔다 갔다 하는 것은 이 대립이 자연의 근본 법칙이기 때문이다. 그런 점에서 정신의 자연과 자연의 정신은 분리될 수 없고 동일하다. 〈정신이 인식하지 않으면 객관적인 자연의 존재는 불가능하고, 반대로 세계가 정신을 위해 존재하지 않으면 정신은 불가능하다.〉[203]

셸링은 이 공식과 함께 프리드리히 슐레겔과 노발리스를 비롯해 이들 주변의 낭만주의자들에게 즉시 활기를 불어넣었다. 새파랗게 젊은 이 철학자는 『자연 철학의 이념』에 이어 곧바로 다음 자연 철학서 『세계영혼에 관하여*Von der Weltseele*』를 발표했다. 이제는 생물학 차례였다. 여기서 〈동물의 삶에 대한 이론〉을 세우고자 했다. 지금껏 이 문제에 천착한 자연 연구자는 수두룩했다. 그건 칸트의 초기 저술을 비롯해 모페르튀, 카스파르 프리드리히 볼프, 디드로, 뷔퐁, 알베르트 폰 할러, 블루멘바흐 같은 인물만 떠올려 봐도 알 수 있다. 셸링은 과학적 실험과 이론을 보고했고, 무한한 상호 작용 속에서 삶의 모든 활력을 생성시키는 〈자연의 첫 힘〉을 고안해 냈다. 물론 이건 그만의 독창적인 생각이 아니다. 그 이전의 전문가들도 동일한 주장을 했고, 생명력이나 형성 충동 같은 모종의 생물학적 근본 에너지를 언급했다. 물론 그들은 가정만 할 뿐 증명을 하지 못했지만.

셸링도 증거를 제시하지는 못했다. 대신 하나의 생명력이 전 우주를 전적으로 관장한다고 보았다. 이 생명력은 〈양극성〉의 〈세계 법칙〉을 통해 조직되고, 세계 법칙은 비유기적 자연에서 유기적 자연에까지 두루 영향을 미친다. 전 세계가 하나의 〈보편적 유기체〉[204]다. 셸링은 이 유기체를 플라톤의 『티마이오스』에 의거해 〈세계영혼〉이라고 불렀다. 19세기로 넘어가는 전환기, 그러니까 독일 낭만주의 시기에 이 아름다운 말의 마법적 효과는 적중했다. 슐레겔 형제와 시인 노발리스는 다시 한번 감격했다. 셸링의 책은 예상치 못한 성공을 거두었다. 위대한 괴테까지 감탄을 쏟아냈다. 셸링은 뜻하지 않게 당대의 거대한 〈비밀스러운〉 욕구의 아이돌로 떠올랐다. 자연 연구자들에게는 상부 구조를, 시인들에게는 영감을, 각양각색의 예술가들에게는 수많은 자극을 제공했다. 19세기 초 독일의 생물학은 대부분 셸링의 영향력 아래 있었다. 자연 연구자들은 셸링처럼 모든 비유기적 현상과 유기적 현상에 구조를 부여하는 더 높은 차원의 세계 법칙을 믿었다. 자연 〈자체〉 속에 있는 것이 아니라 자연 발전의 정점으로서 인간 정신 속에 드러나는 세계 법칙을.

셸링은 새로운 스피노자일까? 실제로 둘 사이의 공통분모는 상당하다. 정신과 물질이 동일한 〈실체〉의 상이한 형태일 뿐이라는 것이 그 위대한 일원론 철학자의 기본 사상이었기 때문이다. 인간 이성의 법칙이 자연 법칙과 완벽하게 일치한다는 결론도 마찬가지다. 그런데 셸링은 거의 모든 세계가 자신에게 감격하는 동안에도 쉴 새 없이 생각에 생각을 거듭했다. 이렇게 해서 곧바로 이어진 책에서 벌써 체계가 바뀐다. 『자연 철학 체계의 첫 번째 초안*Erster Entwurf eines Systems der Naturphilosophie*』이라는 책인데, 피히테와 괴테의 강력한 지원을 등에 업고 스물세 살의 나이로 막 예나 대학의 교수에 임용되었을 때 쓴 것이다. 셸링은 자연과학의 세계로 깊이 들어갈수록 그 세계의 독자적인 권리를 점점 더 인정하게 되었다. 화학과 물리학, 생물학은 오직 인간의 의식에서 도출한 체계와 정말 잘 맞아떨어질까? 셸링의 멘토인 피히테로서는 무척 불쾌한 일이었겠지만, 그에 대한 회의가 점점 더 커져 나가는 것은 어쩔 수 없었다. 피히테는 지금껏 이 젊은 동료가 자신을 따라 자연을 초월론적 체계 속으로 끌어들인 것을 흐뭇해했다. 그러나 예나 대학의 학생들에게 가르친 새 책에서는 이미 피히테의 길을 떠나고 있었다. 셸링은 이제 초월 철학과 자연 철학을 동등한 두 개의 체계로 인정했고, 두 학문이 근본적으로 서로 분리되어 있다고 보았다.

그런데 철학의 이러한 이분법도 곧 폐기되었다. 〈무신론 논쟁〉 이후 피히테가 도주하듯이 예나에서 베를린으로 옮기는 동안셸링은 지금껏 자신의 철학에서 가장 크고 포괄적인 구상에 착수했다. 『초월적 관념론 체계*System des transzendentalen Idealismus*』가 그것이다. 이 책이 1801년에 출간되었을 때 셸링은 이미 피히테만큼 유명해져 있었다. 둘 사이엔 여전히 큰 공통점이 있었지만, 나이 든 대가는 이 젊은 학자가 자신과 경쟁 관계에 돌입했다는 것을 모르지 않았다.

셸링은 처음 연구를 시작할 때처럼 자연 철학을 다시 초월 철학에 종속시켰다. 거기까지는 피히테와 일치했다. 그런데 셸링은 자연 철학 자체에 전반적으로 상당히 큰 공간을 할애했다. 그의 개념 규정에 따르면, 〈진리〉란 주관적인 것과 객관적인 것의 일치다. 그 진리의 길은 양쪽에서부터 가능하다. 그러니까 주체에서 객체로 갈 수도 있고, 객체에서 주체로 향할 수도 있다. 이때 후자는 피히테의 사유 체계에서 완전히 벗어난다. 게다가 셸링은 피히테의 절대 자아에 생물학적·역사적 발전사의 옷을 입힌다.

자연을 꿰뚫어 보는 절대적 자의식으로서 우리의 자아는 처음부터 이 세계에 존재한 것이 아니었다는 말이다. 오히려 그것은 세 〈시기〉로 이루어진 진화의 결과다. 의식은 근원적인 〈느낌〉에서부터 〈생산적인 직관〉에 이르고, 다시 거기서부터 〈반성〉에 이른다. 세 번째 시기에 반성은 행위, 즉 의지의 자유로운 행위가 된다. 의식의 이러한 점진적 발전 끝에 있는 것이 〈지적 직관〉을 통한 완전한 인식이다. 의식이 없는 유기체인 〈자연〉은 수많은 실패 끝에 자연 〈자체를 온전히 객체〉로 파악하는 데 성공한 한 존재를 만들어 낸다. 의식 세계를 〈자아〉와 〈비아〉, 주체와 객체로 나눈 절대적인 것은 자아에 의해 완성된 것으로 인식되고, 그로써 〈하나이자 모두〉인 자기 자신에게로 돌아간다. 이 과정의 마지막에는 신의 지배와 동일한 의미를 갖는 〈화해〉가 자리하고 있다.

자연은 인간 속에서 눈을 번쩍 뜨고 자신의 실존을 깨닫는다. 이 문장은 셸링이 직접 쓴 것이 아님에도 그의 자연 철학을 이루는 핵심으로 여겨져 곳곳으로 전파되었다. 여기까지는 어쨌든 격정적이면서도 이해할 만하다. 그렇다면 〈절대적인 것〉은 무엇일까? 다음 책인 『나의 철학 체계 기술*Darstellung meines Systems der Philosophie*』이 그 베일을 벗긴다. 이 책은 〈절대적인 것〉의 의미를 중점적으로 다루고 있는데, 셸링은 그것이 존재한다는 사실을 놀라울 정도로 확실하게, 그리고 성급하게 믿는다. 절대적인 것을 생각하는 사람은 사고의 대립과 자연 속의 대립을 모두 도외시해야 한다. 본질적인 것으로의 이런 환원 끝에 〈절대적 동일성〉이 나타난다. 정신과 자연, 주관과 객관이 합치되는 지점이다. 스피노자에겐 절대적인 것을 이렇게 깨닫는 것이 윤리학의 최종 목표였다. 사유하는 인간은 그를 통해 세계의 모순으로부터 자유로워질 수 있다는 것이다. 반면에 셸링에게 절대적인 것은 철학의 출발점이자 인식론적 토대였다. 〈절대적인 것〉은 분명 존재하고, 자아와 세계를 비롯한 모든 것 위에 군림한다.

베를린에 있던 피히테는 실망했다. 셸링이 그 책으로 무엇을 하려고 하는지 잘 알고 있었던 것이다. 야코비는 벌써 자신을 향해 이렇게 비난하지 않았던가? 자신의 지식학이 인간을 자유롭게 하기는 하지만 세계를 공허하게 만든다고. 이런 상황에서 셸링이 새로운 해결책을 제시했다. 〈자아〉를 단순히 의식의 우주로만 보지 않고, 절대적인 것이 지배하는 우주의 일부로 보는 해결책이었다. 이제 인간의 모든 한계 위에 어떤 한계도 모르는 절대적인 것이 자리하고 있다. 이로써 피히테의 관념론은 스피노자의 정신으로 대체되고, 주관적으로만 사유된 피히테의 지식학은 정신과 자연의 경건한 동일 철학으로 바뀐다.

피히테는 셸링에게 보낸 편지에서, 자신의 가장 재능 있는 추종자가 자신을 떠났다고 썼다. 그러나 단순히 떠난 정도가 아니었다. 사유의 하늘에 떠오른 샛별이 늙은 별을 몰아낸 것이다. 셸링에게 피히테의 자랑스러운 학문론은 이제 하나의 〈반성 체계〉로 쪼그라들었다. 반면에 자신의 철학이 피히테보다 〈더 객관적〉이라고 생각했다. 왜냐하면 자신의 철학 체계 내에선, 인간 정신은 자연 세계 속에, 반대로 자연은 인간 정신 속에 단단히 고정되어 있기 때문이다. 셸링은 세계 곳곳에, 그러니까 사유에서건 존재에서건 동일한 이성적 구조들이 주어져 있다고 보았다.

피히테는 깊은 상처를 받았다(그의 현실적 에고는 최소한 그의 이론적 〈자아〉만큼 컸다). 1802년 이후 두 철학자의 관계는 결국 단절되고 말았다. 베를린 망명지에서 피히테의 명성은 현격히 추락했고, 대신 셸링이 철학계의 새로운 왕으로 등극했다. 그러나 그의 통치 기간도 길지 않았다. 이 젊은 천재의 바람이 닿지 않는 곳에 한 거인이 웅크리고 있었다. 이 거인의 웅장한 철학은 셸링 철학보다 훨씬 강렬하고 지속적인 빛을 내뿜었으니…….

셸링의 업적은 무엇일까? 그는 인간 정신과 같은 등급의 고유 가치를 자연에 인정함으로써 피히테의 철학을 상대화했다. 피히테에게 자연은 그저 인간 감각의 결과물일 뿐이었다. 당연히 이건 너무 부족했다. 반면에 셸링에게 자연과 인간 정신은 동일한 이지적 정신이 깃든 것인데, 모든 것 위에 군림하는 이 이지적 정신이 바로 〈절대적인 것〉이다. 셸링이 독일의 자연 과학에 끼친 영향은 형언할 수 없을 만큼 크다. 그의 제자와 추종자들 중에는 자연 연구나 자연 철학의 길로 들어선 사람이 많다. 또한 그들 모두 자연의 이지적 정신 구조에 대한 인식을 자연 과학적 방법론 및 실험과 동급으로 취급하거나, 심지어 이것들 위에 두었다. 이를 나쁘게 표현하면, 셸링이 독일의 자연 연구를 베이컨이나 갈릴레이 훨씬 이전으로 퇴행시킴으로써 그때부터 프랑스와 영국이 자연 연구 분야에서 앞자리를 차지하게 되었다고 말할 수 있다. 하지만 좋게 보자면, 정밀 학문의 이른바 객관적 인식이라고 하는 것들이 실은 인간의 생각에 얼마나 종속되어 있는지를 보여 주는 날카로운 경고자의 모습을 보여 주었다고도 할 수 있다.

물론 그는 그 이상을 원했다. 최소한 세계를 완벽하게 설명하고 싶어 했다. 그런데 셸링이 명성의 정점에 이르렀던 시점은 동시에 그의 삶의 전환점이기도 했다. 셸링은 1803년 아우구스트 빌헬름 슐레겔의 전처이자 자신보다 열두 살 연상이었던 카롤리네 슐레겔(1763~1809)과 결혼했다. 그러나 6년 뒤 그녀가 죽으면서 그 역시 길고 깊은 삶의 위기에 빠졌다. 1803년에는 낭만주의 대표자들과의 불화를 이유로 예나를 떠나 뷔르츠부르크로 갔고, 곧이어 뮌헨으로 행선지를 바꾸었다. 그의 삶은 라트비아의 미하일 탈(1936~1992)이나 미국의 보비 피셔(1943~2008) 같은 천재적인 체스 선수와 비슷했다. 셋 다 오랜 세월 열정을 불태웠음에도 삶의 모든 명성은 서른 살 이전으로 제한된 사람들이다. 인간의 자유와 역사에 관한 셸링의 작품들은 더 이상 초기 저술들과 같은 주목을 받지 못했고 영향도 끼치지 못했다. 그의 책들 위로 짙은 안개만 내렸다. 인간이 절대적인 것을 인식할 수 있다는 젊은 시절의 낙관론은 사라졌다. 세계의 기원은 이성적이고 특정한 규칙에 따라 움직이기만 하는 것이 아니라 동시에 불규칙적이고 무질서하다. 또한 악이 신 자체보다 더 강한 세계에선 악은 결코 완전히 물리칠 수 없고, 자신의 의지보다 신의 사랑에 내맡길 때에만 의식적으로 악을 부정할 수 있을 뿐이다.

셸링은 스베덴보리에 열광했다. 칸트가 한때 자기 자신과 이성 철학의 스파링 파트너로 생각했던 바로 그 남자다. 셸링은 신학에 빠졌고, 계시와 민족 신화의 끝 모를 심연에 침잠했다. 중간 기착지로 에얼랑겐에 잠시 머문 뒤 다시 뮌헨으로 갔고, 예순일곱 살에 베를린으로 향했다. 그사이 매우 종교적으로 변한 셸링은 혁명 사상에 물든 대학생들을 진정시키려고 했다. 그러나 4년 만에 항복하고 말았다. 1854년, 그러니까 다윈의 진화론이 나오기 5년 전 스위스 바트 라가츠에서 숨을 거두었을 때 그는 나이 든 철학자들에겐 그 자체로 하나의 기념비였다. 젊은 철학자 세대에겐 기억조차 가물가물한 한물간 남자였지만.

철학계의 새로운 스타는 자신의 친구이자 동문이었던 셸링이 걸었던 가파른 출셋길과는 거리가 먼 사람이었다. 게오르크 빌헬름 프리드리히 헤겔(1770~1831)이 그 주인공이다. 헤겔은 슈투트가르트에서 공작의 재정 관리인 아들로 태어났다. 경건주의 전통이 강한 집안이었다. 그는 횔덜린과 셸링과 함께 튀빙겐 신학교를 다녔고, 1790년에는 철학 석사 학위를, 3년 뒤에는 신학 석사 학위를 땄다.

헤겔도 신학교를 다니면서 교리만 중시하는 경직된 성직자들을 증오하게 되었다. 게다가 셸링처럼 보수적 신학자들에게 반기를 드는 데 도움이 되는 것이라면 무엇이건 흡수했다. 그는 많은 학우들과 함께 프랑스 혁명에 열광했다. 루소에게도 감탄을 금치 못했다. 특히 『에밀』에 말이다. 〈진심〉으로 느껴지는 것만이 진리일 수 있다는 말이 그에게 얼마나 진실로 다가왔는지 모른다. 어쨌든 신학교의 엄격한 규칙은 그렇지 않았다. 이런 상태에서 헤겔의 판타지에 피난처를 제공한 것은 도그마와 계율이 없는 루소의 종교성이었다. 칸트도 〈보이지 않는 교회〉에 대해 언급하고 눈에 보이는 교회를 비판한 것을 보면 루소의 그런 정신에 영향을 받은 게 분명하다. 헤겔은 칸트를 접하면서 경직된 교수들에게 반기를 들 또 한 명의 정신적 동맹자를 찾아냈다. 그러다 하인리히 에버하르트 고틀로프 파울루스(1761~1851)가 발행한 잡지 『회상*Memorabilien*』을 읽으면서 완전히 전의로 불타올랐다. 이 개신교 신학자는 기독교의 도덕적 핵심에 부합하지 않는 것을 기독교 신앙에서 모두 몰아내고자 했다. 셸링과 마찬가지로 헤겔도 이 도덕적 핵심이 칸트의 이성 도덕과 다름없다고 생각했다. 셸링은 헤겔의 찬사 속에 이렇게 논증했다. 예수가 칸트와 다른 말과 비유를 선택한 것은 배운 것이 없는 대중을 상대로 해야 했기 때문이라는 것이다.

두 사람은 신학교 교리에 맞설 또 다른 저항의 무기를 열렬한 칸트 신봉자 이마누엘 카를 디에츠(1766~1796)에게서 얻었다. 튀빙겐 신학교의 젊은 강사였던 디에츠는 기독교가 속임수이고, 예수가 사기꾼이라는 사실을 시간이 갈수록 점점 노골적으로 표현했다. 그 역시 칸트와 마찬가지로, 우리는 선을 행하는 것이 옳은 것임을 확신하기 위해 신의 존재를 가정하는 것뿐이라고 주장했다.

그런데 헤겔은 기독교를 이렇게 수사학적으로 완전히 파괴하는 것에서 신학교 성직자들에 대한 은밀한 승리감만 느낀 것이 아니었다. 그와 함께 공허함도 찾아왔다. 신학생 헤겔은 분명 자유를 갈망했다. 그러나 온갖 허상에서 벗어난 지금 확고한 지반은 사라지고 온 세상이 흔들리는 것 같았다. 성서 비판과 칸트주의가 모든 것을 탈주술화한다면 세계의 통일성은 과연 어디에 있을까? 이 통일성이 어딘가에는 있을 거라는 느낌이 든다면 내 〈진심〉이 나를 속이는 것일까? 정신을 정말 자유롭게 하려면 거대한 전체, 뭔가 확실한 새로운 것이 필요하지 않을까?

1793년 헤겔은 불안정하고 불만스러운 상태로 베른으로 옮겼다. 거기서 가정 교사 자리가 난 것이다. 고용주의 거대한 개인 도서관은 헤겔의 지식욕을 채워 줄 마르지 않는 샘이었다. 그는 거기서 마키아벨리와 홉스, 그로티우스, 로크, 스피노자, 라이프니츠, 흄, 몽테스키외, 볼테르를 닥치는 대로 읽었다. 종교 비판자인 레싱과 섀프츠베리에 대해서는 튀빙겐 시절에 이미 루소 및 칸트와 나란히 철저히 연구한 바 있었다.

친구 횔덜린이 프랑크푸르트의 가정 교사 자리를 주선했을 때 헤겔에게 드디어 새로운 사유의 세계로 들어설 기회가 생겼다. 그는 또다시 많은 시간을 독서로 보냈다. 이번에는 주로 영국 경제학자와 역사학자들의 책을 집어 들었고, 영국 신문을 읽었다. 그런데 프랑크푸르트가 그에게 삶의 전기가 된 것은 다른 것을 통해서였다. 1794년 횔덜린은 예나 대학에서 새 교수 피히테의 강의를 부임 첫 해에 들었다. 그 뒤에는 친구이자 작가인 이작 폰 싱클레어(1775~1815)와 마찬가지로 피히테의 급진적인 주체 철학을 거부했다. 횔덜린은 짧은 단편 『판단과 존재*Urteil und Sein*』에서 피히테의 〈절대 자아〉를 망상으로 선포했다. 〈자아〉에 대한 모든 표상은 내가 주체로서의 이 〈자아〉를 객체와 구분할 때만 가능하다. 그렇다면 자아는 상대적일 뿐 결코 〈절대적〉일 수 없다. 모든 관계에서 자유롭지 못하다는 말이다.

친구의 비판적인 말 속에서 피히테를 알게 된 순간 헤겔의 정신은 즉시 활활 불타올랐다. 그의 사유에 새로운 방향이 제시되었다. 피히테 철학 너머의 어디에선가 사유가 계속되어야 한다는 것이다. 게다가 자아와 세계, 주체와 객체가 〈하나 되는〉 지점이 어딘가에 있어야 했다. 1913년 한 경매장에 오래된 텍스트가 하나 등장했다. 〈독일 관념론의 가장 오래된 체계 구상Das älteste Systemprogramm des deutschen Idealismus〉이라는 제목으로 유명해졌는데, 혹시 이 글의 저자가 헤겔일까? 그게 맞다면 헤겔은 1797년에 이미 자연에 자의식을 갖고 당당하게 맞설 창조적 자아를 〈구상〉하고 있었다. 그런데 이 자아는 피히테의 경우처럼 절대적인 것이 아니라 하나의 기원, 그러니까 자연처럼 〈무〉에서 나온다. 자아와 세계의 거대한 통일은 경험론적 자연 과학 측에선 거부하고, 사변적 자연 철학 측에선 선호할 것이다. 이론적 순수 이성과 실천 이성의 칸트 식 구분도 배척된다(이건 피히테도 이미 배척한 바 있다). 동시에 자유를 제한하는 것은 모두 퇴치된다. 국가는 소멸되어야 할 〈기계〉다. 〈사이비 신앙〉을 믿는 〈성직자 계급〉은 탄압 받아야 마땅하다. 〈신과 불멸〉은 자유로운 인간 개인들 속에 있다. 인류, 신, 자유, 불멸을 아우르는 〈모든 이념들의 완벽한 체계〉로서 윤리학이 요구된다. 모든 이념은 〈미의 이념〉 속에서 하나가 된다. 배우지 못한 사람들도 이해할 수 있도록 이성을 쉽게 설명하는 〈새로운 신화〉가 바람직하기 때문이다. 이것이 기독교를 완전히 대체할 계획이다. 〈새로운 신화〉가 사고와 신앙에 혁명을 일으키고, 미적인 것과 참된 것, 선한 것을 향한, 시대에 맞는 길을 걸어가는 그런 계획 말이다.

이 얼마나 엄청난 요구인가! 하지만 셸링과 달리 헤겔은 이 〈새로운 신화〉의 프로젝트를 신속하게 접었다. 친구들과 낭만주의자들이 그렇게 많은 희망을 걸었던 미와 예술에 대한 관심이 곧 식어 버린 것이다. 헤겔은 아버지의 타계로 물려받은 약간의 유산 덕에 1801년 셸링이 있는 예나로 갈 수 있었다. 거기서 피히테에 반대하고 셸링에 찬성하는 『피히테와 셸링 철학 체계의 차이*Differenz des Fichte'schen und Schelling'schen Systems der Philosophie*』를 발표했다. 헤겔은 자기보다 어린 이 천재 친구와 함께 『철학 비평*Kritische Journal der Philosophie*』을 발행하기도 했지만 오래가지는 못했다. 말 나온 김에 덧붙이자면, 셸링의 자연 철학에 영감을 받은 헤겔이 〈행성 운동〉에 관한 교수 자격 논문으로 강사 자격을 얻었다는 것은 역사에 퍽 특이한 사실로 기록되어 있다. 헤겔은 천문학에 대해 아는 것이 없었기 때문이다.

그는 예나 대학생들 사이에서 그다지 큰 호응을 얻지 못했다. 겨우 열한 명의 학생만 그의 첫 논리학-형이상학 강의를 들으면서 갈피를 잡지 못하고 혼란스러워했다. 헤겔은 예나 지금이나 여전히 많은 책을 읽었다. 관심 분야도 고대의 고전 세계에서부터 수학을 거쳐 동시대 자연 과학에 이르기까지 무척 다양했다. 그런데 강사로서뿐 아니라 1805년부터는 교수로서도 그의 강의는 많은 사람들에게 잘 이해가 안 되는 수업으로 남아 있었다. 헤겔 철학의 본질은 무엇일까? 그렇게 지식이 많은 사람이 세상에 대고 어떤 고유한 깨달음을 전달하려고 하는 것일까? 학생들은 선생이 무언가 큰 저서를 준비하고 있다고 추측했고, 그게 일종의 교과서 같은 것이길 기대했다. 그러나 헤겔이 염두에 두고 있었던 것은 그것과 다르면서도 그보다 훨씬 큰 무엇이었다.

야코비에겐 인간 오성의 외부에 놓인 것으로 여겨졌던 절대적이고 무한한 무언가를 셸링은 상당히 모호한 방식으로 자신의 철학에 끼워 넣고자 했다면 헤겔은 그 작업을 완성하고자 했다. 사물의 실체성으로서의 존재와 사물이 우리에게 나타나는 주관적 방식으로서의 의식은 일치해야 했다. 헤겔에게 철학은, 우리가 의식으로 파악한 것이 사물의 객관적 존재임을 보여 줄 때, 다시 말해 사물들에 대한 우리의 표상이 사물들의 본래적 존재와 하나가 될 때 진리에 이른다. 셸링은 초월 철학과 자연 철학에 공통분모를 마련하기 위해 정말 많은 말들을 쏟아 냈다. 그러나 설득력 있는 체계를 세우는 데는 실패했다. 그의 〈절대적인 것〉 아래에서는 결국 우리가 표상할 수 있는 것이 없었기 때문이다. 헤겔은 이런 불분명함을 하나의 새로운 체계와 새로운 사고 방법으로 제거하고자 했다.

헤겔의 변증법

그 작품은 세계사적으로 한 중요한 순간에 예나에서 태어났다. 헤겔은 1806년 10월 8일과 10일 이틀에 걸쳐 원고 뒷부분을 밤베르크의 출판업자에게 보냈다. 마지막 부분은 아직 완성되지 않은 상태였다. 헤겔이 같은 날 한 편지에서 썼던 것처럼, 10월 13일 아침 〈프랑스 척후병들〉이 예나에 들어왔다. 〈한 시간 뒤 본대가 도착했습니다. 공포의 시간이었죠. 특히 프랑스 황제의 뜻에 따라 우리가 이 경보병 부대에 맞서 싸울 어떤 권리가 있는지 아는 것이 없었기 때문입니다. (……) 나는 황제가, 이 세계영혼이 말을 타고 거리를 순찰하는 모습을 보았습니다. 여기 한 지점, 그러니까 말에 걸터앉은 그 중심적 지점에서 세계를 움켜쥐고 지배하는 개인을 목도하는 것은 실로 아주 신기한 느낌이었습니다〉.[205]

헤겔은 그 위대한 작품을 끝내자마자 나폴레옹을 목격했고, 그리고 감격했다. 이 이야기를 토대로, 헤겔이 나폴레옹을 가리켜 〈말 위에 앉은 세계정신〉이라고 말했다는 전설이 생겨났다. 그러나 헤겔이 실제로 말한 것은 셸링과 마찬가지로 〈세계영혼〉이었다. 어쨌든 그 다음날 승리에 도취한 프랑스군인들이 그의 집에 숙영했고, 그가 좋은 포도주로 비위를 맞추었음에도 집을 쑥대밭으로 만들었다. 그 와중에도 마지막 원고는 10월 20일 예나에서 밤베르크로 발송되어 전쟁의 혼란을 뚫고 무사히 출판업자의 손에 들어갔다.

1807년 2월, 그러니까 책이 출간되기 전에 헤겔은 애인과 혼외 결혼으로 생긴 아들을 데리고 직접 밤베르크로 피신했다. 그의 집은 이미 프랑스군인들의 차지가 된 지 오래였고, 실러와 셸링, 티크, 슐레겔 형제까지 서둘러 도시를 떠나고 나자 예나가 하루아침에 정신적 불모지로 변해 버린 것이다. 헤겔은 밤베르크 신문사에 취직했다. 1년 반 동안의 비생산적인 중간 기착지였다. 그는 여기 근무하는 동안 형식적으로 말하고 썼다. 어떤 때는 철저했고, 어떤 때는 장황했다. 사실 지적인 대철학자가 번다한 신문사 편집국에서 일하는 모습은 상상이 잘 안 된다. 헤겔이 이름 붙인 이 〈신문-노예선〉과 여기서 일할 때 출간된 그 책은 얼마나 대조적인가! 『정신 현상학*Phänomenologie des Geistes*』을 이르는 말이다. 이 책은 그 부피에도 불구하고 〈학문의 체계〉라는 제목이 붙은 한 작품의 서문, 그러니까 〈논리학〉과 〈형이상학〉, 〈자연 철학〉 부분들로 이루어진 한 웅장한 프로젝트의 서문일 뿐이었다.

다른 작품의 〈서문〉에 해당한다는 이 책조차 철학사에서는 가장 까다로운 책 중 하나로 꼽힌다. 거기엔 헤겔의 둔중한 문체도 아주 큰 몫을 차지하는 것이 사실이다. 칸트의 경우는 번거로운 교과서식 라틴어 문법이 동시대인들에게 거부감을 불러일으켰다면 셸링의 경우는 하위 이성과 상위 이성의 경계를 오가는 시적 표현들 사이에서 저자의 의도를 찾아야 하는 것이 난제였다.

하지만 이들조차 헤겔에 비하면 양반이었다.

우선 헤겔의 출발 상황부터 알아보자. 칸트는 형이상학, 즉 감각적으로 인식되지는 않지만 그럼에도 참된 것의 세계를 최소한의 영역으로 축소했다. 셸링과 마찬가지로 헤겔도 형이상학의 이런 제한된 범위를 확대하고자 했고, 칸트가 미제로 남겨둔 자잘한 부분들뿐 아니라 세계의 총체성까지 사유로 철저히 탐구하고 싶었다. 우리의 이성은 오성보다 아는 것이 훨씬 많기 때문이다(이점에서는 헤겔과 셸링은 륄이나 쿠자누스와 같은 의견이다). 이성은 칸트의 경우처럼 〈규정적 이념들〉을 만들어 낼 뿐 아니라 오성을 뛰어넘어 세계를 인식한다. 이로써 셸링과 헤겔은 철학사적으로 보면 새로운 〈신비주의〉 계열로 분류될 수 있다. 하지만 헤겔은 셸링과는 반대로 신비주의적 길도 오성의 등불로 밝히고자 했다. 〈비합리적인〉 탐구 여행, 즉 사변조차 자기만의 논리학이 있다고 생각했기 때문이다.

셸링이 합리적으로 입증될 수 없는 진리들을 표방했다면 그건 〈이지적 직관〉에 근거를 두고 있다. 그렇다면 이지적 직관은 무엇일까? 헤겔에게 그건 진정한 철학적 가치라고는 없는, 그저 〈단순한 반성의 밤〉, 신비주의적 속삭임일 뿐이었다. 철학자는 오성의 경계를 뛰어넘을 경우도 그렇게 넘은 것을 합리적으로 포착해서 근거를 대야 한다. 철학적 사변이 대담하고 이례적인 것일 수는 있으나, 그럼에도 항상 논리를 갖고 있어야 한다. 이런 생각이 헤겔과 셸링을 가르는 차이이자, 오랜 친구 셸링에게 남긴 깊은 상처였다.

헤겔은 오성을 뛰어넘는 자기만의 논리에 어떻게 이르렀을까? 그 기원은 이미 오래전 횔덜린의 철학적 고찰에서부터 시작되었다. 횔덜린은 루소나 섀프츠베리와 마찬가지로 〈사랑〉을 인간 간의 가장 중요한 끈으로 인식했다. 그러나 사랑은 극도로 복잡하고 모순적인 것으로서 자기성(自己性)과 헌신으로 이루어진다. 나는 타자와의 합일 속에서만 최고의 방식으로 나 자신을 경험할 수 있다. 상반된 것 없이는 통합도 없고, 통합에 대한 소망 없이는 상반된 것도 없다. 횔덜린이 볼 때 이 실존론적 유희는 앞서 말했듯이, 피히테의 〈자아〉로는 설명되지 않는다. 그것은 좀 더 깊을 뿐 아니라 내 자아 밖의 영역에 속한다.

헤겔은 이 생각에 매료되었다. 피히테의 〈자아〉 너머에 하나의 세계가 있음을 보여 주는 것이 사랑일까? 스피노자도 젊었을 때 이와 비슷한 방식으로 사랑을 자아와 세계의 합일을 위한 열쇠로 보았다. 그러나 이 문제를 깊이 생각하면 할수록 헤겔은 점점 더 사랑에서 멀어졌다. 그와 함께 횔덜린 및 젊은 시절의 꿈들과도 단절했다. 대신 〈삶〉으로 방향을 돌렸다. 삶이야말로 존재의 변증법에 대한 결정적인 보기가 아닐까? 삶은 살아 있는 주체들, 즉 식물 하나하나, 동물 하나하나, 인간 하나하나의 형태로만 존재한다. 동시에 〈삶〉은 살아 있는 존재들의 총합 이상이다. 또한 살아 있는 것들을 살아 있게 하는 것도 삶이다. 그런데 모든 살아 있는 것은 죽음을 피할 수 없다. 그런 점에서 살아 있는 것 속에는 삶의 확고한 부정이 이미 담겨 있다. 이로써 〈삶〉은 살아 있는 것과 그 반대되는 것, 그리고 삶의 전체 연관을 뜻한다. 삶은 살아 있는 것 속에서 자신과 일치하면서도 동시에 일치하지 않는다. 그것이 바로 전체로서의 삶을 이루는 것이다.

논리적으로 볼 때 전체는 세 단계로 구성된다. 삶이 있고(명제), 살아 있는 것 속에서의 삶은 죽음이 포함되어 있다는 점에서 부정된다(반명제). 이로써 삶은 확고한 부정의 형태로 살아 있는 것 속에 담겨 있다. 삶과 그 삶의 부정에서 전체 관련성의 진리로서 〈삶〉이 생겨난다. 명제와 반명제는 하나의 더 높은 종합 명제로 통합되고, 그 속에서 〈지양(止揚)된다〉. 이것을 보면서 기독교적 삼위일체와 신적인 진리의 계시를 떠올리는 것은 자연스럽다. 중세의 많은 똑똑한 사상가들처럼 신학 석사 학위가 있는 헤겔도 기독교에 철학적 진리가 비유적으로 표현되어 있다고 생각했다. 자신의 사고 모델을 그에게도 그대로 적용하자면, 이 기독교적 비유는 확고한 부정으로서 그 자신 속에 계속 살아 있었다.

헤겔이 훗날 『논리의 학문*Wissenschaft der Logik*』에서 체계화한 〈변증법〉과 함께 그가 세계의 비밀을 논리적으로 풀려고 했던 사고 모델이 생겨났다. 헤겔이 〈삶〉의 개념으로 보여 주었던 것이 『정신 현상학』에서는 〈정신〉에 적용되었다. 이 책은 정신이 자기 자신을 어떻게 정신으로 의식하는지를 다룬다. 그것도 피히테가 생각한 것처럼 단순히 자의식으로서의 정신에 그치지 않고 정신과 존재의 동일성을 가리키는 정신이다. 왜냐하면 셸링과 마찬가지로 헤겔 역시 우리 의식 밖에 있지만 그럼에도 오성을 뛰어넘음으로써 인식될 수 있는 한 존재가 있다고 믿었기 때문이다. 그리고 셸링처럼 그도 이 존재를 〈절대적인 것〉이라 불렀다. 다만 셸링의 〈절대적인 것〉으로는 할 수 있는 것이 많지 않았다. 그래서 헤겔은 서문에서 곧장 그것을 두고 〈밤〉과 같은 인식이라고 조롱했다. 〈밤이 되면 (……) 사람들이 모든 소가 까맣다고 말하는 것과 같은 (……) 인식이 텅 비어 버린 순진성〉[206]이다.

셸링의 절대자는 머나먼 통일체로서 모든 것 위에 존재하고, 그 부분들의 총합 이상이다. 반면 헤겔은 자신의 변증법적 사고 유형을 사용한다. 절대자는 일체를 아우를 때만 절대적이다. 그러나 일체를 아우른다는 것은 독자적인 통일체이자 그 부분들의 총합이기도 하다는 뜻이다. 그렇지 않으면 절대적인 것에 반대할 수 있는 무언가가 항상 존재하기 때문이다. 절대적인 것이 아닌 무엇으로서, 즉 통일체가 아니거나 다수성이 아닌 것 중의 하나로서. 하지만 이것들은 일체를 아우르는 절대성의 이념에 어긋난다. 따라서 헤겔이 생각하는 절대자는 역설이다. 즉, 통일성인 동시에 다수성인 구체적 통일체라는 말이다. 이것이 바로 헤겔이 일찍부터 썼듯이 〈동일성과 비동일성의 동일성〉[207]이다.

정신의 길

헤겔은 〈절대적인 것〉을 셸링보다 훨씬 정확하게 정의했다. 물론 알기 쉽게 구체적으로 설명하지는 못했지만. 이유는 분명하다. 〈절대적인 것〉은 구체적으로 떠올릴 수 있는 것이 아니라 오직 논리적인 사유로만 파고들 수 있기 때문이다. 그렇다면 그 과정은 어떻게 될까? 실제로 알 수 있는 것만을 학문으로 간주해야 한다는 칸트의 경고는 헤겔도 이미 알고 있었을 뿐 아니라 진지하게 받아들이고 있었다. 〈진리의 하늘〉에 오르려는 사람은 〈오류의 구름〉을 피해야 하는 법이다.[208] 그럼에도 헤겔이 볼 때 칸트는 형이상학의 경계를 너무 좁게 설정했다. 칸트가 형이상학자들을 가리켜 너무 〈도그마적〉이라고 공격했다면 헤겔은 이 비난을 칸트 자신에게 그대로 돌려주었다. 모든 형이상학을 칸트처럼 회의적으로 보는 사람은 정신을 절대적인 것을 파악하기 위한 도구로 여긴다. 물론 이 도구로는 의식을 넘어 절대적인 진리에 도달하기엔 충분치 않다. 헤겔의 내재적 비판이 향한 곳이 바로 이 지점이다. 정신을 절대적인 것의 반대편에 놓는 것이 옳을까? 데카르트 이후 그렇게 많은 사람들이 믿는 것처럼, 의식과 세계는 정말 분리된 두 세계일까? 정신은 단순히 도구일 뿐일까? 우리 정신의 능력에 대한 이러한 불신은 어디서 오는 것일까? 〈실수를 하는 것에 대한 두려움이 이미 오류 자체〉[209]임을 고려하면 이 불신을 불신해야 하지 않을까?

칸트는 〈오성〉, 〈판단력〉, 이성 같은 〈상위 인식력〉의 개념에 특별한 역사와 전통을 부여하지 않았다. 대신 그것들은 원래 우리에게 있었던 것들로서 일종의 제로베이스에서 세계를 파악하려 한다고 생각했다. 그건 데카르트도 다르지 않았다. 반면에 헤겔은 셸링과 마찬가지로 정신이 둔탁한 무지에서 시작해서 〈감각적 확실성〉을 거쳐 〈절대적 앎〉에 이르는 기나긴 여행 중에 있다고 보았다. 또한 이 과정은 자연사와 인류사의 세계무대에서만 일어나는 것이 아니라 직접적인 정신에서부터 절대정신으로의 〈기나긴 여정〉을 수행해 나가는 모든 개인 속에서도 일어난다고 생각했다.

이 과정은 어떻게 진행될까? 우리 의식이 세계 〈자체〉에 대해 점점 더 많은 것을 깨달아 가는 것이 이 과정의 핵심일까? 당연히 그렇지 않다. 그렇게 생각하는 것은 칸트 이전으로의 퇴행이기 때문이다. 대신 헤겔은 이제 자신의 기본 유형을 의식에 적용한다. 우리가 아는 것은 모두 우리의 의식 속에서 아는 것이다. 우리가 우리의 자아를 세계와 구분하는 것조차 의식 속에서 일어나는 일이다. 우리가 우리의 의식과 무관한 것만이 참되다고 주장할 수는 있지만, 이 진술조차 우리는 우리의 의식 속에서 한다. 따라서 우리의 의식은 세계와 대립하는 것이 아니라 의식과 그 의식에 대립된 세계를 모두 아우르는 통일체다. 헤겔의 표현에 따르자면 〈동일성과 비동일성의 동일성〉이다. 이것은 내 의식 밖에는 어떤 진리도 존재하지 않는다는 것을 뜻한다. 이런 관점에서 헤겔은 피히테를 따른다. 정신을 진리의 보물을 캐내기에 충분치 않은 도구로 비유한 것도 이제 그 의미를 상실한다. 정신은 도구가 아니라 현대식으로 표현하자면 매트릭스다. 그 안에 진리를 포함한 모든 것이 우리에게 나타나는 그 매트릭스 말이다.

따라서 모든 진리는 우리 의식 속에 있고, 우리는 그것을 발굴해서 의식하기만 하면 된다. 헤겔에게 이 과정은 변증법적 작업의 기나긴 연속이다. 우리의 세계 인식은 확고한 부정을 통해 단계적으로 이루어진다. 그에 대한 유명한 비유가 주인과 노예의 변증법이다. 주인은 노예에게 일을 강요하고, 그로써 노예의 노동력에 종속된다. 노예는 일을 하면서 사물들을 바꾸고, 그 과정에서 자신의 창조력, 즉 형성화하는 자로서의 자유를 자각한다. 이 비유는 많은 사람들이 해석했다. 특히 카를 마르크스(1818~1883)는 이것을 계급 투쟁 이론의 모델로 사용했다(이 부분은 철학사 3권에서 다시 다루게 될 것이다). 그러나 헤겔이 말한 것은 완전히 다르다. 우리 정신(주인)은 노예의 형태로 세계 속의 사물이나 인간과 싸워야 한다. 우리가 생각으로 대립시킨 것들과의 지속적인 작업은 고되다. 그 속엔 억세고 완강한 것들이 많다. 그러나 노예는 오직 사물과 인간들을 상대로 온갖 고역을 참아내며 작업함으로써 자기 세계를 구축하고 자유로워질 수 있다. 그는 자신을 정신적 세계의 형성자로서, 생각된 것 이상을 생각하는 자로서, 그리고 자기 자유의 원천으로서 체험한다. 결국 핵심을 정리하면 이렇다. 정신은 자기 자신에 이르기 위해 세계와 끊임없이 씨름해야 한다. 이런 수고 없이는 자기 인식에 도달할 수 없다. 우리 의식은 〈불행하다〉는 이유만으로 〈이성〉의 영역에 이를 수 있다. 의식과 자의식이 일치되어 통일체를 이룬 상태 말이다.

하지만 인간 정신은 이성에 도달한 단순한 의식 이상이다. 칸트와 달리 헤겔에게는 우리 의식에 의해 이성적으로 인식된 것은 우리 세계의 실재성이기도 하다. 그렇다면 〈정신〉이라는 말은 내 정신만이 아니라 내 주변에 실제로 존재하는 세계도 함께 아우른다. 실존한다는 것은 유령이나 성령으로 작용한다는 것이 아니다. 실존하는 정신은 모든 의식 내용의 총합이다. 이런 의미에서 헤겔은 이렇게 말한다. 〈정신은 한 민족의 도덕적 삶〉이다. 따라서 생각된 것, 행해진 것, 변화된 것, 실현된 것, 옳다고 여겨지는 것 등의 총합이다. 한마디로 헤겔의 〈정신〉은 우리가 살아가는 문화이기도 하다. 〈의식의 형태〉는 〈한 세계의 형태〉[210]다.

헤겔은 정신을 객관적이고 참된 것으로 여겼기 때문에 그것의 역사도 쓸 수 있었다. 셸링과 마찬가지로 헤겔도 정신이 여러 단계에서 자기 자신에 이르는 모델을 구상한다. 그런데 셸링이 정신의 자연사를 설계했다면 헤겔은 정신의 문화사를 기획한다. 의식의 역사와 실제 역사는 분리될 수 없다. 그것들은 〈사유와 존재의 통일체〉이고, 둘이 함께 〈절대정신의 골고다 언덕〉을 만들어 낸다.

긴 여정의 출발점은 고대 그리스다. 헤겔은 당시의 약간 유치한 고대 숭배 흐름에 맞게 고대 그리스를 〈도덕적인 삶〉과 동일시한다. 그런데 이 도덕적인 삶에는 헤겔이 그리스 비극, 특히 소포클레스의 『안티고네*Antigone*』에서 추출해 낸 내적 모순이 담겨 있다. 그리스의 도덕성은 좀 더 많은 안정성을 얻기 위해 로마의 법으로 넘어간다. 그건 당연한 논리적 귀결이다. 하지만 일단 법이 되자 도덕적인 것은 도덕적인 것으로서의 영향력을 잃고, 자기 자신에게서 소외된다. 게다가 그리스 문화에서는 통합되었던 세계가 구체적인 것과 추상적인 것, 감성적인 것과 이지적인 것, 이승과 저승의 대립으로 분열된다.

결국 세계는 분열되고, 인간은 소외된다. 그러나 이 상태에서도 발전은 계속 이루어진다. 헤겔은 자신의 시대를 〈형성〉의 시대로 본다. 현재의 인간들은 자기 자신을 만들어 나가고, 계몽을 통해 미신을 퇴치해야 한다. 이런 과정은 강한 충격 없이는 일어나지 않는다. 프랑스 혁명을 목전에 두고 헤겔은 〈절대 자유〉의 〈공포〉를 그린다. 그러나 이 과도기 상태도 마찬가지로 극복된다.

인류의 연극, 정신의 자기 발전과 자기 해방의 끝에는 〈화해〉가 있다. 머잖은 시기에 〈절대 지식〉의 시대가 열릴 것이니…….

이 얼마나 멋진 그림인가! 정신이 세계무대에서 각고의 분투 끝에 자기 자신에 이르고, 절대 지식 속에서 장엄하게 끝맺는다니! 이런 자기 현시로서의 역사가 있을까! 헤겔의 구상은 피히테의 의식 철학, 신이 필요 없는 신학, 격정적인 시대 진단이 과도하게 섞인 혼합물이다. 게다가 나중에 보게 되겠지만, 서양 문화에 끼친 이것의 영향사는 엄청나다. 그럼에도 〈진짜〉 헤겔을 확실하게 규정하는 건 쉽지 않다. 그의 작품 자체가 끊임없는 분투였기 때문이다. 칸트 철학이 완성된 법조문처럼 읽힌다면 헤겔 철학은 역동적인 전진이자, 반론과 재반론의 덤불을 살금살금 헤쳐 나가는 수렵 행위다.

그런데 이어진 책, 그러니까 두 권짜리 『논리의 학문』에서 벌써 헤겔의 생각은 『정신 현상학』에서 설계한 이상적 궤도에서 벗어난다. 헤겔은 1808년 가을부터 1816년까지 뉘른베르크에서 김나지움 교장을 지내면서 이 작품을 썼다. 이 책은 헤겔 전집의 새로운 서문으로 『정신 현상학』을 대체할 것이다. 그런데 헤겔의 후기 체계로 넘어가기 전에 헤겔이 『정신 현상학』에서 어떤 현상에 부여하고자 했던 역할부터 먼저 살펴보기로 하자. 우리 철학사에서는 지금껏 너무 소홀히 다룬 현상, 즉 예술의 역할이다. 헤겔에게 예술은 인식의 매체다. 이는 이전 역사에서는 예술에 거의 기대하지 않은 역할이었으니…….

미의 존재와 빛

늦여름 / 진리의 빛 / 규칙인가, 미적 취향인가? / 〈미학〉의 발명 / 미적 판단 / 예술의 진리

늦여름

〈1년이라는 게 뭔가? 그저 365일뿐이야.〉 1798년 그 젊은 철학자는 편지 쓸 시간조차 없었다. 드레스덴에 온 이후 셸링은 슐레겔 형제 같은 초기 낭만주의의 빛나는 인물들에 둘러싸여 꿈같은 늦여름을 보내고 있었다. 그중에는 나중에 아내가 될 카롤리네도 있었고, 자연 철학자 헨리크 스테펜스(1773~1845)도 있었고, 베를린에서 살롱을 운영하는 라헬 레빈(1771~1833. 나중에 결혼해서 성이 바른하겐으로 바뀐다)도 있었다. 그 밖에 파스텔화가 도라 슈토크(1759~1832)는 드레스덴 미술관에서 일하고 있었고, 노발리스와 피히테는 길지 않은 시간이지만 이곳에 머물다 갔다. 이들은 여섯 주 동안 매일 오전 미술관에서 만나, 라파엘로의 「시스티나의 마돈나」 같은 그림 앞에 서서 시간 가는 줄 모르고 예술에 대해 토론하고 감격했다. 아우구스트 빌헬름 슐레겔이 이 대화들을 기록해서 자신의 책 『회화*Die Gemälde*』에 실었다. 대화를 나누던 사람들은 엘베강을 가만히 내려다본다. 자체가 하나의 그림 같은 장면이다. 〈난 이런 생각이 들어요. 우리 모두 여기 정착하면 어떨까 하고. 이보다 더 편안하고 매력적인 곳이 있겠어요? 눈앞에는 고요한 강이 흐르고, 건너편 강변의 초록빛 수풀 뒤로는 살랑살랑 물결치듯 평야가 펼쳐져 있고, 또 저 밑에는 프라우엔 교회의 돔 지붕을 비롯해 도시가 강물에 반사되고, 저 위로는 포도 넝쿨 언덕이 굽이굽이 이어지고, 사이사이 농가가 흩뿌려져 있고, 하늘 높이 침엽수가 솟은 이곳에 말입니다.〉[211]

셸링은 드레스덴에서 보낸 이 시간들을 오랫동안 추억했다. 모두와 함께했던 늦여름의 예술적 도취가 처음 묘사된 곳은 그의 『초월적 관념론 체계』였다. 이 책의 마지막 부분에서는 전혀 뜻밖은 아니지만 좀 예기치 않게 예술 철학이 등장한다. 셸링은 예술이 자신의 철학에서 토대와 같은 역할을 해주리라 기대했다.

이 부분을 설명하려면 셸링의 핵심 사상을 다시 한번 살펴보는 것이 필요하다. 피히테와는 달리 셸링에게 자연은 자기만의 고유한 권리가 있고, 의식의 단순한 재료가 아니다. 대신 그는 〈주관적 존재〉로서의 인간과 〈객관적 존재〉로서의 자연에 대해 말한다. 두 존재 형태의 뿌리는 세계의 근원에 해당하는 〈절대 존재〉이다. 절대 존재 속에서 주관적인 것은 객관적인 것과 통합되고, 정신은 자연과 하나가 된다. 그런데 자연사적 과정이 정신과 자연을 분리시켰다. 물론 자기 인식의 행위 속에서 그것들을 다시 통합한다는 사전의 목표는 있었지만. 마지막에 가서 인간 정신은 자기 속의 자연을 뚫어보고 절대적인 것을 의식한다. 이런 의미에서 셸링은 『초월적 관념론 체계』에서 이렇게 쓴다. 〈자연은 스스로 온전히 객체가 되려는 최고 목표를 최종적인 지고의 반성을 통해서만 이룰 수 있다. 이 반성은 인간과 다른 것이 아니다. 좀 더 일반적으로 말하자면 우리가 이성이라고 부르는 것과 다르지 않다. 반성을 통해 자연은 완전히 자기 자신으로 돌아가고, 자연이 원래 우리 속에서 이지적인 것과 의식적인 것으로 인식되는 것과 동일하다는 사실이 명백해진다.〉[212]

그렇다면 자의식의 이런 형성 과정은 인간이 철학적으로 반성함으로써만 가능하다고 가정할 수 있다. 예를 들면 셸링 같은 사람이 〈지적 관조〉와 〈천재적 직관〉으로 깨달음을 얻은 것처럼 말이다. 그런데 아무리 자부심과 자의식이 강했던 셸링이지만, 철학적 인식이 절대적인 것에 이르는 왕도라는 사실에는 의심이 들었던 듯하다. 드레스덴에서의 체험 이후 그는 예술의 높은 가치를 인정한다. 화가나 시인도 절대적인 것을 알지 않을까? 최소한 그에 대한 예감은 그들의 작품 속에 표현되어 있지 않을까? 예술가가 철학적 의미에서 인식하는 자는 아니어도 셸링의 말마따나

〈본능적으로〉 진리를 포착해 내는 건 아닐까? 이는 당시 동물의 능력에 대한 헤르만 라이마루스의 연구로 많이 알려진 생각이었다. 셸링은 이 생각을, 자기가 무슨 일을 하고 있는지는 잘 모르지만 주관적 존재와 객관적 존재, 의식과 비의식적 존재 사이를 중개하는 예술가의 무의식적인 영감에 전용한다. 1807년 뮌헨 아카데미 강연을 토대로 쓴 『조형 예술과 자연의 관계*Über das Verhältnis der bildenden Künste zu der Natur*』에서 그는 이렇게 설명한다. 〈예술 작품은 우리에게 의식적 활동과 무의식적 활동의 동일성을 성찰하게 해준다.〉[213]

예술을 인식의 원천으로, 예술가를 천재로 찬양하는 것은 당시의 시대정신이었다. 괴테와 실러, 예나의 초기 낭만주의자들도 다르게 보지 않았다. 다들 정말 자신의 예술적 행위를 남들보다 좀 더 격정적으로 표현하는 데 열심이었다. 셸링이 남들과 구분되는 건 학문적 요구였다. 칸트와 피히테처럼 그 역시 자신의 사변적 체계를 엄격한 학문으로 이해했다. 예술의 역할도 의미심장하고 논리적으로 그 체계에 편입되어야 했다. 그렇다면 드레스덴 친구들이 그를 하늘 높이 띄우면서 〈새로운 신화학자〉라고 찬탄한 것도 이상한 일이 아니다.

그게 무슨 뜻일까? 튀빙겐과 작센의 독일 관념론자들이나 낭만주의자들이 그리스 세계를 발견한 것은 이미 오래되었다. 시기적으로 보면, 고대 열풍이 전반적으로 불기 시작한 것은 슈텐달 출신의 미술 고고학자 요한 요아힘 빙켈만(1717~1768)이 할레와 예나를 거쳐 로마에 도착한 뒤부터였다. 고전적인 고대와 그 예술은 슐레겔 형제가 초기 낭만주의 잡지에 〈아테네움〉이라는 이름을 붙일 정도로 동경의 대상이 되었다. 빌란트와 괴테, 실러, 횔덜린, 클라이스트도 고대를 배경으로 고대의 옷을 입힌 인물들을 주인공으로 등장시켰다.

이러한 고대 숭배에서 새로운 것은 무엇보다 신화의 역할이었다. 플라톤도 신화를 자신의 대화편에 삽입하기는 했지만, 그것들은 저자에 의해 면밀하게 설계된 것이었다. 그러면서 고대의 실제적인 신화적 세계 해석들을 두고는 〈유치한 잡담 같은 소리〉라고 경멸했다. 플라톤의 후계자들도 자신들의 철학적 설명들로 신화를 완전히 뒷전으로 밀어 버렸다고 생각했다. 하지만 헤르더와 하만, 카를 필립 모리츠(1756~1793) 같은 작가들의 생각은 달랐다. 그리스 신화를 아주 독특한 형태의 인식 원천으로 굉장히 높이 평가한 것이다. 바로 이 대열에 셸링이 합류했다. 그는 신화 속에 〈모든 이념들을 위한 무한한 의미와 상징이 담겨 있음〉을 〈부정할 수 없는〉 사실로 여겼다.[214] 고대 철학자들이 신화를 순진하게 생각했던 것은 절대자의 〈계시〉 때문이었다는 것이다.

낭만주의자들이 셸링을 〈새로운 신화학자〉로 찬탄한 것도 이런 면 때문이었다. 신화 열풍은 이제 세계 체계 안에서 합당한 자리를 얻었다. 절대적인 것에 대한 예감의 자리였다! 고대 그리스인들이 빙켈만의 표현처럼 〈고귀한 단순함과 고요한 위대함〉을 예술 속에서 결합한 것처럼 오늘날의 예술도 〈평온함의 표현〉을 절대적인 것의 〈고요한 위대함〉과 연결시키고 있다. 이로써 예술은 신화의 역할을 떠맡는다. 예술은 세계의 대립들 사이의 긴장을 조화로운 미로써 완화하고, 정신과 자연의 새로운 통일체로서 무의식적으로 절대 의식을 드러낸다.

이런 일을 하려면 예술은 몇 가지를 고려해야 한다. 우선 학문과 학문적 철학처럼 일의적(一義的)이어서는 안 된다. 예술은 명확한 개념들이 아닌 무한한 상상력의 세계다. 그만큼 해석에도 무한한 여지가 주어져야 한다. 〈이때 그 무한함이 예술가 자신에게서 나오는 것인지, 아니면 예술 작품에서 나오는 것일 뿐인지는 말할 수 없다.〉[215] 둘째, 예술은 자연을 모범으로 삼아서는 안 된다. 이로써 곧 보게 되겠지만 셸링은 오랜 전통에 반기를 든다. 그가 볼 때 자연은 아름답지 않다. 혹은 드문 경우에만 운 좋게 아름다울 뿐이다. 미는 무엇보다 재료를 거침없이 마음대로 주무르는 예술가의 상상력에서 나온다. 이 힘은 당연히 소수에게만 주어진다. 그래서 셸링은 다른 많은 동시대인들처럼 〈천재〉를 찬양한다. 〈천재〉 개념은 18세기 초에 섀프츠베리가 유행시켰고, 독일어권에서는 칸트가 퍼뜨렸다. 심지어 18세기 말 독일 동부 지역에서는 서로를 천재로 치켜 주는 분위기가 팽배했다. 하지만 셸링이 볼 때는 절대적인 것과 아주 가까워서 자신의 예술 작품에 그 절대성을 표현할 수 있는 영혼을 가진 사람만이 천재였다. 좋은 예술의 세 번째 조건은 어떤 실용적 목적도 없어야 한다는 것이다. 곧 보게 되겠지만 이 생각은 칸트에서 비롯되었다. 그렇다고 칸트가 셸링만큼 예술의 〈성스러움과 순수함〉에 열광한 것은 아니었다. 그럼에도 예술에 대해 어떤 도덕적 요구도 하지 않았다. 덧붙이자면 예술이 그 자체로 도덕 밖에 있다는 생각은 큰 파장을 불러일으켰다. 예를 들어 훗날 프리드리히 니체(1844~1900)도 그 생각을 받아들였다.

오늘날의 관점에서 보면 셸링의 예술 철학은 그의 가장 중요한 업적이었다. 예술이 다의적이어야 하고, 심지어 무한한 해석의 여지가 있어야 한다는 것은 이제 모든 예술 창작의 불문율이 되었다. 실용적 목적으로부터의 해방도 대체로 마찬가지다. 또한 예술가가 자연을 그대로 모방해선 안 된다는 생각도 아무리 늦어도 19세기 말부터는 자명한 사실로 여겨졌다. 마지막으로 셸링의 사변 철학 속에 깊이 뿌리를 둔 그 생각, 즉 절대적인 것이 예술 속에서 드러난다는 생각도 헤겔과 니체를 비롯해 에른스트 블로흐(1885~1977), 테오도어 W. 아도르노(1903~1969)에게 심대한 영향을 끼쳤다.

셸링의 사변처럼 결국 진리에 가장 가까이 있는 사람은 철학자가 아니라 예술가일까? 진리란 학문의 세계에서 이루어지는 것이 아니라 깊은 감동을 주는 예술의 한 속성일까? 진리란 결국 논리적 명제들로 드러나는 것이 아니라 1798년 드레스덴의 그 아름다운 늦여름 날들 속에 나타나는 것이 아닐까?

이 물음들을 우리 철학사의 흐름 속에서 계속 파고들기 전에 고대 이후 사람들이 예술에 대해 생각하고 써놓았던 것들부터 먼저 살펴보도록 하자. 독특한 세계 인식의 원천으로서의 예술 이념은 어떻게 만들어졌을까?

진리의 빛

18세기 이후 서양 문화권에서 〈예술〉이라고 불렀던 영역이 고대에는 아직 낯설었다. 그들에게는 문학, 연극, 춤, 음악, 조각, 건축, 회화 같은 〈기술들〉 혹은 〈기예들〉만 있었다. 이 기예들은 각 방면의 일을 어떻게 하면 가장 잘 실행할 수 있을지 나름의 지침을 갖춘 수공업이었다. 화병에 그림을 그리고, 신의 형상이나 묘비를 만들고, 사원을 짓고, 서사시를 낭독하고, 희곡을 쓰고, 리라나 키타라를 연주하고, 윤무를 추는 이 모든 것은 포이에시스poiesis, 즉 규칙에 따라 무언가를 만들어 내는 기술의 문제였다. 독일어 〈예술Kunst〉의 어원에 해당하는 중세 독일어의 쿠넨kunnen에도 〈제작하다〉, 〈생성하다〉, 〈만들다〉 같은 뜻이 여전히 남아 있다. 이런 의미에서 〈치료술〉이나 〈처세술〉도 아름다운 기예들 못지않은 기술이다.

고대 철학자들은 이 기예들에 대해 생각하면서 〈예술〉이 무엇이냐고 묻지 않았다. 대신 이 기예의 기술자들이 어떤 규칙에 따라 일을 해야 하는지 숙고했고, 그 일을 통해 사회에 어떤 유익함을 줄 수 있는지 물었다. 거의 모든 예술품은 주문 제작이었다. 누군가는 개인이나 공공 사원의 주문을 받고 화병에다 신화적 모티프를 그려 넣었고, 또 누군가는 개인의 축제나 공공의 축제를 위해 노래를 작곡했다. 이때 훌륭한 기예의 기준은 처음부터 확정되어 있었다. 거의 모든 그리스인이 〈아름답다〉고 느끼는 것에 뿌리를 둔 기준인데, 조화와 균형 잡힌 비율, 편안하고 쾌적한 질서가 그것이다. 이런 의미에서 헤라클레이토스(기원전 554?~483)는 기예들을 〈대립적인 것의 통일〉로 정의했다. 훗날 셸링이 부활시킨 바로 그 사고 모델이다.

어떤 고대 철학자들의 글에도 기예들이 조화를 이루어야 한다는 것을 부정하는 내용은 없다. 논쟁을 벌이더라도 어떤 작품이 어떤 기준에 따라 〈아름다운지〉를 두고 싸운 것이 아니라 한 대상 혹은 한 인간의 〈아름다움〉이 어디서 왔는지를 두고 싸울 뿐이었다. 아름다움의 기원은 이 지상일까, 신들일까? 고대 시인 호메로스(기원전 8세기)와 헤시오도스(기원전 700 또는 850?)에게 아름다운 것은 신들의 작품이자 신들의 작용이었다. 피타고라스(기원전 570?~510 이후)와 그 추종자들도 기예들 속에, 특히 음악 속에 천상의 힘과 합법칙성이 작용하고 있다고 생각했다. 그러나 그 기원이 천상이건 지상이건 미적인 것, 또는 기예들이 한 철학적 체계를 떠받치는 중심적 기둥 역할을 했던 적은 한 번도 없었다. 다만 예술의 향유가 폴리스 공동체에 어떤 긍정적 또는 부정적 영향을 끼쳤는지를 두고 여러 의견만 난무했을 뿐이다.

이와 관련해서 유명한 것이 플라톤(기원전 427~347)의 예술 비판이다. 이 대철학자는 아름다움에 대한 감각이 있었다. 특히 기하학적 형상과 인간, 이집트 사원들에서 말이다. 물론 그렇다고 기예들을 찬양하지는 않았다. 플라톤에게 아름다움은 선함과 밀접한 관계가 있었다. 심지어 미를 선의 하위 개념으로 종속시켰다. 진정한 아름다움은 〈영혼의 아름다움〉에 있기 때문이다. 플라톤이 중기 저술 시기에 〈이데아론〉을 발전시키고 대화편에서 그것들을 검증할 때 기예의 의미는 완전히 사라졌다. 건축을 제외한 모든 기예의 본질은 자연 모방이었다. 그런데 이 자연은 본래적이고 참된 것이 아니라 천상의 〈이데아〉를 졸렬하게 모사한 것에 지나지 않았다. 그렇다면 자연에 따라 작품을 형상화하는 예술가는 모조품을 다시 모조하는 것일 뿐이었다. 가치 없는 일이었다. 아니 오히려 해악을 끼칠 때가 많았다. 비극과 희극 작가들은 연극에서 인간의 걱정과 궁핍을 〈거짓으로〉 연출해 낸다. 그들은 진실을 놓치고, 관객들의 저급한 정서를 이용한다. 플라톤이 『국가』에서 소개한 이상 국가 칼리폴리스에서도 기예들은 별 가치가 없는 것으로 나온다. 세계의 방향 정립은 예술가가 아닌 철학자의 몫이다. 모든 예술은 국가에 복무하고, 국가를 찬양하고 기려야 한다.

플라톤에게는 아름다운 것만이 영적이고 천상의 것이지, 그것을 만들어 내는 수공업적 기예는 그렇지 않다. 그런데 이 견해가 고대의 주류는 아니었다. 오히려 더 대표적이었던 것은 아리스토텔레스(기원전 384~322)가 기예들, 특히 서사시와 비극에 대해 갖고 있던 생각으로 보인다. 그가 플라톤의 〈이데아론〉에 반기를 든 것은 『시학』(유감스럽게도 온전히 보존되어 있지 않다)에서만이 아니었다. 그의 생각을 풀면 이렇다. 시인은 자연을 모방하지 않고, 천상의 원형을 추구하지도 않는다. 대신 사물의 본질과 인간 행위의 본질적인 것을 형상화하려고 노력한다. 시인은 이상적인 행위 상황을 제시하면서 인간이 무엇인지에 대한 여러 가능성을 실험한다. 연극적 진리는 무언가 더 높은 것을 정확하게 모사하는 데 있지 않다. 진리는 인간의 보편적인 면을 유희적으로 표현함으로써 무대 위에서 생겨난다. 이로써 아리스토텔레스는 플라톤이나 다른 동시대인들과 마찬가지로 예술가에게도 도덕적 사명이 있다고 생각한다. 비극은 비탄éleos과 전율phóbos을 불러일으켜 관객의 영혼을 정화하는 것이 목표다. 여기서 아리스토텔레스가 사용한 〈카타르시스〉라는 말은 동시대인들이 종교적 제식(정화)과 의학(배설)을 통해 알고 있던 것이었다. 비극이 야기하는 것이 바로 그러한 정신적 육체적 정화 효과였다.

희곡에 관한 아리스토텔레스의 규칙들은 후대에 엄청난 영향을 끼쳤다. 물론 2,000년이라는 기나긴 공백기를 거친 뒤의 일이지만. 고대 후기와 중세에는 미에 대한 전혀 다른 해석, 즉 플로티노스(기원전 204~270)의 해석이 주류를 이루었다. 플라톤 신봉자인 그는 같은 생각을 하는 귀족들의 모임에서 자신이 플라톤 본연의 생각으로 해석한 영적 이론을 발전시킨다. 우리는 그를 륄과 쿠자누스를 비롯해 많은 르네상스 철학자들에게 영감을 준 신플라톤주의자로 기억한다. 플로티노스에 따르면 존재하는 모든 것은 우주적 〈일자〉에서 나온다. 그렇게 흘러나온 것 중에서 정신이 가장 높은 단계이고, 그다음이 영혼, 가장 아래가 물질적 사물이다. 이 유출은 본질적인 것에서 비본질적인 것으로 하강, 또는 순수한 것에서 저급한 것, 참된 것에서 비본래적인 것으로의 하강을 의미하기도 한다. 플로티노스는 아름다운 것에서 본질적인 것과 참된 것의 〈빛〉을 인식한다. 미적인 것, 참된 것, 선한 것은 하나다.

아름다운 것을 보면 우리는 세상 만물이 흘러나온 저 높은 무언가에 대한 예감을 갖게 된다. 이런 의미에서 미적인 것은 인식 기능이 있다. 감각적인 방식으로 우리에게 〈일자〉를 약간 느끼게 해주기 때문이다. 플라톤이 모든 기예를 비본래적인 것의 반영으로만 보았다면 플로티노스는 미적인 것에서 본래적인 것을 예감한다. 그가 플라톤의 예술 비판을 공감하지 않은 것은 놀랍지 않다. 〈일자〉를 인식하기 위한 구원의 길은 철학적 명상을 통해서만 가능하지만, 예술은 자신의 제한적 수단으로 본래적인 것과 참된 것의 현존을 드러내는 데 기여할 수 있다고 생각했기 때문이다.

플로티노스는 기독교의 발전 과정에서 막대한 역할을 했다. 기독교에는 고대 오리엔탈의 내세관과 신플라톤주의적 구원 철학이 불가분의 관계로 녹아 있다. 이 철학사 1권에서 언급했듯이, 이 과정에 결정적으로 기여한 사람은 6세기 초 스스로를 디오니시우스 아레오파기타라고 부른 남자였다. 신플라톤주의적 사상이 기독교 안으로 유입된 데에는 특히 그의 역할이 컸다. 플로티노스와 마찬가지로 중세 기독교인들도 미적인 것의 빛 속에 신의 선하고 참된 작용이 있음을 깨달았다. 이런 깨달음을 위해 교회 장식의 수단으로도 높이 평가받아 온 회화가 문맹자들에게 성서 이야기를 쉽게 들려주는 교육적 과제를 떠맡게 되었다. 중세 내내 성직자들은 신에게서 영감을 받은 그런 그림들의 아름다움을 높이 샀다. 파리 생 드니 수도원의 쉬제(1081~1151) 원장은 새 수도원 성당을 짓게 하면서 거대한 창문으로 조화로운 빛이 한가득 들어오게 했다. 아우구스티노 수도회의 생 빅토르 리카르두스(1110?~1173) 수사는 기독교 성화(聖畫)에 침잠하는 가운데 인간에게 가능한 최고의 인식에 도달했다. 도미니크회의 울리히 폰 슈트라스부르크(1220?~1277)는 『미에 관하여*De pulchro*』에서 세계가 그 가장 깊은 내면에서는 아름답다고 묘사했다. 아름다움과 완전함은 단순히 신적인 것이 아니라 신에 의해 창조된 모든 사물들의 근원적 특질이기도 했다. 하지만 일부 고위 성직자들은 현세적 사물들의 아름다움에 경탄하게 되면 피안의 세계를 소홀히 할 위험에 빠진다고 생각했다. 이런 측면에서 보자면,

중세 기독교 예술은 미의 감각적 체험과 겸허한 순종 사이의 지속적 긴장 관계 속에 있었다.

규칙인가, 미적 취향인가?

르네상스에서 예술 이해가 바뀌었다는 것은 이미 레온 바티스타 알베르티와 관련해서 언급한 바 있다. 이탈리아의 상업 도시들에서는 돈 많은 시민 계급이 교회와 경쟁적으로 예술 작품을 주문했다. 웅장한 궁전, 화려한 프레스코 벽화, 수준 높은 초상화에 대한 신흥 부자들의 욕구는 건축가와 화가, 조각가의 직업을 매력적인 것으로 만들어 주었다. 이제 건축가와 조각가는 고대의 비율을 모범으로 삼았고, 화가에게도 〈진리〉는 더 이상 신적인 빛이 아니라 오직 자기만의 고유한 진리, 즉 미술 작품 자체를 통해 생성된 진리로 대체되었다. 천 년 동안 오로지 종교에만 복무해 왔던 것이 이제야 종교에서 해방된 것이다. 알베르티가 생각하는 예술가는 신이 아니라 인간을 찬미했다. 또한 인간에게 그들의 가능성을 보여 주고, 인간 영혼의 깊이를 재고, 영혼의 움직임을 표현했다. 그 밖에 건축가들이 고안한 이상적 도시들은 시민들에게 더 나은 삶을 가능하게 했다. 물론 소규모 수공업자나 농민에게는 해당되지 않는 이야기였지만.

르네상스의 예술 체계는 새로운 규칙에 따라 움직였다. 물론 현실 예술가는 알베르티가 소망한 것만큼 그렇게 자유롭지는 않았지만 말이다. 알브레히트 뒤러(1471~1528)나 미켈란젤로(1475~1564) 같은 소수의 사람만이 그 이상에 가까웠다. 그들 같은 예술가는 미적인 것을 더는 신의 본질적 특성으로 보지 않고 자연의 속성으로 보았다. 그래서 레오나르도 다빈치는 자연의 형태와 현상들에서 미적인 것의 〈법칙〉을 찾으려 했다. 아름다움을 만들어 내는 건 신적인 빛이 아니라 이상적인 비율과 빛의 상황이다. 어쨌든 화가의 〈상상력〉이 그것을 드러나게 했을 경우에 말이다. 그럼에도 아름다움이 무엇인지에 대한 물음(자연의 산물인가, 신의 빛인가?)은 여전히 이런저런 식으로 대답할 수 있었다. 그건 마르실리오 피치노의 아름다움에 대한 찬양만 떠올려 봐도 알 수 있다. 열렬한 신플라톤주의자였던 그는 아름다움의 기원이 여전히 사물 자체가 아닌 천상에 있는 것으로 보았다. 예술 이론가 조반니 피에트로 벨로리(1613~1696)도 같은 생각이었다. 자연의 참된 관찰을 자연 연구와 측정의 결과가 아닌 영적인 결과로 여긴 것을 보면 말이다.

고대에서 18세기까지 예술에 대한 글을 쓴 사람은 미의 본원이 어디에 있는지를 규정하고자 했다. 미와 예술에 대한 그런 이해는 존재론적이다. 미가 존재한다는 데서 출발하기 때문이다. 그렇다면 그건 어디서 오는 것일까? 미를 밖으로 드러내려면 예술 수공업자들은 무엇을 해야 하는가? 미 〈그 자체〉가 존재한다고 생각하는 사람은 화가와 조각가, 건축가, 음악가, 시인 속에서 산파의 역할만 본다. 알베르티와 르네상스 화가들이 아무리 독창적 상상력과 발명력을 근거로 예술가들을 예찬하더라도 화가나 건축가 같은 사람들은 미를 만들어 내는 것이 아니라 끄집어내는 것일 뿐이라는 것이다.

그렇다면 예술에 관한 모든 서적이 예술 수공업자들에게 규칙을 가르치려고 한 것은 놀랍지 않다. 그런 점에서 르네상스 시대의 논문들과 바로크의 규칙서들도 〈포이에티케poietike〉, 즉 미적인 것을 끄집어내기 위한 지침이다. 미를 어떻게 제작할 것인지는 규범적으로 확정되어야 했다. 고대에서 시작된 규칙들은 18세기에 이를 때까지도 본질적인 변화 없이 계속 이어졌다. 즉,

미적인 것을 만들기 위해서는 이상적인 비율을 찾고, 작품을 조화롭게 형상화해야 한다는 것이다. 그건 문학이건 건축이건 회화이건 모두 다 마찬가지다. 음악가 레오냉(1150?~1201?)과 페로탱(1160?~1220?)이 작곡한 다성 성가를 부르는 노트르담 대성당의 성가대도 수학 규정과 정해진 규칙을 따랐다. 르네상스와 바로크 시대도 상황이 다르지 않았다. 이때는 아리스토텔레스의 모방 이론이 주도권을 잡았다. 자연에 일치하면서, 그에 상응하는 곡조와 음악적 상징, 음형 이론, 감정 이론으로 넘어가는 것이 아름다운 음악이었다.

문학과 수사학도 모방으로 미를 생산해 낸다는 사실은 율리우스 카이사르 스칼리게르(1484~1558)의 『창작술에 관한 일곱 권의 책*Poetices libri septem*』에서 읽을 수 있다. 이 이탈리아 인문주의자는 고대와 당대에 대해 자신이 알고 있는 모든 것을 모아 구속력 있는 규범집으로 편찬했다. 카타르시스 이론보다 그가 더 선호한 것은, 문학은 우리에게 즐거움과 유익함을 선사해야 한다는 호라티우스(기원전 65~8)의 견해였다. 스칼리게르는 서사시를 비극보다 더 높이 쳤고, 운문 형식을 문학 작품의 기준으로 정의했다. 그에게 영향 받은 슐레지엔의 마르틴 오피츠와 프로이센의 요한 크리스토프 고트셰트(1700~1766)는 훗날 독일 창작술을 위한 규칙서를 썼다.

그런데 17세기에서 18세기로 넘어가는 전환기에 벌써 엄격한 규칙서에 대한 논란이 일기 시작했다. 세상을 떠들썩하게 했던 첫 문학 논쟁은 〈신구 논쟁(新舊論爭)〉이었다. 작가 샤를 페로(1628~1703)는 루이 14세를 찬양하는 「루이 대왕의 세기Le Siècle de Louis le Grand」라는 시를 써서 왕의 통치 시대를 아우구스투스 황제의 통치 시대에 비교했다. 그의 동료들은 격분했다. 이 시대가 정말 고대와 대등하다고? 곧 피아의 전선이 확연하게 갈렸다. 단순한 예술 이해 이상의 것이 걸린 문제였다. 어떤 사람들은 보수적 신조에서 고대를 옹호했다. 반면에 또 어떤 사람들은 고대 예술을 원래 기독교 예술보다 높이 쳤기 때문에 그리스 신전과 동상, 문학의 아름다움에 열광했다. 이 입장이 가톨릭교회와 그 동조자들을 근대 편으로 돌려 세우게 했다. 이교도의 예술을 이상으로 숭배하는 것은 결코 있을 수 없는 일이라는 것이다. 이 논쟁은 곧 다른 나라들로도 퍼졌다. 특히 영국에서의 싸움이 거셌는데, 여기서의 논쟁은 스위프트가 표현한 것처럼 책들의 전쟁Battle of the Books이라는 이름으로 역사에 올랐다. 18세기 말에도 레싱과 헤르더, 실러, 프리드리히 슐레겔은 이 논쟁에 대한 자신들의 입장을 내놓는다.

신구 논쟁보다 더 큰 파장을 일으킨 것은 다른 논쟁이었다. 프랑스 신부 장바티스트 뒤보스(1670~1742)는 예술에 대한 규정을 더 이상 이론가들에게 맡겨서는 안 된다고 생각했다. 대신 예술에 대한 판단을 예술가 자신과 대중의 취향에 맡겨야 한다고 주장했다. 이 요구의 폭발력은 엄청났다. 뒤보스가 1719년 세간의 권위 있는 규칙서들을 공격할 당시의 프랑스는 절대주의 왕정의 절정기에 있었다. 이런 시대의 예술은 질서 정연한 바로크식 정원이나 엄격한 형식을 갖춘 음악과 건축, 그리고 장르별로 세밀하게 규정된 회화 속에서 이 통치 형태를 감각적으로 표현해내는 것이어야 했다. 그런데 문학과 회화의 일차적 목표가 대중의 〈마음에 들고〉 대중에게 〈감동을 주는〉 것이어야 한다니! 실로 혁명적인 생각이었다. 왜냐하면 통치자들에게 예술은 신민의 통치와 보편적 질서의 예증에 쓰이는 도구에 불과했기 때문이다.

느낌, 감수성, 미적 취향이 예술의 아름다움을 결정하는 새로운 기준으로 떠올랐다. 영국의 섀프츠베리는 미를 느끼는 것에 아주 높은 지위를 부여했다. 그에게 미에 헌신하는 것은 의무이자 도덕적 계명이다. 우리를 도덕적인 행동으로 이끄는 것은 신이 아니라 아름다움이기 때문이다. 미에 민감한 인간은 그에 걸맞은 아름다운 영혼을 소망한다. 신플라톤주의 사상의 세례를 받은 섀프츠베리는 선함과 아름다움이 동일한 원천에서 흘러나온다고 보았다. 내면의 소리에 귀를 기울이는 사람은 도덕과 미에 대해 깊은 욕망을 느낀다. 감수성이 예민한 사람은 예술가로서 자기 삶을 스스로 형성해 나가고 정돈하고, 늘 삶의 균형을 잡으려 애쓴다. 삶의 기술이라는 것이 자기 자신을 만들어 나가고 연마하는 것이 아니면 무엇이겠는가? 그렇다면 모든 인간은 미적인 것에 마음이 열릴 수 있도록 섬세한 감각을 벼리는 일이 시급하다. 왜냐하면 영국의 이 멋쟁이에게는 미와 도덕성 안에서의 〈조화로운〉 삶만이 바람직한 목표였기 때문이다.

섀프츠베리가 주장한, 도덕적 표현으로서 미의 예찬은 온 유럽의 남녀를 매료시켰다. 프랑스의 몽테스키외는 인간이 고대의 모범에 따라 미를 향유할 수 있을 정도로 감수성이 풍부하다는 주장에 열광했다. 그는 『백과전서』에서 〈미적 취향〉 항목을 썼는데, 그것을 이성의 중요한 보완책으로 간주했다. 이성이 세계를 정리할 때면 미적 취향은 우리를 어떤 것에 감격하게 만든다. 대조와 놀람은 문학과 회화에서 도취와도 같은 만족감을 야기할 수 있다. 물론 함축적인 예술 작품 속에 모든 것이 철저하게 계산되었을 경우에만. 핵심을 추리면 이렇다. 미적 취향 없는 이성은 단조롭고, 이성 없는 미적 취향은 근거가 빈약하다.

디드로도 마찬가지로 섀프츠베리에게서 영향을 받았다. 〈진리〉에 이르는 아주 독특한 통로가 예술에 있다는 것은 그에게도 확실했기 때문이다. 그러나 섀프츠베리의 신플라톤주의적 사변으로는 할 수 있는 것이 많지 않았다. 예술의 진리는 천상의 영역이 아니라 지상의 삶과 얼마나 가까운지에 따라 결정되어야 했다. 디드로는 오로지 계몽적 기준에 따라 그림과 연극의 좋고 나쁨을 판단했다. 그가 볼 때, 일상적 삶에 초점을 맞춘 채 실존적인 것과 사회적인 것을 아주 인상적이고 감각적인 방식으로 전달하는 것이 좋은 그림과 좋은 연극이었다. 이런 관점에서 디드로는 루브르궁의 살롱전을 비롯해 대규모 미술 전시회를 평가하고 희곡을 썼다. 이 희곡들은 〈시민 비극〉이라는 이름과 함께 비극과 희극 사이의 새로운 장르를 만들어 냈다. 이제 귀족 문화의 전형적인 수법과 양식은 최대한 사실적 그림과 연극으로 대체되어야 했다. 디드로를 통해 시민적 일상과 생업의 풍경이 무대에 올랐다. 물론 훗날 레싱의 작품보다는 기술적으로 훨씬 떨어졌지만. 디드로의 연극 혁명이 후대에 성공을 거둔 것은 그의 작품이 아니라 연극 이론을 통해서였다.

〈미학〉의 발명

디드로가 파리에서 자신의 첫 철학서를 쓰는 동안(처음엔 아직 자연 연구와 지각에 관한 연구에 머물러 있었다) 1,000킬로미터 떨어진 프랑크푸르트 오데르*에서는 하나의 철학 혁명이 일어났다. 처세에 능하면서 속을 알 수 없는 디드로와 베를린에서 고아로 성장한 조용한 고틀리프 알렉산더 바움가르텐(1714~1762)만큼 인간적으로 큰 차이가 있을까? 그럼에도 두 사람은 각각 나름의 방식으로 스스로를 혁명가라고 생각했다. 디드로는 연극에서, 바움가르텐은 철학적 고찰 방식에서. 오늘날 우리가 〈미학〉에 대해 말하고, 그것을 미에 대한 지각의 의미로 받아들이는 것은

* Frankfurt an der Oder. 폴란드와 인접한 동독의 작은 도시. 서독의 유명 도시 프랑크푸르트 암 마인(마인 강변의 프랑크푸르트)과 구분해서 프랑크푸르트 안 데어 오데르(오데르 강변의 프랑크푸르트) 또는 프랑크푸르트 오데르라고 부른다.

모두 바움가르텐 덕분이다. 게다가 거기서 하나의 독특한 철학 분과가 생겨나게 된 것도 그를 빼놓고는 생각할 수 없다.

청년 바움가르텐은 크리스티안 볼프의 제자였다. 그런데 스승의 체계에 있는 빈틈을 일찍이 발견했다. 감각적인 인식, 그러니까 합리적이지 않은 인식은 없는 것일까? 그는 1735년의 박사 학위 논문에서 이 문제를 깊이 파고들었다. 라이프니츠도 동물에게 유사 이성, 그러니까 우리의 이성을 닮은 인식이 있다고 말하지 않았던가? 그렇다면 그런 감각적 인식이 왜 동물에게만 가능할까? 우리 인간에게도 있지 않을까?

바움가르텐은 1750년 프랑크푸르트 대학의 교수로 재직하면서 『미학*Aesthetica*』 1부를 발표했다. 인간의 감각적 인식력을 다룬 책인데, 고대 그리스어로 아이스테시스aisthesis는 〈지각(知覺)〉이라는 뜻이었다. 그래서 칸트도 〈초월 미학〉을 우리가 무언가를 감각적으로 파악하는 조건들로 이해했다. 하지만 바움가르텐은 〈미학〉 개념을 확장했다. 나중의 칸트와 달리 바움가르텐은 감각적 인식도 진리에 이르는 직접적인 통로로 여겼다. 감각적 인식은 모든 인식의 선(先)조건에 그치는 것이 아니라 나름의 고유한 인식을 만들어 낸다. 사실 데카르트와 라이프니츠, 볼프는 이 〈하위 인식력〉을 별로 신뢰하지 않았다. 감각이 전달하는 것은 착각일 가능성이 높다는 것이다. 바움가르텐은 그에 대해 전적으로 반박하지는 않는다. 다만 우리의 감각에도 고유한 〈법칙성〉과 잠재적 인식력이 있다고 생각했다.

바움가르텐의 포부는 컸다. 감각적 인식에 관한 학문을 구축하는 것이 목표였다. 그에게 최고의 진리는 일체를 아우르는 형이상학적 진리였다. 우리 인간에게는 그것에 다가갈 수 있는 두 가지 방법이 있었다. 하나는 논리적 진리의 세계, 즉 개념의 세계였고, 다른 하나는 미적 진리, 즉 감각적 지각의 세계였다. 데카르트 이후 진리를 세우는 유일한 길로 인정받아 온 논리학이 왜 바움가르텐에게는 충분치 않았을까? 이유는 분명하다. 논리학은 〈보편적 개념들〉만 다루기 때문이다. 모든 개념은 하나의 추상이자, 어떤 대상을 특별하게 만드는 모든 개별성의 〈배제〉이다. 보편적인 개념일수록 현실의 골격에 살을 붙이는 지방 조직은 점점 사라진다. 그래서 합리적 인식은 뼈만 남은 인식으로서 거기엔 삶의 충만함과 〈가늠할 길 없는 다채로움〉이 없다. 바움가르텐이 『미학』에서 감각과 직관, 판타지, 기억, 정신, 미적 취향을 연구한 것도 그 때문이다. 이 모든 감각적 인식력이 최상으로 발휘되는 곳이 예술 말고 어디에 있겠는가? 시를 쓰고, 그림을 그리고, 수사학적 능력이 뛰어난 사람에게는 강렬한 판타지와 훌륭한 기억력, 좋은 미적 취향의 소인이 필요하다. 바움가르텐은 자신이 몰랐던 섀프츠베리처럼 학습과 훈련으로 인간을 미적으로 교육시키고 싶어 했다.

감성적 인식력을 완전한 단계까지 연마하는 데 성공한 사람은 〈아름다움〉을 소유하게 된다. 이러한 개념 정의는 완전히 새로운 것이었다. 서양 사상가들이 2,000년 넘게 미의 근원을 신이나 물 자체에서 찾으려고 생고생을 했다면 바움가르텐은 미를 인간의 의식 속으로 옮겨 놓는다. 무언가를 감각적으로 최대한 완벽하게 이해할 때 나의 내면 상태는 아름다움으로 체험된다. 그러니까 미는 현상의 질이 아니라 내 영혼의 상태다. 이는 상응하는 영혼 상태에서 무언가를 창조해 내는 예술가에게 해당되고, 마찬가지로 예술 작품에 의거해서 자기 내면의 아름다움을 인식하는 독자나 관객에게도 해당된다.

좋은 문학과 좋은 그림은 우리의 영혼을 어루만지고, 우리의 감각적 인식력을 단련시킨다. 또한 바움가르텐의 표현을 그대로 빌리자면 〈아름다운 사고〉를 가능케 한다. 그것을 위해 예술이

해야 할 일은(바움가르텐이 언급하는 예술은 주로 문학을 가리킨다) 예나 지금이나 동일하다. 예술은 조화롭고 균형 잡혀 있어야 할 뿐 아니라 모든 것이 서로 〈완벽하게〉 맞아떨어질 수 있도록 〈조합되어야〉 한다는 것이다. 기호(단어, 색채, 소리)는 세계 속의 본보기에 따라 질서 있게 배열되고 서로 간에 조화를 이루어야 한다. 이런 방식을 통해서만 기호들은 〈풍부함〉과 〈위대함〉, 〈진리〉, 〈명확성〉, 〈확실성〉을 만들어 낸다. 이런 관점에서는 바움가르텐과 선행자들 사이에 별 차이가 없었다. 다만 예술 장르별로, 예를 들어 문학, 회화, 음악별로 따로 규칙을 제시하지는 말아야 한다는 요구는 새로웠다. 다시 말해, 그의 〈법칙들〉이 〈마치 밤하늘에서 방향을 정해 주는 별처럼 (……) 모든 자유로운 예술 장르〉에 통용되어야 한다는 것이다.[216]

바움가르텐의 〈법칙들〉은 본인의 기대와는 달리 보편적인 규칙서가 되지 못했다. 하지만 1758년에 2부까지 마저 출간된 그 작품과 함께 미학은 이제 근대 철학 체계에서 확고한 자리를 얻게 되었다. 그가 1762년 프랑크푸르트 오데르에서 결핵으로 숨졌을 때 스물여덟 살의 에드먼드 버크는 이미 5년 전에 런던에서 『숭고함과 아름다움의 이념적 기원에 관한 철학적 고찰*Philosophical Enquiry into the Origin of Our Ideas of the Sublime and Beautiful*』이라는 얇은 책을 발표했다. 버크는 미적 경험에서 어떤 감정이 생기는지 궁금해 했다. 그가 미에 대해 쓴 내용은 무척 관습적이었다. 아름다운 것은 밝고 섬세하고, 즐거움을 주고, 사랑과 공감의 감정과 연결되어 있다는 것이다. 그런데 버크는 완전히 다른 미적 경험도 있다는 사실에 관심을 보이며 불안해한다. 사실 공포와 두려움도 우리를 미적으로 사로잡고, 황홀감에 빠뜨리지 않는가! 버크와 함께 그사이 잊고 있던 고대의 한 단어가 미학의 세계로 다시 들어왔다. 〈숭고함the sublime〉이 그것이다. 크고 거칠고 어둡고 육중한 것은 우리를 끌어당기고, 우리의 경험을 깨부수고, 우리의 오성에 과도한 요구를 하고, 우리의 감각을 압도한다. 다만 섬뜩한 번개와 거센 폭풍, 깎아지른 절벽도 개인적 위험을 전혀 느끼지 않는 관찰자에게는 즐거움을 안겨 줄 수 있다.

숭고함은 고전주의와 고전주의자들의 미학과는 하나가 될 수 없었다. 왜냐하면 조화로운 질서가 아니라 그것의 일시적 상실이 우리에게 기분 좋은 전율을 일으키기 때문이다. 버크가 볼 때 〈숭고한 것〉은 우리의 자기 보존을 도발적으로 자극하기에 우리를 압도한다. 그것은 자연 존재로서의 우리 자신과 대면하게 한다. 숭고한 느낌은 실존적 경험이고, 그와 함께 우리가 갖고 있는 가장 강력한 감정이다.

미적 판단

이 생각은 마흔 살의 칸트를 매료시켰다. 그가 버크의 생각을 알게 된 것은 멘델스존의 요약본을 통해서였다. 칸트는 1764년 모디텐의 한 산림지기 집에서 『미와 숭고의 감정에 관한 고찰*Betrachtungen über das Gefühl des Schönen und Erhabenen*』을 썼다. 자연에 대해 그가 숭고한〉 감정을 갖고 있었던 것은 잘 알려져 있었지만, 지금껏 그걸 글로 풀어낸 경우는 드물었다. 그러다 1790년 고령의 나이에 『판단력 비판』을 출간했을 때 다시 그 문제로 돌아갔고, 〈미적 판단력〉에 관한 성찰에서 버크처럼 미와 숭고를 나누어 연구했다.

앞서 설명했듯이 『판단력 비판』의 주제는 우리가 사유를 통해 어떻게 세계 속에서 방향을 잡아 나갈 것인가 하는 문제였다. 우리는 우리에게 나타나는 것을 개념으로 정립한다. 그때 세계가 우리에 의해 이해되기 쉽게 구축되어 있다고 상상한다. 우리에게 〈지침〉이 되는 것은 세계가 합목적적이라는 생각이다. 일부 선택된 대상들의 경우 그렇게 생각하는 것은 특히 쉽다. 〈조화롭고〉 〈균형 잡힌〉 대상이라면 말이다. 이 경우 사물들의 〈합목적성〉은 우리에게 감각적으로 전달되고 우리 속에서 즐거움을 불러일으킨다. 그래서 우리는 자연이나 예술 속의 이런 대상을 〈아름답다〉고 부른다. 그렇다면 미는 감각적 합목적성에 다름 아니다. 그것도 어떤 형태의 실용적 목적도 없는 합목적성이다. 아름다운 풍경에 무슨 실용적 목적이 있겠는가? 교향곡이나 그림처럼 의도적으로 생산된 미조차 아름다운 것 외의 다른 목적은 없다. 이런 측면에서 칸트는 미를 〈목적 없는 합목적성〉으로 정의했다.

그런데 이 말은 우리가 그사이 아는 칸트에 따르면, 풍경이나 예술 작품 자체가 〈객관적으로〉 아름답다는 뜻이 당연히 아니다. 바움가르텐과 비슷하게 칸트에게도 미는 대상 속에 있는 무언가가 아니라 우리가 어떤 대상에 의거해서 우리 속에서 느끼는 무엇이다. 우리가 뭔가를 아름답다고 경험할 경우 우리의 상상력과 오성은 〈자유로운 유희〉에 빠진다. 우리의 상상력은 그 대상을 확정적으로 판단하는 대신 대상에서 떨어져 나와 오성으로 방향을 돌려 묻는다. 그러면 오성은 다시 상상력으로 하여금 나래를 펴게 한다. 아름다운 것 속에 있는 아름다움은 개념화할 수 있는 것이 아니기 때문이다. 내가 〈저 책상은 둥글다〉라고 말할 경우 판단은 완전히 내려진 것이다. 그러나 〈책상이 아름답다〉고 말할 경우 그것으로 아름다움이 파악되거나 확정된 것은 아직 아니다. 아니, 정반대다. 내가 아름답다고 느끼는 대상은 나로 하여금 자신에게 머물며 최종 결과 같은 건 생각지 말고 그저 〈자유로운 유희〉 속에서 자신과 즐거운 시간을 보내자고 손짓한다. 그런 점에서 아름다운 것은 우리 속에 〈어떤 이해관계도 없는 만족감〉을 불러일으킨다. 이해관계가 없는 것은 어떤 실질적 의도도 따르지 않기 때문에 가능하다. 이런 의미에서 예술은 자율적이다. 나는 내 인식력, 즉 상상력과 오성이 자유로운 유희 속에서 즐거움에 겨워 자기 자신을 인식하기에 만족감을 느낀다.

칸트는 포괄적인 예술 이론을 만들지 않았다. 개인적으로 예술 작품에 감동하는 경우도 매우 드물었다. 이를테면 안티-디드로이다. 칸트의 마음에 더 깊이 다가온 건 예술의 아름다움이 아니라 자연의 아름다움이었다. 예술이란 자연이 아름답게 드러내는 것을 그저 모방한 것에 그치지 않는가? 인간이 생산한 미의 예를 들 때도 교향곡이나 문학 작품이 아니라 양탄자나 건축물의 장식 무늬를 언급했다. 그럼에도 미학사에서 칸트가 차지하는 의미는 막대하다. 그는 미적 판단을 이루는 것으로 보이는 구조들을 이전의 그 어떤 사람보다 더 깊고 정확하게 기술했다. 상상력과 오성은 미적 취향의 판단 속에서 자유롭게 노닐며 흥겨운 자기 인식에 빠진다. 그에 필요한 것은 우리의 반성적 판단력을 작동시키는 합목적적 대상이면 충분하다.

그런데 숭고의 개념에서는 칸트도 버크와 비슷한 어려움에 봉착한다. 칸트가 볼 때도 숭고한 것은 조화와 균형과는 거리가 멀었기 때문이다. 그럼에도 우리는 왜 그것에서 즐거움을 느낄까? 그 설명에서 칸트는 흡사 자기 자신을 뛰어넘는 듯한 모습을 보인다. 버크와 마찬가지로 그는 숭고한 것을 두 유형으로 구분한다. 역동적 숭고와 수학적 숭고가 그것이다. 전자에 속하는 것은 〈위협하듯이 아슬아슬하게 걸려 있는 암벽, 천둥 번개를 치면서 집어삼킬 듯이 불어나는 먹구름, 파괴욕으로 눈먼 괴물처럼 폭발하는 화산, 세상을 초토화하는 폭풍, 무한한 바다, 거대한 강의 우람한 폭포 같은 것들이다.〉[217] 후자에 속하는 것은 현기증을 야기하는 낭떠러지나 엄청난 거리처럼 어마어마한 공간적 차원이다. 이런 모든 과정과 풍경은 인간의 상상력에 과도한 부담을 준다. 우리는 그것들을 이해할 수 없고, 그것들은 우리에게 엄청난 위압감을 안긴다. 때문에 우리는 원래 이것들을 쾌감이 아니라 강한 불쾌감으로 느껴야 한다. 천둥 번개를 동반하는 폭풍이나 아찔한 낭떠러지는 우리가 적절히 이해하고 호감을 느끼기엔 결코 합목적적이지 않다.

다시 한번 정리해 보자. 우리는 왜 이런 〈섬뜩한 것들〉에 경악스러운 희열로 반응할까? 그로 인해 우리 자신의 목숨이 위협받지 않을 경우에 말이다. 칸트는 이렇게 답한다. 그건 역동적 숭고 속의 한계를 뛰어넘는 것과 수학적 숭고 속의 무한한 것이 우리 속에서 무언가(여기선 이성을 가리킨다)를 건드리기 때문이라는 것이다. 우리는 칸트가 이성을 절대적인 것을 추구하고 자유와 초월적인 것을 지향하는 능력으로 규정한 것을 기억한다. 그 때문에 이성은 현실의 확고한 토대를 넘어 절대적인 것으로 이어지는 〈규정적 이념〉을 구상한다. 그렇다면 자연의 장관과 어마어마한 차원이 우리에게 파악할 수 없는 것과 무한한 것에 대한 예감을 불러일으킬 경우 우리는 그와 똑같은 체험을 하지 않을까? 물론 여기서 우리가 관계하는 것은 규정적 이념이 아니라 미적 이념이다. 이 이념은 〈많은 생각〉을 불러일으키지만 〈어떤 특정한 생각, 즉 어떤 개념도 그에 적합하지 않고, 그래서 언어로는 완전히 포착할 수도 파악할 수도 없는〉[218] 이념들을 가리킨다. 우리의 이성이 감각적으로 포착될 수 없는 이념을 생각하는 동안 우리의 상상력은 오성이 이해할 수 없는 이념을 구상한다.

두 이념의 커다란 공통점은 오성을 뛰어넘는다는 데 있다. 숭고한 것을 만나면 우리는 자연을 합목적적이라고 생각하지 않으면서 미의 경우처럼 상상력과 오성을 다독거려 준다. 우리는 자연을 〈이념의 표현〉[219]이라고 생각하고, 그와 함께 우리의 이성을 움직인다. 자연의 감각적인 어마어마함은 우리의 이성이 추구하는 어마어마함과 상응한다. 바로 그 때문에 자연의 어마어마함은 우리의 마음을 즐거운 방식으로 뒤흔든다. 상상을 넘어서는 이런 무한함과 어마어마함은 자연뿐 아니라 우리 속에도 있다. 칸트는 여기서 별이 총총한 밤하늘에 대한 경외감과 도덕 법칙에 대한 경외감 사이의 커다란 공통점을 발견한다.

실러는 아름다움과 숭고함에 대한 칸트의 설명에 열렬한 찬사를 보낸다. 그래서 그의 책 『인간의 미적 교육에 관한 일련의 편지*Über die ästhetische Erziehung des Menschen in einer Reihe von Briefen*』(1795)와 『숭고함에 관하여*Über das Erhabene*』(1801)에서는 칸트의 냉철한 분석은 율동적 산문으로 변하고, 아울러 자기 세계의 유희적 창조자로서 인간에 대한 격정적인 열광으로 승화한다. 왜냐하면 〈인간은 놀 때만 오롯이 인간〉이라는 실러의 유명한 말에서 〈논다〉는 말은 곧 〈자유로운 예술〉 속에서 만들고 형상화한다는 뜻이기 때문이다. 하지만 숭고함에 대한 실러의 이런 열광적인 찬사에도 불구하고 이 개념은 시간이 지나면서 차츰 빛이 바랜다. 숭고의 개념이 역사 속에서 다시 끄집어내진 것은 1980년대 말 프랑스 철학자 장 프랑수아 리오타르(1924~1998)에 의해서다. 그는 이렇게 묻는다. 모든 현대 예술은 아름다움이 아니라 숭고의 정신을 따르지 않을까? 예술을 통한 도발과 당혹, 충격은 현대적인 수단으로 속행하는 숭고의 정신이 아닐까?

예술의 진리

칸트는 우리가 아름답고 숭고하게 느끼는 것들에 찬사를 보냈다. 그런 대상이나 사건들은 우리의 마음을 움직이고, 즐거움을 안기고, 우리의 정신적 능력 속에서 우리 자신을 체험하도록 돕는다.

그러나 칸트는 인간의 예술 작품보다 자연을 선호했다. 게다가 바움가르텐과는 달리 예술에서는 〈진리〉에 이르는 특별한 통로를 찾지 못했다.

칸트의 고찰이 아무리 인상적이라고 해도 이 지점에서 그의 의견을 따르는 사람은 별로 없었다. 예를 들어 실러에겐 자연의 아름다움보다 예술의 아름다움이 훨씬 중요했다. 인간은 예술 속에서 미적으로, 도덕적으로 자신을 실현하기 때문이다. 헤르더에게도 〈이해관계 없는 만족〉만으로는 너무 부족했다. 그가 볼 때 인간은 예술에서 더 많은 것, 그러니까 인간의 본래적인 것을 찾기 때문이다. 반면에 칸트의 미학은 그에게 외형적 장식에만 열광하는 형식주의로 비쳤다. 사실 예술 작품에서 중요한 건 깊은 감정과 다채로운 정신생활, 사회적 배경일 텐데 말이다.

셸링의 비판도 똑같았다. 예술의 아름다움은 자연의 아름다움만큼이나 중요하다. 둘 사이에 본질적인 차이는 없다. 예술이 아름다운 것은 우리의 정신이 예감만 하고 완전히 이해하지는 못하는 것에 대한 감각적인 표상을 제공하기 때문이다. 실러에게 그 표상의 대상은 도덕적인 것이었고, 헤르더에게는 인간의 본질이었고, 셸링에게는 절대적인 것이었다. 〈무한한 것을 유한하게 표현한 것이 아름다움이다.〉 셸링의 『초월적 관념론 체계』에 나오는 유명한 문장이다. 그와 함께 그는 중세 후기까지 예술을 신적인 것의 매개체로 본 신플라톤주의의 전통을 소생시켰다. 칸트와 이보다 더 큰 차이는 생각하기 어려워 보인다. 늙은 칸트가 볼 때 예술은 기껏해야 즐거움만 안겨 줄 뿐 절대 진리에 대해서는 아무것도 알려 주지 못하기 때문이다. 그러나 셸링의 예술 철학은 19세기 초 독일 대학생들의 영혼에 깃든 낭만주의 정신에 딱 들어맞았다. 1802년 예나에서건, 1803년 뷔르츠부르크에서건, 아니면 1807년 뮌헨에서건 미적 진리의 전도사 셸링은 항상 열광적인 환영을 받았다.

헤겔도 셸링에게 깊은 인상을 받았다. 두 사람은 완전히 다른 길을 걸었음에도 예술 철학에서는 비슷했다. 둘 다 바움가르텐의 머릿속에 어른거린 감각적 인식론 이상의 것을 원했다. 또한 칸트가 설명한 특정한 유형의 판단, 그러니까 미적 취향의 판단 그 이상을 설명하고 싶었다. 헤겔은 셸링과 마찬가지로 예술에서 〈절대적인 것〉이 반짝거리는 것을 보았고, 그런 관점에서 예술의 사회적 의미를 생각했다. 그건 헤겔의 글로 추정되지만 셸링이나 횔덜린 것일 수도 있는 『독일 관념론의 가장 오래된 체계 구상』을 떠올려 봐도 알 수 있는데, 거기선 미의 이상이 다른 모든 이상의 합일체로 찬양되고 있다.

칸트는 예술을 사회적으로 아무 의미가 없는 것으로 여겼다. 반면에 셸링에게 예술은 아주 섬세한 부분 하나하나까지 격정으로 가득 차 있었다. 그렇다면 헤겔에게 예술은 무엇일까? 그의 철학 체계에서 예술은 근본적으로 어떤 위상을 갖고 있을까? 그는 19세기 초의 사회에서 예술에 어떤 구체적인 의미를 부여했을까?

원칙적으로 보면 헤겔은 셸링과 생각이 비슷했다. 예술은 정신이 단순히 예감만 할 수 있는 것을 감각적으로 드러낸다. 종교가 절대적인 것에 대한 불명료하지만 감각적인 상을 제공한다면 그건 예술도 마찬가지다. 둘 다 원래는 철학의 몫으로 맡겨져 있던 것을 비학문적인 방식으로 경험하게 해준다. 즉, 절대 인식의 세계로 밀고 들어가게 하는 것이다! 그렇다면 정신의 자기 의식화 과정이라는 웅장한 연극에서는 예술의 역할이 명확하게 정해져 있다. 정신이 아직 잠들어 있을 때 정신의 존재 사실을 인간들에게 감각적으로 떠올려 주는 것이 그 역할이다. 예술은 종교와 비슷한 위치에서 인간에게 절대적인 것으로 이어진 개념 이전의 통로를 열어 준다. 물론 이 절대적인 것은 아직 의식적으로 이해된 것이 아니라 표상된 무엇, 그러니까 인간이 조각상이나 사원, 혹은 신의 형태로 설계되고 그려진 무엇일 뿐이다. 인간 의식과 절대정신은 아직 하나가 되지 못하고 서로 대립되어 있다. 한쪽은 인간이고, 다른 쪽은 예술 작품, 또는 절대적인 것의 예감을 제공하는 신에 대한 표상이다. 이런 의미에서 헤겔은 말한다. 철학에는 개념, 종교에는 표상, 예술에는 관조가 어울린다고.

헤겔은 1817년부터 1829년까지 미학 강의를 했지만 책으로 출간하지는 않았다. 그럼에도 헤겔의 이름으로 『미학 강의 *Vorlesungen über die Ästehtik*』라는 책이 나온 것은 헤겔의 강의를 받아 적은 방대한 필기록 덕분이다. 이 자료들을 책으로 엮어 낸 사람은 헤겔의 제자 하인리히 구스타프 호토(1802~1873)였다. 칸트와 마찬가지로 헤겔에게도 예술 작품은 구체적이고 실제적인 목적에 복무하지 않으면서 〈합목적적〉이다. 그러니까 무언가를 위한 도구가 아니라 오직 자기 자신만을 위해 존재한다는 뜻이다. 하나의 특정 그림과 그에 맞는 하나의 특정 개념이 있는 것이 아니라 그 그림을 감각적으로 이루고 있는 것과 그것이 의미하는 것은 똑같다. 감각적 현상과 개념이 직접적으로 일치할 때 헤겔은 〈이념Idee〉이라고 부른다.

이념에 대한 그런 생각은 헤겔의 독창적인 발명품이다. 플라톤에게 이념(이데아)은 모든 감각적 현상들에 대한 천상의 원형, 즉 초월적인 것이었다. 이것은 객관적이지만 접근할 수가 없었다. 칸트에게 이념은 감각적 현상들을 뛰어넘어 자유와 절대적인 것으로 나아가는 것에 대한 이성의 갈망이었다. 이 이념은 순수 주관적이고, 이 세계에 있는 것도, 초월적 영역에 있는 것도 아니라 오로지 우리의 의식 속에서만 존재한다. 반면에 헤겔은 내가 생각하는 것과 사물 〈자체〉가 일치할 때 〈개념과 객관성의 통일체〉[220]로서 〈이념〉에 대해 이야기한다. 이로써 그는 플라톤과 칸트를 새로운 방식으로 융합했다. 칸트처럼 이념이 이성에서 나온다고 보면서도 플라톤처럼 이념을 객관적인 것으로 여긴 것이다. 우리 이성의 인식 갈망은 의식 내용과 절대 존재의 합일을 추구한다. 이 합일은 오직 우리의 의식 속에서만 일어날 수 있고 의식 밖에서는 불가능하기에 모든 객관성이 비롯되는 곳도 바로 우리의 의식이다.

이런 논리학적 성찰이 예술과 무슨 관련이 있을까? 답은 아주 간단하다. 아름다운 것은 그 자체로 합목적적이고 어떤 실질적인 목적에 복무하지 않기에 〈개념과 객관성의 통일체〉라는 것이다. 그런 점에서 헤겔은 이렇게 말한다. 〈아름다운 것 자체가 이념으로 여겨져야 한다. 그것도 특정한 형태의 이념, 즉 이상으로 이해되어야 한다.〉[221] 아름다운 예술 작품에서는 존재와 의식, 실재와 사유, 일반성과 특수성이 융합된다. 물론 개념적인 융합이 아닌 감각적인 융합이다. 만일 그것이 어떤 반성 과정의 결과로서 개념적으로 일치한 것이라면 우리는 예술이 아닌 철학을 마주하고 있는 것일 테고, 우리가 경험하는 건 아름다운 것이 아니라 참된 것일 터이다. 그런데 헤겔에 따르면, 실제로 미는 진리에 대한 감각적으로 퇴색한 예감일 뿐이다. 또는 예술에 관한 헤겔의 유명한 표현에 따르자면, 〈미는 이념의 감각적 외양들을 통해 결정된다.〉[222]

헤겔이 볼 때 예술에는 아주 특별한 기능이 있다. 아리스토텔레스에게 예술은 인간을 〈정화〉하는 것이고, 실러에게는 인간을 도덕적으로 고양시키고 예술가에게 〈명성과 존경〉을 안겨주는 것이었다면 헤겔에게 예술의 일차적 사명은 〈중개〉였다. 다시 말해 예술은 개별적인 것을 일반적인 것과 연결시키고, 주관적인 것을 객관적인 것과 일치시켜야 한다. 종교에서 인간은 신에 가까이 있는 상태를 추구하듯 예술에서는 〈절대적인 것〉에 접근해서 그것을 감각적으로 느끼려 한다.

헤겔은 어떤 예술을 생각했을까? 어쨌든 당대의 회화나 문학, 건축, 음악은 아니었다. 그가 볼 때, 모차르트와 베토벤은 물론이고 괴테의 『파우스트*Faust*』나 깊은 침잠의 순간을 낭만적으로 묘사한 카스파르 다비트 프리드리히의 그림도 결코 절대적인 것에 근접하지 못했다. 그에 가까운 것은 오직 고대 예술뿐이었다. 헤겔에겐 당대의 어떤 초상화보다 고대의 조각상이 최상의 형태로 〈정신이 깃들어 있는〉 것처럼 보였다. 당대의 예술은 이전의 모든 예술보다 더 반성적이지만, 예술 본래의 힘을 잃어버렸다. 사실 당대의 예술을 아름다운 옛 시절의 예술보다 더 못한 것으로 보는 견해는 예술의 역사만큼이나 오래되었다. 그러다 보니 오늘날의 일부 멜랑콜리한 교양층은 헤겔이 가끔의 칭찬에도 불구하고 이미 몰락의 과정에 있는 것으로 묘사한 그 시대의 영웅들, 그러니까 괴테와 실러, 모차르트, 베토벤을 예술의 최고봉으로 동경하기도 한다.

헤겔이 〈낭만주의〉 예술을 최고봉으로 보지 않은 것은 그의 미적 취향과 관련된 문제가 아니다. 그에게 중요한 것은 예술로서의 예술이 아니라 예술과 철학의 관계, 특히 절대적인 것에 대한 예술의 관계였다. 헤겔은 인류 초기의 고대 문명에서부터 그 당시까지 예술의 발전 과정을 담은 방대한 일람표를 만들었다. 그러고는 자신 말고 프리드리히 슐레겔만 시도했던 일을 감행했다. 미의 형이상학을 예술의 점진적 발전사와 연결한 것이다. 그는 하나의 체계뿐 아니라 그 체계의 역사까지 구상했다.

헤겔이 분류한 상이한 세 시기는 〈이념〉이, 그러니까 절대적인 것에 대한 추구가 어떻게 자연에서 발견된 〈질료〉와 각각의 방식으로 연결되는지를 보여 준다. 첫 시기는 상징적 예술인데,

이는 헤겔 특유의 개념이다. 그가 여기서 떠올리고 있는 것은 이집트와 메소포타미아의 오리엔탈 문명에서 만들어진 신전과 기념비들이다. 여기서 〈이념〉은 아직 지극히 모호하고, 인간은 〈인간적인 사건들〉에 사로잡혀 있다. 때문에 예술은 무엇보다 실제적인 목적을 수행한다. 예술은 〈숭고한〉 느낌을 풍겨야 하고, 종교적 제식과 〈신화〉에 도움이 되어야 한다. 그러나 신을 동물의 형상으로 떠올리는 사람은 절대적인 것의 진정한 본질과는 아직 한참 동떨어져 있다. 이 시기의 예술은 피라미드처럼 물질적으로는 상당히 확장되어 있지만, 정신은 별로 담겨 있지 않다. 이 관점에 대해서는 20세기에 헤겔학파 에른스트 블로흐가 『희망의 원리*Das Prinzip Hoffnung*』에서 반박한다.

두 번째 시기는 고전적 예술이다. 헤겔은 당대의 고대 열풍에 동참하고, 다른 많은 동시대인들처럼 그리스 예술, 특히 조각을 이상화한다. 〈이보다 더 아름다운 것은 없고, 앞으로도 없을 것이다.〉[223] 그리스인들이 동물보다 인간을 모사한 것은 얼마나 큰 정신적 발전인가! 이념과 물질은 이제 완전한 조화 속에서 합치된다. 절대적인 것은 조각 및 비극(조각이 극화된 것이 비극이다)의 이상적 비율 속에 최상의 감각적 방식으로 표현되어 있다. 정신과 감성은 완전한 통일체로 융합되고, 절대적인 것은 〈순수한 주관성〉 속에서 빛난다. 어떤 예술도 그 이상을 성취할 수는 없다.

헤겔의 관점에서 보면 이 고전 예술은 자신의 목적을 탁월하게 성취했다. 왜냐하면 그 이상을 원하게 되면, 즉 절대적인 것을 훨씬 더 적절하게 표현하려 들면 오히려 감각적 아름다움을 잃기 때문이다. 예술은 정신적 〈내면성〉을 획득할수록 아름다운 형식을 잃어 가기 마련이다. 바로 이 지점에서 헤겔은 중세 이후의 예술로 눈을 돌린다. 세 번째 시기의 낭만주의적 예술이다. 이것은 점점 더 내면화하고 정신화하면서 철학과 경쟁한다. 낭만적 예술의 가장 중요한 표현 형식은 회화, 음악, 문학 순으로 상승선을 그린다. 건축과 조각에 비해 물질적인 요소는 점점 뒷전으로 밀린다. 이전에는 물질이었던 것이 이제는 색깔과 소리, 말로 정신화한다. 예술은 덜 자명해지고, 예술 자신과 표현 수단을 반성하기 시작한다. 즉 점점 철학화한다고 말할 수 있다. 이로써 예술은 철학과 경쟁 관계에 놓인다. 그러나 초기 낭만주의자 노발리스나 슐레겔 형제와는 달리 헤겔은 예술과 철학이 〈낭만적 보편 문학〉으로 융합되는 것을 원치 않았다. 또한 셸링처럼 진리로 들어가는 동등한 자격의 통로가 예술에 있다고도 생각하지 않았다. 헤겔에게는 절대적인 것에 이르는 가장 적합한 인식의 길은 오직 철학뿐이었다. 정신은 철학 속에서만 자기 자신을 인식하고, 절대적인 것을 명징하게 드러낸다. 오직 〈개념의 작업〉만이 세계의 비밀을 푸는 이 고도로 반성적인 19세기에 음과 돌, 색깔, 비유 같은 게 다 무엇이란 말인가?

헤겔이 철학에 대해 말한다면 그건 자기 자신에 대해 말하는 것이다. 그의 머릿속에는 피히테와 셸링에 대한 경쟁의식 같은 건 전혀 없었다. 그건 당시 프랑스와 영국의 위대한 사상가들에 대해서도 마찬가지였다(이 인물들에 대해선 이 철학사 제3권 서두에서 다루게 될 것이다). 심지어 헤겔은 자신의 철학적 관점을 토대로 〈예술의 종말〉까지 언급한다. 그의 생각에 따르면, 예술은 종교적 깊이를 잃었고 우리는 더 이상 예술에 경의를 표하지 않는다. 아울러 철학자가 세계를 완전히 규명한 세계에서는 예술이 할 역할이 없다. 물론 화가는 계속 그림을 그리고, 시인은 시 쓰는 걸 멈추지 않을 것이다. 하지만 이런 수고는 더 이상 들일 필요가 없다. 예술은 성취할 수 있는 것을 이미 다 성취했다. 오리엔트에선 〈추구했고〉, 고대에선 〈도달했고〉, 후기 중세 이후엔

〈본분을 벗어났다.〉 반성 예술은 반성 철학보다 열등하다. 그런 측면에서 예술이 오늘날에도 이런저런 최고의 성취를 내놓는다고 하더라도 몰락 중에 있음은 변하지 않는다.

헤겔은 동시대 회화를 집중적으로 연구하고 해석했다. 건축과 문학에 대해서도 마찬가지였다. 그런데 괴테의 『빌헬름 마이스터*Wilhelm Meister*』는 높이 평가했지만, 화가들에 대해선 반복해서 실망감을 드러냈다. 그가 볼 때, 기독교 미술의 결함은 신을 그려 낼 수 없다는 데 있었다. 그는 고통스러워하는 예수와 마리아 모티프에서만 최고의 성취를 인정했다. 예를 들면 드레스덴 미술관에 있는 안토니오 다 코레조(1489~1534)의 경탄스러운 〈마돈나〉처럼 말이다. 그 밖에 몇몇 네덜란드 거장들이나, 페터 폰 코르넬리우스(1783~1867)와 프리드리히 빌헬름 폰 샤도(1788~1862)가 이끄는 낭만적 나자레파의 그림들도 그에 포함된다.

헤겔은 예술가들이 〈이상을 해체하고〉, 그들의 예술에서 초월성이 점점 사라져 가는 것을 전반적으로 유감스럽게 여겼다. 농담과 유머가 지나치게 늘어나는 경향에 대해서도 불쾌감을 감추지 않았다. 깊은 갈망이 아닌 천박한 〈주관화〉의 경향이라고 생각한 것이다. 이를 두고 헤겔과 같은 시대에 살았던 바이에른의 시인 장 파울(1763~1825)은 거세게 반박했다. 유머를 아는 작가가 진정으로 위대한 형이상학자가 아닐까? 농담만큼 깊이와 무한함이 많이 담긴 곳이 있을까? 장 파울은 『미학 입문*Vorschule der Ästhetik*』에서 〈숭고한 것의 반대〉, 격정의 부정을 예찬한다. 절대적인 것에 대해 뭔가를 아는 사람이 있다면 그건 멜랑콜리한 유머 작가이지, 철학자가 아니다. 진리는 철학 명제들의 형태로 나타나는 것이 아니라 유머의 심연 속에 감추어져 있다.

물론 헤겔의 생각은 다르다. 그의 전 체계를 관통하는 것은 유머가 아니라 가장 깊은 진지함이다. 그의 체계에서 예술은 단지 많은 현상들 중 하나일 뿐이다. 그에게 화가나 시인, 조각가, 음악가, 건축가보다 훨씬 더 중요한 것은 〈객관 정신〉이고, 그것은 국가에서 구현된다.

역사의 종말

이상한 시대 / 타자 속에서의 자기실현 / 시민 가정 / 시민 사회 /
헤겔의 국가 / 세계정신의 변덕: 이성의 계략? / 참된 것과 혼란

이상한 시대

헤겔이 한번도 살았던 적이 없는 어떤 집에 오늘날 다음과 같은 글귀가 적혀 있다.

> 게오르크 빌헬름 헤겔
> 1770년 8월 27일 ~ 1831년 11월 14일
> 독일 관념론의 대표자
> 1818년부터 베를린 대학의 철학과 교수

헤겔이 살았던 집은 쿠퍼그라벤가 5번지가 아니라 그 옆의 4a번지인데, 제2차 대전 때 폭격으로 전소되었다. 세계사란 〈민족의 행복, 국가의 지혜, 개인의 미덕을 말살시키는 도살장〉[224]이나 다름없다던 헤겔의 말마따나 그의 집도 유럽의 마지막 큰 전쟁으로 완전히 파괴되었다. 지금은 헤겔의 후손 대신 앙겔라 메르켈 독일 총리가 쿠퍼그라벤 6번지의 사저에서 훨씬 나중에 지어진 맞은편의 페르가몬 박물관을 올려다보고 있다. 고대에 대한 동경과 약탈한 예술품, 그리고 역사적 멜랑콜리에 휩싸인 채 자기 속에 푹 빠져 있는 것 같은 이 웅장한 건축물을.

헤겔은 1817/1818년 겨울 뜻하지 않게 베를린에 오게 되었다. 베를린 대학 당국자들이 2년 전부터 그를 모시려고 온갖 감언이설로 유혹하기는 했지만, 밤베르크 신문사에서 노예처럼 일한 것도 모자라 오랜 세월 뉘른베르크에서 교장 생활만 하던 사람이 마침내 1816년에 하이델베르크에서 그렇게 열망하던 정식 대학 교수 자리를 얻은 지 얼마 되지 않은 시점이었기에 더더욱 뜻밖의 일이었다. 임용될 때 그의 나이는 벌써 마흔여섯이었다. 칸트가 쾨니히스베르크에서 교수직을 얻었을 때와 같은 나이였

다. 헤겔은 베를린에서 무언가 위대한 일이 자신을 기다리고 있을 거라는 사실을 처음엔 과소평가했다. 슈바벤 출신의 헤겔에게 프로이센은 프리드리히 대왕 치하에 〈잠깐 활활 타올랐던 에너지〉를 제외하면 〈정신적으로 삭막하고 황량한〉 국가였다. 프리드리히 대왕 시절의 그 에너지는 이미 오래전에 사라지고 없었다. 헤겔은 프로이센의 그런 〈정신적 황량함〉을 1806년 예나에서 그 약해빠진 군대를 보고 알았고, 반면에 승리를 거둔 나폴레옹에게는 경탄을 보냈다. 나폴레옹의 패권에서 벗어나려는 해방 전쟁도 머나먼 뉘른베르크 땅에 있던 헤겔을 열광시키지는 못했다. 또한 프로이센 땅에서 일어나던 폰 슈타인 남작의 개혁, 카를 아우구스트 폰 하르덴베르크의 개혁, 빌헬름 폰 훔볼트의 개혁에도 별 관심이 없었다. 그의 눈에 새로운 프로이센은 보이지 않았고, 오직 나폴레옹의 몰락만 보였다. 물론 1813년 나폴레옹의 몰락을 보면서 무척 기뻐했고, 이제 〈사유의 자유 제국〉이 다시 힘차게 비상하리라 기대했다.

1799년부터 1803년까지 제국 헌법에 관해 펼쳐 놓은 헤겔의 여러 사유들 속에는 이미 독일 국가의 미래 모습이 담겨 있었다. 이건 그의 중요한 주제들 가운데 하나였다. 어차피 하나의 민족국가가 아니었던 신성 로마 제국은 백일하에 무너졌다. 레겐스부르크의 제국 의회도 헤겔이 볼 때는 〈기초부터 흔들거리는 건물〉에 불과했다. 하지만 헤겔의 국가 이해에서 변하지 않는 유일한 상수는 지속적인 급선회와 변화였다. 그는 어떤 때는 국가를 〈사유의 정신적 제국〉 위에 두었고, 어떤 때는 옆에, 또 어떤 때는 아래에 두었다. 교회와 종교의 영향력도 격동의 시류에 따라 많든 적든 얼마큼씩 인정했다. 심지어 프랑스군이 유럽의 절반 정도에서 승리를 거둔 뒤에는 나폴레옹과 독일 관념론, 이 둘을 통해 국가의 폐해가 극복되었다고 주장하기도 했다. 동시에 그는 축복 넘치는 프로테스탄티즘에 커다란 의미를 부여했고, 과거에는 열렬히 찬양했던 가톨릭 전통의 오스트리아에는 경멸감을 표시했다.

1799년부터 1818년까지 헤겔이 국가에 대해 내놓은 생각들에 한 가지 공통점이 있다면 그건 다음의 잠재의식적 질문들이다. 첫째, 헤겔 철학이 최대한의 영향력을 획득하려면 국가는 어떤 역할을 해야 하는가? 둘째, 헤겔 철학을 〈실현하려면〉 국가는 어떤 유리한 환경을 조성할 수 있는가? 셋째, 국가는 헤겔 철학의 예정된 개선 행진에 최소한 걸림돌이 되어서는 안 되지 않을까? 첫 질문은 강력한 국가를 원하고, 두 번째 질문은 웬만큼 힘을 가진 국가를, 세 번째 질문은 약한 국가를 요구한다. 종교의 역할도 그에 좌우된다. 헤겔 철학을 실현하기 위한 조건들이 유리하게 조성될수록 종교의 후원은 그만큼 덜 필요해진다. 그러니까 약한 국가에서만 〈정신적인 것〉의 권리를 보장받으려는 투쟁에 교회라는 동맹군이 필요할 뿐이다.

헤겔의 사유는 항상 적합한 무대를 찾아 시류 속으로 굽이굽이 흘러간다. 그의 철학은 그 혼자만의 철학이 아니라 철학 일반이기 때문이다. 그게 철학에 대한 헤겔의 자기 이해였다. 자신의 체계로 다른 모든 철학을 대체하겠다는 것은 이미 칸트도 사명으로 삼은 바 있다. 그건 피히테와 셸링도 마찬가지였다. 그러나 헤겔은 칸트나 피히테와는 달리 자신의 철학을 생각과 현실의 완벽한 일치로 여겼다. 그만큼 자기 인식의 보편타당성에 대한 요구는 셸링처럼 절대적이었다. 헤겔은 철학하기를 통해 실재를 밝히고 진리를 드러내려 한다. 그로써 인간이 이성적으로 생각해낸 것과 실재하는 것은 처음으로 일치한다. 더 나아가, 여기서 중요한 것은 하나의 과정이기에 실재적인 것은 헤겔이 생각하고 남들의 생각을 앞서 규정하는 것을 통해 비로소 완벽하게 나타난다.

자연에서 발견된 물질은 〈정신〉이 된다. 그것도 반성하고 사변하는 철학자가 그 물질 속으로 완전히 스며듦으로써. 역으로 추론하자면, 이 작업을 처음으로 완성한 헤겔 없이는 현실은 자기 자신에 이를 수 없고, 〈정신〉은 세계를 완벽하게 장악할 수 없다. 헤겔은 태양이고, 태양 주변을 도는 행성이자 동시에 점성술사이다. 그는 빛을 밝히고, 스스로를 반성하고, 남들을 위해 그 과정을 해석해 준다.

이 모든 긍지와 격정은 그늘 속에 웅크리고 있던 예나 시절을 비롯해 밤베르크 신문사 편집부 시절과 뉘른베르크에서의 교장 생활 중에는 실현되지 않고 잠들어 있었다. 그러던 것이 프로이센에 이르러 마침내 이성의 〈장미〉는 〈현재의 십자가〉 속에서 활짝 꽃피기 시작했다. 헤겔은 불과 몇 년 전에 설립된 베를린 대학이 미래 독일의 정신적 중심지임을 분명히 깨달았다. 여기가 〈중심〉이었다. 피히테가 죽은 뒤로 비어 있던 이곳의 교수직을 바탕으로 헤겔 철학은 〈시대를 사유로 포착하는〉[225] 철학이 될 수 있었다. 이 이성적 철학자는 자기 시대를 단순히 묘사만 하지 않고, 자기 정신을 시대 속에 침윤시킴으로써 시대를 만들어 나갔다. 〈이성적인 것이 현실적인 것이고, 현실적인 것이 이성적인 것〉[226]이기 때문이다. 지금껏 제대로 평가받지 못하고 명성의 뒷전으로 밀려나 있던 사람의 교수직 취임 연설은 참으로 격정적이었다. 베를린은 〈우주의 중심〉이었고, 프로이센은 〈지성 위에 건설된〉 국가였고, 교육과 학문은 이 〈국가에서 가장 근본적인 요인들 가운데 하나〉[227]가 되었다.

헤겔의 도착과 함께 베를린은 하룻밤 새에 얼마나 바뀌었는지 모른다. 〈정신적으로 삭막하고 황량〉하던 곳이 학자 공화국으로 변했으니 말이다. 헤겔의 이런 과장은 비웃음을 사거나 악의적으로 받아들여지지 않았다. 심지어 헤겔의 출세 과정을 바이

마르에서 지켜보고 있던 괴테는 그의 말에 명확히 동의했다. 〈이 이상한 시대에는 당연히 세상 어딘가에 중심이 있어야 하고, 거기서부터 이론적으로나 실천적으로 우리 삶을 분발하게 하는 학설이 전파되는 것은 필요한 일이다.〉[228]

그렇다면 이 〈이상한 시대〉는 헤겔 같은 사람을 위해 무르익고 있었다. 격정에 사로잡힌 그의 머릿속에는 다른 동료들의 모습은 거의 없었다. 그게 명망 있는 법률가 프리드리히 카를 폰 사비니(1779~1861)이건, 영민한 신학자 프리드리히 슐라이어마허(1768~1834)이건, 아니면 섬세한 감각의 미학자 카를 빌헬름 페르디난트 졸거(1780~1819)이건 간에 말이다. 헤겔이 시대의 중심으로 자기 자신을 떠올린 건 의심할 바 없다. 곧 격렬한 논쟁이 벌어진 것은 놀라운 일이 아니다. 그것도 정치 쪽에서 말이다. 사실 이런 〈이상한 시대〉에 격한 정치 논쟁은 빠질 수 없다. 1819년 3월 예나 대학생회 소속의 카를 루트비히 잔트가 보수적 극작가이자 출판업자이자 러시아 총영사인 아우구스트 폰 코체부를 살해했다. 이 일로 학생과 교수 사회는 분열되었다. 자유주의와 민족주의 계열은 살인 행위에는 동의하지 않았지만 잔트의 자유적 신념에는 동조했다. 베를린의 신학 교수 빌헬름 마르틴 레베레히트 데 베테는 잔트의 어머니에게 이해심 넘치는 위로의 편지를 보내, 자신은 잔트를 단순히 속된 살인자로 보지 않는다는 점을 분명히 밝혔다. 이 사실이 알려지면서 그는 즉시 프로이센 공직에서 파면되었다. 헤겔은 쫓겨난 이 동료를 경제적으로 돕기는 했지만 국가 편을 들었다.

프로이센의 분위기가 확 바뀌어 이젠 대학도 무조건적인 정신적 자유의 아성이 아님을 베를린 대학의 교수들은 헤겔이 강의를 시작한 바로 그 무렵에 분명히 깨달았다. 1819년 8월 프로이센과 오스트리아는 카를스바트 결의를 공포했다. 이로써 두 강대국은 독일 연방 내에서 자유주의적 여론과 민족주의적 경향, 정치 참여와 민주주의에 대한 요구를 억압하는 고삐를 더욱 바짝 죄었다.

헤겔은 정치적 〈복고〉 세력의 칼날이 예나의 동료 야콥 프리드리히 프리스(1773~1843)에게도 떨어지는 것을 내심 흐뭇하게 지켜보았다. 셸링의 명성이 수그러든 뒤로 독일 철학자들 중에서 그에게 맞설 가장 강력한 후보가 프리스였다. 프리스는 피히테 밑에서 박사 학위 논문과 교수 자격 논문을 쓴 몇 안 되는 사람 중 하나였다. 물론 안타깝게도 피히테의 반유대주의적 성향도 함께 물려받았지만. 그는 철학자이자 신학자이자 법학자였고, 그 외에 수학과 물리학도 가르쳤다. 이른 나이에 라인홀트와 피히테, 셸링에게 가한 비판은 상당히 예리했다. 프리스는 모든 것을 하나의 최고 지점 또는 제1원리로부터 풀어 나가려는 사변적 체계에서 〈학문〉만이 핵심이라는 사실에 의구심을 표했다. 그의 칸트 비판이 보여 주듯, 철학에서 최종적인 확실성은 논리적 일관성이 아닌 〈이성의 자기 신뢰〉, 즉 직관을 통해 생겨나기 때문이다. 우리가 확실하다고 여기는 것들도 그저 단순한 〈예감〉, 그러니까 미적 느낌이나 감정에 지나지 않을 때가 많다.

프리스의 이런 입장은 그의 모든 관념론적 적수들에겐, 그중에서도 특히 헤겔에겐 심리주의로 비쳤다. 헤겔은 자신의 체계를 단순히 직관으로만 밝혀진 것으로 여긴 것이 아니라 논리적이고 객관적이고 참된 것으로 여겼다. 20세기와 21세기의 관점에서 보면 〈심리주의적〉 비난은 결코 위협이 아니다. 확실성의 문제에서 오늘날 우리는 그게 결코 객관적이지 않고, 진리와 상관없을 때가 많다는 프리스의 견해를 쉽게 받아들일 수 있다. 동시대 철학자들은 항상 자신들의 사유를 〈설득력 있는 것〉으로 여기고 싶어 한다. 실제로 오늘날 행위 동기와 감정의 신뢰성 문제를 주로 다루는 분과는 바로 심리학이다.

1820년 10월 헤겔은 방대한 저서 『법철학의 기본 정신, 또는 자연권과 국가학 개요*Grundlinien der Philosophie der Rechts oder Naturrecht und Staatswissenschaft im Grundrisse*』를 베를린에서 발표했다. 그런데 이 책 서문에서 프리스를 〈깊이가 얕은 신사〉라고 비난했다. 당시 프리스의 상황은 그렇지 않아도 상당히 고약했다. 자유 민주주의 헌정의 독일 연방에 대한 옹호와 반동 정치에 대한 저항으로 열린 1817년의 바르트부르크 축제에 그가 참석한 것은 카를스바트 결의에 따르면 그 자체로 프리스를 예나 대학에서 해고하기에 충분한 사유가 되었다. 바로 그 시점에 헤겔은 방대한 책의 서문에서 프리스를 진정한 국가성의 적으로 내몰았다. 프리스와 그 무리들이 〈우정과 감격, 마음의 열광적 들끓음〉에 취해 법에 대한 존중을 상실했다는 것이다.

타자 속에서의 자기실현

헤겔은 그 책 서문을 보고 많은 사람들이 〈얼굴을 찌푸리라는〉 것을 잘 알고 있었다. 특히 사비니와 슐라이어마허가 말이다. 하지만 자신의 책을 올바로 자리매김하기 위해선, 그러니까 도덕과 법, 국가에 관한 최종 정본으로 세우기 위해선 다른 거추장스러운 것들을 모조리 치워 버려야 했다. 그의 선행자들에게 도덕과 법, 국가는 서로 완전히 다른 세 켤레의 신발이었다. 우리는 칸트와 피히테가 법과 도덕을 엄격하게 분리한 것을 아직 기억한다. 도덕은 인간이 자기 자신과 해결하는 것이다. 반면에 법은 모두의 자유를 위해 개인의 자유를 제한하는 국가의 기본 질서 틀이다. 법은 애덤 스미스의 경제가 도덕적으로 〈선한〉 제빵사와 상인을 토대로 하고 있는 것이 아니듯 도덕에 기초하지 않는다. 또한 스미스에게는 모든 것을 선한 쪽으로 조절하는 힘이 시장의 보이지 않는 손에 있었다면 칸트와 피히테에게는 눈에 빤히 보이는 법의 주먹이 그런 역할을 했다.

헤겔의 생각은 완전히 달랐다. 그가 볼 때 도덕적 개인과 법, 도덕적 국가는 불가분의 관계로 엮여 있다. 그를 위한 상부 구조가 바로 세계사에서 정신의 점진적인 개선 행렬을 다룬 그의 체계이다. 그에 대한 핵심 내용은 『법철학』 말미의 개요나 나중의 『역사 철학 강의*Vorlesungen über die Philosophie der Geschichte*』에 실려 있다.

도덕적으로 아름답지만 순진한 단계에 머물러 있는 그리스 문화에 이어 기독교 문화가 나오고, 또 그에 이어 기독교-게르만 문화가 나온다. 모두 정신이 자기 자신에게로 이르는 것을 돕기 위한 과정이다. 제일 먼저 정신은 주관 정신, 즉 모든 개인의 〈의식〉으로 등장한다. 이 의식은 정신에 의해 살짝 건드려지기만 할 뿐 정신으로 채워지지는 않다. 헤겔의 언어에서 우리의 주관 정신은 정신적인 것의 〈형식〉에 지나지 않는다. 우리는 무언가 영감을 받았다고 느끼고, 표상하고, 생각할 수는 있다. 하지만 아직은 옳고 그름을 구분할 수 없고, 그 때문에 더듬거리며 삶을 헤쳐 나간다. 그러나 세계사의 흐름 속에서 우리의 의지는 점점 이지적으로 변해 가고 타인들에게도 영향을 끼친다. 그로써 하나의 문화, 하나의 역사가 형성되기 시작하고, 헤겔의 표현에 따르면 객관 정신, 즉 우리의 자아 외부에 존재하는, 인간들에 의해 만들어진 세계가 등장한다. 순수 심리적 상태에 머물러 있던 것이 이제 정신으로 채워진 문화로 변한다. 주관 정신에서는 단순한 〈형식〉이었던 것이 여기서는 단순한 〈내용〉이 된다. 문화에서는 모든 것이 정해지고 정돈되고 확정되고 제도화된다. 객관 정신은 자아들의 내부 공간 맞은편에 있는 〈외부적인 것〉으로서 주관 정신의 반명제(안티테제)에 해당한다. 그로써 종합명제(진테제), 즉 절대정신의 실현이 마지막 목표로 남는다. 예술은 절대정신을 이미 감각적으로 형상화했고, 기독교는 절대정신을 예감했다. 하지만 절대정신의 방출은 헤겔 철학에 이르러서야 가능하다.

작금의 21세기에 정신의 개선 행렬에 관한 헤겔의 이론에 설득당하는 사람은 아마 극소수일 것이다. 그건 주관 정신, 객관 정신, 절대정신에 대한 그의 사고 유형도 마찬가지다. 헤겔의 이런 생각 가운데 일부는 당시의 현실적 욕구에서 비롯되었다. 가령 그는 당시 기독교-게르만적 〈민족정신〉을 확립하고자 하는 생각이 있었다. 그 밖의 다른 생각들은 인간의 전체 감정과 사유, 문화를 시종일관 변증법적으로 설명하려는 지나친 야심에서 비롯되었다. 하지만 그런 가운데에도 헤겔의 『법철학』 속에는 너무 심하게 꽉 졸라맨 개념들의 코르셋 사이로 무언가 번뜩이고 주목할 만하고, 지혜롭고 새로운 것들이 상당수 고개를 빠끔 내밀고 있는 것도 사실이다.

헤겔의 출발점은 〈자유 의지〉다. 그건 무엇일까? 칸트와 피히테가 볼 때, 섣부른 감정과 충동에 내몰리거나 흐트러지지 않을 때 우리의 의지는 자유롭다. 우리가 반성적으로 결정할 때 자유롭다는 말이다. 다만 문제는 그런 반성적 결정을 내릴 때 어느 것이 더 나은지 누가 우리에게 말해 주느냐는 것이다. 앞서 언급했듯이 흄은 이렇게 답한다. 의지에 따른 모든 결정은 사실 감정에 뿌리를 둔 결정일 뿐이다. 헤겔에게 이는 결코 만족스러운 대답이 아니다. 모든 의지의 동인은 원칙적으로 동등할까? 내 속에는 내게 확증을 주고 긍정적인 〈자의식〉을 심어 주려는 성향이 있지 않을까? 그것을 깨달아 우리의 자의식에 유리한 것을 의식적으로 하려는 것이 자유 의지의 본질이다.

그것을 밝히려면 타인이 필요하다. 나는 타인에게 인정받길 원한다. 그런데 인정받으려면 내가 먼저 그들을 인정해야 한다. 내가 인정하지 않는 사람에게 인정받는 건 별 가치가 없다. 그건 내 자의식을 강화하지 않는다. 그렇다면 내 의지는 타인을 통한 자기 경험에 초점이 맞추어져 있다. 그것을 깨달아 의식적으로 행하려고 하는 것이 내 의지의 타고난 경향이다. 헤겔에 따르면 내 의지를 자유롭게 하는 것은 결정 가능성 그 자체가 아니라 타자 속에서 나 자신을 실현하려는 경향이다. 자유란 단순히 해도 되고 안 해도 되는 것을 의미하는 게 아니라 타자를 통해 자기 자신에 이르는 것을 말한다. 왜냐하면 우리의 의지는 우리가 추구해야 할 목적과 목표를 무한한 가능성 중에서 임의로 선택하는 것이 아니라 상호간 인정의 틀 속에서 찾기 때문이다. 그렇다면 여기서 관건은 단순히 오성으로 내 경향을 통제하는 것이 아니다. 문제는 자기 속에서 도덕적인 것을 원하는 경향을 느끼는 것이다. 도덕적인 것과 이 경향은 내 마음속 저 깊은 곳에서는 서로 만나기 때문이다.

이처럼 우리의 〈주관 정신〉은 조건반사적 경향이 있다. 그것도 인정을 향한 조건반사적 경향이 말이다. 〈인정〉이라는 개념은 칸트에게서도 일정한 역할을 했고, 특히 피히테에게서는 그 역할이 제법 컸다. 하지만 그것이 예리한 심리학적 통찰력을 갖춘 현대적 방식으로 도덕론의 중심으로 진입한 것은 헤겔에 이르러서였다. 자유 의지는 사상가들의 머릿속에서 나온 가능성들에 대한 고독한 숙고에서 꽃피운 것이 아니라 우리의 사회적 관계 속에서 일상적으로 증명된다. 그 때문에 자유로운 의견 교환과 대화는 모든 도덕적 삶의 기본적인 영역을 이루고, 그것을 가능하게 하고 보호하고 장려하는 것이 국가의 가장 중요한 과제다. 헤겔은 베를린에서 이런 통찰에 이른 것이 아니라 이 문제에 골몰한 지는 꽤 오래되었다. 다만 이 통찰을 글로 옮긴 것이 프로이센이었음에도 사람들의 자유로운 언로를 제한한 카를스바트 결의에 저항하지 않은 것은 앞뒤가 맞지 않는다.

이제 의지가 내 의지에서 국가 의지가 되기 위해 걷고 극복해야 할 여정을 살펴보자. 첫 단계는 추상적 권리다. 인간에게 양도할 수 없는 권리가 있음은 계몽주의 이후엔 분명한 사실이 되었다. 특히 헤겔은 로크와 달리 인간이라면 누구나 그런 권리가 있다고 보았다. 인간은 〈자기만의 고유한 의식과 특성을 가진 개인〉으로서 그 자체로 자유권과 재산권이 천부적으로 부여된다. 헤겔은 자신이 철저히 연구한 영국 경제학자들과 마찬가지로 이 자유권과 재산권을 따로 떼어 놓을 수 없는 권리로 여긴다. 게다가 개인의 자유를 아주 단순하게 기독교의 성취로 해석한다. (이에 대해선 프랑스 계몽주의자들이 격하게 들고 일어나는 모습이 보이는 듯하다!) 사유 재산의 자유도 자본주의의 성과 및 슈타인-하르덴베르크 개혁(1807년 10월에 공포된 농민 해방 칙령)의 결과로 이해한다. 그러나 이 역시 곧 알게 되겠지만 얼마든지 다르게 볼 수 있다. 어쨌든 사유 재산의 자유가 누구에게나 재산을 획득할 최대한 동등하고 좋은 기회가 주어질 때만 실질적 권리가 될 수 있다는 생각은 헤겔의 머릿속에 아직 존재하지 않았다.

헤겔은 추상적 권리에 멈추지 않는다. 그에게 자유권과 재산권의 인정은 첫 번째 단계일 뿐이기 때문이다. 그런 권리들과 함께 인륜Sittlichkeit이 이미 실현되었다고 생각하는 사람은 제대로 이해하지 못한 것이다. 자신의 권리를 끈질기게 주장한다고 해서 도덕적인 인간이 되지는 않기 때문이다. 인간은 그 권리를 적절히 다룰 수 있어야 한다. 권리가 있다는 것과 그것을 인륜적으로 적절히 사용한다는 것은 별개의 문제다. 헤겔의 『법철학』이 다루는 것이 바로 이 문제다. 즉, 권리를 추상적으로 이해하지 말고 항상 구체적인 사회적 맥락 속에서 바라보는 것이 중요하다는 것이다.

권리에 해당되는 것은 다음 단계인 도덕성Moralität에도 해당된다. 나는 나에게 좋거나 나쁜 것을 자유롭게 결정할 수 있을 때 도덕적으로 자율적이다. 이 역시 의심할 바 없이 하나의 가치다. 그런데 헤겔이 서문에서 확고하게 밝혔듯이 자유로운 결정은 항상 목적과 목표에 묶여 있다. 나에게 무엇이 좋은지를 알려면 나는 구체적인 행동 가능성들 중에서 선택해야 한다. 그렇다면 내 의지는 사회가 내게 제시한 목적과 목표에 초점을 맞춘다. 모든 도덕적 행동은 사회적 행동이기 때문이다. 그런데 나는 사회를 마음대로 고를 수 없다. 사회는 항상 이미 주어진 배경이자 내 행동의 틀이다. 따라서 헤겔이 홉스부터 칸트에 이르는 모든 〈계약 이론〉을 거부하는 것은 당연해 보인다. 왜냐하면 만인의 안녕을 위해 계약에 합의하는 그런 천진난만한 모델은 역사적으로 틀렸을 뿐 아니라(그건 모든 계약 이론가들도 알고 있었다) 그 자체로 생각할 수도 없는 일이기 때문이다. 모든 계약의 배경에는 국가가 무엇이어야 하고 무엇이었는지에 대한 전제 조건과 표상들의 무기고가 마련되어 있는 법이다.

여기서 헤겔이 말하는 것은 백번 옳다. 맥락 없이 도덕은 없다! 사회적 특색과 규정, 〈교육 과정〉 없이는 특별히 선호하는 것도 가치도 준칙도 없다. 그런데 헤겔은 이보다 훨씬 더 많은 것을 염두에 두고 있었다. 그는 도덕적 자율성에 제한을 가함으로써 스스로를 시대의 경고자로 여겼다. 경고하고픈 대상은 많았다. 오래전부터 마뜩찮게 여겨 온, 상궤를 벗어난 사랑관과 자유관을 표방하는 예나의 초기 낭만주의자들, 자신의 눈에는 무정부주의로밖에 비치지 않는 바르트부르크 축제의 비장한 자유 투사들, 겉으로는 계몽된 척하면서도 속으로는 여전히 확신이 없어 불안에 떠는 지식인들이었다. 옛 체제와 프랑스 혁명, 나폴레옹 시대를 차례를 경험한 이 계몽 지식인들은 이제 복고 시대를 겪으면서 이렇게 묻고 있었다. 내 권리는 무엇인가? 끊임없이 변하는 사회 질서 틀 안에서 내 자리는 어디서 찾을 수 있을까? 헤겔이 경고하고픈 대상은 또 있었다. 최근에 가톨릭 진영으로 넘어가 예전의 온전한 권위적 세계를 다시 찾으려는 사람들이었다. 헤겔이 자신의 시대를 묘사할 때 자주 사용하는 단어들이 있었다. 〈고독〉, 〈공허〉, 〈침울〉, 〈불확실성의 고통〉 같은 것이다.

그는 이 모든 것을 책임 없이 권리만 찾는 문화와 나침반 없는 도덕적 자율성의 결과로 보았다. 따라서 권리와 도덕성은 최종 단계가 될 수 없다. 그것들은 진정한 인륜이 지배하는 사회, 즉 내 의지가 보편 의지와 하나 되는 국가, 또는 내 주관 정신이 객관 정신과 일치하는 국가의 전 단계일 뿐이다.

시민 가정

객관 정신에 어울리게, 헤겔은 〈인륜〉에서 행위 동기나 개인적 사리 분별을 떠올리는 것이 아니라 사회 제도를 생각한다. 국가가 보호하는 그런 제도는 헤겔의 두 가지 중요한 기본 인식을 존중하고 그에 맞게 실행될 때 정당성을 획득한다. 두 가지 기본 인식 중 하나는 인간에겐 타인들의 자유로운 인정을 통해 실현되는 자유의지가 있다는 것이고, 다른 하나는 그런 자기실현이 항상 그것을 위한 최적의 조건을 갖춘 사회적 환경하에서 이루어진다는 것이다. 왜냐하면 국가와 법은 루소와 칸트, 피히테와는 달리 수많은 비이성적인 개별 이해관계들의 심판관이자 조정자가 아니기 때문이다. 대신 헤겔은 모든 개별 인간 속에 뿌리 내려 있는 이성이 완성된 것을 국가로 본다. 헤겔은 개별 의지로 향하는 대신, 보편 의지로서의 국가가 마치 하나의 유기체인 양 개별 의지들에서 자라 나오도록 하는데, 여기서 보편 의지가 말하는 바는 이렇다. 〈스스로 하나의 인격체가 되고, 남들도 인격체로 존중하라!〉[229]

이 제도들 가운데 첫 번째는 가정이다. 가정은 내밀한 영역이자, 본연의 자기 발전을 위한 전(前) 의식과도 같은 장소이다. 또는 헤겔의 표현을 빌리자면, 〈자연의 형식을 띤 인륜〉[230]이다. 가정 내에서 충동은 마음껏 충족되고, 일상은 통제되고, 아이들의 욕구는 형성된다. 자유 의지가 상호 인정 속에서 처음 활동을 개시하는 곳도 바로 여기다. 이런 점에서 가정은 국가의 생식 세포다. 결혼에 대한 생각에서 칸트와 이보다 더 큰 차이는 생각하기 어렵다. 쾨니히스베르크의 이 독신자는 결혼과 가정이 국가에는 전혀 필요 없는 제도라고 생각했다. 남자에게만 비할 바 없이 값비싼 대가를 치르게 하는 계약이 결혼이라는 것이다. 반면에 헤겔은 결혼과 가정을 서로를 따뜻하게 돌보는, 사회적으로 충만한 현장으로 보았다. 물론 그가 이런 생각을 하면서 얼마만큼 자신의 실제 결혼과 가정을 떠올렸는지는 모를 일이지만. 헤겔은 1811년 마흔한 살에 스무 살 연하의 마리아 폰 투허와 결혼했고, 이후 투허는 남편의 저술을 뒷받침하고 아들 둘을 낳았다. 물론 그전에 헤겔에겐 혼외 자식인 아들 루트비히가 있었지만, 그 아들에게는 마치 계부처럼 대하면서 자신의 성도 쓰지 못하게 했다. 루트비히는 1831년 아버지보다 몇 달 먼저 인도네시아의 바타비아에서 열병으로 죽었다.

헤겔은 개인적으로도 그런 생각을 갖고 있었지만 『법철학』에서도 오직 국가에 의해 합법화된 가정만을 가정으로 인정했다. 국가가 규정하고 보호하는 것만이 객관 정신의 일부가 될 수 있다는 것이다. 따라서 결혼으로 맺어진 가정이 아니면 〈본래적인 진짜〉 가정이 아니다. 그런데 헤겔이 말하는 〈가정〉은 남자와 여자의 역할이 고전적으로 나누어진 시민적 소가족이다. 그에겐 이런 가정이 인간종의 원초적 감정과 욕구를 펼치기에 적합한 환경이다. 바르멘의 공장주 아들로 태어나 나중에 혁명가이자 사회철학자가 된 프리드리히 엥겔스(1820~1895)는 1884년의 『가정, 사유 재산, 국가의 기원*Der Ursprung der Familie, des Privateingenthums und des Staats*』에서 헤겔의 주장을 시험대에 세운다. 엥겔스가 볼 때 역사적으로 보증된 내밀한 관계들의 공간은 시민 소가족이 아닌 대가족, 즉 가문이다. 그런 대가족이 19세기 들어 쪼그라든 것이 시민 소가족이라는 것이다. 진실은 좀 복잡하다. 왜냐하면 한편으로 유럽인들은 산업화 때까지 사랑의 결혼에 기초한 소가족으로 살지 않았고, 다른 한편으론 평균 수명이 워낙 낮아서 여러 세대로 이루어진 대가족의 형태는 실제로 드물었기 때문이다.

헤겔의 경직된 구상은 자유 의지의 내밀한 공간으로서 오직 시민 소가족만 허용한다. 이 견해는 자주 비판받는다. 그와 함께 헤겔이 예전에 그렇게 열광적으로 찬사를 보냈던 우정도 가정 식탁에서는 안타깝게 사라지고 만다. 하지만 우정은 국가에 의해 제도화될 수 있는 것이 아니다. 더구나 상속권 문제만큼 사회적으로 큰 파장이 있는 것도 아니다. 헤겔은 로마법 전통에 어긋나게 유언장에 반대한다. 가장이 생전에 경제 활동으로 취득한 것은 가정에 모두 그대로 남겨 두어야 한다는 것이다. 헤겔은 이를 통해 보호와 안정, 사회적 축복을 기대했다. 프랑스의 초기 사회주의자 클로드 앙리 드 생시몽(1760~1825)과 그의 제자 생타망 바자르(1791~1832)와는 완전히 상반된 입장이었다. 두 사람에게 공동선에 대한 가장 큰 타격은 바로 상속의 원칙이었다. 재산과 토지를 물려주는 것은 성실성의 게임 규칙을 무력화할 뿐 아니라 사회적 불균형을 심화한다는 것이다. 때문에 바자르는 가만히 앉아서 특권을 누리는 사람을 없애고 열심히 일하고 능력 있는 사람만이 정당한 대가를 받을 수 있도록 하려면 상속 재산에 100퍼센트 세금을 매겨야 한다고 주장했다. 현실에서는 실현된 적이 거의 없음에도 오늘날까지도 많은 사회 비평가들을 매혹시키는 제안이다.

시민 사회

반면 헤겔은 사유 재산을 개인이 아니라 가정에 고정시킨다. 그래야만 가정이 인륜적 단위로서 지속될 수 있고, 그와 함께 변증법적 도식의 출발점에 해당하는 〈테제〉, 즉 내적 화합으로서의 〈테제〉가 생겨나기 때문이다. 헤겔은 〈안티테제〉를 시민 사회에서 찾는다. 이 개념이 독일에 알려진 것은 1768년 이후다. 좀 더 구체적으로 말하자면 크리스티안 가르베가 스코틀랜드 사회 윤리학자 애덤 퍼거슨(1723~1816)의 『시민 사회 역사론*Essay on the History of Civil Society*』을 번역하면서부터였다. 독일어 제목은 〈시민 사회의 역사에 관한 시도〉였다. 헤겔은 인간들이 항상 무리와 사회 집단을 이루며 살아 왔다는 퍼거슨의 의견에 공감한다. 여기서 인류의 버팀목이 되는 건 개인이 아니라 공동체이고, 이 공동체는 경쟁과 상호 애정의 복잡한 협업이 만들어 낸 결과이다.

시민 사회가 경쟁을 의미한다는 건 헤겔에게도 너무나 명백한 사실이었다. 그건 영국의 국민 경제학자 애덤 스미스와 데이비드 리카도(1772~1823)의 이론을 비롯해 프랑스 경제학자 장 바티스트 세(1767~1832)를 연구하면서 깨달았다. 이기주의의 전쟁터로서 시민 사회는 가정의 〈안티테제〉다. 남자(여자는 아니다)는 전의식적 사랑의 결합이라는 내밀한 가정에서 나와 비개인적인 이해관계들의 냉혹한 세계로 들어간다. 전에 몸담았던 가정에서는 애정과 이해가 지배했다면 이제는 〈자본〉과 〈수완〉이 지배한다. 여기서의 인간은 사적 인간이 아니라 직업 인간이다. 각자가 이기적으로 동일한 목표, 즉 물질적 욕구의 충족을 쫓는다. 사회는 법적 보호와 경찰, 행정력 같은 안전장치로 개인의 그런 목표 추구를 돕는다.

헤겔은 시민 사회 이론에 상당히 중요한 기여를 했다. 고대 그리스의 플라톤과 아리스토텔레스에게 사회는 가정(오이코스)의 사적인 세계와 국가(폴리스)의 공적인 세계라는 양극으로 분리되어 있었다. 이제 헤겔은 시민 사회와 함께 이 양극 사이에 존재하면서 둘을 중개하는 또 다른 영역을 끌어들인다. 그런데 생각만큼 일이 쉽지 않다. 사회를 무엇으로 보아야 할까? 국가로 나아가는 과정에서 부딪히는 강력한 안티테제로? 아니면 가정에 이어 인륜의 두 번째 전단계로? 헤겔 체계에 상응하려면 시민 사회는 둘 다여야 한다. 하지만 냉혹한 경쟁과 인륜이 실제로 합치될 수 있을까? 스미스, 리카도, 장바티스트 세는 그렇게 생각했고, 헤겔도 비슷한 맥락에서 이렇게 말한다. 〈주관적 이기심〉은 〈만인의 욕구를 충족하는 데 기여하고〉, 〈만인을 만인에게 종속시키는 모든 올가미〉는 〈보편적 부〉[231]를 창출해 낸다.

이런 점에서는 헤겔도 자유주의자이고, 고전적 국민 경제의 인식과 전망을 따른다. 하지만 프로이센은 영국이 아니다. 헤겔이 속한 세계는 농민과 국가 공무원, 장사하는 사람들의 세계다. 영국에서는 오래전에 제4 신분으로 자리 잡은 산업 프롤레타리아트가 독일에는 아직 없었다. 그러다 보니 헤겔의 신분 질서는 세 가지 신분밖에 모른다. 하지만 영국에 대한 훌륭한 정보를 담은 책을 통해 헤겔 역시 장차 프로이센에 어떤 일이 닥칠지 분명히 알고 있었다. 시장의 〈보이지 않는 손〉은 단순히 이해관계의 조정자나 보편적 복지의 창출자 역할만 하는 것이 아니라 그와 동시에 집단적 빈곤도 야기한다. 〈상당수 대중이 사회 구성원에게 꼭 필요한 것으로서 저절로 조정되어야 할 물질적 생계 기반 이하로 추락하고, 그와 함께 자신의 활동과 노동으로 생기는 권리와 정당성, 명예의 감정을 상실한다. 이는 천민의 양산을 부르고, 또 이 양산은 다시 비교가 안 될 정도의 막대한 부가 소수에게 손쉽게 집중되는 결과를 초래한다.〉[232]

〈천민〉의 빈곤화가 풀 수 없는 문제라면 거기선 어떤 결론을 끌어내야 할까? 영국의 소설가이자 저널리스트이자 사회 철학자인 윌리엄 고드윈(1756~1836)은 1793년에 이미 이 문제와 관련해서 두 권짜리 저서 『정치적 정의와 그것이 일반 미덕과 행복에 미치는 영향에 관한 고찰*An Enquiry Concerning Political Justice and its Influence on General Virtue and Happiness*』을 발표했다. 헤겔과 마찬가지로 고드윈도 이성이 자기편에 있다고 생각했다. 이성은 인간을 미덕과 정의, 도덕적 행동으로 몰아간다. 인류의 역사에는 완전화의 사명이 있다. 이성의 궁극적인 승리를 도와야 하는 사명 말이다. 때문에 이성과 도덕성의 자유로운 전개를 가로막는 모든 제도는 제거되어야 한다. 필요 이상의 재산 소유와 자유 무역, 금융 투기는 폐기되어야 하고, 심지어 결혼 제도의 고착화로 인간의 연애 생활에 개입하는 것은 물론이고 개인의 사적인 문제에 사사건건 간섭하는 국가 권력도 제거되어야 한다. 사회주의와 무정부주의의 선구자로서 고드윈은 헤겔이 곧 굉장히 공을 들여 정당화 작업에 나서는 시민 사회와 국가를 비폭력으로 무너뜨리는 것을 인류의 구원으로 보았다. 또한 헤겔이 1805년 예나에서 군주제를 옹호하면서 군주들을 〈직접적이고 자연스러운 존재〉로 천명할 무렵, 영국의 의사이자 사회 개혁가인 찰스 할(1745~1825)은 『유럽 국가들의 인민에게 미치는 문명의 영향*Effects of Civilization* *on the People of European States*』에서 노동과 자본의 합치될 수 없는 대립을 언급한다. 가난한 사람들이 손해를 볼수록 부자들은 더 많은 이익을 본다는 것이다.

오늘날의 많은 좌파들과 비슷하게 할도 과거에서 구원을 얻고자 했다. 국유화된 땅과 토지에서는 공장 노동자들 대신 수공업자들이 다시 노동을 시작하고, 검소한 사람들은 부와 사치를 탐하지 않는다. 헤겔 역시 옛것의 좋은 점을 찾으려고 동경의 시선으로 과거를 돌아볼 때가 많았음에도 할과는 달리 거기서 대안을 보지는 않았다. 게다가 자유주의 경제학자들처럼 승리의 진군을 이어 가는 자본주의의 수레바퀴에 제동을 걸어서는 안 된다고 확신했다. 조정권을 가진 국가가 아무리 부드러운 방식을 사용한다고 하더라도 말이다! 그는 세금을 통한 재분배 대신에 자본주의의 내적 변증법에 더 큰 신뢰를 보냈다. 빈곤화라는 기존 테제에 맞서는 안티테제의 본질은 새로운 시장의 개척에 있었다. 지금의 천민 중 일부가 장차 새로 개척할 해외 식민지의 농민이 되지 말아야 할 이유가 있을까? 이 해결책도 오래지 않아 한계를 보일 수밖에 없겠지만, 19세기 초의 헤겔에게는 아직 그 시간이 많이 남은 듯 보였다. 정복할 땅과 개척할 시장은 세계 곳곳에 널려 있었다. 물론 21세기에 들어서는 그마저도 최종 선택지에서 사라졌지만.

헤겔의 경건주의적 심장에는 상이한 두 정령이 살았다. 그는 한편으론 자본주의적 경제 질서의 가차 없는 논리에 신뢰를 보내면서도 다른 한편으론 많은 동시대인들처럼 중세의 본보기에 따른 평화롭고 질서 있는 경제를 꿈꾸었다. 헤겔이 〈단체〉를 소망한다고 말한 것도 중세의 길드를 떠올리면서 한 말이었다. 그건 개인이 그 속에서 〈인정받는〉 동업 조합이었다. 〈개인은 어떤 전체의 구성원으로서(이 전체는 또 일반적인 사회의 일부다)

전체의 사심 없는 목적에 관심을 기울이고 그 목적을 위해 노력한다. 개인은 자신의 그런 신분을 명예롭게 생각한다.〉[233] 이기적 자본주의에 비이기적 속성, 그것도 자기 신분에 대한 명예라는 오아시스가 필요했던 것일까?

그렇게 생각한 사람은 헤겔만이 아니었다. 베를린의 철학자 아담 뮐러 폰 니터도르프(1779~1829)는 1808/1809년 드레스덴 대학에서 국가를 주제로 강의를 했다. 헤겔과 마찬가지로 그도 국가를 단순히 기업의 성공을 위한 목적 단체로 보지 않았다. 국가는 〈결코 매뉴팩처나 농장, 보험사, 중상주의 단체에 불과한 것이 아니라 한 나라의 모든 육체적 욕구와 정신적 욕구, 육체적 부와 정신적 부, 내적 삶과 외적 삶을 하나의 거대하고 역동적이고 생동감 넘치는 전체로 묶는 내적 결합이다〉.[234] 뮐러는 1816년 라이프치히에서 쓴 『새로운 화폐 이론*Versuch einer neuer Theorie des Geldes*』에서 화폐의 기능을 교환 수단이 아닌 사유 재산을 사회와 유기적으로 결합시키는 매개체로 설명했다. 천박한 이익 획득이 아닌 〈통합에 대한 욕구〉가 돈을 만들어 냈다는 것이다. 따라서 돈은 금 본위에 묶어 두어서는 안 된다. 1809년에 이미 쓴 것처럼, 돈의 유일한 가치는 〈시민 사회와 연결된〉 〈사회적 가치〉[235]이기 때문이다. 독일의 유명한 지역 화폐인 〈킴가우어〉를 비롯해 오늘날의 다른 지역 화폐들도 같은 정신에 뿌리를 두고 있다. 그러니까 지역 내에서의 구매력을 유지하고, 국제적 금융 정책과 투기적 금융 시장에 명확하게 반대되는 입장을 취하는 것이다.

헤겔과 뮐러는 중세 조합에 대한 예찬만큼이나 국가에 대한 이런 이해도 무척 비슷했다. 시장이 파괴한 것들, 그러니까 개인적인 것과 인륜적인 것들은 〈단체들〉이 보장해야 한다. 고용주와 피고용자들이 각각 자신들의 확고한 단체를 만들어 이해관계를 조정할 때 시민 사회에서 인륜을 위한 자리가 만들어진다는 것이다. 20세기의 임금 협상을 떠올리게 하는, 일종의 사회 민주주의적 생각이다. 헤겔은 또한 노동의 〈기계화〉, 그러니까 기계를 통한 경제의 놀라운 혁신도 예상하고, 이러한 변혁이 〈노동에 묶인 계급의 예속화와 곤궁〉을 심화시킬 거라는 점도 예견했다. 노동자들은 〈뿔뿔이 흩어지고 정신적으로 제한될 것이다〉.[236] 이처럼 카를 마르크스가 훗날 노동자들의 〈소외〉에 대해 말한 것을 헤겔은 이미 명확하고 예리하게 인식하고 있었다.

그러나 그는 오락가락했다. 어떤 때는 대중의 현재와 미래의 궁핍을 불가피한 것으로 감수하는 비정한 자유주의자였고, 어떤 때는 경제적 구원을 근원적이고 개인적이고 인륜적인 공동체에서 찾는 회귀적 보수주의자였다. 이로써 그의 체계에는 모순이 남는다. 시민 사회는 한편으론 가정에 대한 안티테제이고, 다른 한편으론 인륜의 전 단계이다. 다시 말해, 시민 사회는 〈단체들〉을 통해 도덕화되지 않을 때는 안티테제이고, 안티테제적 경쟁 투쟁이 완화될 때는 인륜의 전 단계이다.

헤겔의 국가

완성된 〈의지의 공동체〉인 국가는 어떤 모습이어야 할까? 권력과 강제의 체계인 동시에 모든 개인적 자유의 고결한 표현일까? 헤겔은 국가와 제도, 〈헌법〉에 대한 생각들을 20년 동안 눈덩이처럼 굴려 아주 크게 만들었다. 그리고 눈덩이를 한 번씩 새로 굴릴 때마다 그 형태는 조금씩 바뀌었다.

그 20년은 어떤 세월이었을까? 프랑스 혁명이 새로운 세계를 약속했을 때 헤겔은 열아홉 살이었고, 나폴레옹이 새 시대와 함께 승리의 진군가를 부르며 예나에서 그의 집 창문 옆을 지나갈 때가 서른여섯 살이었다. 독일의 제후국들은 개혁 정신과 복고 사이에서 갈피를 잡지 못하고 이리저리 휩쓸렸다. 옛 귀족 정치는 곳곳에서 힘을 잃었다. 그렇다고 프랑스에서 불어온 새 바람이 정말 확신을 가질 만한 것이었던가? 시민 사회의 청사진은 영국에서 시작되었다. 하지만 영국은 그 자체로 하나의 통일 제국이었다. 독일의 중소 국가들처럼 짜깁기한 양탄자가 아니었다. 헤겔의 시대는 상이한 두 속도로 나아가는 시대였다. 영국에서는 공장 굴뚝에서 연신 시커먼 연기가 뿜어져 나오고, 노동과 자본이 냉혹하게 분리되고, 자유주의와 사회주의, 무정부주의가 새로운 세계관으로 자리를 잡아 가는 동안 헤겔은 1820년에도 헌법과 국민 의회조차 없는 프로이센의 신분제 국가에서 살고 있었다. 쿠퍼그라벤 거리의 창밖으로 보이는 것은 벽돌 굴뚝이 아니라 베를린 제빵업 협동조합의 말끔한 제분소였고, 그곳 정문 위에는 밀가루 자루를 든 어린아이 석상이 천진난만한 모습으로 서 있었다.

헤겔은 이런 풍경을 보면서 1820년 국가에 대한 마지막 장이 담긴 『법철학』을 완성했다. 이 책은 법전처럼 엄격하게 조항별로 나누어져 있다. 마치 프리드리히 빌헬름 3세가 그에게 개인적으로 그렇게 쓰라고 특별 주문이라도 한 것처럼(물론 왕은 그런 것에 관심조차 없었다). 헤겔은 플라톤의 입법자, 즉 철학자 왕처럼 국가의 이념을 확정했다. 정체(政體)에서부터 철학적 의미, 각 기관의 사명, 각 신분의 권력과 중요성에 이르기까지 아주 세세하게 정해 놓았다. 첫 문장부터 고도의 요구를 드러낸다. 〈국가는 윤리적 이념의 화신이다. 공공연하고 스스로 자명한 본질적인 의지로서 자기 자신을 생각하고 알고, 자신이 아는 한에서 아는 것을 실행하는 윤리적 정신의 화신이다.〉[237]

이 책에서 다루는 수많은 주제들 중 다른 무엇보다 중요한 것은 국가다. 그는 윤리학을 쓴 것이 아니라 법의 철학을 썼다. 앞서 얘기했듯이, 헤겔의 머릿속에는 사회적 틀 안에서 실현되지 않은 윤리학은 없다. 국가적 틀과 윤리적 의지는 처음부터 불가분의 관계로 엮여 있다. 헤겔이 볼 때, 어느 하나 없이는 다른 것은 생각할 수 없다. 따라서 절대적 주권자는 개인이 아니다. 지배자나 피지배자도 아닌 국가 자체다! 헤겔은 루소와 달리 국민 주권이 아닌 〈국가 주권〉을 말한다. 국가가 종합 명제로서 만인의 자유의지를 〈지양하면〉, 그러니까 만인의 자유 의지를 제한함으로써 만인의 자유를 실현하면 국가 자체가 본래적인 주권자다. 이 정의는 새롭다. 보댕 이후 주권자는 사람이었기 때문이다. 루소에게도 주권자는 인물들, 즉 모든 시민이었다. 다른 국가 이론가들이 말하는 〈국가 주권〉은 다른 국가에 대한 한 국가의 독립과 자유를 의미한다. 반면에 헤겔에게 〈국가 주권〉은 국제법상의 개념이 아니라 철학적 개념이고, 이 개념은 외부뿐 아니라 주로 내부에 해당되는 내용이다.

헤겔의 국가는 계약이 아닌 인륜과 이성, 정신으로 이루어진 자유롭고 생동감 넘치는 유기체다. 따라서 국가에 대한 이해와 국가 모델은 여러 개가 아닌 오직 하나밖에 없다. 헤겔이 국가에 대한 견해로 내세우는 요구는 절대적이고 보편적이다. 즉, 국가는 오직 그럴 수밖에 없고, 오직 그래야만 한다. 헤겔이 구상한 그대로여야 한다는 말이다. 그렇지 않은 국가는 삶의 감각적이고 물질적인 조건 속에서 절대적인 것이 구현된, 객관 정신의 진리가 아니다.

플라톤이나 마키아벨리도, 로크나 심지어 루소조차도 자신과 자신들의 국가 이해에 그런 요구를 하지 않았다. 그러나 헤겔의 국가 모델에는 실제로 대안이 없다. 그의 국가가 모든 개인의 자의식에 뿌리를 두고 거기서부터 변증법적으로 객관적 인륜이 되어야 한다면 국가는 헤겔이 구상한 그대로일 수밖에 없다. 다른 것은 불가능하다. 그런 국가 속의 국민(이 개념은 헤겔 이후에야 비로소 비상한다)은 당연히 애국자다. 그게 논리에 맞다. 국민은 국가에 열광한다. 국가는 그들의 의지가 모여 실현된 것이기 때문이다. 이는 헤겔이 젊은 시절 루소에게서 받아들인 뒤로 늘 가슴에 품어 온 격정적인 생각이었다. 헤겔이 말하는 애국주의는 다른 나라들에 대한 프로이센의 우위나 우선주의를 뜻하지 않는다. 또한 통일 독일을 열렬히 고대하며 나폴레옹에 맞서 싸운 해방 전사들의 민족적 열정을 의미하지도 않는다. 그의 머릿속에는 루소처럼 시종일관 자신들의 국가와 동일시하는 열광적인 시민밖에 없었다.

그런데 이 이상 국가는 많은 점에서 1820년의 프로이센과 선연하게 일치한다. 이런 측면에서 19세기에 벌써 사람들이 부정적인 뜻으로 헤겔을 〈프로이센의 국가 철학자〉로 낙인찍은 것은 놀랍지 않다. 물론 헤겔 전문가들은 그런 낙인에 반박한다. 국가에 대한 그의 많은 생각들은 그늘 속에 웅크리고 있던 예나 시절부터 이미 헤겔 속에서 빛을 보기만을 준비하고 있지 않았던가? 프로이센과 헤겔의 국가 사이에는 차이점도 많지 않은가? 또한 그의 강의를 들은 수강생 중에 프로이센 고위 공직자와 관료, 군인들이 많았다고 해서 『법철학』이 국가에 대한 주문으로 쓰인 것은 아니지 않는가?

이런 반론에도 불구하고 〈프로이센의 국가 철학자〉라는 비난은 근거가 없지 않다. 헤겔이 군의 질서, 도시 자치, 신분, 국가 동량으로서의 관료 계급에 대해 말할 때면 그의 머릿속에 어른거린 것은 당연히 당시의 프로이센이었다. 그는 스스로를 시민 계급의 아리스토텔레스로 여기면서도 동시에 세속의 주문과는 상관없는 프로이센의 입법자로도 여겼다. 그에게 그런 사명을 부여한 건 현실 속의 군주가 아니라 철학 자체였다. 다만 경제 문제에 관한 성찰에서 헤겔은 당시의 프로이센보다 앞서 있었고, 장차 영국의 상황이 도래할 것임을 예견했다. 심지어 배심원 제도를 요구함으로써 권력의 미움을 사기도 했다. 왜냐하면 프리드리히 빌헬름 3세와 오스트리아의 메테르니히는 그 요구 속에서 자신들이 카를스바트 결의로 끝장내 버렸다고 생각한 그 화근을 다시 보았기 때문이다. 하지만 헤겔이 몽테스키외의 모범에 따른 권력 분립을 배척하고, 심지어 〈군주의 권력〉을 이성적 국가의 유일한 지도자로 정의했다면 그는 프로이센 왕에게는 더 이상 바랄 게 없는 국가를 떠받치는 순종적인 신민이었다.

헤겔의 동시대인이건 오늘날의 독자들이건 만인의 의지가 모여 만들어진 국가가 어떻게 논리적으로 오직 군주제로 귀결될 수밖에 없는지에 대해선 의아한 느낌을 감추지 못한다. 헤겔이 중간 계급인 관료들을 국가의 동량으로 칭찬한 것은 사회적 균형추로서 아리스토텔레스의 중용 원칙에 가까워 보인다. 물론 아리스토텔레스의 머릿속에는 프로이센의 관료 계급은 전혀 들어 있지 않았다. 아리스토텔레스는 군주제를 가장 위험한 국가 형태로 여겼다. 악용될 위험이 가장 크기 때문이다. 또한 아리스토텔레스가 생각한 중간 계급은 왕과 정부에 의해 임명되지도 않고, 고위 관직으로 승진하지도 않았다. 모든 개인의 의지에 뿌리를 둔 국가가 그 꼭대기에 다시 개인을 두어야 한다는 논리에 대해선 아마 그도 이해할 것이다. 하지만 그것이 왜 반드시 세습 군주제여야 하는지에 대해선 납득하지 못할 것이다.

헤겔이 보기에 만인의 의지를 국가에서 구현하는 것은 통치자의 〈인격성〉이다. 그렇다면 국가 수장에는 당연히 그에 가장 적합할 것으로 기대되는 인물이 올라야 하지 않을까? 왕가의 세습처럼 우연한 인물에게 그런 자리를 맡기는 것은 배제되어야 한다. 헤겔 전문가들 중에는 헤겔이 단지 검열 당국을 의식해서 군주제를 옹해했을 거라고 추측하는 사람들이 있다. 또 어떤 이들은 베를린 대학에서 독보적인 지위를 누리던 헤겔이 그런 위상을 가능하게 해준 국가가 너무 고마워서 무비판적인 태도를 보였을 거라고 추정하기도 한다. 또 다른 일각에서는 왕권에 대한 헤겔의 존경심이 강하게든 약하게든 초기의 정치 저술에도 이미 어른거리고 있었다고 지적하는 사람들도 있다.

어찌됐건 헤겔에게 〈주권자〉는 세습군주가 아니라 국가 자체였다. 국가의 꼭대기에 서 있다는 건 헤겔이 통치 권력이라고 불렀던 강력한 행정권이 규정해 놓은 길의 끝에 서 있다는 걸 의미할 뿐이다. 다만 프리드리히 빌헬름 3세는 자신이 행정부의 결의를 받아들이지 않을 경우 무슨 일이 일어나게 되는지 물었다고 한다. 헤겔이 이른 시기부터 애착을 가졌던 신분제 의회의 이상도 프로이센에서는 하위 행정 영역에서나 의미가 있을 뿐이었다. 그는 일반 백성을 별로 신뢰하지 않았다. 〈자신이 무엇을 원하는지도 모르는〉[238] 국가의 일부라는 것이다. 반면에 신분제 의회에 대해선 일반적 이해관계를 조정해 낼 수 있는 집단으로 기대를 걸었다. 귀족, 교회, 관료, 상공업자, 농민의 경륜 있는 대표들이 만나면 백성과 국가 권력 사이의 갈등이 온건한 방식으로 중재될 수 있을 거라고 생각한 것이다.

반면에 헤겔은 독일 곳곳에서 진보적인 사상가들이 요구한 보통 선거권은 반대했다. 언론 자유에 대해서도 비슷한 태도를 보였다. 대학은 자유로운 사유의 공간으로 보장되기를 원했지만, 한때 신문 편집장까지 지냈던 사람이 정작 자신이 몸담았던 직업 세계는 별로 대수롭게 여기지 않았다. 왜 시민에게 〈자기가 원하는 대로 말하고 쓸〉 〈자유〉가 주어져야 한단 말인가? 자기가 원하는 걸 할 수도 없을 텐데.[239] 게다가 이상 국가에는 어차피 언론이 비판할 것도 많지 않을 것이다. 여론 형성의 중요한 토론 공간으로는 대학이면 충분했다. 이렇듯 그는 돈벌이가 되는 사업 모델이자 〈제4권력〉으로서의 대중 매체는 바라지도 않았고 예상하지도 못했다.

세계정신의 변덕: 이성의 계략?

헤겔에게 국가 모델은 영원히 지속될 국가이자 객관 정신의 구현이었다. 그러면서도 세계사는 계속 움직인다고 생각했다. 그의 국가 모델이 실현되면 곳곳에 그런 국가가 존재하게 될까? 그 국가들이 1820년의 기존 국경에 머무르게 되면 역사는 종결되는 것일까? 영토에 관한 한 헤겔은 놀랄 정도로 우유부단했다. 아니 무관심에 가까웠다. 〈영원한 평화〉라는 칸트식 이상에는 전혀 관심이 없었다. 평생을 전쟁이 현실 정치의 수단이라고 확신한 사람이기 때문이다. 세계사의 과정, 즉 모든 인간과 문화의 총합으로서 〈세계정신〉에는 분명 전쟁이 필요하다. 오리엔탈 세계에서 시작해서 그리스와 로마, 이어 기독교 세계와 기독교-게르만(〈유럽〉을 의미한다) 세계를 거쳐 최종 종착지로 나아가기 위해선 전쟁이 불가피하다는 것이다. 기독교-게르만 세계가 개별 민족성이나 〈민족정신〉으로 분열되었기에 지금도 전쟁은 불가피하다. 다만 나쁜 의도로 전쟁을 계획하거나 일으켜서는 안 된다. 칸트가 무조건 〈해서는 안 돼!〉라고 말한다면 헤겔은 〈하지 않는 게 좋아!〉라고 말한다. 칸트가 성스럽게 여기는 국제법도 헤겔에게는 법적 토대가 아니라 하나의 의지 표명일 뿐이다. 그런 면에선 오늘날의 강대국들도 생각이 다르지 않다.

칸트와는 달리 헤겔은 세계 시민이 아니었고, 〈국가 연합〉이나 〈국제 연맹〉의 옹호자도 아니었다. 게다가 일찍부터 많은 계몽주의자들의 세계주의에도 반대했다. 현실에서 유럽 연합과 국제 연맹의 설립에 지대한 영향을 끼친 건 헤겔이 아닌 칸트였다. 프로이센의 철학적 질서 수호자에게는 민족 국가들 위에 하나의 합법적 심판 기구가 존재한다는 것은 있을 수 없고, 있어서도 안 되는 일이었다. 아무리 평화를 보장한다는 명분으로라도 말이다. 더욱이 헤겔은 〈하지 않는 것이 좋다!〉라고 생각하면서도 전쟁에 정화의 뇌우처럼 긍정적인 면이 있다고 여긴다. 바람이 바다를 뒤집어서 썩는 것을 막듯 전쟁은 〈국민의 윤리적 건강〉을 정화한다. 정말 끔찍하기 짝이 없는 발상이다. 이는 침략 전쟁도 정당화한다는 뜻이 아닌가? 또한 헤겔의 이상 국가를 비롯해 모든 국가는 자체의 정체적 속성 때문에 전쟁 없이는 썩기 마련이라는 뜻이 아닌가? 그렇다면 이주의 역동적 효과, 사회적 이해관계들의 경쟁, 그리고 한 사회를 움직이고 뒤흔드는 문화와 기술을 통한 삶의 변혁은 어디에 있단 말인가? 사회의 이런 제반 측면들을 이상 국가 속에서 배제한 사람에게는 어쩌면 사회에 원기를 불어넣을 전쟁이 필요했을지 모른다.

어쨌든 이로써 헤겔에게는 최소한 한 가지 환상만큼은 없었다. 공화국 국민이라면 어떤 일이 있어도 침략 전쟁이나 개입 전쟁에는 동의하지 않을 거라는 칸트식 환상 말이다. 이 생각은 찰스 할의 사회주의적 유토피아에도 날개를 달아 주었다. 할이 볼 때 자본주의 경제 시스템으로 움직이지 않는 사회는 원칙적으로 평화롭다. 하지만 좀 더 앞서간 세계정신은 오늘날의 우리에게 진실을 알려 준다. 민주주의 사회와 사회주의 사회도 전쟁을 결정한다는 것을. 국민 투표의 형태는 아니더라도.

세계사는 〈도살장〉이고 계속 도살장으로 남을 것이다. 하지만 비상을 멈추지는 않을 것이다. 제아무리 세계사의 부침이 심해도 정신이 점점 더 자신에게로 이르고 있다는 사실은 숨길 수 없기 때문이다. 역사의 많은 것들이 무질서하게 보이고, 심지어 부조리하고 기괴하게 보이더라도 절대적인 것으로 향하는 역사는 세계정신의 논리를 따른다. 헤겔이 완전히 부정하지는 못한 우연조차 그 계획 안에 있다. 그러니까 단기적으로는 터무니없어 보이는 것들도 장기적으로는 선한 쪽으로 몰아가는 〈이성의 계략〉이 항상 승리를 거둔다는 말이다. 이 이성은 그리스나 로마적이지 않고 기독교적이다. 이성이 가장 먼저 실현되는 곳도 유럽이다. 더 정확히 말하자면 프로이센이다. 역사와 기독교의 구원사는 동일한 모형, 즉 정신이 세계에서 현실이 되는 길을 따른다. 헤겔의 경건주의적 심장은 처음부터 기독교 구원사를 세계사와 화해시킬 연결 고리를 구했고, 프로이센에서 마침내 그것을 찾았다. 그는 교회를 현실 교회 모습 그대로 내버려 두었고, 마지막에는 교회를 국가와 정신적으로 비슷한 것으로 보았다. 자신이 내심 신교만을 진정한 종교로 여긴다는 사실을 숨기지 않았음에도 다른 모든 신앙에 대한 종교적 관용을 옹호했다. 그러나 그게 유대교에 대해서는 쉬운 일이었으나, 가슴 깊이 경멸하던 가톨릭에 대해서는 솟구치는 반발심을 힘겹게 이겨내야 했다.

헤겔은 젊은 시절엔 절대적인 것의 시기가 아직 멀었다고 생각했지만, 이제는 그것이 시작되었다고 믿었다. 『법철학』의 종결과 함께, 아니 좀 더 정확히 말해서 『역사 철학 강의』의 종결과 함께 프로이센 관료 국가는 〈역사의 종착지〉에 도달했다. 그리스나 로마 시대가 아닌 기독교 이성의 시대에 이르러서야 정신이 해방되어 자기 자신으로 나아가 완성되었다는 것이다. 그것도 프로이센에서. 제도를 통한 정신의 기나긴 여정은 종지부를 찍었고, 객관 정신은 실현되었다. 1830년 초 『철학적 학문의 백과사전

Enzyklopädie der philosophischen Wissenschaften』을 마지막으로 개정한 것과 함께 다음 사실이 최종 확정되었다. 세계정신은 오더강과 메멜강 사이에서, 발트해와 나이세강 사이에서, 국경의 감자밭과 모범적 프로이센 관료들의 집무실 안에서 궁극적으로 행진을 멈추었다. 이제는 다른 유럽 국가들의 〈민족정신〉이 프로이센의 모범을 자기 것으로 받아들일 일만 남았다.

그러나 다른 유럽 국가들은 그렇게 하지 않았다. 1830년 7월, 『백과사전』이 끝난 지 몇 주 지나지 않은 시점에 프랑스인들은 파리에서 다시 시위를 벌였다. 프랑스 자유주의자들이 볼 때 헤겔이 역사의 종착점으로 여겼던 것, 그러니까 행정과 관료 제도에 뿌리를 둔 군주제와 유럽 보수 세력들의 〈신성 동맹〉은 정당화될 수도 없고 참을 수도 없었다. 헤겔은 충격을 받았고 깊은 근심에 빠졌다. 3년 전 딱 한 번 파리를 방문했을 때 그는 이 도시에 깊은 인상을 받았다. 아니, 그 자신도 〈문명화된 세계 수도〉로 인정할 수밖에 없었던 이 약동하는 대도시에 압도당했다고 하는 편이 옳았다. 그에 비하면 자신이 그렇게 칭송하던 베를린은 얼마나 촌스러운가! 베를린 대학들과 관공서 건물은 초라하고, 도시의 리듬은 굼뜨고, 교양 있는 계층의 수는 또 얼마나 적은가! 그러나 객관 정신이 어디서 구현되었건, 그러니까 그게 파리가 됐건 베를린이 됐건 헤겔에게 중요한 것은 한 가지였다. 더 이상 혁명은 안 된다는 것이다.

자신의 목숨에 대한 걱정, 그러니까 나폴레옹군의 형태로 나타난 세계정신에 쫓겨 예나에서 도주해야 했던 자신에 대한 걱정 때문이었을까? 혹은 있을 수 없는 일이 일어나서는 안 된다던 자신의 철학에 대한 걱정 때문이었을까? 프랑스인들이 세계사의 흐름을 다시 한번 뒤집는다면 역사의 종말은 어떻게 되는 것인가? 벨기에의 급속한 건국과 차르에 대한 폴란드의 봉기까지 그의 눈앞에 펼쳐졌다. 그는 세계사에선 모든 일이 두 번 일어나는 것이 분명하다는 빈약한 근거로 자신을 포함해서 많은 제자들을 안심시켰다. 로마에서 카이사르와 아우구스투스를 통해 군주제가 두 번 도입된 것이 그랬고, 나폴레옹의 두 번 실각이 그랬고, 부르봉 왕조가 두 번 쫓겨난 것이 그랬다는 것이다(카를 마르크스는 훗날 나폴레옹 3세의 권력 장악에 관한 글을 쓰면서 재치 있게 이 말을 다시 끄집어낸다. 〈헤겔은 어느 책에선가 세계사의 모든 중요한 사건과 인물은 두 번 나타난다고 말했다. 그런데 이렇게 덧붙이는 것을 잊은 듯하다. 한 번은 비극으로, 다른 한 번은 희극으로〉).[240]

헤겔은 〈영국의 선거법 개정〉을 자신의 세계 체계에 대한 또 다른 공격으로 보았다. 파리의 7월 혁명에 자극받은 영국인들은 1831년, 이미 오래전부터 이어져 온 선거법을 고심 끝에 개정하기로 결정했다. 개정안은 무슨 대단한 내용을 담은 것이 아니라 그저 소박한 개혁에 지나지 않았다. 그럼에도 재산의 소유 여부를 전제로 하는 이 선거법이 지나치게 자본주의적이라고 생각한 헤겔은 개정안에 반대했다. 그로 인해 혁명의 위험이 다시 서서히 밀려올지도 모른다고 생각한 것이다. 그러나 프리드리히 빌헬름 3세는 이 〈국가 철학자〉에게 국가 신문에 글을 발표하는 것을 금지해 버렸다. 헤겔이 아무리 프로이센 국가를 찬양하더라도 국가 이익에 도움이 되는 영국과의 평화를 저버릴 수는 없었다. 우선되는 것은 심정 정치가 아니라 현실 정치였다. 하지만 심정 정치건 현실 정치건 어차피 역사의 종착점에서는 서로 융합되어야 하지 않을까?

헤겔은 예순 살에 처음으로 자신의 체계가 더는 시대에 맞지 않는 것 같다는 감정에 휩싸였다. 〈세계정신의 사무총장〉에게는 심각한 경보나 다름없는 상황이었다. 그렇다면 그의 생각이 잘못된 것일까? 그의 국가 철학은 참되고 현실적인 것이 아니라 덧없이 지나가고 말 한 상태의 보존을 위한 규칙들의 집합에 지나지 않는 것일까? 어떤 면에서 헤겔은 항상 노인 같았다. 젊을 때도 애늙은이 같을 때가 드물지 않았다. 하지만 이제는 정말 자신이 〈늙은이〉 같다는 느낌이 들었다. 〈철학자가 자신의 철학을 비관적으로 바라보면 삶도 늙어 버린다. 비관적으로 바라보는 것으로는 삶은 새로워지지 않고 다만 인식될 뿐이다. 미네르바의 부엉이는 황혼이 깃들 무렵에야 비로소 날아오르기 시작한다.〉[241] 헤겔은 『법철학』 서문에서 이 유명한 시적 표현으로 노년의 성숙함을 인식의 시기로 찬양했다. 그러나 현실에서 삶의 황혼기에 접어든 이 미네르바의 부엉이는 방향을 잃은 것처럼 보인다. 1831년 11월 14일 헤겔은 폴란드에서 건너온 콜레라에 걸려 죽었다. 혹은 만성 위장병 때문이었을 수도 있다.

참된 것과 혼란

헤겔이 볼 때, 역사는 자신의 역사 저술이 끝났을 때 함께 끝났다. 자신과 세계와의 오랜 분투, 그리고 전 유럽에서 다른 많은 동시대인들도 몰두했던 새로운 개인주의와 새로운 국가 이성 사이의 긴장은 그의 강제적 체계에 갇혀 더 이상 돌아갈 길이 없었다. 그가 세계사의 본래적 동력으로 여긴 이성은 이렇게 요구했다. 참된 것이 이성적인 것이지, 혼란이 이성적인 것이 아니다! 또한 이성은 객관 정신으로서의 국가를 요구했다. 개인의 자유에서 비롯된 것임에도 결국 이 자유를 단순히 〈지양〉만 한 것이 아니라 집어삼키고 만 객관 정신으로서의 국가를 말이다.

어쨌든 헤겔의 비판자들은 그렇게 보았다. 1829년부터 대학 총장을 지냈고, 문화부 장관 카를 폼 슈타인 춤 알텐슈타인의 비호를 받았던 이 추앙받는 철학자는 무수한 제자를 거느린 당대의 거인이었다. 게다가 그 어떤 비판도 막아 낼 철벽처럼 완벽한 개념 체계까지 구축해 놓고 있지 않았던가? 그럼에도 스승의 가르침을 충실히 따르지 않은 제자들이 많았다. 그들은 자기만의 독특한 역할과 〈세계관〉을 찾으려 했다. 보수적인 입장에서 헤겔을 비판하건 자유주의적 입장에서 비판하건, 구체적인 인간에게서 자유의 여지를 너무 심하게 박탈한 헤겔의 강력한 국가에 이구동성으로 불만을 토로했다. 보수주의자들은 헤겔의 독재적인 국가가 전통과 사회 환경을 고려하지 않는 것을 못마땅하게 생각했다. 그건 〈헤겔 좌파〉도 비슷했다. 다만 이들은 전통의 부재보다는 헤겔의 국가 기구에서 구체적 자유의 결핍을 더 아쉬워했다. 게다가 비민주적인 프로이센 관료 국가가 역사의 종착점이라는 사실도 그들에겐 몹시 언짢게, 아니 심지어 아주 어리석게 느껴졌다. 그들이 볼 때, 역사의 끝이 실제로 존재한다면 그것은 젊은 시절의 헤겔이 생각했던 것처럼 미래에 있었다. 그런 면에선 헤겔의 제자 루트비히 포이어바흐(1804~1872)와 막스 슈티르너(1806~1856), 카를 마르크스, 페르디난트 라살(1825~1864)의 생각이 모두 같았다.

헤겔의 낙관적 역사관이 잘못된 것이었을까? 아니면 프로이센 국가를 모든 것의 종착점으로 우상화한 것일 뿐일까? 역사가 끊임없이 더 나은 쪽으로 진보해 간다는 것은 이미 영국 자유주의자들의 확고한 견해였다. 고전적 경제학자들은 대부분 낙관론자였다. 다시 말해 자본주의가 틈틈이 아주 잔혹한 모습을 보이기는 하지만 결국엔 인간을 속박에서 해방시키고, 개인주의를 촉진하고, 인간에게 더 크나큰 물질적 풍요를 안길 거라고 본 것이다.

훗날의 헤겔처럼 휘그당도 이미 인류의 역사가 모든 과정에서 하나의 상위 법칙을 따른다고 믿었다. 다시 말해, 우연이나 예측하기 어려운 사회적 심리적 상황이 아닌 일종의 논리적 모델이 세계 과정을 결정한다는 것이다. 그렇다면 역사의 합법칙성은 개별 인간들에 의해 좌우되는 것이 아니라 인간 위에 우뚝 서 있다. 역사적 합법칙성을 꿰뚫고, 예측하거나 드러내는 사람은 과거뿐 아니라 현재도 이해하고, 그와 동시에 미래를 내다보는 선지자가 된다.

확실한 예측은 18세기의 꿈이었다. 천문학자가 행성 궤도와 천체 위치 및 충돌을 예견하는 것처럼 미래를 가늠할 수 있다는 것은 얼마나 근사한 생각인가! 과거에는 미래가 교회의 몫이었다면 휘그당은 미래의 약속과 천국을 지상으로 옮겨 놓았고, 그런 천국의 징후가 바로 자유 무역, 전 국민의 참정권, 선거권, 의회 민주주의, 그리고 법치 국가였다.

헤겔에게 이건 너무 근시안적인 생각이었다. 왜냐하면 앞서 살펴본 바와 같이 개인의 자유권에서 국가 이성으로 가는 길은 일직선이 아니라 변증법적이기 때문이다. 개인에게 좋은 것이 남들에게도 좋다는 것은 이성적인 국가를 전제로 한다. 콩도르세의 생각도 다르지 않았다. 다만 그의 국가는 실질적인 고민을 할 필요가 없을 정도로 손쉽게 자동으로 이성에서 생겨났다. 또한 메르시에는 싱긋 웃으며 프랑스인들이 2440년에는 아주 기꺼운 마음으로 세금을 낼 거라고 상상했다(이 숭고한 목표는 2017년 현재에도 경건한 소망으로 남아 있지만, 어쨌든 그때까지는 아직 423년이라는 긴 시간이 남아 있다).

경제적 성공이 장기적으로 보면 이성 국가로 이어질 거라는 생각은 현재로선 믿을 수 없다. 오늘날 우리는 경제적으로는 큰 성공을 거두었지만 통치 형태는 이성적이지도 민주적이지도 정의롭지도 자유롭지도 않은 국가들을 곳곳에서 보고 있지 않은가? 사우디아라비아를 비롯해 걸프만 연안의 국가들만 떠올려 보아도 알 수 있다. 사회 모델은 종교적이고 중세적이고 권위적인데 반해 효율성을 중시하는 자본주의적 사고방식은 초현대적이다. 헤겔은 19세기 초에 벌써 그것을 예감했다. 본래의 윤리적 아성은 경제의 중심축인 시민 사회가 아니라 국가라는 것이다. 그에겐 영국의 현실 상황만 봐도 경제가 필연적으로 도덕을 만들어낸다는 것은 허무맹랑하기 짝이 없는 이야기였다. 만인의 의지가 표현된 것으로서 이성 국가는 경제만으로는 결코 생성될 수 없는 상황들에 예속되어 있다.

그랬기에 미국 정치학자이자 철학자인 프랜시스 후쿠야마(1952~)가 1992년에 다른 것도 아닌 〈역사의 종말〉을 선언했을 때 그것은 그만큼 더 이상하게 들릴 수밖에 없었다. 후쿠야마는 국가 사회주의에 대한 승리를 자본주의의 승리이자 궁극적이고 정의로운 세계의 시작으로 보았다. 그러나 〈역사의 종말〉에 대한 이 대담한 주장은 몇 년도 못 가고 무너지고 말았다. 선행자인 헤겔과 마찬가지로 후쿠야마도 자신의 낙관론을 끝까지 유지할 수 없었다. 베를린 장벽이 붕괴되고 소비에트 연방이 해체되었음에도 세계는 항구적인 평화를 얻지 못했고, 다른 거대한 정치적 갈등의 해소도 요원했던 것이다.

오늘날의 철학자들이 헤겔의 『법철학』에 접목을 시도할 때면 캐나다의 찰스 테일러(1931~)나 스코틀랜드의 알래스데어 매킨타이어(1929~)처럼 정교한 수술용 칼 없이는 접목이 불가능하다. 그들이 오늘날에도 헤겔 철학에서 지키고자 하는 것은 도덕성과 사회를 그 뿌리에서 서로 결합시킨 생각이다. 위르겐 하버마스(1929~)와 악셀 호네트(1949~) 같은 비판 이론가들도 헤겔의 정신 철학에서는 일단 거대한 상부 구조부터 도려내기 시작한다. 이 단단한 고치를 벗겨내면 〈너 안의 나〉라는 상호 인정의 기본 생각이 드러나는데, 이것은 보존할 가치가 있을 뿐 아니라 과거 어느 때보다 오늘날의 우리 시대에 중요하게 다가온다. 러시아 출신의 프랑스 철학자 알렉상드르 코제브(1902~1968)로부터 시작된 헤겔 해석이다.

헤겔이 『정신 현상학』과 『논리학』에서 도움닫기를 시작해서 마지막에 『백과사전』에서 구축한, 거대하지만 완벽하게 완성되지는 않은 이 체계는 오늘날의 세계에선 텅 빈 건물로만 남아 있다. 모든 후세인에게 거창한 철학의 시대는 끝났음을 보여 주는 정신적 폐허라고 할까! 헤겔 이후 어떤 중요한 철학자도 자신의 철학을 더는 유일한 철학으로 여기지 않는다. 자신의 철학만이 참되고 실제적이라고 생각하지도 않는다. 모든 진리는 이미 각자의 정신 속에 있고, 거기서부터 단계적인 사유 과정을 거쳐 진리가 드러난다고 하는 것은, 그것도 모든 철학자 가운데 가장 위대한 철학자인 헤겔 자신을 따르는 한 진리가 드러난다고 하는 것은 오늘날엔 다른 별나라 이야기처럼 들린다. 게다가 기독교 신앙과 이성 철학이 결국 동일하고, 둘 다 동일한 목표로 나아간다는 것도 현재의 우리 생각과는 맞지 않는다.

한때는 진정한 철학이었던 것이 오늘날의 우리에겐 그저 많은 세계관 중 하나일 뿐이다. 헤겔 본인에게는 참으로 〈부당한〉 평가이자 깊은 모욕으로 들리겠지만 말이다. 어쨌든 그런 자신도 살아생전에 벌써 한 야심만만한 청년의 도전에 부딪히게 되었다. 청년은 베를린 대학에서 이 철학 거장과 같은 날 같은 시각에 강의를 하면서 세계는 이성적인 것이 아니라 오히려 철저히 비합리적이라는, 무례하기 짝이 없는 대담한 주장을 펼쳤다. 그는 헤겔에 의해 시간에서 벗어난 영원한 것이라 여겨졌던 이성을 단순히 인간이 만들어 낸 것으로, 동물적 지능으로, 〈의지와 표상〉으로 여겼다. 이 청년을 비롯해 다른 급진적 헤겔 비판자들과 함께 현대 철학의 문이 열렸다. 그의 이름은 아르투어 쇼펜하우어였으니…….

주

1 애덤 스미스, 『국부론』, p. 17f.

2 앤서니 케니, 『서양 철학사』, 3권, p. 119-121 참조.

3 지아노초 마네티, 『인간의 존엄과 숭고에 관하여』, p. 79.

4 같은 책, p. 80f.

5 알베르티, 『건축론』, p. 13.

6 피코 델라 미란돌라, 『인간의 존엄에 관하여』, p. 6f.

7 에라스뮈스, 『우신예찬』, p. 44. http://www.welcker-online.de/Texte/Erasmus/torheit.pdf

8 에라스뮈스, 「닫힌 천국 문 앞의 율리오」, 위키피디아 인용.

9 오웬 채드윅, 『종교개혁』, p. 402.

10 토머스 모어, 『유토피아』, p. 69.

11 같은 책, p. 130.

12 코페르니쿠스, 『짧은 주석』(프리츠 로스만의 독일어 번역본), p. 66.

13 한스 블루멘베르크, 『코페르니쿠스적 세계의 기원』, 2권, p. 375.

14 한스 베르너 잉겐지프, 『식물 영혼의 역사』, p. 195.

15 한스 블루멘베르크, 같은 책, p. 428.

16 같은 책, p. 429.

17 같은 책, p. 432.

18 같은 책, p. 437.

19 마티아스 그레프라트, 『오늘의 몽테뉴』, p. 225.

20 같은 책, p. 225f.

21 같은 책, p. 216.

22 잉겐지프, 같은 책, p. 206.

23 데카르트, 『방법서설』, p. 27.

24 데카르트, 전집 1권, p. 70.

25 데모크리토스, 68 A 49, in: 빌헬름 카펠레(편찬), 『소크라테스 이전 철학자들』, p. 328.

26 데카르트, 전집 2권, p. 440.

27 데카르트, 『방법서설』, p. 63.

28 힐러리 퍼트넘, 『이성, 진리, 역사』, 베리 스트라우드, 『철학적 회의론의 의미』 참조.

29 데카르트, 전집, 7권, p. 175.

30 같은 책, p. 422.

31 찰스 샌더스 퍼스, 『네 가지 무능의 몇몇 결과들』 참조.

32 데카르트, 전집, 8-2, p. 358.

33 앤드루 뉴버그, 『신은 어떻게 당신의 뇌를 바꾸는가』 참조.

34 데카르트, 전집, 7권, p. 81.

35 데카르트, 『정념론』, p. 51.

36 다마지오, 『스피노자의 뇌』, p. 293.

37 스피노자, 『논문』, § 1, p. 7.

38 스피노자, 『에티카』 1부, 6번째 정의.

39 스피노자, 『에티카』 2부, 7.

40 다마지오, 『스피노자의 뇌』, 참조.

41 스피노자, 『에티카』 2부, 48s.

42 같은 책, 18s.

43 같은 책, 5부, 27.

44 같은 책, 3부, 서문.

45 같은 책, 3부, 7.

46 같은 책, 3부, 9.

47 라이프니츠, A VI.4.1358.

48 같은 책, A VI.4.2799.

49 같은 책, A VI.4.1537.

50 라이프니츠, 『단자론』 § 66.

51 라이프니츠, A IV.2.187.

52 같은 책, A IV.4.918f.

53 파스칼, 『팡세』 4편, p. 277.

54 같은 책, 7편, p. 443.

55 같은 책, 2편, p. 129.

56 같은 책, 14편, p. 871.
57 라이프니츠, A VI.4.1522.
58 뷔르거, 전집, 4권, p. 3f.
59 홉스, 철학 전집(라틴어판), 1권, p.86.
60 홉스, 『리바이어던』(1970), 4장, p. 28.
61 같은 책, 13장, p. 116f.
62 같은 책, 18장, p. 160.
63 같은 책, 26장, p. 234f.
64 같은 책, 17장, p. 151.
65 홉스, 전집(영어판), 7권, p. 350.
66 홉스, 『리바이어던』(2005), p. 586.
67 스피노자, 전집, 6권, 편지 모음, 50번째 편지, p. 209.
68 로크, 『통치론』, 2부, § 19, p. 211.
69 같은 책, § 36, p. 222.
70 에드워드 미셀든, 『무역의 순환』, p. 17.
71 로크, 『통치론』, 2부, § 11, § 18f 참조.
72 맨더빌, 『꿀벌의 우화』, p. 319.
73 같은 책, p. 344f.
74 로크, 『통치론』, 2부, § 45, p. 228.
75 같은 책, 2부, § 37, p. 223.
76 같은 책, 2부, § 143, p. 291.
77 로크, 『관용에 관한 편지』, p. 49.
78 같은 책, p. 95-96.
79 로크, 『인간 오성론』, p. 22.
80 데카르트, 『성찰』, 다섯 번째 성찰, 4, p. 84.
81 로크, 『인간 오성론』, p. 183.
82 같은 책, p. 56.
83 라이프니츠, A VI.6.49f.
84 라이프니츠, 『신(新) 인간 오성론』, 2권, p. 101/103.
85 로크, 『인간 오성론』, p. 263.
86 버클리, 『인간 지식의 원리론』, § 10, p. 30.
87 버클리의 『인간 오성론』에서 라이프니츠가 인용한 내용. 브라운, 『라이프니츠』, p. 42.
88 클루엔캄프, 『흄』, p. 9.
89 같은 책, p. 10.
90 흄, 『인간 본성론』, p. 24.
91 같은 책, 같은 곳.
92 흄, 『인간 오성에 관한 탐구』, p. 41.
93 같은 책, 같은 곳.
94 흄, 『인간 본성론』, p. 467f.
95 흄, 『도덕 원리에 관한 탐구』, p. 221.
96 흄, 『인간 본성론』, p. 470.
97 같은 책, 419.
98 토머스 리드, 『인간 마음의 힘에 관한 소론』, p. 31.
99 애덤 스미스, 『도덕 감정론』, p. 181.
100 터커, 『여행자를 위한 지침』, p. 31-32(리하르트 다비트 프레히트 번역).
101 애덤 스미스, 『국부론』, 1권, 2장, p. 21.
102 같은 책, 1권, 1장, p. 18.
103 같은 책, 1권, 8장, p. 85.
104 같은 책, 1권, 8장, p. 85f.
105 같은 책, 4권, 2장, p. 454.
106 같은 책, 4권, 2장, p. 451.
107 같은 책, 1권, 10장, p. 138.
108 같은 책, 5권, 1/3장, p. 760.
109 같은 책, 5권, 1/3장, p. 759.
110 바인리히, 『독자를 위한 문학』, p. 74.
111 같은 책, p. 75f.
112 같은 책, p. 41.
113 http//www.welcker.online.de/Texte/Voltaire/Aufenthalt/Aufenthalt.pdf, p. 8.

114 라 메트리, 『인간 기계』, p. 53.
115 같은 책, p. 77.
116 http://www.lsr-projekt.de/lm2.html.
117 드니 디드로, 『달랑베르의 꿈』, in: 『철학 저술집』, 1권, p. 532f.
118 같은 책, p. 537.
119 윌슨, 『디드로』, p. 660.
120 젤크/빌란트(편찬), 『백과사전의 세계』, p. 76.
121 디드로, 1762년 9월 26일자 편지, in: 『소피 볼랑에게 보내는 편지』, p. 218f.
122 디드로, 1765년 10월 6일자 편지, 같은 책, p. 251f.
123 루소, 『고백록』, p. 493.
124 루소, 『저술집』, 1권, p. 83.
125 루소, 『고백록』, p. 494.
126 루소, 『인간 불평등 기원론』, p. 173.
127 루소, 『사회 계약』, 1권, p. 33.
128 같은 책, p. 58.
129 칸트, 1권, p. 175.
130 같은 책, p. 232.
131 칸트, 4권, p. 300.
132 같은 책, 같은 곳.
133 칸트, 1권, p. 378.
134 칸트, 4권, p. 547.
135 라이마루스, 『자연 종교의 가장 고귀한 진리』, p. 177.
136 레싱, 전집, 7권, p. 821.
137 같은 책, 1권, p. 201.
138 같은 책, 9권, p. 606.
139 칸트, 2권, p. 952.
140 같은 책, p. 983.
141 같은 책, p. 982.
142 칸트, 『편지들』, p. 103.
143 같은 책, p. 221.
144 같은 책, p. 205.
145 칸트, 5권, p. 115.
146 같은 책, p. 121.
147 칸트, 『편지들』, p. 195.
148 칸트, 3권, p. 45.
149 같은 책, p. 98.
150 흄, 『인간 본성론』, p. 30-31.
151 루소, 『에밀』, p. 549/552.
152 칸트, 4권, p. 344.
153 같은 책, 같은 곳.
154 마흐, 『감각의 분석』, p. 20.
155 칸트, 5권, p. 212.
156 하만, 전집, 3권, p. 189.
157 칸트, 11권, p. 34.
158 같은 책, p. 53.
159 같은 책, p. 54.
160 같은 책, p. 60.
161 하만, 『이성의 순수주의에 대한 메타 비판』, in: 『저술집』, p. 191.
162 칸트, 7권, p. 47.
163 같은 책, p. 293.
164 같은 책, p. 18.
165 같은 책, p. 19.
166 같은 책, p. 51.
167 같은 책, p. 140.
168 같은 책, p. 300.
169 바르네켄/토마셀로 연구 참조.
170 하만, 『편지 교환』, 5권, p. 418.
171 칸트, 10권, p. 87.
172 야흐만, 『이마누엘 칸트』, p. 158.
173 칸트, 10권, p. 487.
174 칸트, 8권, p. 862f.
175 같은 책, p. 337.
176 같은 책, p. 579.
177 칸트, 7권, p. 399.
178 http://www.friedrich-schiller-archiv.de/briefwechsel-von-schiller-und-goethe/1798/552-an-schiller-19-dezember-1798/.

179 칸트, 『편지들』, p. 767.
180 피히테, 전집 II, 3권, p. 11.
181 야코비, 『데이비드 흄』, p. 229.
182 피히테, 전집 III, 2권, p. 28.
183 피히테, 전집 I, 2권, p. 57.
184 피히테, 전집 I, 4권, p. 195.
185 같은 책, 같은 곳.
186 같은 책, p. 257f.
187 피히테, 전집 I, 5권, p. 65.
188 피히테, 전집 I. 4권, p. 217.
189 피히테, 전집 I, 2권, p. 360.
190 피히테, 전집 IV, 3권, p. 441.
191 피히테, 전집 I, 3권, p. 58.
192 피히테, 전집 II, 3권, p. 307.
193 피히테, 전집 I, 5권, p. 158.
194 피히테, 전집 I, 4권, p. 22.
195 피히테, 전집 I, 5권, p. 416.
196 피히테, 전집 I, 10권, p. 138.
197 같은 책, p. 255
198 http://www.gah.vs.bw.schule.de/leb1800/weimar1.htm.
199 http://www.zbk-online.de/texte/A0060.htm.
200 플리트, 『셸링의 삶』, 1권, p. 73f.
201 셸링, 전집, 2권, p. 29f.
202 같은 책, p. 65.
203 같은 책, p. 222.
204 같은 책, p. 569.
205 헤겔, 『편지들』, 2권, p. 120.
206 헤겔, 전집, 2권, p. 22.
207 같은 책, p. 96.
208 헤겔, 전집, 3권, p. 68.
209 같은 책, p. 69.
210 같은 책, p. 326.
211 슐레겔, 『아테네움』, 2권, 1. St. p. 54.
212 셸링, 『초월적 관념론의 체계』, § 1, p. 10.
213 셸링, 『예술 철학』, p. 112.
214 같은 책, 같은 곳.
215 같은 책, 같은 곳.
216 바움가르텐, 『이론 미학』, § 71.
217 칸트, 10권, p. 185.
218 같은 책, p. 249f.
219 같은 책, p. 193.
220 헤겔, 전집, 6권, p. 464.
221 헤겔, 전집 13권, p. 145.
222 같은 책, p. 151.
223 헤겔, 『미학 강의』, 2권, p. 128.
224 헤겔, 『역사 철학 강의』, 서문, b절.
225 헤겔, 『법철학』, 서문.
226 같은 책, 같은 곳.
227 헤겔, 전집, 18권, p. 4, 주석, 전집, 18권, p. 12f.
228 괴테가 헤겔에게 보낸 1820년 10월 7일자 편지, in: 『편지들』, 2권, p. 236.
229 헤겔, 『법철학』, § 36.
230 같은 책, § 158.
231 같은 책, § 199.
232 같은 책, § 244.
233 같은 책, § 253.
234 뮐러, 『정치술의 원리』, 1권, p. 85.
235 같은 책, 2권, p. 200.
236 헤겔, 『법철학』, § 243.
237 같은 책, § 257.
238 같은 책, § 301.
239 같은 책, § 319.
240 http://gutenberg.spiegel.de/buch/der-achtzehnte-brumaire-des-louis-napoleon-4983/1.
241 헤겔, 『법철학』, 서문.

참고 문헌

이 철학사의 참고 문헌은 각 장별로 표준이 될 만한 텍스트만 정선해서 뽑았다. 데카르트, 로크, 흄, 칸트, 피히테, 셸링, 헤겔 같은 중요한 철학자들과 관련해서는 수많은 텍스트들 가운데 유명하거나 쉽게 접근할 수 있는 소수 입문서와 문헌들만 적시했다. 그 외의 책들은 개별적인 관점을 좀 더 정밀하게 연구하고 심화하는 데 도움이 될 것이다.

철학사

수많은 철학사 가운데 정선한 책은 다음과 같다. 탁월한 고전주의자 Bertrand Russell: *Philosophie des Abendlandes* (1945), Anaconda 2012; François Châtelet u. a.: *Geschichte der Philosophie*, 8 Bände, Ullstein 1975; Rüdiger Bubner (Hrsg.): *Geschichte der Philosophie in Text und Darstellung*, 9 Bände, Reclam 2004, 2. Aul.; Franz Schupp: *Geschichte der Philosophie im Überblick*, 3 Bände, Meiner 2005; Anthony Kenny: *Geschichte der abendländischen Philosophie. Antike – Mittelalter – Neuzeit – Moderne*, 4 Bände, Wissenschaftliche Buchgesellschaft 2014, 2. Aul. 특히 방대하고 상세한 철학사는 여러 저자가 공동 집필하고 볼프강 뢰트가 편찬한 다음 철학사다. *Geschichte der Philosophie*, Bd. 1 – 14, C. H. Beck 1976 – 2015 f. 우리의 이 책에 해당하는 시기는 7-9/2권이다. 이보다 더 방대한 매머드급 프로젝트는 여러 편찬자가 참여한 다음 책이다. 총 서른 권 중 지금껏 열네 권이 출간되었다. *Grundriss der Geschichte der Philosophie*, Schwabe 1983 – 2015 f.

왕들의 행렬

베노초 고촐리의 생애와 작품에 대해서는 다음 책들을 참조. Diane Cole Ahl: *Benozzo Gozzoli*, Yale University Press 1996; Marion Opitz: *Gozzoli,* Köne mann 1998; Anna Padoa Rizzi: *Benozzo Gozzoli. Un pittore insigne, »practico de grandissima invenzione«*, Silvana Editoriale 2003. 〈동방 박사들의 행렬〉에 대해서는 다음 책들 참조. Rab Hatfield: *The Compagnia de Magi*, in: Journal of the Warburg and Courtauld Institutes, 33, 1970, S. 107 – 161; Christina Acidini Luchinat: *The Chapel of the Magi*, Thames & Hudson 1994; Roger Crum: *Roberto Martelli, the Council of Florence, and the Medici Palace Chapel*, in: Zeitschrift für Kunstgeschichte, 59, 1996, S. 403 – 417; Eleftheria Wollny-Popota: *Die Fresken von Benozzo Gozzoli in der Kapelle des Palazzo Medici-Ricardi in Florenz, das Florentiner Konzil von 1438/39 und der Humanismus der Byzantiner*, in: Evangelos Konstantinou (Hrsg.): *Der Beitrag der byzantinischen Gelehrten zur abendländischen Renaissance des 14. und 15. Jahrhunderts*, Peter Lang

2006, S. 177 – 188; Michael Bringmann: *Das Unionskonzil von 1439, die Medici und die zeitgenössische Kunst in Florenz*, in: Evangelos Konstantinou (Hrsg.): *Der Beitrag der byzantinischen Gelehrten zur abendländischen Renaissance des 14. und 15. Jahrhunderts*, Peter Lang 2006, S. 35 – 46; Franco Cardini: *Die Heiligen Drei Könige im Palazzo Medici*, Mandragora 2004; Tobias Leuker: *Bausteine eines Mythos. Die Medici in Dichtung und Kunst des 15. Jahrhunderts*, Böhlau 2007. 지아노초 마네티의 인용 부분은 다음 책에서 따왔다. August Buck(편찬): Giannozzo Manetti: *Über die Würde und Erhabenheit des Menschen*, Meiner 1990.

르네상스 철학

우리 속의 세계

쿠자누스의 텍스트 모음집 두 권은 독일어 번역과 함께 라틴어 원전이 실려 있다. Nikolaus von Kues: *Philosophisch-theologische Schriften. Studien- und Jubilaumsausgabe*, hrsg. von Leo Gabriel u. a., 3 Bände, Herder 1964 – 1967; ders.: Philosophisch-theologische Werke, hrsg. von Karl Bormann, 4 Bände, Meiner 2002. 쿠자누스 전집은 하이델베르크 학술 아카데미 주문으로 번역되었다. *Schriften des Nikolaus von Kues in deutscher Übersetzung*, Meiner 1943 f. (bisher 19 Bände erschienen). 쿠자누스 개인과 작품에 대한 연구는 다음 책들 참조. Anton Lübke: *Nikolaus von Kues. Kirchenfürst zwischen Mittelalter und Neuzeit*, Callwey 1968; Klaus Jacobi (Hrsg.): *Nikolaus von Kues. Einführung in sein philosophisches Denken*, Alber 1979; Kurt Flasch: Nikolaus von Kues. Geschichte einer Ent wicklung, Klostermann 2008, 3. Aul.; ders.: *Nikolaus von Kues in seiner Zeit. Ein Essay*, Reclam 2004; ders.: *Nicolaus Cusanus*, C. H. Beck 2007, 3. Aufl.; Norbert Winkler: *Nikolaus von Kues zur Einführung*, Junius 2009, 2. Aul.

라몬 률의 저서 중에는 다음 몇 권이 독일어로 번역되었다. Ramon Llull: *Die neue Logik.* (Latein-Deutsch), übers. von Vittorio Hösle und Wal burga Bü chel, hrsg. von Charles Lohr, Mei ner 1985; ders.: *Das Buch vom Freunde und vom Geliebten (Libre de Amic e Amat),* übers. und hrsg. von Erika Lorenz, Herder 1992; ders.: *Die Kunst, sich in Gott zu verlieben,* hrsg. von Erika Lorenz, Herder 1992; ders.: *Das Buch vom Heiden und den drei Wei sen,* übers. und hrsg. von Theodor Pindl, Reclam 1998; ders.: *Ars brevis* (Latein-Deutsch), übers. und hrsg. von Alexander Fidora, Meiner 2001; ders.: *Das Buch über die heilige Maria (Libre de sancta Maria)*, (Katalanisch- Deutsch), hrsg. von Fernando Domínguez Reboiras, übers. von Elisenda Padrós Wolf, Frommann-Holzboog 2005; ders.: *Felixoder Das Buch der Wunder (Llibre de Meravelles)*, übers. von Gret Schib Torra, Schwabe 2007;

ders.: *Doctrina pueril. Was Kinder wissen müssen*, eingeleitet von Joan Santa nach i Sunöl, übers. von Elisenda Padrós Wolf, Lit Verlag 2010; ders.: *Der Baum der Liebesphilosophie,* hrsg. von Alexander Fidora, übers. von Gret Schib Torra, Lit Verlag 2016. 륄의 생애와 철학에 관해서는 다음 책들을 참조. Erhard-Wolfram Platzeck: *Raimund Llull. Sein Leben - seine Werke - die Grundlagen seines Denkens*, 2 Bände, Patmos 1962–1964; Robert Pring-Mill: *Der Mikro kosmos Ramon Llulls. Eine Einführung in das mittelalterliche Weltbild*, Frommann-Holzboog 2000. 륄이 쿠자누스에 미친 영향에 대해서는 다음의 모음집 참조. Ermenegildo Bidese, Alexander Fidora, Paul Renner (Hrsg.): *Ramon Llull und Nikolaus von Kues. Eine Begegnung im Zeichen der Toleranz*, Brepols 2005.

새로운 관점

르네상스 시대에 돈과 교환의 중요성에 대해서는 다음 책 참조. Christina von Braun: *Der Preis des Geldes. Eine Kulturgeschichte*, Aufbau 2012; Jochen Hörisch: *Kopf oder Zahl. Die Poesie des Geldes*, Suhrkamp 1996. 르네상스의 정치 상황을 개괄적으로 보여 주는 저서들은 다음과 같다. Volker Reinhardt: *Die Renaissance in Italien. Geschichte und Kultur*, C. H. Beck 2012, 3. Aufl.; Peter Burke: *Die europäische Renaissance. Zentrum und Peripherien*, C. H. Beck 2011. 르네상스 철학에 대해서는 특히 파울 오스카 크리스텔러Paul Oskar Kristeller의 고전적인 저서들을 참조하라. *Der italienische Humanismus und seine Bedeutung*, Helbing & Lichtenhahn 1969; ders.: *Humanismus und Renaissance*, Fink 1980; ders. (Hrsg.): *The Renaissance Philosophy of Man. Petrarca, Valla, Ficino, Pico, Pomponazzi, Vives*, University of Chicago Press 1996. 그 밖에 다음 책들도 참조. Paul Richard Blum (Hrsg.): *Philosophen der Renaissance*, Primus 1999; Enno Rudolph (Hrsg.): *Die Renaissance und ihre Antike. Die Renaissance als erste Aufklärung*, 3 Bände, Mohr Siebeck 1998. 건축술에 관한 알베르트의 저술은 다음 책에 실려 있다. Leon Battista Alberti: *Zehn Bücher über die Baukunst*, Wissenschaftliche Buchgesellschaft 1975. 그의 전기로는 다음 책이 있다. *Vita* (Latein-Deutsch), hrsg. von Christine Tauber, Stroemfeld 2004. 알베르트의 예술 철학에 대해서는 다음 책들 참조. Anthony Grafton: *Leon Battista Alberti. Baumeister der Renaissance*, Berlin Verlag 2002; Günther Fischer: *Leon Battista Alberti. Sein Leben und seine Architekturtheorie*, Wissenschaftliche Buchgesellschaft 2012. 르네상스의 초기 플라톤주의는 다음 책에서 다루고 있다. Evangelos Konstantinou (Hrsg.): *Der Beitrag der byzantinischen Gelehrten zur abendländischen Renaissance des 14. und 15. Jahrhunderts*, Peter Lang 2006. 피치노 저서들의 독일어 번역본은 다음과 같다. Elisabeth Blum, Paul Richard Blum, Thomas Leinkauf (Hrsg.): *Marsilio Ficino. Traktate zur Platonischen Philosophie*, Akademie Verlag 1993; Paul Richard Blum (Hrsg.): *Marsilio Ficino. Über die Liebe oder Platons Gastmahl*, Meiner 2004. 피치

노 연구에서는 파울 오스카 크리스텔러의 다음 책이 중요하다. Paul Oskar Kristeller: *Die Philosophie des Marsilio Ficino*, Klostermann 1972. 새로운 연구 논문들은 다음 모음집에 수록되어 있다. James Hankins (Hrsg.): *Humanism and Platonism in the Italian Renaissance*, 2 Bände, Band 2: *Platonism*, Edizioni di Storia e Letteratura 2013, 2. Aufl. 피코 저서의 독일어 번역본은 다음과 같다. Giovanni Pico della Mirandola: *De hominis dignitate. Über die Würde des Menschen* (Latein-Deutsch), hrsg. von August Buck, Meiner 1990; ders.: *Über die Vorstellung. De imaginatione*, hrsg. von Eckhard Keßler, Fink 1997; ders.: *Kommentar zu einem Lied der Liebe* (Italienisch-Deutsch), hrsg. von Thorsten Bürklin, Meiner 2001; *Über das Seiende und das Eine. De ente et uno* (Latein-Deutsch), hrsg. Paul Richard Blum u. a., Meiner 2006; ders.: *Ausgewählte Schriften*, hrsg. von Arthur Liebert, Boer 2017; ders.: *Neunhundert Thesen* (Latein-Deutsch), hrsg. von Nikolaus Engel, Meiner 2017. 피코 철학에 대해서는 다음 책들 참조. Heinrich Reinhardt: *Freiheit zu Gott. Der Grundgedanke des Systematikers Giovanni Pico della Mirandola (1463-1494)*; VCH 1989; Walter Andreas Euler: *»Pia philosophia« et »docta religio«. Theologie und Religion bei Marsilio Ficino und Giovanni Pico della Mirandola*, Fink 1998. 폼포나치 저술의 유일한 독일어 번역본은 다음과 같다. Pietro Pomponazzi: *Abhandlung über die Unsterblichkeit der Seele* (Latein-Deutsch), hrsg. von Burkhard Mojsisch, Meiner 1990. 폼포나치에 대해서는 다음 책 참조. Jürgen Wonde: *Subjekt und Unsterblichkeit bei Pietro Pomponazzi*, De Gruyter 1994; Paolo Rubini: *Pietro Pomponazzis Erkenntnistheorie. Naturalisierung des menschlichen Geistes im Spätaristotelismus*, Brill 2015.

현세와 피안

에라스뮈스의 『우신예찬』은 다음 인터넷 사이트에서 찾아볼 수 있다. http://www.welcker-online.de/Texte/Erasmus/torheit.pdf; gedruckt hrsg. von Anton J. Gail, Reclam 1986. 에라스뮈스의 수많은 저술은 다음 전집에 실려 있다. Werner Welzig (Hrsg.): *Erasmus von Rotterdam. Ausgewählte Schriften*, 8 Bände, Wissenschaftliche Buchgesellschaft 1995. 에라스뮈스에 대한 연구는 다음 저서들 참조. Léon E. Halkin: *Erasmus von Rotterdam. Eine Biographie*, Benziger 1989; Erika Rummel: *Erasmus*, Continuum 2004; Wilhelm Ribhegge: *Erasmus von Rotterdam*, Primus 2009. 종교 개혁에 대해서는 다음 책들 참조. Owen Chadwick: *The Reformation*, Penguin 1964; Horst Rabe: *Deutsche Geschichte 1500-1600. Das Jahrhundert der Glaubensspaltung*, C. H. Beek 1991; Diarmaid MacCulloch: *Die Reformation 1490 1700*, DVA 2008; Thomas Kaufmann: *Geschichte der Reformation*, Suhrkamp 2009; ders.: *Erlöste und Verdammte. Eine Geschichte der Reformation*, C. H. Beek 2016; Martin H. Jung: *Reformation und Konfessionelles Zeitalter (1517-1648)*, Vandenhoeck & Ruprecht 2012; Luise Schorn-Schütte: *Die Reformation.*

Vorgeschichte, Verlauf, Wirkung, C. H. Beek 2016. 마르틴 루터의 저술들은 (120권으로 된 방대한 바이마르판 이외에) 다음의 전집에 실려 있다. Kurt Aland (Hrsg.): *Luther Deutsch. Die Werke Martin Luthers in neuer Auswahl für die Gegenwart*, 12 Bände, Vandenhoeck & Ruprecht 1997, 3. Aufl. 마르틴 루터의 수많은 전기들 중에서는 최근의 것들만 제시하겠다. Thomas Kaufmann: *Martin Luther*, C. H. Beck 2017, 3. Aufl.; Heinz Schilling: *Martin Luther. Rebell in einer Zeit des Umbruchs. Eine Biographie*, C. H. Beck 2017, 4. Aufl.; Lyndal Roper: *Der Mensch Martin Luther. Eine Biographie*, Fischer 2016, 4. Aufl. 토머스 모어의 『유토피아』는 다음 번역본으로 나와 있다. Thomas Morus: *Utopia, übers. von Gerhard Ritter*, Reclam 2003, 3. Aufl. 토머스 모어에 대한 연구는 다음 책들 참조. Hans Peter Heinrich: *Thomas Morus. Mit Selbstzeugnissen und Bilddokumenten*, Rowohlt 1991, 3. Aufl.; William Roper: *Das Leben des Thomas Morus*, Lambert Schneider 1986; Richard Marius: *Thomas Morus. Eine Biographie*, Benziger 1987.

새로운 하늘

코페르니쿠스 전집은 다음과 같다. *Nicolaus Copernicus Gesamtausgabe*, Gerstenberg beziehungsweise Akademie Verlag, seit 1974; 지금까지 아홉 권이 나왔다. 『짧은 주석』의 인용 부분은 다음 책에서 따왔다. Fritz Roßmann (Hrsg.): *Der Commentariolus von Nikolaus Kopernikus, in: Naturwissenschaften*, Band 34, Nr. 3, 1947, S. 65-69. 코페르니쿠스 연구는 다음 책들 참조. Martin Carrier: *Nikolaus Kopernikus*, C. H. Beek 2001; John Freely: *Kopernikus. Revolutionär des Himmels*, Klett-Cotta 2015. 코페르니쿠스적 세계관의 범위와 의미에 대해서는 다음 책 참조. Thomas S. Kuhn: *Die kopernikanische Revolution*, Vieweg 1981. 가장 방대하고 탁월한 분석과 해설을 보여 주는 건 다음 책이다. Hans Blumenberg: *Die Genesis der kopernikanischen Welt*, 3 Bände, Suhrkamp 1996, 3. Aufl. 카르다노에 대한 연구는 다음 책 참조. Markus Fierz: *Girolamo Cardano (1501-1576), Arzt, Naturphilosoph, Mathematiker, Astronom und Traumdeuter*, Birkhäuser 1977; Eckhard Keßler (Hrsg.): *Girolamo Cardano. Philosoph, Naturforscher, Arzt*, Harrassowitz 1994; Ingo Schütze: *Die Naturphilosophie in Girolamo Cardanos De subtilitate*, Fink 2000; Thomas Sören Hoffmann: *Philosophie in Italien. Eine Einführung in 20 Porträts*, Marix 2007. 텔레시오에 대해서도 같은 책 참조. 그 밖에 참고할 저서는 다음과 같다. Martin Mulsow: *Frühneuzeitliche Selbsterhaltung. Telesio und die Naturphilosophie der Renaissance*, Niemeyer 1998. 캄파넬라의 정치적 이상향에 대해서는 다음 책 참조. Tommaso Campanella: *Der Sonnenstaat, übers. von Ignaz Emanuel Wessely*, Holzinger 2016, 4. Aufl. 캄파넬라에 대해서는 다음 책들 참조. Gisela Bock: *Thomas Campanella. Politisches Interesse und philosophische Spekulation*, Niemeyer 1974; Thomas Sören Hoffmann: *Philosophie in Italien*, a. a. O. 그 밖에 이탈리아 자연 철학을 다룬 다음 책 참조. Hans Werner Ingensiep:

Geschichte der Pflanzenseele, Kröner 2001. 몽테뉴의 『수상록』은 다음의 독일어 번역본으로 나와 있다. *Essais*. Erste moderne Gesamtübersetzung von Hans Stilett, Eichborn 1998. 몽테뉴 선집은 다음 책 참조. Mathias Greffrath: *Montaigne heute. Leben in Zwischenzeiten,* Diogenes 1998. 몽테뉴에 대한 연구는 다음 책들 참조. Jean Starobinski: *Montaigne. Denken und Existenz,* Fischer 1989; Hans Stilett: *Von der Lust, auf dieser Erde zu leben. Wanderungen durch Montaignes Welten,* Eichborn 2008; Hans Peter Balmer: *Neuzeitliche Sokratik. Michel de Montaignes essayistisches Philosophieren,* Monsenstein & Vannerdat 2016. 독일어로 번역된 갈릴레이 저서들은 다음과 같다. Hans Blumenberg (Hrsg.): *Galileo Galilei. Sidereus Nuncius. Nachrichten von neuen Sternen,* Suhrkamp 1980; Anna Mudry (Hrsg.): *Galileo Galilei. Schriften, Briefe, Dokumente,* VMA 1987; Heinz-Joachim Fischer: *Galileo Galilei. Dialog über die beiden hauptsächlichsten Weltsysteme,* Marix 2014; Ed Dellian (Hrsg.): *Galileo Galilei. Discorsi. Unterredungen und mathematische Beweisführung zu zwei neuen Wissensgebieten,* Meiner 2015. 갈릴레이에 대한 연구는 다음 책들 참조. John L. Heilbron: *Galileo,* Oxford University Press 2010; Horst Bredekamp: *Galileis denkende Rand. Form und Forschung um 1600,* De Gruyter 2015. 베이컨 저술은 다음의 독일어 번역본 참조. Wolfgang Krohn (Hrsg.): *Francis Bacon. Neues Organon* (Latein-Deutsch), 2 Bände, Meiner 1990; Jürgen Klein (Hrsg.): *Neu-Atlantis,* Reclam 2003; Levin L. Schücking (Hrsg.): *Essays oder praktische und moralische Ratschläge,* Reclam 2005. 베이컨에 대해서는 다음 저서들 참조. Jürgen Klein: *Francis Bacon oder die Modernisierung Englands,* Olms 1987; Wolfgang Krohn: *Francis Bacon,* C. H. Beek 2006, 2. Aufl.

바로크 철학

나는 생각한다, 고로 존재한다

데카르트 전집은 프랑스어 판으로 제시하겠다. Charles Adam und Paul Tannery (Hrsg.): *Œuvres de Descartes,* 11 Bände, Paris 1982-1991. 『방법서설』은 다음 번역본에서 인용했다. René Descartes: *Discours de la Méthode. Bericht über die Methode* (Französisch-Deutsch), übers. und hrsg. von Holger Ostwald, Reclam 2001. 그 밖에 독일어 번역본으로는 다음 책들이 있다. *Meditationen über die Grundlagen der Philosophie mit den sämtlichen Einwänden und Erwiderungen,* übers. und hrsg. von Artur Buchenau, Meiner 1994; ders.: *Die Prinzipien der Philosophie,* übers. von Christian Wohlers, Meiner 2005; ders.: *Die Leidenschaften der Seele* (Französisch-Deutsch), übers. und hrsg. von Klaus Hammacher, Meiner 1996. 데카르트의 생애와 작품을 다룬 것들 중에서는 다음 책들을 엄선했다. Dominik Perler: *René Descartes,* C. H. Beek 2006, 2. Aufl.; Hans Poser: *René Descartes. Eine Einführung,*

Reclam 2003; Wolfgang Röd: *Die Genese des Cartesianischen Rationalismus,* C. H. Beck 1995; Bernard Williams: *Descartes. Das Vorhaben der reinen philosophischen Untersuchung,* Beltz Athenäum 1996; Andreas Kemmerling: *Ideen des Ichs. Studien zu Descartes' Philosophie,* Klostermann 2005, 2. Aufl. 데모크리토스 인용 부분은 다음 책에서 따왔다. Wilhelm Capelle: *Die Vorsokratiker,* Kröner 2008, 9. Aufl. 우리의 뇌에 관한 부분은 다음 책들 참조. Hilary Putnam: *Vernunft, Wahrheit und Geschichte,* Suhrkamp 1982; Barry Stroud: *The Significance of Philosophical Scepticism,* Oxford University Press 1984. 코기토 비판에 대해서는 다음 저서 참조. Charles Sanders Pierce: *Some Consequences of Four Incapacities,* in: Journal of Speculative Philosophy (2) 1868, S. 140-157. 신경세포에 근거한 신 증명에 대해서는 다음 책 참조. Andrew Newberg: *Der gedachte Gott. Wie Glaube im Gehirn entsteht,* Piper 2008, 3. Aufl.

명확한 사물들의 신

스피노자의 전집은 다음과 같다. Baruch de Spinoza: *Sämtliche Werke,* 8 Bände, Meiner 1982-2005. 주요 작품은 다음 번역본에서 인용했다. *Abhandlung über die Verbesserung des Verstandes. Tractatus de intellectus emendatione* (Latein-Deutsch), hrsg. von Wolfgang Bartuschat, Meiner 2003, 2. Aufl.; ders.: *Die Ethik* (Latein-Deutsch), Reclam 2007. 스피노자에 대한 연구는 다음 책들 참조. Don Garrett (Hrsg.): *The Cambridge Companion to Spinoza,* Cambridge University Press 1996; Wolfgang Röd: *Benedictus de Spinoza. Eine Einführung,* Reclam 2002; Wolfgang Bartuschat: *Baruch de Spinoza,* C. H. Beck 2006; Helmut Seidel: *Spinoza zur Einführung,* Junius 2007, 2. Aufl.; Michael Della Rocca: *Spinoza,* Routledge 2008. 뇌 연구의 관점에서 바라본 스피노자 연구는 다음 책 참조. Antonio Damásio: *Der Spinoza-Effekt. Wie Gefühle unser Leben bestimmen,* List 2014, 8. Aufl. 라이프니츠의 저서는 1920년대부터 다음 전집으로 출간되었다. *Gottfried Wilhelm Leibniz. Sämtliche Schriften und Briefe,* hrsg. von der Preußischen (jetzt Deutschen) Akademie der Wissenschaften 1923 ff. 『단자론』은 다음의 단행본으로 출간되었다. G. W. Leibniz: *Monadologie,* Reclam 1963. 『신 인간 오성론』에 관한 부분은 다음 책에서 인용했다. *Neue Abhandlungen über den menschlichen Verstand,* 2 Bände, Insel 1961. 라이프니츠의 생애에 관해선 다음 책들 참조. Eric J. Aiton: *Gottfried Wilhelm Leibniz. Eine Biographie,* Insel 1991; Eike Christian Hirsch: *Der berühmte Herr Leibniz. Eine Biographie,* C. H. Beck 2000. 라이프니츠 철학에 관한 책들로는 다음 책들을 추천한다. Stewart C. Brown: *Leibniz,* University of Minnesota Press 1985; Donald Rutherford: *Leibniz and the Rational Order of Nature,* Cambridge University Press 1995; Nicholas Jolley (Hrsg.): *The Cambridge Companion to Leibniz,* Cambridge University Press 1995; Hubertus Busche: *Leibniz' Weg ins perspektivische Universum. Eine Harmonie im Zeitalter der Berechnung,* Meiner

1997; Michael-Thomas Liske: *Gottfried Wilhelm Leibniz,* C. H. Beck 2000; Horst Bredekamp: *Die Fenster der Monade. Gottfried Wilhelm Leibniz' Theater der Natur und Kunst,* Akademie Verlag 2004; Hans Poser: *Gottfried Wilhelm Leibniz,* Junius 2005; Maria Rosa Antognazza: *Leibniz: An Intellectual Biography,* Cambridge University Press 2009.

통제된 권력

고트프리트 아우구스트 뷔르거의 인용 부분은 다음 전집에서 따왔다. *Gottfried August Bürgers sämtliche Werke in vier Bänden,* Dieterich 1844, 여기서는 4권 『공화국 영국』. 홉스의 저술은 다음 전집에 실려 있다. *Thomas Hobbes Malmesburiensis Opera philosophica quae latine scripsit omnia,* Scientia 1961 ff. 『리바이어던』의 독일어 번역본은 두 편이 나와 있다. Thomas Hobbes: *Leviathan,* Reclam 1970은 마지막 두 부분을 축약했고, Thomas Hobbes: *Leviathan,* Meiner 2005은 완역본이다. 홉스에 관해서는 다음 책들 참조. Reinhart Koselleck: *Kritik und Krise. Eine Studie zur Pathogenese der bürgerlichen Welt,* Suhrkamp 1976, 2. Aufl.; Herfried Münkler: *Thomas Hobbes,* Campus 2001; Dieter Hüning (Hrsg.): *Der lange Schatten des Leviathan. Hobbes' politische Philosophie nach 350 Jahren,* Duncker & Humblot 2005; Philip Pettit: *Made with Words. Hobbes on Language, Mind, and Politics,* Princeton University Press 2008; Wolfgang Kersting: *Thomas Hobbes zur Einführung,* Junius 2009, 4. Aufl.; Otfried Höffe: *Thomas Hobbes,* C. H. Beck 2010. 제임스 해링턴의 『오시아나 공화국』은 다음 판본을 참조했다. *»The Commonwealth of Oceana« and »A System of Politics«,* hrsg. von John Greville Agard Pocock, Cambridge University Press 1992. 해링턴에 관해서는 다음 책들 참조. Michael Downs: *James Harrington,* Twayne Publishers 1977; Alois Riklin: *Die Republik von James Harrington 1656*, Wallstein 2003.

계몽주의 철학

개인과 사유 재산

존 로크의 『통치론』은 다음 번역본에서 인용했다. *Zwei Abhandlungen über die Regierung,* Suhrkamp 1977. 그의 『관용에 관한 편지』는 다음 번역본에서 인용했다. John Locke: *Ein Brief über Toleranz,* Meiner 1957. 로크에 관한 연구는 다음 책들 참조. Walter Euchner: Walter Euchner: *Naturrecht und Politik bei John Locke,* Suhrkamp 1979, ders.: John *Locke zur Einführung,* Junius 2011, 3. Aufl.; James Tully: *A Discourse on Property: John Locke and His Adversaries,* Cambridge University Press 1982; Crawford B. Macpherson: *Die politische Theorie des Besitzindividualismus. Von Hobbes zu Locke,* Suhrkamp 1990; Peter R. Anstey

(Hrsg.): *The Philosophy of John Locke: New Perspectives,* Routledge 2003; Roger Woolhouse: *Locke: A Biography,* Cambridge University Press 2009. 정치 철학에서 차지하는 로크의 위치에 대한 연구. Leo Strauss: *Naturrecht und Geschichte,* Suhrkamp 1989. 스피노자의 정치에 관한 주요 저서는 다음과 같다. *Politischer Traktat* (Latein-Deutsch), Meiner 2010, 2. Aufl. 자무엘 푸펜도르프의 대표작은 다음과 같다. *Acht Bücher, vom Natur- und Völcker-Rechte* (Neudruck), Olms 2001. 자무엘 푸펜도르프에 관한 연구는 다음 책들 참조. Leonard Krieger: *The Politics of Discretion: Pufendorf and the Acceptance of Natural Law,* Chicago University Press 1965; Dieter Hüning (Hrsg.): *Naturrecht und Staatstheorie bei Samuel Pufendorf,* Nomos 2009. 에드워드 미셀든의 인용 부분은 다음 책에서 따왔다. *The Circle of Commerce* (Neudruck), Da Capo 1969. 윌리엄 페티에 관한 연구는 다음 책 참조. Heino Klingen: *Politische Ökonomie der Präklassik. Die Beiträge Pettys, Cantillons und Quesnays zur Entstehung der klassischen politischen Ökonomie,* Metropolis 1992. 버나드 맨더빌의 『꿀벌의 우화』는 다음 번역본 참조. *Die Bienenfabel oder Private Laster, öffentliche Vorteile,* Suhrkamp 1980, 2. Aufl. 버나드 맨더빌에 관한 연구는 다음 책 참조. Thomas Rommel: *Das Selbstinteresse von Mandeville bis Smith,* Winter 2006. 노예제와 존 로크의 관계 및 그의 개인적 관심사 연구는 다음 책 참조. James Farr: *»Sa Vile and Miserable an Estate«: The Problem of Slavery in Locke's Political Thought,* in: Political Theory, Band 14, 2, 1986, S. 263 -290; Wayne Glausser: *Three Approaches to Locke and the Slave Trade,* in: Journal of the History of Ideas, Band 51, 2, 1990, S. 199-216; Barbara Arneil: *The Wild Indian's Version: Locke's Theory of Property and English Colonialism in America,* in: Political Studies 4, 1996, S. 591-609. 이 주제에 관련해서 백미는 다음 책이다. Matthias Glötzner: *john Locke und die Sklaverei,* Hausarbeit 2005, http://www.grin.com/de/ebook/110775/john-locke-und-die-sklaverei.

백지상태

존 로크의 『인간 오성론』은 다음 번역본 참조. *Versuch über den menschlichen Verstand,* Meiner 2006. 로크의 인식론에 대해서는 앞 장에서 언급한 작품들 외에 다음 책 참조. John W. Yolton: *John Locke and the Way of Ideas,* Clarendon Press 1968, 2. Aufl.; ders.: *Locke and the Compass of Human Understanding,* Cambridge University Press 2010, 2. Aufl.; Lorenz Krüger: *Der Begriff des Empirismus. Erkenntnistheoretische Studien am Beispiel John Lockes,* De Gruyter 1973; Ram A. Mall: *Der operative Begriff des Geistes. Locke, Berkeley, Hume,* Alber 1984. 라이프니츠와 뉴턴의 반목을 다룬 책은 다음과 같다. A. Rupert Hall: *Philosophers at War. The Quarrel between Newton and Leibniz,* Cambridge University Press 2002; Thomas Sonar: *Die Geschichte des Prioritätsstreits zwischen Leibniz und Newton,* Springer 2016. 블레즈 파스칼의 『팡세』는 다음 번역본 참조. *Pensées/Gedanken,* hrsg. von Philippe Sellier, Wissenschaftliche Buchgesellschaft 2016, 2. Aufl. 조지 버클리의 『인간 지식의 원리론』은 다음 번역본 참조. *Eine Abhandlung über die Prinzipien der menschlichen Erkenntnis,* Meiner 1957. 조지 버클리에 관한 전반적인 것은 다음 책들 참조. Arend Kulenkampff: *George Berkeley,* C. H. Beck 1987; Wolfgang Breidert: *George Berkeley 1685-1753,* Birkhäuser 1989; Katia Saporiti: *Die Wirklichkeit der Dinge. Eine Untersuchung des Begriffs der Idee in der Philosophie George Berkeleys,* Klostermann 2006. 데이비드 흄의 『인간 본성론』은 다음 번역본 참조. *Traktat von der menschlichen Natur,* Xenomoi 2004. 『인간 오성에 관한 탐구』는 다음 번역본 참조. David Hume: *Eine Untersuchung über den menschlichen Verstand,* Reclam 1982. 데이비드 흄에 대해서는 다음 책들 참조. Barry Stroud: *Hume,* Routledge 1977; Edward Craig: *David Hume. Eine Einführung in seine Philosophie,* Klostermann 1979; Gerhard Streminger: *David Hume. Mit Selbstzeugnissen und Bilddokumenten,* Rowohlt 2003; ders.: *David Hume. Der Philosoph und sein Zeitalter. Eine Biographie,* C. H. Beck 2011; Jens Kulenkampff: *Hume,* C. H. Beck 1989, 2. Aufl.; David F. Norton (Hrsg.): *The Cambridge Companion to Hume,* Cambridge University Press 2005; Heiner F. Klemme: *David Hume zur Einführung,* Junius 2007; James A. Harris: *Hume. An Intellectual Biography,* Cambridge University Press 2015.

모두의 행복

데이비드 흄의 『도덕 원리에 관한 탐구』는 다음 번역본 참조. *Eine Untersuchung der Grundlagen der Moral,* Meiner 2003. 의지의 자유의 신경학에 대해서는 다음 책들 참조. Hans H. Kornhuber, Lüder Deecke: *Hirnpotentialänderungen bei Willkürbewegungen und passive Bewegungen des Menschen. Bereitschaftspotential und reafferente Potentiale,* in: *Pflügers Archiv für Physiologie* 281, (1965), S. 1-17; Benjamin Libet: *Mind Time. Wie das Gehirn Bewusstsein produziert,* Suhrkamp 2005; ders.: *Haben wir einen freien Willen?,* in: Christian Geyer (Hrsg.): *Hirnforschung und Willensfreiheit. Zur Deutung der neuesten Experimente,* Suhrkamp 2004. 프랜시스 허치슨의 도덕 철학에 대한 주요 저술은 다음 번역본 참조. *Eine Untersuchung über den Ursprung unserer Ideen von Schönheit und Tugend. Über moralisch Gutes und Schlechtes,* hrsg. und übers. von Wolfgang Leidhold, Meiner 1986. 〈도덕 감각〉에 대해서는 다음 책 참조. Helke Panknin-Schappert: *Innerer Sinn und moralisches Gefühl. Zur Bedeutung eines Begriffspaares bei Shaftesbury und Hutcheson sowie in Kants vorkritischen Schriften,* Olms 2007. 섀프츠베리에 대해서는 다음 책 참조. Barbara Schmidt-Haberkamp: *Die Kunst der Kritik. Zum Zusammenhang von Ethik und Ästhetik bei Shaftesbury,* Fink 2000. 〈인지 부조화〉에 대해서는 다음 책 참조. Leon Festinger: *Theorie der kognitiven Dissonanz,* Huber 2012. 프란스 드 발의 도덕 발전론에 대해서는 다음 책 참조. *Primaten und*

Philosophen. Wie die Evolution die Moral hervorbrachte, Hanser 2008. 에른스트 페어의 도덕에 관한 행동 경제학적 연구는 다음 책 참조. Ernst Fehr und Simon Gächter: *Cooperation and Punishment in Public Goods Experiments,* in: The American Economic Review, Band 90, Nr. 4, 2000, S. 980-994; dies.: *Fairness and Retaliation: The Economies of Reciprocity,* in: Journal of Economie Perspectives, Band 14, Nr. 3, 2000, S. 159-181. 조너선 하이트의 도덕 심리학은 다음 책 참조. *The Emotional Dog and its Rational Tail: A Social Intuitionist Approach to Moral Judgment,* in: Psychological Review. 108, 2001, S. 814-834. 토머스 리드의 도덕 철학에 대한 주요 저서는 다음과 같다. *An Inquiry into the Human Mind. On the Principles of Common Sense* (Nachdruck), Edinburgh University Press o. J. 애덤 스미스의 『도덕 감정론』은 다음 번역본을 참조했다. *Theorie der ethischen Gefühle,* Meiner 2010. 『국부론』은 다음 번역본 참조. *Wohlstand der Nationen,* Anaconda 2009. 애덤 스미스에 관한 연구는 다음 책들 참조. Karl Graf Ballestrem: *Adam Smith,* C. H. Beck 2001; Michael S. Aßländer: *Adam Smith zur Einführung,* Junius 2007; Nicholas Phillipson: *Adam Smith. An Enlightened Life,* Yale University Press 2010; Gerhard Streminger: *Adam Smith. Wohlstand und Moral. Eine Biographie,* C. H. Beck 2017. 당시의 시대적 배경에 관한 연구는 다음 책들 참조. Horst Düppel: *Individuum und Gesellschaft. Soziales Denken zwischen Tradition und Revolution: Smith- Condorcet- Franklin,* Vandenhoek & Ruprecht 1981; Thomas Rommel: *Das Selbstinteresse von Mandeville bis Smith. Ökonomisches Denken in ausgewählten Schriften des 18. Jahrhunderts,* Winter 2006. 조시아 터커의 인용 부분은 다음 책에서 따왔다. *Instructions for Travellers,* William Watson 1758.

무너져 내리는 옛 건물들

리스본 지진과 관련한 내용은 다음 책을 참조했다. Harald Weinrich: *Literaturgeschichte eines Weltereignisses. Das Erdbeben von Lissabon,* in: ders.: *Literatur für Leser,* DTV 1986. 북부 독일의 사건들에 대해서는 다음 인터넷 사이트 참조. https://site/ahnensucheimamteutin/erdbeben-in-schleswig-holstein-und-hamburg. 볼테르의 다양한 저술들 중에서 참조한 것은 다음과 같다. *Über die Toleranz,* Suhrkamp 2015; ders.: *Candid. Oder die beste der Welten,* Reclam 1986; ders.: *Der Fanatismus oder Mohammed,* Verlag das Kulturelle Gedächtnis 2017. 볼테르에 관한 연구는 다음 책들 참조. Joachim G. Leithäuser: *Voltaire. Leben und Briefe,* Cotta 1961; Alfred J. Ayer: *Voltaire, eine intellektuelle Biographie,* Athenäum 1987; Jürgen von Stackelberg: *Voltaire,* C. H. Beck 2006; Nicholas Cronk (Hrsg.): *The Cambridge Companion to Voltaire,* Cambridge University Press 2009. 황제와 볼테르 사이의 편지 교환에 대해서는 다음 책 참조. Hans Pleschinski (Hrsg.): *Voltaire. Friedrich der Große. Briefwechsel,* DTV 2012, 2. Aufl. 크리스티안 볼프의 저술을 묶은 전집은 다음과 같다. *Gesammelte Werke,* hrsg. und bearb. von

Jean École u. a., Olms 1962 ff. 볼프에 관한 연구는 다음 책 참조. Werner Schneiders (Hrsg.): *Christian Wolff 1679-1754. Interpretationen zu seiner Philosophie und deren Wirkung. Mit einer Bibliographie der Wolff-Literatur,* Meiner 1986, 2. Aufl. 모페르튀의 저술 중에서는 언어 철학에 관한 저서만 독일어 번역본으로 나와 있다. *Sprachphilosophische Schriften,* Meiner 2013. 모페르튀에 관한 연구는 다음 책들 참조. David Beeson: *Maupertuis. An Intellectual Biography,* Voltaire Foundation 1992; Hartmut Hecht (Hrsg.): *Pierre Louis Moreau de Maupertuis. Eine Bilanz nach 300 Jahren,* Nomos 1999; Mary Terrall: *The Man who Flattened the Earth; Maupertuis and the Science of the Enlightenment,* University of Chicago Press 2006. 라메트리의 글은 다음 전집에서 인용했다. Bernd A. Laska (Hrsg.), 4 Bände, LSR Verlag 1985-1987. 대표작 『인간 기계』의 번역본은 다음과 같다. Julien Offray de La Mettrie: *L'homme machine. Die Maschine Mensch,* Meiner 1990. 라메트리에 관한 연구는 다음 책들 참조. Kathleen Wellman: *La Mettrie. Medicine, Philosophy, and Enlightenment,* Duke University Press 1992; Birgit Christensen: *Ironie und Skepsis. Das offene Wissenschafts- und Weltverständnis von Julien Offray de La Mettrie,* Königshausen & Neumann 1996; Ursula Pia Jauch: *Jenseits der Maschine, Philosophie, Ironie und Ästhetik bei Julien Offray de La Mettrie (1709-1751),* Hauser 1998. 콩디야크의 주요 저서는 다음의 번역본 참조. *Versuch über den Ursprung der menschlichen Erkenntnis,* Königshausen & Neumann 2006; ders.: *Abhandlung über die Empfindungen,* Meiner 1983. 콩디야크의 언어 이론은 다음 책들 참조. Markus Edler: *Der spektakuläre Sprachursprung,* Fink 2001; Dae Kweon Kim: *Sprachtheorie im 18. Jahrhundert. Herder, Condillac, Süssmilch,* Röhrig 2002; Anneke Meyer: *Zeichen-Sprache: Modelle der Sprachphilosophie bei Descartes, Condillac und Rousseau,* Königshausen & Neumann 2008. 디드로의 철학 저술은 다음의 번역본 참조. *Philosophische Schriften,* hrsg. von Alexander Becker, Suhrkamp 2013. 소피에게 보낸 편지는 다음 번역본으로 나와 있다. Denis Diderot: *Briefe an Sophie Volland,* Reclam 1986. 디드로에 관한 연구는 다음 저서들 참조. Arthur M. Wilson: *Diderot,* Oxford University Press 1972; Jochen Schlobach (Hrsg.): *Denis Diderot,* Wissenschaftliche Buchgesellschaft 1992; Ralph-Rainer Wuthenow: *Diderot zur Einführung,* Junius 1994; Johanna Borek: *Denis Diderot,* Rowohlt 2000; Daniel Brewer: *The Discourse of Enlightenment in Eighteenth-Century France: Diderot and the Art of Philosophizing,* Cambridge University Press 2008; Thomas Knapp, Christopher Pieberl (Hrsg.): *Denis Diderot. Aufklärer, Schriftsteller, Philosoph,* Löcker 2016. 엘베시우스의 저서는 다음의 번역본 참조. *Philosophische Schriften,* hrsg. von Werner Krauss, Aufbau 1973. 엘베시우스에 관한 연구는 다음 책 참조. Mordecai Grossman: *The Philosophy of Helvetius with Special Emphasis on the Educational Implications of Sensationalism*, AMS Press 1972. 돌바크의 주요 저서는 다음의 번역본 참조. *System der Natur oder von den*

Gesetzen der physischen und der moralischen Welt, Suhrkamp 1978. 돌바크에 관한 연구는 다음 책들 참조. Pierre Naville: *Paul Thiry d'Holbach et la philosophie scientifique au XVIIIème siècle,* Gallimard 1943; Virgil M. Topazio: *D'Holbach's Moral Philosophy: Its Backgrounds and Development,* Institut et Musée Voltaire 1956.

공공의 이성

『백과전서』에 대해서는 다음 책들 참조. Robert Darnton: *The Business of Enlightenment. A Publishing History of the Encyclopédie. 1775-1800,* Belknap Press of Harvard University Press 1979; Anette Selg, Rainer Wieland (Hrsg.): *Die Welt der Encyclopédie,* Eichborn 2001; dies.: *Diderots Enzyklopädie. Mit Kupferstichen aus den Tafelbänden,* Die Andere Bibliothek 2013; Philipp Blom: *Das vernünftige Ungeheuer. Diderot, d'Alembert, de Jaucourt und die Große Enzyklopädie,* Eichborn 2005; ders.: *Böse Philosophen. Ein Salon in Paris und das vergessene Erbe der Aufklärung,* Hanser 2011. 몽테스키외의 『페르시아인의 편지』는 다음의 독일어 번역본을 참조했다. *Persische Briefe,* Reclam 1991. 『법의 정신』은 다음 번역본 참조. *Vom Geist der Gesetze,* Reclam 1994. 몽테스키외에 대한 연구는 다음 책들 참조. Helmut Stubbe-da Luz: *Montesquieu,* Rowohlt 1998; Effi Böhlke, Etienne François (Hrsg.): *Montesquieu. Franzose- Europäer- Weltbürger,* Akademie Verlag 2005; Michael Hereth: *Montesquieu zur Einführung,* Panorama 2005. 구르네에 대한 연구는 다음 책 참조. Gustave Schelle: *Vincent de Gournay,* Slatkine Reprints 1984. 케네의 중농주의 저술은 다음의 독일어 번역본으로 나와 있다. Marguerite Kuczynski (Hrsg.): *François Quesnay. Ökonomische Schriften,* 2 Bände, Akademie Verlag 1971/1976. 케네에 대한 연구는 다음 책 참조. Gianni Vaggi: *The Economics of François Quesnay,* Duke University Press 1987. 루소의 글은 다음 번역본에서 인용했다. Jean-Jacques Rousseau: *Schriften,* hrsg. von Henning Ritter, Fischer 1988. 그 밖의 다른 번역본은 다음과 같다. *Abhandlung über den Ursprung und die Grundlagen der Ungleichheit unter den Menschen,* Reclam 1998; ders.: *Émile,* UTB 2003, 13. Aufl.; ders.: *Der Gesellschaftsvertrag,* Reclam 2010; ders.: *Bekenntnisse,* Insel 2010. 루소에 대한 연구는 다음 책들 참조. Béatrice Durand: *Rousseau,* Reclam 2007; Michael Soëtard: *Jean-Jacques Rousseau. Leben und Werk,* H. C. Beck 2012; Robert Spaemann: *Rousseau- Bürger ohne Vaterland. Von der Polis zur Natur,* Piper 1980; ders.: *Rousseau. Mensch oder Bürger. Das Dilemma der Moderne,* Klett-Cotta 2008; Jean Starobinski: *Rousseau. Eine Welt von Widerständen,* Fischer 1988; Ernst Cassirer, Jean Starobinski, Robert Darnton: *Drei Vorschläge, Rousseau zu lesen,* Fischer 1989; Iring Fetscher: *Rousseaus politische Philosophie. Zur Geschichte des demokratischen Freiheitsbegriffs,* Suhrkamp 1993, 7. Aufl. 엘베시우스와 돌바크의 정치적 견해에 대한 연구는 다음 책들 참조. Wolfgang Förster:

Die Gesellschaftstheorie Helvétius', in: ders. (Hrsg.): *Bürgerliche Revolution und Sozialtheorie,* Akademie Verlag 1982; Katharina Lübbe: *Natur und Polis. Die Idee einer »natürlichen Gesellschaft« bei den franzosischen Materialisten im Vorfeld der Revolution,* Steiner 1989. 튀르고에 대해서는 다음 책 참조. Jean-Pierre Poirier: *Turgot. Laissez-faire et progrès social,* Perrin 1999. 콩도르세 선집은 다음 책 참조. Daniel Schulz (Hrsg.): *Marquis de Condorcet. Freiheit, Revolution, Verfassung. Kleine politische Schriften,* Akademie Verlag 2010. 콩도르세에 대한 연구는 다음 책들 참조. Stephan Lüchinger: *Das politische Denken von Condorcet (1743 -1794),* Haupt 2002; David Williams: *Condorcet and Modernity,* Cambridge University Press 2004. 메르시에의 이상향을 그린 저서는 다음 번역본 참조. Louis-Sébastian Mercier: *Das Jahr 2440. Ein Traum aller Träume,* hrsg. von Herbert Jaumann, Insel 1982.

독일 관념론 철학

정신의 우주

이마누엘 칸트의 저술은 다음 전집에서 인용했다. Immanuel Kant: *Werkausgabe in zwölf Bänden,* hrsg. von Wilhelm Weischedel, Suhrkamp 1977. 편지는 다음 책에서 인용했다. *Briefwechsel,* hrsg. von Otto Schöndörffer und Rudolf Malter, Meiner 2014, 3. Aufl. 칸트에 관한 수많은 연구 중에서는 다음 책들 참조. Ernst Cassirer: *Kants Leben und Lehre,* Meiner 2001 (Klassiker von 1921); Wolfgang Ritzel: *Immanuel Kant. Eine Biographie,* De Gruyter 1985; Manfred Geier: *Kants Welt. Eine Biographie,* Rowohlt 2003; Jean Grondin: *Kant zur Einführung,* Junius 2004, 3. Aufl.; Otfried Höffe: *Immanuel Kant,* C. H. Beck 2007, 7. Aufl.; Stefan Gerlach: *Immanuel Kant,* UTB 2011. 『순수 이성 비판』과 관련해서는 다음 책들 참조. Gernot Böhme: *Philosophieren mit Kant. Zur Rekonstruktion der Kantischen Erkenntnis- und Wissenschaftstheorie,* Suhrkamp 1986; ders. und Hartmut Böhme: *Das Andere der Vernunft. Zur Entwicklung von Rationalitätsstrukturen am Beispiel Kants,* Suhrkamp 1983; Forum für Philosophie, Bad Homburg (Hrsg.): *Kants transzendentale Deduktion und die Möglichkeit von Transzendentalphilosophie,* Suhrkamp 1988; Günther Patzig: *Wie sind synthetische Urteile a priori möglich?,* in: Josef Speck (Hrsg.): *Grundprobleme der großen Philosophen. Philosophie der Neuzeit II,* Vandenhoeck & Ruprecht 1998; Otfried Höffe: *Kants Kritik der reinen Vernunft. Die Grundlegung der modernen Philosophie,* C. H. Beck 2003. 헤르만 자무엘 라이마루스에 대한 연구는 다음 책 참조. Dietrich Klein: *Hermann Samuel Reimarus (1694-1768). Das theologische Werk,* Mohr Siebeck 2009; Ulrich Groetsch: *Hermann Samuel Reimarus (1694-1768): Classicist, Hebraist, Enlightenment Radical in Disguise,* Brill 2015. 레싱의 글은 다음 전집에서 인용했다.

Gesammelte Werke, hrsg. von Paul Rilla, Aufbau 1954. 에마누엘 스베덴보리에 대한 연구는 다음 책들 참조. Ernst Benz: *Emanuel Swedenborg. Naturforscher und Seher,* Swedenborg-Verlag, 2. Aufl. 1969; Eberhard Zwink (Hrsg.): *Swedenborg in der Württembergischen Landesbibliothek,* Württembergische Landesbibliothek 1988; Olof Lagercrantz: *Vom Leben auf der anderen Seite,* Suhrkamp 1997. 요한 게오르크 하만의 저술은 다음 전집에 실려 있다. *Hamann's Schriften,* 8 Bände, hrsg. von Friedrich von Roth, Reimer 1821-1843 (verfügbar auf Digitalisat); ders.: *Sämtliche Werke,* hrsg. von Josef Nadler, Herder 1999 (Nachdruck). 편지 교환은 다음 책 참조. Johann Georg Hamann: *Briefwechsel,* 7 Bände, Insel 1955-1979. 하만에 대한 연구는 다음 책들 참조. Isaiah Berlin: *Der Magus in Norden. Johann Georg Hamann und der Ursprung des modernen Irrationalismus,* Berlin Verlag 2001, 2. Aufl.; Oswald Bayer: *Zeitgenosse im Widerspruch. Johann Georg Hamann als radikaler Aufklärer,* Piper 1988. 에른스트 마흐는 다음 책에서 인용했다. *Die Analyse der Empfindungen und das Verhältnis des Physischen zum Psychischen,* Wissenschaftliche Buchgesellschaft 1991 (Nachdruck).

내 안의 도덕 법칙

앞서 거론한 일반적인 문헌들 외에 칸트의 도덕 철학에 관한 연구는 다음 책들 참조. Julius Ebbinghaus: *Gesammelte Aufsätze, Vorträge und Reden,* Wissenschaftliche Buchgesellschaft 1968; Volker Gerhardt: *Immanuel Kant. Vernunft und Leben,* Reclam 2002; Dieter Sturma, Karl Ameriks (Hrsg.): *Kants Ethik,* Mentis 2004. 어린아이와 침팬지의 이타심에 대한 연구는 다음 책 참조. Felix Warneken, Michael Tomasello: *Altruistic Helping in Humans and Young Chimpanzees,* in: Science, 311 (3), 2006, S. 1301-1303. 해당 비디오 영상은 다음 인터넷 사이트에 나와 있다. http://email.eva.mpg/-warnekenVideo.htm. 칸트의 프랑스 혁명에 대한 입장은 다음 책을 참조했다. Reinhold Bernhard Jachmann: *Immanuel Kant geschildert in den Briefen an seinen Freund* (1804), in: Felix Groß (Hrsg.): *Immanuel Kant. Sein Leben in Darstellungen von Zeitgenossen,* Wissenschaftliche Buchgesellschaft 1993, S. 103-187. 칸트의 정치 철학에 대해서는 다음 책 참조. Otfried Höffe: *Königliche Völker. Zu Kants kosmopolitischer Rechts- und Friedenstheorie,* Suhrkamp 2001; Dieter Hüning, Burkhard Tuschling (Hrsg.): *Recht, Staat und Völkerrecht bei Immanuel Kant. Marburger Tagung zu Kants »Metaphysischen Anfangsgründen der Rechtslehre«,* Duncker & Humblot 1998; Wolfgang Kersting: *Wohlgeordnete Freiheit. Immanuel Kants Rechts- und Staatsphilosophie,* Mentis 2007, 3. Aufl.

최고의 관점

피히테의 저술은 다음 전집에서 인용했다. Reinhard Lauth, Hans Jacob: *J. G. Fichte. Gesamtausgabe der Bayerischen Akademie der Wissenschaften,* Friedrich

Frommann 1981. 피히테에 대한 연구는 다음 책들 참조. Peter Baumanns: *J. G. Fichte. Kritische Gesamtdarstellung seiner Philosophie,* Alber 1990; Peter Rohs: *Johann Gottlieb Fichte,* C. H. Beck 1991; Helmut Seidel: *Johann Gottlieb Fichte zur Einführung,* Junius 1997; Anthony J. La Vopa: *Fichte. The Self and the Calling of Philosophy, 1762-1799,* Cambridge University Press 2001; Wilhelm G. Jacobs: *Johann Gottlieb Fichte. Eine Biographie,* Insel 2012; Manfred Kühn: *Johann Gottlieb Fichte. Ein deutscher Philosoph,* C. H. Beck 2012; Karsten Schröder-Amtrup: *J. G. Fichte. Leben und Lehre. Ein Beitrag zur Aktualisierung seines Denkens und Glaubens,* Duncker & Humblot 2012. 헤르더의 칸트 비판은 다음 책 참조. Marion Heinz (Hrsg.): *Herders »Metakritik«. Analysen und Interpretationen,* Frommann-Holzboog, 2013. 칸트 철학과 관련한 카를 레온하르트 라인홀트의 대한 편지는 다음 사이트 PDF 참조. https://archive.org/details/briefeberdieka00reinuoft. 라인홀트의 철학에 대한 연구는 다음 책들 참조. Martin Bondeli: *Das Anfangsproblem bei Karl Leonhard Reinhold. Eine systematische und entwicklungsgeschichtliche Untersuchung zur Philosophie Reinholds in der Zeit von 1789 bis 1803,* Klostermann 1995; ders. und Alessandro Lazzari (Hrsg.): *Philosophie ohne Beynamen. System, Freiheit und Geschichte im Denken Karl Leonhard Reinholds,* Schwabe 2004. 고틀로프 에른스트 슐체의 칸트 비판에 대해서는 다음 책 참조. Luis Eduardo Hoyos Jaramillo: *Der Skeptizismus und die Transzendentalphilosophie. Deutsche Philosophie am Ende des 18. Jahrhunderts,* Alber 2008. 야코비의 저술은 다음 전집에 실려 있다. *Werke. Gesamtausgabe;* Hrsg. von Klaus Hammacher, Walter Jaeschke, Meiner/Frommann-Holzboog 1998 ff. 야코비의 스피노자 저술은 다음 책에 별도로 수록돼 있다. *Über die Lehre des Spinoza in Briefen an den Herrn Moses Mendelssohn,* Meiner 2000. 야코비의 〈가장 강력한 관념론〉은 다음 책에서 인용했다. *David Hume über den Glauben oder Idealismus und Realismus. Ein Gespräch* (1787), online unter https://books.google.de/books/about/David_Hume_über_den_Glauben_oder_Ideali.html. 야코비에 대한 연구는 다음 책 참조. Dirk Fetzer: *Jacobis Philosophie des Unbedingten,* Schöningh 2007.

영혼의 세계인가, 세계의 영혼인가?

셸링의 저술은 다음 전집에서 인용했다. Friedrich Joseph Schelling: *Sämtliche Werke,* hrsg. von Fritz Schelling, 14 Bände, Cotta 1856-1861, auf CD-ROM hrsg. von Elke Hahn, Total-Verlag 1998 (SW). 셸링의 편지는 다음 책 참조. Gustav Leopold Plitt: *Aus Schellings Leben. In Briefen,* 3 Bände, Hirzel 1869-1870, Olms 2003 (Nachdruck). 셸링에 대한 연구는 다음 책들 참조. Manfred Frank: *Eine Einführung in Schellings Philosophie,* Suhrkamp 1985; Wolfram Hogrebe: *Prädikation und Genesis,* Suhrkamp 1989; Franz Josef Wetz: *Friedrich W. J. Schelling zur Einführung,* Junius 1996; Hans Michael Baumgartner, Harald Korten:

Friedrich Wilhelm Joseph Schelling, C. H. Beck 1996; Xavier Tilliette: *Schelling. Biographie,* Klett-Cotta 2004, 2. Aufl.; Reinhard Hiltscher, Stefan Klingner (Hrsg.): *Friedrich Wilhelm Joseph Schelling,* Wissenschaftliche Buchgesellschaft 2012. 헤겔의 작품은 다음 전집에서 인용했다. G. W. Friedrich Hegel: *Werke in zwanzig Bänden,* hrsg. von Eva Moldenhauer, Karl Markus Michel, Suhrkamp 1970. 헤겔의 편지는 다음 책 참조. *Briefe von und an Hegel,* hrsg. von Johannes Hoffmeister, 4 Bände, Meiner 1969. 헤겔에 대한 연구는 다음 책들 참조. Charles Taylor: *Hegel,* Suhrkamp 1983; Herbert Schnädelbach: *Georg Wilhelm Friedrich Hegel zur Einführung,* Junius 2011, 4. Aufl.; Walter Jaeschke: *Hegel-Handbuch. Leben - Werk - Schule,* Metzler 2003; Hans Friedrich Fulda: *Georg Wilhelm Friedrich Hegel,* C. H. Beck 2003; Thomas Sören Hoffmann: *Georg Wilhelm Friedrich Hegel. Eine Propädeutik,* Marix 2004; Nicholas Boyle, Liz Disley, Karl Ameriks, Christoph Jamme: *The Impact of Idealism,* 4 Bände, Cambridge University Press 2013; Dieter Henrich: *Hegel im Kontext,* Suhrkamp 2015, 3. Aufl. (Neuauflage). 젊은 시절의 헤겔에 대한 연구는 다음 책 참조. Christoph Jamme, Helmut Schneider: *Der Weg zum System. Materialien zum jungen Hegel,* Suhrkamp 1990. 횔덜린이 헤겔에 미친 영향에 대해서는 다음 책 참조. Christoph Jamme: *Ein ungelehrtes Buch. Die philosophische Gemeinschaft zwischen Hölderlin und Hegel in Frankfurt 1797-1800,* Meiner 2017. 『독일 관념론의 가장 오래된 체계 구상』에 대해서는 다음 책 참조. Christoph Jamme, Helmut Schneider (Hrsg.): *Mythologie der Vernunft. Hegels ältestes Systemprogramm des deutschen Idealismus,* Suhrkamp 1984.

미의 존재와 빛

슐레겔의 『회화』는 다음 책에서 인용했다. August Wilhelm Schlegel, Friedrich von Schlegel: *Athenaeum,* Bertelsmann 1971, 2. Aufl. 예술에 대한 셸링의 주요 저술은 다음에 수록되어 있다. *F. W. J. Schelling. Texte zur Philosophie der Kunst,* hrsg. 셸링의 예술 이해에 대한 연구는 다음 책들 참조. Dieter Jähnig: *Der Weltbezug der Künste. Schelling, Nietzsche, Kant,* Alber 2011; Thomas Glöckner: *Ästhetische und intellektuelle Anschauung. Die Funktion der Kunst in Schellings transzendentalem Idealismus,* AVM 2011. 〈미학〉 이론과 역사에 대한 연구는 다음 책들 참조. Władysław Tatarkiewicz: *Geschichte der Ästhetik,* 3 Bände, Schwabe 1979; Anne Sheppard: *Aesthetics: An Introduction to the Philosophy of Art,* Oxford University Press 1987; Annemarie Gethmann-Siefert: *Einführung in die Ästhetik,* UTB 1995; Konrad Paul Liessmann: *Philosophie der modernen Kunst. Eine Einführung,* UTB 1999; Maria E. Reich er: *Einführung in die philosophische Ästhetik,* Wissenschaftliche Buchgesellschaft 2005; Godo Lieberg: *Ästhetische Theorien der Antike, des Mittelalters und der Neuzeit,* Brockmeyer 2010; Norbert Schneider:

Geschichte der Ästhetik von der Aufklärung bis zur Postmoderne, Reclam 2010, 5. Aufl.; Stefan Majetschak: *Ästhetik zur Einführung,* Junius 2012, 3. Aufl. 바움가르텐의 미학에 관한 부분은 다음 책에서 인용했다. Alexander Gottlieb Baumgarten: *Theoretische Ästhetik. Die grundlegenden Abschnitte aus der »Aesthetica«* (1750/1758), hrsg. von Hans Rudolf Schweizer, Meiner 2013, 3. Aufl. 헤겔 〈미학〉은 다음 책에서 인용했다. *G. W. Friedrich Hegel. Vorlesungen über die Ästhetik,* 2 Bände, hrsg. von Friedrich Bassenge, Aufbau 1965.

역사의 종말

헤겔의 법철학은 다음 단행본으로 나와 있다. *G. W. F. Hegel. Grundlinien der Philosophie des Rechts,* Reclam 1986. 헤겔의 정치 철학에 대한 연구는 다음 책들 참조. Franz Rosenzweig: *Hegel und der Staat,* Suhrkamp 2010 (Nachdruck); Joachim Ritter: *Hegel und die französische Revolution,* Suhrkamp 2015, 4. Aufl.; Manfred Riedel (Hrsg.): *Materialien zu Hegels Rechtsphilosophie,* 2 Bände, Suhrkamp 1975; Shlomo Avineri: *Hegels Theorie des modernen Staates,* Suhrkamp 1976; Charles Taylor: *Hegel and Modern Society,* Cambridge University Press 1979; Dieter Henrich, Rolf Peter Horstmann (Hrsg.): *Hegels Philosophie des Rechts,* Klett-Cotta 1982; Axel Honneth: *Kampf um Anerkennung. Zur moralischen Grammatik sozialer Konflikte,* Suhrkamp 1994; ders.: *Leiden an Unbestimmtheit,* Reclam 2001; Ludwig Siep: *Aktualität und Grenzen der praktischen Philosophie Hegels. Aufsätze 1997-2009,* Fink 2010; Andreas Arndt, Jure Zovko (Hrsg.): *Staat und Kultur bei Hegel,* De Gruyter 2010; Sven Ellmers, Steffen Herrmann (Hrsg.): *Korporation und Sittlichkeit. Zur Aktualität von Hegels Theorie der bürgerlichen Gesellschaft,* Fink 2016. 야콥 프리드리히 프리스에 대한 연구는 다음 책들 참조. Gerald Hubmann: *Ethische Überzeugung und politisches Handeln. Jakob Friedrich Fries und die deutsche Tradition der Gesinnungsethik,* Winter 1997; Kay Herrmann, Wolfram Hogrebe (Hrsg.): *Jakob Friedrich Fries – Philosoph, Naturwissenschaftler und Mathematiker,* Lang 1999. 윌리엄 고드윈의 주요 저서는 다음 독일어 번역본으로 나와 있다. *Politische Gerechtigkeit,* Haufe 2004. 찰스 할의 저서는 다음과 같다. *Effects of Civilization on the People in European States, with Observations on the Principal Conclusions in Mr. Malthus's Essay on Population,* Routledge/Thoemmes Press 1994. 아담 뮐러 니터도르프에 관한 부분은 다음 책에서 인용했다. *Die Elemente der Staatskunst,* 3 Bände, Sander 1809. 〈역사의 종말〉에 대한 비유는 다음 책들 참조. Barry Cooper: *The End of History: An Essay of Modern Hegelianism,* University of Toronto Press 1984; Henk de Berg: *Das Ende der Geschichte und der bürgerliche Rechtsstaat: Hegel – Kojève – Fukuyama,* A. Francke 2007.

인명별 찾아보기

ㅁ

ㅂ

ㅈ

주제별 찾아보기

ㄱ

ㅇ

옮긴이 **박종대** 성균관대학교 독어독문학과와 같은 대학원을 졸업하고 독일 쾰른에서 문학과 철학을 공부했다. 사람이건 사건이건 늘 표층보다 이면에 관심이 많고, 어떻게 사는 것이 진정 자기를 위하는 길인지 고민하는 제대로 된 이기주의자가 꿈이다. 지금껏 『미의 기원』, 『데미안』, 『수레바퀴 아래서』, 『위대한 패배자』, 『인식의 모험』, 『만들어진 승리자들』, 『그리고 신은 얘기나 좀 하자고 말했다』, 『공산당 선언』, 『자연의 재앙, 인간』, 『모든 것은 느낀다』, 『임페리움』, 『애플은 얼마나 공정한가』, 『9990개의 치즈』, 『군인』, 『악마도 때론 인간일 뿐이다』, 『그리고 신은 얘기나 좀 하자고 말했다』, 『그리고 신은 내게 도와 달라고 말했다』 등 100여 권의 책을 번역했다.

너 자신을 알라

발행일 2018년 11월 20일 초판 1쇄
2023년 5월 20일 초판 3쇄

지은이 리하르트 다비트 프레히트
옮긴이 박종대
발행인 홍예빈 · 홍유진
발행처 주식회사 열린책들

경기도 파주시 문발로 253 파주출판도시
전화 031-955-4000 팩스 031-955-4004
www.openbooks.co.kr

ISBN 978-89-329-1888-4 04100
ISBN 978-89-329-1886-0 (세트)

이 도서의 국립중앙도서관 출판예정도서목록(CIP)은 서지정보유통지원시스템 홈페이지(http://seoji.nl.go.kr)와 국가자료공동목록시스템(http://www.nl.go.kr/kolisnet)에서 이용하실 수 있습니다.(CIP제어번호 : CIP2018035905)